생명
도덕
법
문사철학

생명 도덕 법 문사철학

本書를

宇宙 道學 法學 眞士
學位文書로 奉獻함

壬寅年·春正月. 2022.2.

전남대학교 법학전문대학원 교수

寶積 金池洙

생명 도덕 법 문사 철학

金池洙

전남대학교출판문화원

일러두기 및 연구일지

1. 요즘 한글 전용 세대가 주류지만, 본서 연구 주제가 주제인 만큼, 고대 한문 고전이 주류인 참고문헌 자료를 전부 한글로 표기할 수는 없고, 그렇다고 '한글漢文' 倂記도 무척 번잡해서, 부득이 한글-漢字 혼용 방식을 취했다. 이 주제에 관심을 가진 분들은 본서 한자를 대부분 읽거나 찾아 해독할 수 있으리라 기대한다.

2. 原典 자료 인용은 書名과 篇名만을 略記하고, 판본이나 출판사·출판지·출판년도 등은 일률 생략한다. 각주에 원문을 인용하지 않는 경우, 본문에 해당 원전의 편명만 ( ) 안에 적는다.

3. 原典 자료 중 書名과 人名이 동일한 諸子百家의 경우, 그 저자의 진위 및 저작(편집)연대 등 문헌학상의 논란을 생략하기 위하여, 문맥상 명백한 상황을 제외하고는 '書名'으로 사용함을 원칙으로 한다.

4. 본문 및 註에 사용되는 '§' 부호의 지시의미는 다음과 같다.
   ① 中國法制史상 律令에 관한 인용의 경우, 일률 唐律(疏議) 조문에 총 일련 순서번호를 표시하며(中華書局 點校本에 의함), 宋·元·明·清律은 개별로 해당 律 및 條文의 명칭을 구체로 밝힌다.
   ② 老子 등 경전 인용의 경우, 일반 章의 일련순서 번호를 표시한다.

5. 본서 후반에 실린 내용은 최근 발표한 학술론문 7편을 손질해 편입했는바, 각주와 원전원문은 상당히 생략하고 중요한 내용만 남겼다. 필요한 분은 원래 발표론문을 필자의 블로그 "네이버: 천인대동전당天人大同典堂"과 "다음: 보적념불당寶積念佛堂"이나 한국연구재단 연구 성과에서 찾아 확인할 수 있다.

6. 본서에 실린 7편 논문의 원제原題、출전出典 및 발표 학술지는 다음과 같다.

제2편 본론 제6장 제1절: "전통 법문화에서 法의 起源과 必要惡性",
연세법학, 제38호(2021.12.), 711-752쪽.

제3편 제1장: "전통 법문화에서 禮의 법규범성과 법 범주의 역사변천",
인하대 法學硏究, 제24집 제3호(2021.12.31.), 1-46쪽.

제3편 제2장: "先秦 시대 성문법 공포", 동아법학, 제93호(2021.11.), 283-325쪽.

제3편 제3장: "李悝의 法經", 홍익법학, 제22권 제4호(2021.12.), 113-143쪽.

제3편 제4장: "전통 중국에서 복수의 예법과 철학지혜-禮와 法의 긴장관계",
전남대 법학연구, 제41권 제3호(2021.8.), 1-40쪽.

제3편 제5장: "清末 法律修訂시 禮法論爭과 沈家本의 법사상",
이화여대, 법학논집, 제26권 제1호(통권75호, 2021.9.) 33-84쪽.

제3편 제6장: "전통법문화에서 법의 문자어원상 개념과 규범 비유",
전남대 법학논총, 제41권 제4호(2021.11.), 1-32쪽.

제4편 결론: "전통 중국 법철학의 규범체계", 심헌섭 박사 75세 기념논문집
『법철학의 모색과 탐구』, 법문사, 2011, 537-565쪽.

7. 본서에 실린 漢文 古字는 許愼의 說文解字와 王延林 編著, 常用古文字字典 외에 인터넷서 다음 사이트를 검색했다. 아주 많은 고문자를 유용하게 확인할 수 있다.
"Chinese Etymology漢字字源" https://hanziyuan.net/

| 책머리에(自序) |

돌아보니 바로 엊그제 일 같은데, 벌써 30년이 지났다. '쏜살같다'는 말이 무색하고, '電光石火'라도 실감날까? 얼마 전에 史記 원전을 되찾아보니, 初讀한 날이 교수에 부임한 2001년 추석 전후였다. 엊그제 같았는데, 금세 20년 가까이 지나 깜짝 놀랐던 기억이 난다.

1979년 서울대 법대에 간신히 가까스로 합격해, 실망 끝에 전혀 기쁘지 않고 무덤덤했던 차에, 1개월 만에 부친이 서거하시고 대학생활을 우울하게 침잠해 지냈었다. 2학년 겨울방학 때 司試 1차 시험을 준비하다가 보름 만에 단전에 기운이 소진해 배탈이 나서, 이건 내 길이 아닌가 보다고 여겨 그만 두었다. 대안으로 3학년 때 중문학 부전공을 시작해 몰두했다. 대학원을 중문과로 가려다가 이병한 선생님의 강한 만류로, 결국 법학과로 진학해 전공과 부전공을 함께 살려 한국법제사로 전공을 정했다.

석사과정에서 바로 조교를 겸임하면서, 학업 부담이 과중하고 영양실조까지 겹쳐 만성 간염에 걸려, 조금 쉬어갈 겸 3년 만에 석사학위 논문을 "朝鮮朝 全家徙邊律"로 써냈다. 박사과정에 들어가 바로 臺灣大學 유학을 준비해, 1학기 마치고 南洋 寶島로 날라 갔다. 3년간 유유자적하니 하고 싶은 공부나 하면서, 文史哲學 기초 고전 학습에 충실했다. 마지막 학기를 남겨두고, 中日전쟁 당시 대륙 華山서 8년간 隱修하신 涵靜老人을 만나 본격 修道에 들어섰다. 그때부터 채식을 시작하여 지금까지 33년째 계속하고 있다.

1990년 가을 귀국해 복학하여, 3학기에 걸쳐 박사과정 수료하면서 기초 자료를 준비해, 1992년 박사학위론문 제1초고를 연필로 자필로 쓰기 시작했다. 手稿를 여러 후배한테 부탁해, 당시 막 보급된 컴퓨터 타자 작업으로 원고를 가까스로 마련해, 드디어 그해 가을 심사에 들어갔다. 결과는 보기 좋게 퇴짜였다.

"니가 무슨 大家라고 이렇게 거창한 주제로 대담하게 써?"

다시 제1초고 중 "天理와 人情"을 중심으로 부랴부랴 '제2차 초고'를 구성해 2학기에 제출했으나, 너무나 함량미달이라 다시 1학기를 더 보완하기로 결정 났다. 그렇게 해서 다시 집필에 착수했고, 정말 열심히 새로 쓰는 마음으로 전폭 개조 보완해 제출한 제3초고가, 집필 2년 만에 어렵사리 통과되었다. 1994.2. 박사학위를 받은 논문이, 바로 전남대 교수 부임 후 2005년 발행해, 이듬해 문화관광부 우수도서로 선정된 "傳統 中國法의 精神"이다.

지난해 교수 부임 20년을 맞이하며 환갑도 지나고, 그동안 30년가량 묵혀둔 제1초고를 손질해 출판해야 한다는 사명감과 회포가 떠올랐다. 이제 얼마 남지 않은 교수직 동안에 마무리해 완수해야 한다는 긴장감이 강해졌다. 최근 몇 년간 마음에 품었던 주제들을 하나씩 풀어, 매년 책 1권씩을 펴냈으니, 더 미룰 수도 없게 된 것이다.

작년 겨울, '법과 그물·의약·제방·음악의 비유'를 주제로 한 글들을 모아 "지혜의 법과 생명법학"을 펴내느라 바빠서 좀 소홀한 사이, 자친이 지난해 3월말 서울 자택서 한밤중에 숨이 넘어가 응급실에 실려가 산소마스크로 인공호흡을 하는 긴급사태가 발생했다. 코로나19로 면회도 엄격히 제한되는 상황에서, 자친 혼자 원치 않는 산소마스크에 손발까지 묶여 고통과 비명이 극심했다. 자친과 나는 퇴원을 원했으나, 병원 측은 2018년 시행에 들어간 "연명의료결정법"(존엄사법)을 빌미로 산소호흡기를 뗄 수 없다고 완강히 거부했다. 마지막 방법으로 아는 스님 세 분한테 축원을 부탁드리고 불보살님께 기도하여, 다행히 이산화탄소 농도가 금세 정상으로 돌아오고, 내가 탄원서신을 담당의사와 병원장, 대학총장한테까지 등기로 보내 퇴원을 강력히 요청한 결과, 입원 17일만에 4월 15일 가까스로 퇴원할 수 있었다. 사흘간 서울 자택서 안정을 취한 뒤, 18일 선친 기일에 姊夫 택시로 광주에 모셔왔다. 처음 한 달가량은 밤중에 헛소리와 후유증이 심했다. 산소마스크 강제 착용과 손발 결박으로 인한 강박관념이 무의식까지 깊이 박힌 것이다. 다행히 점차 호전되어 안정을 찾아가며, 그런 대로 老患 간병시봉이 일상처럼 익숙해져 갔다.

여름부터는 이 책을 내기 위해 박사학위 제1초고를 전면 검토하기 시작했다. 제1편 서론 편과 제2편 原論 편 중 '仁과 義'까지는 특별히 고치거나 보탤 필요 없이 교정윤문 작업 정도로 마쳤다. 제3편 本論 편 '禮'와 '法'에 관련 내용은, 처음 起草 후 30년이나 흘러 지나면서, 아무래도 추가로 보충할 필요성이 느껴졌다. 그래서 기본 큰 줄거리는 남겨 제2편 原論 편으로 '道-法 규범원류관'의 골격근간을 형성하고, 나머지 구체적 소주제들은 하나씩 분리·독립해, 그 동안 중국 측 연구 성과를 반영해 대폭 확대·심화시켜 학술론문을 작성해 발표하기 시작했다.

8월에 1편, 9월에 1편, 11월에 2편, 12월에 3편, 모두 7편을 작성해 학술지에 게재했다. 그중 1편은 "법의 기원과 필요악성"으로 原論 편 '제6장 法'에 편입하고, 나머지 6편은 本論 편에 '禮-法 文史哲學論'이란 새로운 체제로 추가 편집해 본서를 구성했다.

맹자가 "우환에 살고 안락에 죽는다.(生於憂患, 死於安樂.)"고 하더니, 마음을 비우고 모친과 함께 평안히 살고자 했더니, 하루 세 끼 공양을 챙겨드리며 1년에, 아니 1학기에 무려 7편 학술론문을 구성해 발표한 것이다. 물론, 기본 바탕 자료는 이미 起草되어 있었고, 무엇보다도 코로나19로 비대면 동영상 강의를 진행했기에 가능했지만, 나 스스로 깜짝 놀랄 만큼 전무후무한 과정과 결과다. 그러다보니, 평소 1주일에 3회 가량 다니던 무등산행도 부쩍 뜸해졌고, 기본 일과로 수행하던 독경도 전보다는 줄었다.

박사학위론문 제1초고가 묵히기 아까워 출판하겠다는 집념은 분명 집착이다! 聖人처럼 모두 내려놓고(放下著) 無爲自然 하지 못하는 범부중생 경지에서, 그나마 맹자 말대로 "善을 선택해 고집(擇善而固執)"하는 次善으로 賢人을 본받아도 좋다는 心思랄까? 어쨌든 고군분투 노력 精進했다! 그래도 제1초고를 다 망라하지 못하고 2章이 남았다. 본서에 다 담기에 분량지면도 너무 방대할 뿐만 아니라, 시간도 턱없이 모자랐다. 당초 예상대로 제1초고를 교정윤문 수준에서 마무리했으면 가능했을지 모른다. 허나 전면 교정수윤 작업과정에서, 후반에는 도저히 그대로 펴내기가 미안했다. 臺灣 유학 직후부터 지금까지 30년간, 대륙(中共)에 경제상 개혁개방 및 사회주의 민주법제 추진과 함께, 법사학 연구 성과도 일취월장 눈부시게 발전했기 때문이다. 그래도 후대에 남길 흔적인데, 학자 양심에 최소한 기본 자료는 성의껏 반영할 필요를 느꼈다. 완벽히 원만한 무흠결 업적은 못 되더라도, 최소한 양심과 도덕에 크게 부끄럽지는 않게 떳떳하고 싶었다.

당초 박사학위론문 제1초고에 주제는 "傳統 中國法의 文史哲學적 理念"이었고, 대강 목차는 다음과 같았다.

제1장 서론: 解題 : 文史哲學적 이념의 풀이

제2장 道-法 規範源流觀: 道→德→仁→義→禮→法

제3장 天人合一: 天道와 人法 : 사람은 하늘(자연)을 법 삼는다.

제4장 情理中庸: 情理法 삼위일체

제5장 孝忠一貫: 효도와 충성의 법이념

제6장 常變得中: 법의 항상성과 변화성: 법적 안정성과 구체적 타당성
제7장 법의 비유 개념: 문자 비유와 語源으로 보는 법이념
제8장 결론: 전통법의 궁극이념: 정의 실현과 평화 유지

'文史哲學'이란 文學·史學·哲學을 합친 말로, 중국·대만에선 흔히 쓰는 일반명사로, 인문학의 대명사다. 나는 본디 중문학을 전공하면서부터 法의 文史哲學을 공부하겠다는 포부를 지니고 '法文史哲學'이란 혼자만의 용어를 곧잘 사용하곤 했다.

제1초고 가운데, '제4장 情理中庸: 情·理·法 삼위일체'로 주제를 좁혀 제2초고를 작성했다. 그걸 다시 대폭 확대심화하면서, '제5장 孝忠一貫: 효도와 충성의 법이념'을 유기적으로 종합하고, '제2장 道-法 規範源流觀' 및 '제3장 天人合一: 天道와 人法' 가운데 일부 내용을 뽑아 필요한 곳에 편입해, 제3초고를 완성했다. 그게 박사학위론문이 되었고, 2005년 출판한 "傳統 中國法의 精神"이다.

본서에는 제1초고 중, "제1장 서론: 解題: 文史哲學적 이념의 풀이"가 교정만 거쳐 서론이 되었고, "제2장 道-法 規範源流觀: 道→德→仁→義→禮→法"이 原論 편에 핵심 주제가 되었다. "제7장 법의 비유 개념: 문자 비유와 語源으로 보는 법이념"은 아주 대폭 추가보완을 거쳐, 本論 편 마지막 장에 배치했다. 그리고 "제8장 결론: 전통법의 궁극이념: 정의 실현과 평화 유지"는 본서에 마지막 결론 편이 되었다. 박사학위론문 심사위원장이신 심헌섭 恩師님 75세 기념논문집에 실리면서 앞에 일부 보충했었는데, 본서에서 중복으로 불필요해 다시 삭제하고, 대체로 제1초고 수준으로 손질해 싣게 되었다.

이제 제1초고 가운데 남은 부분은, "제3장 天人合一: 天道와 人法-사람은 하늘(자연)을 법 삼는다."와 "제6장 常變得中: 법의 항상성과 변화성: 법적 안정성과 구체적 타당성"이다. 아주 일부 내용은 학위론문에

활용되었고, "人法天" 서론은 별도 논문으로 발표한 적이 있으며, "항상성과 변화성" 주제와 자료는 일부 활용한바 있다. 하지만 전체 내용은 여전히 다듬어 발표할 가치와 필요가 있어서, 곧바로 후속 출판 작업에 착수할 예정이다. 최종 어떤 체계로 구성될지는 아직 미지수다. 아마도 아담한 수준의 단행본은 될 듯하다.

제1초고를 공식 출판하게 되어 감회가 무척 깊고, 새삼 감사한 분들이 떠오른다. 우선, 1992-3년에 손 연필로 직접 쓴 초고를 컴퓨터 타자로 옮겨주는 작업을 도와준 임상혁 후배(현 숭실대 교수)와 홍기원 후배, 막바지에 시급한 원고를 일부 타자해준 조정희씨(당시 송상현 교수님 연구실 비서)께 감사드린다. 제1초고부터 제3초고까지 세 차례에 걸쳐 졸고를 심사해 자상히 지도해주신, 심사위원장 심헌섭 교수님, 철학과 송영배 교수님, 영남대 심희기 교수님, 본과 최종고 교수님과 지도교수 박병호 선생님께 깊은 衷心으로 감사 올린다. 제1초고에 어려운 漢字가 너무 많아 손도 못 대고 오래 묵혀두다가, 교수 부임 후 2008년 1학기 '법학개론'을 수강한 김선중 동학이 기특하게도 漢字를 아주 잘 알아서, 초고에 誤脫 한자와 각주 한문 원전 보충 타자를 부탁했는데, 흔쾌히 도와주어 완성도를 상당히 높였다. 2010년 1학기 '전통법문화의 이해'를 수강한 이광표 동학이 추가로 보충 타자와 도표 작성을 도와주었다. 두 동학 도움에도 깊이 감사한다.

누구보다도, 당시 아무 직업도 수입도 없이 박사학위론문 초고 집필에 전념하도록 물심양면으로 전폭 지원해주신 慈母님 은혜가 태산보다 높고 하해보다 깊으며 허공보다 드넓어, 감히 '감사'라는 말을 꺼낼 수 없이 막중하고 지대하다. 특히, 87세 老患으로 위중하신 慈親을 간병·시봉하면서 본서를 다듬어 펴내게 되어, 참으로 고맙고 벅차게 감격스러운 인연이다. 만약 살아 계시다면 곧 설 쇠고 1백세를 맞이하실, 先親의 과묵했던 父情도 아직껏 생생히 뇌리에 담겨 있다. 1979년

입학 한 달 만에 서거하신 지 43주기가 되어간다. 부모님께서 낳아 길러 가르쳐 주시지 않았다면, 어찌 오늘 나와 본서가 있겠는가?

당초 學道一如로 일관 회통하겠다는 포부로, 출가수행을 포기하고 선택한 동양법의 역사철학과 전통법문화 연구에 전념한 지 40년, 이제 교수 된 지 21년을 지나며 환갑·진갑도 지나, 학문 연구도 후생 교육도 대강 마무리할 때가 다가온다. 혼란하고 위태로운 인문사회 및 지구자연 환경에서, 퇴직 후 늘그막에 안심입명 수행에 전념할 인연을 준비하며, 본서 출판에 즈음해 조금 장황한 自序로 회포를 풀어본다. 언제나 누가 읽어주고 알아줄까마는, 수십 년、수백천 년 뒤에라도 千載一遇 인연이 닿는다면, 그 아니 기쁘겠는가?

1986년 석사학위론문 집필 시 朝鮮王朝實錄과 承政院日記에서 英祖의 말 한 마디를 본 순간, 머리끝부터 전신에 상쾌하고 쇄락한 靈電이 짜릿하게 흘러내린 기억이 생생하다.

"앞으로 2백년 뒤 내가 이 刑律을 폐지한 欽恤의 마음을 알아주는 사람이 나올 것이다." "全家徙邊律을 폐지한 오늘밤에 비로소 두 다리를 뻗고 편히 잠들 수 있겠다."

'아! 영조가 그렇게 고대한 사람이 바로 나이런가?'

지금 기억에 따르면, 당시 내가 인식한 취지는 대강 그러했다.

그런데, 아아! 36년이 지나 지금 다시 원전을 확인해보니, 당시 내 한문 해독능력이 미진해 상당한 誤讀과 誤解가 있었나 보다!

英祖가 속대전 편찬 시 전가사변률 폐지를 결심한 敎旨는 이렇다.

"肉刑은 漢 祖宗의 法이나, 文帝가 폐지했다. 지금 이 全家徙邊律은 당초 實邊의 계책으로, 先王의 聖意는 죄인을 긴박하게 징계해 정신차려 善人이 되라는 의도였다. 이제 변경에 인민이 차서 實邊할 필요가 없어져, 마침 도망자들의 소굴이 되기 십상일 뿐이다.… 이제 속대전을 纂輯하며, 오직 '경국대전'에 2조문만 남기고, 나머지 全家律은 모두 杖·流형으로 바꾼다. 내 (경국대전 시행) 2백년 지나 비로소 改正하며 관대한 완화에 힘쓰는 것은, 한 푼 혜택을 남겨 내 마음을 표시하고 백성의 여망에 부응함이라! 내 뜻은 오직 이 '寬'字에 있으니, 卿과 郎들은 이 뜻을 알지어다!"

"全家律을 폐지한 오늘밤에는 두 다리 뻗고 잠잘 수 있겠다."*

승정원일기 내용은 오해 없이 제대로 해독했다. 경국대전 시행 후 260여년 만에 영조가 속대전 편찬한 걸, 전가율 폐지 후 약 240년 만에 내가 '全家徙邊律' 연구한 걸로 착오해 해석한 것이었다.

그로부터 만성간염을 앓으면서, 臺灣大學 3년 유학을 거쳐 온갖 시련과 마장을 이겨내며, 3-4십년 외길 학문에 오롯이 골몰 전념할 수 있는 원동력이 끊임없이 꾸준히 이어져 나온 듯하다. 그때 부어진 마중물로 2-3천년 역사 속 시원한 샘물이 면면히 품어 올라와 흐르고, 그때 비벼진 쏘시개 불씨가 활활 타올라 광활한 전통법의 역사철학 무대에 요원의 불길로 번져온 듯하다.

좀 거창하지만, 본서 제목을 "生命道德 法 文史哲學"으로 붙인 心懷이다. 졸저를 읽어줄 인연 있는 분께 미리 감사한다! ~(^^)~

2022.1.17.-18. 辛丑年 선달 보름·열엿새
빛고을 매곡동 자택과 용봉골 전남대 교정에서
필자 淵靜齋 寶積 金池洙 공경합장_()_

---

* http://sillok.history.go.kr/id/wua_12007006_001 英祖實錄 59권, 英祖20년 7월6일 辛巳. 1744년(乾隆9년): 教曰: "肉刑, 卽漢祖宗之法, 而文帝猶除之. 今此全家徙邊之律, 初出於實邊之計, 先王聖意, 亦欲其喫緊懲創, 變爲善人也. …今此纂輯時, 只存'大典'所載全家律二條, 餘皆以杖、流改之. 予於二百年後, 始爲改正, 而務從寬緩者, 欲遺一分之惠, 以表予心也, 副吾民望. 予之意者, 只此寬字, 貽厥元良者, 亦一寬字, 卿與諸郎, 須知此意."

http://sjw.history.go.kr/id/SJW-F20070080-01100 承政院日記, 英祖20년(1744년 乾隆(淸/高宗)9년 7월8일 癸未: "今番全家律除去之夜, 予果舒脚而寢矣."

목차

제3편 本 論

禮-法 文史哲學論

제4편 結 論

	甲骨文	金文	說文解字
道	없음		
德	없음		
仁	없음		
義			
禮			
灋=法	없음	없음	
具 (422쪽)	없음		
灋			
齊 (221쪽)			

제1편 緒 論

전통법의 역사철학은 왜 배우는가?

— 歷史精神의 顯現과 계승발전을 염원하며 —

1. 時間 : 현재와 미래에 귀감으로서 역사 '傳統'

"史者, 何也? 역사란 무엇인가?"

"史者, 師也! 역사란 스승이다!"

30년 전쯤 박사학위 논문 초고를 처음 집필하기 시작할 때, 서론 첫머리에 나 스스로 내린 역사의 定義다. 나중에 서울대 최병조 교수님이 내 정의를 보고, 고대 로마에도 똑같은 정의가 있었다며 어떻게 그런 생각을 했는지 감탄하셔서, 동서고금에 공통된 진리의 일반보편성에 나도 깜짝 놀란 적이 있다.

지금까지도 그러려니와, 하물며 30년 전 박사학위 논문 집필 초두에 내가 史料를 얼마나 열람했겠는가? 아마도 비유하자면, 마치 바닷가 백사장에서 어린애가 모래성을 쌓으며 놀다가, 예쁜 소라껍질 하나 주워 신기하게 쳐다보고는, 불현듯 무슨 생각이 들었는지, 바닷물이 전부 얼마나 되는지 그 소라껍질을 됫박 삼아 한 되 두 되 되어 보겠다고 놀이한 셈이 아닐까?! 그러니 走馬看山 격도 못되고, 수박 겉핥기식이나 될까 말까 한 역사 편력에 지나지 않으리라.

역사가 우리 인간에게 소중하고 가치 있는 까닭은, 바로 스승처럼 敎訓을 주기 때문이다. 특히 역사와 관련한 가르침·교훈의 의미로 우리는 흔히 '귀감龜鑑'이란 단어를 곧잘 사용한다. 귀감이란 거울·모범이라는 의미를 지니는데, 스승이 되는 모범을 또한 '師範'이라 부르니, 역사와 스승은 모범이라는 의미에서 일맥상통한다. 즉, 역사란 과거를 비추어서 현재와 미래를 밝혀주는 스승으로서 거울이며 교훈인 것이다.

龜鑑의 본래 어원적 의미를 살펴보면, 역사의 귀감성이 무엇을 뜻하는지 더욱 분명해진다. 우선, 구·귀龜란 장수를 상징하는 거북이를 지칭한다. 주지하듯이, 멀리 은殷代부터 이미 거북이 등가죽(甲)을 사용해 길흉吉凶을 점치고(占卜) 그 결과(占辭)를 새겨놓은 것이 甲骨文으로 전해온다. 그런데 구龜란 옛 '구舊'의 뜻을 취한 것으로, 舊는 오랠 '구久'와 뜻이 상통한다. 즉, '龜'에는 천 년을 산다는 거북이의 '장수'가 함축되어 있고, 甲骨로 점을 친 까닭은 거북이의 長久한 수명에 깃든 신령스러움이 吉凶을 분별할 수 있기 때문이었다.[1]

한편, 거울을 뜻하는 鑑의 원래 글자 '監' – 한 사람이 물그릇 옆에 서있는 모습(監)을 본뜬 것으로, 자기 얼굴을 물에 비춰보는 반관성조返觀省照를 상징한다.[2] 거울의 의미가 바로 여기서 비롯한다. 나중에 구리거울이 나타나 '金'자가 덧붙여졌고, 다시 '鏡'자가 나와 같은 거울의 의미로 통용된 것이다. 사실 고요한 맑은 물이 거울의 시초임은 누구나 경험법칙상 짐작할 수 있다. 명경지수明鏡止水라는 成語는 사실, 선진先秦 시대 장자莊子에 이미 "흐르는 물은 거울삼을 수 없으나, 고요한 물은 거울삼을 수 있다."는 격언으로 등장한다.[3]

그러나 인간의 지혜는 구체적 물의 거울에서 머무르지 않고, 인간

1 許愼, 說文解字, 十三篇下: "龜, 舊也.(段玉裁注: 舊, 卽久字也. 劉向曰: 龜之言久, 龜千歲而靈, 以其長久, 故能辨吉凶.)"

2 王延林 編著, 常用古文字字典, 上海書畫出版社, 1987, 474쪽 참조.

3 莊子, 德充符: "人莫鑑於流水, 而鑑於止水."

자신의 추상적 일(사건)을 거울삼는 데로 발전한다. 뿐만 아니라, 인간 자신의 거울을 물의 거울보다 훨씬 소중하고 가치 있는 것으로 강조한다. 물의 거울은 단지 얼굴모습만을 비춰줄 뿐인데, 사람의 거울은 인간사의 成敗·得失을 보여주기 때문이다.[4]

일찍이 尙書 주고酒誥편에는 周公이 古人의 말을 인용해 교훈을 신칙한다. "사람은 물을 거울삼을 것이 아니라, 마땅히 백성을 거울삼아야 한다.(人無于水監, 當于民監.)" 이 사실로 미루어 보면, '인간'의 거울은 적어도 周初 이전에 이미 보편으로 통용되었음을 알 수 있다. 특히, 周初 위정자들은 왕조의 장구한 안정을 위해 자손들에게 夏·殷이 멸망한 역사적 사실을 상기시키면서, 이를 거울삼아 敬德에 힘쓰라고 거듭 당부하고 있다.

> "우리는 夏에서 거울삼지 않을 수 없고, 또한 殷에서 거울삼지 않을 수 없다. 夏가 天命을 받은 지 이미 오래 되었지만, 더 이상 계속되지 못한 까닭을 알아야 한다. 그 德을 공경하지 않았기 때문에, 그 운명이 일찍이 다한 것이다."[5]
>
> "지금 殷의 운명이 이미 다하였는데, 우리가 여기에서 크게 거울삼지 않을 수 있겠는가!"[6]

뿐만 아니라, 周初 통치계층은 殷의 遺民을 무마하여 안정시키기 위

---

4 墨子, 非攻中: "君子不鏡於水, 而鏡於人. 鏡於水, 見面之容; 鏡於人, 則知吉與凶."; 國語, 吳語: "王其盍亦鑑於人, 無鑑於水."

5 尙書, 召誥: "我不可不監于有夏, 亦不可不監于有殷. 我不敢知曰: 有夏服天命, 惟有歷年; 我不敢知曰: 不其延. 惟不敬厥德, 乃早墜厥命."

6 尙書, 酒誥: "今惟殷墜厥命, 我其可不大監撫于時!"; 尙書, 君奭: "君肆其監于! 我受命無疆惟休, 亦大惟艱." 이러한 역사적 귀감은 書經뿐만 아니라 詩經에도 자주 나온다. 詩, 大雅, 文王: "宜鑑于殷, 駿命不易."; 大雅, 湯: "殷鑑不遠, 在夏后之世." 뒷구절은 孟子, 離婁上편과 國語, 周語下편에서 인용한다. 墨子, 非命下편은 尙書, 泰誓의 "爲鑑不遠, 在彼殷王." 구절을 인용하고 있다.

해, 殷의 선조 成湯이 天命을 대신하여 夏의 桀을 정벌하고 革命한 사실을 일깨우면서, 周가 殷을 혁명한 것도 마찬가지로 上帝의 명을 받들어 紂의 음란한 不德을 정벌한 것이라고 그 당위성을 강조했다.[7] 여기서 古人이 말한 인간의 거울이란, 곧 역사의 귀감을 의미한다.

歷史의 귀감이 반드시 부정적 패망의 사실에만 있는 것은 물론 아니다. 일찍이 어린 成王을 대신해 7년간 섭정攝政했던 周公은, 成王이 성장하자 왕권을 되돌려 주면서, 일락逸樂에 안주할 것을 두려워해 先王들의 근면성실한 업적을 열거하며 권계勸誡한 바가 있다.

殷 中宗은 천명을 경외하고 정치를 게을리 하지 않아 75년이나 왕위를 향유했다. 殷 高宗 武丁은 즉위 후 3년간 침묵으로 복상服喪하고, 안일에 빠짐이 없이 정치에 힘씀으로써, 59년간 나라를 다스렸다. 또 그 아들 祖甲도 서민을 사랑하고 특히 외로운 사람들을 긍휼히 여겨 33년이나 재위했다. 전 왕조의 이러한 善政을 귀감으로 칭송한 것이다. 여기다 文王이 아침부터 해가 중천에 걸릴 때까지 밥 먹을 틈도 없이 백성을 돌보며, 유람이나 사냥질은 감히 엄두도 못 내면서, 50년간 創業에 힘쓴 사실도 덧붙였다. 이상 네 哲人을 거울삼아 삼가 德政에 힘쓰고, 특히 무고한 백성을 죽이거나 처벌하여 원망을 사는 일이 없도록 신신당부한 것이다.[8] 이러한 역사적 귀감에 힘입어, 成王과 康王이 德政에 힘쓴 60여 년 동안은, 천하가 평안하고 형벌이 거의 쓰이지 않을 정도로, 周의 전성시대(成康之治)를 이루었다. 孔子도 이를 두고 "周는 夏·殷 二代에서 거울삼아 그 문화가 찬란하므로, 나는 周를 따르겠다."[9]고 극구 찬양한 것이다.

이러한 역사의 귀감성은 戰國시대부터 漢初에 일반적 역사관으로

7 尙書, 多士: "(天)乃命爾先祖成湯革夏. … 惟爾知, 惟殷先人有冊有典, 殷革夏命."
8 尙書, 無逸의 全篇이 바로 이러한 내용임.
9 論語, 八佾: "周監於二代, 郁郁乎文哉, 吾從周."

발전해 이론화하기에 이른다. 대표적 언론을 예시하면 다음과 같다.

> “옛 말씀에 이르기를, ‘일을 도모해 이루지 못하면, 과거로써 미래를 비춰보고, 드러난 것으로써 숨은 것을 살펴보아라.’고 했으니, 이와 같이 도모한다면 충분히 알 수 있다.”[10]
>
> “앞 수레가 이미 뒤집혔는데, 뒷 수레가 길을 바꿀 줄 모르고 있으니, 어느 때나 깨달을 것인가? … 경계할 줄 모르면 반드시 후환이 있을 것이다.…지나간 일을 보고 스스로 경계한다면, 治亂과 是非를 또한 분명히 알 수 있다.”[11]
>
> “밝은 거울로는 모습을 비춰 보고, 지나간 옛날로는 지금을 살펴 안다.”[12]
>
> “옛날에 대한 지금의 관계는, 후세에 대한 옛날의 관계와 같다. 후세에 대한 지금의 관계도 또한 옛날에 대한 지금의 관계와 같다. 그러므로 지금을 살펴보면 후세를 알 수 있고, 옛날을 알면 후세를 알 수 있다. 옛날과 지금, 이전과 후세가 한가지인 까닭에, 聖人은 위로 천년을 알고 아래로 천년을 안다.”[13]

---

10 墨子, 非攻中: “古者有語: ‘謀而不得, 則以往知來, 以見知隱.’ 謀若此, 可得而知矣.” 이와 관련해, 孔子가 子貢을 일컬어 ‘지난 것을 일러 주면 올 것을 안다’(告諸往而知來者)고 칭찬한 論語, 學而편의 구절을 참고할 만하다.

11 荀子, 成相: “前車已覆, 後未知更, 何覺時? … 不知戒, 後必有. … 觀往事, 以自戒, 治亂是非亦可識.” 前轍을 밟는다는 수레의 비유는 大戴禮記, 保傅편(前車覆, 後車誡)과 韓詩外傳, 卷五(前車覆, 後車不誡, 是以後車覆也) 등에 속담으로 인용되어, 당시 매우 보편이었다.

12 大戴禮記, 保傅: “明鏡者, 所以察形也; 往古者, 所以知今也.” 韓詩外傳, 卷5 및 卷7, 그리고 孔子家語 卷3에도 똑같은 문구가 보인다.

13 呂氏春秋, 仲冬紀, 長見: “今之於古也, 猶古之於後世也. 今之於後世, 亦猶今之於古也. 故審知今則可知古, 知古則可知後, 古今前後一也. 故聖人上知千歲, 下知千歲也.”

특기하게도, 漢初에 이러한 역사 귀감이 법제사 관점에서 평가 정리되었다. 殷은 夏를 이어, 周는 殷을 이어, 각각 30여 세대씩 천하를 통치했는데, 周를 이은 秦은 어찌 두 세대 만에 멸망했는가? 그 원인은 바로, 殷의 成湯과 周의 文·武는 천하를 仁義禮樂에 맡겨 덕으로 다스렸는데, 秦은 오직 法令刑罰에만 힘써 백성에게 덕택이라곤 조금도 끼치지 않았기 때문이다. 특히, 秦은 잔혹한 각종 肉刑과, 三族을 멸하는 緣坐刑 등으로, 백성의 원망과 증오를 축적해 멸망을 자초했다. 따라서 漢은 殷·周와 함께 秦의 사적을 거울삼아, 법령보다는 禮義를 중시하고, 형벌보다는 教化에 힘써야 한다.(大戴禮記, 禮察, 保傅)

특히, 륙가陸賈는 수시로 한고조 앞에서 詩書를 칭송했다. 고조가 "내가 말 위(馬上)에서 천하를 얻었는데, 어찌 詩書 따위를 나부랑댄단 말이냐?"고 모욕하자, 륙가가 "천하를 馬上에서 얻었다고 어찌 馬上에서 통치할 수 있냐?"고 반문해, 통쾌한 면박으로 유명해졌다. 이에 고조가 부끄러워 무안해지며 교화의 필요성을 인정해, 진秦이 천하를 잃고 한漢이 천하를 얻은 요인을 물었다. 이어 역사적 경험지혜를 종합 정리하도록 요청해, 륙가가 '신어新語' 12편을 저술해 바쳤다.(史記, 陸賈列傳) 사실 어느 왕조나 멸망 직전에는 정치·사회 기강이 해이해지고 법령제도도 문란해지며, 특히 형벌이 준엄하고 가혹해지기 마련이다. 三苗族은 오학五虐의 刑으로 무고한 백성을 잔혹하게 살륙해 멸망했다.(尙書, 呂刑) 殷의 紂는 포락형炮烙刑으로 백성을 위하하고, 比干의 심장을 가르는 등 각종 혹형을 서슴지 않다가, 결국 焚身自殺의 운명을 맞이했다.(史記, 殷本紀)

唐 則天武后는 漢 이래 유례없는 각종 잔혹한 형벌을 치성하게 자행했다. 이에 陳子昻이 글을 올려 간하면서, 夏·殷·周 3대 이하 秦·漢·魏·晉에 이르기까지 모두 독형毒刑으로써 멸망하지 않은 나라가 없다고 일깨웠다. 특히, 隋 말엽에 천하가 태평했는데, 양제煬帝가 무

력과 혹형으로 위세를 떨치며 삼을 베듯 사람을 죽여, 피가 연못을 이루어 멸망을 자초한 사실도 들었다. '앞일을 잊지 않음이 곧 뒷일의 스승이다.(前事不忘, 後事之師.)'는 격언과 함께![14]

법의 역사성, 역사에서 법의 비중과 관련하여, 매우 흥미롭고 뜻깊은 사실이 발견된다. 앞서 역사의 귀감성이 師'範'과 의미상 일맥상통함을 지적하였다. 그런데 모模'범範'은 본디 사물의 형체를 그대로 베끼는 본보기 틀이라는 뜻으로, '法'을 가리키는 비유다. 국가 실정법을 포함한 도덕·관습 등 넓은 의미의 법을 흔히 사회'규범'이라고 부른다. '범주範疇'라는 개념의 어원인 尙書에 홍범구주洪範九疇도 바로 사회의 근본 기강으로서 法을 지칭한다. 즉, '모범'이라는 속성에서 역사와 스승과 法은 상통한다.

또, 고대에 법관을 일컫던 호칭 중에 '士師'가 있다. 특히, 法家는 관리를 스승으로 삼아라(以吏爲師)고 주장했다. 실제로, 秦은 천하를 통일한 후 바로 이 사상에 입각해 분서갱유焚書坑儒를 자행했다. 이 또한 法과 師의 긴밀한 관련성을 입증해준다. 한편, 淸代에 편찬한 四庫全書에는 法令이 史部 政書類에 분류되어 있다. 물론, 당시 도서 분류체계와 항목이 상세하게 분석적이지 못한 까닭도 있겠지만, 法의 역사성과 역사 속의 법의 위상을 반증해 주는 증거다.

역사와 법을 연결해주는 또 다른 비유의 고리가 있다. 전술했듯이, 역사의 귀감성은 구체적 물의 거울에서 비롯해 추상적 사람의 거울로 발전하고, 마침내 역사 일반으로 이론화하였다. 그런데 '法' 글자도 어원상 개념이 '물'의 속성에서 출발해 '사람'의 心性으로 발전한 점이 역사와 흡사하다. 莊子의 비유가 매우 적확히 묘사해준다.

"물이 고요하게 그치면, 그 밝음은 수염이나 눈썹까지 비춰주고,

14 舊唐書, 刑法志 및 陳伯玉集 卷9, '諫用刑書' 참조.

그 평평함은 수준기에 딱 맞아 목수가 法으로 삼는다. 물이 고요해도 그 밝음이 이와 같거늘, 하물며 사람의 精神이랴! 聖人의 마음이 고요함이여, 천지에 귀감이며 만물에 거울이도다."[15]

"평평함은 고요하게 멈춘 물보다 더한 게 없다. 그것을 법으로 삼을 수 있는 것은, 안으로 맑음을 지키고 밖으로 출렁거리지 않기 때문이다. 德은 조화를 이루는 것보다 나은 게 없다. 德을 드러내지 않으면 만물이 그를 떠날 수 없게 된다."[16]

정지靜止한 물은 평명平明한데, 그 맑음(明)은 거울이 되어 역사의 귀감성으로 연결되고, 그 평평함(平)은 기준基準이 되어 法의 규범성으로 이어진다. 그리고 사람의 거울이란 곧 고요한 정신(마음)에서 밝게 솟아나는 지혜를 일컫는다.

"누가 거울이 될 만한가? 오직 선비인저! 사람들은 모두 거울이 자기를 비춰주는 것은 좋아하면서, 선비가 자기를 밝혀주는 것은 싫어한다. 거울이 제 모습 비춰주는 공로는 작지만, 선비가 제 마음 밝혀주는 공덕은 크도다."[17]

역사가 말하는 사람의 거울이란, 단순한 역사적 사실로서 인간의 행위에 그치지 않고, 그 내면적 동기로서 마음과 정신을 일컫는다. 莊子가 말하는 성인의 정신(마음)이 그것이다.

사실 역사를 배우고 연구하는 근본 목적은, 단지 지나간 事實을 인식하는 단순한 지식 차원에 있는 것이 아니다. 물론, 역사는 정확한

15 莊子, 天道: "水靜則明燭鬚眉, 平中準, 大匠取法焉. 水靜猶明, 而況精神! 聖人之心靜乎, 天地之鑑也, 萬物之鏡也."

16 莊子, 德充符: "平者, 水停之盛也. 其可以爲法也, 內保之而外不蕩也. 德者, 成和之脩也. 德不形者, 物不能離也."

17 呂氏春秋, 恃君覽, 達鬱: "孰當可而鏡? 其唯士乎! 人皆知說鏡之明己也, 而惡士之明己也. 鏡之明己也功細, 士之明己也功大."

事實의 인식에서부터 출발해야 한다. 확실히, 역사의 제1차 생명은 史料의 事實性, 즉 眞實性에 있다. 그래서 역사적 事實을 史實이라고 부르고, 역사 기록은 實錄이라고 일컫는다. 근거 없이 찬미하지도 않을 뿐만 아니라, 奸惡을 거리끼거나 숨기지 않기 때문이다.[18] 史官은 天子나 太子의 허물도 기록할 직책과 의무를 지니며, 이를 위반하는 경우에는 그 죄가 사형에 해당한다.[19] 그래서 훌륭한 史官이란 귀천을 가리지 않고 선악을 숨기지 않으며, 심지어는 事實의 기록을 위해 목숨을 바치는 한이 있어도 붓을 굽히거나 꺾지 않는다.

춘추시대 晉의 조천趙穿이 령공靈公을 살해했을 때, 당시 正卿인 조순趙盾이 망명하려다가 국경을 넘지 않고 되돌아와서, 역적逆賊을 토벌하지 않았다. 이에 太史인 동호董狐가 '趙盾이 군주를 시해弑害하였다'고 기록해 조정에 공시했다. 이것이 바로 孔子가 '古之良史'라고 칭찬한 董狐之筆로서, 名義와 正直을 중시하는 春秋筆法의 대명사가 되었다.(左傳, 宣公2年)

또, 濟나라에서 최저崔杼가 莊公을 시해하자, 太史가 그 사실을 기록하였다. 최저가 太史를 살해해 버리자, 그 아우가 다시 이를 기록했고, 그도 또한 죽임을 당했다. 그 아우가 또 다시 이 사실을 기록하자, 마침내 최저도 더 이상 그를 죽이지 못하고 놓아주었다. 한편 南史氏라는 사람은 太史가 모두 살해되었다는 소식을 듣고, 시역弑逆 사실을 기록한 간책簡策을 받들어 조정으로 갔다가, 이미 사실이 기록된 것을 알고 되돌아갔다.(左傳, 襄公25年; 新序, 節士)

이러한 기록들은 모두 역사에서 객관적 사실성이 얼마나 귀중한 생명인지 증명하고도 남음이 있다. 역사를 거울에 비유하는 것도, 明鏡

18 三國志, 魏書, 卷13 王郎傳: "司馬遷記事, 不虛美, 不隱惡, …· 謂之實錄."

19 孔子家語, 卷九: "夫良史者, 記君之過, 揚君之善, 而此子以潤辭爲官, 不可爲良史."; 大戴禮記, 保傅: "太子有過, 史必書之. 史之義, 不得不書過, 不書過則死."

止水가 사물 모습을 미추美醜에 관계없이 있는 그대로 비추어 주듯이, 역사도 인간 言行을 선악시비에 관계없이 사실 그대로 기록해야 함을 상징하기 때문이다.

물론, 객관적 사실성·진실성은 역사에 최소한도 기본일 뿐, 결코 완전한 생명이 되지는 못한다. 진실성은 역사에서 없어서는 안 될 필요 전제조건이지만,[20] 충분조건은 못된다. 단순한 사실 차원에 머무르지 않고, 그 객관적 진실성이 내포하는 역사 精神, 즉 眞理性에까지 고양될 때, 비로소 역사의 생명이 온전해질 수 있다.[21] 시비선악의 윤리도덕적 가치판단과 흥망성쇠의 정치·사회적 得失原理로서 법칙성에, 역사 정신과 생명의 본질이 존재하는 것이다. 孔子가 春秋를 쓴 정신도, 은미한 언사로 大義를 드러내며, 완곡하면서도 시비를 바르게 분별하여, 善을 권장하고 惡을 징계하고자 함에 궁극목적이 있었다.[22] 史官이 목숨까지 버리면서 역사의 객관적 진실성을 고집하는 것도, 실질상 진리성이라는 역사 정신을 수호하기 위해서다. 결국 역사의 생명은 진실성과 진리성의 통일조화에 있다고 할 수 있다.

따라서 역사의 연구도 객관 실증적 史實에 근거하여, 역사 속에 담겨있는 정신과 진리를 올바르게 찾아 계승함이 본연의 임무이다. 역

---

20 역사의 實證性에 관하여, 孔子는 夏와 殷의 禮制는 말할 수 있지만, 그들 後代인 杞와 宋은 문헌이 부족해 밝힐 수 없다고 탄식하였다. 論語, 八佾편 참조.

21 孟子는 일찍이, 武王이 紂를 정벌할 때 殷나라 군사가 서로 공격하여 흘린 피가 절구공이를 띄울 정도로 홍건했다는 尙書 武成편의 기록에 대하여, 어진 이가 포학무도한 자를 정벌하는 데 어찌 그렇게 참혹한 상황이 벌어질 수 있느냐면서, '書經을 전부 그대로 믿는다면 차라리 書經이 아예 없는 것만 못하다'(盡信書, 則不如無書)고 史料의 취사선택과 신뢰성에 신중할 것을 강조했다. 孟子, 盡心下편 참조.

22 左傳, 昭公31年: "春秋之稱, 微而顯, 婉而辨. 上之人能使昭明, 善人勸焉, 淫人懼焉, 是以君子貴之." 左傳, 成公14年에도 비슷한 내용이 있음.

사의 진실과 진리가 史料 속에 객관으로 독립 존재할지라도, 인간의 주체적 연구 및 비판적 반성·계승 없이는, 역사 정신과 생명은 현재에 결코 되살아날 수 없기 때문이다. 즉, 역사적 진실과 진리에 생명력을 불어넣는 것은 현재의 人間이다. 明鏡止水가 사람의 모습을 제아무리 밝게 비추어 주어도, 인간이 자신의 미추를 인식·판단하여 용모를 단정하지 않으면, 거울은 존재의미가 없다. 마찬가지로, 역사적 진실이 인간사회의 진리를 제아무리 분명히 웅변하고 있어도, 현재를 사는 인간이 주체적 연구와 창조적 계승을 게을리 하면, 역사 또한 '龜鑑'으로서 존재가치가 전혀 없게 된다. 역사라는 스승은 다만 진실을 가리켜 줄뿐이지, 결코 진리까지 가르쳐 주지는 않는다. 인간 스스로 겸허하고 솔직하게 배우려는 학생이 될 때에만, 비로소 진리의 가르침이 얻어질 수 있다. 그런 의미에서 역사는 거울처럼 항상 냉정하고 무심하다.

훌륭하지 않은 스승은 없으나, 훌륭한 학생이 드물 뿐이라고 한다. 바로 역사를 두고 이르는 것인가?! 善이건 惡이건, 역사 자체는 항상 훌륭한 스승으로서 귀감과 교훈을 드리운다. 善을 본받아 따르고 惡을 징계해 고쳐나가는 인간의 주체적 실천적 '學習'만이 역사를 훌륭한 스승으로 삼을 수 있다.

孔子는 일찍이 "옛것을 익히고 새것을 알면 스승이 될 수 있다"고 말했다. "세 사람이 함께 하면 반드시 나의 스승이 있으니, 善을 가려 따르고 不善은 고친다."고도 말하였다.[23] 또 老子는 "善人은 不善人의 스승이며, 不善人은 善人의 자아수양에 귀감이 된다."고 하였다.[24] 내 스승이 어찌 시간과 공간을 같이하는 착한 사람뿐이겠는가? 역사 속

23 論語, 爲政: "溫故而知新, 可以爲師矣."; 述而: "三人行, 必有我師焉. 擇其善者而從之, 其不善者而改之."

24 老子, §27: "善人者, 不善人之師; 不善人者, 善人之資."

에 무수한 善人·惡人과 그들의 행적 또한 나와 동행하는 훌륭한 스승이 될 수 있으리라. 역사만큼 진귀하고 무진장한 스승의 보물창고도 없다. 그리고 인류의 수천년 역사보다 더 장수하는 거북이와 더 밝은 거울이 또 어디 있겠는가? 그 역사를 스승 삼을 수 없다면, 제아무리 신령스러운 거북이와 明鏡止水인들 무슨 귀감이 될 수 있으랴! 우리가 역사 傳統을 중시하는 까닭도, 그리고 필자가 전통 법문화의 역사철학을 연구해온 목적도 바로 이러한 연유에서다.

2. 空間 : 우리 전통문화에 중요한 淵源으로서 '中國'

왜 中國을 연구하는가? 해방 이후 서구문화가 지배적 조류를 이루는 남한 현실에서 보면, 시대착오고 고리타분한 바보로 보일 것이다. 한편, 일제식민시대에 民族史學을 계승하여 새로운 주체성을 확립하려고 하는 최근 민족주의 학문풍토로 보면, 케케묵은 復古的 事大主義 유물 정도로 취급될지도 모른다. 다행스럽게도, 해방 이후 분단과 함께 단절되었던 中國大陸과 교류를 재개해, 지극히 현실적 실용 관점에서나마 '中國'에 대한 막연한 관심과 기대가 고조되면서, 中國學도 상대적 각광을 받는 처지가 되고 있다. 그렇다고 물론 中國 古代法의 역사까지 호기심의 시선을 받을 만큼 넉넉한 것은 아니다.

확실히 우리 현대사는 일제 식민지배、해방、분단、미국 軍政、同族相殘이라는 일련의 歷史的 단절과 歪曲 속에서, 민족 주체성의 지표와 방향을 제대로 가누지 못한 채, 근대화라는 시대적 과제 아래 서구문화의 압도적 파도에 휩쓸려 방황해 온 것이 사실이다. 이러한 단절과 분단의 상황 속에서 깨어난 민족의 주체의식도 그 영향을 받지 않을 수 없었다. 과거 전통과 역사에 대한 비판과 부정이 가장 큰 문제점인데, 영어는 무의식적으로 사용하면서도 漢文은 의식적으로 쓰지 않는다. 그리하여 이른바 '한글전용세대'를 초래하는 편협한 자기모순의 민족주의를 걷게 되었다. 모두가 눈앞 현실에만 급급한 근시안적 천박한 편견 소치다.

溫故知新으로 古今의 변화를 통달하지 않고서는, 민족의 현재좌표와 미래목표를 제대로 설정할 수 없다. 역사의 중요성과 필요성은 앞서 서술한 바와 같다. 그런데 우리 전통역사를 연구함에 부닥치는 첫번째 난관은 史料의 도구언어인 漢文이다. 우선 漢文 자체를 모르는 한, 우리 역사는 원시적 연구 불능의 미궁에 빠진다. 언어와 문자가 인간 의사를 표현·전달하는 도구로서 정신문화의 하나임을 감안한다면, 漢文의 단순한 해독에도 中國文化 전반에 대한 이해가 필수불가결한 선결조건임은 자명하다. 漢文은 중국 고유의 배타적 문자가 아니라, 우리 동이족이 발명 형성해 동아시아 공통 언어문자로 확산되었으며, 연유야 어찌 되었든 한반도에 정착한 우리 조상들은 전통시대에 漢文을 중국과 공유 공용했다. 조선시대 들어 말글로서 訓民正音 한글이 창제되어, 한문이 마치 외국문자처럼 오해받고 있지만, 有史이래 지금까지 중국과 직접 교류 및 간접 영향 관계를 지속해 왔다. 韓中관계사라는 특수한 학문영역이 아니더라도, 우리 전통역사 전반에 걸친 중국의 직간접 영향은 실로 지대하다.

法의 영역에 국한하여 보더라도, 中國法의 전래 및 영향은 韓國法制史(특히 成文法)의 주요한 근간을 이루는 결정적 요소다. 우선 後漢書 東夷列傳 기록에 의하면, 우리와 공통 조상인 동이족 殷이 멸망하면서 그 나라 현인 箕子가 朝鮮에 피난 와서 八條法禁으로 교화했다. 동족이 아니라면, 소수가 다수 군중 속에 들어와 쉽사리 지배·주도권을 장악할 수 없다. 그 후 燕人 衛滿이 침입해 풍속을 어지럽히고, 특히 漢이 朝鮮을 멸망시키고 四郡을 설치해 식민지배하면서 法禁이 60여 조로 불어났다. 箕子가 제정한 八條法禁은 사실상 동이족 공통의 예법문화일 것이며, 衛滿과 漢四郡의 朝鮮에 대한 영향은 신뢰할 만한 史實이다. 아울러 법령 증가를 法制 발전이라는 긍정적 관점이 아니라, 풍속 각박화의 원인으로 부정 평가하는 史觀도 주목할 만하다. 그 후 三國 및 高麗의 律令 제정과정에서 수용한 唐律, 그리고 朝鮮 經國大典이 明文규정으로 직접 포괄 적용(繼受)한 明律도 한국법제사에 중추를 이룬다.[25]

이렇게 보면, 한국법제사 연구에서 전통 中國法의 이해는 필수불가결한 전제조건임이 자명해진다. 뿐만 아니라, 어떤 의미에서는 中國法이 한국법제사의 일부이기도 하다. 그런데 지금까지 法制史의 연구 상황은, 우리 한반도 고유법의 연구에도 급급할 정도로 인력이 부족해, 中國法制史에 대한 본격 연구는 엄두도 못 낸 형편이다. 우리 법제사에 대한 연구도, 민족의 自主性 확립이 시급한 목표인 까닭에, 우리 法制의 중요한 원류로서 中國法을 연구할 여유가 없었다. 어쩌면 先學세대는 전통문화가 아직 완전히 단절되지 않은 시대에 살면서 전통법에 매우 익숙해 있고, 그 속에서 中國法의 영향을 직접 체험하였을 것이다. 따라서 韓中 法文化의 동질성은 당연한 것으로 여기고, 새삼스럽게 연구할 필요성도 느끼지 않았을지 모른다. 그래서 성문화한 中國法보다는, 오히려 그와 이질적인, 우리 고유의 '살아있는 법'의 연구에 더 주력했으리라.[26]

그러나 지금은 시대 여건이 여러모로 제법 변화했다. 분단과 단절이 한두 세대를 지나면서, 언어와 일반문화는 물론, 法制와 法思想도 거의 서구화 되다시피 하였다. 컴퓨터 보급은 한글전용화를 가속화하여, 젊은 세대에게 고유 전통문화는 이제 낯선 옛날 역사로 化石化되

25 朴秉濠, 韓國法制史(放通大教材), 6-13쪽 및 35-37쪽 참조.

26 주요 업적으로, 朴秉濠, 韓國法制史攷 및 田鳳德, 韓國法制史研究 등이 있다.

어가고 있다. 따라서 전통문화와 역사를 연구하려면, 漢文을 마치 서구에서 라틴어처럼 古文化된 외국어로 새로이 공부해야 하는 부담이 가중된다. 물론, 전통시대 韓中文化의 동질성도 전혀 느낄 수조차 없게 되었다. 다만, 그러려니 하고 막연히 추측이나 하면 그만이다.

이제 우리 역사와 전통문화에 대한 새로운 인식과 비판적·창조적 계승이 시대적 사명으로 제기되고 있다. 우리 과거를 더욱 정확히 객관으로 인식하고, 더 깊고 폭넓게 연구하기 위해서는, 우리 역사에 가장 가깝고 오랜 동반자인 전통 中國을 이해하지 않을 수 없다. 그래야만 韓中 전통문화가 서로 얼마나 동질적이며, 또한 무엇이 이질적인지 상대적 비교도 할 수 있다. 또한 중국대륙과 재교류를 이미 개시한 현실에 공리주의 관점에서도, 전통 中國에 대한 이해는 무척 필요하고 가치 있는 관심사가 될 것이다. 왜냐하면, 사회주의 中國도 필경은 中國이며, 中國의 민족성은 이념보다는 中華文化의 주체성을 더 강하고 뿌리 깊게 앞세우기 때문이다. 설령, 이러한 모든 韓中 문화관계를 완전히 부인하고 도외시하더라도, 전통 中國法에 대한 역사적 연구 자체만으로도, 우리 법현실과 未來法을 金科玉條로 조탁할 수 있는 '他山之石'의 귀감이 되기에 충분할 것이다.

이러한 제반사유들이 전통 '中國'의 法에 대한 연구 동기이자 기대이다. 필자 개인으로 보면, 한국법제사 연구에 종사하면서 中國 전통법에 대한 이해의 필요성을 절감하게 되었고, 그 淵源을 소급하다 보니 특히 先秦 古代中國에까지 이르게 되었다. 그러나 솔직히 말하면, 그저 좋아서 시작한 中文學 부전공이 한국법제사와 전통 中國法에 대한 연구에 근본 원동력이 된 사실은 부인할 수 없다.

사실, 학문에서 使命이나 價値와 같은 당위적 필요성도 중요하지만, 그보다는 순수한 지적 호기심에서 출발하여 자기도 모르게 좋아하고 즐겨하는 존재적 자발심이 더욱 소중하다. 아무런 사사로운 목적이나 의도가 없는 순수한 好學이야말로 진정으로 위대한 학문을 성취할 수 있다. 학문의 사회적 효용과 시대적 사명은 그 자연스러운 결실로 나타나기 마련이다. 물론, 이것이 단순한 개인적 호기심 충족이나 자아도취적 낭만 수준에 머무르고 마는, 사치스러운 낭비를 의미하는 것은 아니다. 오히려 그 안에 더 위대하고 공평무사한 소원이 일어나고, 더욱 고귀한 목적의식과 방향성이 분명해지게 된다. 無爲自然의 無心 속에 맑고 밝은 慈悲光明의 智慧가 고요히 용솟음치기 때문이다. 그래서 공자도 "아는 것이 좋아함만 못하고, 좋아함이 즐김만 못하다.(知之者, 不如好之者; 好之者, 不如樂之者. 雍也)"고 말했으리라!

3. 事物 : 총체적 文化結晶이자 전형적 社會規範으로서 '法'

'인간은 사회적 동물'이고, '사회 있는 곳에는 반드시 法이 있다.' 물론, 이 法은 국가 입법기관이 成文으로 제정 공포한 근대적 實定法에 국한하지 않는다. 법의 사회규범성을 두고 일반보편 범주를 널리 포함하는 개념이다.

사실, 동서고금 어느 왕조나 국가를 막론하고, 武力에 의해서 건국 창업의 공을 완수한 다음에는, 반드시 禮樂이나 法令 같은 文物制度를 제정하여 국가통치 규범을 정비함이 상례다. 뿐만 아니라, 무공이 혁혁하고 治積이 위대할수록, 禮樂法制도 더욱 완비해지기 마련이다.[27]

周는 文王의 창업기반과 武王의 건국완수 후에, 周公이 禮樂을 제정해 封建통치조직을 완성하였다. 秦은 中原 통일 이후에 법령·도량형·문자 등 각종 문물제도를 통일했다. 漢도 천하를 재통일한 후 처음 공포한 것이 '約法三章'이었다. 明 太祖도 王業을 완수한 다음, 친히 大明

27 禮記, 樂記: "王者功成作樂, 治定制禮. 其功大者其樂備, 其治辯者其禮具."

律 제정을 지휘하여 당대에 공포·시행하였다. 朝鮮도 太祖 자신이 즉위 후 직접 법령정비를 명령하여 經濟六典을 완성하고, 그 후 몇 차례 수정보충을 거쳐 成宗 때에 經國大典을 시행하였다.[28] 서양 경우도 예외는 아니다. 로마가 지중해를 세 번 통일했다는데, 그 중에 법령 통일이 근대서양 법문화의 중요한 淵源으로서 매우 중요한 역사적 의미를 지닌다. 나폴레옹이 유럽대륙을 정복한 뒤 나폴레옹법전을 편찬한 사실도 아주 유명하다. 이 모두가 실력 통일인 武功을, 法制라는 文治로써 안정시켜, 건국창업을 명실상부하게 완성한 '文武兼備'의 역사적 실례들이다. 武功이 정치·군사적 사실이라면, 法은 사회적 규범이자 문화적 結晶이다.

이러한 까닭에, 어느 시대와 지역을 막론하고 인간 사회와 역사를 연구함에, 法은 빠뜨릴 수 없는 필수 대상이 된다. 넓은 의미에서 法은 정치·사회·경제·문화 등 거의 모든 인간행위 영역을 총망라한다. 법은 국가사회에 기본 질서규범으로서 모든 개별적 사실행위 영역을 지배·규율하기 때문이다. 그래서 전통 法制史의 대상과 범위에서도, '法制' 개념을 협의에 '법의 제도'로서 刑律에 국한하지 않고, 광의에 '제도의 법'으로서 法律典章 및 文物制度 전반을 포함해 이해한다.[29]

사실 전통법을 '律'이라는 편협한 고정관념으로 보면, 단순히 형법전에 불과한 것처럼 여겨질지 모른다. 물론 律에 형법 규정만 있는 것도 아니다. 민사법 규정도 적지 않다. 다만, 규정방식이 위반에 대한 국가형벌 제재를 중심으로 이루어졌을 뿐이다. 무엇보다도, 형식상 律의 하위법처럼 되어 있는 令·格·式 등의 법 범주가, 실질상 국가의 정치·행정·사회·문화·군사 등 모든 영역을 총망라하는 조직규범이라는

28 朴秉濠, 韓國法制史攷, 397-421쪽 참조.

29 陳顧遠, 中國法制史, 1-3쪽 참조.

사실이 중요하다. 특히 明·清代의 會典이나 조선시대 經國大典을 보면 더욱 분명해진다. 여기에서는 律이 刑部의 조직과 刑事行政 등에 관한 법규정과 함께 刑典의 부분 규범으로 속해 있을 따름이다.

法治國家를 최고이념으로 표방하는 현대사회에서 법의 영역과 기능은 말할 필요도 없다. 당위규범으로서 법은 존재사실로서 정치·경제·사회·문화 활동 등을 바탕으로 규정되고, 또한 수시로 이들의 변화를 반영한다. 뿐만 아니라, 이들 사실행위를 지도·규율하고 그 방향성을 적극 제시해 주는 당위 명령이 되기도 한다. 여하튼 법은 사회현실과 항상 불가분 관계를 유지하며 서로 영향을 주고받는다.

인간사회에서 법이 이처럼 필수불가결한 존재라면, 인간사회를 이해함에 법의 이해 또한 필수불가결함은 당연하다. 역사 연구도 마찬가지다. 그러나 일반 역사 연구에서 法은 그리 큰 비중을 차지하지도 못할 뿐만 아니라, 별 관심도 받지 못하는 실정이다. 연구 인력이 부족한 탓도 있겠지만, 法 자체가 무미건조하고 전문성 특수성을 지니기 때문에 더욱 그러할 것이다. 게다가, 법의 '당위규범성'은 역사적 사회 '현실'과 괴리되기 일쑤인데, 그 경우 법은 단순한 통치계층의 허울 좋은 명분이나 강압적 지배수단으로 전락하기 쉽다. 그로 인한 법에 대한 혐오감과 부정적 시각이 법제사에 대한 연구기피를 더욱 조장할 것이다.

한편, 현대 학문의 전문화 경향은 역사 연구를 더 이상 일반 역사학자의 전속관할로 허용할 수 없게 되었다. 특히, 法制史를 포함하여 經濟史·科學史·美術史·音樂史 등과 같은 영역은 상당한 전문성을 요구하는 까닭에, 일반 역사가의 학식 수준으로는 심오한 전문 연구가 사실상 어려운 형편이다. 그렇다고 일반 법학·경제학·과학·미술·음악 전공인들이 이들 전문사를 연구하기에는 역사적 소양과 시각이 부족하기 마련이다. 따라서 현대 역사학은 전문화와 함께 종합화를 절실하게 요청하고 있다. 따라서 관련 학문분야 간에 긴밀한 교류 및 공동 연구가 이루어져야 한다.

法制史가 법을 주요 연구대상으로 한다고 하지만, 이는 단순한 영역이나 범위 문제가 아니라, 관점과 방법 문제이기도 하다. 확실히 법이라는 규범의 창을 통해서 역사를 보는 것은, 다른 어떤 사실의 거울로 비춰보는 것 못지않게 독특한 색채와 풍취를 지닌다. 이러한 의미에서 법학도가 연구하는 법제사는 단순한 역사 속의 법이나 법의 역사라는 평면적 영역에서뿐만 아니라, 법의 관점과 시각을 통해서 보는 역사라는 입체적 차원에서 심오한 의의를 지닐 수 있다. 물론, 역사적 의식과 관점에서 보는 법의 연구와 상호 보완하며 통일조화를 이루어야만, 더욱 원만하고 완전한 법제사가 될 것이다.

4. 方法 : 전반적 '文史哲學' 관점

'文史哲學'이라는 단어는 서양학문 용어에 익숙한 우리에게는 비교적 낯선 개념이다. 그러나 외국어 번역에도 '中體西用'의 주체의식이 강한 中國에선 '文史哲學'을 人文學의 대명사로 널리 통용하고 있다. 전문화·세분화 경향이 강한 현대 학문분류로 보면, 人文學이 文學·史學·哲學의 명칭으로 국한되는 것은 아니다. 그렇지만 이 삼자가 전통 인문학의 전형이고, 다른 분야는 대개 이들로부터 파생·분화해 나간 점을 고려하면 수긍이 가는 호칭이다.

고대 中國에 도서(학문) 분류는 漢代에 劉歆이 七略에서 七類로 나눈 것이 시초이다. 그런데 晉代 이래 經·史·子·集의 '四部'가 이를 대체하여, 淸代 四庫全書에 이르기까지 보편 분류법으로 통용되었다. 四部는 곧 五經 중심의 經學에 史學·諸子百家·文集을 아울러 이른다. 물론 四部를 文·史·哲學에 정확히 대응시킬 수는 없다. 그러나 대체로 經學

과 諸子百家는 哲學에 분류하고, 개인 文集의 경우 詩文은 文學에, 사상철학이나 역사에 관한 내용은 각기 哲學이나 史學에 분류할 수 있을 것이다. 儒家獨尊의 봉건통치이념을 반영해, 유가의 주요저작이 별도로 經學에 독립 분류된 것이 특색이다.

그러나 이러한 전통 분류법을 의식하지 않고, 지금 文史哲學 개념으로 古典을 본다면, 中國 最古의 典籍인 三經이 바로 여기에 정확히 들어맞음을 알 수 있다. 즉, 詩經은 文學에, 書經은 史學에, 그리고 易經은 哲學에 각기 대응한다. 여하튼, 四部는 전통 중국에 모든 도서와 학문을 총망라하는 분류범주이다. 이를 대체한 지금 文史哲學 개념범주도 전통 관점에서 보면 인문학뿐만 아니라 사회과학, 심지어는 모든 학문영역을 포괄하는, 中國 특유의 용어라고 할 수 있다.

한편, 현대학문 관점으로 되돌아와 본다면, 法學은 응용학문으로 사회과학에 속할 수도 있고, 당위규범 학문으로 별도로 분리 독립할 수도 있다. 이 법학이 文史哲學이라는 인문학과 무슨 관련성이 있을까? 그러나 이는 法學을 단순히 국가 실정법을 해석·적용하는 실용 수준에서 인식하는 편협한 고정관념의 소치에 불과하다. 법학이 法을 연구하는 학문이라는 일반보편 관점에서 본다면, 이 점이 분명해진다. 法은 政治·社會·經濟·文化 등 거의 모든 활동을 포괄해 규율하기 때문에, 법이 사회 모든 영역과 관련함은 당연하다. 따라서 법의 내용 자체도 다양할 것이고, 이렇게 다양한 법을 보는 시각과 방법도 다채로울 것이다.

그러나 법의 내용 관련성을 중심으로 영역을 분별하지 않아도, 法 자체를 보는 시각과 방법이 달라질 수 있다. 앞서 법령이 四庫全書에서 史部의 政書類로 분류되었음을 지적하였다. 그러나 法家의 사상철학은 별도로 子部의 法家類에 분화되어 있다. 法이 기본상 국가 제정법에 국한하지만, 현대 법학 관점에서 보면, 法 자체의 정신과 이념은 물론, 법에 관한 사상·철학을 연구하는 개인 학설도 넓은 의미에서 법학에 포함된다. 따라서 전통법을 연구함에, 국가제정법인 律令 뿐만 아니라, 그에 대한 개인 注釋 및 법 일반에 관한 思想·哲學도 그 대상이 됨은 당연하다.

한편, 현대 법학에서 법 해석은 방법에 따라 文理해석、歷史해석、目的論的해석 등으로 분류하기도 한다. 바로 文·史·哲學 방법과 시각을 대표하는 해석에 해당한다. 본서에서 시도하고자 하는 '文史哲學的' 방법도, 대체로 이에 상응하는 자료와 방법·관점을 뜻한다.

우선 '文學'적 방법이란, 唐律을 중심으로 전통 法條文의 실체 내용을 분석·연구하는 것이다. 여기에는 法文 및 法과 관련된 개념, 특히 규범비유(후술 참조)들의 文理的 함의를 문자어원상 규명하는 文字學적 방법도 포함한다. '史學'적 방법이란 법전편찬 과정에서 내려지는 敎旨와, 편찬된 법전을 올리는 表文·上疏 및 조정의 유권해석인 疏議 등을 통해 입법 동기나 의도를 밝히는 작업이다. 물론, 法 자체의 역사적 변화를 통시대로 관찰하는 본연의 '法制史'가 史學的 방법에 중추가 됨은 물론이다. 그리고 '哲學'적 관점이란 구체적 法制의 근본정신을 관류하는 사상적·철학적 기초, 특히 전통 중국법에 중요한 淵源으로서 유가의 經典 및 禮, 그리고 제자백가의 철학사상을 법의 이념과 관련하여 연구하는 방법이다.

이 세 가지 방법과 관점은 서로 분리 독립하지 않고, 오히려 상호 의존 보충하며 밀접한 관계에 놓여 있다. 따라서 이들이 서로 통일조화를 이룰 때, 전통법에 대한 이해도 전반에 걸쳐 더욱 원만하게 성취될 것이다. 본서가 이처럼 종합적 방법과 거시적 관점을 취하는 뜻도 여기에 있다.

물론 현대 학문방법론은 전문화·분석화 경향이 주류다. 그러나 中國法에 대한 연구가 별로 없는 한국 상황에서는, 한 작은 주제를 전문으로 깊게 천착하는 것 자체가 곤란할 뿐만 아니라, 가치효용도 적을 수밖에 없다. 무릇 학문은 개론에서 시작하여 개론으로 끝난다고 한다. 그림에 비유하자면, 먼저 스케치로 전체 구도와 윤곽을 잡은 다음, 부분 細工을 精緻하게 그리고, 마지막에 다시 전체 손질로써 통일조화를 완성함과 같다. 시작하는 개론이 학문에 윤곽과 방향을 잡아주는 입문지침이라면, 끝나는 개론은 기존 연구 성과를 통일 조화로 집대성하는 完工에 해당할 것이다. 본서는 입문하는 개론으로서 전통 中國法에 전체 윤곽을 文史哲學的 관점과 방법으로 대강 구도해 본다.

5. 主題 : 現實社會의 理想的 지향으로서 '理念'

法이란 인간 존재현실을 자연 존재법칙에 연결시키는 교량으로서 당위규범이다. 법뿐만 아니라 慣習·倫理·道德·宗敎와 같은 모든 사회규범이 인간의 此岸과 자연의 彼岸을 연결해 주는 교량 성격을 지닌다. 심지어 '道'라는 개념조차도 최고궁극의 진리·법칙이라는 본체적 의미와 함께, 거기에 이르는 실천적 '길' = '교량'으로서 인간적 의미를 지닌다. 佛敎에서 최고 眞理·가르침을 佛'法'이라 부르는 것도 매우 의미심장하다. 聖俗 차이는 있을지언정, 인간을 교화하여 본연의 이상세계로 인도하고자 하는 규범적 교량임에는 마찬가지다.

전통 中國法은, 근대서양 법철학에서처럼 존재에서 당위를 연역 도출해내려는 관념적 논리조작이 아니라, 인간 존재가 자연의 존재를 본받아 合一하고자 하는 실천적 통행교량이다. 물론, 이 교량에서 彼岸인 자연적 이상의 橋頭나, 此岸인 인간적 현실의 橋頭 모두 마찬가지로 중요하다. 자연의 존재법칙에 대한 접점이 박약하여 법의 정당성·도덕성이 결여할 때, 不正·不義에 악용되어 파멸의 길로 타락할 것이다. 반면, 인간의 사회현실에 대한 접점이 견실하지 못하여 법의 실효성이 부족할 때는, 공중루각처럼 붕 떠서 효용가치가 폭락할 것이다. 따라서 법을 제정 시행함에는 이상과 현실을 모두 균형 있게 고려하지 않으면 안 된다.

법을 연구함에도 이 두 연결점을 동시에 고찰해야 함은 물론이다. 法의 彼岸인 자연적 존재법칙의 측면을 주로 연구하는 분야가 法哲學·法思想이라면, 그 此岸인 인간의 사회현실에 연구 중점을 두는 영역은 法社會學·法人類學 등이 될 것이다. 法制史는 이 두 측면을 동시에 연구대상으로 할 수 있고, 또한 그래야만 이상적 法制史가 된다.

앞에서 역사는 단순한 사실적 지식 영역뿐만 아니라, 그것이 함축하는 본질 정신까지 밝히는 규범적 지혜 차원까지 겸비할 때 온전하게 된다고 말했다. 바로 이러한 의미맥락이다. 진실성이 일반 역사개념의 고유한 범주라면, 진리성은 철학사상적 이념까지 포괄하는 넓은 의미의 역사가 다루어야 할 과제이다.

그러고 보면, 사실 역사와 철학은 전혀 다른 별개 영역이 아니다. 역사 속에 철학이 있고, 철학 또한 역사 속에 발전하면서 자신의 고유한 역사를 창출하기 마련이다. 이른바 歷史哲學이라 일컫는 학문이다.

따라서 법제사에서는 우선 立法의 토양으로서 사회적·역사적 배경과 함께, 그 법이 사회현실에서 어느 정도 실효성 있게 시행되었는지를 고찰해야 한다. 다른 한편, 그 법을 제정한 사상적·철학적 배경과 함께, 그 법이 지향하는 목적·이념도 연구하여야 한다. 이 양자가 원만히 조화를 이룰 때, 비로소 이상적 法制史가 될 수 있다. 법제사의 중요성과 곤란성이 바로 여기에 병존한다.

그러나 보통 양자를 동시에 깊고 넓게 다루기는 매우 어렵다. 사실 전통시대에 법이 구체로 어떻게 시행·적용되었으며, 어느 정도 실효적이었는지, 전반을 검증하는 문제는 결코 쉽지 않다. 지금 법현실을 조사·연구하는 법사회학도 곤란이 중첩하거늘, 하물며 문헌자료가 거의 없는 옛날의 법현실을 추적하는 어려움이야 어찌 말할 수 있겠는가? 게다가 법을 천하고 말단지엽으로 도외시하던 전통사회 의식풍토 속에서, 관련 자료의 보존은 더욱 희귀할 수밖에 없다. 다만, 중요한 사건에 관한 刑案이나 우연하게 전해지는 判例들을 통해, 단편적 司法 현실을 엿볼 수 있을 따름이다.

입법이나 變法의 정치적 동기나 역사적 배경, 그리고 법이 입각·반영하고 있는 사회경제적 현실은, 일반 역사학에서 비교적 많이 다루는 보편 과제이다. 따라서 이 영역은 일반 역사학에 맡기고, 학문분야 상호간의 협력교류를 통해 도움 받을 수 있을 것이다. 따라서 법학도의 법제사 연구에서, 전통법의 현실 토양의 측면은 그 가치와 필요성이 비교적 덜 중요한 과제가 될 것이다. 다만, 구체적 법의 해석을 통해서 거기에 반영되어 있는 역사적 현실이 단편으로 투시될 수 있다.

결국 우리에게 가장 시급하고 중대한 현실적 관심사는, 전통법이 지향하고 있던 이상적 측면이다. 여기에는 봉건적 통치윤리에 기초하는 전통법제의 근본 지도이념과, 이들 통치윤리 및 법이념에 직간접으로 영향을 미친 근원적 사상·철학(특히 先秦 諸子百家)이 포함된다. 후자는 철학이나 사상사 영역에서 보편으로 다루어지는 과제이기도 하다. 그러나 법학 관점에서 새롭게 조망해 보는 것도 의미 있을 것이다. 구체적 실정법(律令)의 내용해석을 통해서 법이 반영하고 지향하는 통치윤리나 법이념을 탐구해 보는 것이야말로, 법학도가 할 수 있는 독특한 전문 주제가 될 수 있을 것이다. 특히, 전통법의 이념과 그 근원을 이루는 先秦 諸子百家의 철학사상은 더욱 의미 깊고 흥미로운 연구과제가 되리라고 생각한다.

한편, 역사가 긍정적 모범과 부정적 본보기(반면교사)의 양면성을 띠고 있음은 앞서 언급하였다. 역사와 전통 문화, 특히 옛 법에 대해 부정적인 비판적 관점이 주류를 이루는 현재 풍토에서, 역사의 부정적 측면을 부각시킴은 별로 바람직스럽지 못하다. 이는 역사의 부정적 본보기를 통해 반성의 효과를 불러일으키기보다는, 오히려 기존에 전통을 부정하는 견해만 더욱 조장하고 심화시킬 수 있기 때문이다. 따라서 전통문화와 역사의 밝은 측면을 선양하여, 긍정적 시각과 견해를 진작시킬, 현실적 필요와 가치가 크다. 전통법의 '理念'에 굳이 초점을 맞추는 필자의 조그만 心願이기도 하다.

(참고로, 이 서론은 본서뿐만 아니라, 이미 출판한 박사학위론문 "傳統 中國法의 精神"과, 앞으로 추가로 펴낼 책 "天道와 人法"에도, 공통으로 해당하는 총론이다.)

'거울 감監' 字 甲骨文, 金文, 說文解字 글꼴

제2편 原 論

道-法 規範源流觀*

* '源流' 용어에서 '源'은 강물이 발상하는 源泉·淵源을 뜻하며, '流'는 그 원천이 흘러 이루는 물줄기로서 上流(溪)·中流(川)·하류(江)를 총칭한다. 사물의 발생과 발전변화는 물 흐름 이외에도 나무에 비유되기도 하는데, 뿌리로서 根本과 줄기(幹)·가지(枝)·잎(葉)으로서 末端이 그것이다. 그러나 本末이라는 용어는 일반어감상 상호 대립성이 부각되어 단절적 인상이 강한 편이다. 그러므로 여기서는 本末의 상호대비성과 함께 일맥상통의 연속부단성을 강조하는 의미에서 '源流'라는 용어를 채택한다.

제1장 道로부터 法에까지

純粹法學者 한스 켈젠(Hans Kelsen)은 일찍이 실정법의 효력근거를 규명하는 피라밋형 법단계설을 주장하였다. 규칙은 명령에, 명령은 법률에, 법률은 헌법에 각기 순차로 그 효력근거를 둔다는 이론이다. 그러면 헌법의 효력근거는 무엇인가? 여기에서 개념법학적 법실증주의자도 결국 '근본규범'(Grundnorm)이라는 명칭의 自然法을 인정하지 않을 수 없게 되고 만다. 법규범의 피라밋 정점에 '屋上屋' 격의 왕관을 씌운 셈이다. 인간 실정규범의 자기한계이기도 하다. 그래서 自然法論에서는 인간 실정법규범의 존재 및 효력(정당성)의 근거로 도덕·종교·관습 등과 같은 규범을 제시하기도 한다.

참고로, 만물의 존재 근거나 운동의 최초 근원(원동력)도 소급해 추구하다보면 똑같은 논리적 한계에 봉착해, 결국은 'The First Cause'(God)라는 추상적 존재를 설정하게 된다. 모든 인과관계의 사슬이 궁극에 귀결하는 '스스로 창조한 존재'(the self-created being(i.e., God)를 가리킨다. 이는 고대 그리스 철학자들이 사용했고, 중세 기독교 신학에서 이를 차용해 유명해졌다.[1] 동양에서는 '自由自在', 또는 老莊의 '無爲自然'이나 도교의 '無始無終' 개념이 이에 해당한다.

인간의 각종 사회규범의 수직 질서에 관한 비슷한 이론이 전통 법

1 https://www.britannica.com/topic/first-cause 참조.

사상에도 이미 2,500여년 전에 존재하였다. 이를 본서에서는 '規範源流觀'이라고 부르기로 한다.[2] 앞서 언급한 것처럼, 켈젠의 법효력단계설은 각종 실정법규범 상호간의 관계를 중심으로 하되, 이론상 궁색함을 소통하기 위해 근본규범을 장외에 설정하였다. 이에 반하여, 동아시아 전통 規範源流觀은 法 밖에 道·德·仁·義·禮와 같은 非實定的 도덕규범을 중심으로 하고, 법은 최후에 말단지엽으로 구석자리를 차지할 뿐인 점이 다르다. 한편, 켈젠의 이론은 아래에서부터 그 존재 및 효력근거를 거꾸로 소급해 추론한다. 이에 반하여, 전통 規範源流觀은 모든 규범의 근본 원천으로서 道로부터 출발하여, 그 하위규범을 향해 순차로 연역해 내려온다는 점이 또 다른 특징이다.

老子의 규범생성순서에 관한 견해가 전통 規範源流觀의 시초인데, 그 내용은 다음과 같다.

> "道를 잃은 뒤에 德이고, 德을 잃은 뒤에 仁이며, 仁을 잃은 뒤에 義이고, 義를 잃은 뒤에 禮이다. 무릇 禮는 忠信의 각박함이요, 혼란에 괴수다. 앞에 인식함은 道의 꽃이자, 어리석음의 시작이다."[3]

이와 함께 이론 근거도 제시한다. 즉, 上德은 無爲를 근본으로 삼아 그 德을 드러내지 않기 때문에 진실로 德이 있으며, 下德은 有爲에 바

---

2 '源流' 용어에서, '源'은 강물이 처음 시작하는 샘(濫觴)으로서 源泉·淵源을 뜻하며, '流'는 그 원천이 흘러 이루는 물줄기로서 上流(溪)·中流(川)·하류(江)를 총칭한다. 사물의 발생과 그 발전변화는 물 흐름 이외에도 나무에 비유하기도 한다. 뿌리로서 根本과 줄기(幹)·가지(枝) 및 잎(葉)·꽃(華)·열매(實)를 포괄하는 末端이 그것이다. 그러나 本末이라는 용어는 일반어감상 상호 대립성이 두드러져 단절의 인상이 강한 편이다. 그러므로 여기서는 本末의 상호대비성과 함께, 일맥상통하여 끊이지 않는 연속성을 강조하는 의미에서 '源流'라는 용어를 채택한다. 마지막 종합 결론에서 여러 비유를 상세히 든다.

3 老子, 제38장: "失道而後德, 失德而後仁, 失仁而後義, 失義而後禮. 夫禮者, 忠信之薄, 而亂之首, 前識者, 道之華, 而愚之始."

탕을 두고 그 德을 잃지 않으려고 하므로, 도리어 德이 없게 된다. 上仁은 의지(의식)로 행하지만 내심의 의도(동기)는 없으며, 上義는 의지로 행하면서 의도(동기)가 있다. 그리고 上禮는 의지로 행하면서, 그 번잡한 禮節에 상응한 보답이 없으면, 팔을 걷어붙여 비난하고 다툰다.[4] 여기서 德·仁·義·禮의 본질 성격을 가지고 그 本末先後를 논하는데, 道는 無爲的 本質 자체이므로 아예 언급조차 없다.

한편, 莊子는 黃帝의 입을 빌어서, 규범원류에 관한 老子의 말을 그대로 인용한다. 그러면서 역시 각 규범의 本性을 약간 다른 문구로 표현해 이론 근거로 제시한다.(知北遊) 韓非子도 老子를 해석하는 '解老' 편 첫머리에서 이 구절을 풀이하면서, 이론 근거로서 각 규범의 본성을 상세히 해설한다. 아울러 각 규범 상호간 본질 관계를 규정함으로써, 老子의 이 명제를 더욱 강하게 논증한다.

> "道가 쌓여야 德의 功이 있기에, 德은 道의 功이다. 功은 실질(내용)이 있으며 실질은 빛이 나기 때문에, 仁은 德의 빛이다. 빛은 윤택이 있으며 윤택은 사실(事)이 있기 마련이므로, 義는 仁의 현상이다. 현상은 禮가 있으며 禮에는 형식(文)이 있기 때문에, 禮는 義의 형식이다."[5]

특기할 문제는, 韓非子 인용문에는 '道를 잃은 뒤에 德을 잃는다(失道而後失德)'는 식으로, 네 구절에 각기 하나씩 '失'자가 덧붙여진 사실이다. 이에 대한 역대 老·韓 주석가 견해는 크게 양분된다. 하나는, 老子 원문과 莊子 인용문의 일치를 근거로, 韓非子 인용문에 '失'자가 잘

---

4 老子, 제38장: "上德不德, 是以有德; 下德不失德, 是以無德; 上德無爲而無以爲, 下德爲之而有以爲; 上仁爲之而無以爲, 上義爲之而有以爲; 上禮爲之而莫之應, 則攘臂而仍之."

5 韓非子, 解老: "道有積而德有功, 德者道之功; 功有實而實有光; 光有澤而澤有事, 義者仁之事; 事有禮而禮有文, 禮者義之文."

못 덧붙여진 것이니 삭제해야 한다는 주장이다. 다른 하나는, '道를 잃으면 德도 따라서 잃는다.'는 것이 老子 본의라면서, 오히려 현전 老子 판본에 네 '失'자가 탈락했다는 주장이다.[6]

생각하건대, 老子 원문을 자구대로 해석하면, '道를 잃은 뒤에 德이다'가 된다. 여기에서 '德이다'는 표현에는 앞의 '상실'이 의미상 동어반복을 피하기 위해 생략되었다고 해석할 가능성도 없지 않아 있다. 韓非子를 근거로 老子 판본에 '失'자가 탈락했다고 주장하는 학설은, 바로 이 해석을 취하는 것 같다. 그러나 '德이다'의 일반 해석은 '道의 상실'에 대응하여 '德'이 비로소 '생겨나'게 된다는 긍정 의미여야 할 것이다. '失'자가 덧붙여진 경우 엄격한 자구해석은, '道를 잃으면 德도 따라서 잃는다' 라기보다는, '道를 잃은 뒤에야 비로소 德을 잃는다'는 어감을 강하게 풍긴다. 그리고 "大道가 사라져야 仁義가 존재하고, 친족이 화목하지 못해야 孝子가 생기며, 나라가 혼란해야 忠臣이 나온다."[7]는 老子의 다른 표현을 참고로 대비해 보아도, '失'자가 없는 원문의 일반 해석을 취함이 크게 무리가 없을 것이다. 허나 비록 어떠한 견해를 취하느냐에 따라 자구상 사소한 해석 차이는 초래하지만, 道를 상실한 뒤에 德이 '비로소 생겨나'든지 혹은 '따라서 상실하'든지 간에, 道가 德의 존재근거를 이루는 근본 선행규범임에는 변화가 없다.

한편, 여기에서 德이 '생겨난다'는 의미 자체도, 자구 해석보다 전체 文理상 해석을 취해야 한다. 즉, 본질상 존재하지 않던 德이 비로소 '생성'된다는 절대적 존재 차원의 맥락이 아니다. 본래 존재하긴 하지만, 그보다 근본인 道의 위대한 비중에 눌려 빛을 발하지 못하던 德이, 道가 사라지면서 비로소 그 존재가치를 '드러낸다'는, 상대적 '出現'의

---

6 陳奇猷, 韓非子集釋, 334쪽; 陣啓天, 增訂韓非子校釋, 727쪽; 朱謙之, 老子校釋, 152쪽 등 注에 인용한 각종 견해 참조.

7 老子, 제18장: "大道廢, 有仁義; 六親不和, 有孝慈; 國家昏亂, 有忠臣."

문리로 해석해야 타당할 것이다. '나라가 혼란해야 忠臣이 나온다'는 문구도 마찬가지다. 태평시대에 忠臣이 결코 없다는 의미가 아니라, 다만 평소에 그 존재가치가 별로 인식되지 못하던 忠臣의 존재가, 위급한 혼란이 닥친 뒤에야 비로소 현저히 드러난다는 해석이 사리에 부합한다. 마치 날씨가 추워져 일반 나무들이 낙엽한 뒤에야 松柏의 푸름이 돋보이고, 대낮 동안에는 햇빛에 가려 보이지 않던 별이 日食이나 日沒 후에야 반짝거리는 빛을 보이는 것과 같다. 어떻게 봄여름에는 松柏의 잎이 없고, 대낮에는 별이 존재하지 않을 수 있겠는가? 어쨌든 본서 규범원류관 자체는, 자구상의 사소한 해석 차이에도 불구하고, 별다른 영향 없이 의미 있게 존재한다!

참고로, '失道'의 한글 번역에도 다양한 어감 차이가 날 수 있다. 본서에서는 한문에 '동사 + 목적어' 구조에 충실하게, 주어가 생략 함축된 걸로 보아 '사람이(人)' '도를 잃(상실하)다'로 직역했다. 물론, 의역하여 '도가 상실된 뒤에' 또는 '도가 사라진 뒤에'로 표현하면, 좀 더 매끄럽고 순조롭게 들린다. 하지만 굳이 직역을 택한 이유는, 老子가 '無爲自然'을 중시하여, 인간이 무위자연에 반하거나 거스르는 '人爲' 또는 '有爲'로 말미암아 무위자연의 도를 잃게 된다고 여긴바, 그 원인과 책임을 분명히 드러내려는 의향을 반영해서다.

각별히 주목할 老子 규범원류관의 특징은, 그 생성순서의 연역이 禮에 와서 그치고 만다는 점이다. 이는 老子 당시에 '법가'의 법치 사상이나 '법' 개념이 본격 등장하지 않은 역사 현실을 반영한다. 法治를 본격 주장하는 法家思想은 물론, 周禮를 대체하는 국가 실정규범인 '法' 개념은, 전국시대에 비로소 등장하여 秦의 천하통일에 원동력을 제공하게 된다. 따라서 老子는 춘추시대까지 등장한 각종 규범 자체의 역사상 생성순서를 이론 근거 제시와 함께 체계화한 셈이다. 즉, 사실적 규범현실의 존재적 생성순서에 관한 老子의 이론이, 그 후 제자백가에 의해 펼쳐진 당위적 규범 이상의 변천과도 역사상 부합하는 것이다.

우선, 老子 자신은 道와 德을 근본으로 삼았는데, 그와 동시대 후배인 孔子는 道와 德의 최고 궁극성을 이상으로 삼으면서 '仁'을 중점 강조하였다. 물론, 孔子도 義와 본질적 禮를 중시하였으나, 부차적 수준에 그친다. 한편, 墨子는 仁義를 거의 동등한 비중으로 병칭·주장하고, 孟子도 仁義를 병칭하지만 義에 좀 더 치중한 편이다. 그런데 荀子는 禮義를 병칭하면서 '禮'를 사상 핵심으로 주장한다. 물론 이들이 道나 德을 주장하지 않은 것은 결코 아니며, 다만 그 사상에 중추핵심을 가지고 말하는 것뿐이다. 그리고 순자의 제자인 한비자와 李斯가 법가를 집대성한다. 제자백가의 사상 핵심이 이처럼 老子의 규범원류관과 부합하게 내려오는 것은, 인간의 도덕성이 타락하고 정치사회적 기강과 윤리규범이 문란해지는 시대상황에서, 最善을 양보하고 최소한도 次善이나마 실현함으로써, 人心을 구제하고 사회혼란을 바로잡아보려는 賢人들의 苦心 소치로 보인다.[8]

한편, 莊子는 老子의 규범원류관을 그대로 인용함에 그치지 않고, 이를 계승 발전시켰다. 위로는 道의 근원으로서 하늘(자연: 天)에 소급해 올라가고, 아래로는 '法'의 단계까지 연역해 내려온 것이다.

"옛 성인은 大道를 밝힐 때에, 먼저 자연(天)을 밝힌 다음 道·德을

8 한편, 이러한 사상 변천을 근거로, 老子 시대를 상당히 뒤로 늦춰 잡는 학설도 있다. (예컨대, 羅根澤, "再論老子及老子書的問題", 古史辨 第六冊, 664쪽; 張壽林, "老子道德經出于儒後考", 詹劍峯, "老子其人其書及其道論" 63쪽 재인용) 그러나 규범현실과 규범이상을 혼동해서는 안 될 것이다. 규범현실의 생성 순서에 관한 老子 견해가 合理的이라면, 그 후 제자백가가 주장한 철학사상으로서 규범이상이 老子의 견해에 부합하게 된 것도, 그 '合理性'의 당연한 귀결일 뿐이다. 또한 老子가 진실로 道德 높은 성인이라면, 그 이론이 사후에 역사상 증명되는 것은 성인의 先覺性에 합치하는 필연일 뿐이다.

밝히고, 道·德이 밝혀진 뒤에 仁·義를 밝히며, 仁·義가 밝혀진 뒤에 分守를 밝히고, 분수가 밝혀진 뒤에 形名을 밝히며, 形名이 밝혀진 뒤에 … 是非를 밝히고, 是非가 밝혀진 뒤에 賞罰을 밝혔다. 賞罰이 이미 밝혀지면, 어리석은 자와 똑똑한 자가 각기 적재적소에 거처하며, 귀한 자와 천한 자가 각기 마땅한 지위에 있게 된다. 이를 太平이라고 하는데, 곧 지극한 통치다."[9]

여기서 비록 道와 德, 仁과 義가 각기 병칭되지만, 순서에는 어긋남이 없다. 한편, 모든 규범의 원시 근본으로서 하늘(자연)을 道·德의 상위에 우선시킨 점이 특징이다. 그리고 '禮'와 '法'의 명칭은 직접 등장하지는 않는데, 仁義 다음에 分守가 곧 禮의 신분적 차등성으로서 名分을 지키는 것이고, 그 다음에 形名·是非·賞罰 등이 法의 개별 속성들을 표현하는 개념이다. 물론, 이 명제 자체에 규범생성의 논리적 선후순서가 명확히 드러나 있다. 그런데 莊子는 특별히 法규범에 해당하는 形名과 賞罰 개념을 드러내어 말단지엽성을 부연·강조하고 있다. 大道로부터 본다면, 形名은 다섯 번째, 賞罰은 아홉 번째 순서에 위치하는데, 갑작스럽게 形名과 賞罰을 말하는 것은 근본과 시각을 모르는 편협한 辯士에 불과하다고 말한다. 여기에서 당시 이미 등장한 形名法術의 학문에 대한 비판이 제기되고 있다.[10]

어쨌든 分守가 禮에 해당하고, 形名과 상벌이 法을 지칭하는 개념이라는 사실은, 禮와 法의 용어를 직접 사용하는 또 다른 언급을 살펴보면 분명해진다.

---

9 莊子, 天道: "古之明大道者, 先明天而道德次之, 道德已明而仁義次之, 仁義已明而分守次之, 分守已明而形名次之, 形名已明…而是非次之, 是非已明而賞罰次之. 賞罰已明而愚知處宜, 貴賤履位, 此之謂大平, 治之至也."

10 形名 개념 및 법가이론상 지위에 관하여는, 張純·王曉波, 韓非法思想的歷史研究, 56-66쪽 및, 楊日然, "韓非法思想的特色及其歷史意義", 22-24쪽 참조.

"조잡하지만 시행하지 않을 수 없는 것이 法이며, 疏遠하지만 행하지 않을 수 없는 것이 義이고, 친밀하지만 널리 베풀지 않을 수 없는 것이 仁이며, 매듭지지만 두텁게 쌓지 않을 수 없는 것이 禮이다. 사물에 순응하면서도 높지 않을 수 없는 것이 德이며, 한결같으면서 平易하지 않을 수 없는 것이 道이고, 신령스러우면서도 행하지 않을 수 없는 것이 天이다. 그러므로 聖人은 天을 관찰하여 인위적 도움이 없고, 德을 이루되 얽매임이 없으며, 道로부터 말미암아 지략을 도모하지 않고, 仁을 집중 행하되 과시하지 않으며, 道를 널리 실천하되 계산하지 않고, 禮에 응하여 답하되 거리낌이 없으며, 法에 가지런히 맞추어 어지러움이 없다.… 天에 밝지 못하면 德에 순수하지 못하고, 道에 통달하지 못하면 저절로 가함이 없으니, 道에 밝지 못한 자는 진실로 비애로울진저!"[11]

여기서도 모든 규범의 근본 원천으로 天이 道의 상위에 존재함을 확인할 수 있다. 그리고 일부 道와 德의 순서가 뒤바뀌고 禮의 위치에 변동이 있지만, '天-道-德-仁-義-禮-法'의 규범원류관이 분명히 확립되어 있다. 다른 한편, 天을 宗主로 삼고 道·德을 근본으로 삼는 사람을 聖人이라고 일컫고, 仁·義·禮를 실행하는 사람을 君子라고 부르며, 法을 지키고 名分을 내세우는 사람이 곧 일반 관리와 서민이라고 규정한다.(莊子, 天下) 규범 표준으로 사람의 品性과 신분을 차등지우는 셈이다. 규범원류관을 직접 계승해 논리상 체계화하는 건 아니지만, 「管子」에도 이를 원용하여 나름대로 사상을 전개하고 있다.[12]

---

11 莊子, 在宥: "麤而不可不陳者, 法也; 遠而不可不居者, 義也; 親而不可不廣者, 仁也; 節而不可不積者, 禮也; 中而不可不高者, 德也; 一而不可不易者, 道也; 神而不可不爲者, 天也. 故聖人觀於天而不助, 成於德而不累, 出於道而不謀, 會於仁而不恃, 薄於義而不積, 應於禮而不諱, 齊於法而不亂. 不明於天者, 不純於德; 不通於道者, 無自而可; 不明於道者, 悲夫!"

“虛無하여 형체가 없는 것을 道라 이르고, 만물을 化育하는 것이 德이며, 君臣·父子와 같은 인간관계 일을 義라고 한다. 출입에 공손하며 貴賤에 등급이 있고 親疏간에 體統 있음을 禮라 일컬으며, 번잡하고 간단한 일이나 크고 작은 것을 통일하며 奸惡을 殺殘禁誅하는 것이 法이다.”[13]

비록 ‘仁’이 빠지기는 했지만, 道-德-義-禮-法의 규범원류 순차성을 시사하는 명제임이 틀림없다. 특히, ‘法’에 대한 개념 정의의 부연 해석에서 명백히 드러난다. “일은 法에 감독되는데, 法은 權에서 나오고, 權은 道에서 나온다.”[14] 또한 천하를 다스리는 주요한 다섯 방도로, 管子는 德-義-禮-法-權의 五輔를 순차로 거론하는데, 특히 백성 관점에서 이러한 규범의 체득이 논리상 연결되어 펼쳐진다. 즉, 백성에게 德-義-禮-法-權의 다섯 규범(五輔)을 순차로 교화시켜야 한다고 주장한다.[15] 여기서는 道와 仁이 각기 빠진 대신, 權이 法 뒤에 추가로 등장한 것이 눈에 띈다. 뿐만 아니라, 백성을 다스리는 다섯 규범으로 道-德-法과 함께 政-刑을 순차로 거론하기도 한다. 즉, 刑으로써 糾正하고, 政으로써 명령하며, 法으로써 방지하고, 德으로써 敎養하며, 道로써 啓明한다.[16] 또한 君主를 품성과 통치방법에 따라 차등 지움에도, 규범원

12 물론 여기서는 管仲이 아니라 ‘管子’書를 가리킨다. ‘管子’는 管仲 사상을 상당히 대표하고 있지만, 그의 직접 저술은 아니며, 전국시기 管仲學派에 의해서 정리된 것으로 전한다. 四庫全書總目提要, 卷101, 子部, 法家類 참조.

13 管子, 心術上: “虛無無形謂之道. 化育萬物謂之德. 君臣父子人間之事謂之義. 登降揖讓. 貴賤有等. 親疏之體謂之禮. 簡物小大一道. 殺戮禁誅謂之法.”

14 管子, 心術上: “事督乎法. 法出乎權. 權出乎道.”

15 管子, 五輔: “德有六興. 義有七體. 禮有八經. 法有五務. 權有三度. … 民知德矣, 而未知義, 然後明行以導之義. … 民知義矣, 而未知禮, 然後飾八經以導之禮. … 民知禮矣, 而未知務, 然後布法以任力. … 民知務矣, 而未知權, 然後考三度以動之.”

16 管子, 正: “刑以弊之, 政以命之, 法以遏之, 德以養之, 道以明之.”

류의 순차성이 간접으로 확인된다. 어진 이를 존중하고 덕을 베풀면 帝가 되고, 仁과 義를 몸소 실행하면 王이 되며, 禮를 밝히고 지략을 도모하면 霸者가 되고, 賞罰과 爵祿을 공평히 시행하면 强大해지며, 法度와 術數를 잘 운용하면 그런대로 나라를 다스릴 수 있다.[17] 비록 莊子처럼 개별구체로 완전한 논리체계를 갖춘 논설은 없지만, 몇 편의 단편 언급들을 전체로 종합하면, 老莊의 규범원류관에 대체로 일치함을 알 수 있다.

한편, 荀子는 국가 관직의 위계와 관할·직책을 순서 있게 논술하면서, 불완전한 단편 언급을 보인다. "司寇는 刑政을, 冢宰는 功賞을, 辟公은 禮樂을 각각 담당하고, 天王은 道德을 원만히 겸비하여 천하를 복종시킨다."[18]

그런데 순자의 禮論을 계승·발전시킨 것으로 평가되는 禮記에서는, 기본상 관직에 대비하는 방법을 취하면서도, 상당히 독특한 시각에서 규범원류관을 전개한다. 여기서는 지금까지의 수직적 위계질서나 생성단계의 차원이 아니라, 상호 수평적 관직분담의 입장에서 거론함이 매우 특이하다. 즉, 聖人(天子)이 六官을 임명하여 천하를 다스림에 대비하면서, 冢宰는 道를, 司徒는 德을, 宗伯은 仁을, 司馬는 聖을, 司寇는 義를, 그리고 司空은 禮를 각각 담당해 실행하는 관직이라고 규정한다. 이것이 천하통치에 요체인 六政이라고 한다.[19] 비록 法이 빠진 대신에 聖이 끼어들긴 했지만, 道로부터 禮까지는 老子 규범원류관이

---

17 管子, 幼官 및 幼官圖 참조.

18 荀子, 王制: "防淫除邪, 戮之以五刑, 司寇之事也; 本政教, 正法則, 度其功勞, 論其慶賞, 冢宰之事也; 論禮樂, 正身行, 廣教化, 美風俗, 辟公之事也; 全道德, 一天下, 使天下莫不順比從服, 天王之事也."

19 大戴禮記, 盛德: "古之御政以天下者, 冢宰之官以成道, 司徒之官以成德, 宗伯之官以成仁, 司馬之官以成聖, 司寇之官以成義, 司空之官以成禮." 家語, 卷6에도 거의 같은 내용이 보이는데, 그 시기적 선후관계는 확정할 수 없다.

비교적 체계 있게 등장한다. 六官이 완전히 수평은 아니지만, 그중 冢宰가 首長격인 점을 제외하면, 나머지 五官의 위계는 비교적 대등한 관계라고 할 수 있다. 그런 의미에서 다소 독특한 이론이다.

앞서 제자백가의 사상 핵심도 老子의 규범원류관과 일치하게 변천했음을 잠시 언급했다. 莊子·管子 등에서 老子 규범원류관에 法이 추가됨으로써, 道로부터 法에 이르는 완전한 이론체계가 갖춰졌음도 이미 상술하였다. 그런데 흥미롭게도 이에 상응하여 사상사에서도, 禮를 핵심으로 주장한 荀子 뒤를 이어, 그 제자인 李斯·韓非子가 '法'을 핵심사상으로 주장하면서 法家를 집대성한 사실도 주목할 만하다. 물론, 순자 이전에도 李悝·商鞅 같은 초기 法家가 法을 주장하긴 하였지만, 法이 禮의 뒤에 등장한 사실만은 엄연하다.

이상에서 道로부터 法에까지 이르는 규범원류관의 시말을 대강 살펴보았다. 이는 확실히 동아시아 전통 철학사상에 핵심일 뿐만 아니라, 법철학에 근본 기초를 이룬다. 따라서 道-法 규범원류를 빼놓고는, 동아시아 전통규범에 관한 철학사상을 논할 수 없게 된다. 이하에서는 이러한 이론 기초를 전제로, 각 개별 규범과 주요한 규범 상호간의 관계들을 순차로 살펴보고자 한다.

제2장 道

1. 道의 개념 및 속성

일찍이 孔子가 "아침에 도를 들으면 저녁에 죽어도 좋다."(朝聞道, 夕死可矣. 里仁)고 극찬한 道란 무엇인가? 道자는 甲骨文에는 보이지 않고, 金文(殷·周시대 鐘·鼎에 새겨진 銘文)에 비로소 등장하는데, 본래 뜻은 '길'(道路)이라고 한다. 文字상으로 '道'는, 걸어서 목적지에 이르게 하는 의미의 '道'와, 사람의 걸음을 뜻하는 '行'(더러는 발을 가리키는 '止'까지 덧붙여진 글자도 있었음)이 합해져 이루어졌다. 사람이 발로 밟고 걸어서 일정한 목적지에 이를 수 있는 길이 곧 道이다. 道의 시원적 의미는 易經과 詩經에서도 아직 발견하지 못하고, 구체적 길의 범주를 거의 벗어나지 못하고 있다.

尙書에 이르러서 道의 의미가 확장·발전하기 시작하여, 자연의 운행궤도(규칙)인 天道와 인간이 遵行하여야 할 도리, 특히 왕이 국가를 다스리는 王道나 訟獄을 심판하는 규칙 등의 추상 개념이 등장하였다. 그리하여 春秋戰國 시기에는 제자백가 사상의 흥성과 함께 道의 개념도 지극히 발전하게 된다.

물론 道의 개념은 제자백가의 사상 경향에 따라, 그리고 역사적 시대변천과 함께 구체적 시각 및 내용이 달라진다. 특히, 표현용어상 차이로 보면 전혀 다르게 느껴지는 경우도 많다. 예컨대, 老子는 天道와

人道를 동시에 균형 있게 논하고 있지만, 유가는 人道에 치중하고, 莊子는 天道에 편중해 있다. 또 兵家와 法家는 각기 兵과 法을 중심으로 인간사회의 治道를 논한다.

한편 역사상으로 보면, 秦漢 시기에는 '一'로, 魏晋南北朝 시기에는 '虛無'로, 隋唐 시기에는 佛敎와 道敎로, 宋 시기에는 '理'로, 元明 시기에는 '心'으로, 明淸 시기에는 '氣'로, 그리고 아편전쟁 이후에는 서양사상 수용과 함께 인도주의적 '道'로써, 각각 道에 중심을 삼았다.[1]

그러나 道를 논하는 시각과 방법의 차이, 특히 道를 표현하는 중심 範疇의 변화에도 불구하고, 그 근본 개념과 속성은 항상 한결같다. 본디 道란, 현상은 변화무쌍하면서 본질은 항상 불변하기 때문이다.("道, 體常而盡變." 荀子, 解蔽) 老子 말대로, 이름 붙여질 수 있는 현상으로서 道는 본질적 道가 될 수 없다.(道可道, 非常道.) 따라서 여기서는 본서 내용과 관련한 범위 내에서, 특히 先秦 제자백가의 道論을 중심으로 道의 보편적 본질 개념 및 속성을 개괄하기로 한다.

우선, 道는 천지만물에 존재근거 및 생성연원으로서, 그 자체가 근본이 되는 本體이다. 그래서 老子는 道를 '천하에 어머니(爲天下母)'라고 하며, '만물에 宗主(萬物之宗)'라고 표현한다.

> "道는 一을 낳고, 一은 二를 낳으며, 二는 三을 낳고, 三은 萬物을 낳는다."[2]
>
> "무릇 道는 그 자체가 근본으로서, 天地가 있기 전에 태고 때부터 존재하면서, 귀신과 上帝에게 神靈스러움을 부여하고 하늘과 땅을 낳았다."[3]
>
> "무릇 道란 만물을 싣고 있는(존재하게 하는) 자이다."[4]

---

1 이상 '道' 개념의 형성 및 역사적 변화는, 張立文 主編, 道, 19쪽 이하 참조.

2 老子, 제42장: "道生一, 一生二, 二生三, 三生萬物."

3 莊子, 大宗師: "夫道, 自本自根, 未有天地, 自古以固存; 神鬼神帝, 生天生地."

"道는 만물에 시초이며 是非에 기강이다. 그러므로 그 시초를 밝혀 지킴으로써 만물에 근원을 알고, 기강을 다스림으로써 성패에 실마리를 안다."[5]

이처럼 道가 만물에 본원적 존재근거인 까닭에, 孔子는 아침에 道를 들으면 저녁에 죽어도 여한이 없다고 찬탄한 것이다.

道는 만물을 낳을 뿐만 아니라, 그 만물의 성장 및 소멸의 전 과정을 지배·규율하는 운동법칙이자 변화원리이다. 만물의 생장소멸은 끊임없이 순환 반복하는 道의 운동표현일 뿐이며, 따라서 반드시 道에 따라 변화하고 행동하게 된다.

"반복은 道의 운동이다."[6]

"(道는) 억지로 이름 붙이자면 大인데, 크지만 가고, 가면 멀어지며, 멀어지면 다시 되돌아온다."[7]

"道는 만물이 말미암는바 길이다. 만물은 道를 잃으면 죽고, 얻으면 산다. 사물은 道에 거스르면 실패하고, 순응하면 성공한다."[8]

"만물을 관통하여 운행하는 것은 道이다."[9]

"道는 만물이 존재하는 바이고, 모든 事理가 모이는 바이다."[10]

"만물은 道에 의해 죽고 살며, 萬事는 道에 따라 성패가 좌우된다."[11]

---

4 莊子, 天地: "夫道者, 覆載萬物者也."

5 韓非子, 主道: "道者, 萬物之始, 是非之紀也. 是以明君守始以知萬物之源, 治紀以知善敗之端."

6 老子, 제40장: "反者, 道之動." 여기서 '反'은 주역에서 '復'괘에 해당한다.

7 老子, 제25장: "道, 强爲之名曰大, 大曰逝, 逝曰遠, 遠曰反."

8 莊子, 漁父: "道者, 萬物之所由也, 庶物失之者死, 得之者生, 爲事逆之則敗, 順之則成."

9 莊子, 天地: "流行於萬物者, 道也."

10 韓非子, 解老: "道者, 萬物之所然, 萬物之所稽."

11 同上: "萬物得之以死, 得之以生; 萬物得之以敗, 得之以成."

"道라는 것은 사람이 이를 잃으면 죽고 얻으면 살며, 만사가 이를 잃으면 실패하고 얻으면 성공하는 것이다. 무릇 道는 뿌리도 없고 줄기도 없으며, 잎도 없고 꽃도 없는데, 만물이 이로 말미암아 살고 성공하는 까닭에, 道라고 이름 붙인다."[12]

이처럼 道는 만물의 변화운동법칙이자, 생사성패를 결정하는 근본 원리이기도 하다.

한편, 인간도 만물의 일부로서 자연적 道의 보편 지배를 받음은 물론이다. 생로병사의 자연적 생명현상이 그것이다. 그러나 인간은 만물과 달리 독자적 사회를 구성하여, 자연과 구별·대립되는 특수성을 지닌다. 사회의 평화로운 존립과 안정적 발전·변화를 위해 구성원 상호간에 지키고 따라야 할 원칙 또한 이 道의 범주에 포섭된다. 바로 天道에 대응하는 人道의 개념이다. 특히, 군주가 나라를 다스리고 백성을 영도하는 근본방편인 治道가 대표다.(道也者, 上之所以導民也. 管子, 君臣上) 이 人道는 道의 개념이 구체적 '길'에서 추상적 존재근거 및 운동변화법칙으로 의미가 확장하는 초기단계부터 天道와 동시에 공존하였다. 인간과 자연이 현실에서 가장 기본적 대응관계를 이루기 때문이다. 즉, 天道는 자연의 존재법칙이며, 人道는 인간의 당위규범인 것이다.(이 주제는 다음에 따로 독립해 논한다). 여하튼 사회적 人道도 인간이 반드시 지키고 행해야 하는 필연 법칙이다. 그래서 孔子는 "누가 문을 통하지 않고 집 밖에 나갈 수 있겠는가마는, 어찌하여 이 道를 따르지 않는가?"라고 탄식하였다.[13]

이러한 道의 개념으로부터 몇 가지 중요한 道의 본성(특징)을 추출할 수 있다.

---

12 管子, 內業: "道也者, 人之所失以死, 所得以生也; 事之所失以敗, 所得以成也. 凡道無根無莖, 無葉無榮, 萬物以生, 萬物以成, 命之曰道."

13 論語, 雍也: "誰能出不由戶, 何莫由斯道也?"

첫째, 道는 만물을 낳고 규율하면서, 자신은 어디에도 근거함이 없이 스스로 근본이 되고(自本自根) 독자로 존립하여,(獨立不改: 老子 §25) 최고 궁극의 唯一無二한 절대성을 지닌다. 곧 만물에 宗主가 된다. 고대 그리스 철학과 이를 바탕으로 중세 기독교 신학에서 '스스로 존재하는 존재'로 제시한 'the first cause'(God) 개념과 같다.

특히, 道 자체는 아예 '一'로 표현하여, 그 唯一性을 극명히 보여준다. 老子는 '道가 一을 낳는다.(道生一)'고 말해, 마치 道가 근거인 것처럼 느껴진다. 그러나 한편 "하늘은 一을 얻음으로써 맑고, 땅은 一을 얻음으로써 고요하며, 神은 一을 얻음으로써 신령스럽고, 만물은 一을 얻음으로써 살게 된다."고 말한다. 그런데 莊子는 "하늘은 無爲로써 맑고, 땅은 無爲로써 고요하다"[14]고 말한다. 여기에서 一은 곧 無爲를 지칭하며, 無爲란 바로 道의 속성이다.

한편, 老子는 "聖人이 一을 안음으로써 천하에 法式이 된다."(聖人抱一, 爲天下式. §22)고 말하는데, 莊子는 "一에 통달하면 만사가 모두 끝난다."(通一而萬事畢: 天地)고 말하고, 管子는 "一을 잡아 놓치지 않으면 만물에 군림할 수 있다."(君子執一而不失, 能君萬物: 心術下)고 말한다. 여기에서 一이란 곧 천하를 통치하는 근본으로서 道를 뜻함이 분명하다. 또 管子는 "一에 밝은 자는 皇이 되고, 道를 살피는 자는 帝가 되며, 德에 통달한 자는 王이 된다."(明一者皇, 察道者帝, 通德者王: 兵法)고 규정하여, 형식상 一을 道와 德의 상위개념으로 앞세우기도 한다. 그러나 실질상 皇과 帝와 王이 하나이며, 明·察·通도 같은 개념인 점을 감안하면, 一과 道·德도 결국 다르지 않다.[15]

한편, 孔子는 자신의 道가 一로써 관통함(吾道一以貫之: 里仁)을 선언

---

14 老子, 제39장: "昔之得一者: 天得一以淸, 地得一以寧, 神得一以靈, 萬物得一以生."; 莊子, 至樂: "天無爲以之淸, 地無爲以之寧."

15 이상 一이 곧 道를 지칭하는 뜻임은, 張舜徽, 周秦道論發微, 34-36쪽 참조.

하였다. 孟子도 "道는 一일 뿐이다"(夫道一而已: 滕文公上)고 규정하였다. 荀子는 道는 一에서 나오며,(道出乎一: 儒效) 천하에 두 道가 없고 聖人은 두 마음이 없기 때문에,(天下無二道, 聖人無兩心: 解) 君子는 道에 專一한다(君子一於道: 解蔽)고 말한다. 또 管子에 보면, "道가 말하는 바는 一인데, 그 쓰임이 다를 뿐이다."(道之所言者一也, 而用之者異: 形勢) 한편, 呂氏春秋는 道 자체를 부득이 太一로 규정하면서, 만물이 이 太一에서 창조된다(道也者, 彊爲之謂之太一. 萬物所出, 造於太一: 大樂)고 말한다. 따라서 만물은 一을 얻음으로써 비로소 생성된다.(凡彼萬形, 得一後成: 論人) 淮南子도 一을 만물에 근본으로 규정한다.(一也者, 萬物之本也: 詮言訓) 一이란 곧 유형 만물을 창조하는 무형의 道를 지칭하는 개념이다.(所謂無形者, 一之謂也: 原道訓)

이상에서 살펴본 바와 같이, 제자백가는 비록 관점과 표현방법은 조금씩 다르지만, 道의 '唯一'性에 대해서 인식을 같이하고 있다.

둘째, 道는 본질적 唯一性과 대응하여, 현상적 양면성을 동시에 지닌다. 즉, 道의 본체가 발현하여 만물을 낳고, 특히 그 운동변화를 지배·규율하는 作用의 과정에서, 道는 사물의 양면이 상호 대립·투쟁하면서 통일조화를 지향하는 상대성으로 인식된다. 특히, 天地·밤낮·남녀 등과 같이 현실에서 쉽게 확인할 수 있는 보편 사물의 상대성으로부터, 道의 양면성도 일찌감치 개념화되었다. 易經에 근본을 이루는 --(陰爻)와 —(陽爻)가 그 시원적 전형이다.

老子에 이르러 사물의 상대적 양면성은 道論에 중요 핵심으로 체계화된다. 道가 一을 낳고, 一이 二를 낳는다고 한다. 여기에서 一은 곧 易 繫辭傳의 太極에 해당하며, 二는 陰·陽 兩儀에 해당한다.(易有太極, 是生兩儀) 老子 자신도, 만물이 모두 陰을 등지고 陽을 껴안아, 氣로 조화롭게 충만해 있는 실체라고 규정한다.(萬物負陰而抱陽 沖氣以爲和: §42).

이를 바탕으로 老子는 각종 상대 개념의 상호대립과 전환변화를 일반화한다.

> "천하가 모두 美가 美인 줄만 아는데, 이는 惡일 뿐이다. 또한 모두 善이 善인 줄만 아는데 이도 不善일 뿐이다. 그러므로 有와 無가 서로 낳으며, 곤란과 평이함이 서로 이루어지고, 길고 짧음이 서로 빗대어지며, 높고 낮음이 서로 기울어지고, 音과 聲이 서로 조화를 이루며, 앞과 뒤가 서로 따르게 된다."[16]

현상 사물의 양면성에서 道의 상대성을 인식하는 老子의 철학은, 莊子가 계승해 상대주의 철학의 절정을 이루게 된다.[17]

한편, 易傳에 이르면, 陰과 陽을 각기 坤道와 乾道로 표현하고,(乾道成男, 坤道成女: 繫辭上) 陰과 陽을 天道로, 柔와 剛을 地道로, 仁과 義를 人道로 각각 규정한다.(立天之道曰陰與陽. 立地之道 曰柔與剛. 立人之道曰仁與義. 說卦). 그리고 道 자체를 一陰과 一陽의 변화운동으로 정한다.(一陰一陽之謂道: 繫辭上) '易' 자체가 태양인 '日'과 태음인 '月'이 겹쳐진 문자로, 해와 달의 운행에 의한 음양의 부단한 변화생성을 상징한다.(生生之謂易: 繫辭上). 뿐만 아니라, 유가에서는 文武의 道도 긴장과 이완의 반복·순환이라는 상대적 변화로 규정한다.(一張一弛, 文武之道也: 禮記, 雜記下; 家語 卷7) 孟子도 人道를 상대적 양면성으로 정의한다. "道는 둘이니, 仁과 不仁일 따름이다."(道二, 仁無不仁而已: 離婁上) 이는 곧 윤리도덕의 시비분별과 권선징악의 가치판단을 뜻하며, 나아가서 賞善罰惡이라는 法의 기본준칙이 되는 중요한 의미를 지닌다.

---

16 老子, 제2장: "天下皆知美之爲美, 斯惡; 皆知善之爲善, 斯不善已. 故有無相生, 難易相成, 長短相較, 高下相傾, 音聲相和前後相隨."

17 물론, 道의 相對性 인식은 老莊哲學에만 독특한 것은 아니며, 관점과 정도의 차이는 있을지언정, 거의 모든 철학에 공통 주제다. 이러한 相對性은 흔히 '辨證法' 사상으로 파악된다. 方克, 中國辨證法思想史 참조.

요컨대, 道의 唯一性·絶對性은 본체 관점에서 본 속성이며, 양면성·상대성은 작용 관점에서 道의 변화운동을 관찰한 것이다. 즉, 두 속성 자체가 상대적 통일을 이루면서, 한 道의 양면을 각기 다른 각도에서 표현하는 것이다. 이 두 속성은 道의 恒常性과 變化性, 법적 안정성과 구체적 타당성으로 직결된다.(이 주제도 나중에 따로 독립해 논한다.)

셋째, 道는 모든 有形의 만물을 낳는 궁극 宗主로서, 그 자체는 결코 유형의 사물일 수 없다. 老子의 말처럼, "천하 만물은 有에서 생기며, 有는 無에서 생긴다."(天下萬物生於有, 有生於無: §40) 莊子는 만물생성의 근원인 道를 人格化하여, 生生者(大宗師)、 造物者(大宗師·應帝王·列禦寇·天下)、造化者(大宗師)、衆父父(天地)、物物者(左宥·知北遊) 등 다양한 용어로 표현한다. 이중 '造物者'는 당송팔대가인 소동파의 '赤壁賦'를 통해 널리 유명해졌는데, 서양 기독교가 전래하면서 '造物主'로 살짝 각색해 서양 특유 개념처럼 둔갑한 형편이다.

어쨌든, 莊子는 이들 개념이 결코 유형의 사물에 속하지 않음을 분명히 밝히고 있다. 즉, 사물을 사물이 되도록 생명을 부여하는 자는 사물이 아니다.(物物者, 非物. 知北遊) 생명을 죽이는 자는 죽지 않고, 생명을 낳는 자는 나지 않는다.(殺生者不死, 生生者不生. 大宗師). 이러한 용어는 기독교에서 만물을 창조했다는 하느님과 동등한 개념으로, '조물주'란 장자에 나오는 '造物者'를 기독교 주님 호칭 관행에 따라 약간 변용한 번역용어일 따름이다.

넷째, 이는 곧 道의 無形性, 즉 形而上性·추상성을 의미한다. 易 繫辭傳에서는 아예 '形而上'으로 道를 개념 규정하고, '形而下'(有形)는 器라고 일컫는다.(形而上者, 謂之道; 形而下者, 謂之器.) 道라는 용어도 부득이 이름붙인 개념일 뿐,(吾不知其名, 字之曰道. §25) 결코 말로 표현할 수 있는 성질이 아니다. 管子도 텅 비어 형체가 없는 것을 道라고(虛而無形謂之道: 心術上) 규정한다. 道는 그 형체를 볼 수 없고, 그 소리를 들을 수 없으며, 입으로 말할 수도 없다고 추상성을 밝힌다.[18] 그렇다고 道의 추상적 形而上性이 곧 바로 실존하지 않는 공허한 관념을 의미하는 것은 결코 아니다.

다섯째, 道는 엄연히 존재하는 實體로서 實存性을 지닌다. '形而上'이라는 말 자체는 인간의 육체 감각기관에 포착되는 형체의 위(바깥)를 의미할 뿐이다. 즉, 눈에 보이는 형체 바깥 세계의 '존재' 자체를 전제하지 않고서는, '形而上' 개념이 성립할 수 없다. '有'와 '有形' 자체의 개념도, '無'와 '無形'의 실체에 대한 인식 없이는 개념화하기 어렵다.

예컨대, 현대과학상 '可視光線' 개념도 그렇다. 먼저 눈에 보이던 빛의 인식만이 성립하여 그를 '光線'이라고 명명한 뒤, '非可視' 광선의 실체를 확인하면서 기존의 눈에 보이던 '光線'이 빛의 전부가 아님을 알게 되었다. 이에 '非可視'에 대응하여 '可視'라는 개념을 덧붙여 생겨난 것이다. 그 결과 기존의 '光線'은 可視와 非可視를 포괄하는 상위개념이 된다. 물론, 인식과 개념화의 선후에 관계없이, 可視와 非可視의 광선 양자는 본디부터 동시에 공존하는 실체다.

하여튼, 이를 표현하기 위하여, 老子는 '형상이 없는 형상'(無狀之狀, 無象之象. §14)이라는 개념을 사용한다.

> "道라는 사물은 황홀한 가운데 형상이 있고, 황홀한 가운데 물질이 있으며, 그윽한 가운데 精이 있다. 그 精은 몹시 진실하여, 그 가

18 管子, 內業: "不見其形, 不聞其聲, 而序其成, 謂之道. …道也者, 口之所不能言也, 目之所不能視也, 耳之所不能聽也."

운데 믿음(信)이 있다."[19]

여기에서 精이란 가장 섬세한 物質을 지칭하는 것이며, 眞과 信은 '實'·'情'을 뜻하는 말로, 바로 道의 實在性·實存性을 표현하는 개념들이다. 莊子도 道가 비록 무위·무형이지만, 情과 信이 엄연히 존재한다고 그 실존성을 분명히 밝히고 있다. 道를 가지고 있는 주체가 전해줄 수는 있는데, 다만 그 대상이 받을 수 없을 따름이며, 볼 수는 없지만 얻을 수는 있다.[20] 呂氏春秋도 道의 形而上성과 함께 實存性을 명확히 표현한다.

> "道라는 것은 보아도 보이지 않고, 들어도 들리지 않으며, 그 모습을 형용할 수도 없다. 보이지 않는 봄과 들리지 않는 들음, 형상이 없는 형상을 안다면, 道를 거의 알게 된다. 道란 지극히 정밀하여, 형용할 수도 없고 이름 지을 수도 없는 까닭에, 부득이 太一이라고 일컫는다."[21]

佛敎에서 절대 진리를 '空'으로 표현하면서, 한편으로 空이 色(물질)과 다르지 않은 일체임을 강조하는 것도, 그것이 진짜 허무空(無記空)이 아닌 실질 존재임을 말하는 것이다. 그리고 후에 氣로써 道를 표현하고, 나아가서 氣를 매개로 道를 唯物論的으로 파악하는 것도, 곧 道의 실존성에 바탕을 두는 것이다.

여섯째, 道의 추상적 形而上性은 오묘하고 신비스러운 속성을 수반한다. 老子는 道를 만물의 오묘함(道者, 萬物之奧: §62)으로 규정하고, 玄

---

19 老子, 제21장: "道之爲物, 惟恍惟惚; 惚兮恍兮, 其中有象; 恍兮惚兮, 其中有物; 窈兮冥兮, 其中有精; 其精甚眞, 其中有信."

20 莊子, 大宗師: "夫道, 有情有信, 無爲無形, 可傳而不可受, 可得而不可見."

21 呂氏春秋, 大樂: "道也者, 視之不見, 聽之不聞, 不可爲狀. 有知不見之見·不聞之聞·無狀之狀者, 則幾於知之矣. 道也者, 至精也, 不可爲形, 不可爲名, 彊爲之謂之太一."

妙함으로 표현하기도 한다.(玄之又玄, 衆妙之門: §1; 玄牝之門, 是謂天地根: §6) 사실 神의 개념 자체도 道와 마찬가지로 형체가 없어서, 陰陽 변화를 헤아릴 수 없는 추상적 신비·오묘한 존재를 의미한다.[22] 말하자면, 神의 베일에 가려 사람 눈에 보이지 않고 손에 잡히지 않아 신비한 것이다.

일곱째, 끊임없이 변화 운동하는 道의 법칙성 관점에서 보면, 사리의 규칙성은 지극히 간단명료하면서 평이(平易)하기 짝이 없다. 예컨대, 해가 아침에 뜨고 저녁에 지는 규칙적 순환운행으로 하루(日)를 이루고, 달이 차고 기울어지는 변화를 반복하면서 한 달(月)을 이루며, 춘하추동 사시가 주기로 반복하면서 1년(年)이 이루어짐과 같다. 사람들은 이처럼 규칙적 반복적 자연 변화를 관찰하여, 時間의 개념을 얻고 天道를 인식하게 된다. 그리고 그에 따라 생활하고 노동(특히 농업)하면서 자연에 적응한다. 즉, 추상적 본체 관점에서 인식하는 道는 지극히 오묘하고 난해하지만, 사물의 변화운동을 통해 발현하는 규칙성에서 보면, 道는 지극히 평범하면서 알기 쉬운 존재가 된다.

그래서 老子는 "大道가 몹시 평탄한데 사람들이 샛길만 좋아한다."(大道甚夷, 而民好徑: §53)고 힐난하며 탄식한다. "내 말(道의 표현)은 매우 알기 쉽고 몹시 행하기 쉬운데, 천하가 알 줄도 모르고 행할 줄도 모른다."(吾言甚易知, 易行, 天下莫能行: §70) 周'易'도 본디 간단명료 평이함을 함축하는데, 곧 道의 '簡易性'을 가리킨다.

"乾(하늘)은 평이함으로써 만물을 낳는 지혜가 있고, 坤(땅)은 간단함으로써 만물을 기르는 능력이 있다. 평이하면 알기 쉽고, 간단하면 따르기 쉽다. 알기 쉬우면 친근할 수 있고, 따르기 쉬우면 공

22 易, 繫辭上: "神無方而易無體, …陰陽不測之謂神."

덕이 있게 된다. 친근하면 오래갈 수 있고, 공덕이 있으면 위대해질 수 있다. 오래가면 賢人의 德을 이루며, 위대하면 賢人의 업적을 쌓게 된다. 평이하고 간단하면 천하 만물의 道理가 얻어지며, 천하 만물의 도리가 얻어지면 그 가운데 지위가 안정된다."[23]

孟子도 道란 큰길과 같아서 몹시 알기 쉬운데, 사람들이 구하지 않을 따름이라고 말한다. 道는 가까이 있는데 먼 데서 구하고, 일은 쉬운데 어렵게 하려고 한다. 이게 보통 사람들 병폐라고 통탄한다.[24] 道가 간단하고 평이하다면, 가까이 있어야 함은 당연한 사리다. 사실 道란 추상적 오묘함과 평범한 용이성을 함께 지닌다. 中庸의 다음 말은 道의 難易性과 遠近을 매우 적절하게 표현해 준다.

"군자의 道는 그 작용이 매우 광대하면서, 그 본체는 아주 隱微하다. 보통 사람의 어리석음으로도 알 수 있는가 하면, 그 지극함에 이르러서는 비록 성인이라도 모르는 바가 있다. 보통사람의 못남으로도 행할 수 있지만, 그 지극함에 이르러서는 비록 성인이라도 또한 행할 수 없는 바가 있다. 천지와 같이 큰 사물도 인간이 오히려 유감스러워하는 바가 있게 된다. 그러므로 군자가 큰 것(大)을 말하면 천하로도 다 실을 수 없고, 작은 것(小)을 말하면 천하라도 그것을 깨뜨릴 수 없다."[25]

"군자의 道는 비유하자면, 먼 길을 가는데 반드시 가까운 데서부

23 易, 繫辭上: "乾以易知, 坤以簡能. 易則易知, 簡則易從. 易知則有親, 易從則有功. 有親則可久, 有功則可大. 可久則賢人之德, 可大則賢人之業. 易簡而天下之理得矣. 天下之理得, 而成位乎其中矣."

24 孟子, 告子下: "夫道, 若大路然, 豈難知哉? 人病不求耳."; 離婁上: "道在邇而求諸遠, 事在易而求諸難."

25 禮記, 中庸: "君子之道, 費而隱. 夫婦之愚, 可以與知焉; 及其至也, 雖聖人亦有所不知焉. 夫婦之不肖, 可以能行焉; 及其至也, 雖聖人亦有所不能焉. 天地之大也, 人猶有所憾. 故君子語大, 天下莫能載焉; 語小, 天下莫能破焉."

터 말미암고, 높은 곳을 오르는데 반드시 낮은 데서부터 시작하는 것과 같다."[26]

여덟째, 道가 만물을 낳는 근원적 본체라는 말은, 곧 우주 삼라만상 어느 사물에도 道가 존재하지 않는 곳이 없다(溥天之下, 道無不在: 關尹子, 一宇)는 무소부재 '普通性'을 함축한다. 한 사물은 만물의 지극히 작은 한 구성원인데, 만물이 道의 한 부분이라면,[27] 道의 광대무변한 보편성을 짐작할 만하다.

"무릇 道란 아무리 큰 사물에서도 다함이 없고, 아무리 작은 사물이라도 빠뜨리지 않기 때문에, 만물에 두루 갖추어져 있다. 넓기로는 용납하지 않음이 없고, 깊기로는 헤아릴 수가 없다."[28]

道의 보편존재성에 대한 莊子의 언론은 특히 주목할 만하다. 道는 존재하지 않는 곳이 없다!(無乎不在: 天下) 개미·강아지풀·기왓장·오줌통에 이르기까지 도가 존재하는 대상을 점층적으로 심화시켜나가는 비유법은,[29] 莊子 특유의 寓言的 諧謔이기도 하지만, 간단히 웃어넘길 만큼 단순하지는 않다. 심지어 어디에 간들 道가 없겠느냐면서, 盜賊의 道까지 논하는데,[30] 세속 가치관을 냉소로 풍자함에 불과한 것은 아니다. 道의 보편성은 개별구체 사물의 입장에서 보면, 道의 개별성으로 파악할 수 있음을 시사한다. 天道·人道·君道(主道)·臣道·父道·子道·聖人之道·君子之道·孔子之道·老子之道 등과 같은 무수히 많은 개

---

26 禮記, 中庸: "君子之道, 辟如行遠必自邇, 辟如登高必自卑."

27 荀子, 天論: "萬物爲道偏, 一物爲萬物一偏, 愚者爲一物一偏, 而自以爲知道, 無知也."

28 莊子, 天道: "夫道, 於大不終, 於小不遺, 故萬物備. 廣乎其無不容也, 淵乎其不可測也."

29 莊子, 知北遊 참조. "所謂道, 惡乎在? 無所不在."

30 莊子, 胠篋: "盜亦有道乎? 何適而無有道邪!"

별 구체적 道가 이미 등장하고 있는 것이다.

아홉째, 道의 보편성은 공간적·사물적 존재에만 그치는 것이 아니라, 시간적 영원성·항상성·계속성으로 표현되기도 한다. 道는 古今도 없고, 시작과 끝도 없이(无古无今, 无始无終. 莊子, 知北遊) 영원히 존재하는 실체다. 또한 잠시도 떨어져 존재할 수 없으며, 만약 순간이라도 떨어질 수 있다면, 그것은 이미 道가 아니다.(道也者, 不可須臾離也, 可離非道也: 中庸 §1). 자아존재 근거인 道를 떠남은 곧 죽음을 의미할 뿐이다. 莊子가 사람이 道에 존재하는 것은 물고기가 물에 노니는 것과 같다고(漁相造乎水, 人相造乎道: 大宗師) 비유한 것은, 이러한 맥락에서 너무도 적확하고 예리하다. 한편, 孔子는 人道의 핵심으로 삼은 仁에 대해서, 밥 먹을 잠시 동안도 떠날 수 없으며, 심지어 넘어지고 자빠지는 황급한 순간에도 반드시 거처해야 한다고 강조했다.[31] 이도 곧 道의 시간적 면면부절을 의미한다. 管子는 다음과 같이 道의 보편성을 적절히 요약하고 있다.

> "道라는 것은 無上의 공간에 통하고 무궁한 시간을 나르며, 만물에 두루 운행한다.… 宙合의 의미는, 위로 하늘 위에 통하고, 아래로는 땅 아래까지 내려가며, 밖으로는 사해 바깥까지 나가서, 천지를 모두 포괄해 하나의 자루로 만든다. 흩어지면 틈이 없는 곳까지 이르지만, 이름을 붙일 수가 없다. 크기로는 바깥이 없지만, 작기로는 안이 없다."[32]

---

31 論語, 里仁: "君子無終食之間違仁, 造次必於是, 顚沛必於是."

32 管子, 宙合: "道也者, 通乎無上, 詳乎無窮, 運乎諸生. … 宙合之意, 上通於天之上, 下泉於地之下, 外出於四海之外, 合絡天地以爲一裹. 散之至於無閑, 不可名而出. 是大之無外, 小之無內."

2. 道와 德의 관계

道와 德은 사물의 표리처럼 불가분의 관계에 있다. 道와 德을 병칭하면서 사상적 핵심주제로 논의를 전개한 것은 물론 老莊 道家지만, 다소간 정도 차이가 있을 뿐, 이는 先秦 제자백가에 보편적 관심과제였다. 춘추 이전에 이미 道의 추상 개념이 일반화하긴 했지만, 德 개념의 보편적 통용에 비하면 훨씬 열등한 지위에 있었다. 老子 이전에는 그나마 道의 개념도 대부분 '人道'에 관련하여서, 德과 함께 인간중심의 사상 조류를 간명하게 반영해 준다. 이는 곧 현실적 治世의 실용철학을 의미한다. 따라서 관념적 논설주장으로서 道論이 아직 흥기하지 못한 것은 당연한 시대상황이다. 이 시기에는 道와 德의 본질 관계에 대한 체계적 사상이 등장하지 않는다. 다만, 통치계층의 실제적 政論에서 道와 德이 상호 관련해 병칭되는 경우가 더러 있을 뿐이다.

예컨대, 宮之奇가 周書에 말을 인용하여, "皇天은 사사로이 친함이 없이 오직 德있는 자를 도와준다."(皇天無親, 唯德是輔: 左傳, 僖公5年. 前655)고 말한 적이 있다. 晉의 范文子는 같은 말을, "天道는 친함이 없이 오직 德있는 자에게 더불어 준다."(天道無親, 唯德是授: 國語, 晉語6. 前575)고 표현한다. 皇天이 天道로 바뀐 점이 다른데, 皇天은 인격적 의지의 화신으로 느껴지고, 天道는 객관적 법칙성을 대표할 뿐, 실질 의미는 같다. 한편, 같은 말을 老子는 "天道無親, 常與善人."(§79)으로 표현한다. 德이 善으로 다시 바뀐 점이 다른데, 皇天이 곧 天道임을 알 수 있다.

여기에서 하늘의 道와 인간의 德이 대응관계를 이루는데, 道가 德을 부여하고 도와주는 근원적 상위개념으로 쓰이고 있다. 또 楚 昭王은 "큰 德으로 작은 원한을 없앰(풀어버림)이 道이다."(大德滅小怨, 道也. 左傳, 定公5年. 前505)고 말한다. 여기서도 道가 德보다 더 본원적인 포괄 개념임을 확인할 수 있다.

孔子는 道와 德을 개별로 빈번히 거론하고 있지만, 양자를 함께 언급하는 경우는 무척 드물다. "道에 뜻을 두고 德에 근거하며, 仁에 의지하고 藝에서 노닌다."(志於道, 據於德, 依於仁, 遊於藝. 術而)는 명제가 거의 유일하다. 상호간에 본질 관계가 명확한 것은 아니나, 언급순서와 '志'와 '據'의 의미를 음미하면, 道가 덕보다 근본적 始原임을 인정할 수 있다. 이밖에 論語에는 子張이 '執德'과 '信道'를 병칭한 구절이 하나 더 있는 정도이다.(子張). 道는 뜻(志)과 믿음(信)의 대상이고, 德은 근거(據)와 붙잡음(執)의 대상으로 표현하는 어감으로 보자면, 道가 더 추상적이고 玄奧한 본체임을 짐작할 수 있다.

道와 德의 관계는 老子가 더욱 심도 있게 거론한다. '만물은 道가 낳고 德이 기른다.'(道生之, 德畜之. §51)가 기본명제다. 道가 천지만물을 낳을 때, 만물 안에 내재화한 德이 도에 의해 생성된 만물을 발육·성장시키는 것이다. 道가 생명존재에 근거이고, 德이 성장에 원동력이지만, 德은 道가 만물의 本性으로 내재화해 발현하는 것이기에, 양자는 실질상 일체다. 그래서 老子는 '만물을 낳으면서 소유하지 않고, 은혜를 베풀어 주면서 공을 자랑하지 않고, 성장시키면서 主宰하지 않는 것을 玄德이라고 한다.'(生而不有, 爲而不恃, 長而不宰, 是謂玄德: §10, §51) 또 하늘과 성인의 道는 결코 사물과 다투지 않는다.(天之道, 不爭而萬勝. §73; 聖人之道, 爲而不爭. §81) 이를 '다투지 않는 德'(不爭之德: §68)이라고 부른다.

본원적 주체로서 무위자연으로 만물을 낳고 기르는 道의 속성과 행위가 德이 된다. 그리고 '큰 德의 포용·아량은 오직 道를 따른다.'(孔德之容, 惟道是從. §21)는 명제는, 덕의 관점에서 道의 본원적 절대성을 표현한다.

한편 인격수양 관점에서 보면, 道를 닦은 결과, 내부에 함양하여 외부로 발현하는 것이 德이다. 道를 자신의 차원에서(개인이) 닦으면 그 덕이 純眞해지고, 집의 차원(家長)에서는 남음이 있게 되며, 마을 차원(守令)에서는 중대하고, 나라 차원(君王)에서는 풍부해지며, 천하 차원에서(天子가) 道를 닦으면 그 德이 천하에 두루 미치게 된다.[33] 요컨대, 본체인 道가 만물 안에 구체로 발현하는 것이 德이고, 德은 道의 무위자연 본성을 실현하는 것이다.

莊子는 老子의 道와 德을 계승 발전시켰는데, 외관상 가장 뚜렷한 특징은 두 개념을 함께 붙여 '道德'으로 병칭한 사실이다. 흥미롭게도, 이는 孔子의 仁과 義를 孟子가 '仁義'로 합쳐 부른 것에 상응한다. 老子도 유가의 仁과 義를 비난했지만, 특히 莊子는 '道德'을 유가의 仁義와 함께 거론하여 직접 비난근거로 삼고 있다.

즉, 道德이 황폐해지지 않고서 어떻게 仁義를 취할 수 있느냐면서, '道德'을 망가뜨려 仁義를 만든 것이 (유가) 성인의 허물이라는 것이다. (道德不廢, 安取仁義? … 毁道德以爲仁義, 聖人之過也. 馬蹄) 그런데 大道가 황폐해진 후에 仁義가 생겨났다는 老子 말과 대비해 보면, 莊子의 道德은 곧 老子의 大道와 같은 것이 된다. 道와 德의 일체성을 증명하는 표현인데, '道德'으로써 道를 지칭한 것이다.

뿐만 아니라, 때로는 '道德'이 덕에 포섭된다. 예컨대, "제왕의 德은 천지를 宗으로 삼고, '道德'을 主로 하며, 无爲로써 항상적 법칙을 삼는다."[34] 그밖에도 无爲를 지극한 道德의 바탕(天道·刻意)으로 표현하는 것도 道와 德의 실질상 일체성을 말해 준다. 여하튼 道德은 최고궁극의 이상적 경계를 의미한다. 道德을 타고 만물의 조상(道)에 노니는 '道德之鄕'은, 莊子가 추구하는 이상세계임이 틀림없다.[35]

---

33 老子, 제54장: "修之於身, 其德乃眞; 修之於家, 其德乃餘, 修之於鄕, 其德乃長; 修之於國, 其德乃豊; 修之於天下, 其德乃善."

34 莊子, 天道: "夫帝王之德, 以天地爲宗, 以道德爲主, 以無爲爲常."

한편, 莊子는 道와 德을 개별로 병칭하는 경우도 적지 않다.

"천지에 통하는 것이 德이고, 만물에 운행하는 것이 道이다."

(通於天地者, 德也; 行於萬物者, 道也. 天地)

"德에 맡겨 행하고, 道에 따라 간다."(放德而行, 循道而趨. 天道)

"道에 통하고 德에 합하여, 仁義를 물리치고 禮樂을 내치면, 至人의 마음이 안정된다."

(通乎道, 合乎德, 退仁義, 賓禮樂, 至人之心有所定矣. 天道)

"道는 본디 작게 행하지 않고, 德은 본디 작게 알지 않는다. 작은 알음은 德을 해치고, 작은 행위는 道를 해친다."

(道固不小行, 德固不小識, 小識傷德, 小行傷道. 繕性)

이상 여러 언급들도 모두 道와 德의 실질상 일체성을 전제로 명확한 개념 구별을 하지 않고 있다. 천지의 道가 곧 성인의 德이니(此天地之道, 聖人之德也. 刻意), 德은 道가 인간에 내재해 발현하는 性品과 行爲인 것이다. 그래서 莊子는 德을 和로 규정한다.(夫德, 和也. 繕性) 이는 道를 닦아 얻은 후에 이르는 이상적 平和의 경지다. 만물과 다투지 않으면서 그들과 하나로 어울리는, 老子의 '和光同塵' 세계다. 道는 德이 의지하는 존재근거이자 본질 내용이며, 德은 道를 체현하여 생명을 성장시키는 광택이다.(道者, 德之欽也; 生者, 德之光也. 庚桑楚)

孟子도 '德을 높이고 道를 즐기는'(尊德樂道: 公孫下) 비범한 군주를 언급하며, 선비가 평소에 '尊德'하고 榮達시에도 道에서 떠나지 않으면(達不離道: 盡心上) 그 명성을 크게 떨칠 수 있다고 말한다. 기본상 道와 德의 일체성을 전제함이 분명하다. 또한 천하에 道가 있으면, 小德이 大德을 섬긴다.(天下有道, 小德役大德. 離婁上) 이 말은 道가 德의 근원 바탕임을 말해 준다. 주목할 말은, "군자가 道에 깊이 나아감은 스스

35 莊子, 山木 참조. 莊子 이후로는 '道德'이란 합성어가 유가 등에 의해서도 보편으로 통용된다. 예컨대 荀子는 '道德之威'(彊國; 韓詩外傳 卷6)를 거론한다.

로 얻고자 함이다."(君子深造之以道, 欲其自得之也. 離婁下) 여기서 德을 직접 거론하지는 않지만, '스스로 얻는다'는 自得이 곧 德을 가리키는 표현임이 중요하다. 禮記에 따르면, 禮樂을 모두 얻으면 德이 있다고 말하며, 아예 '德은 得이다.'(禮樂皆得, 謂之有德. 德者, 得也. 樂記)

앞서 '道가 쌓여야 功德이 있기 때문에, 德은 道의 功이다.'는 한비자 말을 언급하였다. 그런데 한비자는 德을 得으로 개념규정하면서, "德은 안이고, 得은 밖이다."(德者, 內也; 得者, 外也.)는 명제를 제시한다. 정신과 육신이 온전함을 德이라고 하는데, 德은 곧 자기 몸을 얻음(德者, 得身也. 解老)이기 때문이다. 즉, 道를 닦아 자기 안에 얻음(得道)이 곧 '德'이며, 德의 결과 자기 심신을 보전함이 '得'이 된다.

한편, 呂氏春秋는 道를 행하면 功名이 마치 그림자나 메아리가 따르듯 피할 수 없이 저절로 얻어진다(由其道, 功名之不可得逃, 猶表之與影, 若呼之與響. 功名)고 말하면서, '先道後德'(先己)과 '反道修德'(道에 되돌아가서 德을 닦음: 音初)을 주장한다. 안으로 心身에 얻은 것이 德性이고, 밖으로 사람들에게 德의 혜택을 같이 얻도록 하는 것이 德行으로, 功名은 德行의 자연스러운 귀결일 뿐이다. 그래서 漢代 許愼의 說文解字에서는 悳(德의 本字)을 "밖으로 남에게서 얻고, 안으로 자기에게서 얻는 것"(外得於人, 內得於己也.)이라고 정의한다. 段玉裁는 몸과 마음이 스스로 얻은 바가 內得이고, 혜택을 베풀어 사람들도 얻도록 하는 것이 外得이라고 해석한다.(內得於己, 謂身心所自得也; 外得於人, 謂惠澤使人得之也.)

道와 德의 본질 관계는 管子에서 더욱 완벽한 이론으로 집대성된다.

"德이란 道의 베풂(체현)이다. 만물은 이를 얻어 생장하며, 지혜는 이를 얻어 道의 精髓를 인식한다. 그러므로 덕이란 얻음이다. 얻는다는 것은 그러한 바의 원인(道)을 얻음이다. 無爲를 道라고 하고, 베풂(실현)을 德이라고 한다. 그러므로 道와 德 사이에는 틈이 없다. 따라서 이들을 말할 때 흔히 구별하지 않는 것이다."[36]

어쨌든 道는 德을 밝혀주는 근원이고, 德은 道를 높여주는 性行이다. 따라서 德이 아니면 道가 높아질 수 없고, 道가 없으면 德이 나타날 수 없음은 당연하다.[37]

이것이 道와 德의 기본 관계이다.

3. 道와 法의 관계

老子의 규범원류관은 道로부터 禮에 이르러 그치는데, 禮에서 法으로 내려온 과정은 누구도 老子처럼 직접 논술을 한 적이 없다. 앞에서도 다만 철학사상 변천에 의해 언급하였을 뿐이다. 그런데 철학적 관점에서 보면, 맨 나중에 출현한 法의 당위적 필연성을 부각시키기 위해서, 法의 근거를 직접 道에서 구하는 사상이 괄목할 만하게 두드러진다. 德은 道와 병칭되기 때문에 차치하고라도, 仁·義·禮도 물론 道로부터 파생·연역해 내려온 규범이지만, 法처럼 직접 道에 존재근거를 설정하는 주장이 그리 강한 편은 아니다.[38]

흥미롭게도, 墨子와 孟子가 '仁義'를 병칭하고 莊子가 '道德'을 병칭한 것에 대응하여, 法家의 집대성자인 韓非子는 '道法'이라는 합성어를

---

36 管子, 心術上: "德者, 道之舍. 物得以生生, 知得以職道之精. 故德者得也. 得也者, 其謂所得以然也以. 無爲之謂道, 舍之之謂德, 故道之與德無間, 故言之者不別也."

37 大戴禮記, 主言: "道者, 所以明德也; 德者, 所以導道也. 是故非德不尊, 非道不明."

38 J. Needham의 Science and Civilization in China(V.2의 544쪽)과, 이 견해를 그대로 답습하는, 黃山德, "東洋古代의 法思想"(서울대 法學 제7권1호, 71쪽)에서는, 法家의 法이 입법자의 순수한 의지를 표현한 實定法 이외에 아무것도 아니며, 특히 일반적으로 수용되는 慣習(mores)이나 道德(morality)과 전혀 무관하고, 심지어 대립할 수 있다고 주장한다. 이는 法家가 법의 궁극근원을 직접 '道'에서 구하는 철학사상적 본래진면목을 소홀히 한 편면적 견해로, 일반 독자의 오해를 야기할 소지가 다분하다.

상용한다. 韓非子의 스승인 荀子도 '道法'에 한결같다(壹於道法; 正名)는 언급을 하지만, 韓非子에 이르면 '道法'은 아주 보편화한다. '화와 복은 道法에서 생기지, 애정이나 증오에서 나오지 않는다.'(禍福生乎道法而不出乎愛惡: 大體) 伊尹이나 周公·太公·管仲 같은 名臣들은 모두 '道法에 통달'했다.(通道法: 說疑) 先王은 道와 法을 항상적 근본으로 삼았다. '道法이 원만히 완전해지면' 신하의 간교한 知能이 거의 사라지기 때문이다.(先王以道爲常, 以法爲本,…道法萬全, 知能多失. 飾邪)

뿐만 아니라, 道가 法에 근원이고, 法이 직접 道로부터 생긴다고 말한다. 道는 구체적 만물에 시원일 뿐만 아니라, 추상적 시비에 기강이다.(道者, 萬物之始, 是非之紀也. 主道) 즉, 道는 시비선악 같은 윤리도덕적 가치판단에 기준이 된다. 韓非子에게 法이 그 대표임은 물론이다. 또한 경중을 다는 저울(衡)이나 곡직을 바르게 하는 먹줄(繩), 그리고 신하를 다스리는 군주도 道로부터 나온다.(揚權) 저울이나 먹줄은 法의 비유 개념으로 法 자체를 지칭하며,(후술 참조) 군주는 법을 제정하는 최고 권력자이므로, 法이 道로부터 나온다는 의미가 된다. 따라서 성인이 法을 제정해 나라를 다스림에는, 설령 세속에 거스르더라도, 반드시 道法에 순응한다.(聖人爲法國者, 必逆於世, 而順於道德. 姦劫弑臣) 한편, 현명한 군주는 거꾸로 法에 충실하여, 만고에 道를 세우고, 천추에 德을 드리운다.(明王之道忠法, …能立道於往古, 而垂德於萬世者之謂明主. 安危) 또한 信賞必罰의 法은 道가 천지를 뒤덮고 德이 만세에 이르도록 한다.(賞罰當符.…道蔽天地, 德極萬世矣. 用人)

道와 法의 관계는, '道에 말미암아 法을 완전하게' 하는 '因道全法'으로 사상적 핵심이 완성된다. 道에 근거하여 백성들이 法을 이탈하는 죄를 범하지 않도록 함은, 물고기가 물을 떠나 말라죽는 재앙이 없도록 하는 것과 같다.(使人無離法之罪, 漁無失水之禍. 大體) 물고기는 물에서 사는 것처럼, 사람은 道 안에 존재한다는 莊子의 寓言에 이 비유를 대비해보면, 韓非子에게 法은 곧 道의 化身이란 뜻이다.

그러나 법의 연원을 직접 道에서 찾은 것이, 法家 자신의 정당성이나 합리성을 위해 무리하게 전개된 牽强附會만은 아니다. 法은 본디 그 속성상 道와 밀접불가분의 관계를 가질 수밖에 없었다. 思想史로 보아도, 韓非子 이전에 이미 그러한 철학적 主論의 근거가 보편으로 제기되고 있다. 특히 그 스승 荀子에 따르면, 道 자체는 통치의 항상적 理法이다.(道也者, 治之經理也. 正名) 또한 道 자체는 古今불변의 바른 저울로서, 道로부터 이탈해 혼자 속으로 선택하면 화복의 소재를 알 수 없다.(道者, 古今之正權也. 離而內自擇, 則不知禍之所: 正名) 道 자체가 곧 법이고 저울인 개념적 일체성이, 韓非子에 이르러서 법과 저울이 道로부터 나온다고 분화한 점을 확인할 수 있다.

한편, 일찍이 춘추시대 晉과 楚가 同盟할 때, 楚의 子反이 兵務를 언급함으로써 은근히 위압하려고 한 적이 있다. 이에 대해, 晉의 郤至가 그 말은 亂世의 道라서 法으로 삼을 수 없다(今吾子之言, 亂之道也, 不可以爲法. 左傳, 成公12年. 前579)고 반론하였다. 越에 范蠡는 兵法을 논하면서, 밝고 분명한 天道를 法으로 삼아야 한다(天道皇皇, 日月以爲常, 明者以爲法. 國語, 越語下)고 주장한다. 또, 中庸은 군자가 '움직이면 천하에 道가 되고, 일을 행하면 천하에 法이 되며, 말을 하면 천하에 준칙이 된다.'(君子動而世爲天下道, 行而世爲天下法, 言而世爲天下則. §29)고 규정한다. 道와 法과 則이 사실상 하나임이 분명하다. 禮記도 군자는 자기 안에서 道를 의론하되, 法을 설정함에는 백성을 기준으로 한다(君子議道自己, 置法以民. 喪記)고 언명한다.

이상에서 언급하는 法들이 반드시 法家에서 주장하는 국가제정법은 아니며, 넓은 의미의 일반 法度·規範·法則을 가리킴은 물론이다. 그러나 협의의 실정법도 광의의 '규범'으로부터 말미암고, 法家 이전에는 오히려 법도의 의미가 보편이었던 역사적 사실을 감안한다면,

이들 언론으로부터 道가 법의 직접 근원임을 확인해도 큰 무리는 없을 것이다.

한편, 춘추시대 鄭나라 집권자가 鄧析을 살해하고서 그가 지은 '竹刑'을 시행한 일이 있었다. 이에 대해 史官은, 사람을 생각하면 그가 심은 나무도 사랑하는 법인데, 하물며 그 道를 사용하면서 그 사람을 버린 것은 忠이 아니라고 평론하였다.(左傳, 定公9年, 前501) 여기서 竹刑은 鄧析이 지은 엄연한 '刑法'인데, 이 法을 직접 道라고 바꾸어 표현한 것이다.

墨子는 옛 聖王들이 道를 후세에 전하기 위해서 竹帛에 쓰고 金石에 새긴 典章을 후손들에게 물려주어 이를 法으로 삼도록 했다고 말한다.[39] 道를 法삼는다고 하면서 竹帛·金石 같은 실질상 法典을 함께 거론하므로, 法이 곧 道를 담아 전하는 방편이고, 거꾸로 道는 그 法의 근원인 것이다.

또, 呂氏春秋도 '선을 행하는 자는 상주고, 악을 짓는 자는 벌주는' 先王의 法을 거론하면서, 이것이 만세불변의 道라고 말한다.(先王之法曰: '爲善者賞, 爲不善者罰', 古之道也, 不可易. 禁塞). 여기 법도 명백한 국가 실정법인데, 바로 道와 동일시하는 것이다. 다만 논리적 포함관계상, 先王의 法이 道이지, 道가 곧 法인 것은 아니므로, 法이 道에 근거하며, 道는 법의 원천이라는 일반 道法 관계가 그대로 타당하다.

道가 法의 근원이라는 말은, 法이 道에 근거해야 당연하다는 의미를 함축한다. 즉, 道에 부합하는 法이 정당한 법이며, 실효성 있게 준수될 것은 자명하다. 荀子는 비록 '禮가 군주 권위를 행해지게 하는 道'(禮者, 威行之道也.)라는 명제를 전제하긴 하지만, 아무리 엄한 명령이나 번잡

39 墨子, 貴義: "古之聖王, 欲傳其道於後世, 是故書之竹帛, 鏤之金石, 傳遺後世子孫, 欲後世子孫法之也."

한 형벌이라 할지라도, 道에 근거해야 행해지지, 道로 말미암지 않으면 시행될 수 없다고 단정한다. 그 대표적 예로, 殷의 紂임금은 炮烙刑 같은 가혹한 형벌로 그 위엄을 천하에 떨쳤지만, 周의 군사가 당도하였을 때 그 명령이 전혀 통하지 않은 역사적 사실을 든다. 그것은 바로 명령과 형벌이 道에 어긋났기 때문이다. 그러므로 한 사람을 처벌해도 천하가 모두 수긍·복종하며, 형벌을 당한 죄인도 군왕을 탓하지 않고 자기 죄를 알기(승복하기) 위해서는, 형벌이 道로부터 나와야 한다.[40] 한편, 道에 부합하는 명령이나 형벌은 간소하면서도 매우 위엄 있게 통한다. 왜냐하면, 道로 말미암으면 사람들이 좋아하지만, 道에 어긋날 때는 사람들이 모두 싫어하기 때문이다.[41] 荀子는 자기 사상에 핵심인 禮를 道로 규정하여, 그 道가 법의 정당성 및 실효성에 직접 근거임을 밝힌 것이다.

淮南子도 법의 정당성 근거를 道에서 찾는다. 군주는 사사로운 好惡 감정 없이 오직 信賞必罰의 法에 따라야 한다. 상을 주어도 은덕이 되지 않고, 형벌을 내려도 원망이 없는 것은, 법이 공평무사한 천지자연의 '道'에 합치하기 때문이다.[42]

이상에서 道와 法의 본질 관계에 관한 주요 사상을 살펴보았다. 道가 法에 직접 근원이고, 法은 道로부터 나온다는 것이 공통 요지라고 할 수 있다. 특징적인 점은, 道와 法의 관계를 논하는 사상가들은, 대부분 法家가 아니면 道家의 道論 영향을 많이 받은 사람이라는 사실이다. 荀子·呂氏春秋·淮南子 등이 모두 그러하다. 사실, 老子가 규범 원류관에서 法을 직접 언급하고 있지는 않지만, '사람은 땅을 法삼고, 땅은 하늘을 法삼으며, 하늘은 道를 法삼고, 道는 自然을 法삼는다.'(人

40 荀子, 議兵 및 韓詩外傳 卷4 참조.

41 荀子, 君子: "由其道, 則人得其所好焉; 不由其道, 則必遇其所惡焉."

42 淮南子, 詮言訓: "制而誅之者, 法也. 民已受誅, 怨無所滅, 謂之道."

法地, 地法天, 天法道, 道法自然. §25)는 명제는, 法이 道로부터 말미암는 진리를 이미 천명하고 있다. 여기서 '法'은 물론 '法삼는다'는 동사로 쓰여 일반보편 의미를 지니고, 사람과 道 사이에 땅과 하늘의 두 단계가 매개되어 있음이 사실이다. 그러나 天地自然의 道는 실질상 그 자체가 동질적 一體를 가리키며, 인간이 이를 法삼는다는 말은, 곧 天地自然의 道가 궁극에 인간의 이상적 法이라는 의미다. 또 이들을 法삼은 결과 제정하는 '實定法' 규범이 天地自然의 道로부터 비롯함은 자명하다.

한편, 최근 馬王堆에서 출토한 黃帝四經은 그 첫 편인 '經法' 첫머리에서, '道는 法을 낳는다.'(道生法)는 명제로 시작한다. 지금까지 道와 法의 본질관계를 간단명료하게 총괄하는 精髓가 아닐 수 없다. 그런데 이 책은 戰國 중기에 이루어져, 전국말엽 및 秦漢 초기에 걸쳐 통일 중국의 정치사상계를 풍미한 '黃老學派'의 無爲統治術에 막대한 영향을 미쳤다.[43] 전통 중국 전시기를 통하여, 표면상 대의명분은 유가사상을 통치이념으로 표방하였지만, 실질상 내면으로는 律令의 법치체계를 통하여 黃老의 道家哲學이 정치사회사상의 근저를 항상 관류하였는데, 그 원동력도 바로 道와 法의 이러한 본질 관계에서 결정적으로 연원하는 것이리라. 그러고 보면, 일찍이 宋 神宗이 "法은 道로부터 나오니, 군주가 道를 체득한다면, 法을 제정하여 政事를 충분히 다스릴 수 있다."(法出於道, 人能體道, 則立法足以盡事. 宋史, 刑法志一)고 스스로 말한 것도 결코 우연이 아니다.

한편, 隋 開皇律 이래 역대 律文이 모두 '十惡'이라는 극악무도한 중죄를 규정하고 있는데, 그중 '不道'라는 죄목이 들어있다. 唐律 注에 의하면, '死刑罪를 범하지 않은 동일 가족 3인 이상을 살해하거나, 사

43 이에 관하여는, 余明光, 黃帝內經與黃老思想, 특히 제1·3·9장 참조.

람을 죽인 뒤 시체를 토막 낸 경우 및 독충을 기르거나 저주·요술로써 사람을 살상하려고 한 죄'가 이에 해당한다. 그리고 疏議 해석에 따르면, "이렇게 잔인하게 사람을 해침은 正道에 위배하기 때문에 '不道'라고 정의한다.[44] 이 '不道'죄는 漢의 九章律에 이미 그 죄목이 있었으며, 南北朝 周·齊 때에는 '重罰十條' 안에 역시 不道가 포함되어 있다.[45] 한편, 같은 十惡에 속하는 '謀大逆'죄의 疏議는, 宗廟·왕릉·궁궐의 훼손을 도모하는 행위가 '道에 어긋나고 德에 어그러지는 막대한 악역이기 때문에 大逆'이라고 해석한다.[46] 물론, 이 道는 윤리적 '人道'이다. 그러나 律에서 道를 직접 규정한 사실은, 法이 道에 근거함을 단적으로 반증하는 좋은 법제사적 실례임에 틀림없다.

44 唐律 §6: "十惡. 五曰: 不道.(謂殺一家非死罪三人, 支解人, 造畜蠱毒·厭魅)" 疏議曰: 安忍殘賊, 背違正道, 故曰 '不道'.

45 唐律 §6. "十惡"條의 疏議 및 隋書, 刑法志 참조.

46 唐律 §6: "十惡. 二曰: 謀大逆.(謂謀毁宗廟·山陵及宮闕.) 疏議曰: 此條之人, 干紀犯順, 違道悖德, 逆莫大焉, 故曰 '大逆'."

제3장 德

1. 德의 속성

덕의 개념은 도와 덕의 상대적 관계에서 이미 상세히 언급하였다. 여기서는 德 개념의 역사적 내력 및 덕의 본질 속성을 고찰하기로 한다. 앞에서 도의 초기 개념은 사람이 다니는 구체적 '길'을 뜻했으며, 三經에 등장하는 道는 대부분 이 의미로 쓰임을 언급했다. 주목할 사실은, 三經에 등장하는 덕은 도에 비해 압도로 많으며, 그 개념도 도처럼 구체적 시원적 의미에 머물러 있지 않고, 그 자체가 이미 성숙해 완전한 추상성을 지닌다는 점이다. 사실 덕의 개념은 본디부터 德性·德行과 같은 추상 의미로 출발하였다. 인간의 성품이나 행위를 규정하는 덕의 개념 본질상 당연한 이치다. 여하튼 도와 덕의 상대적 개념의 관점에서 보면, 덕이 도보다 훨씬 먼저 등장해 보편으로 통용된 것이 역사적 사실이다.

예컨대, 易經의 '食舊德'(訟, 六三), '尙德載'(小畜, 上九), '不恒其德'(恒, 九三), '恒其德'(恒, 六五), '惠我德'(益, 九五) 등의 德은 모두 德性·德行을 가리킨다. 詩經과 尙書는 분량이 많은 만큼, 덕에 관한 언급도 현저히 많다. 또한 老子·莊子뿐만 아니라, 춘추전국시기 유가 저작에도, 덕은 인격수양에 최고경지로서 흔히 등장한다. 이들 典籍에서 공통으로 거론하는 주요한 德을 분류해 보면, 덕의 속성 및 개념 이해에 도움이 될 것이다.

우선, 詩經에 특히 많이 등장하는 '德音'[1]과 書經의 '德言'(康誥)을 들 수 있다. 이는 내면적 德(性)에서 표출하는 '덕 있는 말'로서, 덕에 가장 구체 개념이다. 德音이 초기에 널리 쓰인 것은, 사물의 일반 변화발전 법칙에도 부합하는 자연스러운 현상이다. 孔子가 "덕이 있는 사람은 반드시 (훌륭한) 말이 있지만, (그럴듯한) 말이 있다고 반드시 덕이 있는 것은 아니다."(有德者必有言, 有言者不必有德. 憲問)고 말한 '德言'도 이 德音을 뜻한다. 특히, 禮記에서는 德音을 태평성대에 음악으로 규정한다. 즉, 천지와 사시가 순조로우며 사람에게 덕이 있어 오곡이 풍성하고 질병·재앙이 없는 태평시대에, 사회 紀綱(禮法)이 바르게 정해지고 나서, 바른 樂律과 조화로운 音聲으로 그 공덕을 칭송하는 詩歌가 곧 德音이라고 정의하면서, 詩經 구절을 인용한다.[2] 또한 덕스러운 心性으로서 내면적 德性을 뜻하는 '德心'과, 그 내면적 德性에서 표출하는 행위일반으로서 '德行' 개념도, 詩經에 이미 등장한다.[3] 덕행은 공자가 최고 중시한 품행으로, 일찍이 顔淵·閔子騫·冉伯牛·仲弓의 네 수제자를 칭찬한 명목이며, '孔門四科' 중에 으뜸이다.[4]

이밖에, 德의 밝은 속성을 표현하는 개념으로 '明德'[5]·'昭德'[6]·'顯德'[7]

---

1 '德音'이 등장하는 詩經의 편명은 다음과 같다. 邶風의 日月·谷風, 鄭風의 有女同車, 秦風의 小戎, 豳風의 狼跋, 小雅의 鹿鳴·南山有臺(2)·車北·隰桑, 大雅의 皇矣·假樂 편 등이다. 이밖에, 左傳, 昭公4年 및 28年에도 보인다.

2 禮記, 樂記 참조: "…大當. 然後…紀綱旣正, 天下大定. …然後正六律, 和五聲, 弦歌詩頌, 此之謂德音, 德音之謂樂."

3 예컨대, 北風의 雄雉, 周頌의 敬之 참조.

4 論語, 先進 참조.

5 詩經, 大雅, 皇矣; 魯頌, 泮水. 尙書, 康誥·梓材·召誥·多士·君奭·文侯之命·呂刑; 左傳의 隱公8·僖公28·文公18·宣公3·成公2·襄公26·昭公8·定公4·哀公10年 및 묵자 天志中 등 참조.

6 周易 晋卦, 象傳 및 左傳 桓公2·襄公19年 등 참조.

이 있고, 위대한 본질을 나타내는 '俊德(駿德)'[8]·'盛德'[9]·'厚德'[10]·'崇德'[11]과, 착한 덕, 좋은 덕을 뜻하는 '令德'[12]·'懿德'[13] 등도, 詩·書·左傳·易傳 등에 널리 등장한다. 한편, 老子에는 上德·廣德·建德(§41)·玄德(§65)이, 그리고 莊子에는 全德(德充符·田子方)·至德(胠篋·天地·秋水)·玄德(天地)·王德(天地)·天德(天道·刻意) 등이 나온다. 개념 표현상 유가의 일반 용어와 구분되는 道家적 특색이 드러난다.

德에 관한 용어법에 중요한 특징은, 인간의 주체적 의지와 실천적 행위에 핵심 의미를 부여하는 점이다. 앞서 언급한 明德·昭德·顯德 등은 명사 의미로 쓰인 경우가 많지만, 동사로 쓰여 德을 밝히고 드러내는 인간의 주체적 志行을 지칭하는 경우도 적지 않다. 특히, 大學 첫 구절은 "큰 학문의 道는 밝은 덕을 밝힘에 있다"(大學之道在明明德)고 규정한다. 이는 詩經과 書經의 '明德'을 종합해 체계화한 명제인데, 사실 大學 자체도 이를 이론화한 학문적 결정이다.

그밖에, 德을 공경하는 敬德,[14] 숭상하는 崇德·尙德,[15] 닦는 修德[16] 등은, 개인의 내면적 품성함양을 중시하는 말이다. 또한 내적으로 수양된 德性을 밖으로 실천하여 사람들에게 德澤을 베푸는 德行을 강조하는 용어도 많다. 德을 힘써 베풀고 쌓는다는 務德·宣德·施德·積

---

7 尙書의 洛誥·文侯之命 등 참조.

8 尙書의 堯典 등 참조.

9 左傳 襄公29·昭公8年과 周易의 繫辭上·下傳 및 孟子, 萬章上 등 참조.

10 國語, 晋語6 및 周易, 坤卦, 象傳.

11 左傳, 文公2年과 周易 繫辭上·下傳 및 豫卦 象傳 등 참조.

12 詩經, 小雅, 湛露; 大雅, 假樂, 左傳, 隱公3·4·桓公2·13·成公10·襄公24年 및 국어, 楚語上 참조.

13 左傳, 襄公13·昭公10年, 詩經, 周頌, 時邁 및 周易, 小畜卦 象傳 참조.

14 尙書, 召誥·君北·無逸 등 참조.

15 尙書, 呂刑과 左傳, 定公4年 및 周易 小畜卦 上九爻辭 등 참조.

16 左傳, 昭公20·23年, 詩經, 大雅 文王 및 周易, 蹇卦 象傳 등 참조.

德,[17] 세우고 심는다는 뜻의 建德·種德·樹德[18] 등이 그것이다. 이들은 특히 춘추시대 盟主의 자격으로 覇者에게 필요한 덕행이었다.

이상 언급에서, 일반으로 덕은 德性·德音·德行처럼 인간의 긍정적 선량한 품성 및 행위임을 알 수 있다. 그러나 德에는 반드시 좋은 본성만 함축된 것이 아니고, 때로는 사람의 부정적 사악한 속성을 가리켜 비난하는 뜻인 경우도 적지 않다. 재앙을 자초하는 불길한 凶德,[19] 明德에 상대적인 어둡고 혼미한 昏德,[20] 떳떳하지 못하고 부끄러운 慙德,[21] 덕이 없다는 의미의 不德,[22] 그밖에 暴德·亂德·離德·棄德·蔑德[23] 등이 이러한 부정적 惡德의 전형이다. 특히, 殷이 술로 망한 역사 교훈을 일깨우기 위해 酒德을 강조한 점도 인상적이다.[24]

또 역사적 특정 인물, 특히 성현의 덕을 구체로 지칭하는 경우도 있다. '文王之德'이 대표다.[25] 武力에 대응하는 文德과 혼동되어,[26] 유가의 최고 이상적 덕으로 추앙되기도 한다.[27] 이밖에 周公(尙書, 金縢; 左傳, 昭公2年)·仲山甫(詩, 大雅, 烝民)·申伯(詩, 大雅, 崧高)의 德과 暴君의 상징으로서 桀德(尙書, 立政)이 거론된다.

17 尙書, 盤庚上; 左傳, 莊公8·僖公5·9·襄公13·26·27·昭公4·24·26·27·哀公10年 등.
18 左傳, 隱公8·莊公8·襄公19年 및 國語, 晋語8 등 참조.
19 尙書, 盤庚下·湯誓·多方과 左傳, 文公18年 등 참조.
20 尙書, 多士 및 左傳 宣公3年 등 참조.
21 左傳, 襄公29年 참조.
22 尙書, 堯典 및 左傳, 襄公9·23年 등 참조.
23 尙書, 君北·立政 및 左傳, 僖公19·24·襄公29年 등 참조.
24 尙書, 無逸 참조.
25 詩經, 周頌, 維天之命과 尙書, 君北 및 左傳, 昭公6·28年 등 참조. 이밖에 尙書에는 高祖之德(盤庚下)·成王之德(酒誥)·寧王之德(君北) 등이 함께 거론된다.
26 詩經, 大雅, 江漢·周頌, 淸廟과 周易, 小畜卦 象傳 등 참조.
27 論語, 季氏에는 孔子가 冉有와 子路의 그릇된 政事를 질책한다. "먼 곳 사람이 복종하지 않으면 안으로 文德을 닦아서 스스로 오도록 해야 한다."

이상에서, 道보다 일찍 등장하여 보편으로 사용된 德의 다양한 용어를 통해, 덕의 개념 및 본질 속성을 간접으로 살펴보았다. 道가 만물과 德에 근원이라면, 그 실체는 물론 만물이나 德보다 우선하거나 적어도 동시에 존재할 것이다. 그러나 道는 形而上의 추상성 때문에 인식하거나 개념화가 쉽지 않다. 그래서 인간은 사물의 현상과 사람의 언행을 먼저 인식하고 판단하여, 그로부터 사물과 인간에 고유하게 내재된 本性의 개념을 얻게 된다. 이것이 德이다. 그러나 생사 무상한 인간과 사물의 본성 자체가 궁극 본체가 아님을 곧 깨닫게 되고, 인간과 사물에 생명(물질 현상 및 내면 본질, 심성 등)을 부여하고 주재하는 근원 실체를 찾게 된다. 그 실체를 개념화한 것이 바로 道이다. 이렇게 보면, 실체는 道가 더 근원적이지만, 인식과 개념의 출현은 德이 더 우선한 역사적 사실이 합리적으로 설명된다. 나무로 비유하자면, 뿌리가 줄기와 잎·꽃·열매를 생장시키는 생명의 근원으로서 발생상 우선하지만, 인간의 나무에 대한 인식과 개념은 당연히 枝葉으로부터 시작하는 것과 같다.

덕이 인간의 인식과 개념에서 도보다 우선한다는 말을 인간의 윤리도덕 범주에서 이해하면, 덕이 가장 근본적 시원적 사회규범이라는 의미를 함축한다. 물론, 나중에 등장한 道의 개념이 다양하게 파생 분화하여, 자연법칙이라는 본래 의미 외에 특히 '人道'라는 사회규범 의미를 함축하면서, 덕에 우선하는 근원 규범으로 부상하는 경우도 적지 않다. 그러나 본래적 개념에서 인간의 사회규범 시원은 역시 德이라고 할 수 있다. 따라서 德은 모든 윤리도덕 가치와 사회규범을 총괄하는 종합적 근본 규범이 된다.

이제 德과 다른 윤리도덕 규범의 관계를 통해서 덕의 종합규범성을 살펴보기로 한다.

우선 尙書에는 皐陶가 禹에게 말한 九德이 있다. 이중 三德만 갖추면 집안을 잘 꾸릴 수 있고, 六德을 겸비하면 나라를 잘 다스릴 수 있으며, 九德을 모두 완비하면 천하를 통치할 수 있다.[28] 또한 箕子가 武王에게 답한 아홉 가지 治國의 大法인 洪範九疇에는 正直·剛克·柔克의 三德이 여섯 번째로 등장한다.(尙書, 洪範)

左傳에는 덕의 속성 및 종류에 관한 언급이 특별히 많다. 주요 언론을 연대순으로 열거해 보면 다음과 같다.

① 晋에 흉년이 들었을 때, 秦이 식량을 원조하여 구휼했는데, 반대로 秦에 기근이 들어 양식을 요청하자, 晋이 거절했다. 이에 晋의 慶鄭이 四德을 들어 간언하였다. "베풀어 준 은혜를 등지면 親이 없고, 남의 재난을 다행으로 여김은 仁이 아니며, 재물을 아끼고 탐내면 祥瑞롭지 못하고, 이웃나라 분노를 자극함은 義가 아니다. 이 四德을 모두 잃으면, 어떻게 나라를 보전하겠는가?"(僖公14年, 前646)

② 魯 文公이 즉위 후 卿을 齊에 사절로 보내 우호를 다진 외교는 忠信卑讓의 道라고 평가받는다. "忠은 德을 바르게 하고, 信은 德을 견고히 하며, 卑讓은 德에 기초가 된다."(文公元年, 前626)

③ 晋 襄公이 사망한 후, 太子가 어리다는 이유로 군왕의 아우를 옹립하려고, 固·順·孝·安을 四德을 논거로 내세웠다. "善한 사람을 세우면 堅固하고, 연장자를 섬기면 순조로우며, 先君이 아끼던 사람이 즉위하면 효성스럽고, 秦에 친근한 사람이 계승하면 나라가 안정된다."(文公6年, 前621)

④ 紀公이 태자를 폐위하고 무례한 행위를 자행하므로, 태자가 그 父君을 시해하고 망명 왔는데, 魯 宣公이 받아 邑까지 주려고 하

---

28 尙書, 皐陶謨: "行有九德…寬而栗, 柔而立, 愿而恭, 亂而敬, 擾而毅, 直而溫, 簡而廉, 剛而塞, 彊而義."

였다. 이에 季文子가 만류하면서, 吉德의 역사적 典範으로 高陽氏 여덟 아들이 지닌 齊·聖·廣·淵·明·允·篤·誠의 덕성 八愷와, 高辛氏 여덟 아들이 지닌 忠·肅·共·懿·宣·慈·惠·和의 덕성 八元을 거론하였다.(文公18年 前609)

⑤ 魯 襄公의 祖母 穆姜이 사망하기 전에, 易占을 쳐서 隨卦를 얻었다. 그 卦辭에 허물없음(無咎)을 해석하면서, 주체가 元·亨·利·貞의 四德을 갖추어야 占辭의 길흉이 맞는다고 언급하였다.(襄公9年, 前564)

⑥ 晋의 魏獻子가 집정한 후, 인재 등용에 魏戊를 포함하면서, 혹시 당파를 이룬다고 타인의 오해를 받지 않을까 염려하였다. 이에 한 측근이, 선량하고 어진 사람을 천거함에는 文王·武王도 親疏를 가리지 않았다고 말하며, 度·莫·明·類·長·君·順·比·文의 九德을 갖추면 文王의 德에 가까워, 무슨 일이든 후회가 없고 자손 대대로 天祿을 받을 것이라고 칭송했다.(昭公28年 前514)[29]

左傳 이외에도, 國語에서는 正을 德의 道, 端을 德의 信, 成을 덕의 終, 愼을 덕의 守로 규정하는가 하면(周語下), 孝德·恭德·武德·溫德의 四德을 병칭하기도 한다.(晋語九) 禮記에서는 "크게 심사숙고하고 공경으로써 사랑하며, 禮를 행하고 孝를 수양하며, 義로써 기강을 삼고 仁으로써 원만히 완성하는" 聖人의 완비된 德을 거론한다.(文王世子) 또, 大戴禮記는 孔子의 孝弟忠臣을 四德으로 일컬으면서, 孝는 덕에 시작이고, 弟는 덕에 질서이며, 信은 德에 돈후함이고, 忠은 德에 바름이라고 정의한다.(衛將軍文子)

한편, 유가에서는 五倫을 천하에 達道로 일컬음에 대응하여, 知·仁·

---

29 아울러 九德의 내용을 다음과 같이 정의한다. "心能制義曰度, 德正應和曰莫, 照臨四方曰明, 勤施無私曰類, 教誨不倦曰長, 賞慶刑威曰君, 慈和偏服曰順, 擇善而從之曰比, 經緯天地曰文."

勇을 천하에 세 達德이라고 규정하는데,(中庸 §20) 勇이란 곧 義를 힘써 실행함을 의미한다. 또 尙書나 左傳의 九德과는 달리, 易傳에서는 易의 중요한 아홉 卦의 본질을 德에 비유해 개념 정의한다.

"履는 덕에 기초이며, 謙은 德에 손잡이고, 復은 덕에 근본이며, 恒은 덕에 견고함이고, 損은 덕에 수양이며, 益은 덕에 풍요함이고, 困은 덕에 분별이며, 井은 덕에 터전이고, 巽은 덕에 제재이다."[30]

덕이 모든 윤리도덕 규범의 종합 근원임은 지금까지 고찰로도 이미 충분히 밝혀졌다. 이제 덕에 대한 孔子의 평가를 살펴보면, 이점이 더욱 실감나게 분명해진다. 孔子는 일찍이 中庸의 덕이 몹시 지극해서 사람들이 쉽게 지속할 수 없음을 탄식했다.(雍也) 周 太王의 長子인 泰伯이 아우 季歷의 아들 昌(후에 文王)을 위해 세 번이나 宗子 지위를 사양한 사실과, 周文王이 殷 말엽에 천하 2/3를 이미 영유하면서도 殷을 섬긴 일을, 형용할 수 없는 '至德'으로 칭송하였다.(泰伯) 특히, 德으로 하는 정치는, 北極星이 천체 운행중심에 자리해 움직이지 않고, 모든 별이 그 주위를 스스로 도는, 지극한 天道와 같다고 비유한다.(爲政) 德이 모든 윤리도덕 규범에 중추 핵심임을 이보다 더 간단명료하게 표현하기는 어려울 것이다. 그래서 天子는 德으로 수레를 삼고,(天子以德爲車: 禮記, 禮運) 天子가 천하를 순시하는 수레는 德車라고 한다.(禮記, 曲禮上) 天子의 정치 자체가 곧 德政으로 비유된다.

특히, 道를 물의 여러 속성에 비유하는 것과 상응하여, 德의 속성을 玉에 비유하는 언론이 매우 많았다. 子貢이 군자가 玉을 귀하게 여기는 까닭이 희소가치 때문이냐고 묻자, 孔子는 玉을 德에 비유하기 때문이라고 대답하면서 玉德을 상세히 설명하고 있다.

30 易傳, 繫辭 下: "履, 德之基也; 謙, 德之柄也; 復, 德之本也; 恒, 德之固也, 損, 德之修也; 困, 德之辨也; 井, 德之地也; 巽, 德之制也."

"부드러우면서도 윤택함은 仁이고, 단단하면서도 무늬 결이 있음은 知이며, 굳세어서 굽히지 않음은 義이고, 모서리지면서도 사물을 손상시키지 않음은 行이며, 쪼개어질망정 구부러지지 않음은 勇이고, 흠이 있으면 있는 그대로 드러남은 情(忠)이며, 두드리면 그 소리가 맑게 드날려 멀리까지 들리되 그칠 때는 뚝 매듭짓는 것은 辭(樂)이고, 드리우면 아래로 낮게 쳐짐은 禮이며, 대같이 푸른빛이 나서 사방으로 통함은 信이고, 흰 무지개 같은 기운은 天이며, 산천의 精氣를 드러냄은 地이고, 조정에 나아갈 때 玉으로 만든 圭璋을 신표로 삼는 것은 德이며, 천하에 이보다 더 귀한 것이 없으니 이는 곧 道이다."[31]

玉德이 단순히 仁·義·禮·樂·忠·信·知에 그치지 않고 天·地와 德·道까지 이르는 것은, 玉 자체의 완전무결한 고귀성뿐 아니라, 德의 궁극적 종합 규범성을 극명히 보여준다. 또, 닭의 훌륭한 속성을 五德으로 비유함도 흥미로운 사실이다. 머리의 화려한 볏을 지닌 文, 발가락으로 사물을 날카롭게 움켜잡는 武, 적이 앞에 있으면 주저하지 않고 덤벼 싸우는 勇, 모이를 발견하면 소리 내어 서로 알리는 仁, 그리고 시간을 지켜 새벽을 알려주는 信이 바로 닭의 五德이다.(韓詩外傳, 卷2)

이처럼 德은 다양한 각도에서 종합적 근원 규범임을 알 수 있다. 바꾸어 말하면, 전통사회에 주요한 윤리 덕목이 전체로 德의 본질속성에 일부를 이루고, 德은 모든 윤리도덕 규범의 총체적 결정인 셈이다. 과연, 예로부터 兵法에 "德이 있는 사람은 대적할 수 없다"(有德不可敵: 左傳, 僖公28年, 前632)는 격언이 전한다. 老子도 武道에서 '不爭之德'을

31 앞부분은 荀子, 法行에 나오고, 뒷부분은 禮記, 聘義와 孔子家語 卷8에 추가된 내용이다. 漢代에 儒家가 荀子 원전을 보충해 玉德의 완전무결을 강조한 듯.

궁극 이상으로 숭상한다.(§68) 결코 우연이 아니다. 德은 道와 병칭되어, 사실상 道의 化身으로서 道와 일체를 이루면서, 모든 윤리도덕 규범의 총체적 근원이 되는 것이다. 당연한 논리적 귀결이다.

2. 德과 禮의 관계

德이 道로부터 얻은 내면적 德性과 외면적 德行·德言을 포괄 의미하며, 개념상 道보다 훨씬 먼저 周初에 널리 쓰였다. 그런데 덕과 함께 禮가 빈번히 등장하는 사실이 특기할 만하다. 사실 禮는 본디 周禮를 지칭하며, 周公이 文王·武王의 건국창업을 계승해, 周의 근본 통치기강으로 제정한 法制다. 따라서 禮는 周初·춘추·전국시기까지 기본 사회규범이었다. 先秦시대에 禮를 언급함은, 지금 法을 거론함과 마찬가지로 지극히 흔한 당연지사였다. 尙書에는 舜이 사방으로 巡守나가서 五禮를 시행했다고 전한다. 또, 周公이 두 번 殷禮를 언급한 기록이 보인다.[32] 孔子도 夏禮와 殷禮를 거론하였다.(論語, 八佾) 夏·殷 때부터 이미 禮라는 명칭이 국가 기본규범의 의미로 쓰인 것인지, 아니면 周初에 尙書를 편찬한 史官과 공자가 당시 규범명칭인 '禮'로써 일반화해 표현한 것인지는 불확실하다.

그러나 적어도, 지금 우리가 동서고금 국가 기본규범을 고유 명칭 여하에 관계없이 '法'이라는 일반개념으로 통칭하듯이, 周代 禮 개념도 그러한 의미를 함축하였다. 이렇듯 당시 국가 실정규범이었던 禮가, 道에서 얻은 개인적 心性 言行을 뜻하는 德과 함께 널리 병칭된 것은, 상당히 흥미로우면서도 자연스러운 현상으로 보인다. 마치 지

32 尙書, 堯典: "歲二月, 東巡守,…修五禮."; 洛誥: "肇稱殷禮."; 君奭: "殷禮陟配天, 多歷年所."

금 형식적 제도로서 국가 실정법과 그 정당성 및 실효성의 근원으로서 실질적 내재적 윤리도덕을 서로 대비해 거론함과 비슷할까? 그 당시 德과 禮에 관한 언론들을 직접 살펴보면, 양자 관계가 더욱 명확해진다.

우선 언급해 둘 것은, 書經과 詩經에 禮 못지않게 자주 보이는 용어로 儀가 있다.[33] 儀는 禮의 외적 표현이라는 의미가 농후하지만, 양자가 엄격히 구별되기보다는 오히려 같은 의미로 통용되는 경우가 많다. 儀를 禮라고 해석하기도 하지만, 양자가 함께 '禮儀'로 쓰이는 언어관용이다.[34] 한 편의 시에서 禮와 儀가 함께 등장하면서, 押韻의 변화와 함께 번갈아 쓰이기도 한다. 따라서 禮와 儀는 상통하는 개념이다.[35]

먼저 德과 禮儀가 형식상 동등한 지위에서 나란히 언급되기도 한다. 詩經에서 「莫不令德」의 시구가 압운을 달리하면서 「莫不令儀」로 변화한다. 모두 君子의 德과 禮儀를 칭송하는 의미에서 대등한 위상이다.(小雅, 湛露) 또한 실질 의미상 대응하는 경우도 있다. 연회에 참가한 빈객이 술에 취해 失禮하면 '伐德'이라고 힐난하는데, 취한 후 좋은 儀容만 유지하면 飮酒 연회가 몹시 아름답다고 칭송한다.[36] 즉,

---

33 예컨대, 尙書에는 堯典에 "三禮", 洛誥에 "惇宗將禮"·"宗禮" 등과 함께, 酒誥에 "用燕喪威儀", 洛誥에 "享多儀, 儀不及物", 顧命에 "夫人自亂于威儀" 등이 보인다. 詩經에는 小雅·十月之交에 "禮則然矣", 楚茨에 "式禮莫愆", 周頌·豊年에 "以洽百禮"와 함께, 훨씬 많은 儀가 등장한다. 예컨대, 邶風·柏舟; 齊風·猗嗟; 曹風·北鳩; 小雅에 菁菁者莪·小宛; 大雅에 旣醉·民勞·板·抑·烝民·瞻卬 등 참조.

34 詩經, 小雅, 楚茨의 "禮儀卒度"· "禮儀旣備"가 대표다.

35 예컨대, 詩經, 小雅의 賓之初筵에서는 연회 진행상 각종 법도·준칙으로서 '百禮'와 함께, 연회석상에서 술 취한 빈객의 행동거지로서 '威儀'가 서로 대응해 등장한다. 邶風, 相鼠에서는 "相鼠有皮, 人而無儀" 구절에서 皮가 體로 압운을 달리하면서, 儀가 禮로 바뀌어 반복된다.

36 詩, 小雅, 賓之初筵: "醉而不出, 是謂伐德. 飮酒孔嘉, 維其令儀." 또 大雅, 旣醉에도

令儀가 酒德에 요건이 된다. 신체의 형식적 예의가 마음의 실질적 덕을 반영하는 관계에 있는 것이다. 아예 이를 직접 서술하기도 한다. "공경스럽게 근신하는 禮儀"가 곧 "덕 있는 것이나 다름없고", 심지어 "덕의 짝"이라고 한다.[37] 禮儀는 德과 함께 백성의 모범 법도가 된다.[38]

詩經에 나타나는 周初에 德과 禮의 관계는 춘추시대에도 지속된다. 상하가 모두 예의가 있어 서로 다투지 않음이 治世에 懿德인 반면, 예의 없이 서로 자기 잘났다고 다투는 것은 亂世에 昏德이 된다.[39] 禮가 德에 전제조건인 셈이다. 한편, 德과 禮가 대등하게 병칭되는 경우도 많다. 天子나 제후가 鐘을 주조해 공덕을 銘文으로 새기는 것은, "明德을 밝히고 無禮를 징계하기 위한" 대의명분이다.[40] 管仲은 桓公에게 제후들을 禮로써 끌어들이고 德으로써 회유하는 霸者의 정치 도량을 권고하면서, 德과 禮를 바꾸지 않는다면 귀순하지 않을 사람이 없다고 강조한다.[41] 晋에 知武子도 晋이 德도 없으면서 鄭에게 同盟을 강요함은 禮가 아니라고 비판한다. 禮가 아니면 제후 간에 盟主가 될 수 없으므로, 물러나 스스로 덕을 더 수양한 다음 다시 와야 한다고 강조한다.[42] 덕과 예가 실질상 거의 동등한 의미로 거론된 것이다.

酒德과 威儀가 상호 의미 관련해 거론된다.

37 詩經, 大雅, 民勞: "敬愼威儀, 以近有德."; 大雅, 抑: "抑抑威儀, 維德之隅."

38 詩經, 大雅, 抑: "有覺德行, 四國順之, …敬愼威儀, 維民之則.… 辟爾爲德,… 不愆于儀,… 鮮不爲則."; 魯頌, 泮水: "穆穆魯侯, 敬明其德, 敬愼威儀, 維民之則."; 大雅, 烝民: "仲山甫之德, 柔嘉維則, 令儀令色, 小心翼翼."

39 左傳, 襄公13年: "世之治也,·· 上下有禮, 由不爭也, 謂之懿德; 及其亂也,… 上下無禮, 由爭善也, 謂之昏德."

40 左傳, 襄公19年: "夫銘, 天子令德,… 以示子孫, 昭明德而懲無禮也."

41 左傳, 僖公7年: "招北以禮, 懷遠以德. 德禮不易, 無人不懷."

42 左傳, 襄公9年: "我實不德, 而要人以盟, 豈禮也哉? 非禮, 何以主盟? 姑盟而退, 修德息師而來, 終必獲鄭, 何必今日?"

실제로 德과 禮의 개념 속성을 살펴보면, 양자의 상통성이 더욱 명확해진다. 앞서 忠·信·卑讓이 德의 본질 속성으로 규정됨을 보았다.[43] 그런데 똑같은 忠·臣·卑讓이 禮의 본질로 규정되기도 한다. 叔向이 晋에 사신으로 파견된 叔弓의 외교활동을 '知禮'로 평가한 것이다. "忠信은 禮의 그릇이고, 卑讓은 禮의 宗主이다!" 아울러 "공경스럽게 근신하는 禮儀는 덕이 있는 것이나 다름없다"는 시구를 인용하여, 禮를 德으로 바꾸어 표현한다.[44] 사실 謙讓과 恭敬은 禮의 기본속성인데, 이들을 또한 덕의 본질이 되기도 한다. 臼季는 부부간에 손님처럼 공경하는 冀缺을 晋 文公에게 이렇게 추천하였다. "敬은 德이 쌓여 발현하는 것이므로, 공경스러운 사람은 반드시 덕이 있다."[45] 또 晏平仲은 겸양을 德의 宗主라고 말하면서 '懿德'이라고 칭송한다.[46]

이상에서 周初 및 춘추전국시기에 德과 禮가 병칭되는 사례들을 통하여, 양자의 본질적 관계를 살펴보았다. 기본상 禮는 德이 국가 제도규범으로 규정되거나 개인적 言行으로 표출되는 외적 형식을 가리킨다. 훌륭한 덕이 있으면 반드시 공경스럽고 겸양하는 禮가 있기 마련이다. 거꾸로 禮를 보면 개인의 덕성이나 국가의 기강을 알 수 있다. 따라서 周나라 기본규범이었던 周禮는, 가까이는 그를 직접 제정한 周公의 德과, 멀리는 周初 건국창업의 주역인 文·武 및 그 선조들의 德까지를 동시에 대변해 준다. 그래서 일찍이 晋의 韓宣子는 魯의 春秋를 보고 찬탄했다. "周禮가 모두 魯에 있도다. 내 이제야 周公의 德과 周가 천하를 다스리게 된 까닭을 알겠다."[47]

---

43 左傳, 文公元年: "忠, 德之正也; 信, 德之固也; 卑讓, 德之基也."

44 左傳, 昭公2年 참조.

45 左傳, 僖公33年: "敬, 德之聚也, 能敬必有德. 德以治民, 君請用之!

46 左傳, 昭公10年: "讓, 德之主也, 讓之謂懿德."

47 左傳, 昭公2年: "周禮盡在魯矣, 吾乃今知周公之德與周之所以王也."

3. 德과 法의 관계: 德主刑輔

춘추전국시대에는 德과 禮가 실질상 동등한 지위에서 기본적 사회윤리규범이었다. 한편, 사회규범을 위반한 자에 대한 공적 제재로서 형벌도, 그러한 규범과 동시에 병행되기 마련이다. 周初의 德과 禮가 쇠퇴하고 제후들의 실력쟁패가 노골화하기 시작한 春秋시대 말기부터, 이러한 강제적 제재로서 '刑'을 중심으로 한 '法'의 개념이 새로운 시대 산물로 등장하게 되었다. 약육강식의 武力兵亂이 그칠 새 없던 전국시대에는, 이러한 法이 엄연히 중심 사회규범으로 주창되고 실행되기에 이르렀다. 法家 사상의 출현과 부국강병의 변법시행이 그러한 시대 조류였다.

여기서 유가를 중심으로 선각 사상가들이, 德과 禮를 본위로 하고 刑과 法을 부수적 말단지엽으로 삼는 정치철학을 강력히 제기하였다. 보동 '德主刑輔'로 일컬어지는 사상·이념도 그러한 역사 배경에서 배태된 또 다른 '反'動(antithese)적 시대 산물인 셈이다. 秦이 엄형중벌의 법가사상을 원동력으로 중원을 통일한 뒤, 지나치게 가혹한 '法治'의 긴장을 못 이기고 바로 자멸하자, 그 뒤를 이은 漢은 역사를 거울삼아 先秦 시대 德·禮 위주의 정치사상을 되살려 실현한 것이다. 그리하여 이 사상은 漢 이후 전통시대 중심적 정치이념이 되었다. 따라서 德과 刑의 관계는 이 시기 핵심 정치·법률사상으로 살펴볼 필요가 있다.

본론에 들어가기 전에, 우선 德과 禮의 실질적 同位性에 상응하여, 刑과 法의 동질성 및 兵刑一致 관념을 언급할 필요가 있다. 왜냐하면, 德主刑輔 사상은 꼭 덕과 형의 대응만 언급하는 것이 아니라, 禮와 法·兵을 수시로 혼동하여 거론하기 때문이다. 또 당시 '刑' 개념은 이미 '형벌'의 좁은 의미에 국한하지 않고, 새로운 시대적 사회규범의 실체로 부각된 '法' 개념으로 확장해 서로 혼용되다가, 결국 '法' 개념에

흡수·대체되기에 이르기 때문이다.(뒤에 상술함)

한편, 兵과 刑은 본디 같은 연원에서 파생한 실체인데, 당시까지도 아직 兵刑一體가 상당히 유지되고 있었다. 즉, 兵器와 刑具는 본디 강제적 제재수단인 武力으로서 동질이다. 그래서 魯의 臧文仲은 五刑을 거론하면서, 兵刑의 일체성을 직접 밝혀준다.

"大刑은 甲兵을 사용하고, 그 다음은 도끼를 사용하며, 中刑은 칼을 사용하고, 그 다음은 송곳을 사용하며, 가장 가벼운 형벌은 채찍을 사용한다. 큰 형벌은 들판에서 시행하고, 작은 형벌은 시장이나 조정에서 실행한다."(國語, 魯語上)

周의 封建制 아래에서, 제후가 국내에서 백성의 죄를 처벌하는 것이 刑이고, 제후 상호간에 無禮·不道한 경우 덕망과 실력을 갖춘 패자가 天子 이름으로 그를 征伐하는 것이 兵이다. 周의 天下 울타리 안에서 兵과 刑은 실질상 동일한 성격을 지닌다. 즉, 兵은 국제적 刑이고, 刑은 국내적 兵인 셈이다. 그래서 晋에 范文子는 兵(戰爭)을 刑으로 개념규정한다. 국내 백성에 대한 형벌도 제대로 다스리지 못하는데, 어떻게 제후에 대한 형벌인 兵을 움직일 수 있느냐고, 전쟁의 부당성을 피력한다.[48] 禮記도 兵刑의 동일한 根源을 밝힌다.

"제후는 천자로부터 활과 화살을 하사받은 뒤에 비로소 정벌을 실행하고, 도끼와 칼을 하사받은 뒤에 刑殺을 시행할 수 있다."[49]

呂氏春秋는 집안에 회초리, 나라에 형벌, 천하에 정벌을 삼위일체로 나란히 거론하면서, 이들이 필수불가결함을 강조한다. 아울러 兵의 본질이 다툼(爭)에 있음을 밝히면서, 크고 작은 각종 兵을 언급한다.(蕩兵) 한편, 兵刑一體性은 고대 법관의 칭호를 살펴보면 더욱 명확해진다.

---

48 國語, 晋語6 참조: "夫戰, 刑也, 刑之過也."

49 禮記, 王制: "諸侯, 賜弓矢然後征, 賜鐵鉞然後殺."

즉, 周代 이래 士師나 秦의 廷尉 등은 바로 軍官의 칭호를 그대로 답습한 것으로, 兵權과 刑權이 혼연일체였던 제도적 유산이다.[50]

德과 法(刑)을 대비해 함께 거론함은 춘추전국시기에 비롯한 것은 아니다. 이미 周初 통치자들은 殷이 잔혹한 형벌로 멸망한 역사 교훈을 바탕으로, 자손들에게 덕을 밝히고 형벌을 삼가도록 '明德愼罰'을 신신당부하였다. 특히, 尙書 康誥편은, 周公이 管蔡의 난을 평정한 후 康叔을 衛나라에 봉하면서 당부한 訓話이다. 殷의 遺民을 잘 무마하여 유순한 周의 新民이 되도록 德을 밝혀 교화에 힘쓰고, 형벌을 신중히 사용하라는 내용으로 전편을 일관한다. 먼저 文·武왕이 明德愼罰로써 왕업을 창건한 사실을 환기하고, 덕을 숭상하여 원망이 일지 않도록 함이 保民·新民에 근본임을 밝힌다. 다음으로 형벌의 신중한 사용을 구체로 상세히 거론한다. 盜賊·不孝不友·반란과 같은 극악무도한 죄인은 가차 없이 처단하고, 특히 관리들이 솔선수범해 철저히 준법하도록 역설한다. 그리고 다시 덕으로써 백성을 교화하도록 당부하면서, 天命이 무상함을 명심하라고 일깨운다.[51]

이밖에도 多方편은, 成湯이 夏를 대신해 민심을 수습한 뒤 帝乙에 이르기까지는, 殷의 통치자들도 모두 '明德愼罰'로써 선정에 힘쓴 사

---

50 楊鴻烈, 中國法律思想史, 下冊 88-92쪽 참조. 물론 兵刑一致思想은 춘추전국시대까지 국한하며, 秦漢 통일왕조 이후 律令體系가 조직·정비되면서 兵과 刑은 제도상 사상상 완연히 구분된다. 漢代 이미 廐律이 독립 분화하였고, 唐律에서는 廐庫와 함께 衛禁도 별도로 분리되었다. 무엇보다도 明淸律上 兵律과 刑律의 분립은 兵刑 분리를 가장 선명히 보여준다. 특히, 唐律은 범죄의 自首와 신고에서 軍府의 수리를 원칙상 금한다.(§353·§355) 刑事管轄權과 관련해 兵刑의 엄격한 분리 독립을 명시적 律文으로 규정한 것이다.

51 尙書, 康誥 참조. 주요한 구절만 인용하면 다음과 같다. "文王克明德愼罰,… 天乃大命文王. …若德裕乃身, 不廢在王命, …助王宅天命, 作新民. …敬明乃罰, …汝亦罔不克敬典. …予惟不可不監, 告汝德之說于罰之行. …惟命不于常, 汝念哉!"

실을 예시한다.[52] 또 立政편은 桀과 紂가 暴德으로 멸망한 역사 귀감을 거론하며, 文王·武王이 刑獄을 法官에게 전담시켜 사사로이 간섭하지 않고 신중을 기대했던 사실을 상기한다. 이를 교훈으로 본받아 실행하라고 당부하는 내용이다.[53] 呂刑편은 덕에 근거해 선량하고 정당한 법으로서 '德刑'과, 내면적 덕으로부터 우러나오는 지극한 위엄으로서 '德威'를 동시에 거론한다. 五刑을 공경스럽게 시행하여 三德을 이루는 '敬刑成德' 이념을 강조한다.

이처럼 周初에 이미 明德愼罰、愼獄、敬刑成德 등이 德主刑輔의 기본사상으로 널리 강조되었다. 明德愼罰은 하나의 완결적 통치이념인데, 明德은 愼罰에 지도 사상이며, 거꾸로 愼罰은 明德에 실질 존재의미를 보장해 주는 담보수단이다. 즉, 明德의 이념 없이는 엄벌중형의 남용으로 국가왕권의 존립까지 위협받을 수 있으며, 愼罰의 실천이 없으면 明德의 이념은 기만적 정치구호에 불과하게 된다.[54]

그러나 周의 王權과 기강이 쇠약해지면서 平王의 東遷으로 시작한 춘추시대부터는, 제후들의 실력쟁패로 德政과 禮制가 유명무실화하기 시작했다. 刑(法)과 兵의 실력 정치로써 부국강병의 패권을 지상목표로 삼은 소치다. 춘추오패 시발주자인 齊 桓公은 그나마 긍정 평가를 받는데, 그를 도와 패업을 완수한 管仲의 사상이 나중에 집대성된 「管子」書는 보통 法家로 분류된다. 물론 「管子」도 '先德後刑'을 주장하며(勢), 管仲의 친필이 아니라 후세 사람에 의해 정리된 책이다. 하

---

52 尙書, 多方: "成湯代夏作民主, … 以至于帝乙, 罔不明德愼罰, 亦克用勸."

53 尙書, 立政 참조: "庶獄庶愼, 惟有司之牧夫是訓用違; 庶獄庶愼, 文王罔敢知于茲. …今文子文孫, 孺子王矣. 其勿誤于庶獄, 惟有司之牧夫."

54 張紫葛·高紹先, 尙書法學內容譯註, 99쪽 참조. 尙書의 明德愼罰 일반에 대해서, 李鐵, "明德愼罰與奴隸制法的發展", 中華法史叢談, 36-48쪽 및, 趙國彬·孔慶明, "尙書法律思想平議", 法律史論叢(二), 138-141쪽 참조.

지만 전반 내용이 法家 사상을 강하게 나타내는 사실은, 춘추초기에 刑政과 武力이 패권에 실질적 바탕이었음을 간접 시사해 준다.[55]

그리고 魯 文公6년(前621)에 晋이 夷蒐之法을 시행하고, 昭公6년(前536)에는 鄭 子産이 刑書를 주조하였으며, 昭公29년(前513)에는 晋이 刑鼎을 주조하였다. 뿐만 아니라 定公9년(前501)에는 鄭이 法家의 元祖인 鄧析을 소송교사 및 시비명분 교란 죄로 살해하고서 그가 지은 竹刑을 시행하였다.[56] 이러한 일련의 立法은 갈수록 준엄한 악법을 낳아서, 그때마다 강렬한 비판을 받았다. 이처럼 춘추시대에 刑(法)이 周禮를 대체하는 현실적 제도로 이미 보편화하기 시작했음을 알 수 있다. 그 근저에 '法治' 위주 사상이 깔려있음은 당연한 사리다.

춘추시대 '德主刑輔' 사상은 이러한 刑(法)의 현실적 대두를 견제·비판하는 반작용으로 제기되었다고 볼 수 있다. 공자는 일깨운다.

> "정치명령으로 인도하고 형벌로 다스리면, 백성이 요행히 빠져나가고도 부끄러움이 없는데; 덕으로 인도하고 예로 다스리면, 백성이 부끄러운 줄도 알면서 또한 올바르게 된다."[57]

그러나 이 명제의 함의가 政刑을 부정하는 것은 아니다. 왜냐하면, 군자는 德과 刑을 항상 동시에 염두에 두는데,(君子懷刑: 里仁) 덕을 염두에 두는 것은 善을 생각하고 실천함을 뜻하고, 刑을 염두에 두는 것은 法을 두려워함을 의미한다. 또한 나라에 도덕이 없을 때는 형벌에 걸려들지 않도록 언행을 조심하는 것이 군자의 인격수양이라고 공자

---

55 '管子'書는 四庫全書總目提要, 卷101, 子部의 法家類에 분류·수록되어 있다. '管子'에는 七法·版法·法禁·重令·法法·兵法·任法·明法·版法解·明法解와 같은 篇名이 직접 法令을 주제로 삼는가하면, 기타 정치경제적 내용의 편이 무수히 많고, 특히 覇形·覇言 등의 편은 패권정치의 직접 반영이기도 하다.

56 이상 左傳 각 해당년도 기사 참조. 본서 뒤에 상세히 서술함.

57 論語, 爲政: "道之以政, 齊之以刑, 民免而無恥; 道之以德, 齊之以禮, 有恥且格." 유가 德治 이념은, 宋榮培, 中國社會思想史, 59-75쪽 참조.

는 강조한다.[58] 이는 공자가 적어도 소극적으로나마 刑의 존재를 인정한다는 뜻이다.[59]

물론 춘추초기에도 政과 刑에 관하여 孔子처럼 강도 높은 부정적 비판이 주류를 이룬 것은 아니다. 오히려 德과 刑의 일반적 상호 보충 및 의존 관계를 주장한다. 또한 '政'에 관해서는 '刑'과 관련시킨 孔子의 부정적 시각보다는, 오히려 '德'과 연관시킨 '德政'의 관점이 오히려 지배적이었다.

左傳 隱公11년(前712) 기사는 鄭 莊公이 政刑을 잃었다고 비판한다. "政으로 백성을 다스리고, 刑으로 사악을 바로잡는데; 德政도 없고 威刑도 없으므로 사악에 이르게 되었다."[60] 군주는 덕으로 가르치고 형으로 위엄을 보여야 한다.(桓公13년, 前699) 신하와 백성은 복종하면 厚德을 입고, 두 마음을 품으면 威刑이 두렵게 된다.(僖公15년, 前645) 특히, 德과 刑을 잃지 않고 겸비하는 것이 覇者의 요건이다.(成公16년, 前575: 君唯不遺德刑, 以伯諸候.) 배반하는 자는 兵刑으로 토벌해 위엄을 보이고, 복종하는 자는 德禮로 회유하여 은혜를 보여야 盟主가 될 수 있다.(文公7년, 前620) 따라서 德·刑·政·禮를 바꾸지 않으면 누구도 대적할 수 없게 된다.(宣公12년, 前597)

한편, 文王이 '明德愼罰로 周室을 일으킨 尙書 내용을 인용하면서, 明德이란 덕을 숭상하는 것이고, 愼罰은 형벌을 제거하는 것이라고 개념 정의한다.(成公2년. 前589: 明德, 務崇之之謂也; 罰, 務去之之謂也) 이밖에

---

58 論語, 公冶長: "子謂南容, 邦無道, 免於刑戮, 以其兄之子妻之."; 憲問: "邦無道, 危行言孫."

59 孔子가 魯에 司寇(法官)가 되어 刑政을 잘 다스린 역사적 사실도 이에 대한 반증이 된다. 孔子家語, 卷1 참조. 한편, 孔子가 法을 반대하지는 않았다는 자세한 논증은, 楊景凡·俞榮根, 孔子的法律思想, 30-43쪽 참조.

60 "失政刑矣. 政以治民, 刑以正邪. 旣無德政, 又無威刑, 是以及邪. 邪而詛之, 將何益矣!"

"德으로는 中國을 회유하고, 刑으로는 四夷에 위엄을 보인다."(僖公25년 前635: 德以柔中國, 刑以威四夷.) 또 외환은 덕으로 막고 내란은 형으로 막는데, 은혜를 베풀지 않고 살륙함은 덕이 아니고, 신하가 핍박해오는데도 토벌하지 않으면 刑이라고 할 수 없다.(成公17년, 前574) 이들은 관점이 다소 특이한 언론인데, 덕과 형의 상호보완 관계는 기본상 변함이 없다.

지금까지 언론은, 모두 통치주체인 군주가 통치객체(대상)인 인민을 다스리는 매개방편(도구)인 덕과 형 자체에 중점을 둔 객관적 표현들이다. 이와 달리, 덕과 형의 관계를 그 주체에 집중시켜 주관적으로 파악하는 관점도 있다. 즉, 刑을 담당·집행하는 주체(군주, 法官)의 주관적 요건으로 德을 요구하는 것이다. 刑獄은 말재주가 아닌 선량함으로 재판해야 중용 적정을 이룰 수 있는 까닭에, 德있는 哲人이 刑(法)을 시행함이 이상이다.(非佞折獄, 惟良折獄, 罔非在中. 尙書, 呂刑) 심지어 도덕 인격상 "허물이 없는 사람만이 사람을 형벌할 수 있다."(無瑕者可以戮人: 左傳, 昭公4년, 前538) 국법형벌 시행의 정당성 근원을 제시한 것이다.

德主刑輔를 논함에 동일한 의미맥락에서, 德과 禮에 의한 敎化를 앞세우는 '先敎後刑'도 빠뜨릴 수 없다. 교화란 祭政一致와 政敎合一적 고대정치 이상으로서, 백성을 단순한 언어 명령으로 다스리거나 사후 형벌로 강제하기에 앞서, 德性과 禮制로 솔선수범해 감화시켜 범죄를 사전에 예방하는 정치를 뜻한다. 尙書에 등장하는 수많은 '敎'는 왕의 정치 언행을 뜻하는 말로, 이는 실질상 '明德'과 같은 의미맥락에서 쓰이고 있다. 왕이 자신의 정치명령을 스스로 '朕敎' 또는 '我敎'라고 일컫는고,[61] 특별히 文王이나 武王의 德政을 칭송하여 '敎'로 지칭하기도

61 尙書, 酒誥: "其爾典聽朕敎. … 乃不用我敎."; 洛誥: "朕敎汝于棐民彝."

한다.[62] 또 戒酒令을 내리면서도 殷의 遺民을 무마·회유하기 위하여, 그들은 술에 탐닉하더라도 바로 사형에 처하지 말고 너그럽게 '敎'化하라고 특별히 지시하고 있다.[63] 刑殺과 대비해 거론하는 敎化는 곧 '德'을 의미하는 것이다.

한편, 墨子는 천하가 잘 다스려지는 가장 좋은 방도를 이렇게 주장한다. "힘이 있는 사람은 부지런히 남을 도우며, 재물이 풍족한 사람은 힘써 가난한 자에게 나누어 베풀고, 道가 있는 사람은 애써 사람을 敎化하라!"[64] 천하가 짐승세계처럼 어지러운 까닭은, 남아도는 힘을 놀리면서 남을 돕지 않고, 남는 재물이 썩어 문드러져도 서로 나누어 베풀지 않으며, 훌륭한 道를 가지고서도 이를 숨기고 사람을 교화하지 않기 때문이다.[65] 또 천하가 잘살기 위해서는, 先王의 道로써 백성을 敎化하여야 한다.[66] 바로 이러한 사상을 근거로, 墨子 자신도 道로써 사람을 교화하기 위해 밤낮 쉴 틈 없이 동분서주하였다. 어쨌든 교화가 道의 자연스러운 결과로 발현하는 점에 비추어 보면, 묵자의 敎가 곧 德임이 분명해진다. 즉, 묵자는 先王의 道에 근거한 德敎가 정치에 최우선 근본임을 주장한 것이다.

孟子는 아예 덕의 교화라는 의미의 '德敎'를 직접 사용한다.(離婁上), '아무리 좋은 정치라도 좋은 교화만 못하다.'(善政不如善敎: 盡心上) 德敎가 우선함을 강조한다. 일찍이 孔子는 교화하지 않은 백성으로 전쟁하

---

62 尙書, 酒誥: "邦君御事小子尙克用文王敎."; 洛誥: "文武勤敎."; 顧命: "昔君文王武王宣重光, 奠麗陳敎."

63 尙書, 酒誥: "勿庸殺之, 姑惟敎之."

64 墨子, 尙賢下: "爲賢之道將奈何? 曰: 有力者疾以助人, 有財者勉以分人, 有道者勸以敎人." 또한 兼愛下편 참조.

65 墨子, 尙同中: "至乎舍餘力不以相勞, 隱匿良道不以相敎, 腐臭餘財不以相分, 天下之亂也, 至如禽獸然." 또한 尙同上 및 尙賢下편에도 같은 내용이 실려 있음.

66 墨子, 耕柱: "天下之所以生者, 以先王之道敎也."

는 짓은 백성을 버리는 것이고, 먼저 교화하지 않고서 인민을 처벌하는 것은 虐殺이라고 규정하였다.[67] 이와 비슷하게 孟子도, 먼저 교화를 실행하지 않고서 백성이 죄악의 함정에 빠진 뒤에 형벌을 가함은, 인민을 그물질하여 잡는 것과 같다고 비유한다. 또 교화하지 않고 백성을 사용함은 백성에게 재앙을 끼치는 것이라고 단정한다.[68]

孔子와 孟子는 敎化에 중점을 두고, 당시 위정자의 刑政 현실을 부정적 관점에서 비판했다. 이에 반해, 荀子는 先敎後刑의 기본원칙에 충실하게, 교화와 함께 형벌의 필요성도 균형 있게 주장해 주목된다. 교화를 먼저 행하지 않고 인민을 주륙하면, 형벌은 번잡해지고 사악함은 제대로 다스릴 수 없다. 하지만 교화만 실행하고 형벌을 시행하지 않으면, 간악한 죄인을 징벌할 수 없다.(富國) 또 공자의 언행처럼, 백성을 교화하지 않고 刑獄을 다스리면, 무고한 사람을 살륙하는 것이지만; 敎化와 명령을 사전에 제대로 시행하고 백성을 때에 맞춰 동원하는데도, 복종하지 않는 간악한 무리는 형벌을 시행할 수 있다. 다만, 당시 형벌이 치성한 이유는 교화가 이미 쇠미해진 정치현실에 있음을 긍정한다. 비유컨대, 몇 길 되지 않는 수직 담장은 어른도 넘을 수 없지만, 수천 길의 고산은 가파르지 않기 때문에 아이들도 쉽게 노닌다. 마찬가지로, 사전에 덕의 교화가 준엄하지 않고 느슨하기 때문에, 백성들이 가볍게 죄를 범하고 형벌도 따라서 번잡해진다.[69] 그래서 荀子는 道德적 권위(道德之威)를 최고 이상으로 삼는다.(彊國) 그러나 어쨌든, 性惡說을 주장하는 순자에게, 인간의 본성은 죄악을 범

---

67 論語, 子路: "以不教民戰, 是謂棄之."; 堯曰: "不教而殺, 謂之虐." 韓詩外傳, 卷3에는 "不教而誅, 謂之賊."이라고 적혀 있다.

68 孟子, 梁惠王上: "民…及陷於罪, 然後從而刑之, 是罔民也."; 告子下: "不教民而用之, 謂之殃民."

69 荀子, 宥坐; 孔子家語, 始誅; 韓詩外傳, 卷3 참조.

하기 쉽고, 堯舜 같은 성인의 덕으로도 교화할 수 없는 악질 인간은 어느 세상 어느 시대에도 존재하기 마련이었다. 그리고 이들에 대한 형벌은 불가피한 필요악이었다.(性惡·正論)

周初부터 전국시기까지 明德愼罰, 先敎後刑 사상에 대한 역사적 대반동은 法家의 부상과 秦의 중국통일이다. 法家는 道家나 儒家의 德化禮敎를 정면으로 부정하였다. 물론 덕과 禮의 개념조차 인정하지 않는 것은 아니다. 韓非子는 춘추전국시대 사실을 예로 들면서, 修身治國에 열 가지 잘못을 토론한다. 그중 두 가지를 들면, 괴팍한 행실로 제후에게 無禮하면 망신을 당하고, 약소국이 무례하며 충간하는 신하를 등용하지 않으면 망국에 이른다.[70] 우선 개인간 또는 국가간 外交에서 禮의 필요성 및 중요성을 인정한 것이다. 그렇다고 禮가 곧 군주의 인민에 대한 주된 통치수단으로도 인정되는 것은 아니다.

한편, 한비자는 현명한 군주가 신하를 제어하는 두 權柄으로 刑과 德을 든다. 殺戮하는 것이 刑이고, 慶賞 주는 것을 德이라고 규정한다.[71] 여기에 주목할 사실은, 형식상 刑과 德의 순서가 유가와 정반대로 도치되어 刑이 앞서는 점과, 실질 내용상 德을 慶賞으로 정의해 그 개념을 實定化한 점이다. 즉, 한비자에게 군주의 德은 信賞必罰이라는 국가실정법의 절반에 불과한 것이다. 다른 한편에서는, 백성이 법령을 위반하지 않음으로써 군주도 형벌을 시행하지 않고, 사업으로 백성을 괴롭히지 않으면 저절로 백성이 번식하고 재화가 축적되는데, 이를 '덕이 있다'(有德)고 규정한다.(解老) 소극적으로 형벌을 남용하지 않는 것 자체가 덕이 된다. 그것도 인민이 犯法하지 않음을 전제로!

---

70 韓非子, 十過: "三曰、行僻自用, 無禮諸侯, 則亡身之至也. …十曰、國小無禮, 不用諫臣, 則絶世之勢也."

71 韓非子, 二柄: "明主之所導制其臣者, 二柄而已矣. 二柄者, 刑德也. 殺戮之謂刑, 慶賞之謂德."

한비자는 덕 개념의 소극적 실정화에 만족하지 않고, 유가적 德化를 적극 비판하기에 이른다. 舜이 농부·어민·陶工들과 각기 1년씩 동거하면서, 그들의 상호분쟁이 저절로 해소되었다고 전하는데, 이 사실을 두고 공자는 '성인의 德化'로 찬탄하였다. 그런데 한비자는 형식적 '矛盾 논리'로써 이를 정면으로 공박한다. 즉, 당시 천자 지위에 있던 堯가 聖人이라면, 천하에 간사한 백성이 없어야할 것이므로, 堯의 신하인 舜에게 새삼 敎化의 덕이 있을 수 없다. 반면, 舜의 德化를 인정한다면, 堯의 失政을 긍정하는 꼴이 된다. 그러므로 聖王인 堯의 明察과 賢臣인 舜의 德化는 결국 양립할 수 없는 '矛盾'일 뿐이라고 한다. 아울러 舜 같은 聖德으로 반드시 몸소 苦行을 한 후에 비로소 백성이 교화된다면, 천하를 어떻게 항상 안정되게 다스릴 수 있겠느냐고 반문한다. 그래서 그는 상벌이야말로 보통 군주도 열흘 안으로 쉽게 백성을 명령할 수 있는 통치'術'이라고 주장한다.(難一)

나아가서 德化가 사실상 불가능하고 상벌·법령의 통치술이 필수불가결한 현실적 당위성을 역사로 논증한다. 우선, 고대에는 道德에 힘쓰고, 중세에는 智謀를 숭상했지만, 현세에는 氣力을 다투지 않을 수 없다. 고대에는 사람이 적어 서로 쉽게 친할 수 있는데다가, 재물은 많아 가볍게 양보할 수 있어서, 道德과 禮義로써 천하를 다스리고 禪讓할 수 있었다. 그런데 지금은 사람도 많고 일도 많은데, 재화는 적어서 상호분쟁과 혼란이 심한 까닭에, 옛날과 같은 德化가 통하지 않는다. 그래서 법령과 權術이 필요하다고 주장한다.(八說) 한편, 앞서 순자가 수직 담장과 가파르지 않은 산으로 德化의 쇠퇴를 비유했는데, 한비자는 이 비유를 그대로 채용하되, 담장을 성곽으로 바꾸면서 德化를 법령과 형벌로 대체해 버렸다.(五蠹) 즉, 가파른 嚴刑峻法의 담장을 우뚝 세워야 인민이 넘나들 수 없다고 전환시켜 버린 것이다.

결국 한비자는 '德에 힘쓰지 않고 法에 힘쓴다.'(不務德而務法: 顯學)

는 새로운 명제를 내세워, 전통 明德愼罰·先教後刑의 정치사상에 정면도전한 셈이다. 또한 그는 "현명한 군주의 나라에는, 개인적 사상언론의 글이 없이 오직 法으로 教化를 삼으며, 先王의 말도 없이 오직 관리(刑吏)로써 스승을 삼는다."(明主之國, 無書簡之文, 以法爲教; 無先王之語, 以吏爲師: 五蠹)는 유명한 명제를 남겼다. 확실히 그의 法治사상은 秦이 중원을 통일해 역사적 대전환을 이룩하도록 결정적 원동력을 제공했다. 그러나 공로가 높은 만큼 과오도 깊어서, 焚書坑儒와 峻法酷吏라는 미증유의 참화변란을 초래한 장본인이기도 하다.

바로 法家와 秦의 혹독한 法治사상에 대한 재반동으로 등장한 것이, 儒家獨尊의 통치이념을 표방한 漢의 '德主刑輔' 사상이다.[72] 마치 周初에 殷의 멸망을 거울삼아 '明德愼罰'을 기본 통치이념으로 강조한 것처럼, 동일한 역사적 의미를 지닌다. 다만, 구체적 시대상황의 차이로, 표현방법과 각도가 조금 달라졌을 뿐, 실질 내용은 거의 같다. 특히 荀子의 禮論을 중심으로 德禮와 刑法의 가치와 필요성을 동시에 균형 있게 긍정하되, 德과 禮가 근본임을 강조함이 보편 주류다.

그 전형적 언론은 '禮主法從'설이다. "禮는 미연에 금지하는 것이고, 法은 已然(사후)에 금지하는 것이다."[73] 한편, 국가 통치를 馬車에 비유하여, 德法(덕에 근거한 좋은 법)이나 禮가 말의 재갈이라면, 형벌은 채찍에 불과하다는 주장도 나온다. 재갈을 바로 물리고 고삐를 가지런히 잡기만 하면, 채찍은 사용하지 않아도 마차를 잘 몰 수 있다. 그러나 재갈과 고삐가 없이 채찍만으로 마차를 모는 경우, 전진하려면 뒤에서 채찍질하고 후퇴하려면 앞에서 채찍질해야 하므로, 마부도 수고

72 秦이 법령형벌로 멸망한 역사 귀감과 함께, 湯·武가 仁義禮樂으로 천하를 얻은 사실을 대비해 거론함이, 漢初 德主刑輔 사상의 보편적 이론근거다. 예컨대, 大戴禮記, 禮宗·保傳 참조.

73 大戴禮記, 禮察: "禮者, 禁于將然之前; 而法者, 禁于已然之後."

롭고 말도 다치기 쉽다. 뿐만 아니라, 禮敎를 상실하고서 형벌을 시행하는 것은, 감옥 문을 활짝 열어놓고서 독화살을 쏘아대는 것과 같다고 비유한다.[74]

특히, 漢代에 德主刑輔 사상은 董仲舒의 陰陽五行이론에 근거한 '天人感應'설에 의해 집대성된다. 그는 春秋繁露에서 춘하추동 四時를 각각 天의 和·德·平·威에 대비하고, 봄의 온화함이 없으면 여름의 慶賞之德이 실시될 수 없고, 가을의 公平함이 없으면 겨울의 刑罰之威가 시행될 수 없다고 주장한다. 즉, 刑과 賞의 이론 근거로 和와 平이 전제되는 사실이 중요하다.(威德所生) 한편으로 慶은 春, 賞은 夏, 罰은 秋, 刑은 冬에 각기 배속시킨다. 사계절이 없을 수 없듯이, 慶賞罰刑도 없을 수 없다. 나아가서 사계절 날씨가 暖暑淸寒을 번갈아가며 때에 맞아야 하듯이, 慶賞罰刑로 각기 합당하게 시행해야 한다. 이 네 가지가 원만히 조화를 이루어야, 비로소 군주의 덕이 온전히 이루어진다.(四時之副) 그래서 "刑은 德의 보필"(刑者, 德之輔: 天瓣左人)이라는 명제가 탄생하게 된다.[75]

그 후 德主刑輔는 淸末까지 끊임없이 최고 통치이념이 되었다. 唐律疏議도 첫머리에서 이렇게 밝힌다. "德禮는 政敎에 근본이고, 형벌은 政敎에 보조 작용이다. 마치 새벽과 저녁이 서로 어우러져 하루 주야를 이루고, 春陽과 秋陰이 합하여 한해 사시를 이룸과 같다."(德禮爲政敎之本, 刑罰爲政敎之用, 猶昏曉陽秋相須而成者也.) 당률 職制律에는 인재등용에서 德行이 괴벽한 사람의 貢擧를 금지·처벌하는 규정이 있다.(§92) 이는 德行이 인재등용에 소극요건임을 의미한다. 또, 관리가 정치적 업적(善政)이 없으면서 스스로 공덕비 건립하는 것을 엄격히

74 大戴禮記, 盛德 및 韓詩外傳, 卷3 참조.

75 喬木青·何秀芳, "董仲舒德主刑輔思想的初步研究", 法律史論叢(二), 153-172쪽.

금지하는 규정도 있다.(§134) 그 조문의 疏議에서는, 백성을 "德으로 지도하고 禮로써 다스려서 풍속을 교화시켜 나가야 할"(尊德齊禮, 移風易俗) 정치적 책임과 의무가 관리에게 있음을 분명히 언급한다. 이러한 사실은 비록 단편적이긴 하지만, 德主刑輔 사상이 단지 공허한 정치구호로 탁상공론에만 그친 것이 아니고, 律令을 통해 직간접으로 표출·구현된 최고 통치이념이었음을 반증해 준다.

제4장 仁과 義

1. 仁의 개념과 속성

仁과 義는 공자 이래 묵자·맹자·순자 등 유묵이 적극 찬양하여 병칭할 뿐만 아니라, 유묵을 부정 비판하는 老莊 道家에서도 병칭하여 왔다. 양자는 형식상은 물론 실질 속성도, 道와 德의 관계 못지않게 밀접불가분의 관계에 놓여 왔다. 따라서 논의의 편리와 효율성을 위해서 仁과 義를 함께 살펴보고자 한다.

흔히, 仁은 공자 철학에 핵심일 뿐만 아니라, 유가사상에 정수라고 한다. 우선 문자상 '仁' 자는 공자 이전, 특히 춘추이전 典籍에서 찾아보기가 매우 힘들다. 甲骨文에서는 아직 발견되지 않은 듯하며, 易經이나 詩經에도 보이지 않는다. 다만, 尙書 金縢편에, 周公이 자기 성품을 스스로 '予仁若考'라고 서술함에 등장하는 정도다.[1] 三經 이외에 춘추 이전 서적은 거의 전해지지 않는다. 仁은 실질 내용으로 공자 사상에 핵심을 이룰 뿐만 아니라, 형식상 문자로도 공자가 처음 본격 사용한 것이다.[2]

---

1 阮元, "論語論仁論", 北經室, 一集, 卷8 참조.(宋榮培, 앞의 책, 83쪽에서 재인용.) 또 王延林 編著, 常用古文字字典에 실려 있지 않다. 尙書는 今文尙書에 한정하며, 후세 假作인 僞古文尙書는 제외한다. 屈萬里, 尙書釋義, 1-19쪽 참조.

2 공자 仁사상은, 宋榮培, 앞의 책, 83-116쪽; 楊景凡·俞榮根, 앞의 책, 63-84쪽.

그러나 左傳 昭公12년(前530), 공자가 "克己復禮, 仁也." 라는 옛말을 인용해 楚 靈王을 칭송한 기록으로 미루어 보아, 仁이 공자 이전에 이미 존재했음은 확실하다. 다만, 아직 평범한 의미 단계에 머물러 있던 '仁' 자에, 공자가 윤리적 의미를 새로이 부여함과 동시에, 이를 자기 철학에 중심주제로 삼아 강력히 주장한 것이다. 그래서 仁의 규범 가치가 부각되고, 사용도 보편화한 것으로 보인다. 따라서 仁의 근원 개념이나 속성을 공자로부터 찾음은 당연하리라.

仁이 무엇이냐는 제자 질문에, 공자는 "사람을 사랑하는 것"이라고 답한다.[3] 또한 군주가 親에 돈독하면 백성들이 仁에 힘쓰게 된다고 말한다.[4] 여기서 사랑(愛)은 仁의 직접 개념으로 규정되고, 親은 仁을 발현하는 간접 내재속성으로 전제조건임을 알 수 있다. 또, 易傳은 '仁에 돈독하기 때문에 사람을 사랑할 수 있다'고 언급한다.[5] 사랑이 仁의 자연스러운 발현의 결과로서 표현되고 있다. 한편 맹자는, '사람을 사랑하는데 친근해오지 않으면, 자신의 仁을 되돌아보라'고 말한다.[6] 愛와 親이 함께 仁에 결합되어 삼위일체로 거론됨을 알 수 있다. 즉, 愛와 親은 실질상 같은 의미로, 仁의 개념을 달리 표현한 것에 불과하다. 說文解字에 의하면, 仁은 親이고, 親은 지극히 가까운 것(至密)이다. 한편, 慈는 愛로, 愛는 惠로 정의되는데, 惠는 다시 仁으로 규정된다. 즉, 문자 개념정의상 慈 → 愛 → 惠 → 仁 → 親 → 至密의 연쇄관계가 성립한다. 따라서 愛와 親은 仁이라는 동일한 의미 실체를 표현하는 양면적 개념규정이다. 仁愛는 곧 慈惠와 恩情을 의미하고, 인간관계에 親密을 수반하는 것이 상례다. 그런데 사랑과 친근은 보통 혈연적 親

3 論語, 顏淵: "樊遲問仁, 子曰 '愛人'."
4 論語, 泰伯: "君子篤於親, 則民興於仁."
5 周易, 繫辭上: "敦乎仁, 故能愛."
6 孟子, 離婁上: "愛人不親, 反其仁."

族관계에서 자연스럽고 강하게 발생한다. 그중에서 부모와 자식 사이가 가장 가깝기 때문에, '父子有親'을 五倫에 첫째로 삼으며, 또한 어버이를 특히 한정하여 '親'이라고 한다.

사랑으로서 仁은, 老子가 자신이 지닌 三寶에 첫째로 꼽은 慈나, 묵자가 仁과 별도로 자기 핵심사상으로 제기한 兼愛와, 본질상 같은 개념이다. 老子는 慈愛롭기 때문에 용감할 수 있지만, 慈愛를 버리고 용감하기만 하면 죽음에 이르게 된다고 경고한다. 또 慈愛로운 자는 전쟁하면 이기고, 수비하면 견고하며, 따라서 하늘이 구제할 때에도 慈愛로써 호위한다.[7] 그런데 공자는 "仁者는 반드시 용기 있지만, 용기 있다고 반드시 어진 것은 아니다"고 말한다.[8] 孟子는 '아무리 수가 많아도 仁만 못하다'는 공자 말을 인용하면서, 군주가 仁을 좋아하면 천하에 대적할 자가 없다고 단언한다.[9] 공자의 仁과 老子의 慈가 실질상 같은 의미의 개념임을 입증해 준다.

한편, 묵자는 평등한 兼愛가 차별적 편애(別愛)보다 훨씬 천하를 이롭게 함을 입증하면서, 어진 사람(仁人)의 政事가 이로움에 근원이라고 전제한다.(兼愛中·下) 그런데 공자는 백성에게 널리 베풀고 중생을 구제하는 것은, 仁을 넘어서서 聖에 이른다고 칭송한다.[10] 이익과 혜택을 널리 베푸는 점에서, 兼愛와 仁은 사실상 상통한다.

이렇게 보면, 仁이 의미하는 '사랑'이라는 실질 개념은, 孔子에게 특유한 것이 아니고, 로자와 묵자도 仁에 해당하는 독자 개념을 나름대

---

7 老子, §67: "我有三寶, 持而保之. 一曰慈, … 慈故能勇, 舍慈且勇, 死矣. 夫慈以戰則勝, 以守則固, 天將救之, 以慈衛之."

8 論語, 憲問: "仁者必有勇, 勇者不必有仁."

9 孟子, 離婁上: "孔子曰: '仁不可爲衆也.' 夫國君好仁, 天下無敵."

10 論語, 雍也: "子貢曰: '如有博施於民而能濟衆, 如何? 可謂仁乎?' 子曰: '何事於仁? 必也聖乎! 堯舜其猶病諸."

로 가졌음을 알 수 있다. 그 공통 의미 실체를 공자는 '仁'이라는 개념으로 규정하고, 이를 체계화해 유가사상에 핵심으로 발전시킨 것이다. 물론, 나중에 불교가 만물중생의 절대 평등을 바탕으로 주장한 보편사랑을 '慈'愛로 번역한 것도, 그 실질 의미는 仁愛와 상통하는 것이다. 특히, 맹자는 '惻隱之心'을 仁의 실마리로 규정하는데, 이는 慈'悲'의 연민적 본성과 직결된다.

仁의 親密性은 맹자가 잘 부연설명하고 있다. 우선, 詩經 小弁이 小人의 원망을 담은 시라는 평론에 대하여, 이는 親人을 친밀히 여기기 때문에 나온 자연스러운 감정의 발로로서 仁이라고 반박한다. 나아가서 親人의 허물이 작으면 원망할 수 없지만, 그 허물이 큰데도 원망하지 않으면 도리어 疏遠해지기 때문에, 결과적으로 不孝가 된다고 설명한다.[11] 또한 사물에 대한 愛와 일반 사람에 대한 親의 개념을 구분해, 대상의 차이에 따른 사랑과 친근의 정도를 점층적으로 차등 지운다.[12] 仁者는 사랑하지 않는 바가 없지만, 堯舜 같은 성인도 중생만물을 모두 고르게 사랑할 수는 없으므로, 가까운 친족을 먼저 친밀히 하는 것은 당연한 급선무라고 한다.[13]

이러한 親愛의 차등성은 仁을 禮와 연결시키는 매개 고리가 되기도 한다. 왜냐하면, 宗法主義 봉건제를 근간으로 하는 周禮는, 天子로부터 제후·卿·大夫·士·庶民에 이르는 親疏·尊卑의 계급 차등이 본질이기 때문이다.(뒤에 상술함) 사실 이밖에도 仁과 禮는 또 다른 공통 속성을

11 孟子, 告子下 참조. "親親, 仁也." 小弁은 보통 周幽王이 왕비를 폐하고 태자를 내쫓은 데 대해, 태자가 이를 원망한 詩라고 일컬어진다.

12 孟子, 盡心上: "君子之於物也, 愛之而弗仁; 於民也, 仁之而弗親; 親親而仁民, 仁民而愛物."

13 孟子, 盡心上: "仁者, 無不愛也, 急親賢之爲務." 여기서 '親賢'을 거론하지만, 바로 앞에 말과 관련시켜 유추하면, '親親'에도 마찬가지 논리가 가능하다.

지닌다. 제자 仲弓이 仁을 묻자, 공자는 “문 밖을 나가면 항상 귀한 손님 대하듯 하고, 백성을 부릴 때는 큰 제사 모시듯 하라”고 답한다.[14] 이는 곧 恭敬을 구체로 예시한 것으로, 공경은 禮에 기본 속성이다. 또 다른 제자가 仁을 묻자, 공자는 “거처함에 공손하고, 일함에 경건하며, 사람을 대함에 충실하라”고 답한다. 아예 직접 恭敬을 仁에 본성으로 규정한 것이다.[15] 또 子張이 仁을 묻자, 공경·관용·신의·민첩·혜택(恭·寬·信·敬·惠)의 다섯 가지를 천하에 실행하는 것이라고 답한다. 역시 공경을 첫째로 꼽고, 마지막에 혜택(愛)을 들어 주목된다.[16] 한편, 宰我가 부모에 대한 삼년상이 너무 길지 않느냐고 의문을 제기하자, 공자는 자식이 태어나서 3년간 부모 품에 안겨 자란 은혜를 갚는 것이 천하에 공통인 삼년상이라고 답한다. 宰我는 3년간 부모 품속에 사랑을 받지 않았냐고 반문하며, 그를 ‘不仁’하다고 질책했다.[17] 부모에 대한 삼년상은 가장 중요한 기본 喪禮인데, 그 禮의 정신이 바로 仁에 근거함을 말해준다. 그래서 공자는 사람이 어질지 못하면(不仁) 禮와 樂인들 무슨 소용이 있냐고 강한 어조로 논박한다.[18] 또한 “자기 사사로운 감정욕망을 극복하고 禮로 복귀함이 곧 仁이니, 하루만 克己復禮해도 천하가 모두 仁으로 귀향한다.”고 단언한다.[19] 禮가 仁에 이르는 관문이자 첩경임을 간명하게 밝히는 명제들이다.

앞에서 德과 禮도 恭·敬·忠·信·謙讓의 속성을 공유하면서 일맥상통한다고 서술하였다. 일반으로, 禮는 德의 외적 표현으로서, 국가 制

14 論語, 顔淵: “出門如見大賓, 使民如承大祭.”

15 論語, 子路: “居處恭, 執事敬.”

16 論語, 陽貨: “能行五者於天下, 爲仁矣. 恭寬信敏惠.”

17 論語, 陽貨: “予之不仁也. 子生三年然後, 免於父母之懷, 夫三年之喪, 天下之通喪也. 予也, 有三年之愛於其父母乎?”

18 論語, 八佾: “人而不仁, 如禮何; 人而不仁, 如樂何?”

19 論語, 顔淵: “克己復禮, 爲仁. 一日克己復禮, 天下歸仁焉.”

度와 개인 威儀를 포함하고, 덕은 그러한 禮의 근원이 되는 상위규범이다. 그런데 仁도 특히 恭·敬의 본질 속성을 통하여 禮의 근본 상위규범이 되고 있다. 여기에서 仁과 덕의 규범 관계가 자연스럽게 연결될 수 있다. 앞서도 언급한 것처럼, 晋 文公의 한 신하는, 冀缺이 부부간에 서로 손님 대하듯 공경함을 근거로 그를 천거하며, "공경은 덕이 쌓여 발현하므로, 공경스러운 사람은 반드시 덕이 있다."고 칭송했다. 그런데 여기에 덧붙여 "문밖을 나서면 손님 대하듯 하고, 일을 행함에 제사 받들듯 하는 것은 仁의 법칙이다."고 부연 설명하는 것이다.[20] 禮의 기본속성인 공경이 德·仁과 삼위일체로 거론되고 있다. 즉, 내면에 수양한 덕에서 공경이 자연스럽게 발현하는데, 공경스럽게 행동함은 仁의 법칙(표준)에 부합한다는 상호관계가 도출될 수 있다.

한편, 魯 季康子가 작은 나라를 정벌하려고 도모하자, 子服景伯이 반대하였다. "소국이 대국을 섬김은 信이고, 대국이 소국을 보호함은 仁이다. 대국을 배반하면 信이 아니고, 소국을 정벌하면 仁이 아니다. 인민은 城이 보호해주는데, 城은 德이 보전해준다. 이 두 가지 덕(信과 仁)을 상실하면 위태로워질 텐데, 장차 어떻게 보존할 생각인가?"[21] 여기에서 仁이 信과 함께 구체적 덕의 하나로 분명히 제시된다. 그리고 공자는 제자가 仁을 묻자, '먼저 곤란을 겪어 극복한 다음에 (공이나 녹을) 얻으면(先難而後獲) 仁이라고 할 수 있다'고 대답하였다.[22] 그런데 같은 제자가 '崇德'을 묻자, '먼저 일을 한 다음에 (그 공이나 녹을) 얻으면(先事後得), 그것이 곧 崇德이 아니겠느냐?"는 반문으로 답변하였다.[23] 먼저 수고롭게 일하고 나서 그 대가로 공록을 얻는다는 동일한

---

20 左傳, 僖公33年: "出門如賓, 承事如祭, 仁之則也."

21 左傳, 哀公7年: "小所以事大, 信也; 大所以保小, 仁也. 背大國, 不信; 我小國, 不仁. 民保於城, 城保於德, 失二德者, 危, 將焉保?"

22 論語, 雍也: "仁者, 先難而後獲, 可謂仁矣."

명제가, 똑같이 仁과 德에 본질내용을 이루고 있다. 남을 위해 어려운 일을 함은 惠澤으로서 仁을 의미하는데, 그 결과 얻는 대가는 功勞로서 흔히 德(덕행·공덕)이라고 일컫는다. 한편, 맹자는 무력으로써 仁을 표방함은 覇權에 불과하며, 德으로써 仁을 실행함이 王政이라고 말한다.[24] 진정한 仁을 실천하는 근본바탕이 덕임을 밝혀준다.

이상 언론을 종합해 보면, 德 → 仁 → 禮의 일맥상통 관계가 규범원류관 전체에 부합함을 알 수 있다. 老莊은 道와 德이 쇠퇴한 뒤에 유가의 仁義가 비로소 나왔다고 비판한다. 비록 이 비판을 전폭 긍정하지 않는다 하더라도, 仁이 德의 근원에서 파생한 후발(차선) 하위규범임은 인정하지 않을 수 없다. 전술했듯이, 공자는 無爲의 德政을 天道의 핵심에 비유하여 궁극 이상으로 삼았다. 덕의 현실 존재를 극소수 고대 성인에게나 제한해 인정한 공자에게, 덕을 당시 정치사회 현실에서 실현하기란 거의 불가능하였을 것이다. 그리하여 그 차선책으로 仁을 제시하여, 최고 人道 규범으로 삼았던 것 같다. 공자에게 仁이 人道 규범의 궁극 이상이었음은, 그가 제자를 포함한 일반사람에게 거의 仁을 인정(허용)하지 않은 사실로도 간접 증명된다.

공자가 역사상 인물한테 仁을 칭송한 경우는 아주 드물다. 伯夷·叔齊가 仁을 구하여 얻은 옛 현인이며,[25] 管仲은 桓公을 도와 무력에 의하지 않고 제후를 규합해, 천하를 바로잡고 중원에 周王室을 오랑캐로부터 보호한 仁政을 행하였다.[26] 微子·箕子·比干은 殷 말엽 세 仁人이

23 論語, 顔淵: "先事後得, 非崇德與?"

24 孟子, 公孫丑上: "以力假仁者覇, 覇必有大國; 以德行仁者王, 王不必大."

25 論語, 述而: "伯夷叔齊何人也? 曰: 古之賢人也. 求仁而得仁, 又何怨?"

26 論語, 憲問: "桓公九合諸侯, 不以兵車, 管仲之力也, 如其仁, 如其仁! 子貢曰: '管仲非仁者與?' 子曰: '管仲相桓公覇諸侯, 一匡天下, 民到于今受其賜. 微管仲, 吾其被髮左衽矣.'"

었다.[27] 그밖에 令尹子文의 忠職이나 陳文子의 淸節은 인정하지만, 그들의 仁은 단호히 부정한다.[28] 제자 중에도 顔回의 마음이 석 달간 仁에서 어긋나지 않음을 인정할 뿐이다.[29] 그밖에 제자는 어림도 없다. 예컨대, 子路는 千乘之國에 兵賦 다스릴 정치 역량을, 再求는 邑宰나 家臣 자질을, 그리고 公西赤은 외교 수완을 각각 지녔다고 인정하지만, 그들의 仁은 한결같이 '아는바 없다'고 침묵으로 일관한다.[30] 또, 原憲이 은근히 자신을 빗대어, 승부심·자기자랑·원망·탐욕(克·伐·怨·欲)을 행하지 않으면, 仁이라고 할 수 있는지 질문했다. 그래도 공자는 仁에 대해서는 아는 바 없다고 부정한다.[31] 물론 겸손한 표현이겠지만, 심지어 자신도 聖과 仁은 어찌 감당하겠냐고 사양한다.[32]

이러한 일련의 언론은, 공자 및 그 제자에게 仁이 최고 人道로서, 유가 실천철학에 핵심임을 알려줌에 손색이 없다. 그래서 맹자는 공자 말을 인용하여, 道는 仁과 不仁의 둘뿐이라고 단언한다.[33] 또, 仁은 人의 의미인데, 이를 합쳐서 말하면 道가 된다고 규정한다.[34]

한편, 易 說卦傳에서는 성인이 易을 지은 동기에 관해 언급하면서, 天道에 陰陽, 地道에 柔剛, 人道에 仁義를 함께 삼위일체로 병칭한다. 이는 유가의 仁이 비록 차선이긴 하지만, 德을 대신해 명실상부한 최고 윤리규범으로서 근원적 人道 차원까지 격상하였음을 뜻한다. 禮記

---

27 論語, 微子: "微子去之, 箕子爲之奴, 此干諫而死. 孔子曰: '殷有三仁焉.'"

28 論語, 公冶長: "(令尹子文)忠矣, 焉得仁? (陳文子)淸矣, 焉得仁?"

29 論語, 雍也: "回也, 其心三月不違仁, 其餘則日月至焉而已矣."

30 論語, 公冶長: "由也, 千乘之國, 可使治其賦也, 不知其仁也. 求也, 千室之邑, 百乘之家, 可使爲之宰也, 不知其仁也. 赤也, 束帶立於朝, 可使與賓客言也, 不知其仁也."

31 論語, 憲問: "克我怨欲, 不行焉, 可以爲仁矣? 子曰: '可以爲難矣, 仁則吾不知也."

32 論語, 述而: "若聖與仁, 則吾豈敢?" 현대 중국어에서 '不敢當'은 사양 대명사다!

33 孟子, 離婁上: "孔子曰: '道二, 仁與不仁而已矣."

34 孟子, 盡心下: "仁也者, 人也; 合而言之, 道也."

에서 각종 인격 덕목을 仁의 본성으로 규정하여, 仁의 규범적 종합성을 간명하게 표현해주는데, 이러한 언급도 전체 맥락에서 보면 지극히 당연한 논리적 귀결이다.

"온유와 선량은 仁에 근본이며, 공경과 신중은 仁에 바탕이고, 관용과 여유는 仁에 동작이며, 겸손한 접대는 仁에 능력이고, 예의와 절도는 仁에 모습이며, 언어와 담론은 仁에 문채이고, 노래와 음악은 仁에 조화이며, 재물을 나누어 베풂은 仁에 보시다. 儒家 선비는 이를 모두 겸비하더라도, 오히려 감히 仁을 말하지 않으니, 그 존귀와 겸양이 이와 같다."[35]

2. 義의 개념

'義'는 비록 '德'이나 '禮'에 비할 바는 못 되지만, 역시 일찍부터 보편으로 사용되었다. 詩經 大雅에는 '宣昭義問'(文王)、'而秉義類'、'不義從式'(蕩) 등의 구절이 義자를 포함하고 있다. 후대 주석가 견해가 다소 엇갈리긴 해도, 대개 善·宜나 또는 義자 그대로 의미로 해석한다. 善은 '착하다·좋다'는 뜻으로, '옳다·바르다' 등 義자의 보편 의미와 상통하지만, 義자에 대한 일반 訓詁는 아니다. 그리고 尙書에는 皐陶가 거론한 九德 중에 '彊而義'가 포함되어 있다.(皐陶謨) 그밖에 '天監下民, 典厥義'(高宗肜日)、'義爾邦君'(大誥) 등의 구절과 '義民'(多方·立政)이라는 단어가 보인다. 대개 正義나 義理와 같이 '의롭다' '바르다' 등의 보편 의미로 해석된다. 左傳에는 자식을 가르치는 도리·방법으로서 '義方'(隱公3년), 천자가 제후국을 巡守하면서 의로운 정치를 펼치

35 禮記, 儒行: "溫良者, 仁之本也; 敬愼者, 仁之地也; 寬裕者, 仁之作也; 孫接者, 仁之能也; 禮節者, 仁之貌也; 言談者, 仁之文也; 歌樂者, 仁之和也; 分散者, 仁之施也. 儒者兼而有之, 猶且不敢言仁也, 其尊讓有如此者."

는 '展義'(莊公27년), 그리고 '義士'(僖公19년) 등이 보인다. 國語에는 '義人'(魯語下)이 역시 尙書에서처럼 옳고 의로운 의미로 쓰인다. 孟子가 春秋에 '義戰'이 없다고 평론한 것(盡心下)도 같은 뜻이다.

左傳에 보이는 '義方'에서 方이 네모반듯한(方正) 道를 뜻하므로, '正'義에 실질상 상당히 접근하고 있다. 또, 易 坤卦에 文言傳은 六二爻 象傳의 '直以方'을 해석해, '方은 그 義를 말함이니, 義로써 바깥을 네모반듯하게 한다.'(方, 其義也. 義以方外.)고 표현한다. 여기에 方도 方正 의미로 義 → 方 → 正의 연쇄관계를 이루어준다. 그런데 묵자는 아예 義를 正으로 개념 정의한다. 하늘이 義를 좋아하고 不義를 싫어하는 줄 어찌 알겠느냐고 자문한 뒤, 다음과 같이 자답하는 것이다.

> "義란 正이다. 어떻게 義가 正인 줄 아는가? 천하에 義가 있으면 다스려지고, 義가 없으면 혼란해진다. 나는 이로써 義가 正임을 안다. 그러나 正이라고 해서 아랫사람이 윗사람을 바르게 할 수는 없고, 반드시 윗사람이 아랫사람을 바르게 해야 한다. 지금 천하 모든 사람은 천자가 천하를 바르게 하는 줄은 알면서도, 하늘이 천자를 바르게 하는 줄은 모른다."[36]

義와 正이 완벽하게 결합함을 알 수 있다. 여기서 正은 바르게 함을 뜻하는데, 특히 국가 인민을 바르게 다스리는 政治의 의미다. (본디 政은 正과 같은 의미로 호환해 개념 정의한다.) 그리고 義는 바르게 하는 政治에 근본 기준과 논거가 되는 것이다.

한편, 易傳과 荀子에도 義가 正과 직접 결합하는 용어가 나타난다. 우선, 易 家人卦에 彖傳은, 집안에서 아내 지위가 바르고 집밖에서 남편 지위가 바름으로써, 남녀 관계가 모두 바른 것은 천지에 大義라고

---

36 墨子, 天志下: "義者, 正也. 何以知義之爲正也? 天下有義則治, 無義則亂, 我以此知義之爲正也. 然而正者, 無自下正上者, 必自上正下. 今天下之士君子, 皆明於天子之正天下也, 而不明於天之正天子也."

규정한다.(男女正, 天地之大義也.) 荀子도 '義를 행함으로써 바르게 된다.'(行義以正: 賦)고 표현하여, 義와 正을 논리적 선후관계로 연결한다. 또한 아예 '正義'로 결합해 병칭하는 문장도 있다. "학문도 닦지 않고 '正義'도 없으면서 부귀만 숭상하는 사람은 俗人이다."[37] "군자가 바르고 옳게(正義) 직접 지칭하여 남의 허물을 들춰내는 것은 훼방하기 위해서가 아니다."[38]

그 뒤로 呂氏春秋에는 '때에 맞춰 正義를 세우다'(人臣時立其正義: 不苟論)는 표현이 보인다. 또한 禮記에는 仁으로 사랑하고 禮로 다스리는 것과 대응하여, '義로써 바르게 한다.'(義以正之: 樂記, 喪服四記)는 언급이 있다. 현재 義의 의미를 상징적으로 대표하는 '正義' 개념이 이렇듯 형성된 것으로 보인다.

착하다(善)·바르다(正·方)는 義의 의미는 '옳다'(是)는 통상적 한글 訓詁로 연결된다. 易傳은 "백성들이 그른 행위를 하지 못하도록 금하는 것이 義다."(禁民爲非曰義: 繫辭下)고 정의한다. 非를 적극 금하는 것은 곧 是를 소극 긍정·권장하는 의미다. 義란 善惡·正邪·是非 등 상대적 윤리도덕 가치를 판단·분별해 긍정하는 권선징악 규범이다.

그런데 文字學에서는, 義의 의미를 통상 '宜'로 해석함이 가장 보편이다. 說文解字에 段玉裁 注는, 옛 經典에서 쓰인 義자는 지금 '儀'자이고, 지금 義자는 당시에 '誼'자로 사용했다고 풀이한다.[39] 그래서 說文解字에서는 '義'를 '自己 威儀'로 훈고하고, '誼'를 '사람이 마땅하게 여기는 바'(人所宜)라고 '宜'로 해석한다. 中庸에서도 仁을 人으로 해석하는 것과 대응하여, 義를 宜로 직접 정의한다.(§20) 한비자도 仁을 '愛人'으로 규정하면서, 義는 宜를 일컫는다고 말한다.(解老) 宜란 시간·공

37 荀子, 儒效: "不學問, 無正義, 以富利爲隆, 是俗人者也."

38 荀子, 不苟: "君子正義直指, 擧人之過, 非毁疵也."

39 段玉裁, 說文解字注, 十二篇下, '義'字條의 注를 참조.

간·주체·객체의 제반 객관 상황에 적합한 것을 지칭하는데, 곧 구체적 타당성을 의미한다. 적합하기 때문에 가장 타당하고 합리적이며 옳은 선택이 되며, 옳기 때문에 마땅히(宜當) 선택해서 실행해야 한다는 뜻까지 확장 파생한다. '宜'로써 義를 개념 규정하는 함축 의미가 여기 있다. 義의 의미규정으로 초기에는 宜가 직접 등장하지 않다가, 전국 후기 이래 거의 고정적 訓詁로 보편화한 까닭은 무엇인가? 물론 의미적 상관성은 당연히 전제되는 것이지만, 문자학(특히 聲韻學)에 일반원칙으로 보면, 義와 宜의 발음이 같은 데 주된 이유가 내재한다. 仁을 人으로 개념 규정함도 같은 이치다. 또 仁을 親으로 정의한 것도, 비록 聲母(초성)는 각기 다르지만, 韻母(中終聲)가 서로 같기 때문이다. 의미가 상통하면, 音韻이 같거나 비슷한 글자가 발음이나 기억에 편리한 까닭이다.

어쨌든, 義에 중요한 개념으로서 '적합·타당·의당'이란 의미는, '宜'자로 전형화하기 이전에도 실질상 이미 보편으로 쓰였다. 춘추시대 宋에 야간화재가 발생했을 때, 后夫人이 '여자는 保母가 없이는 밤에 마루를 내려서지 않는다.'고 말하며, 보모를 기다리다 불에 타 숨졌다. 이에 대해 左傳에서는 그를 女子(미혼 처녀)이지 婦人이 아니라고 평한다. 여자는 사람을 기다려야 하지만, 婦人은 스스로 구체 상황을 판단해 적절하게 일을 처리(해야)한다고 설명한다.(女待人, 婦義事也. 襄公30년) 여기서 義事란 곧 구체 사정에 적합하게 판단·행동하는 宜事를 뜻한다. 한편, 周易 恒卦 六五爻에는 "항상적인 德은 원칙상 바르지만, 婦人에게는 길하고 장부에게는 흉하다."는 占辭가 있다. 그런데 象傳에서 이렇게 해석한다. 부인이 길한 것은 시종일관 한결같기 때문이며, 장부는 구체 사정에 따라 적절한 방도를 강구해야 하므로, 부인처럼 항상 고정불변하면 흉하다.(夫子制義) 여기서 '制義'도 곧 '制宜'의 의미가 된다.

맹자도 大人은 언행에서 조그만 믿음이나 과감성에 기필코 구애됨이 없이, 오직 義가 존재하는 바에 따라 처신한다고 말한다.(大人者, 言不必信, 行不必果, 惟義所在. 離婁下) 여기에 義도 구체적 적합성으로서 宜를 뜻한다. 荀子도 군자는 때에 따라 義로써 신축적 융통성을 발휘하여 항상 曲直에 적당히 맞게 된다(以義變應, 知當曲直.)고 말한다. 특히 '左之右之, 君子宜之'라는 시구를 인용하여, 義를 임기응변적 宜의 의미에 직접 연결한다.(不苟) 묵자는 '義에 후대할 만하면 후대하고, 義에 박대할 만하면 박대하라.'(義可厚, 厚之; 義可薄, 薄之. 大取)고 말한다. 이는 '후대하는 것이 적합하고 마땅하면 후대하라'는 뜻이다.

또, 묵자는 義 행하는 것을 담장 쌓는데 비유하면서, 자기 소질과 능력에 따라 각기 언론·저술이나 구체 사업에 직접 종사함으로써 義라는 일이 원만하게 성취된다고 주장한다.(耕柱) 여기에서 '適材適所'라는 개별적 적합성、구체적 다당성을 사회분업의 일반원리로 제시해, 義의 실질 의미를 규정하고 있다. 이러한 분업론은 맹자도 제기한다. 특히, 神農氏를 숭배하는 소승적 자급자족사상에 대한 강한 반론으로서 주목된다. 즉, 천하 모든 사람이 스스로 농사지어 밥 먹고, 베 짜서 옷 입을 수는 없다. 大人이 마음으로 천하를 다스려 食祿을 얻는 것과, 小人이 힘써 일을 하여 납세·부역하는 것은, 천하에 보통 義(天下之通義)라고 규정한다.(滕文公上) 義의 실질 의미가 적합성의 宜에 근거함을 알 수 있다. 莊子가 '명분은 실질에서 그치고, 義는 適合함에 베풀어진다.'(名止於適, 義設於適)고 義의 개념을 適의 의미에 연결시키는 것도, 곧 宜의 뜻과 상통한다.

3. 義의 본질 속성

이제 義의 본질 특성을 살펴보자. 義는 보통 '勇氣 있는 行爲'와 직접 연결해 거론함이 특징이다. 우선, 공자는 '義를 보고도 행하지 않으면 용기가 없다.'(見義不爲, 無勇. 爲政)고 말한다. 또, 묵자는 '義를 말하기만 하고 실행하지 않으면 현명하지 못하다.'(言義而弗行, 是犯明也. 魯問)고 비판한다. 모두 용기가 義에 본질 특성임을 소극적으로 밝힌 것이다. 그러나 용기가 곧 義를 뜻하지는 않는다. 子路가 군자도 용기를 숭상하느냐고 묻자, 공자가 군자는 義를 최상으로 삼는다고 답하면서, 군자가 용기만 있고 의롭지 못하면 환란을 일으키고, 소인이 용기만 있고 의롭지 못하면 도둑이 된다고 덧붙인다. 즉, 논리적 포함관계상, 勇은 義에 한 부분 속성에 불과한 것이다. '용기로써 윗사람을 해치면 明堂에 오를 수 없다'(勇則害上, 不登於明堂)는 격언을 인용하면서, 목숨을 바치더라도 의롭지 못하면 진정한 용기가 아니다(死而不義, 非勇也.)는, 左傳 기록도 바로 이러한 취지다.(文公2년)

尙書에서 '彊而義'가 九德의 하나임은 앞서 언급하였는데, 여기에 강함이 곧 용기를 지칭한다. 義는 그 본질 속성인 용기를 저절로 드러내지만, 세속 일반사람의 강한 용감이 항상 의로운 것은 아니다. 그래서 보통 강한 용기를 특별히 義로써 제약하는 개념규정이 필요하게 된다. 자신의 강함만 믿고 방자하게 약자를 해침은 의롭지 못한데,(彊不義) 이런 의롭지 못한 용기는 반드시 급속히 자멸한다는 叔向의 언론이 주목할 만하다.[40] 따라서 義를 받들어 행하되, 의로우면 나아가고 의롭지 못하면 물러섬이[41] 진정한 용기가 된다. 설령 천하를 얻는다 할지라도, 의롭지 못하면 행하지 않음이[42] 義人의 강함이다.

앞서 어진(仁) 자는 반드시 용기가 있다는 공자 말을 전했다. 사실 용기가 義에 특유한 속성만은 아니다. 仁의 자연스런 발현이기도 하

40 左傳, 昭公元年: "彊以克弱而安之, 彊不義也. 不義而彊, 其斃必速."

41 左傳, 哀公6年: "君子, 奉義而行者也. 義則進, 否則退."

42 墨子, 魯問: "我得天下而不義, 不爲也."

다. 규범 연원상 仁이 義보다 근원인 점을 고려하면, 義의 특성인 용기가 仁에도 내재한다고 하여 모순되지는 않는다. 그런데 先秦 사상에서 仁의 용기보다 義의 용기가 더욱 강력하게 자주 등장하는 까닭은 무엇인가? 사랑과 친근함을 본질 속성으로 하는 仁은 본디 온유하기 때문에, 보통 그 용기가 현저히 부각되지 않으며, 또한 용기가 행동으로 실현되는 경우에도 폐단이 그리 흔하지 않다. 반면, 올바르고 적합한 타당성을 본질로 삼는 義는, 당위적 의무 색채를 띠면서 실천 행위를 강조하는 强直性 때문에, 그 용기가 보통 밖으로 쉽게 드러난다. 뿐만 아니라, 자칫 단순한 무력적 강함과 혼동 내지 오해 소지가 크고, 심지어 자기 합리화의 미명으로 악용될 폐해도 있다. 이것이 義의 용기를 특별히 부각시키는 이유가 아닐까?

그러나 정말로 위대한 용기는 더욱 깊숙한 근원적 도덕성으로부터 말미암는다. 공자가 아침에 道를 들으면 저녁에 죽어도 좋다고 찬탄한 말을 보라! 맹자도 '천하에 道가 없으면 목숨으로써 道를 지킨다.'(天下無道, 以身殉道. 盡心上)고 자부했다. 모두 최고 무상의 道 자체로부터 말미암는 가장 거룩한 생사초탈의 용기를 뜻한다. 또 "志士와 仁人은 구차하게 생명을 구하여 仁을 해침이 없고, 오히려 자신을 희생하여 仁을 성취하는 경우가 있다."[43] 이 공자 말은 仁에서 솟아나는 위대한 용기를 알려 준다. 로자가 생명에 三寶로 첫째 '慈'를 들면서, '자애롭기에 용감할 수 있다.'(慈故能勇)고 남긴 유명한 명제도 같은 의미맥락이다. 仁慈한 모성본능은 자기 생명을 희생해서라도 자식을 보호하고 살리지 않은가?

물론 義도 헌신적 용기를 지닌다. 생명도 소중하고 義도 고귀한데, 양자를 동시에 겸유하지 못하고 부득이 하나를 선택한다면, 차라리

43 論語, 衛靈公: "志士仁人, 無求生而害仁, 有殺身以成仁."

생명을 버리고 義를 취하겠다!(舍生取義) 맹자의 결연한 의지는, 바로 의로운 용기의 절정이다.(告子上) 不義보다 더 큰 치욕은 없다고 하면서, 의롭지 못한 구차한 삶은 차라리 죽음만도 못하다는 呂氏春秋에 말도 또한 마찬가지다.[44] 사실 후술하듯이, 義는 道에 직접 근원하는 관계를 가지고, 또한 仁과는 으레 병칭되는 밀접함을 지니고 있다. 道·仁·義 삼자 모두가 생사초월의 용기를 본질 속성으로 공유하는 것도 진실로 까닭이 있다. 그런 맥락에서 "생사 경계에 초탈하고, 仁愛 마음이 정성스럽기 때문에, 죽음으로써 義를 보일 수 있다"는 呂氏春秋에 말은[45] 새삼 음미할 가치가 있다.

4. 仁과 義의 관계

지금까지 仁과 義의 개별 개념 속성을 살펴보았다. 확실히 仁과 義는 유가와 묵가에 중심사상임을 알 수 있다. 老莊의 도가가 仁義를 비난하는 사실은 앞서 지적하였다. 그러면, 仁義는 유가와 묵가만의 독점 사상이고, 도가에 의해서는 완전히 부정되었는가? 仁과 義의 관계를 논하기에 앞서, 이점을 짚고 넘어갈 필요가 있다. 결론부터 말하면, 老莊이 비판한 仁義는 유가적 仁義, 특히 당시 정치사회 현실에서 결과적으로 통치계층의 사리사욕에 그럴듯한 명분을 제공하게 된 세속적 仁義였다. 사실 老莊 자신도 비판과 동시에, 긍정적 仁義 개념을 사용한다. 이는 그들이 이상 규범으로서 仁義까지는 부정하지 않고, 오히려 현실로 악용되던 仁義에 본래 속성과 지위를 새로이 부여하고 싶었던 내면 소망을 의미하지 않을까?

---

44 呂氏春秋, 貴生: "辱莫大於不義, 故不義, 迫生也, 而迫生非獨不義也, 故曰 '迫生不若死.'"

45 呂氏春秋, 長利: "達乎(生死之)分, 仁愛之識(誠)也, 故能以必死見其義."

확실히 老子는, '聖과 智를 끊고, 仁과 義를 버리라!'(絶聖棄智, 絶仁棄義. §19)고 강조한다. 그런데 다른 한편에서는, 이러한 개념을 본질 관점에서 통상, 아니 통상보다 더욱 긍정적 의미로 사용한다. 예컨대, 道에 가장 가까운 구체 물질로서 거론하는 물의 비유에서, 물이 만물에 잘 더불어 주고 베풀어주는 속성을 로자는 '仁'이라고 규정한다.(上善若水, 幾於道.……與善仁. §8) 또한 老子는 도처에서 '有道之士'를 '聖'人이라고 일컫는데, 老子書 전 81장 가운데 1/4이 넘는 20여장에 '聖人' 용어가 등장한다.[46] 여기서 끊어버려야 할 '聖'은 당시 통치자들이 대의명분으로 표방하는 세속 규범으로서 聖이며, 반면 無爲自然 道를 깨달아 인간 규범에 구현하려 德을 실행하는 이상 인격으로서 '聖'은 오히려 적극 강조 부각된다.

이는 장자에서도 마찬가지다. 우선, 만물을 싣고 있는 道, 無爲로 행하는 天, 무위로 말하는 德을 개념정의하면서, '사람을 사랑하고 사물을 이롭게 하는 것이 仁이다'는 명제를 老子 말로 인용한다.[47] 仁에 대한 긍정은 적극적 개념정의 뿐 아니라, 소극적 규정으로도 확인된다. 비록 孔子 말로 인용하지만, 道가 있는 바를 聖人은 존경하는데, 어른을 만나 공경하지 않으면 失禮이고, 어진 이를 보고도 존경하지 않으면 仁이 아니라고 한다.[48] 義에 대한 긍정도 쉽게 확인된다. 莊子에서 최고 도덕 경지에 이른 '古之眞人'은, 그 모습이 義로울 뿐 아니라, 편협하게 무리 짓지 않는다.[49] 또한 義는 德에 포섭되고, 德은 道에, 道는 天에 점층적으로 포섭되는 논리적 일맥상관성도 언급된다.[50] 그리

46 예컨대, 聖人處無爲之事(§2); 聖人抱一爲天下式(§22); 聖人去甚去奢去泰(§29); 聖人云 '我無爲而民自化'(§57); 聖人之道, 爲而不爭(§81) 등 참조.

47 莊子, 天地: "愛人利物之謂仁."

48 莊子, 漁父: "夫遇長不敬, 失禮也; 見賢不尊, 不仁也."

49 莊子, 大宗師: "古之眞人, 其壯義而不朋." 단, 해석상 이견이 있음.

하여 마침내 德이 포용하지 않는 바 없음을 仁이라 하고, 道가 조리 있지 않는 바 없음을 義라고 개념 정의한다.[51] 이러한 仁과 義가 규범 현실상 통속 개념과 다름을 명확히 하려고, 莊子 특유의 '至'극한 용어로 표현하기도 한다.

"지극한 禮는 남을 차별하지 않고, 지극한 義는 사물을 구별하지 않으며, 지극한 知는 꾀를 도모하지 않고, 지극한 仁은 사사로운 親愛가 없다."[52]

형식상 명칭이나 실질 의미내용 모두, 老莊의 이상적 규범실체를 잘 반영하고 있다.

이제 인과 의의 관계를 살펴보자.

우선 형식 관계상 '仁義'로 병칭됨은 주지의 사실이다. 그런데, 공자는 '仁義'를 직접 병칭하지도 않았고, 仁과 義를 동시에 언급하지도 않았다. 다만, 鄭나라 子產의 정치를 칭송하면서, 恭과 敬과 백성을 보살피는 惠와 백성을 사역하는 義를 네 가지 군자의 道로 병칭하였다. 여기서 惠가 실질상 仁을 뜻하므로, 仁과 義가 함께 언급되었다고 볼 수 있을까? 그런데 仁과 知를 대비해 동시에 거론하는 경우는 많다.[53] 게다가 여기에 勇을 덧붙여, 知·仁·勇을 삼위일체로 병칭한다. 군자의 세 가지 道로서, "지혜로운 자는 미혹되지 않고, 어진 자는 근심하지 않으며, 용기 있는 자는 두려워하지 않는다."[54] 이것이 中庸에서 말하는 천하에 '三達德'인데,[55] 춘추전국 시대에 보편으로 거론되었다.

---

50 莊子, 天地: "義兼於德, 德兼於道, 道兼於天."

51 莊子, 繕性: "德無不容, 仁也; 道無不理, 義也."

52 莊子, 庚桑楚: "至禮不有人, 至義不物, 至知不謀, 至仁無親."

53 예컨대, 論語, 里仁: "仁者安仁, 知者利仁."; 雍也: "知者樂水 仁者樂山; 知者動, 仁者靜; 知者樂, 仁者壽."; 衛靈公: "知及之, 仁不能守之, 雖得之, 必失之." 등 참조.

54 論語, 子罕: "知者不惑, 仁者不憂, 勇者不懼." 憲問에서는 君子三道로 표현한다.

55 中庸: "知仁勇, 三者, 天下之達德也."

일찍이 晋 獻公의 太子 申生은 繼妃의 모함으로 태자 지위를 빼앗기고 목숨까지 잃을 상황에 처했는데, 父君을 원망하거나 도망하지 않으면서 격언을 인용한다. "仁은 군주를 원망하지 않고, 智는 곤궁함을 되풀이하지 않으며, 勇은 죽음을 피하지 않는다."[56] 또 晋의 郤至도 비슷한 격언을 인용하여 자부한다. "武人은 난리를 일으키지 않으며, 智人은 속이지 않고, 仁人은 당파를 이루지 않는다."[57] 左傳에는 晋 文公이 秦과 연합하여 鄭을 토벌하다가, 秦의 강화 권고를 받고서 철수한 적이 있다. 판단 근거는, "남의 힘을 빌려 상대방을 패배시키는 것은 仁이 아니며, 원조한 우방을 잃는 것은 知가 아니고, 평화로울 수 있는데 굳이 전란을 일으키는 것은 武가 아니다."[58] 여기서 知는 智慧를 뜻하며, 武는 勇을 가리키는데, 知·仁·勇 삼자를 적극 또는 소극으로 함께 언급하고 있다. 전술했듯이, 勇은 義에 특징적 本性이므로, 知·仁·勇은 실질상 智·仁·義를 의미하는 셈이 된다.

한편, 孟子는 여기에 禮를 덧보태 仁義禮智 四端을 말한다. 사람 마음에 본디 惻隱·羞惡·辭讓(恭敬)·是非의 네 실마리가 마치 몸에 四肢처럼 내재한다는 것이다.[59] 그리고 여기에 다시 信을 첨가하면, 仁·義·禮·智·信의 五常이 된다.[60] 물론 四端이나 五常이 출현하기 전에 이미 부분적으로, 仁과 禮、義와 禮、仁·義·禮가 상호 연관해 동시에 거론되는 경우가 많았다. 仁과 禮의 관계는 이미 서술한 바와 같거니와, 義와 禮를 병칭하는 춘추시대 언론만 대략 들어보면 다음과 같다.

우선, 左傳에 나오는 말을 보자. '義로부터 禮가 나온다.'(義以出禮: 桓

---

56 國語, 晋語2: "吾聞之: '仁不怨君, 智不重困, 勇不逃死.'"

57 國語, 晋語6: "至聞之: '武人不亂, 智人不詐, 仁人不黨.'"

58 左傳, 僖公30年:"因人之力而敝之, 不仁; 失其所與, 不知; 以亂易整, 不武."

59 孟子, 公孫丑上 및 告子上 참조. 후자에 恭敬之心이 禮라고 되어 있다.

60 漢書卷56, 董仲舒傳: "(擧賢良對策) 夫仁誼(義)禮知信, 五常之道, 王者所當修飭也."

公2년) 군자는 '不義를 숨기지 않으며, 非禮를 범하지 않는다.'(不蓋不義, 不犯非禮: 襄公20년) 鄭나라 子大叔이 晋의 趙簡子에게 말해준 九言 중에, '禮에 오만하지 말며, 非義를 범하지 말라.'(無敖禮, 無犯非義: 定公4년)는 잠언이 있다. 다음은 國語에 나오는 말이다. '禮와 義를 잘 절제하면, 사방에 법도가 될 수 있다.'(制禮義, 可法於四方: 齊語) '군자는 정치에 임하여서는 義를 생각하고, 음식을 대할 때는 禮를 생각한다.'(君子臨政思義, 飮食思禮: 楚語下) 晋 文公은 義·信·禮를 차례로 수양·실행함으로써, 백성을 제후정벌에 동원하여 패권을 이룰 수 있었다.(晋語4)

한편, 仁·義·禮가 함께 거론되는 경우도 잦다. 管仲이 桓公의 야간 음주를 만류했는데, 左傳은 이렇게 평론한다.

> "술로써 禮를 이루어 음란함에 이르지 않음은 義이고, 군주가 禮를 지켜 음란에 빠지지 않도록 함은 仁이다."[61]

禮가 仁과 義에 공통으로 필요한 최소한 규범임을 알려준다. 또, 德은 樂으로써 안정시키고, 義로써 거처하며, 禮로써 행하고, 信으로써 지키고, 仁으로써 권장한다.[62] 이는 仁·義·禮가 信·樂과 함께 상호보완으로 德을 원만하게 완성시키는 윤리규범임을 나타낸다.

한편, 國語에는 孫周의 인격행실을 칭찬하면서, 敬·忠·信·仁·義·智·勇·教·孝·惠·讓에 대한 그의 언론을 종합 거론한다.(周語下) 申叔時는 태자 교육방법에 관하여, 忠·信·義·禮·孝·事·仁·文·武·罰·賞·臨 등 덕목을 거론하면서, 특히 度量으로 義를, 等級으로 禮를, 慈愛로써 仁을 각각 지도한다고 논한다.(楚語上) 또한 義로써 죽음까지 기꺼워하는 것이 勇이고, 義를 받들어 법칙에 순응함이 禮이며, 義를 함양하여 공덕을 쌓는 것이 仁이다.[63] 이러한 언론은 義를 중심으로 仁·

---

61 左傳, 莊公22年: "酒以成禮, 不繼以淫, 義也; 以君成禮, 弗納於淫, 仁也."

62 左傳, 襄公11年: "夫樂以安德, 義以處之, 禮以行之, 信以守之, 仁以厲之."

63 國語, 周語中: "以義死用謂之勇, 奉義順則謂之禮, 畜義豐功謂之仁."

禮·勇을 아울러 개념 규정한다.

지금까지 仁과 義가 외형상 병칭되는 여러 경우를 살펴보았다. 이제 양자의 내면적 본질관계에 관한 언론을 고찰해보자. 우선 이해하기 편하게, 仁과 義를 나란히 대비해 논하는 先秦 및 漢初 주요한 사상언론들을 일목요연한 도표로 정리한 다음, 양자관계의 기본 특징을 살펴보자.

仁	義	出典
體愛; 內	利; 外	墨子, 經·經說
內也, 非外也	外也, 非內也	孟子, 告子上
人心(安宅), 事親·親親	人路(正路·從兄·敬長)	孟子, 告子上·離婁上·盡心上
殺一無罪, 非仁	非其有而取之, 非義	孟子, 盡心上
德無不容	道無不理	莊子, 繕性
從中出	從外作	管子, 戒
人; 親親	宜; 尊賢	中庸, §20
中心欣然愛人	宜而爲之	韓非子, 解老
愛由情出	節愛理宜	韓詩外傳

우선, 묵자·맹자(告子)·관자·한비자의 직접 표현에서, 仁은 안에서 솟아나오고, 義는 밖에서 말미암는 상대적 관계를 확인할 수 있다. 곧 仁의 內在性과 義의 外行性을 뜻한다. 맹자의 비유 개념에서도, 마음·집·거처는 안에 존재하고 길은 바깥에 있으므로, 곧 仁의 내면성과 義의 외면성에 일치하게 된다. 仁은 내면의 진실한 心情에서 자연스럽게 흘러나오는 存在的 사랑인데, 義는 외재적 객관상황의 적합성·합리성으로부터 심리 강제되는 當爲적 행위이다. 마치 근대 서양법에서, 도덕과 법의 관계를 대비할 적에 거론하는, 도덕의 내재성과 법의 외재성의 관계에, 완전히 일치하진 않지만, 비슷한 느낌도 없지 않다.

그런데 義의 外行性에 관하여는, 특히 맹자의 유력한 반론이 있다. 우선, 연장자를 공경하는 이유가 상대방의 나이라는 '外'적 요소에 있다는 告子 주장에 대해, 맹자는 '年長' 자체가 義인지, 아니면 연장자를 '공경'함이 義인지 반문한다.(告子上) 맹자 제자인 公都子가 義란 '내 공경을 행하는 것이기에 內的이다'고 말하는 것도, 바로 맹자와 같은 취지다.(告子上) 그러나, 맹자가 말하는 義의 내면성은, 仁의 내재성에 대응하여 義를 외행성으로 파악하는 일반 논의와는, 관점 및 차원을 달리하는 별개 문제이다.

맹자가 말한 대로, 仁이란 예컨대, 어린아이가 우물에 빠지려고 할 때, 누구 아이인지, 또는 그 결과 명예가 어떠할지를 전혀 고려하지 않고, 무조건 구해주려고 하는 惻隱之心이다. 바로 순수하게 자기 내면 心情에서 자연히 우러나오는 사랑이다. 이에 반해, 義가 요구하는 공경심이나 수치심 등은 사회 윤리도덕의 心理强制에 그 존립근거와 실효성이 있음을 부인할 수 없다. 비록 그 강제가 法의 형벌과 같이 국가기관의 구체적 직접적 힘에 의거하지는 않지만, 순수한 자발성이 아닌 무형의 외적 힘에 의지한다는 의미에서, 仁의 내면적 자발성과 확실히 대비된다.

맹자가 말한 義의 내면성이란, 義를 행하고 행하지 않는 선택이, 그 행위자의 주체적 자율의지에 달려있다는 의미일 뿐이다. 즉, 義의 실현이 결국 인간의 능동적 의지 문제로 귀결하기 때문에, 특별히 내면적 자율성을 강조한 것이다. 그래서 맹자는 仁義禮智 四端 모두가 밖으로부터 주어지는 것이 아니라, 자기 안에 본디 존재한다고 말한다. 그것이 현실로 실행되지 못하는 이유는, 스스로 생각하고 구하지 않기 때문이라고 탄식한다.(告子上)

따라서 맹자가 말하는 義의 내면성은, 仁의 내재성에 대응하는 義의 외행성과 별도 차원에서 양립공존이 가능하며, 이를 혼동해서는 안 된다. 呂氏春秋는 義를 밖에서 구하지 말고, 반드시 자기 안으로 되돌아와 찾으라고 말한다.64 묵자는 義를 행하는데 훼방을 피하거나 명예를 구하지 않는다고 말한다.[65] 이들도 모두 맹자와 같은 의미맥락에서 행위 주체의 자율의지를 강조하는 것이다.

그러나 荀子가 榮辱의 종류를 구분하면서 언급하는 義의 내면성은 조금 특색 있다. 천자나 제후·재상·사대부처럼 높은 관직과 많은 봉록이 밖으로부터 오는 '勢榮'인 반면, 돈후한 덕행과 현명한 지혜는 자기 안에서 나오는 '義榮'이라고 정의된다. 또한 음란·교만·포학·탐욕 등이 자기 안으로부터 말미암는 義辱인 반면, 남에게 욕설을 듣고 모욕을 당하는 것은 외적인 '勢辱'이 된다.[66] 義 자체의 본질 속성에 관한 언급이 아닌 점에서 조금 특색 있지만, '榮辱'의 근원이 자기 주체적 행위에 있는 것을 '義'라고 규정하는 점에서, 역시 맹자와 일맥상통하는 의미의 내재성이라고 할 수 있다.

한편, 도표의 내용을 仁과 義의 개념 속성에 대비해보면, 仁의 愛·親과 義의 宜·正이 직접 확인된다. 그리고 德과 仁의 관계는 앞서 언급했는데, 仁의 恩惠가 德澤으로 실질상 상통하기 때문에, 莊子가 仁을 德에 근거지운 개념정의도 의미 있게 된다. 문제는 義를 路와 道로 연결시키는 것인데, 양자 모두 '길'을 뜻하는 개념적 일치성을 보인다. 道란 본디 자연의 존재법칙을 의미하는데, 자연법칙의 항상적 규칙성·필연성으로부터, '가지 않으면 안 된다'는 필연적 당위규범인 人道가 파생하였다. 義 또한 적합성으로부터 宜當 행해야 하는 당위성을 함축하므로, 道의 의미와 일맥상통하게 된다.

공자가 "義를 행하여 그 道에 이른다."(行義而達其道: 季氏)고 말하는 것은, 義가 道에 이르는 인간의 실천 방법임을 뜻한다. 또한 子路가 孔子를 힐난한 어떤 隱者를 다시 찾아갔다가, 그가 회피하고 없음을 보

---

64 呂氏春秋, 論威: "義也者, …勿求於他, 必反於己."

65 墨子, 耕柱: "爲義非避毁就譽."

66 荀子, 正論: "榮之由中出者也, 夫是之謂義榮.…榮之從外至者也. 夫是之謂勢榮."

고 탄식한 말은, 道와 義의 관계를 직접 보여준다.

"벼슬하지 않는 것은 義롭지 못하다. 長幼 질서도 없앨 수 없는데, 군신 간에 義를 어찌 없앨 수 있으리오? 자기 몸만 정결히 하려고, 큰 인륜을 어지럽히는 것이라. 군자가 벼슬함은 그 義를 행할 따름이며, 道가 행해지지 않음은 이미 알고 있다."[67]

義보다 근원적인 '존재의 道'가 행해지지 않기 때문에, 그 차선책으로 '당위적 義'를 힘써 실행하여 道에 이르고자 함이, 곧 공자의 의미임을 알 수 있다. 안 되는 줄 알면서도 굳이 힘써 행하는 인간적 의미가 짙다. 묵자는 이렇게 비유한다.

"義를 행하여 능력이 부족하더라도, 반드시 그 道를 배제함이 없어야 한다. 이는 마치 목수가 대패질이 잘 안된다고 하여 먹줄을 치워버릴 수는 없는 것과 같다."[68]

또, 군자가 義를 행함에는, 先王의 道를 받들어 말한다.[69] 묵자에게도 道는 義에 바탕이 되는 근원적 절대적 존재이며, 義는 그 道를 실현하는 인간의 당위적 행위규범인 것이다.

한편, 道의 법칙성은 原理·眞理의 의미에서 理를 뜻한다. 그래서 흔히 道理·義理·道義와 같이 세 글자를 서로 섞어 쓰는 것이다. 莊子가 仁을 덕에 근거지운 것과 대응하여, 道와 理로써 義의 의미를 규정하는 것은, 이러한 개념적 상호관련성을 간명하게 보여준다.

그리고 仁의 '親'은 혈연적 친족관계를 의미하는데, 義의 兄·長·賢은 비혈연적 사회적 윤리관계를 뜻한다. 이는 혈연적 兄弟의 일차적

---

67 論語, 微子: "不仕無義. 長幼之節, 不可廢也, 君臣之義, 如之何其廢之? 欲潔其身而亂大倫. 君子之仕也, 行其義也, 道之不行, 已知之矣."

68 墨子, 貴義: "爲義而不能, 必無排其道. 譬若匠人之斲而不能, 無排其繩."

69 墨子, 貴義: "今爲義之君子, 奉承先王之道以語之."; 魯問: "誦先王之道, 而求其說. …敎天下以義者, 功亦多, 何故弗言也?"

협의에서가 아니라, 사회적 長幼관계상 연장자라는 파생적 광의에서 쓰이는 것으로 이해된다. 흔히 '兄長'이라고 일컫는 개념이 그것이다. 결의형제나 자매결연과 같은 의제 혈연관계가 義의 非血緣性을 대변하는 언어관용이다. 특히 兄과 長이 자연적 年長을 가리킴에 반해, 賢은 道德的 尊貴함을 지칭하며, 義의 道·理적 개념에 더욱 밀접하게 인식된다. 仁과 義를 氣의 관점에서 온후함과 존엄함으로 대비함도, 전체적 개념대비와 일관성을 유지한다.

한편, 仁의 자연적 사랑 감정을 義가 적합한 道理로써 절제하는 것은, 양자의 정면 긴장대립관계를 가장 직접 보여준다. 한비자의 법치론에서 즐겨 애용하는 비유인데, 어머니의 유약한 애정은 자식을 망치기 쉬운데, 도의에 바탕을 둔 스승의 훈계나 법의 명령은 친밀한 사랑 감정을 잘 절제할 수 있다.

5. 仁·義·法의 功利的 性格

지금까지 仁과 義의 상호대립 관계를 살펴보았다. 이제 양자가 공유하는 동질성에 관하여, 특히 '利'害의 관점에서 살펴보자. 물론 仁과 義로써 파악하는 '利'의 관점과 속성은 다소 미묘한 차이가 있긴 하다. 우선, 양자와 관련하여 거론되는 利는 크게 두 종류로 나누어진다.

첫째는, 개인적 관점에서 세속적 이기적 私利私慾으로서 利다.

둘째는, 국가사회 관점에서 도의적 이타적 公共福利로서 利다.

예컨대, 老子는 '聖과 智를 끊어버리면 인민의 이익이 백배가 되고, 기교와 이해타산을 끊어 버리면 도적이 없게 된다.'고 강조한다.[70] 여기서 인민의 이익은 후자인 利에 해당하고, 이해타산은 전자인 利가

70 老子: "絶聖棄智, 民利百倍; 絶巧棄利, 盜賊無有."

된다.

仁은 주로 후자의 利에 연결되어, 공공복리의 적극 창출과 함께, 사회적 害惡의 소극 제거가 동시에 거론됨이 일반 특징이다. 이른바 '除害興利'라는 成語가 대표한다. 義는 양자의 利에 모두 걸쳐 언급된다. 전자의 利는 義로써 개인적 사리사욕을 절제시키는 소극적 도덕교화가 주된 관점이고, 후자의 利는 義를 본질적 거시적 공공복리의 근원으로서 새로 개념 규정하는 적극적 이념제시가 주요 관심사다.[71]

우선, 국가적 부국강병의 패권각축과 개인적 부귀공명의 영달추구에 급급하던 당시 현실에서, 사리사욕의 제약을 위해 義를 언급하는 교훈적 언론은 무수히 많다. 공자는 군자가 義에 밝고 소인이 利에 밝은 현실 속성을 대비하며, 의롭지 못한 부귀는 뜬구름 같다고 일깨운다.[72] '利得을 보면 義를 생각하라'는 명언도 재삼 강조한다. 公叔文子가 의로운 이익만을 추구해 타인의 혐오를 전혀 받지 않은 행실이야말로, 바로 공자의 이상이었다.[73] 따라서 신하의 食祿은 군주가 쥐고 있지만, 신하는 의로우면 나아가고 의롭지 못하면 몸을 은퇴하는 것이, '居利思義'의 道가 된다.[74] 呂氏春秋는 큰 이익에 부닥쳐 義로움을 바꾸지 않음이 청렴이라고 말한다.[75]

맹자는 '見利思義'라는 명제를 가장 명쾌한 논리로 설명한 사람이다. 梁惠王이 맹자의 방문을 환영하며, 자기 나라에 무슨 이로움이 있겠느냐고 말문을 열자, 맹자는 대뜸 仁義가 있을 뿐인데, 어찌 이익을 말하

71 呂氏春秋, 愼行에, '不利之利'를 아는 사람과 義理를 말할 수 있다고 말한다.

72 論語, 里仁: "君子喩於義, 小人喩於利."; 述而: "不義而富且貴, 於我如浮雲."; 呂氏春秋, 愼行: "君子計行慮義, 小人計行其利."

73 論語, 憲問: "今之成人, 見利思義."; 季氏: "君子九思, 見得思義."; 子張: "士見得思義." 左傳, 昭公28年에 "居利思義"가 보인다. 論語, 憲問: "義然後取, 人不厭其取."

74 左傳, 襄公26年: "臣之祿, 君實有之. 義則進, 否則奉身而退."

75 呂氏春秋, 忠廉: "臨大利而不易其義, 可謂廉矣."

느냐고 반문한다. 이어서, 왕이 나라 이익만 말하면, 大夫는 자기집안 이익만 말하고, 일반사람은 자신 이익만 말하게 되는데, 상하가 이익을 가지고 서로 다투면 나라가 위태로워진다고 설명한다. 군주를 시해하는 자는 반드시 대부인데, 이는 義를 뒤로 하고 이익을 앞세워, 쟁탈에 만족을 모르기 때문이라고 경고한다.(梁惠王上)

한편, 荀子는 義와 利를 榮辱에 근원으로 변론한다. 義를 앞세우고 이익을 뒤로 하는 사람은, 영예를 얻고 항상 통달하여 남을 통제하게 되지만; 반대로 이익을 앞세우고 義를 뒤로 하는 자는, 모욕을 당하고 항상 곤궁하여 남의 통제를 받게 된다.(榮辱) 또한 義와 利는 누구나 모두 겸유하는데, 이익을 구하는 욕망은 요순임금도 없앨 수 없고, 의리를 좋아하는 마음은 桀紂 같은 포악한 군주도 제거할 수 없는 인간의 본성이다. 다만, 이익을 추구하는 욕망이 의리를 좋아하는 마음보다 지나치지 않도록 절제시키면 태평성세가 되고, 반대로 이익이 의리를 능가하면 난세가 된다. 그런데 이를 결정하는 것은 바로 군주 자신임을 순자는 특히 강조한다. 군주가 의리를 중시하면 자연히 의리가 이익을 압도하고, 이익을 중시하면 반대로 이익이 의리를 능가하게 된다. 그래서 예부터 천자·제후·대부 같은 통치계층은 다소나 이해득실을 말하지도 않고, 가축을 기르거나 장원을 경영하지 않는 법이라고 설명한다. 윗사람이 재물과 이익을 다투면, 백성들 범죄가 일어나고 형벌도 비례해 증가할 것이기 때문이다.(大略)

맹자와 순자의 이러한 변론은 논리상 명쾌함을 지닐 뿐만 아니라, 실질 내용에서도 거시적 근본 안목에서 義가 진정한 利의 원천임을 밝혀준다. 仁義를 장려하고 財利를 천시하면, 백성들이 다투지 않게 되고, 그러면 폭력 범죄와 혼란이 저절로 그치게 될 것이라는 사상도, 바로 이러한 논리맥락이다.(韓詩外傳, 卷6) 老子가 일찍이 '얻기 어려운 재화를 귀하게 여기지 않으면, 백성들이 저절로 도둑질하지 않게 된

다.'고 일깨운 것도 같은 취지다.[76]

사실 춘추시대부터 더욱 근원적인 큰 利의 개념을 義로써 새로이 규정하려는 사상 경향이 뚜렷했다. 우선, '義를 이익에 근본'으로 인식한다.[77] 따라서 국가는 세속 이익으로써 이익을 삼을 것이 아니라, 義로써 이익을 삼아야 한다.[78] 義로써 이익을 낳는 것이 백성을 다스리는 순조로운 정치가 된다.[79] 또, 義로써 이익을 낳고, 상서로움으로써 신을 섬기며, 仁으로써 백성을 보호함은, 현명한 군왕의 三德이 된다.[80] 한편, '義는 이익의 발'로 비유되는데, 義가 없으면 이익이 설 수 없기 때문이다.[81] 義로써 이익을 세우는 것이 전쟁수행에 여섯 가지 선결조건으로 거론됨도 이 때문이다.[82] 고로 義를 말하면 반드시 이익에 이르게 되지만,[83] 義가 없이 억지로 이익에만 집착하면, 원망을 낳고 재앙을 초래하는 근본이 된다.[84] 내가 이익을 탐내면, 남도 이익을 바랄 것은 인지상정이고, 이익다툼에서 밀려난 상대방이, 이익을 무리하게 차지한 자를 원망할 것은 당연한 사리다. 따라서 타인을 이롭게 함이 진정한 大義며, 가장 좋은 방법은 道로써 敎化하는 것이다.[85]

周易 文言傳은, 乾卦의 '元亨利貞' 四德 중 利를 義에 상응·화합하는

---

76 老子, §3: "不貴難得之貨, 使民不爲盜."

77 左傳, 僖公27年: "德義, 利之本也."; 大戴禮記, 四代: "義, 利之本也."; 呂氏春秋, 無義: "義者, 百事之始也, 萬利之本也."

78 禮記, 大學: "國不以利爲利, 以義爲利也."

79 左傳, 成公2年: "義以生利, 利以平民, 政之大節也."

80 國語, 周語中: "夫義所以生利也, 祥所以事神也, 仁所以保民也. 古之明王不失此三德."

81 國語, 晋語2: "夫義者, 利之足也; 貪者, 怨之本也. 廢義則利不立, 厚貪則怨生."

82 左傳, 成公16年: "德刑詳義禮信, 戰之器也. … 義以建利."

83 國語, 周語下: "言義必及利."

84 左傳, 昭公10年: "利不可强, 思義爲愈. 義, 利之本也. 蘊利生北."

85 呂氏春秋, 尊師: "義之大者, 莫大於利人, 利人莫大於敎."

것으로 정의하며, 만물을 이롭게 함이 곧 義에 조화를 이루는 것이라고 설명한다.[86] 또 左傳에서도 易占에 관하여, 隨卦에 '元亨利貞' 四德 중 利를 乾卦 文言傳과 같은 의미로 정의한다.[87] 이들은 義를 利로써 개념 규정하는 보편 견해와 의미상 상통하지만, 利를 義로써 정의함으로써 그 방향이 상반적인 형식상 차이를 보임이 특징이다.

고대 중국에 공리주의자로 알려진 墨子는, 아예 직접 '義는 利'고 '不義는 害'라고 상호 대칭으로 정의한다.[88] 아울러, 忠은 군주를 이롭게 하는 것이고, 孝는 부모를 이롭게 하는 것이라고 규정한다.[89] 利와 害에 관해서는, 얻어서 기쁜 것이 利고, 얻어서 싫은 것이 害라고 말한다.[90] 보배를 귀중히 여김은 이익 때문이다. 국가를 다스림에 인민을 절로 많아지게 하고, 刑政을 공평히 하여 사직을 안정시킬 수 있는 이로움은, 義보다 더 크고 강력한 것이 없다. 그래서 '義는 천하에 훌륭한 보배'가 된다.[91] 특히, 水戰에서 배를 연계시키는 갈고리의 기교에 대해, 묵자는 겸애와 공경을 바탕으로 인간관계를 절제하는 義가 훨씬 더 위력적인 갈고리라고 비유해 반박한다.[92] 人和단결이 天時나 地利 또는 강한 병력무기보다 전쟁에 훨씬 중요한 자산이란 뜻이다.

한편, 仁을 사회적 해악의 소극적 제거와 공공복리의 적극적 증진

86 易, 乾卦, 文言: "利者, 義之和也. 利物足以和義." 和의 의미해석에서 다소 견해 차이가 보인다. 전통적 통설은 宜·和合의 의미로 해석한다.(程傳, 朱子本義) 근래에는 說文을 인용하여 相應和答으로 해석하기도 한다.(高亨, 周易大傳今注, 60-61쪽) 궁극에는 義에 상응하여 적절히 조화를 이루는 것이 利라는 본질 의미에서는 상통하므로, 크게 문제되지 않는다.

87 左傳, 襄公9年: "利, 義之和也."

88 墨子, 經上 및 經說下: "義, 利也."; 大取: "義, 利; 不義, 害."

89 墨子, 經上: "忠, 以爲利而强低也. 孝, 利親也."

90 墨子, 經說上: "利, 得是而喜, 則是利也. 害, 得是而惡, 則是害也."

91 墨子, 耕柱: "所以貴良寶者, 可以利民也, 而義可以利人. 故曰: 義, 天下之良寶也."

92 墨子, 魯問: "我義之鉤强, 賢於子舟戰之鉤强."

이라는 관점에서 부각시킨 것은, 거의 전적으로 묵자의 공리주의 사상이다. 우선, 묵자는 仁人의 사업은 천하에 이익을 일으키고, 천하에 해악을 제거하여, 천하에 모범적 법도가 되는 것이라고 정의한다. 그리고 당시 현실사회에 범람하던 천하 해악을 구체로 열거해 지적한다. 제후 간에 대국이 소국을 공격해 겸병하는 것, 대부 간에 大家가 小家를 빼앗아 합병하는 것, 개인 간에 강자가 약자를 겁탈하고 다수가 소수에 횡포를 부리며, 간교한 자가 우직한 자를 속이고 부귀한 자가 빈천한 사람을 능멸하는 것 등이 대표적 해악이다. 또 사회적 윤리도덕 인간관계에서, 군주가 은혜롭지 못하고 신하가 충성하지 않으며, 부모가 자애롭지 못하고 자식이 효도하지 않으며, 형제간에 화목하지 못한 것들도, 천하에 해악으로 열거된다.[93]

이러한 해악의 근본 원인은 사람들이 서로 사랑하지 않기 때문인데, 천하가 다스려지지 못하고 혼란스러운 것도 마찬가지 이유 때문이다. 따라서 천하 혼란을 바로잡아 다스리기 위해서는, 이러한 천하 해악을 제거해야 하며, 최선의 방법은 서로 사랑하는 것이다. 그런데 그 사랑은 이기적 차별적 사랑(別愛)이 아니라, 이타적 평등한 보편 사랑(兼愛)이어야 한다. 사실, 인간이 서로 해치는 것은 '利己'적 차별적 사랑만 알기 때문이다. 사랑이란 본디 '利他'적 평등한 사랑을 의미한다. 묵자가 특별히 '兼愛'를 강조함은 바로 이 때문이다.

그렇지만 남을 평등하게 사랑하는 것이, 남에게만 이롭고 자기에게 해로운 것은 아니다. 왜냐하면, 남을 사랑하면 남도 따라서 나를 사랑하고, 남을 이롭게 하면 남도 나를 이롭게 하기 때문이다. 반대로 남을 혐오하면 남도 따라서 나를 혐오하고, 남을 해치면 남도 나를 해치게 된다.(兼愛中·下) 그래서 차별적 사랑은 남을 해치고 자신도 해치는 천

93 墨子, 兼愛中·下 참조. "仁人之所以爲事者, 必興天下之利, 除去天下之害."

하의 해악이고, 평등한 兼愛는 남과 나를 동시에 이롭게 하는(自利利他) 천하의 이익이다. 겸애의 博大한 이익은, 해와 달이 사사로움 없이 천하 만물을 두루 비춤과 같다. 堯舜禹湯이나 文武 같은 聖王도, 모두 겸애로써 천하에 이익을 일으키고 천하에 해악을 제거하였을 따름이라고, 묵자는 설명한다. 즉, 겸애는 聖王의 道이자, 萬民에 이익이다.(非攻上·中·下) 그런데 兼愛란 곧 仁을 뜻하니, 묵자가 興利除害를 仁人의 사업으로 규정한 것은 당연하다.

한편, 묵자는 전쟁이 백성의 재화와 생명을 빼앗고 천하 이익을 크게 해치며, 결국에는 군주 자신의 이익과 지위까지 위태롭게 하므로, 공격 전쟁이야말로 천하에 가장 큰 해악이라고 비난한다. 천하 이익을 도모하고, 천하 해악을 제거하기 위해서는, 공격과 정벌을 그쳐야 한다. 성왕의 道를 실행하여 국가와 백성의 복리를 증진하려는 어진 군주라면, 전쟁의 해악을 먼저 잘 살펴야 한다.(非攻上·中·下)

뿐만 아니라, 산 사람이 사치와 낭비를 줄이는 節用은 물론, 죽은 사람을 위하여 殉葬과 厚葬을 하지 않고 검소하게 매장하는 節葬도, 성왕의 道에 부합하고 국가백성의 복리에 일치하는 仁政이라고, 묵자는 주장한다. 또한, 유가의 三年喪 같은 장기간 居喪은, 자손의 심신을 피폐시키기 때문에 仁義에 위배된다.[94] 사실, 厚葬은 산 사람의 재력을 탕진할 뿐만 아니라, 타인의 탐욕을 자극해 발굴을 야기하면 죽은 자의 치욕이 되기 때문에, 자손의 효도에도 어긋나게 된다.[95]

심지어 묵자는 音樂조차도 군주의 사치와 안일을 조장하며, 백성들 재력을 낭비하기 때문에, 除害興利를 도모하는 仁人의 법도가 아니라고 비난한다.(非樂上) 묵자 사상을 전체로 통관하면, 결국 천하에 이익

94 墨子, 節用上·中 및 節葬下 참조.

95 呂氏春秋, 安死 참조.

을 도모하고 해악을 제거하는 仁愛 정치로 일관함을 알 수 있다.

한편, 정치에 주요 방편은 賞罰의 法이다. 법의 관점에서 보면, 仁政이란 상벌을 잘 시행하여, 국가에 해악인 범죄를 예방·소탕하고 인민의 안녕과 공공복리를 증진하는 것이 된다. 管子는 仁愛에 입각한 묵자의 除害興利 사상을, 상벌 관점에서 새롭게 법치주의 刑政의 이론근거로 전환시키고 있다.

우선, 管子는 국가 및 군주통치권의 대상이자 존재기반인 백성, 좀더 엄밀히 말하면 民心과 人情을 얻는 방도가, 백성을 이롭게 하고 해치지 않음에 있다고 인식한다. 왜냐하면, 인간은 누구나 이익을 소중히 여겨 좋아하고, 해악을 싫어하여 피하기 때문이다.[96]

또한 군주의 통치행위에서, 政刑을 너그럽게 함으로써 백성들 고통을 덜어주는 '除害'도, 民心을 잃지 않는 중요한 근원이 된다. 죽음과 고통을 싫어하고 삶과 편안함을 좋아하는 것이 人情이기 때문이다. 그래서 管子는 조세부역을 경감하고, 법령을 簡略하게 하며, 형벌을 늦추어 주는, '寬政'의 중요성을 강조한다. 桓公이 治國을 묻자, 관자는 '백성을 자비롭게 사랑하여, 조세징수를 경감하고 형벌을 가벼이 하는 것이, 나라를 다스리는 큰 법도' 라고 대답한다. 천하를 다스리는 방도에 대한 질문에는, '法을 시행함에 가혹하지 않고, 형벌은 청렴하되 가벼이 사면을 베풀지 않으며, 官吏는 너그럽되 참람하지 않는 것'이라고 답변하고 있다.[97]

한편, 흥미롭게도 除害 관점에서, 省刑輕罰과 얼핏 상호 모순대립으

---

96 管子, 五輔: "得人之道, 莫如利之."; 禁藏: "夫凡人之情, 見利莫能勿就, 見害莫能勿避."; 侈靡: "百姓無寶, 以利爲首."; 版法解: "凡人者, 莫不欲利而惡害. 是故與天下同利者, 天下持久; 擅天下利者, 天下謀之."

97 管子, 中匡: "愛慈百姓,… 薄稅斂, 輕刑罰, 此爲國之大禮也.… 法行而不苛, 刑廉於不赦, 有司寬於大淩,… 此爲天下也."

로 보이는 酷刑嚴罰을, 管子가 동시에 주장하여 눈길을 끈다. 본디 법은 국가통치권을 바탕으로 그 실효성을 보장하기 위해 형벌이라는 威嚇的 제재수단을 겸비하기 때문에, '强制性'은 법의 본질속성이다. 그런데 법령과 형벌의 강제성도, 바로 법령을 두려워하고 형벌을 싫어하는 인정에 근거한다.[98]

"무릇 군주는 백성을 통치하고자 않음이 없는데, 백성을 통치하려면 반드시 법을 제정하고 명령을 시행해야 한다. 그러므로 나라를 다스리고 백성을 부림에는 法만한 것이 없고, 邪淫과 暴惡을 금지함에도 刑만한 것이 없다. 가난한 자가 부자 재물을 뺏고자 아니함이 없지만, 감히 그러하지 못하는 것은, 法이 허용하지 않기 때문이다. 强者가 弱者에게 포학할 수 없는 것은 아니지만, 감히 그러하지 못하는 것은, 法이 처벌하기 때문이다. 그러므로 百官의 일을 法으로 처리하면 奸惡함이 생기지 못하며, 포학한 자를 형벌로 처단하면 禍가 일어나지 못한다."[99]

이처럼 奸惡을 방지하기 위한 법령과 형벌의 강제성은, 이를 두려워하는 人情에 근거하는 心理强制 성격을 띤다. 심지어 被治者로서 백성의 수동적 성격에도 바탕을 두고 있다.

"聖人이 후한 賞을 둔 것은 사치스러워서가 아니며, 엄중한 형벌을 세운 것은 사나워서가 아니다. 賞이 박하면 백성이 이롭게 여기지 않으며, 형벌이 가벼우면 간사한 자가 두려워하지 않는다. 이롭게 여기지 않는 바로써 사람을 부리려 하면 능력을 다하지 않고, 두

98 管子, 版法解: "凡民者, 莫不惡罰而畏罪, 是以人君嚴教以示之, 明刑罰以敬之."

99 管子, 明法解: "凡人主莫不欲其民之用也. 使民用者, 必法立二令行也. 故治國使衆莫如法, 禁淫止暴莫如刑. 故貧者非不欲奪富者財也. 然而不敢者, 法不使也; 强者非不能暴弱也, 然而不敢者, 畏法誅也. 故百官之事, 案之而法, 則奸不生; 暴慢之人, 誅之以刑, 則禍不起."

려워하지 않는 바로써 사람을 금지시키려 하면 간사한 자가 그치지 않는다. 이러하면 법을 제정하고 명령을 내려도, 백성이 준수하지 않는다. 그러므로 賞이 권장하기에 족하지 못하면, 백성들이 군주를 위해 힘쓰지 않고; 형벌이 두려워하기에 족하지 않으면, 난포한 자가 법을 가벼이 범한다. 백성은 위세와 殺戮에 굴복한 후에야 순종하며, 이익을 보고난 후에야 힘쓰며, 다스림을 당한 후에야 바르게 되며, 편안한 바를 얻은 후에야 조용해진다."100

그러나 주목할 점은, 법령의 강제성과 형벌의 위협성이, 비록 백성의 피치자적 수동성과 人情의 劣惡性에 근거하는 심리강제라고 할지라도, 그것은 어디까지나 好利惡害 人情에 근거하여, 다수 선량한 백성의 이익을 위해 소수 간악한 자들을 처벌하거나 제거함으로써, 사회 전체의 '除害興利'를 도모함에 목적이 있다. 이는 곧 법의 이념이 正義에 합당하다는 사실이다. 그러므로 "공로를 상주고 죄를 벌주는 것은, 천하를 위해 이익을 가져오고 해악을 제거하기 때문이다. 마치 피와 풀을 제거하지 않으면 벼와 곡식을 해치게 되듯이, 도적을 처형하지 않으면 선량한 백성을 손상시키는 까닭이다."101

또한 국가사회 전체에 장기적 利害 관점에서, 군주의 은혜와 赦免을 준엄하게 비판하는 것도 주목된다.

"赦免이 내려지면 백성은 不敬해지고, 은혜가 베풀어지면 허물이 날로 더해간다.… 무릇 사면은 이익이 작고 해악이 큰 것으로, 오래

100 管子, 正世: "聖人設厚賞, 非侈也; 立重禁, 非北也. 賞薄則民不利, 禁輕則邪人不畏. 設人之所不利, 欲以使, 則民不盡力 立人之所不畏, 欲以禁, 則邪人不止. 是故陳法出令而民不從. 故賞不足勸, 則士民不爲用; 刑罰不足畏, 則暴人輕犯禁, 民者, 服於威殺然後從, 見利然後用, 被治然後正, 得所安然後靜者也."

101 管子, 明法解: "夫賞功誅罰, 所以爲天下致利除害也. 草茅弗去, 則害禾穀; 盜賊不誅, 則傷良民."

되면 그 禍를 이길 수 없게 된다. 사면이 없으면 해악이 작고 이익이 커서, 오래가면 그 福을 이길 수 없게 된다. 그러므로 사면은 달리는 말의 고삐를 늦추는 것이며, 사면이 없음은 종기에 뜸돌을 얹는 것이다.… 은혜는 사면을 많이 행하는 것인데, 처음에는 쉽지만 갈수록 어려워져서, 그 禍를 이길 수 없게 된다. 法은 처음에는 어렵지만 갈수록 쉬워져서, 오래되면 그 福을 이길 수 없게 된다. 그러므로 은혜는 백성의 怨讐이며, 法은 백성의 父母이다."[102]

이러한 管子의 사상은, 마침내 "법은 功利를 일으켜 증진하고, 暴惡을 두렵게 위압하는 것"이라는 개념정의로 귀결한다.[103] 仁義를 이익에 근본으로 삼은 유가나 묵가의 공리적 사상이, 관자에 이르러서는 신상필벌의 法으로 대전환을 이룬 것이다. 이는 한편으로 法이 이념상으로 더 근본인 仁義에 연원함을 반증하는 사상사적 실례이기도 하다. 그리고 관자의 공리적 법치론은 한비자가 집대성하는 法家 사상에 핵심 중추가 된다. 다만, 현실상 法家 사상은 지나치게 각박한 엄형준벌 일변도로 치우치면서, 백성의 공공복리는 외면하고 군주의 통치이익에만 급급하여, 法의 근원인 仁義를 오히려 부정·배척하게 되었다. 그리하여 본말이 전도되는 사상적 왜곡과 변질을 초래하여, 가혹한 형벌로 천하에 막대한 해독을 끼치고, 마침내 자신의 운명을 재촉하는 결과를 가져왔다.

사실, 仁義로부터 나오는 법이야말로, 인민과 군주 모두에게 진정한 이익을 끼치게 된다. 이것이 管子 사상에 본래 진면목이다.

102 管子, 法法: "赦出則民不敬, 惠行則過日益. … 凡赦者, 小利而大害者也, 故久而不勝其禍. 毋赦者, 小害而大利者也, 故久而不勝其福. 故赦者, 奔馬之委; 毋赦者, 之石也. … 惠者, 多赦者也, 先易而後難, 久而不勝其禍; 法者, 先難而後易, 久而不勝其福, 故惠者, 民之仇也; 法者, 民之父母也."

103 管子, 七臣七主: "夫法者, 所以興功懼暴也."

한편, 춘추시대 齊 景公을 보필한 晏子는 검소하기로 유명했다. 군주가 거듭 새 집을 지어주겠다고 강권해도, 굳이 시장 부근 누추한 거처를 계속 고집하였다. 그래서 한번은 景公이 '시장 가까이 사니까, 물가 귀천을 알겠소?'라고 조롱 섞인 질문을 넌지시 던졌다. 이에 晏子는 기다렸다는 듯이 답하였다. "보통 사람이 신는 신발은 싼데, 발뒤꿈치 자르는 형벌을 당한 죄인이 신는 신발은 몹시 비쌉니다." 당시 齊나라 형벌이 무척 번다함을 은근히 풍자한 우회적 간언이었다. 景公이 晏子 말뜻을 알아듣고 형벌을 간소하게 줄였는데, 당시 史官은 이렇듯 극구 칭송한다.

> "仁人의 말은 이로움이 진실로 크도다. 晏子 말 한마디에 齊 景公이 형벌을 줄였네!"[104]

仁義로부터 말미암는 법의 이익을 잘 대변해주는 史實이다.

이상에서, 公利 관점을 중심으로 仁과 義의 동질성을 고찰하면서, 법의 除害興利 이념도 근원상 仁義의 公利에 기초함을 살펴보았다. 仁의 이익은 내면적 사랑에서 자연발생으로 표출하는 公共福利다. 義의 이익은 道理로써 세속적 私利를 제약하여, 自利利他적 公利를 이념으로 제시·권장한다. 양자의 성격상 미묘한 차이이다. 마치 仁이 진정한 용기를 자연스럽게 발휘하는 존재 차원인데 반해, 義는 통속적 무력 용감을 규제해 도리에 합당한 용기로 인도하는 당위 차원인 것과 비슷하다. 그리고 법은 군주 전제권력이 빠지기 쉬운 사리사욕 함정을 최대한 봉쇄하고, 국가 인민의 진정한 공공복리를 위해 정당하게 시행되도록, 除害興利 이념을 당위로 더욱 강하게 부각시킴이 특징이다. 仁·義·法의 본질상 차이가 公利적 성격에서도 나타나는 것이다.

---

104 左傳, 昭公3年 및 晏子春秋, 內篇雜下 참조. "仁人之言, 其利博哉! 晏子一言, 而齊侯省刑."

6. 仁-恕와 法의 관계-황금률과 법

사실, 이 節은 전통법의 역사철학에서 가장 중요한 주제 중 하나다. 당초 제1초고 내용만도 독립된 논문 주제가 될 만큼 솔찬히 많은 분량이다. 그런데 당초 원고가 퇴짜 맞고 다시 전면 구성하는 박사학위 론문에 이 節을 통째로 편집해 이미 발표한 상태다.[105] 여기서는 핵심 줄거리만 간추려 간단명료히 1/4정도로 요약해 소개한다.

전통법의 철학사상에서, 道가 法의 직접 근원으로 인식되고, 德이 刑의 주된 근본으로 강조되는 상호관계와는 달리, 仁과 法의 사이에는 직접적 본질적 관계가 그리 명확하게 설정되지 않는 편이다. 그렇지만 '中國의 黃金律'이라고 할 수 있는 '恕'道를 매개개념으로 삼아, 仁과 法이 실질 내용관계상 간접으로 연결될 가능성은 충분히 존재한다.

현대 서양 법철학에서 黃金律(Golden rule)이란 황금같이 측정할 수 없는 소중한 가치를 갖는 실천적 규율 내지 원리라는 뜻이다. 인간이 공동생활에서 서로 外的·객관적으로 행할 행위의 보편타당한 실천적·도덕적 원리이자, 법의 최고원리인 正義나 平等原理와 동등한, 아니 오히려 더 근원적 실질적 法原理라고 이해된다.[106]

황금률이 동서고금에 일반보편의 윤리도덕 원칙이자 근원적 法原理라면, 우리 전통법문화에도 없을 수 없다. 동아시아 고대 법문화에서 황금률은 仁과 恕와 法의 실질관계로 나타난다.

中國 황금률은 공자가 子貢한테 종신토록 행할 말 한마디로 '恕'자를 일러주고 설명한바, "자기가 바라지 않는 바는 남에게 베풀지 말

---

105 졸저, 傳統 中國法의 精神-情·理·法 中庸調和-, 전남대출판부, 2005초판, 제4장 제5절 1. 전통 중국의 黃金律 '恕'와 '仁'의 법원리, 433-448쪽; 2011재판, 432-447쪽 참조.

106 沈憲燮, "黃金律과 法", 法律研究 第二輯, 91-108쪽 참조.

라"(己所不欲, 勿施於人.)는 소극적 황금률이 대표다.(論語, 衛靈公) 仲弓이 仁을 묻자, 孔子는 '자기가 바라지 않는 바는 남에게 베풀지 말라'는 '恕'를 실행해, 나라에서나 집에서 모두 원망을 받지 않는 것이 곧 仁이라고 답변한다.(論語, 顔淵) 恕가 실천적 仁의 일부가 된다.

또 子貢이 仁을 묻자, '무릇 仁이란 내가 자립하고자 하면 남도 세워주고, 내가 통달하고자 하면 남도 통달시켜 주는 것이다'고 적극적 황금률도 가르친다.[107] 이는 예수가 말한바, "너희는 너희가 대접받고자 하는 대로, 먼저 남한테 대접하라!"(Do as you would be done by.)는 가르침과 완전히 일치한다. 맹자도 "힘써 恕의 도를 실행하는 것보다 더 가까운 '求仁' 방법은 없다.(彊恕而行, 求仁莫近焉.)고 한다.(盡心上)

한편, 공자는 자기 道가 하나로 관통(一貫)함을 말하는데, 曾子가 '夫子의 道는 忠과 恕일 뿐이다'고 해석한다.(論語, 里仁) 中庸도 '忠과 恕는 道에서 그리 멀리 떨어져 있지 않다'고 전한다.

宋代 程子는 '자기로써 사물에 미치는 것'(以己及物)이 仁이고, '자기를 미루어 사물에 미치는 것'(推己及物)이 恕라고 해석한다. 朱子는 자기로써'(以己)란 의식적 계획 없이 저절로 유출하는 '自然'스런 존재 차원이고, '자기를 미루어'(推己)란 자기 마음을 살펴서 입장을 바꾸어 생각해 힘써 행하는 '不自然'스런 당위 수준이라고 설명한다. 仁은 익숙해 자연스럽고 아무 계산이나 저의가 없는데, 恕는 아직 서툴며 의지로 힘써 행하기 때문에 부자연스럽고 내면적 계산심리가 존재한다.

恕가 황금률로서 최고 실천적 윤리도덕이자 기본 法原理가 될 수 있는 근거는, 바로 恕의 본질속성에 내재한다. 恕가 존재적 자연도덕인 仁과 당위적 인간규범인 法을 연결하는 매개 고리 개념인 것이다.

恕의 실질 내용은 이전부터 널리 회자해 왔다. 左傳에 "군자는 자

---

107 論語, 雍也: "夫仁者, 己欲立而立人, 己欲達而達人. 能近取譬, 可謂仁之方也已."

기 몸을 귀하게 여긴 후에 남한테 미칠 수 있기 때문에 禮가 있다.”는 말은, 실질상 ‘推己及人’의 恕로, 仁이 아닌 禮와 연결해 주목된다. 國語에는 “남에게 요청하고자 하면, 반드시 먼저 바쳐야 한다. 남이 나를 사랑하기 바라면, 반드시 먼저 남을 사랑해야 하고; 남이 나를 따르기 바라면, 반드시 먼저 남을 따라야 한다. 남에게 德을 베풀지 않고 남이 베풀어 주길 바라는 것은 罪다.”는 명제가 나온다.(晋語四)

묵자의 兼愛사상도 이론상 恕의 원리에 근거한다. 兼愛는 곧 仁이므로, 겸애가 仁의 方道인 恕에 기초할 것은 당연한 논리다. 묵자는 천하 모든 사람이 자기 몸 사랑하듯 남을 사랑한다(愛人若愛其身)면, 不孝·不慈·不忠·不惠가 있겠느냐고 반문한다. 또한 남 보기를 자신처럼 한다(視人身若其身)면, 천하에 도적이 어디 있겠으며; 남의 집과 나라를 내 것처럼 여긴다면, 천하에 공격과 정벌의 전란이 어찌 존재할 수 있겠는가?(兼愛上) 바로 ‘易地思之’ 도리다.

맹자는 공자의 恕道를 계승·발전시켜, 특히 仁政에 핵심 이론근거로 잘 활용하고 있다. 齊 宣王이 새로 주조한 鍾에 피를 바르기 위해 희생으로 끌려가는 소를 羊으로 바꾸라고 명했다. 맹자는 왕이 소만 보고 양은 보지 못한 것은 흠인데, 가축을 사랑하는 은혜를 미루어(推恩) 백성들에게 미치면, 천하도 다스릴 수 있다고 변론한다. 齊 宣王이 자신에게 재물과 여색 좋아하는 병폐가 있어서 王政을 행할 수 없다고 자기변명하자, 맹자는 왕이 재물과 여색을 좋아하는 마음으로 백성들 마음을 헤아려 함께 향유한다면, 천하에 빈민과 노처녀·노총각이 어찌 있겠냐고 반문한다. ‘與民同樂’ 仁政의 근거로서 恕道이다.

사실 格物·致知·誠意·正心·修身·齊家·治國·平天下라는 大學의 道도, 恕의 원리를 확대발전시키는 인격수양 단계다. 大學은, ‘윗사람에게 느낀 불만으로 아랫사람을 부리지 말며, 아랫사람에게 느낀 혐오로 윗사람을 섬기지 말라’는 명제로 恕道를 일깨워준다.

恕의 원리가 自己 마음에서 출발하니, 仁과 道도 바로 自己 마음에서 비롯한다. 道의 평이성과 진리의 일상성이다. 孔子는 仁을 행함이 자기로부터 말미암지, 남으로부터 비롯하느냐고 반문한다. 仁은 멀리 떨어져 있지 않아서, 내가 仁을 바라면 곧 仁이 이른다. 이는 인간의 실천적 주체성을 강조하는 취지이며, 仁과 恕의 평범함이 객관적 실행의 용이함까지 의미하지는 않는다. 中庸에 보면, 자식에게 바라는 바로써 부모를 섬기고, 신하에게 바라는 바로써 임금을 섬기며, 아우에게 바라는 바로써 형을 섬기고, 벗에게 바라는 바를 먼저 베푸는 것이, 군자의 네 가지 道이다. 孔子도 그중 하나도 제대로 실천하지 못한다고 실토했다. 진리란 알기는 쉬워도 실행하기는 어렵다는 양면성이다.

推己及人의 恕에서 주의할 점이 있다. 恕의 실질 내용이 긍정적 善에 한정된다. 즉, 자기마음을 본위로 한다는 恕의 본질이, 결코 利己적 감정욕망을 의미하는 것은 아니다. 일찍이 맹자는 사람이 지니는 차마 하지 못하는 마음을, 차마 하는 바에 확대발전시킴이 仁과 義라고 정의한다. '남을 해치치 않고자 하는 마음'(無欲害人之心)을 확충하면, 仁이 다 쓸 수 없을 정도로 넘친다고 부연한다.(盡心下) 恕의 기준이 되는 자기 마음이 '남을 해치지 않을' 실질 내용에 국한한다. 仁者는 사랑을 사랑하지 않는 바까지 확장하는데, 不仁者는 사랑하지 않음을 사랑하는 바까지 확대한다. 恕의 실질 내용은 私欲을 배제한 天理에 국한한다.

明에 呂坤은 恕가 매우 좋은 道理라고 칭송하면서, 다만 어떠한 念願으로 자기 마음을 미루어(推心) 행하는지 살펴야 한다고 경고한다. 즉, 단순히 형식논리로 恕道를 이해하면, 여색 좋아하는 자가 음란함을, 재화 좋아하는 자가 탐욕을, 술 좋아하는 자가 醉亂을, 안일 좋아하는 자가 나태를, 각각 남한테 베풀거나 요구하는 엉뚱한 짓도, 모두 자기를 미루어 남에 미치고, 남 보기를 자기처럼 하는 恕라고 합리화할 수 있다는 것이다. 이러한 짓은 실질상 道를 해치는 도적으로, 恕道를 논하고 행할 때 삼가 살피지 않을 수 없다고 강조한다.(呻吟語, 人情) 이른바 새디즘이나 매저키즘 같은 변태심리를 경고한 것이다. 恕가 仁의 발현으로서, 또는 仁의 실천 방도로서 긍정적 실질을 지니지 않을 때, 문자상 형식논리의 함정에 빠져 惡을 옹호하고 조장할 위험성이 있다. 恕가 바로 仁이 되지는 못하는 논리상 근거일 것이다.

그러면 中國의 황금률인 恕가 법의 근본원리로서 구체로 어떻게 표현되는 것일까? 인간은 누구나 이익을 좋아하고 해악을 싫어하는 것이 보편 심성이다. 소극적 황금률 恕의 기본원칙은 구체로 표현하면, 자기가 받기 싫은 해악을 남에게 끼치지 말라는 의미다. 이것이 윤리도덕상 정언명제로서 법의 근본원칙이 된다. 일반 형법 조문은 이 정언명제를 전제로, 이를 위반해 자기가 받기 싫은 해악을 남에게 끼친 자한테는, 응분의 대가로서 해악(형벌)을 반대급부로 부과한다고 명시한다. 여기서 대가적 해악으로서 형벌은 同種·同量의 因果應報를 원칙으로 한다. '이에는 이, 눈에는 눈'이라는 고대 法諺은, 이러한 복수형벌 이론을 뜻한다. 따라서 恕의 도덕규범은 인과응보의 法과 서로 대응해 표리관계를 이룬다. 恕를 위반한 자에게, 恕의 원칙을 거꾸로 적용하는 것이, 곧 법이다. 즉, 法은 逆의 恕이다.

恕와 法의 표리상응 본질관계가 가장 명확히 표현되는 법의 영역은 自然적 기본법이다. 인간의 生命權, 身體權, 財產權에 관한 기본 法의 영역이다. 전통법에서 '約法三章'인데, 국가사회 체제 및 통치권의 성격에 관계없이, 언제 어디서나 보편으로 인정되는 최대공약수의 기본법원칙이다. 사람을 죽인 자는 사형에 처하고, 사람을 해친 자는 형벌에 처하며, 남의 물건을 훔친 자는 배상하게 하는 고대법의 기본원칙이다. 古朝鮮 八條法禁 중 역사에 현전하는 세 조문과, 漢高祖가 秦을 대신해 中原을 평정한 후 선포한 約法三章도 이것이다.

先秦 제자백가에 이르면, 이러한 自然적 기본법원칙에 관한 철학사상적 이론근거가 제기된다. 이러한 법원칙에 이론 근거는, 仁義를 사상 핵심으로 주장한 墨子와 孟子가 가장 활발하고 깊이 토론한다. 묵자는 남의 과일·가축을 몰래 훔치면, 사람들이 모두 비난하고 국법에서 범죄로 처벌하는 이유를 거론한다. 즉, 노동을 하지 않고 결실을 획득하고, 자기 소유가 아닌 것을 취하며, 남에게 손해를 끼치면서 자기를 이롭게 하기 때문이다. 이것은 不仁·不義다. 훔친 물건이 귀중하고 많을수록, 그 不仁·不義의 정도가 심해져서, 그에 대한 비난과 형벌이 비례로 가중될 것은 자명하다. 재물을 훔치는 짓이 不仁·不義일진대, 사람을 살해하는 짓은 더 큰 不仁·不義가 된다. 따라서 비난과 형벌도 더욱 준엄해진다. 묵자에 의하면, 한 사람을 살해하는 不義는 한 死罪, 열 사람을 죽이면 열배의 不義로서 열 死罪, 백 사람을 죽이면 백배의 不義로서 백 死罪가 된다. 그런데 제후는 대국이 소국을 공격해 무수한 인민을 살상하고 재화를 파괴해, 작게는 도읍을, 크게는 나라를 훔치면서, 스스로 의롭다고 자처한다. 작은 것은 알면서 큰 것은 모르는, 인간의 자기모순 현실을 묵자는 통렬하게 비판한다.

맹자도 법에 기본원칙을 仁義로 규정한다. '무죄한 사람을 살해함은 仁이 아니고, 자기 소유가 아닌 물건을 취함은 義가 아니다.'(盡心上) 또 묵자와 마찬가지로 공격전쟁을 몹시 비난한다. 토지를 빼앗기 위해 인민을 살상해 들판을 가득 메우고, 성을 함락하기 위해 백성의 시체로 성을 가득 채우는 것은, 토지에게 사람 고기를 먹이는 행위로서, 그 죄악은 사형으로도 완전히 처벌될 수 없다. 따라서 전쟁을 잘하는 제후가, '최고 형벌'(上刑)을 받아야 한다고 주장한다.(離婁上)

특히, 맹자는 殺人의 실질 해악이 결국 자기에게 되돌아온다며, 恕의 원리를 들어 그 죄악의 중대성을 강조한다. 남의 부모나 형제를 살해하면, 남도 나의 부모나 형제를 살해하기 때문에, 결국 자기 부모나 형제를 스스로 살해한 것과 간발의 차이밖에 없다는 것이다.(盡心下) 인간에게 보편적 復讐 심리로서 私的 보복이라는 점만 다를 뿐, 인과응보 형벌의 法理와 일맥상통하는 恕의 원리다.

역대 法制史에도, 法의 기본원칙과 刑의 근본으로서 仁과 恕가 더러 거론된다. 자세한 내용은 『전통 중국법의 정신』을 참고하기 바란다.

7. 義와 法의 관계

法의 근거가 직접 道에 연원하고, 義도 道에 직접 관련성이 있음은 전술하였다. 황금률인 恕의 근본으로서는 흔히 仁만 단독으로 언급되지만, 恕의 원리가 法의 근본원칙으로 구체화하는 約法三章을 거론할 때는, 보통 仁義가 병칭됨도 전술했다. 道와 仁이 자연스런 존재성을 지니는 반면, 義는 인위적 당위성을 띠는 성격상 차이를 제외하면, 본질상 일맥상통하는 바가 있기 때문이다. 道와 仁(恕) 개념 등을 매개로, 義와 法이 간접적 상관성을 맺을 소지가 큰 셈이다. 특히, 仁은 道와 마찬가지로 존재적 도덕규범이지만, 恕의 원리에 이르면 도덕적 定言命令으로서 이미 당위성을 농후하게 지니기 때문에, 義가 恕와 연결됨은 오히려 자연스럽다. 또, 法의 당위성은 곧 義와 직결되는 특징이다.

사실, 仁에 근본을 두는 恕의 구체 표현으로서 約法三章의 내용은 仁義로 병칭될 뿐더러, 아예 단독으로 義의 개념이 되기도 한다. '살인자는 사형에 처하고, 남을 상해한 자는 형벌에 처한다.'는 '墨家의 法'을 두고, 사람 살상을 금지함은 천하에 '大義'라고 말하는 것이다.[108] 당위적 道義에 합당한 행위는 법이 강제하고, 부당한 행위는 금지하는

108 呂氏春秋, 去私: "墨者之法曰: '殺人者死, 傷人者刑.' 此所以禁殺傷人也. 夫禁殺傷人者, 天下之大義也."

것이다. 어떤 의미에서는 당위적 法이 존재적 道·仁보다는 당위적 義에 근거하기가 훨씬 자연스럽다. 서양 근대법학의 번역개념이긴 하지만, 義務가 法의 본질 속성이며 正義가 法의 궁극이념인 사실도, 당위규범으로서 義와 法이 상호 직결됨을 간접으로 반증해준다.

그러나 전통법의 철학사상에서, 義와 法의 본질 관계를 직접 거론하는 언론은 그리 흔하지 않다. 다만, 恕와 같은 매개개념을 통하여 간접적 상관성을 방증하는 것이 유력한 방법이다. 그런데 주목할 점은, 義의 본성인 '理'가 恕보다 더 직접, 근본상 法·道에 상통한다는 사실이다. 道理·義理·道義 등의 용어와 같이, 道와 義의 공통 속성으로 양자를 연결시켜줌은 이미 언급했다. 한편, 情·理·法은 전통법에 중요한 근본 이념이다. 따라서 義의 속성인 理를 고찰함은, 義를 위로는 道에, 아래로는 法에 상통시켜, 결국 道·義·法의 삼자일관성을 증명함에 필수불가결한 작업이 된다.

앞서 언급한 것처럼, 莊子는 '道는 理이며, 道에 條理스럽지 않은 바 없는 것이 義이다'고 규정한다. 또, '道를 아는 자는 반드시 理에 통달'하고, '義로 말하면 理에 어긋난다.'고 말한다.[109] 즉, 理는 道와 義의 공통 본성이면서, 양자를 연결하는 개념으로 인식된다. 뿐만 아니라, 莊子는 道의 본질인 '眞'을 지극한 精誠으로 정의하면서, 이를 '人理'에 적용하면 부모에 효성스럽고 군주에 충성스럽게 된다고 말한다.[110] 理가 인간사회 倫理로까지 확장됨을 알 수 있다. 특히, 忠孝 倫理는 단순한 도덕규범에 불과하지 않고, 그 자체가 전통법에 양대 이념 지주인 점을 감안하면, 人理는 法의 근원으로서 성격도 지닌다.

義의 본성으로서 理는 呂氏春秋에서 강하게 부각되는데, 특히 '義理'

---

109 莊子, 繕性: "道, 理也, 道無不理, 義也."; 秋水: "知道者必達於理."; 在宥: "說義邪? 是悖於理也."

110 莊子, 漁父: "眞者, 精誠之至也.其用於人理也, 事親則慈孝, 事君則忠貞."

나 '理義'로서 양자를 병칭함이 특징이다. 예컨대, 사회 기본 윤리도덕인 忠孝가 흥성하지 못하는 원인은 '理義'를 알지 못하기 때문이며, '理義'를 알지 못하는 것은 배우지 않기 때문이다. 그 해결방법으로 스승을 존중하자고 주장하는데, 스승의 가르침이란 다름 아닌 '道'이다. 따라서 스승은 理가 뛰어나고 義를 행하여야 지위가 존귀해진다.[111] 뿐만 아니라, '有道'와 '有義', '無道'와 '不義'가 각기 동등한 위상에서 병칭된다.[112] 또한 군자의 언론은 반드시 理와 義에 합당함을 원칙으로 하여, 군주가 더욱 理를 좋아하고 백성들이 힘써 義를 실행하여, '義理之道'가 빛나도록 인도하는 것이 이상이다.[113] 여기서 理가 義에 일체가 되면서, 양자가 함께 道에 근원함을 알 수 있다. 그리고 스승의 가르침만 理義에 근본을 두는 것이 아니고, 王政 또한 理義에 바탕을 둔다.[114] 군신·상하·부자·형제·부부·붕우 등, 모든 인간관계가 기강을 잃고 짐승처럼 상호 불화와 반목투쟁을 일삼는 사회적 혼란도, 결국 '義理'를 모르는 탓에 발생한다.[115]

특히, 사람이 無道와 不義를 행하지 않는 것은 형벌 때문이며, 有道를 바라고 有義를 행하는 것은 功賞 때문이라고 인식한다.[116] 이는 상벌이라는 法의 권선징악적 심리강제성을 인정하여, 道와 義를 상벌의

---

111 呂氏春秋, 勸學: "(不得孝忠) 此生於不知理義. 不知理義, 生於不學. 故師之教也, 爭於道. 爲師之務,在於勝理,在於行義. 理勝義立則位尊矣."

112 呂氏春秋, 振亂: "夫攻伐之事, 未有不攻無道而罰不義也. 攻無道而伐不義, 則福莫大焉, 黔首利莫厚焉. 禁之者, 是息有道而伐有義也, 是窮湯武之事而遂桀紂之過也."

113 呂氏春秋, 懷寵: "必中理然後說,必當義然後議. 故說義而王公大人益好理矣, 士民黔首益行義矣. 義理之道彰."

114 呂氏春秋, 誣徒: "王者, 有嗜乎理義也."

115 呂氏春秋, 明理: "至亂之化… 人之紀, 心若禽獸, 長邪苟利, 不知義理."

116 呂氏春秋, 振亂: "凡人之所以惡爲無道不義者, 爲其罰也; 所以蘄有道行有義者, 爲其賞也."

판단기준 및 시행근거로 삼는다는 의미다. 따라서 道와 義가 法의 근원적 상위규범으로서, 삼자가 일맥상통함을 확인할 수 있다. 또, 義는 "만사에 기강이며, 군신·상하·親疎 질서가 유지되는 근거이고, 治安·危亂·승패가 존재하는 바탕이다."[117] 義의 실질 내용이 사회 질서규범이자 국가에 근본기강인 점에서, 法의 개념과 크게 부합함을 알 수 있다. 다만, 法이 실정 규범인 반면, 義란 실정화하기 이전의 도덕적 규범인 점이 다를 뿐이다. 法이 義에 근원하여 국가사회 제도로서 실정화한 것이라고 이해하면, 양자 관계가 합리적으로 설정될 것이다.

한편, 묵자도 義와 法을 상호 관련지어 언급한다. 천하가 모두 함께 義롭게 여기는 게 聖王의 法이라고 말한다. 그리고 지혜로운 자는 반드시 義를 잘 생각하여 순리대로 행동함으로써, 만사를 뜻대로 성취하기 때문에, 천하에 法度가 된다고 설명한다.[118] 훌륭한 聖王의 法은 義에 부합하며, 義에 합당한 행위가 천하에 법도가 되는 것이다. 또, 天意에 순응함이, 道에 따르고 인민을 이롭게 하는 善이며, 天意에 위반하는 것이 不善인데, 이 기준을 法으로 삼아 통치계층의 仁과 不仁을 판별하기 때문에, 묵자는 天意에 순응하는 것이야말로 '義로운 法'이라고 규정한다.[119] 天意란 곧 天道를 의미한다. 道가 곧 仁을 판단하는 근본 기준이자, 근원적 義의 法이 되는 것이다. 道·義·法의 삼자가 혼연일체로 관련됨을 알 수 있다.

義와 法, 그리고 道까지 연결시켜주는 또 하나의 개념 속성은, 바로

---

117 呂氏春秋, 論威: "義也者, 萬事之紀也, 君臣上下親疏之所由起也, 治亂安危過勝之所在也."

118 墨子, 非攻下: "今天下之所同義者, 聖王之法也.…古之知者之爲天下度也, 必順慮其義, 而後爲之行, 是以動則不疑, 速通成得其所欲."

119 墨子, 天志中: "觀其刑政, 順天之意, 謂之善刑政; 反天之意, 謂之不善刑政. 故置此以爲法, 立此以爲儀, 將以量度天下之王公大人卿大夫之仁與不仁, 譬之猶分黑白也. 順天之意者, 義之法也."

'無親'=공평무사다. 道와 德의 관계를 논술하면서, 天道(皇天)는 사사로이 친함이 없음을 이미 언급하였다. 老子도 天道는 사사로운 친함이 없이 항상 善人 편을 든다(天道無親, 常與善人.)고 말한다. 道의 無親性은 이미 보편적 언론이다.

그런데 義의 公平無親性도 보편으로 나타난다. 춘추시대 衛나라에 石碏은, 公子 州吁가 桓公을 시해하고 스스로 즉위하자, 陳나라 협조를 얻어 그를 처치한 후에, 그와 어울려 혼란에 가담한 자기 아들 石厚도 사람을 시켜 살해했다. 이를 두고 史筆은 '大義滅親'이라는 격언을 들어 극구 칭송한다.(左傳, 隱公4年)

또, 晋에서 刑侯와 雍子의 토지쟁송을 叔向 아우인 叔魚가 대리 심판을 맡은 일이 있었다. 죄책이 있는 雍子가 叔魚에게 딸을 뇌물로 바쳐 刑侯에게 패소판결이 나자, 刑侯가 노하여 두 사람을 조정에서 살해해버렸다. 이에 韓宣子가 叔向에게 사건처리를 자문했다. 叔向은 雍子가 자기 죄책을 알고 뇌물로써 勝訴를 매수하고, 叔魚는 뇌물 받아 소송을 매도하였으며, 刑侯는 국가형벌권을 침범해 독단으로 살인을 자행하였으니, 세 사람 죄가 모두 같다고 판결했다. 산 자는 처형하고, 이미 죽은 자는 戮屍를 하라고 선고했다. 이 사건의 전말을 듣고, 孔子는 叔向의 正直함을 칭송하면서, 刑法으로 나라를 다스림에 血親을 비호·두둔함이 없는 그 행위를 義롭다고 평가한다. 아울러, 친족을 죽여 영예가 더욱 현저해짐은, 義를 행하기 때문이라고 덧붙인다.[120]

義는 道의 존재적 '無親'에서 한걸음 더 나아가 당위적 '滅親'、'殺親'까지도 서슴지 않음을 보여주는 전형적인 사례다. 이렇듯 無親은 自然적 道의 존재성을 표현하고, 滅親이나 殺親은 人爲的 義의 당위성을

120 左傳, 昭公14年: "叔向, 古之遺直也. 治國制刑, 不隱於親, 曰義也夫, 可謂直矣. 殺親益榮, 猶義也夫!" 孔子家語 卷9, 正論解와 國語, 晋語九에도 기록되어 있음.

함축하는 어감 차이를 다분히 풍긴다.

한편, 義는 인재등용의 공평무사성과 관련하여 언급되기도 한다. 특히, 어질고 능력이 있으면 자기 血親이라도 망설이지 않고 떳떳이 천거한다는, 적극적·긍정적 관점이 두드러진다.

晋에서 韓宣子를 이어 집권한 魏獻子가, 왕실에 공이 있는 자와 관직을 감당할 능력 있는 자와 어진 이를 두루 등용하면서, 血親이 포함된 사실에 관해 내심 여론을 걱정하였다. 그런데 孔子는 그의 인재등용이 '가까이는 친족을 빠뜨리지 않고, 멀리는 공로 있는 자와 어진 이의 천거를 잃지 않았으니, 義라고 일컬을 수 있다'며 칭송한다.[121]

晋에 王生은 자기 원수를 昭子에게 천거하면서, 원수를 추천한다고 의아해하자, 이렇게 설명한다. "사사로운 원한 감정을 公事에까지 연장하지 않고, 좋아한다고 허물을 은폐하지 않으며, 싫어한다고 착함을 버리지 않는 것이, 義에 대원칙이다!"[122] 또, 晋에 趙宣子는 義로써 두루 인재를 등용하는 것이 군주를 섬기는 도리이고, 사사로운 감정으로 천거하는 것은 당파 짓는 일이라고 말한다.[123] 이상 실례에서, 인재 천거에 공평무사함이 義에 한결같은 본질임을 알 수 있다.[124]

그런데 후술할 바와 같이, 公平無私性은 법의 전형적 속성이다. 따

---

121 左傳, 昭公28年: "近不失親, 遠不失擧, 可謂義矣."

122 左傳, 哀公5年: "私讎不及公, 好不廢過, 惡不去善, 義之經也."

123 國語, 晋語五: "事君者比而不黨. 夫周以擧義, 比也 ; 擧以其私, 黨也."

124 춘추전국시대에 인재 천거의 공평무사성은 반드시 義의 개념을 원용하지 않고서도 일반보편으로 강조된 중요한 도덕규범이었다. 左傳 襄公3年에는, 晋에 祁奚가 퇴직하면서 자기 원수와 아들을 차례로 천거했는데, 商書에 '無偏無黨, 王道蕩蕩' 구절을 인용해 공평무사함을 칭찬하고 있다. 禮記 儒行편과 孔子家語 儒行解편에는 공자 말을 인용해, '내적 칭송에는 혈친을 피하지 않고, 외적 천거에는 원수를 피하지 않는다.'(內稱不避親, 外擧不避怨.)는 명언을 전한다. 呂氏春秋, 去私편과 韓詩外傳 卷9에는 인재등용에 관한 비슷한 내용의 故事와 논평을 특히 '公'이라는 개념으로 칭송해 눈에 띈다.

라서 사사로이 친함이 없는 공평무사성이 義와 法을 연결하는 중요한 매개 개념이 된다. 사실 법의 중요한 이념이 正'義'이며, 그 정의에 핵심내용이 平等 원리인데, 평등이란 형식적 관점에서 보면 곧 공평무사가 된다. 그리고 이는 자연적 道의 존재적 無親에서 근원하는 것이다. 先秦 제자백가 사상에서도 義와 法이 '無私·無親'의 속성으로 연결되는 흐름을 발견할 수 있다.

秦에 거주하는 한 墨家 首領의 아들이 살인을 하였다. 惠王이 그 나이가 연로하고 다른 아들이 없어서, 法吏에게 처형하지 말라고 분부하고, 자기 분부를 수용해달라고 요청했다. 그러자 묵가 수령은, '살인자는 사형에 처하고, 상해자는 형벌에 처함'이 묵가 法이자 천하에 大義라고 사양했다. 비록 왕이 사면해줄지라도, 묵가 法을 시행하지 않을 수 없다며, 스스로 아들을 죽인 것이다. 이에 대해 呂氏春秋는, '자식은 사람의 가장 가까운 私情인 법인데, 그 사사로움을 참고 大義를 행한 것은 公이라 일컬을 만하다'고 칭송한다.[125] 여기에서 법은 親疎에 관계없이 공평무사하게 실행해야 하며, 그렇게 법을 집행함으로써 私親을 죽이고 大義를 실현한 행위가 '公'平하다고 평가됨을 알 수 있다. 즉, 法은 '大義滅親'을 실현하는 공평무사를 핵심 이상으로 삼고 있다.

法家의 집대성자인 韓非子도 인재등용에서 자식과 원수를 모두 가리지 않는 공평무사를 거듭 강조해 주목된다.[126] 사사로운 이익에 눈이 어둡고 '法義'를 망각한 간신을 가까이하는 어리석은 군주는 망국망신의 환란에 이른다고 한비자는 경고한다. 聖王明君은 오직 공평무사한 법치로써, 인재등용에서 血親과 원수를 피하지 않고, 옳은 자를 천거하며 그른 자는 처벌한다고 강조한다. 특히, 大法誅親의 공평무사

125 呂氏春秋, 去私: "子, 人之所私也, 忍所私以行大義, 鉅子可謂公矣."

126 韓非子, 外儲說左下: "私讎不入公門. 外擧不避讎, 內擧不避子. … 私怨不入公門."

를 역사적 사실로 引證하여, 堯의 丹朱、舜의 商均、啓의 五觀、商의 太甲、周의 管叔·蔡叔 등이 모두 聖王의 父兄子弟이면서 죽임당한 것은, 나라를 어지럽히고 백성을 해치며 法을 문란하게 했기 때문이라고 한다.[127]

이상에서 道의 無親과 義·法의 滅親·殺親이 일맥상통함을 살펴보았다. 이는 확실히 仁의 '親'과는 대조적 속성이다. 그렇다고 仁이 道나 義·法과 양립할 수 없이 모순된 상반 규범인 것은 아니다. 왜냐하면, 仁의 親이 인간의 자연스러운 존재적 애정을 가리키는데 반해, 道나 義·法이 부정하고 극복할 대상인 親은, 인간 감정이 편협하게 치우쳐 보편 진리의 공평성을 해치는 사사로운 人爲적 욕망을 뜻하기 때문이다. 전술했듯이, 仁의 親은 이기적 가족주의 血親에 국한하는 애정이 아니라, 다만 능력의 한계와 시간적 순서에 따라 親疎·先後·緩急의 차등성이 불가피할 뿐이기 때문이다.

실제로 仁의 親愛를 恕의 근본원리에 의하여, 가까이는 자신과 가정으로부터 멀리 국가·천하에 이르기까지 확충·발전시키면, 四海가 모두 형제·동포인 天道無親의 경지에 접근하게 될 것이다. 그래서 공자나 묵자는 尙書를 인용하여, '비록 지극히 가까운 血親이 있더라도, 仁人만은 못하다.'(雖有周親, 不如仁人.)고 강조한다.[128] 이는 역사상 周가 殷을 혁명한 사실이나, 周公이 管叔·蔡叔을 주륙한 사건 등에 비유된다. 혈연적 봉건제도에 기초한 周初부터 이러한 명제가 이미 보편으로 강조된 것은, 血親 중심 봉건제도의 폐단을 미리 염려하고 예방하는 의도로 풀이된다. 또한 이 명제에 '仁'人은 血'親'이 아님이 분명한데, 仁의 親이 결코 사사로운 가족주의 애정이 아님을 확인해준다.

---

127 韓非子, 說疑: "五王之所誅者, 皆父兄子弟之親也, 而所殺亡其身殘破其家者, 何也? 以其害國傷民敗法類也."

128 論語, 堯曰 및 墨子, 兼愛中 참조. 묵자에는 如가 若으로 표기되어 있음.

그리고 莊子는 仁이 私親의 개념으로 편협하게 통하는 현실을 비판한다. 만약 父子有親을 仁이라고 한다면, 호랑이나 늑대도 仁하다고 신랄하게 풍자한다. 그러면서 '至仁無親'이라는 명제를 내세운다. 물론, 至仁無親이라고 해서 세속적 不愛·不孝를 의미하는 것은 아니다. 莊子 표현에 의하면, 지극한 효도는 공경이나 친애만으로는 부족하고, 내가 부모를 잊을 뿐만 아니라, 부모도 나를 잊도록 하고, 나아가서 나와 천하가 서로 잊는 지극히 공평무사한 경지라고 한다.[129] 이쯤 되면, 仁의 親도 道·義·法의 無親과 저절로 상통한다. 그래서 莊子는 '지극한 義는 사물을 분별하지 않는다.'(至義不物)는 명제를 至仁無親과 함께 거론한다.[130]

역사 속에 구체적 法도 義와 밀접한 상호관련성을 유지한다. 唐律 첫머리 疏議는, '사람들이 잘못을 행하지 못하도록 금지하는 것을 義라고 한다.'는 易傳의 말을 인용하면서, '義에 의거하여 律을 제정한다.'고 천명한다.[131] 이는 법률에 근본 연원이 義임을 밝히는 기본 명제다. 여기서 義는 앞서 살핀 義의 일반보편 개념속성을 의미하며, 서양법철학에서 핵심 法理念으로 논의되는 正義와도 대체로 상통하는 개념으로 이해된다.

그리고 이러한 일반 正義 개념이 구체 법조문의 해석상 형평원리 관점에서 거론되는 경우가 있다. 예컨대, 唐律에는 이른바 '犯罪存留養親'法이 있다.[132] 十惡에 해당하지 않는 죄를 범한 사람은, 조부모나 부모가 연로나 질병으로 시중을 필요로 하는데, 집안에 범인 이외에

129 莊子, 天運: "至仁無親. 以敬孝易, 以愛孝難 ; 以愛孝易, 以忘親難 ; 忘親易, 使親忘我難 ; 使親忘我易, 兼忘天下難 ; 兼忘天下易, 使天下兼忘我難."

130 莊子, 庚桑楚: "至義不物, 至仁無親."

131 唐律疏議, 卷第一, 名例: "易曰: 禁人爲非曰義. 故依義制法."

132 졸저, 전통 중국법의 정신, 2011재판, 161-167쪽 참조.

다른 成年의 期親이 없는 경우, 특별히 형벌을 보류 또는 감면하여 (조)부모를 봉양하도록 허용하는 것이다. 그런데 사형범죄인 경우 직접 황제에게 보고해 특별 재가를 받도록 하면서, 流罪는 법규정상 유배를 보류해 봉양을 허락하되, 사면은 받지 못하도록 아예 못박아버린 것이다. 여기서 流罪를 범한 사람은, 비록 최소한도 부모 봉양할 期限의 이익은 확보하지만, 나중에 부모가 사망한 뒤 반드시 유배를 가야하는, 단순한 '집행유예' 상황에 처하게 된다. 반면, 사형범죄인은 황제가 허락하지 않으면 부모봉양의 기회조차 얻을 수 없지만, 긍정적 재결을 받는 경우 확실하고 완전히 사면될 수도 있다. 그러나 입법의 근본취지상, 극악무도한 범죄가 아닌 한 사면 은전을 받을 기대가능성이 제법 높다. 특히, 十惡 범죄는 여기서 원천 배제되었기 때문에, 그러한 가능성은 더욱 높아진다. 그래서 疏議에서도 스스로 범죄의 경중과 형벌의 결과가 실질상 불공평을 초래할 수 있다고 문제를 제기하면서, '義에 의혹이 있다'고 표현한다.[133] 여기서 義란 상대적 適宜의 의미에서 실질 正義, 곧 형평성의 원리를 뜻하는 것으로 이해된다. 法의 절차적 형식적 정의의 논리가 야기할 수 있는, 실질상 不正義의 문제를 지적하고 있다. 물론, 답변은 '황제재결'이라는 法外特權으로 귀결된다.

그밖에, 血親과 상대적 개념으로서 '義'가 法 속에 규정되거나 언급되는 경우가 적지 않게 발견된다. 무엇보다도, 十惡의 중죄에 '不義'라는 죄명이 아홉 번째로 규정된 점이 주목된다. '不義' 罪란, 황제를 대신하여 지방을 다스리는 府主·勅使·縣令이나 수업 받은 스승을 살해한 죄와, 관리나 역졸이 자기 소속관할의 五品이상 상관을 살해한 죄,

133 唐律疏議, §26의 問答 참조. "死罪是重, 流罪是輕. 流罪養親, 逢赦不免；死罪留侍, 卻得會恩, 則死刑何得從寬, 流坐乃翻爲急, 輕重不類, 義有惑焉."

妻妾이 남편의 사망을 알고 이를 숨기거나 상복을 벗고 연회음악 등을 즐기거나 개가한 죄를 의미한다. 唐律疏議는 이렇게 해석한다.

> "禮가 존중하는 바는 그 義를 존중하는 것이다. 본 조문에 규정하는 바는, 본디 血親이 아니고 義로써 서로 따르고 교유하는 관계인데, 義를 위배하고 仁에 어긋나는 범죄이기 때문에, 不義라고 일컫는다."[134]

여기서 義란 명백히 혈연적 친족관계와 대응하는 개념인데, '(결)의 형제'처럼 실질상 道義·義理의 의미임이 분명하다.

血親에 상대적 義의 개념은, 무엇보다도 가족 인륜관계의 출발점이 되는 夫妻관계에 본질을 표현하는 중요한 의미를 지닌다. 唐律은 부부 및 그 인척관계에서 발생하는 '義絶' 상황을 법정 강제이혼사유로 규정한다. 왜냐하면, '부부는 義로써 결합된 관계이므로, 義가 끊어지면 이혼'하는 것이 당연한 사리기 때문이다.[135] 疏議에 인용된 슈의 규정에 의하면, 처의 조부모·부모·외조부모·백숙부모·형제·고모·자매가 서로 살해한 경우, 처가 남편의 조부모·부모를 구타 또는 폭언하거나 남편의 외조부모·백숙부모·형제·자매를 살해 또는 상해한 경우, 처나 남편의 緦麻 이상 친족과 간음하거나 남편을 해치려고 한 경우, 또는 남편이 妻의 모친과 간음한 경우 등이 義絶에 해당한다. 이러한 경우 사면에 의해서도 해제될 수 없는 절대 法定이혼사유가 된다.[136]

---

134 唐律, 名例, §6: "九曰不義." (疏議曰：禮之所尊, 尊其義也. 此條元非血屬, 本止以義相從, 背義乖仁, 故曰不義.)

135 唐律, 戶婚, §190: "諸犯義絶者離之, 違者, 徒一年."(疏議曰：夫妻義合, 義絶則離.)

136 唐律, 戶婚, §189 疏議 참조. 한편, 明律, 戶律, 婚姻, '出妻'條의 纂註에도 大明令을 인용해 부부의 義를 끊는 것이 義絶이라고 정의한다. 그 범위는 전적으로 처가 남편에게 죄를 지은 경우에 한정한다. 예컨대, 남편을 구타하거나 고발 또는 해치려고 하는 경우에 불과하며, 시부모를 구타한 것과 같은 항목은 포함되지 않는다. 이점이 唐律과 크게 달라진 내용이다.

義絶과 함께 법정 이혼사유로 규정된 '七出'은, 비록 남편에게만 부여된 불평등한 일방적 이혼권(出妻權)이긴 하지만, 처를 내쫓는 것은 남편의 임의적 권한일 뿐이지, 七出 사유가 있다고 반드시 내쫓아야 하는 법적 의무는 결코 아니다. 또한 七出 사유가 발생해도 三不去의 상황이 존재하면 처를 내쫓을 수 없다.[137] 이에 비해, 義絶 사유는 부부 쌍방에게 공평하게 인정된 이혼사유이면서, 한편으로는 국가법이 부부관계에 직접 개입하여 강제 이혼을 절대로 명령하는 법적 의무가 된다. 예컨대, 남편이 流罪를 범하여 귀양 가는 경우, 妻妾은 부부일체의 도리에 의하여 필수로 따라가야 하는 법적 의무가 있다. 이는 법적으로 유효한 혼인 성립으로 인정되는 모든 경우에 적용되며, 流罪가 확정된 후에는 妻妾을 내쫓을 수도 없다는 강제규정까지 두고 있다. 종속적 귀양의 동행을 회피하기 위해 허위로 가장이혼 하는 것을 봉쇄하는 예방책이다. 그러나 義絶 경우에는, 강제적 당연이혼이라는 법적 의무성을 관철하기 위하여, 차라리 妻妾이 남편의 流配에 종속·동행하여야 할 緣坐의 고삐까지 풀어주는 쪽을 선택하고 있다.[138] 부부간의 義理性을 국가 緣坐法에 우선시킨 것이다. 이는 또한 法理의 형식논리적 일관성이라고 할 수도 있다.

그리고 義絶이나 七出 사유가 없는 경우에는, 원칙상 처를 내쫓을 수 없다. 부부 관계는 살아서는 같은 방에 거주하고 죽어서는 같은 무덤을 쓰는 道義적 인연이기 때문에, 종신토록 一心同體를 바꿀 수 없

137 唐律, 戶婚, §189: "諸妻無七出及義絶之狀, 而出之者, 徒一年半; 雖犯七出, 有三不去, 而出之者, 杖一百. 追還合." (疏議曰: 伉儷之道, 義期同穴, 一與之齊, 終身不改.)

138 唐律, 名例, §24: "諸犯流應配者, 妻妾從之." (疏議曰: 妻妾見已成者, 並合從夫. 依令, 犯流斷定, 不得棄放妻妾, 犯七出者, 夫若不放, 於夫無罪. 若犯流聽放, 卽假僞者多, 依令不放, 於理爲允. 犯義絶者, 官遣離之, 違法不離, 合得徒罪. 義絶者, 離之, 七出者不放.)

다고 한다. 한편, 부인이 남편과 義絶이나 七出로 이혼한 경우에도, 자식의 功蔭에 의한 모친으로서 혜택은 여전히 받을 수 있다. 부부간에는 義로 만나고 헤어지지만, 모자 혈연은 하늘(자연)이 맺어준 天倫으로, 결코 끊거나 끊어질 수 없는 절대적 존재의 道이기 때문이다.[139] 즉, 부모-자식 사이에 존재적 혈연이, 비록 부부간 당위적 義緣으로부터 비롯하지만, 그러나 일단 성립한 부모-자녀 관계는, 부모 사이 義緣의 단절과는 전혀 상관없이, 자율적 인륜으로 독립 존재하게 된다.

血緣과 상대적인 義緣의 개념은 가족윤리의 핵심인 喪服制에도 그대로 반영된다. 혈연적 친족에 대한 五服을 正服이라고 일컫는 데 반해, 혈연 이외의 義緣으로 인한 喪服을 義服이라고 부른다. 예컨대, 妻妾이 남편이나 남편의 친족을 위해 입는 상복과, 妾이 본처의 長子를 위해 입는 상복 등이 義服에 해당한다.

그리고 전술한 '不義'죄의 객체에 대한 예법상의 喪服, 예컨대 스승에 대한 제자의 心喪 등도, 사리로는 '義服'의 개념에 포함될 수 있다. 그런데 법은 義服親에 대한 범죄도 원칙상 正服의 경우와 같다고 규정한다.[140] 이 또한 法이 義에 근원하는 사실을 증명해주는 유력한 논

139 唐律, 名例, §15: "其婦人犯夫及義絶者, 得以子蔭. 雖出, 亦同."(疏議曰 : …爲母子無絶道故也.)

140 唐律, 名例, §52: "義服同正服."(疏議曰 : 義服者, 妻妾爲夫, 妾爲夫之長子及婦爲舅姑之類, 相犯者 並與正服同.) 한편, 唐律釋文, 卷第22, 鬪訟에서는, 正服이란 五服 안의 친족을 말하고, 義服은 正服 이외에 義理로써 제정한 상복으로, 妾이 본처의 집안을 위해 입는 상복이라고 해석하고 있다. 이는 문맥 의미상 唐律疏議의 유권해석과 크게 차이가 나는 것으로, 律에서 인정하는 모든 五服을 正服으로 보는 것이다. '正'이란 곧 '律'을 지칭하는 것이 된다. 그러나 明律의 喪服圖에서는 唐律疏議 해석과 마찬가지로, 本宗九族五服正服之圖가 혈연적 친족간의 상복을 규정하고, 이와 별도로 '처가 남편 친족을 위해 입는 상복', '첩이 家長의 친족을 위해 입는 상복', '外親에 대한 상복', '妻親에 대한 상복' 등을 '正服' 이외의 상복으로 규정하고 있다.

거가 될 것이다. 그리고 친족관계의 호칭에도 血親에 상대적 개념으로 '義親'의 용어가 사용되기도 한다. 물론, '義親'의 용어는 '義服親'의 범주와 일치하지 않는 별도 개념이다. 또한 義親은 법률용어라기보다는 일상생활용어인데, 律文에 등장하는 경우도 더러 있다. 예컨대, 生母가 再嫁하여 얻은 남편을 唐律에서는 繼父라고 일컫는데,[141] 이를 元律에서는 '義父'라고 정의한다.[142]

唐律에 구체로 등장하는 義의 개념은, 특히 血親과 상대적인 義緣의 의미로 사용된다. 이 사실은, 血親을 기본바탕으로 삼는 仁의 자연적 존재성에 대응하여, 義의 사회적 당위성을 더욱 명확하게 부각시켜 준다. 그리고 법이 血親과 義親을 함께 규율하는 것은, 법이 義뿐만 아니라 仁에도 근원하는 사실을 말해준다. 특히, 血親 위주의 가족주의를 근간으로 삼는 것이 전통법에 특색인데, 이는 法이 義 못지않게 仁과 禮에 직접 연원하는 역사성을 반영하기도 한다. 그렇다고 물론 法이 존재적 규범이라는 의미는 아니다. 다만, 사회적 당위성보다는 자연적 존재성에 더욱 강한 근원과 이념적 지향을 두는, 당위적 규범이라고 부르는 것이 전통법에 대한 적절한 호칭일 것이다.

141 唐律, 鬪訟, §333: "毆傷繼父者"(疏議曰：繼父者, 謂母後嫁之夫.)
142 元史, 刑法四, 殺傷: "諸父亡, 母復納他人爲夫, 卽爲義父."

제5장 禮

1. 禮의 개념

지금까지 서술에서, 특히 德 및 仁과 관련하여 禮가 어느 정도 언급되었다. 禮는 제1차로 周公이 제정해 周의 宗法主義 封建질서에 기강을 삼은 국가사회 근본통치규범으로서, 실질상 최고 典章法制다. 禮가 흔히 周禮를 지칭하는 것은 바로 그 때문이다. 전술했듯이, 夏나 殷에 기본법제 또한 夏禮나 殷禮로 일컬어진다. 여하튼 이념 명분상으로는, 춘추전국시기까지 禮가 최고 국가 통치기강이자, 총체적 사회질서규범, 그리고 개인적 도덕교양으로 인식되고 강조되었다. 뿐만 아니라, 禮는 윤리적 평가규범으로서, 천자나 제후의 통치행위는 물론, 대부나 선비의 개인 言行에 대한 시비·선악의 가치를 판단하는 기준이다.[1] 예컨대, 春秋左傳에는 천자·제후·대부들의 갖가지 언행에 대해, 곧바르고 준엄한 史筆로써 '禮' 또는 '非禮'라고 평가한 기록이 무수히 존재한다. 이제 그러한 禮의 개념 전반을 종합 정리해 보자.

---

1 J.Needam, Science and Civilization in China(v.2의 544쪽)와, 이 견해를 그대로 답습하는 黃山德, "東洋古代의 法思想"(법학 제7권 1호, 73쪽)에서는, 예가 고대로부터 전래하여 중국인이 본능적으로 정당하다고 인식하는 관습관행의식이라고 설명하면서, 서양의 자연법과 같은 것이라고 규정한다. 그러나 이 견해는 예의 본래 개념을 소홀히 하고, 후대의 일반 통속적 의미에 치중한 것으로, 일반인의 오해를 불러일으킬 소지가 다분하다.

禮는 우선 인민을 다스리고 국가를 통치하는 근본기강이다. 鄭 莊公이 法度 없는 許나라를 정벌한 뒤, 許가 복종하자 훈계하고 용서해 준 사실이 있다. 이에 대해 左傳은, 그가 예를 알고(知禮) 또한 禮가 있다(有禮)고 칭찬한다. 아울러 "禮는 국가를 경륜하고 사직을 안정시키며, 인민을 질서잡고 후손을 이롭게 하는 것이다."고 평론한다.[2]

魯 莊公이 齊나라에 사직제사를 참관하러 가려고 하자, 曹劌(귀)는 禮가 아니라고 만류하면서 이렇게 평론한다.

"무릇 禮란 백성을 바르게 다스리는 것이다. 그래서 제후는 동맹 모임으로 상하 법도를 훈계하고 재물 절용을 규제하며, 천자에 대한 朝見으로 爵祿과 장유 질서를 바로잡으며, 정벌로써 무도한 자의 죄를 성토한다."[3]

그래서 '禮는 나라에 근간'이며, 또한 '禮는 나라에 기강'이라는 명제가 보편으로 통용되어, 禮의 특성을 간명하게 요약해준다.[4] '周禮는 (나라) 근본이다'는 말도 이러한 의미다.[5] 禮가 나라 근간이고 기강이기 때문에, 나라에 禮가 없거나 행해지지 않으면, 오래 지속할 수 없을 뿐만 아니라, 심지어 존립할 수조차 없게 된다. 나무뿌리가 뽑히면 지엽은 저절로 따라서 넘어지듯이, 나라가 장차 멸망하려면 그 근본인 禮

2 左傳, 隱公11年: "禮, 經國家、定社稷、序民人、利後嗣者也."

3 左傳, 莊公23年: "夫禮, 所以整民也. 故會以訓上下之則, 制財用之節；朝以正班爵之義, 帥長幼之序；征伐以討其不然." 國語, 魯語上에도 같은 내용이 기록되어 있는데, 左傳에 '整'이 '正'으로 표기되는 등 구체 표현이 조금 다르다. 整과 正은 같은 의미로 통하므로 실질 의미는 전혀 차이 없다.

4 左傳 僖公11年: "禮, 國之幹也；敬, 禮之輿也. 不敬, 則禮不行；禮不行, 則上下昏, 何以長世?"; 襄公30年: "禮, 國之幹也. 殺有禮, 禍莫大焉." 國語, 晋語4. "夫禮, 國之紀也, 國無紀不可以終."; "礼以紀政, 國之常也. 失常不立, 君所知也."

5 左傳, 閔公元年: "周禮, 所以本也. 國將亡, 本必先顚, 而後枝葉從之, 魯不棄周禮, 未可動也."

가 먼저 상실된다는 비유도 이러한 맥락이다. 일찍이 齊 桓公이 魯의 내란을 정벌하고자 했는데, 仲孫이 魯에 周禮가 건재하기 때문에 함부로 침범할 수 없다고 만류한 적이 있다. 禮가 있는 사람을 살해하거나 禮가 있는 나라를 정벌하면, 반드시 재앙을 받게 된다고 믿었기 때문이다.[6]

한편, 管子는 첫 편에서 국가를 다스리는 네 가지 큰 벼리(기강)인 四維가 갖추어져야, 군주 법령이 시행될 수 있다고 주장한다. 이중 하나가 끊어지며 나라가 기울어지고, 두 개가 끊어지면 위태로우며, 세 개가 끊어지면 전복되고, 四維 모두 끊어지면 나라가 멸망한다고 한다. 유명한 四維란 禮·義·廉·恥로 네 근본 사회규범을 가리킨다.[7]

禮를 자기 철학사상에 핵심으로 삼는 荀子는, 이러한 국가 통치규범으로서 禮의 개념을 명확히 펼친다.

> "禮가 국가를 바르게 다스림은, 마치 저울이 경중을 달며, 먹줄이 곡직을 바로잡는 것과 같다. 그러므로 사람이 禮가 없으면 살 수 없고, 일에 禮가 없으면 이루어질 수 없으며, 국가에 禮가 없으면 편안할 수 없다."[8]

> "물길을 항행함에는 깊이를 표시해 사람들이 빠지지 않게 하며, 백성을 다스림에는 혼란과 죄악을 표시해 사람들이 잘못 들지 않도록 한다. 禮란 그 표지標識다. 先王은 禮로써 천하에 혼란과 죄악을 표시했는데, 지금 禮를 없애는 것은 그 표시를 제거하는 것이다. 그래서 백성이 미혹되어 죄악과 재앙의 함정에 빠지며, 형벌이 더욱

---

6 위 注들 참조. 左傳, 昭公16年: "國而無禮, 何以求榮?"

7 管子, 牧民: "四維張, 則君令行. 守國之度, 在飾四維, 一維絶則傾, 二維絶則危, 三維絶則覆, 四維絶則滅. 何謂四維? 一曰禮、二曰義、三曰廉、四曰恥."

8 荀子, 大略: "禮之於正國家也, 如權衡之於輕重也, 如繩墨之於曲直也. 故人無禮不生, 事無禮不成, 國家無禮不寧."

번잡해지는 것이다."[9]

"禮란 군자가 뭇 신하를 통치하는 방편으로, 길이를 재는 자와 같은 법도이다."[10]

"하늘에서는 해와 달보다 밝은 것이 없고, 땅에서는 물과 불보다 밝은 것이 없으며, 사물에서는 구슬보다 밝은 것이 없고, 사람에게서는 禮義보다 밝은 것이 없다. 그래서 해와 달이 높이 뜨지 않으면 빛이 밝게 비추지 못하며, 물과 불이 쌓이지 않으면 윤택이 널리 퍼지지 못하고, 구슬이 밖으로 드러나지 않으면 사람들이 보배로 여길 수 없으며, 禮義가 국가에 시행되지 않으면 공적과 명예가 떨쳐질 수 없다. 그러므로 사람 운명은 하늘에 있고 국가 운명은 禮에 있다."[11]

儒家獨尊의 통치이념을 표방한 漢初에 정치사상과, 특히 荀子의 禮治사상을 계승 발전시킨 禮學에 이르러서, 禮는 德과 함께 최고 근본 규범으로 더욱 부각된다.

"禮는 나라를 다스리는 최고 표준이고, 국가를 강성하게 하는 근본이며, 권위를 떨치는 방도이고, 공적과 명성을 이루는 요체다. 군주가 禮를 실행하면 천하를 통일할 수 있지만, 실행하지 않으면 사직을 멸망시키게 된다."[12]

---

9 荀子, 大略: "水行者表深, 使人無陷 ; 治民者表亂, 使人無失. 禮者, 其表也, 先王以禮表天下之亂. 今廢禮者, 是去表也. 故民迷惑而陷禍患, 此刑罰之所以繁也." 天論편에도 같은 내용 실림.

10 荀子, 儒效: "禮者, 人主之所以爲群臣寸尺尋丈檢式也."

11 荀子, 天論: "在天者, 莫明於日月; 在地者, 莫明於水火; 在物者, 莫明於珠玉; 在人者, 莫明於禮義. 故日月不高, 則光暉不赫 ; 水火不積, 則暉潤不博 ; 珠玉不睹乎外, 則王公不以爲寶 ; 禮義不加於國家, 則功名不白. 故人之命在天, 國之命在禮."

12 韓詩外傳, 卷4: "禮者、治辯之極也, 强國之本也, 威行之道也, 功名之統也, 王公由之, 所以一天下也, 不由之, 所以隕社稷也."

얼마나 간명하면서 강력한 禮論인가?

禮가 국가통치에 근본기강이라는 말은, 국가 구성원 입장에서 보면, 국민 상호간에 쌍방관계를 규율하는 총체적 사회규범임을 뜻한다. 일찍이 晏子는 齊 景公에게, 국가권력의 상실을 예방할 수 있는 것은 오직 禮뿐이라고 강조한 적이 있다. 禮를 집안에서만 잘 실행하고 국가에까지는 미치지 못하더라도, 그 효험은 매우 위대하다. 農工商의 서민은 유랑하지 않고 직업에 충실하며, 선비나 관리는 오만불손하지 않고, 대부는 국가 공공 財利를 횡령하지 않게 된다고 안자는 강조한다. 여기서 한 걸음 더 나아가 다음과 같은 예론을 편다.

> "禮가 나라를 다스린 지는 매우 오래 되어서, 天地와 함께 나란히 시작하였다. 군주가 명령하고 신하가 공경하며, 부모가 자애롭고 자식이 효성스러우며, 형이 우애하고 아우가 공손하며, 남편이 온화하고 아내가 유순하며, 시어머니가 인자하고 며느리가 고분고분한 것이 모두 禮다. 군주가 명령하되 사리에 어긋나지 않고, 신하가 공경스럽게 두 마음 품지 않으며, 부모가 자애롭게 교화하고, 자식이 효성스럽게 명심하며, 형이 사랑스럽게 우애하고, 아우가 공경스럽게 순종하며, 남편이 온화하며 의롭고, 아내가 유순하고 바르며, 시어머니가 인자하게 분부하고, 며느리가 고분고분 잘 받드는 것은, 禮의 가장 좋은 바탕이다."[13]

인간은 윤리도덕이 있기 때문에 금수와 달라서, 무력이 아닌 지혜와 교육에 의해 상호 평화롭고 질서 있는 사회생활을 영위할 수 있다. 父子간에 친근함이 있고, 군신간에 의리가 있으며, 부부간에 분별이

13 左傳, 昭公26年: "禮之可以爲國也, 久矣, 與天地並. 君令臣共, 父慈子孝, 兄愛弟敬, 夫和妻柔, 姑慈婦聽, 禮也. 君令而不違, 臣共而不貳 ; 父慈而教, 子孝而箴 ; 兄愛而友, 弟敬而順 ; 夫和而義, 妻柔而正 ; 姑慈而從, 婦聽而婉 : 禮之善物也." 晏子春秋, 卷7, 外篇에도 같은 내용이 보임.

있고, 長幼간에 질서가 있으며, 朋友간에 믿음이 있다는 五倫이 전형적 대표다.[14] 禮記에서는 朋友 대신 兄弟를 포함시키면서, '人義'라는 개념으로 표현한다. 부모의 자애、자식의 효도、형의 선량、아우의 공경、남편의 의리、아내의 유순、어른의 은혜、아이의 순종、군주의 인애、신하의 충성이 곧 열 가지 人義가 된다. 이 五倫十義를 수양하고 喜怒哀懼愛惡欲의 七情을 절제하여, 상호 분쟁을 방지하고 사양과 화목을 이룸에는, 禮보다 더 좋은 방편이 없다.[15] 그러고 보면, 五倫十義로 대표되는 모든 인간관계 전반이 禮에 의해 규율되게 된다.

禮는 국가 최고통치기강이자 사회 기본규범일 뿐만 아니라, 개인의 인격수양지침과 행위준칙이 되기도 한다. '禮는 사람의 근간'이나 '禮는 몸의 근간'이라는 명제가 전형적 표현이다.[16] 사람 몸의 근간이란 곧 척추를 말하는데, 척추가 없으면 설 수도 없을 뿐만 아니라 생존할 수도 없다. 마찬가지로 禮가 없으면 설 수 없다. 공자도 禮를 알지 못하면 설 수 없다며, 자기 아들에게 禮를 배웠느냐고 묻고, 禮를 배우지 않으면 설 수 없다고 훈책했다.[17] 심지어 禮를 몸 자체로 비유해, 몸이 갖추어지지 않으면 사람이 될 수 없다고도 말한다.[18]

子貢이 邾 隱公과 魯 定公의 朝見禮를 보고, 조만간 두 군주가 모두

---

14 孟子, 滕文公上 참조. 呂氏春秋, 壹行에서는 이를 十際로 표현한다. 인간관계로 말하면 五倫이지만, 그 관계상 구체 당사자를 중심으로 보면 十際가 된다.

15 禮記, 禮運: "何謂人情? 喜怒哀懼愛惡欲. 七者, 弗學而能. 何謂人義?父慈、子孝、兄良、弟弟、夫義、婦聽、長惠、幼順、君仁、臣忠. 十者, 謂之人義. 聖人所以治人七情, 修十義, 講信修睦, 尙辭讓, 去爭奪, 舍禮何以治之?"

16 左傳, 成公13年: "禮, 身之幹也 ; 敬, 身之基也."; 昭公7年: "禮, 人之幹也. 無禮, 無以立."; 家語, 卷9, 正論解: "禮, 人之幹也. 無禮, 無以立."

17 論語, 堯曰: "不知禮, 無以立也."; 季氏: "不學禮, 無以立."

18 家語, 卷10, 由禮子貢問: "禮也者, 由体也, 体不備謂之不成, 人" 여기서 禮와 體는 聲韻學上 疊韻에 해당하는데, 의미뿐만 아니라 문자로도 상통한다.

사망하리라 예언해 적중한 적이 있다. 예언의 형식 근거는 相見禮가 법도에 맞지 않는 것이나, 실질 논거는 禮가 그 사람 마음을 표현하는데, 禮가 없음은 마음이 이미 없음을 뜻하기 때문이다. 그래서 '禮는 생사존망의 본체'라고 한다.[19] "禮를 멀리하느니 차라리 죽는 편이 낫다."[20] 禮가 사람에게 생명보다 소중한 본체임을 잘 표현한 명제다.

개인적 행위준칙으로서 禮는, 각 개인의 사회적 지위에 따라 그 직책을 수행하는 기본규범을 의미한다. 따라서 禮의 개인적 행위준칙성과 사회적 통치규범성은 사실상 하나로 상통한다. 한 사람의 禮는 개인적 인격과 생명의 존립을 좌우할 뿐만 아니라, 그 사람이 담당하는 사회적 직책의 성패까지 판가름한다. 齊 景公이 술에 취해 신하들과 함께 잠시 禮節을 풀어놓자고 제의하자, 晏子가 그 과오를 지적하며 충간한 말은, 禮의 규범적 총체성을 적절히 나타낸다.

> "천자가 무례하면 사직을 지킬 수 없고, 제후가 무례하면 나라를 지킬 수 없으며, 윗사람이 무례하면 아랫사람을 부릴 수 없고, 아랫사람이 무례하면 윗사람을 섬길 수 없으며, 대부가 무례하면 집안을 다스릴 수 없고, 형제가 무례하면 함께 살 수 없으니, 사람이 禮가 없으면 일찍 죽는 것만 못하다."[21]

2. 禮의 종류

禮는 그 규율대상에 따라 분류될 수 있다. 규율대상의 사물 내용

19 左傳, 定公15年: "夫禮, 死生存亡之體也. 今正月相朝, 而皆不度, 心已亡矣."

20 左傳, 文公15年: "遠禮不如死."

21 韓詩外傳, 卷9: "天子无禮則无以守社稷, 諸侯无禮則无以守其國. 爲人上无禮則无以使其下, 爲人下无禮則无以事其上. 大夫无禮則无以治其家, 兄弟无禮則不同居. 人而无禮, 不若遄死."

에 따라서는, 周禮에 등장하는 吉禮(祭禮)、凶禮(喪禮·荒禮·弔禮·膾禮·恤禮)、賓禮、軍禮、嘉禮(飮食·婚冠·賓射·饗燕·月辰膰·賀慶)의 五禮가 가장 보편적 분류법이다. 大戴禮記에서는 冠·婚·朝·聘·喪·祭·賓主·鄕飮酒·軍旅의 九禮로 분류한다.[22] 尙書 堯典에는 三禮와 五禮가 등장하는데, 구체 내용은 언급이 없다. 다만, 학자들 주석에 의하면, 三禮는 天神·地祇·人鬼를 제사지내는 禮(天事·地事·人事의 禮)라는 견해가 일반 통설이다. 五禮에 관해서는, 周禮의 五禮라는 다수설과, 公·侯·伯·子·男이 朝聘하는 禮라는 소수설(鄭玄)로 나누어진다.

한편, 禮는 규율대상인 인간, 즉 禮를 행하는 주체의 상호관계에 따라서 분류할 수도 있다. 춘추시대 禮에 관한 기록 및 평론을 종합해보면, 천자와 제후간의 朝禮, 제후 상호간의 聘禮, 제후의 인민통치에 관한 政治, 제후와 경대부간의 군신의 禮, 집안의 家禮, 개인간에 사회일반적 禮 등으로 크게 요약된다. 이는 앞서 禮의 개념에서 언급한 내용과 대체로 일맥상통하면서, 조금 더 자세히 확충된 특징을 보인다. 전국시대 이래 기본 윤리도덕으로 부각된 五倫十義도 이러한 분류법에 포함될 수 있다. 본서는 춘추시대 史書에서 빈번히 거론되는 禮의 주체를 중심으로 분류해, 주로 그 성격과 본질을 서술하기로 한다.

첫째, 周 봉건제도의 출발점은 周王인 천자로부터 비롯하므로, 천하를 규율하는 禮도 천자로부터 시작함은 당연하다. 천자는 周 王室, 즉 천하에 중심이므로, 禮의 중심도 곧 천자가 된다. 그러므로 禮는 천자로부터 제정되어 나올 뿐만 아니라, 그 시행·적용도 천자의 솔선수범으로 시작한다. 그러나 춘추시대에 들어서서 周 왕실의 통치권이 쇠약해지면서, 그 통치기강인 禮制도 이미 상당히 문란해진 형편이었다.

---

22 周禮, 春官, 宗伯 및 大戴禮記, 本命편 참조.

공자가 일찍이 천하에 道가 있으면 禮樂과 征伐이 천자로부터 나오지만, 천하에 道가 없으면 제후나 대부로부터 나온다고 개탄한 사실은, 춘추 말기 시대적 혼란상을 단적으로 드러내 보인다.[23]

실제로, 춘추 초기 역사에 이미 천자의 失禮를 비평하는 기록이 재삼 등장한다. 鄭 莊公이 周 桓王 즉위 3년에야 비로소 朝見하는데, 王이 禮로써 영접하지 않았다. 周 桓公은 왕실이 鄭과 晋의 도움에 힘입어 東遷한 사실을 환기하면서, 왕의 '不禮'를 힐책한다.(左傳, 隱公6年) 한편, 史官은 周 桓王이 사신을 보내 魯에 車를 요구한 행위가 '非禮'라고 비평하면서, 제후는 車와 의복을 조공하지 않고, 천자는 사사로이 재물을 요구하지 않음이 禮라고 지적한다.(左傳, 桓公15年)

또, 周 平王과 襄王이 각각 崩御했을 때, 왕실 대부가 魯에 와서 治喪에 필요한 재물을 요구한 春秋 기록에서도, 史官은 '非禮'라고 힐난한다. 비록 장례를 아직 치르지 않아 명분상으로는 新王의 명령을 받든 것이 아닐지라도, 천자는 사사로이 재물을 요구하지 않으며, 특히 喪事에는 재화를 요청하지 않음이 禮이기 때문이다.[24]

그리고 周 景王이 穆后의 장례를 마치고, 조문 온 제후 사절과 연회를 베풀면서, 宗廟의 彛器를 요구한 적이 있는데, 이 언행에 대해 晋 叔向은 역시 禮가 아니라고 비평한다. 3년상은 아무리 존귀한 천자라도 喪期를 모두 마쳐야 하는데, 장례만 피하고 宴樂을 즐긴 것이 첫 번째 非禮요; 彛器는 경사나 공로로 인해서 얻어지는 것인데, 喪中에 이를 구한 것이 두 번째 非禮라는 것이다. 그러면서 '禮는 王의 큰 經典'(禮·王之大經也)이라고 정의한다.(左傳, 昭公16年)

천자의 德과 禮는 천하 제후와 인민을 다스리는 모범 법도기 때문

---

23 論語, 李氏: "天下有道, 則禮樂征伐自天子出 ; 天下無道, 則禮樂征伐自諸侯出."

24 公羊傳, 隱公3年 및 左傳, 文公9年 참조.

에, 그 어느 계층 신분의 禮보다 가장 우선하고 중대한 의미를 지닌다. 그래서 史書에서도 천자의 禮를 중시하면서, 그의 失禮에 대해서도 각별한 관심을 가지고 엄정하게 비평하는 것이다.

둘째, 제후 상호간에 국제 외교상 禮를 들 수 있다. 천자 권위가 미약해지고 실력 있는 제후가 천자 명의를 내세워 패권을 행사하기 시작한 춘추시대에는, 제후 상호간, 특히 강자와 약자, 대국과 소국 간에 국제질서를 규율하는 禮가 특히 중요하게 부각된다.

周 봉건제는 본디 血親과 功臣 및 殷의 遺民 등을 책봉함으로써 시작했다. 따라서 시초에는 제후국 상호간에 모두 혈연적 도의적 우호가 두터웠다. 춘추시대에 이르러 상호 각축과 겸병정벌이 잦아지면서, 그러한 시원적 우호관계가 다분히 약화 또는 변화한 것이 사실이다. 그러나 아직은 전통 외교의 禮가 상당히 강조·시행되고 있었다.

제후가 천자를 뵙는 禮도 朝見이지만, 公·侯·伯·子·男의 신분 작위에 따라 하층 작위가 상층 작위를 뵙는 禮도 朝見에 해당한다. 이와 함께, 대등한 작위간의 會同이나 다수 제후의 同盟·盟會가 제후 상호간의 기본 禮다.

예컨대, 左傳은 齊가 宋과 衛를 화해시켜 옛 원한을 풀고 瓦屋에서 동맹을 맺도록 주선한 행위나,(隱公8年) 齊 桓公이 제후들과 葵丘에 모여 同盟을 맺고 우호를 결속한 행위를 禮라고 평가한다.(僖公9年) 한편, 曹 文公이 魯 文公에게 朝見온 사실을 禮라고 평가하면서, 제후가 5년마다 서로 朝見하여 왕명을 봉행하는 것은 전통 禮制라고 서술한다.[25] 또, 魯 襄公이 즉위한 후, 邾가 朝見오고 衛와 晋이 聘問온 사실에 대해, 외교적 禮라고 기록하며 긍정 평가한다.

25 左傳, 文公15年: "諸侯五年再相朝, 以修王命, 古之制也."

"제후가 즉위한 뒤, 소국이 朝見하고 대국이 聘問하여, 우호를 새로 다짐하고 신의를 결속하며, 협력을 도모하고 허물을 개선함은, 禮의 요체다."[26]

제후 상호관계에서 특히 부각되는 禮는 患難相恤의 人道적 의무다. 예컨대, 周 왕실에 기근이 들자, 魯가 宋·衛·齊·鄭 등에 양곡공급을 대신 요청하고; 魯에 기근이 들어 齊에 역시 양곡공급을 요청한 행위 등은 禮이다.[27] 이러한 환난상휼은 단순히 체면상 禮에 그치지 않고, 최고 궁극의 道로 일컬어지기도 한다.

晋이 두 차례나 기근이 들어, 秦에 양곡을 구걸했다. 秦은 晋侯의 無道함을 혐오하면서도, 그 백성들을 긍휼히 여겨 黃河를 통해 양식을 보내주었다. 天災의 횡행은 돌아가며 닥치기 때문에, 모든 나라가 언제 당할지 알 수 없다. 따라서 이웃나라 재난을 불쌍히 여겨 구휼함은 人道에 합당하며, 道를 행하면 반드시 복이 있다.[28] 남의 재난을 구세해주면, 내가 곤궁할 때 구원을 받을 수 있기 때문이다.

그런데 이듬해 秦에 기근이 들어, 이번에는 晋에 양식공급을 요청하였는데, 晋이 배은망덕하게 거절한 것이다. 이에 晋 대부 慶鄭이 허락하라고 적극 종용했다.

"보시 은혜를 배반하면 우방을 잃고, 남의 재난을 기뻐함은 仁이 아니며, 재화를 탐내 인색하면 상서롭지 못하고, 이웃나라 분노를 사는 것은 義가 아니다. 이 네 가지 德을 모두 상실하면 무엇으로 나라를 수호하겠는가?"

---

26 左傳, 襄公元年: "凡諸侯卽位, 小國朝之, 大國聘焉, 以繼好、結信、謀事、補闕, 禮之大者也."

27 左傳, 隱公6年 및 莊公28年 참조.

28 左傳, 僖公13年: "天災流行, 國家代有, 救災恤鄰, 道也. 行道, 有福.… 秦伯曰 : '其君是惡, 其民何罪?'"

신의를 저버리고 배은망덕하면, 자기 백성도 비난하기 마련인데, 하물며 적국 원성은 얼마나 클 것인가? 나중에 다시 환난이 닥칠 때 누가 구제해주겠는가?[29]

과연 이듬해 秦 穆公은 晋을 정벌해, 韓原에서 대파한 뒤 惠公을 생포하기에 이르렀다. 그러나 晋과 혼인관계도 고려해, 태자를 볼모로 잡은 뒤 그를 풀어 보냈다. 그리고 그해 晋에 다시 기근이 들자, "그 군주는 몹시 증오하지만, 그 백성은 불쌍히 여긴다"며, 다시 곡식을 보내주었다.[30] 이쯤 되면 단순한 외교적 禮를 훨씬 초월하여, 인도적 恩德이 아닐 수 없다.

패권을 쥔 제후가 아니더라도, 상대적 강대국이 약소국을 보호하고, 나아가서 멸망한 나라를 부흥시키는 것도, 봉건제 禮에 부합하는 도의적 책임이다. 邾가 須句를 멸망시켰을 때, 成風은 魯에게 "약소국을 보호하는 것이 周禮다"며, 須句의 遺民을 수용해주도록 권고했다.[31] 이에 僖公은 그를 허락할 뿐만 아니라, 이듬해 邾를 정벌하여 須句의 땅을 회복한 뒤, 그 군주를 복귀시켰다. 史官은 이를 禮라고 칭송한다.[32] 그리고 楚 靈王이 蔡를 멸망시킨 2년 뒤에, 平王이 즉위하여 蔡와 함께 陳을 復國시켜주었다. 이도 禮라고 칭송받고 있다.[33] "멸망한 나라를 부흥시키고, 단절된 집안을 이어주면, 천하 인민이 모두 마음으로 귀순할 것"이라는 공자 말도 이러한 맥락이다.[34]

이에 상응하여, 약소국은 강대국의 禮遇에 복종하는 것이 禮다. 齊

29 左傳, 僖公14年: "背施, 無親；幸災, 不仁；貪愛, 不祥；怒鄰, 不義.四德皆失, 何以守國?棄信背鄰, 患孰卹之? 背施幸災, 民所棄也.近猶讎之, 況怨敵乎?"

30 左傳, 僖公15年: "吾怨其君而矜其民."

31 左傳, 僖公21年: "保小寡, 周禮也"

32 左傳, 僖公22年: "伐邾, 取須句, 反其君焉, 禮也."

33 左傳, 昭公13年: "平王卽位, 旣封陳、蔡, 而皆復之, 禮也."

34 論語, 堯曰: "興滅國, 繼絶世, 天下之民歸心焉."

昭公이 魯에 사절을 보내 聘問하자, 魯 臧文仲은 僖公에게, '齊의 聘禮에 화답하여 朝見가라'고 권고한다. 禮가 있는 나라에 복종하는 것이 사직을 보위하는 방도라고 설명한다.[35] 한편, 楚가 陳을 정벌하려다가, 陳 成公이 사망한 소식을 듣고 중지했다. 그런데도 陳이 楚의 명령에 복종하지 않자, 臧武仲은 陳이 반드시 멸망할 것이라고 예언한다. 강대국이 禮를 행하는데 복종하지 않으면, 비록 큰 나라라도 재앙이 있기 마련인데, 하물며 陳같은 약소국은 말할 것이 없다는 것이다.[36]

楚가 陳의 國喪 소식을 듣고 정벌을 그만둔 사실이 禮로서 평가되는데, 한편 晋이 齊를 침공하다가 靈公의 사망 소식을 듣고 되돌아간 사실도 禮라고 칭송된다.[37] 喪事는 누구에게나 가장 큰 悲痛인 까닭에, 함께 슬퍼하고 위로해주지는 못할망정, 그 틈을 타서 근심과 혼란을 가중시키는 것은 인간 도리가 못된다. 그래서 晋 平公이 혼인관계를 맺은 杞 孝公의 喪中에 宴樂을 그치지 않고 계속하자, 左傳은 이를 非禮라고 비평한다. 이웃나라 슬픔을 위해 자숙함이 禮라는 것이다.[38] 동맹국 상호간의 喪事에는 이름을 일컬어 赴告하고, 赴告 받은 동맹국에서는 역사(예컨대 魯의 春秋)에 정식 기록하며, 弔問과 함께 새 군주 즉위에도 참석하여, 기존 우호관계를 계속 도모하는 외교활동 전반이 기본 禮이다.[39]

제후간 동맹을 주도하는 패권에 기본요건도, 이러한 환난상휼의 禮와 德이 첫째임은 물론이다. 이와 함께 무도한 제후의 죄를 토벌하는

35 左傳, 僖公33年: "齊猶有禮, 君其朝焉! 服於有禮, 社稷之衛也."

36 左傳, 襄公4年: "大國行禮焉, 而不服, 在大猶有咎, 而況小乎?"

37 左傳, 襄公19年: "晉侵齊, 及穀, 聞喪而還, 禮也."

38 左傳, 襄公23年: "杞孝公卒, 晉悼夫人喪之.平公不徹樂, 非禮也.禮, 爲鄰國闕."

39 左傳, 隱公7年: "凡諸侯同盟, 於是稱名, 故薨則."; 僖公23年: "十一月, 杞成公卒. 書曰'子', 杞, 夷也. 不書名, 未同盟也. 凡諸侯同盟, 死則赴以名, 禮也. 赴以名, 則亦書之, 不然則否, 辟不敏也."

것도, 패자의 주요 책임이자 禮이다. 邢이 北狄의 침입으로 천도하게 되자, 제후들이 성을 쌓아 환난을 구제한 적이 있다. 史官들은 이 사실을 칭송한다. "제후의 패자가 환난을 구제하고 재앙을 함께 나누며 죄악을 토벌하는 것은 禮이다."[40] 실제로 제후동맹의 盟誓文은 이러한 내용을 그대로 싣고 있다.

> "모든 동맹국은, 풍년을 쌓아두고 獨食하지 않으며, 산천 이익을 가로막아 독점하지 않고, 간사한 죄인을 은닉하지 않으며, 사특함을 체류시키지 않고, 재앙을 구제하며, 환난을 구휼하고, 시비선악을 함께 하며, 왕실을 부조한다.…소국에 죄가 있으면, 대국이 토벌한다."[41]

실제로 無禮가 정벌의 직접 원인이 된 경우는, 左傳에만도 적지 않게 등장한다. 譚은 齊 桓公에게 무례를 범해 멸망했다.(莊公10年) 鄭과 櫟은 楚에 禮를 갖추지 않아 함께 정벌 당하였다.(莊公16年) 晋 公子 重耳가 내란으로 망명하여 19년간 각국을 유랑하는 동안, 일찍이 衛 文公과 曹 共公, 鄭 文公이 무례하게 박대한 적이 있었다.(僖公23年) 이것이 내적인 원한으로 쌓여, 重耳가 晋에 복귀하여 文公이 된 뒤, 曹와 衛를 차례로 정벌하고(僖公28年) 秦과 연합하여 鄭도 공격했다.(僖公30年) 또, 魯는 杞 桓公이 朝見와서 오랑캐처럼 무례하게 행한 것을 견책하기 위해, 杞를 침입하기도 하였다.(僖公27年) 孟子는 春秋에 의로운 전쟁이 없다고 말하지만, 실제로 無禮나 不道의 죄책을 명분으로 내세우지 않는 정벌은 거의 없었다. 禮는 그러한 의미에서 제후간의 규범적 大義名分이기도 한 것이다.

한편, 명분 없는 부당한 정벌은 無禮로 비난받기도 한다. 曹가 魯에

---

40 左傳, 僖公元年: "凡侯伯, 救患、分災、討罪, 禮也."

41 左傳, 襄公11年: "凡我同盟, 毋蘊年, 毋壅利, 毋保姦, 毋留慝, 救災患, 恤禍亂, 同好惡, 獎王室, … 小國有罪, 大國致討."

朝見한 사실을 구실로, 齊가 魯를 침공하고 曹를 정벌하자, 季文子는 강력히 비판했다.

"齊 군주는 화를 면하기 어려울 것이다. 자기는 무례하면서, 禮가 있는 사람을 '왜 禮를 행하냐?'고 토벌하니 말이다. 禮로써 하늘에 순응하는 것이 天道인데, 자기는 하늘에 거스르면서 오히려 남을 토벌하니, 장차 환난을 면하기 어렵다. 禮를 받들어 지켜도 오히려 생명을 잘 보전하기 어려운데, 하물며 무례를 자주 감행하면 목숨을 유지할 수 없다."[42]

그래서 패권의 자격과 도리로 특히 禮와 德이 강조된다. 管仲이 齊 桓公을 보필해 春秋五霸에 첫 번째 패업을 성취한 뒤 펼친 政論에도 이점이 잘 나타난다.

"복종하지 않는 자는 禮로 불러들이고, 먼 나라는 德으로 감싸주는 법이다. 德과 禮에 어긋나지 않으면, 귀순하지 않는 자가 없다. 무릇 제후를 회합하는 것은, 德을 숭상하기 위해서다. 그래서 제후 會盟에서 그 德·刑·禮·義를 기록하지 않는 나라가 없을 것이다."[43]

이러한 패자의 기본 도리조차 쇠미해진 춘추말기에 이르면, 초기 패자의 풍도를 거론하면서 당시 정치풍토를 비판하기도 한다. 晋이 鄭의 사절을 고의로 영접하지 않는 오만무례를 보이자, 子産은 제후를 겸손한 禮로 대우한 晋 文公의 盟主 風度를 거론하여, 晋의 사죄를 받아내고 있다.(左傳, 襄公31年) 또, 晋 平公이 애첩의 장례를 과대히 치르면서 제후를 번거롭게 하자, 子大叔도 역시 晋 文公의 패권 시절을

42 左傳, 文公15年. "齊侯其不免乎, 己則無禮, 而討於有禮者, 曰 : '女何故行禮?' 奉禮以守, 猶懼不終, 多行無禮, 弗能在矣.禮以順天, 天之道也, 己則反天, 而又以討人, 難以免矣."

43 左傳, 僖公7年. "招攜以禮, 懷遠以德, 德禮不易, 無人不懷.… 夫合諸侯以崇德也, 夫諸侯之會, 其德刑禮義, 無國不記."

회상하며 이를 힐난한다.(左傳, 昭公3年)

패권의 소재가 변화무상하여, 그 각축이 치열해질수록, 약소국 설움은 가중될 수밖에 없다. 강대국 사이에 끼어 처신의 폭이 협소해지기 때문이다. 武力의 향방에 따라 외교적 禮도 따라가기 마련이다. 자국의 생존과 실리를 위해서는, 정확한 상황판단과 적절한 임기응변을 강구하지 않을 수 없다. 강대국이 德을 베풀지 않고 단순한 실력에 의존할 때, 국제적 禮는 겉치레 명분으로 전락하고 만다. 그러는 가운데서도 이념상으로나마 강약·대소 간에 역학관계를 원만히 규율하기 위한 禮가 강조·부각됨으로써, 춘추시대는 그나마 小康적 평화질서를 유지할 수 있었다. 鄭 子產이 楚에 가서 변론한 강대국과 약소국 간의 외교적 禮는 그러한 이상적 국제질서를 제시한다.

> "강대국이 약소국에 갈 때는 다섯 가지 美德이 있다. 그 죄책을 사면하고, 그 과실을 용서하며, 그 재난을 구제하고, 그 훌륭한 행적을 포상하며, 그 미흡함을 교화하기 위해서다. 그러므로 약소국은 곤궁함이 없이 그 덕을 기리며 복종하게 된다. 반면, 약소국이 강대국에 갈 때는 다섯 가지 불미스런 일이 있다. 그 죄책을 변명하며, 그 부족함을 요청하고, 그 政事를 봉행하며, 그 조공을 바치고, 수시로 명령에 따르기 위해서다. 그렇지 않으면, 예물을 후하게 갖추어 경사를 축하하거나, 흉사를 조문하는 경우니, 이는 모두 약소국의 설움이다."[44]

셋째, 제후가 자국 인민을 다스리는 법규범적 禮이다. 이는 앞서 禮가 국가 통치기강이라는 개념에서 이미 상세히 서술했으므로 재론할

---

44 左傳, 襄公28年: "大適小有五美：宥其罪戾, 赦其過失, 救其菑患, 賞其德刑, 教其不及. 小國不困, 懷服如歸. 小適大有五惡：說其罪戾, 請其不足, 行其政事, 共其職貢, 從其時命.不然, 則重其幣帛, 以賀其福而弔其凶, 皆小國之禍也."

필요가 거의 없다. 다만, 제후의 국가정치와 관련한 禮를 간단히 보충 언급하면 다음과 같다.

군주가 時政을 소홀히 하면서, 멀리 불요불급한 外遊를 즐기는 것은, 禮가 아니다. 군주는 백성을 위한 政事가 아니면 거동하지 않는 것이 禮이다.[45] 祭祀나 兵戎과 같은 국가 大事가 군주의 주요한 정치적 직책이다.[46] 예컨대, 춘하추동 농한기를 틈타 수렵을 하면서 군사훈련을 실시하는 것은, 부국강병을 도모하는 군주의 직책이자 정치적 禮이다.[47] 또는 동맹이나 기타 외교를 위하여 出行할 때 宗廟에 보고하고, 되돌아와서 다시 종묘에 보고한 뒤, 연회를 베풀어 음주하면서 작록을 하사하고 공훈을 책봉하는 일도, 군주의 주요한 정치적 임무이자 禮이다.[48] 그밖에 山林·川澤의 경영관리나 재물에 관한 비천한 잡일은, 행정관리의 직책이지, 군주가 관여할 政事가 아니다. 법도에 맞지 않는 일을 벌이는 것은, 국가 정치를 어지럽히는 非禮가 된다.

넷째, 君臣간의 禮가 있다. 이는 특히 신하의 군주에 대한 忠의 윤리도덕으로 매우 강조된다. 忠은 孝와 함께 전통 왕조 전시대를 걸쳐 가장 핵심 정치윤리이자 법률이념으로 부각되어 왔다.[49] 군신간의 관계는 기본상 사직과 인민을 전제로, 국가 영역 안에서 형성·유지되는 것이다. 따라서 신하는 군주를 따라 전쟁에 종사하거나, 그 명령을 받들어 외교사절 임무를 수행하는 경우가 아니면, 결코 국경을 넘어서면

---

45 左傳, 隱公5年 참조. 莊公27年: "天子非展義不巡守, 諸侯非民事不擧."

46 左傳, 成公13年: "國之大事, 在祀與戎"; 莊公 8年: "治兵于廟, 禮也."

47 左傳, 隱公5年: "春蒐、夏苗、秋獮、冬狩, 皆於農隙以講事也.三年而治兵, 入而振旅古之制也."; 桓公4年. "春正月, 公狩于郎.書, 時, 禮也."

48 左傳, 桓公2年: "凡公行, 告于宗廟 ; 反行, 飮至、舍爵, 策勳焉, 禮也."

49 졸저, 전통 중국법의 정신, 2011재판, 제3장 참조.

안 된다. 군주 명령이나 허락 없이 사사로이 국경 밖으로 나가는 것은, 신하의 禮가 아니다.[50]

한편, 신하와 국민은 국가나 군주의 불미스러운 惡을 기피하는 것이 禮이다. 특히 대외적 국가 체통을 중시하기 때문이다. 외국인한테 직접 말하지 않을 뿐만 아니라, 군주 개인의 과실이나 죄책까지 사실대로 비평하는 史書에도 기록하지 않을 정도로 절대적이다. 예컨대, 魯 閔公 사망 시에, 僖公이 내란으로 즉위하지 못하고 국외에 망명 갔다가 곧 되돌아왔다. 이와 관련하여, 春秋는 즉위 사실을 아예 기록하지 않고 있다. 즉위를 기록하자면, 당시 국외에 망명했다가 귀국한 내란의 사실 경과도 언급해야 하는데, 그렇게 되면 국가의 수치스러운 악을 드러내기 때문이다.[51] 또한, 제후의 盟會에 자국 군주가 참여하지 않은 경우나, 참여했으나 지각한 경우에는, 이를 기록하지 않는다. 역시 군주의 불미스러운 惡을 기피하기 때문이다.[52]

同姓婚姻을 한 魯 昭公이 禮를 아느냐고, 陳의 관리가 공자에게 물었다. 공자가 동성혼이 禮가 아닌 줄 알면서도, '그렇다'고 짐짓 답변했다. 이도 바로 군주의 악을 기피하여, 외국에 대한 모국의 체통을 세우기 위한 禮라는 것이다.(論語, 述而) 실제로 春秋에는 昭公 夫人의 사망을 '昭夫人孟子卒'이라고만 기록하고 있다. 이에 대해 左傳은, 昭公이 吳에서 부인을 취하여 同姓이기 때문에, 姓을 적지 않았다고 해석한다. 제후들에게 차마 赴告도 하지 못하여, 夫人이란 칭호도 쓰지 못하였다. 이러한 일련의 사실도 同姓婚의 무례를 드러내지 않기 위한 禮의 표현이다.[53]

50 左傳, 莊公27年: "卿非君命, 不越竟."

51 左傳, 僖公元年: "元年春, 不稱卽位, 公出故也. 公出復入, 不書, 諱之也. 諱國惡, 禮也."

52 左傳, 文公15年: "凡諸侯會, 公不與, 不書, 諱君惡也. 與而不書, 後也."

다섯째, 집안에 일상적 禮이다.

이상에서 언급한 천자·제후·군신에 관한 禮는, 전국시대를 거치면서 律令으로 실정화하여, 法이라는 강제규범으로 전환된다. 물론, 집안의 禮도 상당 부분 국가 律令에 규정되긴 한다. 하지만 그래도 法과 대응하는 윤리(도덕) 규범으로 사적 자치의 영역을 비교적 많이 확보하여, 고유한 禮의 특성을 더욱 부각한다. 흔히 유교적 禮의 대명사로 불리는 冠婚喪祭의 家禮가 그것이다. 周禮가 가족 혈연을 근간으로 하는 봉건제의 結晶이기 때문에, 기본 출발점도 家禮일 것은 당연하다. 또한 천자·제후·경대부 등도 각자 가족 내에서 이러한 家禮의 규율을 받음은 물론이다.

인간사회의 자연발생 기원을 살펴보아도, 우선 한 사람의 개인으로부터 출발하여, 남녀 결합을 통해 부모자식과 형제간의 가족관계가 형성되고, 가족이 모여 향촌의 장유 질서와 국가의 군신관계가 비로소 성립한다. 국가의 통치기강이자 실정 사회규범으로서 禮는, 사리상 그 이후에 비로소 존재 가능하다. 易傳은 恒卦와 관련하여, 인간사회 형성과 禮義규범의 발생 순서를 사실대로 적확히 기술하고 있다.

> "천지가 있는 연후에 만물이 생기고, 만물이 있은 연후에 남녀가 존재하며, 남녀가 있은 연후에 부부가 있고, 부부가 있은 연후에 부자가 있으며, 부자가 있은 연후에 군신이 존재하고, 군신이 있은 연후에 상하가 있고, 상하가 있은 연후에 禮義가 제정된다. 그래서 부부의 도는 항구적이지 않을 수 없는 까닭에, '恒'卦로 이어진다. 恒은 久라는 뜻이다."54

---

53 左傳, 哀公12年: "昭公娶于吳, 故不書姓. 死不赴, 故不稱夫人."

54 周易, 序卦: "有天地然後有萬物, 有萬物然後有男女, 有男女然後有夫婦, 有夫婦然後有父子, 有父子然後有君臣, 有君臣然後有上下, 有上下然後禮義有所錯. 夫婦之道不可以不久也."

여기에서 인간사회의 기본 출발점이 부부이며, 따라서 사회규범의 시원도 '夫婦之道'라는 중요한 존재적 사실이 밝혀진다. 한편, 부부관계는 혼인으로 맺어지는데, 사회의 평화질서 유지를 위해서는, 인간의 기본관계인 남녀 혼인이 안정되지 않으면 안 된다. 즉, 혼인의 항구적 계속성이 윤리도덕 규범으로 요구된다. 이것인 婚禮의 필요성이자 기원이다. 禮에서 특히 혼례를 중시하는 것도, 그것이 모든 사회규범의 기본 출발점이기 때문이다.

"禮는 부부관계를 삼가는 데서 비롯하므로, 집을 지어 내외를 분별한다."[55]

"천지가 배합한 후에 만물이 생성된다. 무릇 혼례는 자손만대의 시작이다. 異姓끼리 혼인하는 것은, 먼 사람을 가까이하되 엄격히 분별함이다. 남녀간에 분별이 있은 연후에 부자가 친근해지고, 부자가 친근한 연후에 義가 생기고, 義가 생긴 연후에 禮가 제정되며, 禮가 제정된 연후에 만물이 안정된다. 분별과 義가 없으면, 이는 금수나 다름없다."[56]

"(부부가) 바르고 공경스럽게 신중한 후에 서로 친애하는 것은 禮의 요체이니, 남녀 분별을 이루어 부부 의리를 세우기 위함이다. 남녀간에 분별이 있은 후에 부부간에 義가 있고, 부부간에 義가 있은 후에 부자간에 친함이 있으며, 부자간에 친함이 있은 후에 군신관계가 바르게 된다. 그러므로 혼례는 禮의 근본이다."[57]

---

55 禮記, 內則: "禮, 始於謹夫婦. 爲宮室, 辨內外."

56 禮記, 郊特牲: "天地合而後萬物興焉. 夫昏禮, 萬世之始也. 取於異姓, 所以附遠厚別也. 男女有別, 然後父子親, 父子親然後義生, 義生然後禮作, 禮作然後萬物安. 無別無義, 禽獸之道也."

57 禮記, 昏義: "敬愼重正而後親之, 禮之大體, 而所以成男女之別, 而立夫婦之義也. 男女有別, 而後夫婦有義 ; 夫婦有義, 而後父子有親 ; 父子有親, 而後君臣有正. 故曰昏禮者, 禮之本也."

詩三百의 첫 편인 關雎가 '窈窕淑女, 君子好逑'의 혼인을 읊은 것도, 인간사회 출발인 부부관계의 正道를 칭송하고 교화하기 위해서다. 공자가 詩經의 중요성을 강조한 것은 주지의 사실이다. 그중에서도 특히 周南·召南 편을 중시하여, 사람이 이를 배우지 않으면 벽을 맞대고 서 있는 것과 같다고 비유한다.[58] 그러면서 周南의 첫 편인 "關雎는 즐거우면서도 음란하지는 않고, 슬프면서도 마음을 상하게 하지는 않는다."고 평론한다. 이 사실은 공자도 올바른 부부관계의 인륜도덕을 으뜸으로 중시했음을 반증하기에 손색이 없다.[59]

이는 論語에 실린 子夏의 말을 보아도 확인된다.

"(아내의) 어진 덕을 어질게 여김으로써 美色을 대신(또는 경시)하고, 부모를 섬김에 그 힘을 다하며, 군주를 섬김에 몸을 바치고, 벗과 사귀면서 말에 믿음이 있으면, 비록 배우지 않았다고 하더라도, 나는 반드시 그가 학문이 있다고 말하리라."[60]

여기서 학문의 실질의미와 궁극이념이 인간의 윤리도덕을 습득해

---

58 論語, 陽貨: "人而不爲周南、召南, 其猶正牆面而立也與?"

59 論語, 八佾: "關雎, 樂而不淫, 哀而不傷."

60 論語, 學而: "賢賢易色, 事父母能竭其力, 事君能致其身, 與朋友交言而有信.雖曰未學, 吾必謂之學矣." 여기서 '賢賢易色'의 대상이 구체로 지칭되지 않아, 전통 儒學者들은 모두 일반적 尙賢·尊賢의 의미로 해석해 왔다. 그러나 尙賢은 군주나 재상의 정치적 관심사이지, 다른 윤리도덕과 상대적 경중의 형평상 결코 일반 修身의 입문이 될 수 없다. 더구나 문자상 賢과 色이 명백히 대조되는데, 이는 婦德을 중시하고 美色을 경계하는 전통 윤리도덕과도 실질상 완전히 부합한다. 이러한 儒學的 질곡을 깨뜨리고 본래 의미를 되찾은 해석은 淸末 康有爲가 했다. "人道는 부부에서 시작하는데, 부부 결합이 항구적이기 위해서는, 덕을 귀중히 여기고 賢을 賢으로 삼아야 한다. 賢賢易色이란, 배필을 택할 때 마땅히 好德으로 好色을 대체해야 함을 말한다. 무릇 美色이 시들면 애정도 해이해져, 부부 도리가 곤궁해지는 법인데, 德을 좋아해야만 부부 결합이 지속할 수 있기 때문이다." 康有爲, 論語注, 中華書局, 1984, 9쪽 참조.

실행함에 있으며, 그 사회규범의 선후경중이 존재적 인간관계의 발생 순서에 부합하게 차례로 제시됨을 알 수 있다.

역사상, 文王은 "아내에게 본을 삼아 형제에 이르고, 나아가서 국가를 다스린" 훌륭한 산 표본이다.[61] 이 고사가 춘추전국시대에 전형적 이상으로 자주 거론된 사실은 주목할 만하다.[62] 실제로 혼례에 위배한 혼인은 사회적 적법성을 인정받지 못하고 심한 비난의 대상이 되었다. 鄭의 公子忽이 陳에 가서 신부를 맞아 혼인을 하는데, 먼저 婚配를 치르고 나서 祖廟에 제사를 지냈다. 신부를 보내러 온 陳의 대부가 이를 보고, "이는 부부가 아니다"고 단언하면서, 조상을 기만하는 혼인은 禮가 아니라고 혹독하게 비평한 것이다.[63] 또, 여자가 시집와서 家廟에 제사지내고 보고하기(廟見) 이전에 죽으면, 시체를 여자 집안에 돌려보내 장사지내도록 했다. 아직 합법적 정식 부인이 되지 못했기 때문이다.[64]

한편, 제후간의 혼인에서는, 신부 측 제후가 직접 신부를 시집보내지 않는 것이 禮이다. 대등한 제후의 경우에는, 자매이면 上卿이 보내 先君에 대한 禮를 극진히 하고, 딸이면 下卿이 보낸다. 강대국에 대해서는 비록 딸이라도 上卿이 보내며, 약소국에 대해서는 上大夫가 수행하도록 한다. 천자에게 시집보내는 경우에는, 모든 卿이 함께 수행하되, 제후 자신은 역시 직접 보내지 않는다. 이는 상당히 중요하고 엄격한 국제간의 외교적 혼례이다. 그래서 史書는 齊 僖公이 딸을 魯 桓公에게 직접 시집보낸 사실을 非禮라고 힐난한다.[65] 한편, 신부를 맞이

---

61 詩, 大雅, 思齊: "刑于寡妻、至于兄弟、以御于家邦."

62 예컨대 左傳, 僖公19年; 國語, 晋語四; 孟子, 梁惠王上 참조.

63 左傳, 隱公8年: "先配而後祖.鍼子曰 : "是不爲夫婦.誣其祖矣, 非禮也"

64 禮記, 曾子問: "女未廟見而死, 則如之何?歸葬于女氏之黨, 示未成婦也."

65 左傳, 桓公3年: "齊侯送姜氏(于讙), 非禮也. 凡公女嫁于敵國, 姊妹, 則上卿送之, 以

하는 제후 측에서도, 이에 상응하는 禮를 갖추어야 한다. 魯 文公이 齊로부터 신부를 맞이하면서, 卿이 아닌 대부를 보낸 사실도 非禮라고 비난받는다. 이는 강대국인 齊에 대한 무례일 뿐만 아니라, 군주 부인을 비천하게 대함으로써, 실질상 군주 자신의 권위까지 격하시키는 결과가 된다. 그래서 史筆은 이를 두고, 나라가 혼란해지고 집안이 망하는 근본이라고 혹평한다.[66]

혼례와 함께 家禮의 핵심 중추를 이루는 것은 喪禮와 祭禮이다. 曾子가 백성을 厚德하게 교화하는 근본으로 강조하는 愼終追遠이 바로 그것이다.[67] 상례와 제례는 돌아가신 부모·조부모에 대한 孝道의 일환으로서 특히 강조된다. 예컨대, 공자는 "살아계실 때는 禮로써 섬기며, 돌아가신 후에는 禮로써 장사지내고, 禮로써 제사지내는 것"이 孝라고 규정한다.[68] 부모와 자식의 관계는, 義緣의 부부로부터 직접 파생하는 血緣의 시초이자, 또한 최초의 수직적 인간관계이다. 그래서 부모와 자식의 관계는 자손만대를 계승할 家系의 첫 출발점이자, 君臣·上下·長幼의 수직적 사회질서를 형성하는 전형적 모범으로서, 매우 중대한 의미를 함축한다. 그런데 人情이란 본질상 부모로부터 자식에게 물처럼 자연스럽게 내리 흐르는 사랑인 까닭에, 자식의 부모에 대한 報恩의 정이란 보통 부모의 자식에 대한 애정에 비할 바가 못 된다. 그래서 孝의 윤리도덕이 가족과 국가사회의 질서유지를 위한 근본규범으로 강조되는 것이다. 그중에서도 상례와 제례가 특히 중요한

禮於先君；公子, 則下卿送之. 於大國, 雖公子, 亦上卿送之. 於天子, 則諸卿皆行, 公不自送.於小國, 則上大夫送之."

66 左傳, 文公4年: "逆婦姜于齊, 卿不行, 非禮也. 君子是以知出姜之不允於魯也. 君而卑之, 立而廢之, 棄信而壞其主, 在國必亂, 在家必亡."

67 論語, 學而: "愼終追遠, 民德歸厚矣."

68 論語, 爲政: "生, 事之以禮；死, 葬之以禮, 祭之以禮."

까닭은, 부모가 돌아가신 뒤 눈에서 멀어지면, 사모하는 마음도 더욱 소원해지기 쉬운 것이 인정이기 때문이다. 그래서 不孝罪의 주된 발생 원인은, 상례와 제례가 제대로 실행되지 못한 탓이며, 그 치유책으로 상례와 제례의 보급·시행을 적극 거론하는 것이다.[69] 죽은 부모를 지극히 사모하면, 산 부모에게 효성스러울 것은 당연하다. 부모에 효도하는 사람이라면, 어떠한 사회적 인간관계에도 신의성실을 잃지 않을 것이기 때문이다.

인간사회 형성이 남녀 결합으로부터 비롯하기 때문에, 부부가 인간 '관계'에 출발점으로서 시원적 사회임은 사실이다. 그러나 사회나 그 기본단위조직인 가정도, 그 최소 구성분자가 개인임은 말할 필요가 없다. 개인의 중요성이 여기에 존재한다. 비록 근대 서양의 개인주의처럼 개인 인격 자체에 최고 독립의 가치와 존엄을 부여한 것은 아닐지라도, 전체 국가사회와 가족이라는 大我의 공동체 관점에서, 그를 형성하는 기본입자로서 개인의 가치와 중요성은 충분히 인식되고 강조되었다. 특히, 개인의 인격 성숙을 인정하면서 사회구성원으로서 독립적 책임능력을 부여하는 冠禮가 전형적 대표이다. 그러나 개인보다는 가족공동체가 더 부각되고, 冠禮도 가족단위 공동체 안에서 시행되는 것이 일반이므로, 冠禮를 家禮에 포함시킴은 당연할 것이다.

혼례가 자손만대에 시작이고, 모든 사회적 禮규범의 근본임은 앞서 언급하였다. 그런데 冠禮는 혼례보다 더 우선하여 禮의 시작이라고 정의된다. '冠婚喪祭'로 일컫는 所以다. 사람이 사람인 까닭은, 孝悌忠信의 사회적 禮義 규범을 실행할 수 있기 때문인데, 그 禮義의 시작은 개인의 용모·기색·언어 등을 단정하게 하는 冠禮에서 비롯한다. 禮가

69 大戴禮記, 盛德: "凡不孝… 生於喪祭之禮不明. 死且思慕饋養, 況於生而存乎? 故曰: 喪祭之禮明, 則民孝矣. 故有不孝之獄, 則飾喪祭之禮也."

개인적 自立의 근본규범이라는 개념을 지니는 것도, 바로 이러한 의미이며, 修己治人의 도덕실천도 같은 맥락이다.

冠禮의 사회적 의미는 成人으로 인정해주는 것이다. 成人이란 사람이 된다, 성숙한 사람이라는 의미다. 육체적 출생과 대응하여, 정신적 성숙한 自立 인격을 성취한다는 개념이다. 따라서 冠禮는 사람노릇을 할 수 있는 능력과 자격을 인정함과 동시에, 사회구성원으로서 기존 사회 윤리도덕 규범을 승인하고 실행할 것을 요구하는 社會化의 의식 절차이다. 즉, 부모에 대해서는 자식의 도리, 형에 대해서는 아우의 도리, 군주에 대해서는 신하의 도리, 그리고 어른에 대해서는 아랫사람의 도리를 성실히 이행할 책임을 부여하는 것이 冠禮다. 그래서 冠禮를 모든 禮의 시작으로 일컬어 중시한다. 冠禮를 家廟에서 거행하는 것도, 그 중요성에 상응하여 장엄과 경건을 갖추기 위함이다.[70]

여섯째, 개인간 또는 사회공동체 안의 일반적 禮이다. 長幼有序 윤리를 통하여, 각종 사회적 분쟁을 미연에 방지하고 평화질서를 유지하기 위해서, 鄕飮酒禮나 鄕射禮를 실시한 것이 그 대표적 禮이다.

술은 본디 祭禮나 각종 애경사에 필수불가결한 禮物이자, 노쇠한 혈기를 보충하고 질병 치유를 보조하는 의약이다.[71] 활을 비롯한 각종 무기는 맹수나 적으로부터 생명과 재산을 보호하는 도구이다. 그러나 술이 지나치면 혈기를 충동하여 투쟁을 자극하고, 여기에다 무기까지

---

70 禮記, 冠義: "凡人之所以爲人者, 禮義也. 禮義之始, 在於正容體、齊顔色、順辭令. 冠者, 禮之始也. 是故古者聖王重冠. 重禮所以爲國本也. 成人而與爲禮也. 成人之者, 將責成人禮焉也. 責成人禮焉者, 將責爲人子、爲人弟、爲人臣、爲人少者之禮行焉. 孝弟忠順之行立, 而後可以爲人; 可以爲人, 而後可以治人也. 故曰: 冠者, 禮之始也.重冠故行之於廟; 行之於廟者, 所以尊重事."

71 禮記, 射義: "酒者, 所以養老也, 所以養病也."

주어지면 폭력과 살기를 가중·심화시켜, 사회 평화질서를 어지럽힘은 물론, 자칫 인명을 살상하고 재산을 파괴하는 재앙을 초래한다. 그래서 분쟁과 혼란의 주된 근원인 술과 무기를 통해서, 그 예방과 근본 치유책을 강구하고자 제정한 것이 바로 鄕飮酒禮와 鄕射禮이다.

다른 禮는 물론, 법을 포함한 모든 사회규범이, 한결같이 분쟁의 예방해결 및 평화질서 유지를 궁극 이념으로 지향하고 있다. 그러나 鄕飮酒禮나 鄕射禮처럼, 그 이념과 목적이 직접적이면서 독특하게 역설적 수단방법을 사용하는 규범은 드물다. 그러나 鄕飮酒禮나 鄕射禮처럼, 그 이념과 목적이 직접적이면서 독특하게 역설적 수단방법을 사용하는 규범은 드물다. 以熱治熱, 以毒攻毒, 以夷制夷, 以盜治盜처럼 同種치료법을 적극 활용하는 원리다. 영어 속담처럼, "Extremes meet."

물론, 법의 형벌도 刑期無刑이나 殺以止殺의 역설적 이념을 표방하긴 하지만, 그 본질 성격은 현격히 다르다. 형벌은 사후 징계나 사전 위하를 통해, 사람들이 죄악을 범하지 말도록 경고하고 기대할 수 있는 것이 고작이다. 반면에 酒禮나 射禮는 공경과 사양으로 술을 마시고 활을 쏘는 법도를 직접 체득함으로써, 不爭의 덕성을 수양시키는 살아있는 敎化인 것이다.[72] 이는 사실 孝悌의 가족윤리가 사회적으로 확대한 것에 불과하다.

지금까지 禮가 규율하는 대상인 인간관계, 즉 禮를 행하는 주체로서 인간관계를 중심으로 다양한 종류를 살펴보았다. 禮를 분류하면 여

72 禮記, 鄕飮酒義: "君子尊讓則不爭, 絜敬則不慢, 不慢不爭, 則遠於鬪辨矣；不鬪辨則無暴亂之禍矣, 斯君子之所以免於人禍也."; 禮記, 射義: "射求正諸已, 已正而後發, 發而不中, 則不怨勝己者, 反求諸己而已矣. 孔子曰：'君子無所爭, 必也射乎!揖讓而升, 下而飮, 其爭也君子.'" 활쏘기 부분에 前段은 孟子, 公孫丑上에, 後段은 論語, 八佾에 각각 나온다.

러 종류가 되지만, 한편 종합해보면 상호 일관해 연결 회통된다.

"禮는 冠禮에서 시작하여 혼례에 근본하며, 상례와 제례를 중시하고 朝禮와 聘禮를 존귀하게 여기며, 鄕飮酒禮와 鄕射禮에서 화평을 이루는데, 이것이 禮의 큰 요체이다."[73]

이 명제는 각종 禮의 일관적 종합성을 간명하게 표현해준다.

3. 禮의 본질과 형식

周가 東遷한 이후 춘추시대에 들어섰다. 周의 통치권이 약화되고 사회기강이 해이해지자, 봉건제 근간인 禮制도 상당히 문란해졌다. 禮制의 문란이란, 禮가 형식상 번잡해지고 물질상 사치스러워지면서, 반면 그 본질 정신은 쇠퇴해짐을 의미한다. 다시 말해, 발랄하고 윤택한 생기를 잃고 화석처럼 경직화함을 뜻한다. 내면의 德이 상실되면, 禮는 부득이한 체통이나 권위를 유지하기 위한 겉치레로 전락하기 마련이다. 형식화·교조화·物神化가 그것이다.

이러한 禮의 형식화는 춘추전국시대 사상언론에 잘 반영되고 있다. 기존의 현실적 禮制를 비판하며, 禮의 본질 정신을 새롭게 제시해 강조하는 것이다. 사실, 후술할 禮의 본질 속성도, 대개 춘추시대 이래 형식화한 禮를 비판하는 과정에서 새롭게 제기된 내용들이다. 禮에 대한 부정적 비판 핵심은, 물론 老子의 규범원류관이다.

전술했듯이, 禮란 道·德·仁·義가 각기 차례로 상실된 이후에 최후로 등장한 말단 규범에 불과하다고 묘사된다. 게다가 로자는, "禮란 忠信의 천박함이며, 혼란의 괴수다"는 명제로 끝맺는다.[74] 韓非子는

---

73 禮記, 昏義: "夫禮始於冠, 本於昏, 重於喪祭, 尊於朝聘, 和於鄕射：此禮之大體也."
74 老子, 제38장: "夫禮者, 忠信之薄, 而亂之首."

이를 부연 해석한다. 속마음에 품은 것을 전할 수 없어서, 종종걸음과 넙죽 절로써 밝히고; 진심의 사랑을 알아주지 못하니, 그럴듯한 말과 번잡한 수다로써 믿게 하는 법이다. 禮란 외적 언행을 수식해 내심을 알리는 것이라고 정의한다.[75]

역사상, 魯 昭公이 晋에 朝見하는 형식 절차가 모두 예절에 벗어남 없이 단정하자, 晋 平公이 보고 女叔齊에게 魯의 군주가 禮에 밝다고 칭찬한 일이 있다. 이에 女叔齊가 이는 儀이지 禮가 아니라고 잘라 말했다. 禮란 나라를 다스리며 政令을 시행하고 인민을 잃지 않는 것인데, 지금 魯의 실질 정권은 三家 대부의 수중에 있고, 군주는 허수아비에 불과한 형편이니, 형식 儀節이나 잘 갖추는 것은, 禮의 본말이 전도된 것이라고 부연 설명한 것이다. 史家는 그의 언론에 대해 禮를 안다고 칭송한다.[76]

또, 趙簡子가 揖讓·周旋의 禮를 묻자, 子大叔이 이는 儀이지 禮가 아니라고 답변한다. 그리고 '禮란 하늘의 經이며 땅의 義이자, 백성의 行爲'라고 정의한다. 즉, 하늘과 땅의 법칙을 본받아, 군신·상하·부자·형제 등의 모든 인륜관계를 규율하고, 政令과 형벌을 시행해 인민을 잘 다스리는 것이 禮라는 것이다. 그래서 禮는 상하의 기강이자 천지의 經緯이며, 인민의 생존근거가 된다. 언행의 곡직을 스스로 규율해 禮에 부합한 사람이 成人이라고 정의한다.[77]

道家나 墨家 등은 禮의 형식성을 비판하며, 그 초점을 다분히 유가

---

75 韓非子, 解老: "中心懷而不諭, 故疾趨卑拜而明之. 實心愛而不知, 故好言繁辭以信之. 禮者, 外節之所以諭內也."

76 左傳, 昭公5年: "公如晉, 自郊勞至于贈賄, 無失禮.… 是儀也, 不可謂禮. 禮, 所以守其國, 行其政令, 無失其民者也. 今政令在家, … 禮這本末, 將於此乎在."

77 左傳, 昭公25年: "簡子問揖讓、周旋之禮焉.對曰 : '是儀也, 非禮也.夫禮, 天之經也, 地之義也, 民之行也. 天地之經, 而民實則之. 禮, 上下之紀, 天地之經緯也, 民之所以生也, 是以先王尚之. 故人之能自曲直以赴禮者, 謂之成人."

에 맞추는 경향이 강하다. 예컨대, 子貢이 시체를 앞에 두고 노래 부르는 것이 禮냐고 질문하자, 세속의 禮로 사람들 이목이나 의식하는 자가 어찌 '禮의 뜻'(禮意: 禮의 정신)을 알겠느냐고 조롱하는 풍자가 莊子에 실려 있다.[78] 묵자는 유가가 禮樂을 번잡하게 수식하여 사람을 음란하게 현혹시키고, 특히 孔某는 용모를 盛裝하고 鼓瑟로써 무리를 모아 번잡한 禮儀로 위세를 과시한다고 비난한다.[79] 유가의 厚葬과 三年喪을 반대하고 節葬과 節用을 주장하는 것도 같은 맥락이다. 번잡한 형식적 威儀의 예절은 聖王들이 행하지 않았다고 입증하면서, 진정한 禮의 실행은 겉옷(껍데기)에 있지 않다고 묵자는 주장한다.[80]

공자와 동시대인인 晏子도 번잡한 禮를 비판한 것으로 전해진다. 그 내용은 묵자와 대체로 일치한다.[81]

공자가 周公을 흠모하고 周禮를 이상으로 삼은 사실은, 그가 禮를 얼마나 중시했는지 짐작케 한다. 그러나 현실을 개혁하려는 참여적 실천사상은, 자칫 현실 자체와 혼동되어 오해받기 쉽다. 따라서 공자의 禮를 비판한 제자백가의 언론은, 실질상 공자의 사상본질을 상당히 오해하는 부당한 측면이 강한 걸로 보인다. 공자 자신도 禮의 형식 겉치레를 힐난하고 있기 때문이다.

공자는 "禮를 운운하는 것이 玉帛을 일컫는단 말인가?"[82] 또는 "돗자리를 펴고 오르락내리락 하면서 주인과 빈객이 술잔을 주거니 받거니 해야 禮라고 일컫더냐?"고 반문한다.[83] 禮가 형식상 언행이나 器物

78 莊子, 大宗師: "敢問臨尸而歌, 禮乎? 笑曰 : 是惡知禮意! 彼又惡能憒憒然爲世俗之禮, 以觀衆人之耳目哉!

79 墨子, 非儒下: "繁飾禮樂以淫人… 孔某盛容脩飾以蠱世, 弦歌鼓舞以聚徒, 繁登降之禮以示儀."

80 墨子, 節用中: "俛仰周旋威儀之禮, 聖王弗爲."; 公孟: "行不在服."

81 晏子春秋, 外篇, §1·§2 참조.

82 論語, 陽貨: "禮云禮云, 玉帛云乎哉?"

에 치우침을 날카롭게 꼬집어 비평한 것이다. 또 후술할 바와 같이, 공자도 禮의 본질 정신을 몹시 강조한다. 공자에 대한 제자백가의 비판은, 대개 그 제자들의 미흡하거나 일탈된 행실, 특히 정치현실에 참여하던 폭넓은 유가집단의 행위에 대한 전반적 비판의 성격을 강하게 띠는 것으로 보인다.

실제로 공자 사후에, 子遊가 子夏의 門人들의 禮를 평론하는데, 그 용모나 언어행동 같은 末節은 괜찮으나, 本質은 없다고 힐난한 고사가 論語에 나온다.[84] 일찍이 공자는 文學에 조예가 깊은 것으로 평판 높은 子夏에게, 小人儒가 되지 말고 君子儒가 되라고 훈계하였다.[85] 한편, 맹자는 먹을 것만 주고 사랑하지 않으면 돼지 사육하는 것과 같고, 사랑만 하고 공경하지 않으면 가축 애완하는 것이라고 혹평한다. 공경심이란 幣帛의 예물 이전에 이미 존재하는 것으로, 실질적 공경심 없는 형식적 예물은 아무 소용없다고 말한다.[86] 그리고 大人은 禮가 아닌 禮와, 義가 아닌 義를 행하지 않는다고 강조한다.[87] 이러한 일련의 사실은, 유가가 결코 제자백가의 비판처럼, 그렇게 형식적 禮를 주장하거나 중시하지는 않았음을 말해준다.

본디 禮란 본질(바탕)과 형식(文飾)의 두 요소가 상호 조화를 이룸이 이상이다. 바탕은 뛰어난데 전혀 꾸미지 않으면 野하며, 文飾은 화려한데 바탕이 보잘 것 없으면 史이고, 바탕도 좋고 수식도 훌륭하여 잘 조화를 이루어야만 비로소 君子가 된다고 공자는 말한다.[88] 또, 군자

83 禮記, 仲尼燕居: "爾以爲必鋪几筵, 升降酌獻酬酢, 然後謂之禮乎?"

84 論語, 子張: "子夏之門人小子, 當洒埽、應對、進退, 則可矣"

85 論語, 先進: "文學：子游、子夏."; 雍也: "子謂子夏曰：'女爲君子儒, 無爲小人儒.'"

86 孟子, 盡心上: "食而弗愛, 豕交之也. 愛而不敬, 獸畜之也. 恭敬者, 幣之未將者也. 恭敬而無實, 君子不可虛拘."

87 孟子, 離婁下: "非禮之禮, 非義之義, 大人弗爲."

88 論語, 雍也: "質勝文則野, 文勝質則史. 文質彬彬, 然後君子."

는 바탕만 훌륭하면 수식을 할 필요가 없다는 주장에 대하여, 子貢은 文飾과 바탕이 서로 같은 일체임을 강조하면서, 털을 뽑은 호랑이 가죽은 개가죽과 다를 바 없다고 비유하기도 한다.[89] 이는 본질과 형식의 통일 조화를 이룸이 이상적 禮임을 의미한다.

실제로 舜임금은 五禮와 함께 五玉(五器)·三帛·二生一死의 贄와 같은 禮物을 동시에 갖추어 다스렸다고 尙書는 전한다.(堯典) 이는 가장 오래된 史實 기록이다. 그런데 五禮가 시대적 발전변화와 더불어 급속도로 불어나, 춘추전국시대에는 '禮儀三百, 威儀三千'이라는 명제가 보편이었다.[90] 비록 양자가 근본상 일치하지만,[91] 전자는 그런대로 힘써 실행할 수 있는데 반해, 후자는 모두 다 행하기 어렵다고 공자는 지적한다.[92] 유가 자신도 이미 지나치게 번잡한 형식적 威儀에 당혹감을 감추지 못한 것이다. 심오한 본질적 禮는 번잡하지 않으며, 내면의 진심이 사라진 번잡한 예는 장임하지 못하다.[93]

형식이 없는 禮와, 옷을 입지 않는 喪을 강조함은, 곧 禮의 본질 정신을 중시함이다.[94] 禮의 수식은, 흰 바탕이 먼저 있고 나서 채색을 하는 繪畵에 비유된다. 공자의 '禮後'설도 禮에서 본질이 형식에 우선함을 의미한다.[95] 그렇다고 禮의 형식적 수식이 전혀 필요 없고 무의미

---

89 論語, 顔淵: "棘子成曰 : '君子質而已矣, 何以文爲?' 子貢曰: "惜乎! 夫子之說. 文猶質也, 質猶文也, 虎豹之鞟猶犬羊之鞟."

90 禮記, 中庸; 韓詩外傳, 卷4; 大戴禮記, 衛將軍文子; 同 本命(禮經으로 표기됨) 참조. 禮記, 禮器에는 禮經과 曲禮로 표현함.

91 禮記, 禮器: "經禮三百, 曲禮三千, 其致一也."

92 大戴禮記, 衛將軍文子: "禮儀三百, 可勉能也 ; 威儀三千, 則難也."

93 禮記, 經解: "禮之失, 煩 ; 恭儉莊敬而不煩, 則深於禮者也." ; 韓非子, 解老: "禮繁者, 實心衰也." ; 呂氏春秋, 適威: "禮煩則不莊."

94 家語, 卷4, 六本: "無体之禮, 敬也 ; 無服之喪, 哀也."

95 論語, 八佾: "繪事後素. 曰 : '禮後乎?'"

하다고 부정하는 것은 결코 아니다. 다만 뒤로 할 뿐이다. 때로는 禮의 형식적 威儀가 결정적인 경우도 있다. 子貢이 告朔(곡삭: 제후가 매월 초하루마다 祖廟에 올리는 제사)에서 희생 사용을 폐지하려고 하자, 孔子는 '너는 羊을 아끼지만, 나는 그 禮를 아낀다.'고 힐난했다. 이 유명한 대화도, 禮에서 형식적 예물도 필수불가결한 본질 요소가 됨을 알려주는 좋은 예다.[96] 또, 제후가 천자를 朝見하거나 제후끼리 相見하기 위해 이미 문안에 들어섰더라도, 그 禮를 다 마치지 못하고 중도에 그만두어야 하는 부득이한 사유가 몇 가지 있다. 그중 옷이 비에 젖어 儀容을 상실한 경우가 마지막 사유에 포함된다.[97]

4. 禮의 본질 속성

그러면 禮의 생명이라고 할 수 있는 정신, 莊子가 말한 禮의 뜻(禮意)은 어디에 있는가? 다시 말해 禮의 본질 속성은 무엇인가? 先秦 史書와 제자백가 사상에서 빈번히 거론되는 몇 가지 주요한 본성에 관해 살펴보기로 하자.

첫째, 禮의 가장 중요한 본질은 敬과 恭을 들 수 있다. 일찍이 공자는 子産이 갖춘 네 가지 군자의 도를 칭송하면서, 자신을 행함이 恭하며, 군주를 섬김에 敬스럽다고 말했다.[98] 여기서 恭은 내적인 자신의 관점을, 敬은 대외적 타인의 관점을 각기 분별해 지칭한 맥락이다. 그러나 한편, 子夏는 군자가 敬하여 흐트러짐이 없고, 타인과 더불어 교유함에 恭스럽게 禮가 있으면, 천하 사람이 모두 형제나 다름없다고

96 論語, 八佾: "爾愛其羊, 我愛其禮."

97 禮記, 曾子問: "諸侯旅見天子, 入門, 不得終禮. 雨霑服失容, 則廢. 諸侯相見, 揖讓入門, 不得終禮, 雨霑服失容, 則廢."

98 論語, 公冶長: "其行己也, 恭; 其事上也, 敬."

말한다.[99] 敬과 恭이 공자의 표현과는 완전히 뒤바뀌었다. 여하튼 양자는 개념상 명확히 구별되어 쓰이지 않을 뿐만 아니라, 후대에 이르면 오히려 恭敬이라고 함께 일컬어짐이 일반 언어관용이다.

공자는 사람이 禮를 행함에 不敬하면 더 이상 볼 것이 없다고 단언한다.[100] 특히, 부모님을 섬기는 孝에서도 敬을 최고로 중시한다. 물질 봉양만 행하고 不敬스러우면 개나 말과 무엇이 다르겠느냐고 탄식한다.[101] 또, 부모를 섬김에는 완곡히 간언을 하고, 혹여 받아들여지지 않더라도 더욱 敬을 더하여, 결코 거스름이 없어야 한다고 강조한다.[102] 전술한 것처럼, 맹자도 恭敬이 물질 봉양이나 사랑보다 더 중요한 본질이라고 주장했다. 그런데 그는 남에게 禮로 대하여 응답이 없으면, 남에 대한 자신의 敬을 반성해야 한다고 말한다.[103] 소극적 우회적 표현이지만, 敬이 禮에 본질임은 공자와 마찬가지다.

한편, 좌전에서는 禮와 敬의 본질 관계가 제법 체계화하기에 이른다. 앞서 禮는 신체에 근간이고, 敬은 신체에 기초임을 언급했다. 한편, 군자는 禮에 부지런하고, 소인은 힘을 다하는데, 禮에 부지런히 함은 곧 敬을 다함이라고 말한다.[104] 또, 禮가 나라에 근간이라면, 敬은 禮의 수레라고 비유하여, 敬이 없으면 禮가 행해질 수 없다고 말한다.[105] '공경스러우면 재앙이 없다'는 격언이나, '오는 사람을 공경스럽게 맞이하면, 하늘이 복을 준다.'는 속담도 인용한다. 공경스러운 禮를 찬양

---

99 論語, 顏淵: "君子敬而無失, 與人恭而有禮, 四海之內, 皆兄弟也."

100 論語, 八佾: "爲禮不敬, 吾何以觀之哉?"

101 論語, 爲政: "今之孝者, 是謂能養. 至於犬馬, 皆能有養; 不敬, 何以別乎?"

102 論語, 里仁: "事父母幾諫, 見志不從, 又敬不違."

103 孟子, 離婁上: "禮人不荅, 反其敬."

104 左傳, 成公13年: "禮, 身之幹也 ; 敬, 身之基也.…君子勤禮, 小人盡力. 勤禮莫如致敬, 敬在養神."

105 左傳, 僖公11年: "禮, 國之幹也 ; 敬, 禮之輿也. 不敬, 則禮不行."

하는 것이다.[106] 그런가 하면, 敬은 백성의 주인인데, 이를 버리면 어떻게 백성을 다스리고 나라를 지키겠느냐고, 不敬을 경계하기도 한다.[107] 오만하고 不敬한 제후는 제명에 죽지 못할 것이라는 탄식도 보인다.[108] 한편, 晋에 趙文子는 執政한 후, 禮를 공경스럽게 행하여 제후들을 안정시킨다면 무력전쟁을 종식시킬 수 있다고 믿고, 제후간에 외교적 禮를 중시하고 朝見 폐백을 경감시켰다.[109] 또, 曾子는 晏子가 '禮를 안다'고 호평하면서, 그 이유로 恭敬스러움을 거론한다.[110] 이러한 사실들도 공경이 禮의 핵심임을 말해준다.

산 사람에 대한 공경도 중요하지만, 특히 죽은 사람에 대한 공경도 강조하는 점은, 禮의 본질과 관련해 상당히 주목된다. 살아있는 사람, 특히 윗사람을 면전에 대할 때는 기본적 공경의 禮를 갖추기 쉽다. 설령 내면적 진심까지 공경을 다하지는 못하더라도, 최소한 외부 언행상 기본적 공경은 표현할 수 있다. 그러나 눈에 보이지 않는 죽은 사람에 대해서는, 진실하게 사모하는 내면의 마음이 없이는 공경을 상상하기 어렵다. 부모 조상 및 천지신명께 대한 祭禮에서 공경심을 각별히 강조하는 연유다.

공자는 제사를 지낼 때는 조상이 눈앞에 계신 것처럼 여기고, 神께 제사를 올릴 때는 신이 강림하신 것처럼 하라고 가르친다. 여기에서 恭敬이란 문자를 직접 사용하진 않지만, 실질 의미는 공경과 정성을 가리킴이 분명하다.[111] 왜냐하면, 子路가 공자 말을 인용하여, 제례에

106 左傳, 昭公3年: "志曰 : '能敬無災.' 又曰 : '敬逆來者, 天所福也.'"

107 左傳, 襄公28年: "敬, 民之主也, 而棄之, 何以承守?"

108 左傳, 襄公28年: "蔡侯入于鄭. 鄭伯享之, 不敬. 子産曰 : '蔡侯其不免乎! 君小國, 事大國, 而惰傲以爲己心, 將得死乎?"

109 左傳, 襄公25年: "自今以往, 兵其少弭矣. 若敬行其禮, 以靖諸侯, 兵可以弭."

110 禮記, 檀弓下: "晏子可謂知禮也已, 恭敬之有焉."

111 論語, 八佾: "祭如在, 祭神如神在."

서는 공경이 부족하고 禮(祭需나 제사의 형식절차)가 남은 것보다는, 차라리 禮가 부족하고 공경이 넉넉한 게 낫다고 말하기 때문이다.[112] 또, 제사 이전에 수일간 沐浴齋戒하는 원리와 이유에 대하여, 공경심을 오래 지속할 수 없는 것이 인지상정이기 때문에, 목욕재계로써 며칠간 이나마 집중해 공경심을 받든다는 해설도 주목할 만하다.[113]

둘째, 謙卑와 辭讓이다. 겸손하게 자신을 낮추고 남에게 양보하는 것이다. 공경이 상대방의 관점이라면, 겸양은 자기 관점이라고 할 수 있는데, 禮에서 양자는 통일조화를 이루어 일관 회통한다. 즉, 내부로 자신을 겸양하여 외부로 상대방을 공경하는 것이다. 禮가 외적 행위의 절제와 수식에 주된 특징에 있으므로, 흔히 공경이 그 본질속성으로 우선 부각된다. 그러나 상대방에 대한 외부 행위의 禮도, 자기 내면 마음으로부터 출발하지 않으면 결코 표현될 수 없기 때문에, 겸양의 속성 또한 공경 못지않게 중요하다.

맹자가 辭讓之心을 禮에 단서(실마리)로 정의한 사실은 너무도 유명하다. 그런데 공자는 禮讓으로써 나라를 다스리면 무슨 문제가 있으며, 禮讓으로써 나라를 다스릴 수 없다면 (형식상 물질적) 禮가 무슨 소용이 있냐고 힐난한다.[114] 특히, 국가 위정과 관련하여 겸양을 禮의 핵심 본질로 거론한다. 공자가 네 제자에게 각자 포부를 피력해보라고 말하자, 子路는 강대국 사이에 끼여 군사 위협과 기근의 곤궁을 겪는 千乘之國을 다스려 3년 안에 부국강병 안정을 도모하겠다고 답하였다. 이에 공자는, 禮로써 나라를 다스린다면서 겸양하지 않고 호언장담하는 모순적 태도에 피식 웃기도 하였다.[115]

112 禮記, 檀弓上: "祭禮, 與其敬不足而禮有餘也, 不若禮不足而敬有餘也."
113 國語, 楚語下: "敬不可久, 民力不堪, 故齊肅以承之."
114 論語, 里仁: "能以禮讓爲國乎, 何有? 不能以禮讓爲國, 如禮何?"

또, 공자는 사회적 인간관계의 禮에서도 겸양을 몹시 중시한다. 신하가 군주를, 또는 제후가 천자를 朝見할 때는, 먼저 뜰아래서 절한 후 堂上에 오르는 것이 본디 禮法인데, 당시 현실은 이미 문란해져 바로 堂上에 올라가 절하는 것이 일반 관행이었다. 이에 대해 공자는, 비록 이미 사회화한 대중의 교만한 관행에 거스를지라도, 차라리 겸손한 본래 禮를 따르겠다고 선언하였다.[116] 군자는 다툼이 없는데, 오직 揖讓의 禮가 원만한 활쏘기만이 유일한 군자의 다툼이라는 공자 말도, 겸양이 禮의 중요한 속성임을 나타낸다.[117]

한편, 춘추시대 역사를 보면, 공경에 관해서는 주로 不敬을 힐난하는 기록이 많은데 반해, 겸양에 관해서는 대개 경대부의 사양을 긍정해 칭송하는 기사가 일반이다. 齊 桓公의 분부로 管仲이 왕실과 戎의 화평을 주선하였다. 왕이 管仲에게 上卿의 禮를 베풀자, 관중은 자신이 제후의 신하로서 천자의 신하인 上卿이 될 수 없다며 굳이 사양하고, 下卿의 禮만 받았다. 이에 史筆은 그가 윗사람을 잊지 않고 겸양한 덕행을 높이 칭송하며, 자손 대대로 복을 받을 것이라고 예견한다.[118]

晋에서 최고 집권자 두 사람이 사망하여, 悼公이 范宣子를 中軍將에 임명하자, 그가 아랫사람에 사양하였다. 그 결과 연쇄반응으로 사양의 미덕이 흥행하여, 晋의 백성뿐만 아니라 제후들까지 크게 화목해지게 되었다. 이에 史家는 '사양은 禮의 宗主'라고 정의하면서, 한 사람이 사양함으로써 그 善行의 축복을 만민이 입었다고 극구 칭찬한다.[119]

---

115 論語, 先進: "爲國以禮, 其言不讓, 是故哂之."

116 論語, 子罕: "拜下, 禮也 ; 今拜乎上, 泰也. 雖違衆, 吾從下."

117 論語, 八佾: "君子無所爭, 必也射乎! 揖讓而升, 下而飮, 其爭也君子."

118 左傳, 僖公12年: "王以上卿之禮饗管仲, 管仲辭… 受下卿之禮而還. 君子曰 : '管子之世祀也, 宜哉! 讓不忘其上.'"

119 左傳, 襄公13年: "讓, 禮之主也. 范宣子讓, 其下皆讓. 晉國以平, 數世賴之, 刑善也夫! 一人刑善, 百姓休和, 可不務乎?"

한편, 鄭이 陳을 정벌한 후 공로를 표창하는 자리에서, 子産에게 이등공신으로 여섯 도읍을 하사하였는데, 자산은 자기 지위가 네 번째라며 사양하였다. 이에 군주가 굳이 주자 그 반절만 받았다. 公孫揮는 子産이 사양으로 禮를 잃지 않았다고 칭송하며, 그가 장차 집정하게 될 것을 예언하였다.[120] 그 예언은 실제로 4년 뒤에 실현되었다.

그리고 魯 叔弓이 晋에 聘問 사절로 파견되었는데, 晋의 군주가 환영식을 베풀고 賓館을 제공하려고 하자, 자신은 양국 우호를 위해 파견된 것이라며 이를 모두 사양하였다. 이에 叔向은 그가 '禮를 안다'고 칭찬하면서, '忠信은 禮의 그릇이고, 겸양은 禮의 宗主이다'는 격언을 거론하였다.[121]

그러나 한편, 晋이 楚와 전쟁에서 승리한 후, 郤至가 사절로 周 왕실에 가서 보고하며 자신의 공로를 내세우자, 측근에서 그 오만을 힐책하였다. 군자가 스스로 자랑하지 않는 것은, 겸양의 도가 아니기 때문이다. 무릇 인간 심리란 남의 위에 올라타려고 하는 승부욕이 강한 법이어서, 성인이 겸양으로 이를 절제시키는 것이다. 따라서 대등한 상대방에게는 반드시 세 번 겸양하는 것이 禮라고 한다.[122]

셋째, 검소와 절약을 들 수 있다. 禮가 형식화하면서, 한편으로 禮의 주체인 인간의 사소한 언어행동에 威儀가 복잡하게 많아지고, 다른 한편으로 禮의 보조 방편수단인 器物(禮器와 禮物)이 화려하게 사치스러워진다. 따라서 검소와 절약은 禮의 물질적 형식화, 즉 사치와 낭비를 방지하고, 禮의 본질정신으로 복귀하는 데 필수불가결한 요소가 된다.

---

120 左傳, 襄公26年: "子産其將知政矣, 讓不失禮."

121 左傳, 昭公2年: "子叔子知禮哉!吾聞之曰 : '忠信, 禮之器也 ; 卑讓, 禮之宗也.'"

122 國語, 周語中: "君子不自稱也, 非以讓也, 惡其蓋人也. 夫人性, 陵上者也, 故聖人貴讓.在禮, 敵必三讓."

節儉이 거의 모든 제자백가 사상에서 보편으로 강조되는 것도 그러한 이유 때문이다. 물론, 통치자가 대의명분(禮)을 내세워 부국강병 전쟁을 일삼고, 가혹한 조세부역으로 백성을 착취해 호화사치를 일삼던 춘추전국시대 정치·사회경제 현실상황도 節儉의 기치를 드높이는 직접 요인이 된다.

老子는 백성의 가난과 굶주림이 직접 통치자의 과다한 조세수취에 있다고 인식한다.[123] 군주는 으리으리한 궁궐에서 화려한 의복을 입고 날카로운 칼을 차며, 진귀한 음식을 싫증나도록 먹고 재화가 남아돌아간다. 그런데도 백성들 논밭은 몹시 황폐하고, 창고는 텅 비어있는 경제현실을 보고, 老子는 통치자를 도적떼로 규정한다.[124] 가혹한 형벌과 금기로 백성들은 빈곤에 허덕이다 못해 도적으로 변신하고, 심지어 죽음까지 가볍게 여기게 된다.[125] 백성들이 형벌 위협과 죽음까지 두려워하지 않으면, 그들을 위하할 방도가 없게 되고, 결국 통치자의 지위와 생명까지 위태롭게 될 것이다.[126] 그래서 老子는 통치자들에게 지나친 탐욕과 사치·교만을 제거하라고 경고한다.[127] 특히, 로자는 慈愛와 '儉素함'과 앞에 나서지 않음을 자신에 三寶로 자랑하면서, 검소하면 그 혜택이 널리 미칠 것이라고 설명한다.[128]

한편, 공자는 禮의 근본을 묻는 제자에게, 사치스러울 바에는 차라

---

123 老子, 제75장: "民之饑, 以其上食稅之多, 是以饑."

124 老子, 제53장: "朝甚除, 田甚蕪, 倉甚虛 ; 服文綵, 帶利劍, 厭飮食, 財貨有餘 ; 是謂盜夸."

125 老子, 제57장: "天下多忌諱, 而民彌貧 ; 法令滋彰, 盜賊多有."; 제75장: "民之輕死, 以其上求生之厚."

126 老子, 제74장: "民不畏死, 奈何以死懼之?"; 제72장: "民不畏威, 則大威至."

127 老子, 제29장: "聖人去甚, 去奢, 去泰."

128 老子, 제67장: "我有三寶, 持而保之. 一曰慈, 二曰儉, 三曰不敢爲天下先. 儉故能廣."

리 검소한 편이 禮라고 답한다.[129] 또, 冠은 본디 섬세한 삼베로 만드는 것이 禮이지만, 자신은 검소하게 거친 베로 만들던 당시 일반 관행에 따르겠다고 설하였다.[130] 거친 음식과 남루한 의복, 낮은 궁궐을 사용하면서, 귀신에 대한 정성과 禮服의 아름다움, 백성을 위한 관개수로공사에 진력한 禹임금의 검소한 덕은, 공자가 감히 흠잡을 틈이 없다고 극구 찬양하였다. 반면, 管仲의 검소하지 못함과 오만무례함은 그릇이 작은 탓이라고 공자가 비평하였다. 공자가 검소를 얼마나 중시했는지 반증해준다.[131]

물론, 묵자 사상에 핵심인 節用과 節葬·非樂 등도 모두 節儉을 숭상하는 禮이다. 특이한 것은, 호화로운 厚葬이 사람들의 분묘 도굴을 초래하면, 죽은 사람에 대한 모욕이 막대하기 때문에, 옛 성현들이 검소하게 장례를 지냈다는 논거로 節葬을 주장하는 견해다. 려씨춘추는 공자 말을 인용하여, '보배와 주옥으로 후장하는 것은, 시신을 들판 한가운데 내버리는 것과 같다'고 경고한다.[132] 禮記에 따르면, 장례란 시체를 감추는(藏) 것으로, 감추는 것은 사람들 눈에 보이지 않도록 하는 것이다. 壽衣는 몸을 감추면 족하고, 다시 棺槨과 흙으로 그 주위를 차례로 덮으면 그만이다.[133]

漢 文帝가 霸陵에 이르러, "북산에 돌로 石槨을 만들고 모시 올로 틈새를 메워 옻칠해 단단히 밀봉한다면, 누가 파헤쳐 열겠는가?!"라고 애처롭게 탄식하자, 張釋之가 아뢴 말도 節葬에 명언이 되었다.

129 論語, 八佾: "禮, 與其奢也, 寧儉."

130 論語, 子罕: "麻冕, 禮也；今也純, 儉. 吾從衆."

131 論語, 泰伯 및 八佾 참조.

132 呂氏春秋, 安死: "先王以儉節葬死也, 非愛其費也, 非惡其勞也, 惟死者之辱也. 發則必辱, 儉則不發. 孔子曰 : '以寶玉收, 譬之猶暴骸中原也.'"

133 禮記, 檀弓上: "葬也者, 藏也；藏也者, 欲人之弗得見也.是故, 衣足以飾身, 棺周於衣, 槨周於棺, 土周於槨；反壤樹之哉."

"가사 능묘 안에 탐욕을 부릴 만한 귀중한 금옥보배가 들어간다면, 비록 남산만큼 거대하게 확고히 조성할지라도, 오히려 파헤쳐 열 틈은 넓을 것이요; 만약 그 안에 욕심낼 만한 금옥보배가 없다면, 비록 석곽을 쓰지 않는다 할지라도, 또 무슨 도굴 염려로 걱정할 필요가 있겠습니까?"[134]

춘추시대 역사에서도 검소의 미덕을 칭송하는 기록이 자주 나온다. 晋에 重耳(文公)가 망명하다가 楚에 이르렀을 때, 신하가 살해하자고 청하였다. 초왕은 그의 검소하고 예의 있는 덕성을 칭송하며, 하늘이 장차 그를 통해 晋을 중흥시키려고 하는데, 누가 감히 해칠 수 있겠느냐고 반대하였다.[135] 또, 晏子의 검소함은 누구 못지않게 유명하다. 가죽옷 한 벌로 30년을 입었는가 하면, 식사 중에 고기가 부족한 경우도 허다하였다. 군주가 하사하는 의복·가옥·토지 등 수많은 賞祿을 빈번히 사양하고, 자신의 정규 봉급을 집안에 골고루 나누어 주어, 오백 가구 친척의 조상제사를 간소하고 정성스럽게 받들었다고 전한다. 여기에는 齊나라, 특히 景公의 호화사치를 절제시키기 위해 실천궁행한 솔선수범 忠諫의 의도도 강하게 담겨 있는데, 그 자신의 절약검소 미덕이 자연스럽게 피어난 禮의 정화임에 틀림없다.[136]

한편, 절검의 칭송과 대비해 사치를 비난한 기록도 적지 않다.

魯 莊公이 家廟 궁궐의 동량을 조각하고 丹青한 사실에 대하여, 左傳은 非禮라고 힐난한다. 아울러, 御孫이 '검소는 공경스러운 큰 덕이

134 史記 卷102 및 漢書 卷50 張釋之傳; 졸저, 하늘이 알고 신이 알며 내가 알고 니가 안다, 전남대출판문화원, 2020, 23-24쪽 참조.

135 左傳, 僖公23年: "晉公子廣而儉, 文而有禮.天將興之, 誰能廢之?"

136 家語, 卷10, 曲禮子貢問: "晏平仲祀其先祖, 而豚肩不揜豆, 一狐裘三十年, 賢大夫也."; 禮記 檀弓下: "晏子一狐裘三十年. 國無道, 君子恥盈禮焉. 國奢, 則示之以儉；國儉, 則示之以禮." 晏子春秋, 內篇雜下 §17·27 및 外篇 §24-27 등을 참조.

고, 사치는 막대한 악이다'는 격언을 인용하면서, 先君의 廟宮을 화려하게 수식하는 것은, 그의 검소한 덕을 도리어 손상하는 결과가 된다고 忠諫한 말도 함께 전한다.[137]

晋 叔向이 平公의 딸을 楚에 시집보내는 혼인에 종사하는데, 鄭 子大叔은 楚王의 사치가 매우 심하니 조심하라고 권고한 적이 있다. 叔向은 이에 대해, 심한 사치는 본인의 재앙이지, 그 영향이 어찌 남에게 미칠 수 있느냐고 답변한다.[138] 자신이 할 도리만 예의에 어긋나지 않게 행하면, 타인의 사치로 인한 재앙이 문제될 수 없다는 것이다.

넷째, 喪禮에서 悲哀를 들 수 있다. 슬픔은 상례에 고유한 구체적 본질이다. 공경·겸양·절약 등이 인간의 주체적 자율적 의지인데, 슬픔은 사람의 죽음에 닥쳐 자연스럽게 우러나오는 인간본연의 감정인 점이 특색이다. 이는 부모에 대한 孝의 핵심 내용이 된다.

喪禮는 오직 슬픔을 위주로 한다. 상을 당하여 구슬피 통곡하며, 남자는 이마를 조아려 땅에 대고, 여자는 가슴을 치며 마음 아파하는 몸짓이 상례에 일반 의례다. 하지만 신체 결함으로 그런 구체 의식을 행할 수 없는 사람은 하지 않아도 된다.[139]

공자는 상례에서 능숙하고 원만한 일처리보다는, 차라리 슬픔에 북받쳐 경황없이 서툰 편이 훨씬 낫다고 말한다.[140] 심지어 喪을 당하여 슬퍼하지 않으면, 그 사람은 더 이상 볼 것이 없다고 단언한다.[141] 그

137 左傳, 莊公23·24年: "丹桓宮之楹, 刻其桷, 皆非禮也. 御孫諫曰 : 儉, 德之共也 ; 侈, 惡之大也. 先君有共德, 而君納諸大惡, 無乃不可乎?"

138 左傳, 昭公5年: "大叔謂叔向曰 : '楚王汰侈已甚, 子其戒之!'" 叔向曰 : '汰侈已甚, 身之災也, 焉能及人?'"

139 禮記, 問喪: "身有錮疾, 不可以備禮也. 喪禮唯哀爲主矣."

140 論語, 八佾: "喪, 與其易也, 寧戚." 禮記, 檀弓上: "喪禮, 與其哀不足而禮有餘也, 不若禮不足而哀有餘也." 家語 卷10, 曲禮子貢問에도 같은 구절('禮'→'亡') 보임.

래서 흔히, 喪禮는 슬픔을 다하는 데서 그친다고 말한다.[142] 물론 남의 喪을 弔問할 때나 마주칠 때도, 그 슬픔을 함께 나누는 것이 禮에 기본정신임은 말할 나위 없다. 공자는 居喪 중인 사람 옆에서 음식을 먹을 때는 배부른 적이 없고, 남을 弔問하여 哭을 한 날에는 노래 부르지 않았다. 상복을 입은 사람을 만나면, 아무리 절친한 사이라도 반드시 숙연하게 안색을 바꾸어, 정중히 예를 갖추었다.[143]

묵자도 喪에 비록 禮가 있지만, 근본은 슬픔이라고 말한다. 산 사람에게는 사랑을 주고, 죽은 사람에게는 슬픔을 보이는 것이, 가식할 수 없는 군자의 道라고 한다.[144] 전쟁이란 본디 많은 사람을 살상하는 흉악한 짓이므로, 전쟁에서 승리하더라도 喪禮로써 맞이해 悲哀롭게 哭泣한다는 老子의 말도, 간접으로 喪禮의 悲哀 본질을 드러내준다.[145]

한편, 슬픔이 상례의 본질이긴 하지만, 슬픔이 상례의 전부는 아니다. 왜냐하면, 죽음에 대한 슬픔은 본연의 감정이어서, 감성이 여리고 예민한 사람은 오히려 자칫 슬픔이 지나쳐 건강이나 생명까지 해칠 수 있기 때문이다. 그래서 상례는 슬픔을 가장 중요한 본질로 삼으면서, 동시에 그를 적절히 절제시켜 상황변화에 순응하는 중용의 절차(통과의례)로서 인식된다.[146] 상례에서 공경이 으뜸이고, 슬픔이 다음이며, 수척함이 최하라는 명제는, 바로 그러한 의미맥락이다. 안색은 내면 감정에 알맞게 조화를 이루고, 슬픈 모습은 상복의 종류에 따라 적

141 論語, 八佾: “臨喪不哀, 吾何以觀之哉?”

142 論語, 子張: “喪, 致乎哀而止.”; 禮記, 問喪. “哭泣辟踊, 盡哀而止矣. 心絶志悲而已矣.”

143 論語, 述而: “子食於有喪者之側, 未嘗飽也. 子於是日 哭則不歌.”; 鄕黨: “見齊衰者, 雖狎必變; 凶服者, 式之.”

144 墨子, 修身: “喪雖有禮, 而哀爲本焉. 君子之道也, 生則見愛, 死則見哀.”

145 老子, §31: “兵者, 不祥之器. 殺人之衆, 以悲哀泣之, 戰勝以喪禮處之.”

146 禮記, 檀弓下: “喪禮, 哀戚之至也; 節哀, 順變也.”

절히 균형을 이루는 것이 상례의 이상이다.[147]

상례에서 슬픔이 지극해 몸이 쇠약해지거나 병나는 것을 막기 위해, 노약자나 환자는 지팡이를 짚어 지탱하고, 기력을 보충하라고 술과 고기를 금식하지 않는다.[148] 또, 죽은 지 사흘이 되면 음식을 먹기 시작하고, 석 달이 되면 목욕을 한다. 이는 인간 본성을 毁滅하지 않고, 죽은 사람으로 인하여 산 생명을 해치지 않기 위함이다.[149] 포식하여 슬픔을 잊는 것도 상례가 아니지만, 허기져서 喪事를 치를 수 없는 것도 禮가 아니다. 눈이 안 보이고 귀가 안 들리며, 제대로 걷지 못하고 슬픔조차 알지 못하며, 심지어 쓰러져 죽는 지경에 이를까 두려워해, 상례로써 슬픔 감정을 절제하는 것이다. 지나친 슬픔으로 쓰러져 죽게 되면, 상례를 치를 수 없게 되고, 그러면 죽은 사람에게 자식이 없는 것과 같아져, 이보다 막심한 不孝가 없기 때문이다.[150]

다섯째, 남녀 分別이 禮의 중요한 본질의 하나가 된다. 상례에서 悲哀와 마찬가지로, 분별은 남녀 간에 특유하게 요구되는 구체적 본질인데, 한편 공경의 독특한 개별 형태로도 파악할 수 있다. 즉, 남녀·부부 간에 요구되는 특별한 공경으로 볼 수 있다. 다만, 관계의 특수성에 비추어 따로 분리 독립해 언급할 가치가 있다. 실제로 부부간의 분별은 공경을 본질로 하지만, 남녀관계 전반이 오로지 공경에만 바탕을

147 禮記, 雜記下; 家語 卷10, 曲禮子貢問: "(喪)敬爲上, 哀次之, 瘠爲下. 顔色稱情, 戚容稱服."

148 禮記, 問喪: "杖者以何爲也? 身病體羸, 以杖扶病也."; 喪服四制: "杖者何也? 或曰輔病, 婦人、童子不杖, 不能病也. 老病不止酒肉, 以權制者也."

149 禮記, 喪服四制: "三日而食, 三月而沐, 毁不滅性, 不以死傷生也."

150 禮記, 雜記下. "喪食雖惡必充饑, 饑而廢事, 非禮也；飽而忘哀, 亦非禮也. 視不明, 聽不聰, 行不正, 不知哀, 君子病之. 故有疾飮酒食肉, 七十飮酒食肉, 皆爲疑死. 毁瘠爲病, 君子弗爲也. 毁而死, 君子謂之無子."

두는 것은 아니다. 즉, 남녀관계에서 분별과 공경이 '合同'으로 완전히 일치하지는 않는다. 禮에서 남녀·부부간의 분별을 특별히 부각·강조하는 것도, 그러한 관계상 특수성에 말미암는다. 특히, 남녀와 부부는 가족의 출발점이자, 사회와 국가에 기본단위이다. 따라서 남녀간에 무분별한 邪淫은, 개인의 윤리적 죄악일 뿐만 아니라, 가정파탄과 사회 풍기문란, 심지어 국가 혼란까지 초래하는 무서운 화근이 될 수 있다.

실례를 들어보자. 魯 桓公이 齊 출신의 부인을 동반하여 齊에 갔는데, 부인이 오빠인 齊 襄公과 간통했다. 桓公이 꾸짖자, 부인은 齊君에게 고하여, 결국 桓公이 피살된 사건이 있었다. 혼인한 남녀는 각기 자신의 부부관계를 공경스럽게 지킴이 禮인데, 동행을 만류한 신하의 충간을 듣지 않아 빚어진 참변이었다.[151] 또, 陳 靈公은 두 신하와 함께 한 대부의 부인을 간통하고, 그 속옷을 가지고 조정에서 희롱하면서, 그를 만류하는 충신을 살해했다. 그 뒤 다시 두 신하와 함께 또 다른 대부 집에 가서 음주하면서, 집주인을 여자 같다고 음란하게 희롱했는데, 결국 그 집 문밖을 나서다가 그에게 피살했다.[152] 모두 남녀 사이 무분별한 음란이 초래한 개인적 국가적 환란이다. 혼례가 禮에 근본이듯, 남녀 분별이 사회규범에서 차지하는 비중은 유난히 각별하다.

夫婦有別이 五倫에 하나임은 주지의 사실이다. 일찍이 魯 莊公이 魯로부터 신부를 맞아, 宗親 大夫의 부인들과 상견례를 시키면서, 그 폐백으로 남자용 玉帛을 사용하게 하였다. 이에 신하가 남녀가 예물을 달리함은 정성과 경건을 표시하기 위함인데, 남녀가 같은 폐백을 사용함은 분별없는 非禮라고 힐난하였다. 아울러 "남녀 분별은 나라에 큰 禮節인데, 군주 부인이 이를 어지럽힐 수가 있겠느냐?"며 극구 만

151 左傳, 桓公18年: "女有家, 男有室, 無相瀆也, 謂之有禮. 易此, 必敗."
152 左傳, 宣公9年: "公卿宣淫, 民無効焉, 且聞不令, 君其納之!" 10年 기사도 참조.

류한 것이다.[153]

또, 宋이 鄭을 침공하자, 楚가 鄭을 구원하여 宋을 패퇴시킨 적이 있다. 이에 鄭 文公이 부인더러 楚 成王을 환영·위로하게 하였고, 이때 楚 成王은 부인에게 포로들을 보여 주었다. 이에 史筆은 非禮라고 비난하였다. 부인은 환영이나 송별에 문밖을 나서지 않고, 형제를 만날 경우에도 문턱을 넘지 않으며, 전쟁에 임하여는 여자의 물건조차 가까이 하지 않는 것이 禮라고 덧붙였다. 그런데 楚 군주가 鄭이 베풀어 준 향연을 받고 밤에 군영으로 되돌아갈 때, 다시 부인의 송별을 받고 두 여자를 데려 갔다. 이에 史筆은 楚王이 남녀 사이 분별없는 무례를 범했다고 힐난하며, 제대로 죽지 못할 거라고 예언하기도 했다.[154]

이와 대비되는 사례도 있다. 越 句踐은 吳 夫差에게 패전해 당한 굴욕과 수치를 복수하기 위하여, 臥薪嘗膽과 切齒腐心으로 각고의 준비 끝에 설욕전을 떠나면서, 부인과 사이에 놓은 병풍을 등지고 비장한 결심을 밝힌 바 있다. "오늘 이후로 內政은 밖에 나오지 않고, 外政은 안으로 들어가지 않는다."[155] 물론, 이 전쟁에서 句踐이 吳를 멸망시키고 夫差가 자살한 고사는 유명하다. 국가 흥망이 걸린 전쟁대사에 임하여, 남녀내외 분별을 준엄하게 결행한 결과로 이룩한 공적이다.

한편, 季康子는 從祖叔母한테 인사 가서 대화하면서, 시종 문을 사이에 두고 문턱을 넘지 않았다. 공자가 이 사연을 듣고 남녀의 禮를 잘 분별한다고 칭찬하였다.[156] 그리고 鄭이 陳의 잔인무도한 침입에

---

153 左傳, 莊公24年: "今男女同贄, 是無別也. 男女之別, 國之大節也; 而由夫人亂之, 無乃不可乎?" 國語, 魯語上에도 같은 내용 실려 있음.

154 左傳, 僖公22年: "非禮也. 婦人送迎不出門, 見兄弟不踰閾, 戎事不邇女器.… 楚王其不沒乎! 爲禮卒於無別. 無別不可謂禮."

155 國語, 吳語: "自今日以後, 內政無出, 外政無入. 內有辱, 是子也；外有辱, 是我也. 吾見子於此止矣."

156 國語, 魯語下: "公父文伯之母, 季康子之從祖叔母也. 康子往焉, 門與之言, 皆不踰

복수하기 위해 야습하자, 陳의 제후가 분묘로 황급히 피난하다가 賈獲을 만나 피난을 요청하였다. 이때 그는 모친과 아내를 수레에 싣고 있었는데, 모두 내리게 하고 수레를 군주에게 주었다. 이에 군주가 어머니는 그대로 수레에 타도록 권하자, 아무리 황급한 전쟁통속이라 하더라도, 남녀 분별을 지키지 않으면 상서롭지 못하다며, 그는 처와 함께 모친을 부축하여 분묘로 피난하였다.[157]

또, 魯에 독신자와 독신 과부가 이웃에 살고 있었는데, 하룻밤에는 심한 폭풍우로 과부의 집이 무너졌다. 과부가 독신자 집에 가서 피난을 요청하자, 그는 문을 걸어 잠그고 받아주지 않았다. 과부가 어째 그리 인자하지 못하느냐고 힐난하자, 남녀는 60세가 안 되면 동거하지 않는 법인데, 둘 다 모두 젊기 때문에 받아줄 수 없다고 남자가 답변하였다. 이 사연을 듣고 공자는 그가 지혜롭다고 칭찬하였다.[158] 신분관계나 연령상 현격한 차이가 있고, 생사존망이 걸린 객관적 위급 상황임에도 불구하고, 남녀 분별을 철저히 고수한 사실들을 보면, 얼마나 절대적 예인지 짐작할 수 있겠다.

한편, 여자는 원칙상 독자적 刑殺의 대상이 되지 않으며, 또한 사형에 해당하는 경우에도 남자처럼 조정이나 시장에서 공개처형하지 않는 것이 禮法이다. 이도 남녀분별의 특수한 내용이라고 할 수 있다.

齊 靈公이 총애하는 첩의 청을 받고, 신하들 반대에도 불구하고 태자를 폐위시켜 축출하고, 첩의 자식을 태자로 책봉하였다. 그런데 靈公의 질병이 심해지자, 崔杼(저)가 본래 태자를 영입하여 옹립하였다.

閾. 仲尼聞之, 以爲別於男女之禮矣."

157 左傳, 襄公25年: "(陳侯)遇賈獲, 載其母妻, 下之, 而授公車. 公曰 : '舍而母.' 辭曰 : '不祥.' 與其妻扶其母以奔墓, 亦免."

158 家語 卷2, 好生: "男女不六十, 不同居. 今子幼, 吾亦幼, 是以不敢納爾. 孔子聞之曰 : '善哉, 其爲可謂智乎!'"

이때 태자가 父君의 애첩을 살해하여, 그 시체를 조정에 공개하였다. 史筆은 이를 두고 非禮라고 비난하는 것이다.[159]

이밖에, 禮記에 보이는 주요한 남녀분별 내용을 정리해보면 다음과 같다. 남녀가 7세가 되면 한 자리에 앉지 않으며, 함께 밥도 먹지 않는다. 또한 의복은 물론, 옷걸이·빗·수건·욕실·우물 등을 포함한 일반 생활용품을 공용하지 않는다. 제사나 喪事가 아니면 기물을 서로 직접 주고받지 못하며, 부득이한 경우 광주리를 이용해 직접 접촉을 최대한 피한다. 이미 定婚한 여자의 거처에는, 중대한 일이 아니면 그 문에 들어가지 않는다. 고모나 자매가 이미 출가한 후 친정에 들르러 온 경우에도, 남자형제들과 같은 자리에 앉거나 함께 식사하지 않는다. 남자는 집안일을 말하지 않고, 여자는 바깥일을 말하지 않으며, 집안의 말은 밖으로 나오지 않고, 바깥 말은 안으로 들어가지 못한다. 형수와 시아재는 서로 문안도 해서는 안 되고, 여자 질병을 문안할 때는 그 질병을 묻지 않는다. 남녀는 매파를 통하지 않고서는 서로 이름을 알 수 없고, 혼인예물을 받기 전에는 서로 왕래하며 교제할 수 없다. 과부는 밤에 울어서는 안 되고, 부부간의 禮는 70세가 되어야만 비로소 허물없이 거처할 수 있다. 그리고 남자는 여자 손에서 죽을 수 없고, 여자 또한 남자 손에서 죽을 수 없다.[160]

이처럼 남녀 분별을 엄격하게 관철하는 것은, 무엇보다도 淫亂을

---

159 左傳, 襄公19年. "光殺戎子, 尸諸朝, 非禮也. 婦人無刑, 雖有刑, 不在朝市."

160 禮記, 內則: "七年, 男女不同席, 不共食."; 曲禮上: "男女不雜坐, 不同椸枷, 不同巾櫛, 不親授. 嫂叔不通問. 外言不入於梱, 內言不出於梱. 女子許嫁, 纓；非有大故, 不入其門. 姑姊妹女子, 已嫁而反, 兄弟弗與同席而坐, 弗與同器而食."; 內則: "男不言內, 女不言外. 非祭非喪, 不相授器. 其相授, 則女受以篚. 外內不共井, 不共湢浴. 男女不通衣裳, 內言不出, 外言不入. 夫婦之禮, 唯及七十, 同藏無間."; 坊記: "寡婦不夜哭. 婦人疾, 問之不問其疾."; 喪大記: "男子不死於婦人之手, 婦人不死於男子之手."

방지하기 위함이다. 남녀는 陰陽의 氣로서, 異引同排의 자연법칙 지배를 받는다. 따라서 쌍방 氣의 강도(감정욕망)에 비례하고, 상호간의 거리에 반비례하여, 그 흡인력의 강약이 결정된다. 일단 강도와 거리가 어느 수준에 이르면 저절로 交感反應하게 된다. 마치 전기 원리와 같다. 적정거리를 유지하거나 絶緣物로써 상호 단절시키지 않으면, 언제든지 합선 방전하여 화재를 일으키고 재앙을 초래할 수 있다.

이러한 자연적 감성적 음양의 氣를 적절히 단속·절제하여, 정상 부부의 인륜궤도에 올려놓기 위한 絶緣 장치가, 남녀분별이라는 禮인 것이다. 즉, 남녀분별은 음양 상호간의 객관적 절대적 거리를 흡인력의 범위보다 크게 유지함으로써, 상호 교감반응의 자연발생을 예방하기 위한 것이다. 이와 함께, 남녀의 주관적 氣의 강도(감정욕망)를 약하고 부드럽게 조절하는 각종 인격수양의 교육 및 윤리도덕도 중요한 예방적 絶緣장치의 하나다. 남녀 음양이 자연의 음양과 다른 점은, 인간에게는 이성에 근거한 자율의지가 있어, 이를 통해 주체적으로 그 氣를 절제할 수 있다는 사실이다. 즉, 남녀 음양은 단순히 피동적으로 자연적 존재법칙의 지배만 받는 것이 아니라, 다른 한편 능동적으로 인간적 당위규범의 준수를 통하여 이를 지배할 수 있는 것이 특색이다. 이러한 인간적 당위규범이 禮이고 法인 것이다.

한편, 혼례상 특수한 남녀분별의 대원칙으로 同姓不婚 禮法이 있다. 이는 전통사회 혼인법에서 가장 중요한 핵심을 점한 기본철칙으로, 우리나라에서는 1997.7.16. 헌재에서 헌법불합치 결정을 내리기 전까지, 윤리의식이나 법률효력 면에서 모두 강하게 살아있었다.[161] 물론 지금도 일반대중의 법의식은 동성동본 결혼을 기피하는 심리가 여전

161 졸고, "同姓同本不婚 禮法의 역사철학적 배경과 현대적 해석 - 헌법재판소의 결정 논거에 대한 비평을 중심으로", 사법행정42(6), 2001, 14-34쪽; 졸저, 중국의 혼인법과 계승법, 전남대출판부, 2003, 348-390쪽 참조.

히 막강할 것이다.

공자 당시에 同姓婚姻을 한 魯 昭公이 禮를 아는지 논란거리가 되었는데, 공자가 군주의 허물을 외국인에게 드러내지 않으려고 '知禮'라고 답한 사실은 전술한 바 있다. 그렇다고 공자가 同姓婚을 禮라고 직접 인정한 논거는 전혀 없다. 사실 동성혼은 엄연한 非禮이다.

원시 부족사회에서 族內婚은 원칙상 금지된 걸로 여겨진다. 이미 우생학적 근거를 경험지혜로 파악한 듯하다. 물론, 일부 왕조국가에서는 왕실내의 혼인이 적잖이 행해진 역사가 있다. 동성불혼이 언제부터 시작되었는지, 합리적 타당성은 충분한 것인지, 의문을 제기하는 견해도 없는 것은 아니다.

禮記에 이미 이점에 관한 적절한 논의가 전개되고 있다. 즉, 4대(高祖) 緦麻에서 喪服은 모두 끝나고, 5대 袒免에서는 同姓 관계가 상당히 감쇄하며, 6대에 이르면 친족관계가 다한다고 말한다. 이러한 支族들은 친족 감정이 아주 희박해져 異姓과 다를 바가 없기 때문에, 서로 통혼할 수도 있을 것이라는 조심스러운 의론을 제기한다. 그러나 공통으로 지니는 姓이 구별되지 않고, 宗族의 대사에 함께 모여 밥 먹으면 서로 다를 바가 없기 때문에, 비록 백세대가 지나도 상호 통혼을 허락하지 않은 것은 周의 禮法이라는 것이다.[162]

동성불혼 원칙은 늦어도 周禮에서 확립되었음이 분명하다. 이는 禮의 남녀분별 본질과 직결되는 중요한 내용이다. 여하튼 동성불혼 원칙을 고수하고자, 혼인 시 반드시 남녀 姓을 반드시 확인하고, 妾을 얻을 때 姓을 알 수 없으면 점을 치는 것이 확립된 원칙이었다.[163]

---

162 禮記, 大傳: "四世而緦, 服之窮也；五世袒免, 殺同姓也; 六世, 親屬竭矣. 其庶姓別於上, 而戚單於下, 昏姻可以通乎? 繫之以姓而弗別, 綴之以食而弗殊, 雖百世而昏姻不通者, 周道然也."

163 左傳, 襄公25年·28年: "男女辨姓."; 禮記, 坊記: "取妻不取同姓, 以厚別也. 故買妾

동성불혼의 합리적 타당성을 설명하는 논거로는, 크게 두 가지 이유가 제시되고 있다. 그중 가장 중요한 보편적 으뜸 논거는, 생물학적으로 자손번식이 왕성하지 못한다는 자연적 존재적 이유다.[164] 현대 생물학 관점에서 보면, 잡종강세의 우생학 이론에 해당한다. 晋 平公이 밤낮을 뒤바꾼 무질서한 생활과 네 사람이나 되는 同姓妃妾의 남녀관계로 심한 질병을 얻었는데, 鄭 子産이 내린 진단은 이러한 생물학적 논거를 종합 대표한다.

> "內人을 취함에 동성을 피하는 까닭은, 그 자손이 번식하지 않기 때문이다. 當代에 아름다움이 먼저 다하고 나면 서로 질병이 생기는 까닭에, 군자가 싫어하는 것이다. 그래서 옛말에 이르기를, '첩을 살 때 그 성을 모르면 점을 친다.'고 하였다. 남녀 성을 분별하는 것은 禮의 큰 요체다. 지금 군주 궁내에 실로 네 사람 동성이 있으니, 질병이 없을 수 있겠는가? 네 사람 동성을 멀리한다면 가능하지만, 그렇지 않으면 반드시 질병이 악화할 것이다."[165]

동성불혼의 또 다른 중요한 논거는, 異引同排적 인간심리상 당위 규범적 이유이다. 즉, 본디 선천적 후천적 감정 모두 친근한 혈연간에는, 친밀한 정감만 지나치고 이성적 공경이 소홀해져, 서로 업신여기고 다투기 쉽다는 것이다. 晋 重耳(文公)가 망명 도중 秦에 이르렀을 때, 穆公이 딸을 주는데 이를 거절하려고 하자, 그를 수행하던 司空季子가 받으라고 권고하며, 다음과 같은 이유를 설명하고 있다.

> "성이 다르면 덕이 다르고, 덕이 다르면 종류가 다르다. 종류가

不知其姓, 則卜之." 曲禮上에도 같은 내용이 있음.

164 左傳, 僖公23年: "男女同姓, 其生不蕃."; 國語, 晋語4: "同姓不婚, 惡不殖也."

165 左傳, 昭公元年: "內官不及同姓, 其生不殖, 美先盡矣, 則相生疾, 君子是以惡之. 故志曰 : '買妾不知其姓, 則卜之.' 男女辨姓, 禮之大司也. 今君內實有四姬焉, 其無乃是也乎? 四姬有省猶可, 無則必生疾矣."

다르면 비록 아무리 가까운 사이라도, 남녀가 서로 결합하여 자손을 낳아 기를 수 있다. 그러나 성이 같으면 덕이 같고, 덕이 같으면 마음이 같으며, 마음이 같으면 뜻이 같다. 뜻이 같으면 비록 아무리 먼 사이라도, 남녀가 서로 결합하지 못하는데, 이는 서로 공경심을 모독할까 두려워하기 때문이다. 서로 모독하면 원망이 생기고, 원망이 심해지면 재앙을 초래하며, 재앙이 초래되면 同姓 친족관계까지 滅絶시키게 된다. 그래서 아내를 취함에는 동성을 피하는데, 혼란과 재앙을 두려워하기 때문이다. 그러므로 덕이 다른 異姓끼리 혼인관계를 결합하며, 덕이 같은 同姓끼리는 의로움을 돈독히 한다."[166]

의로움으로써 이익을 인도하고, 이익으로써 姓氏를 번성케 하면, 성씨와 이익이 서로 상승효과로 지속 발전하여, 분산되지 않고 견고히 단결해 토지와 생활을 보전할 수 있다.

자손만대의 시작인 혼례에서 異姓을 배필로 구하는 것은, 혈연이 먼 사람과 연결하여 친척관계를 이룸으로써, 혈통이 같은 무리와 준별하기 위함이라고 禮記는 전한다. 이 명제도 간접으로 이러한 의미를 함축한다.[167] 비록 동성불혼에 범위제한이 없고, 또 父系血族에만 국한하고 母系親族을 전혀 고려하지 않는 기본적 결함이 있긴 하지만, 원칙상 동성혼인 불통의 이유를 설명하는 논거는 자연적·사회적 과학성과 합리성을 지니고 있다.

남녀분별과 관련하여 주의할 만한 특기사항은, 분별의 성격이 본래는 계급적 수직적 차등(불평등)을 의미하지 않고, 다만 대등한 양당사자간의 단순한 수평적 상대성을 뜻한다는 사실이다. 즉, 父子관계가

166 國語, 晋語4: "異姓則異德, 異德則異類. 異類雖近, 男女相及, 以生民也. 同姓則同德, 同德則同心, 同心則同志. 同志雖遠, 男女不相及, 畏黷敬也. 黷則生怨, 怨亂毓災, 災毓滅姓. 是故娶妻避其同姓, 畏亂災也. 故異德合姓, 同德合義."

167 禮記, 郊特牲: "取於異姓, 所以附遠厚別也."

가족내 혈연상 수직적 계층성을 이루고, 君臣관계가 사회적 義緣의 수직적 계급성을 유지하는데, 부부 분별은 이들과는 본질상 다르다.

이는 妻에 관한 개념호칭에서도 명백히 확인된다. 우선, 妻는 가지런할 '齊'자로 개념 규정된다. 禮記에 따르면, '한번 더불어 가지런해지면 종신토록 변함이 없으므로, 지아비가 죽어도 재가하지 않는다.'[168] 물론 여기서는 여자의 三從之道로서 아내가 남편을 종신 따라야함(從夫)을 강조하여, 부부의 불평등성이 상당히 부각되는 것도 사실이다. 여기에 '齊'자는 더러 '醮'자로 쓰였으며, 혼례 때 부부가 함께 잔칫상을 받고 合歡酒를 마셔 尊卑가 같음을 의미한다. 그런데 說文에서도 妻를 '자기와 더불어 가지런한 여자'라고 개념 정의한다. 說文에 의하면, 齊란 '밭이랑에 밀·보리 이삭이 나와, 그 윗면이 울퉁불퉁한 지표면에 평형으로 가지런한 모습'(亝)을 본뜬 글자이고, '齊'의 아래에 '妻'가 결합된 글자(齌)는 妻의 음과 齊의 뜻을 취했는데, 가지런한 平等 의미라고 해설한다.[169] 한편, 修身·齊家·治國·平天下에서 齊가 修·治·平과 본질상 같은 의미이지만, 家에 굳이 齊를 사용한 것도, 妻가 齊라는 개념정의와 의미상 일맥상통하는 연관성을 지닌다.

'齊'자 甲骨文, 金文, 說文解字 글꼴

168 禮記, 郊特牲: "壹與之齊, 終身不改, 故夫死不嫁."

169 說文解字, 十二篇下: "妻 : 婦與夫齊者也."; 七篇上: "齊 : 禾麥吐穗上平也. 象形. 齌, 等也. 從亝妻聲."

唐律은 妻를 妾으로 강등시키거나, 노비나 妾·客女를 妻로 삼은 행위를 엄격히 금지하고 처벌한다. 疏議에서 '妻는 齊인데, 秦과 晋에서는 匹이라고 하였다'는 해석을 덧붙이고 있다.[170] 또, 妻란 가지런할 齊의 의미로, 夫와 더불어 가지런한 지체를 유지한다고 말한다.[171] 妻는 尊屬도 아니고 卑屬도 아니어서, 결국 형제에 비유되는 것이 일반이다.[172] 다만, 법률상으로는 형제도 형과 아우의 존비 차이가 엄연히 존재하고, 실질적 대등관계를 전혀 인정하지 않고 있다. 그래서 부부에 대해서는, 일반 친족호칭 대신에 반드시 '夫' 또는 '妻'로 독자 칭호를 사용하고, 妻를 특별히 비속 期親과 같은 신분으로 의제해 취급할 뿐이다.[173] 妻는 夫와 대등한 유일무이의 적법한 혼인 부부관계이며, 그 배타적·절대적 지위는 妾이나 客女·노비 등과 감히 견줄 수 없는 존귀한 신분이다. 그래서 妻는 夫에 속해 있는 모든 婦女에 우두머리라는 의미에서 女君이라고 불리고,[174] 특히 왕비는 小君이라고 일컬어진다.[175] 이러한 맥락에서, 唐律은 妻가 있으면서 다시 妻를 취하는 重婚을 금지한다.[176] 嫡妻의 유일무이 배타적 존귀성은 일찍이 춘추시대부

170 唐律, 戶婚, §178: "諸以妻爲妾, 以婢爲妻者, 徒二年; 以妾及客女爲妻, 以婢爲妾者, 徒一年半. 各還正之. (疏議曰：妻者, 齊也, 秦晉爲匹.)

171 唐律, 鬪訟, §325: (疏議曰：妻之言齊, 與夫齊體, 義同於幼.)

172 唐律, 職制, §120: (疏議曰：其妻旣非尊長, 又殊卑幼, 在禮及詩, 比爲兄弟, 卽是妻同於幼.)

173 唐律, 鬪訟, §347: (疏議曰: 其妻雖非卑幼, 義與期親卑幼同.); 賊盜, §294: (疏議答曰：妻服雖是期親, 不可同之卑幼, 故諸條之內, 每別稱夫. 爲百代之始, 敦兩族之好, 木犯非應義絶, 或準期幼之親.)

174 唐律, 鬪訟, §332: (疏議曰: (妾)毆妻之子, 以凡人論, 爲女君尊重.); 鬪訟, §347: (疏議, 問曰：女君於妾, 依禮無服.)

175 論語, 季氏: "邦君之妻, 稱諸異邦曰寡小君."

176 唐律, 戶婚, §177: "諸有妻, 更娶妻者, 徒一年. 女家, 減一等. 若欺妄而娶者, 徒一年半. 女家不坐. 各離之."

터 거론되고 있다. 즉, 妾을 王后처럼 총애하고, 庶子를 嫡子와 같이 대우하며, 정권을 두 사람에게 맡기고, 首都와 버금할 만한 큰 城市를 두는 것은, 환란에 근본이라는 것이다.[177]

한편, 妻와 관련한 匹·配·耦(偶)·伉儷 등의 용어도, 모두 상호 대등하고 균형을 이루는 '짝'의 의미다. 配匹·配偶와 같은 현대 용어도 마찬가지로 수평적 대등한 부부관계를 뜻함은 물론이다. 그리고 敵이란 말도 서로 신분과 지위·세력이 동등하여 팽팽하게 대적할 만한 관계를 의미하는데, 嫡(고대에는 適자로 썼는데, 보통 여자가 남자에게 시집 '간다'는 의미로 해석함)도 夫와 匹敵하여 대등한 수평적 부부관계를 이룰 만한 유일무이한 婦女, 즉 嫡妻의 의미를 취한 것 같다.

妻는 妾 등에 대해서 유일무이의 獨尊적 신분으로, 夫와 匹敵할 뿐만 아니라, 자녀에 대해서도 夫와 함께 나란히 父母의 존엄한 지위를 점한다. 周易 家人卦辭에 대한 彖傳은 이점을 적절히 묘사하고 있다.

> "家人은 안으로는 여자가 바른 지위에 있고, 밖으로는 남자가 바른 지위에 있는 괘다. 남녀 지위가 각기 바름은 천지에 大義다. 家人에는 존엄한 군주가 있으니, 곧 '父母'를 일컫는다. 부모가 부모답고 자식이 자식다우며, 형이 형답고 아우가 아우다우며, 남편이 남편답고 아내가 아내다우면, 집안에 道가 바르게 된다. 집안을 바르게 하면 천하가 안정된다."[178]

原文에는 '父父, 子子'로 표현한다. 여기에 '父'는 바로 앞 '父母'를 포괄해 지칭하는데, '子'가 아들뿐만 아니라 딸까지 포함하는 '子女'의 포

177 左傳, 桓公18年: "幷后、匹嫡、兩政、耦國, 亂之本也."; 閔公2年: "內寵並后, 外寵二政, 嬖子配適, 大都耦國, 亂之本也."

178 周易, 家人卦: "彖曰: 家人, 女正位乎內, 男正位乎外, 男女正, 天地之大義也. 家人有嚴君焉, 父母之謂也. 父父, 子子, 兄兄, 弟弟, 夫夫, 婦婦, 而家道正. 正家, 而天下定矣."

괄 개념으로 쓰임과 마찬가지다. 전통시대 일반 용어법은, 父가 母와 대비해 개별로 쓰이면 분명히 아버지만을 단독으로 가리키지만, 父가 子와 대응하는 개념으로 쓰이면 보통 母까지 포함해 父母를 뜻한다.

다만, 자녀에 대해서 父의 지위와 권한이 母보다 우선하고 우월한 것은 사실이지만, 이는 상대적 관계일 뿐, 결코 절대적이거나 배타적이지는 않다. 더구나 父가 母에 대해서 어떠한 수직적 우월성이나 지배권을 가지는 것은 결코 아니다. 자식에 대한 관계에서 父가 母보다 우월한 지위에 있는 규범현실과 의식은, 사실 父母관계 자체에서 비롯하는 것이 아니고, 두 사람의 독립적 夫妻관계에서 夫가 妻보다 상대적 우선권을 가지는 데서 말미암은 것이다.

그리고 夫의 妻에 대한 우월성도 사실 본래 그러한 존재법칙이 아니다. 이는 혈연을 중심으로 한 周의 가족주의 封建制와 밀접히 관련된 禮의 표현이다. 특히, 秦漢 통일왕조 이후 군주에 대한 충성을 이념화하기 위해 각색된 결과이다. 군주에 대한 신하의 충성, 부모에 대한 자식의 효도, 남편에 대한 아내의 순종정절, 셋이 나란히 삼위일체 당위규범으로 정립된 윤리적 조작의 산물에 불과하다. 漢代에 등장하는 三綱이 전형적 규범이다.

부부는 父子와 같은 수직적 혈연관계도 아니고, 군신과 같은 계급적 義緣관계도 아니며, 본디 본능적 존재적 수평적 情緣관계다. 다만, 가정과 국가가 성립해 혼인을 사회제도로 규범화하면서, 당위적 義緣관계의 성격을 부여한 것에 불과하다. 妻의 夫에 대한 종속적 지위도 이러한 당위 규범화의 부산물이다. 그 결과, 부부의 혼인관계는 본능적 존재적 수평의 情緣과 윤리적 당위적 수직의 義緣이 복합된, 특수한 사회조직이 되어버린 셈이다. 여하튼 남녀부부의 분별은 원래 수평적·비계급적 본성을 지니는 것임에 틀림없다.

5. 禮와 道·德·仁·義의 관계

德과 禮의 관계는 앞서 상술하였고, 仁과 禮의 관계도 상당히 서술하였다. 禮는 德이 제도화한 기본 사회규범으로, 특히 공경과 겸양은 양자가 공유하는 본성임을 알 수 있다. 그리고 禮는 仁에 이르는 중요한 실천 방도로서, 공자가 말한 克己復禮가 爲仁에 첩경이다. 한편, 공경은 仁에서도 중요한 속성이므로, 德·仁·禮는 모두 공경을 공통 본성으로 지닌다. 다만 차이라면, 德과 仁의 공경이 내면적 심성이 자연스럽게 발로하는 존재적 성격을 띠는데 반해, 禮의 공경은 사회규범으로서 심리강제라는 당위적 성격을 지닌다는 점이다. 이는 겸양·검소·비애·남녀분별과 같은 禮의 다른 본성에서도 마찬가지다.

다시 말해, 禮의 이러한 속성들이 다른 윤리규범에서보다 유난히 강조·부각되는 것은, 자발로 실행되지 않는 이러한 윤리도덕을 禮에 의해서나마 최소한도 확보하기 위해서다. 바로 禮의 사회적 당위규범성을 결정짓는 징표가 된다.

여기서는 禮와 道·義의 관계를 간략히 고찰해보자.

우선, 禮의 궁극 연원은 道이다. 즉, 禮는 道에 근거하여 제정한다.

"禮義란 天道에 통달하고 人情에 순응하는 통로로서, 오직 성인만이 禮를 잠시도 없앨 수 없음을 안다."179

"禮란 先王이 하늘의 道를 받들어서, 사람 감정을 다스리기 위해 제정한 것이다. 고로 禮를 잃으면 죽고, 얻으면 산다."180

禮는 道에 근거해 제정된 것으로, 그 道에 이르는 첩경이자, 그 자체가 道와 마찬가지로 잠시도 떠날 수 없어, 생사존립의 근거로 인식된

179 禮記, 禮運: "禮義也者, 所以達天道順人情之大竇也. 唯聖人爲知禮之不可以已也."
180 禮記, 禮運: "禮, 先王以承天之道, 以治人之情. 故失之者死, 得之者生."

다. 한편, 禮는 반드시 大一에 근본하여, 천지로 나누어지고, 다시 음양으로 轉化한다.[181] 또, 禮는 근본으로 되돌아가서 옛것을 닦음으로써, 그 시초를 잊지 않는 것이기도 하다.[182] 그런데 大一·근본·시초는 곧 道의 본질개념이므로, 禮가 道에 근본하며 道에 복귀하는 길임을 뜻한다. 천자가 하늘에 제사지내는 郊祭는 天道를 밝히는 것이다.[183] 또, 禮記는 論語에 고사를 인용해, 夏禮와 殷禮를 夏道와 殷道로 바꾸어 표현한다.[184] 三代의 禮는 하나인데, 그 道가 하나라고 거듭 말하며,[185] 사람을 다스리는 道는 禮보다 시급한 것이 없다고 강조한다.[186]

韓詩外傳에서는 군신·부자·형제·夫妻의 개별 구체적 禮를 열거한 뒤, 이를 행하여 道에 부합하지 않으면 스스로 두려워할 뿐만 아니라, 이 道가 편협하게 기울어지면 사회가 혼란해지며, 이 道가 제대로 서야만 국가가 다스려진다고 말한다.[187] 또, 모든 禮가 흡족하면, 모든 일이 뜻대로 되고 음양과 寒暑가 조화로우며, 日月星辰이 청명하고 비바람이 때에 맞게 되어 만물이 편안하게 되는데, 이와 같으면 天道가 저절로 얻어진다고 말한다.[188] 여기서도 禮는 天道에 이르는 필수 통로이자, 직접 道 자체를 대신 표현하는 개념임을 알 수 있다.

한편, 본질 속성의 상호 일치를 통하여, 道와 禮의 실질적 관련성을

181 禮記, 禮運: "夫禮, 必本於大一, 分而爲天地, 轉而爲陰陽."

182 禮記, 禮器: "禮也者, 反本修古, 不忘其初者也."

183 禮記, 郊特牲: "郊所以明天道也."

184 論語 八佾: "夏禮, 吾能言之, 杞不足徵也 ; 殷禮, 吾能言之, 宋不足徵也."; 禮記 禮運: "我欲觀夏道, 是故之杞, 而不足徵也 ; 我欲觀殷道, 是故之宋, 而不足徵也."

185 禮記, 禮器: "三代之禮一也,… 其道一也."

186 禮記, 祭統: "凡治人之道, 莫急於禮."

187 韓詩外傳, 卷4: "君人者、以禮分施; 臣以禮事君; 父寬惠而有禮,… 若夫行之而不中道, 卽恐懼而自竦. 此全道也, 偏立則亂, 具立則治."

188 韓詩外傳, 卷5: "百禮洽則百意逐, 百意逐則陰陽調, 陰陽調則寒暑均, 陰陽調則三光淸, 陰陽調則風雨時, 陰陽調則群生寧, 如是則天道得矣."

살펴보아도 제법 흥미롭다. 그중 중요한 본성으로는 겸양과 절검을 들 수 있다. 老子는 道家에 시조로서, 그 사상 전반이 궁극에 道에 근원함은 말할 필요도 없다. 그런 老子가 겸양과 절검을 실질상 道의 핵심으로 매우 중시하는 것이다.

예컨대, 道의 가장 가까운 구체 물질로 물을 드는데, 특히 물이 만물을 이롭게 하면서 다투지 않는 겸양과, 사람들이 싫어하는 낮은 곳에 처하기 위해 아래로 흐르는 謙卑가 그 핵심 본성이다.[189] 또, 老子는 자신의 道가 너무 크기 때문에, 세속 눈에는 오히려 하찮게 보인다고 탄식한다. 그 道의 三寶는 자애와 검소, 그리고 천하 사람보다 감히 앞서지 않는 겸양이다.[190] 뿐만 아니라, 로자는 도처에서 '不爭'의 덕을 거론해 강조하는데, 이는 곧 겸양의 다른 표현이다. 으레 선왕의 道를 거론하는 묵자가 節用·節葬·非樂의 절검과 非攻 및 備城門 등의 소극적 겸양을 사상 핵심으로 주장하는 사실도 주목된다.

한편, 周易은 전문으로 天道를 궁구하여, 人道의 吉凶禍福을 논하는, 유가에 대표 경전이다. 그런데 謙卦는 그 64괘 중 유일하게 卦辭와 여섯 爻辭 모두 亨하고 吉하며 利로운 최선의 道로 각광받고 있다. 謙卦가 이처럼 길하고 이로운 것은, 말할 나위 없이 謙卑의 덕성 때문이다.

> "天道(日光)는 아래로 내려와 밝게 빛나고, 地道는 낮은 곳에 위치해 위로 올라간다. 天道는 가득 찬 것을 일그러뜨리고 겸양을 덧보태주며, 地道는 가득 찬 것을 변화시키고 겸양을 채워준다. 귀신은 가득 찬 것을 해치고 겸양을 복 주며, 人道는 가득 찬 것을 미워하며 겸양을 좋아한다."[191]

---

189 老子, §8: "上善若水. 水善利萬物而不爭, 處衆人之所惡, 故幾於道."

190 老子, §67: "天下皆謂我 : 道大, 似不肖. 夫唯大, 故似不肖. 我有三寶, 持而保之. 一曰慈, 二曰儉, 三曰不敢爲天下先."

191 周易, 謙卦: "彖曰 : 謙, 亨. 天道下濟而光明, 地道卑而上行. 天道虧盈而益謙, 地道

이러한 謙卑의 道는 일찍이 老子가 간명한 명제로 표현한 바 있다. "하늘의 道는 남는 것을 덜어 부족한 것에 보태어 주는데, 사람의 道는 부족한 것을 빼앗아 남는 것에 받들어 바친다!"[192]

이렇게 보면, 禮의 본성으로 강조되는 謙卑辭讓과 節儉이 道에 핵심 본질임이 분명해진다. 다만, 道의 겸양과 절검은 존재적 자연법칙인데, 禮의 겸양과 절검은 인간이 道를 본받아 실행하도록 요구하는 당위적 사회규범이라는 점이 다르다. 禮의 이러한 본성을 특별히 강조·부각하는 까닭도 바로 여기에 있다.

그러면 禮와 義의 관계는 어떠한가?

규범원류관에서 禮의 바로 상위규범이 義이다. 이는 禮가 가장 직접 義로부터 연원·도출된다는 논리적 의미를 함축한다. 남녀부부의 분별과 부자의 친근함이 차례로 있은 연후에 義가 생기고, 義가 생기고 난 다음에 禮가 비로소 제정됨은 전술한 바와 같다.

그런데 禮의 본질 핵심이 義임을 천명하는 언론도 적지 않다. 예컨대, 禮는 義의 열매(실질)라고 한다. 義에 실질상 부합하기만 하면, 先王이 아직 제정하지 않은 사항일지라도, 그 義에 비추어 새로운 禮를 만들 수도 있다.[193] 禮(法)의 객관적 의미(정신)가 '義'이니, 사회 사정·환경의 급격한 변화로 禮(法)에 흠결이 발생한 경우, 당초 성인이 제정한 禮(法)의 객관 의미인 '義'에 근거해 보충 재정할 수 있다는 뜻이다.

또, 忠信이 禮의 근본인 것과 대응하여, 義理는 禮의 몸체라고 일컬어진다.[194] 한편, '禮는 宜를 따른다.'고 한다.[195] 宜가 義의 본질적 개

變盈而流謙, 鬼神害盈而福謙, 人道惡盈而好謙."

192 老子, §77: "天之道, 損有餘而補不足; 人之道則不然, 損不足以奉有餘."

193 禮記, 禮運: "禮也者, 義之實也. 協諸義而協, 則禮雖先王未之有, 可以義起也."

194 禮記, 禮器: "忠信, 禮之本也；義理, 禮之文也."

념속성임은 앞서 언급했는데, 곧 禮가 사물의 義理에 적합하고 마땅함을 따른다는 의미다. 禮는 근본적으로 義에 연원할 뿐만 아니라, 다른 한편으로는 義를 구현하는 중요한 방도이기도 하다.

이러한 禮와 義의 양면 관계는, 사실 손바닥과 손등처럼 한 사물의 서로 다른 관점에 불과하다. "禮가 존중하는 바는, 그 義를 존중함이다." 따라서 禮의 본질인 義를 상실하고, 禮에 사용하는 물질 방편인 器物을 숫자에 맞춰 陳設하는 것은, 禮의 절차를 진행하는 祝史의 직책에 불과하다. 禮의 숫자대로 진설하기는 쉬워도, 그 본질인 義를 알기는 어렵다. 그래서 그 義를 알아 공경스럽게 준수하면, 천하도 쉽게 다스릴 수 있게 된다.[196] 또한 先王이 제정한 천하에 모든 禮는, 원칙상 義를 이르게(구현)하여 상하 윤리질서가 어그러지지 않게 함이 목적이다.[197] 다시 말해, 禮란 인간의 五慾七情을 다스리고, 사회의 기본 관계인 五倫十義를 실현함으로써, 분쟁과 혼란을 방지하고, 평화와 질서를 유지함에, 필수불가결한 방편 규범이다.[198] 구체로 예를 들면, 조정에 燕禮는 군신간의 義를 밝히고, 鄕飮酒禮는 향촌사회에 장유질서를 밝히기 위해 존재하는 규범이다.[199]

禮와 義는 이처럼 밀접불가분의 관계이기 때문에, 아예 '禮義'라고 일컫는 언어관행이 일찍부터 보편이다. 우선, 유가에서 大道가 행해지고 천하가 지극히 公平한 이상사회인 大同世界에서는, 仁義禮法 같은

---

195 禮記, 郊特牲: "禮之所尊, 尊其義也. 失其義, 陳其數, 祝史之事也. 故其數可陳也, 其義難知也. 知其義而敬守之, 天子之所以治天下也."

196 禮記, 曲禮上: "禮從宜."

197 禮記, 禮器: "昔先王之制禮也, 因其財物而致其義焉爾."; 祭義: "天下之禮, 致義也. 致義, 則上下不悖逆矣."

198 禮記, 禮運: "聖人所以治人七情, 修十義, 講信修睦, 尙辭讓, 去爭奪, 舍禮何以治之?"

199 禮記, 射義: "燕禮者, 所以明君臣之義也 ; 鄕飮酒之禮者, 所以明長幼之序也."

윤리규범조차 필요하지도 존재하지도 않는다. 그 다음, 천하가 한 집안이 되는 次善의 小康사회에서는, 바로 '禮義'를 근본기강으로 삼아 군신·부자·부부·형제 등 인륜관계를 올바르게 규율하게 된다.[200] 또, 성인이 천지를 근본으로 인간사회 법칙을 제정함에는 禮義를 그릇으로 삼으며,[201] 유가의 선비는 忠信을 갑옷으로 여기고 禮義를 방패로 삼는다.[202] 사람이 사람인 까닭은 禮義가 있기 때문이다.[203]

'禮義'라는 합성단어는, 禮를 사상핵심으로 삼는 荀子가 가장 즐겨 애용하며, 또한 최고로 강조한다. 우선, 禮義는 국가 治亂에 근본이다. 군주가 禮와 義를 숭상하면 나라가 다스려지지만, 반대로 禮와 義를 경멸하면 나라가 어지러워진다.[204] 또, 王道정치에 선결요건은, 군주가 禮義를 중후하게 수양한 군자와 더불어 나라를 다스리는 것이다. 禮義에 순응하지 않는 말은 나라를 해치는 奸惡이 된다.[205]

뿐만 아니라, 禮義는 개인의 立身出世에 중요한 수양지침이다. 인간은 누구나 생명을 가장 존귀하게 여기고 생활 안정을 즐거워하는데, 생명 안락을 유지하고 감정을 수양하기에는 禮義보다 더 좋은 것이 없다.[206] 그리고 비록 서민 자손이라도 학문을 닦고 몸가짐을 바르게 하며 禮義에 부합하게 행동하면, 卿相이나 士大夫가 될 수 있는 반면, 귀족 자손이라도 禮義에 어그러지면 서민으로 전락한다.[207] 신분의 혈

200 禮記, 禮運: "大道旣隱, 天下爲家.禮義以爲紀, 以正君臣, 以篤父子… 是謂小康."
201 禮記, 禮運: "聖人作則, 必以天地爲本, 禮義以爲器."
202 禮記, 儒行: "儒有忠信以爲甲冑, 禮義以爲干櫓."
203 禮記, 冠義: "凡人之所以爲人者, 禮義也."
204 荀子, 不苟: "禮義之謂治, 非禮義之謂亂也."; 議兵: "隆禮貴義者, 其國治, 簡禮賤義者, 其國亂."
205 荀子, 王覇: "與積禮義之君子爲之則王."; 非相: "凡言不順禮義, 謂之姦."
206 荀子, 彊國: "人莫貴乎生, 莫樂乎安, 所以養生安樂者, 莫大乎禮義."; 禮論: "孰知夫出死要節之所以養生也."
207 荀子, 王制: "雖王公士大夫之子孫, 不能屬於禮義, 則歸之庶人; 雖庶人之子孫也, 積

연 세습이 붕괴되고, 학문과 수행에 의한 지식인의 신분상승이 보편화한 전국시대에, 사회변동 상황을 반영하여 신분이동의 결정적 표준으로 禮義를 주장한 것이다.

禮義는 궁극에는 道라고 규정되기에 이른다. 여기의 道는 물론 治國安民의 人道이다. 夏의 成湯이나 周의 武王이 易姓革命에 성공한 것은 민심을 얻었기 때문인데, 민심을 얻을 수 있었던 까닭은 반드시 道가 있었기 때문이다. 그런데 그 道란 곧 禮義辭讓忠信으로, 사람이면 누구나 이러한 道를 좋아하기 때문에, 그들이 이 道로 민심을 얻고 혁명에 승리한 것이다.[208] 또, 先王의 道는 仁의 지극한 절정으로서, 天道도 人道도 아니고, 中庸의 人道를 의미한다. 군자가 소중하게 행하는 中道란 곧 禮義라고 정의한다.[209]

이렇듯, 禮와 義는 혼연일체로 병칭됨이 보통 언어관용이다. 이는 양자의 개념속성이 본질상 매우 밀접불가분하게 관련됨을 뜻한다. 禮가 비록 德·仁과 긴밀한 본질상 친근성을 지니긴 하지만, 德·仁의 자연스러운 존재적 성격과는 판이하게 당위규범성을 강하게 띠는 것이 사실이다. 그런데 앞서 살핀 바와 같이, 義도 기본상 당위적 윤리규범으로 강조되고, 또한 禮의 바로 위에 위치하는 최근친성도 겸유하고 있다. 이러한 사실이 양자의 유사성을 더욱 농후하게 만들어, 결국 혼연일체로 병칭하는 언어관용까지 초래한 것으로 보인다.

文學, 正身行, 能屬於禮義, 則歸之卿相士大夫."

208 荀子, 彊國: "人之所好者何也? 曰禮義辭讓忠信, 是也. 凡得勝者, 必與人也；凡得人者, 必與道也. 道也者, 何也? 曰禮(義辭)讓忠信, 是也."

209 荀子, 儒效: "先王之道, 人之隆也, 比中而行之. 曷謂中? 曰禮義, 是也. 道者, 非天之道, 非地之道, 人之所以道也, 君子之所道也."

6. 禮와 法의 동질성

전술했듯이, 禮는 기본상 인민을 다스리는 국가 통치기강이자, 각종 인간관계를 규율하는 사회규범이다. 이러한 禮의 개념 성격은, 周禮가 바로 周初 이래 춘추전국시기에 이르기까지 실질상 周法이었음을 말해준다. 법의 기본 개념도 국가 통치기강과 사회규범의 범주를 벗어나지 못하기 때문이다. 다만, 시대와 사회에 따라, 그러한 실질적 법의 개념속성을 지닌 규범실체에 부여하는 명칭이 다소 다른 것뿐이다.

실제로, 춘추전국시대에 등장하는 법과 관련한 개념들을 살펴보면, 周의 禮가 법의 실질 개념과 대체로 일치함이 쉽게 확인된다. 특히, 法家가 禮 대신에 법으로써 국가와 인민을 다스려야 한다고 주장하는 法治 사상은, 法과 禮의 동질성을 직접 간명하게 반증한다. 왜냐하면, 기본적 동질성을 결여한 두 사물은 원천적으로 상호대체가 불가능하기 때문이다.

법이 통치기강이자 사회규범이란 개념은, 管子에 가장 잘 나타난다. 管子에 법 개념을 요약하면, 법은 의심스러움을 결단하고 是非를 밝히는 만사의 儀表이자, 백성의 생명이 달린 천하의 程式이다.[210] 여기서 儀表와 程式이란 규범적 기준을 뜻하는데, 관자는 이 두 개념을 똑같이 사용하여 법과 禮를 동시에 나란히 규정한다.

> "儀表란 만물의 程式인데, 法度는 만백성의 의표이고, 禮儀는 상하간의 의표이다."[211]

이 명제에 법과 禮의 기본 관계가 간명히 함축되어 있다. 즉, 똑같

---

210 管子, 明法解: "法者, 天下之程式也, 萬事之儀表也."; 禁藏: "法者, 天下之儀也, 所以決疑而明是非也, 百姓所縣命也."

211 管子, 形勢解: "儀者, 萬物之程式也; 法度者, 萬民之儀表也; 禮義者, 尊卑之儀表也."

은 규범적 표준인 점에서는 양자가 동질이다. 그런데 法이 모든 백성을 대상으로 하는 공평한 규범인 반면, 禮는 존비상하의 계층질서를 규율하는 차등적 규범인 점에서는, 양자가 상호 이질인 것이다.

또, 法은 군주가 천하를 통제하여 간사한 죄악을 금지하고, 인민을 명령하여 종묘사직을 받들어 지키는 통치수단이라고 구체로 정의하기도 한다.[212] 즉, 법은 조정을 수립하고, 백성의 힘과 능력을 사용하며, 심지어 인민의 생명까지도 요구하는 강력한 통치방편이다.[213]

따라서 법령이 확립되어 실행되지 않고는, 나라가 잘 다스려질 수 없으며, 백성도 제대로 명령할 수 없게 된다.[214] 법은 국가의 治亂은 물론, 존망까지도 좌우하는 결정적인 통치의 근원이다.[215] 한마디로, 법은 군주의 가장 소중한 보물이다. 심지어 仁義禮樂의 규범을 창출하는, 가장 근원적인 '천하의 지극한 道'라고 일컬어진다.[216]

여기까지 이르면, 법은 단순한 국가실정법의 좁은 범주에 머물지 않고, 널리 국가 기강과 사회규범 전반을 포괄하는 일반 개념이 된다. 물론 실정법의 관점에서, 仁義禮樂도 국가권력에 의해 法制로 實定化되어야만, 그 규범적 효력을 인정받게 된다는, 형식논리가 전혀 불가능한 것은 아니다. 여하튼, 禮와 法이 사회규범으로서 동질성을 공유함은 분명히 확인된다.

한비자에게도 법은 기본상, 군주가 국가 종묘사직을 받들어 지키고,

---

212 管子, 明法解: "法度者, 主之所以制天下而禁姦邪也, 所以牧領海內而奉宗廟也."

213 管子, 權修: "法者, 將立朝廷者也；將用民力者也；將用民能者也；將用民之死命者也."

214 管子, 禁藏: "不失其法然後治, "; 法法: "法不立, 令不行, 則民之用者寡矣."; 權修: "欲民之可御, 則法不可不審."

215 管子, 任法: "法者, 不可恆也. 存亡治亂之所從出, 聖君所以爲天下大儀也."

216 管子, 任法: "所謂仁義禮樂者, 皆出於法. 故法者天下之至道也, 聖君之實用也."; 侈靡: "法制度量, 王者典器也."

인민을 다스리는 통치 수단의 규범이다.[217] 그는 특히 법을 성문화해 관가에 비치할 뿐만 아니라, 백성들에게도 명백히 공포할 것을 강조한다.[218] 법은 관리가 제대로 집행하고 백성이 철저히 준수해야만, 사회규범과 국가 통치기강으로서 효율성이 더욱 확실해지기 때문이다.

법이 국가통치의 근본규범임은 商鞅에게도 마찬가지다. 법령은 백성의 죄악을 방지하는 국가통치의 근본이자, 백성의 생명 그 자체라고 정의된다.[219] 그는 나라를 다스리는 세 방편으로 法·信·權을 든다. 특히, 법은 군주와 신민이 함께 준수하는 것이며, 군주가 개인적 사사로움을 억제해 공평을 유지함이, 국가 治亂을 결정하는 핵심 관건이다.[220] 무엇보다도, 法과 禮를 동일한 의미맥락에서 동시에 병렬로 거론함이 특색이다.

"법을 바꾸어 다스리고, 禮를 고쳐 백성을 교화한다." "법은 백성을 사랑하는 방편이고, 禮는 일을 편리하게 처리하는 수단이다." "三代는 禮를 각기 달리하면서도 똑같이 왕정을 행하였고, 五霸는 법을 서로 달리하면서 똑같이 패권을 제압하였다." "시대에 따라 법을 세우고, 일에 맞추어 禮를 제정한다."[221]

이러한 일련의 언론은 전국말기 禮가 법으로 대체되는 역사적 대전환의 시대상황을 반영하는데, 또한 禮와 법의 통치기강으로서 동질성을 반증하는 징표이기도 하다. 특히, 하·은·주의 기본법제가 禮로 언

217 韓非子, 外儲說右上: "法者, 所以敬宗廟, 尊社稷."

218 韓非子, 難三: "法者, 編著之圖籍, 設之於官府, 而布之於百姓者也."; 定法: "法者, 憲令著於官府, 刑罰必於民心, 賞存乎愼法, 而罰加乎姦令者也, 此臣之所師也."

219 商君書, 定分: "法令者, 民之命也, 爲治之本也, 所以備民也."

220 商君書, 修權: "國之所以治者三 : 一曰法, 二曰信, 三曰權. 法者, 君臣之所共操也, 君臣釋法任私, 必亂."

221 商君書, 更法: "變法以治, 更禮以敎百姓. 法者, 所以愛民也 ; 禮者, 所以便事也. 三代不同禮而王, 五霸不同法而霸. 當時而立法, 因事而制禮."

급되는 것과 대비하여, 춘추오패의 통치규범이 이미 법으로 표현되고 있는 사실이 주목된다. 후술하듯이, 춘추시대부터 이미 '刑'이라는 명칭의 법이 국가 근본규범으로 제정·공포되기 시작하고, 사상·언론에서도 예와 법의 실질 개념이 보편으로 통용되기에 이르렀다.

예컨대, 魯 隱公이 특별한 일도 없이 멀리 出行하자, 이를 '非禮'라고 비난하면서, 군주의 행동거지는 모두 軌度에 맞는 국가 정사이어야 한다고, '古制'를 거론한다.[222] 여기서 古制는 非禮에 대비되어 軌度에 상응하는 개념으로, 古制란 실질상 禮制·法度·法制의 의미다.

또, 度가 法度의 의미로서, 禮와 동일한 맥락에서 동시에 병칭되는 경우는 많다. 鄭의 子皮는 '욕망은 법도를 파괴하고, 방종은 예를 문란하게 한다.'는 尙書에 말을 인용하여 자책한다. 반면, 喪禮의 법도에 어그러짐이 없는 子產을 가리켜, '법도와 예를 안다'고 칭송한다.[223] 전술했듯이, 子貢은 邾 隱公이 魯 定公과 朝見하는 모습을 보고, 禮의 관점에서 보면 두 군주 모두 법도에 맞지 않다며, 조만간 사망할 것을 예언한 적이 있다.[224]

度가 '法度'를 의미하며, 이 法度가 구체로 법을 직접 지칭하는 사실은, 晋의 趙鞅과 荀寅이 范宣子의 刑書를 刑鼎으로 주조한 사건에 대한 공자의 탄식에 잘 나타나 있다.

> "晋國은 唐叔이 冊封 받은 法度를 지켜 나라를 다스리고, 상하귀천의 질서를 유지해왔으며, 文公에 이르러 被廬之法으로 다시 수정·확립해 盟主가 되었다. 그 뒤 宣子가 고쳐 만든 夷蒐之法은 이미

222 左傳, 隱公5年: "講事以度軌量謂之軌; 不軌不物, 謂之亂政. 明貴賤, 辨等列, 順少長,… 古之制也."

223 左傳, 昭公10年: "書曰 : '欲敗度, 縱敗禮.' 夫子知度與禮矣. 我實縱欲, 而不能自克也."

224 左傳, 定公15年: "以禮觀之, 二君者, 皆有死亡焉. 今正月相朝, 而皆不度."

상당히 문란해진 刑書인데, 지금 이를 더욱 改惡하여 刑鼎으로 주조해, 훌륭한 옛 法度를 모두 저버리니, 장차 어떻게 나라를 다스리고 상하귀천의 질서를 유지할 것인가?"[225]

이러한 우려 섞인 공자의 비판 중에서, 度·法度·法이 삼위일체로 쓰이면서, '刑'의 개념과 대비되고 있다. 이는 실질상 상하귀천의 질서를 유지하고, 국가인민을 다스리는 당시 禮制인 것이다.

또, 禮와 度와 法이 같은 의미맥락에서 동시에 거론되기까지 한다. 季孫이 조세수취를 가중하려고, 공자 제자인 염유를 공자에게 보내 자문을 구했다. 공자는 짐짓 모른다고 대꾸하고, 사적으로 이를 비난하고 있다. 군자의 행위와 政事는 禮의 법도에 맞는데, 禮의 법도에 맞지 않는다면, 만족할 줄 모르고 탐욕을 부리기 마련이다. 만약 법다운 법을 시행하고자 한다면, 周公의 禮典이 이미 갖추어져 있는데, 하필 자문을 구할 것이 무엇이냐는 것이다.[226]

한편, 禮와 法이 구체 개념으로 직접 연결되기도 한다. 晋에서 范宣子가 집권한 후, 事典(政事에 관한 법전)을 제정하고, 죄와 법을 정비하며, 刑獄을 다스리고, 禮의 질서를 바로잡아 '항상적인 법'으로 삼았다.[227] 또, 晋의 武子가 周에 가서 왕실의 禮를 참관하고 귀국한 뒤, 그 典禮를 강구하여 文公의 執秩之法을 새로이 정비하였다.[228]

---

225 左傳, 昭公29年: "夫晉國將守唐叔之所受法度, 以經緯其民, 卿大夫以序守之. 貴賤不愆, 所謂度也. 文公是以作執秩之官, 爲被廬之法, 以爲盟主. 今棄是度也, 貴賤無序, 何以爲國? 且夫宣子之刑, 夷之蒐也, 晉國之亂制也, 若之何以爲法?"

226 左傳, 哀公11年: "君子之行也, 度於禮；若不度於禮, 而貪冒無厭, 將又不足. 若欲行而法, 則周公之典在, 又何訪焉?"

227 左傳, 文公6年: "宣子於是乎始爲國政, 制事典, 正法罪, 辟獄刑, 本秩禮, 使行諸晉國, 以爲常法."

228 左傳, 宣公16年: "武子歸而講求典禮, 以脩晉國之法."; 國語, 周語中: "武子歸乃講聚三代之典禮, 於是乎修執秩以爲晉法."

周代 제후의 國法은 본래 周禮에 근거해 제정된 게 사실이다. 그러나 춘추 이후 周 왕실이 쇠약해지고 예악이 붕괴하면서, 禮와 法 사이에 형식적 상하 관계도 변화가 생기고, 禮와 法의 용어도 곧잘 혼용되어, 잘 살펴 분간해야 한다.

예컨대, 鄭에 처음 책봉된 桓公이 자문을 구하자, 史伯은 답변에서 춘추시대 이전에 幽王의 정치적 혼란이 이미 극심한 상황을 묘사한다. 그 가운데 조정에 부인의 말이 횡행하고, 간신의 아첨이 판을 치면서, '周法'이 문란해진 사실을 언급하고 있다.[229] 그런가하면, 楚의 無宇는 범죄인이 왕궁에 도망 들어간 것을 체포하려다가, 도리어 왕궁의 치외법권을 내세우는 관리에게 체포되어 靈王에게 끌려갔다. 다행히 범죄도망자에 관한 周 文王의 法과 범인은닉자에 대한 楚 文王의 法을 거론하며, 법의 공평한 집행을 변론하여 풀려난 적이 있다.[230]

여기서 周法이나 周 文王의 法이란 곧 周禮로서, 禮도 곧 법의 범주에 포섭됨을 말해준다.

한편, 禮記에 따르면, 본디 禮에는 慈母(保姆)에 대한 상복 규정이 없었다. 그런데 魯 昭公이 일찍 친모를 여의고 慈母의 각별한 보살핌을 받고 자랐다고 해서, 개인적 은정을 차마 절제하지 못하고 상복을 입으려고 하였다. 이에 대해 공자가 '古禮를 위배하고 國法을 문란하게 하는' 행위라고 반대했다고 전한다.[231] 또, 천자가 제후국에 갈 때는, 반드시 그 祖廟에서 머무른다. 그런데 그 절차의식이 禮에 따라 행해지지 않으면, 이는 천자가 法을 파괴하고 기강을 문란하게 하는 것이

---

229 國語, 鄭語: "周法不昭, 而婦言是行, 用讒慝也."

230 左傳, 昭公7年: "周文王之法曰 : '有亡, 荒閱', 所以得天下也; 吾先君文王, 作僕區之法, 曰 : '盜所隱器, 與盜同罪', 所以封汝也. 若以二文之法取之, 盜有所在矣."

231 禮記, 曾子問: "古之禮, 慈母無服, 今也君爲之服, 是逆古之禮而亂國法也" 家語 卷10, 曲禮子貢問篇에 같은 내용 보임.

된다.[232] 여기서 禮와 法은 개념상으로 완전히 일치하고 있다.

그런가하면, 禮는 군주의 가장 큰 權柄인데, 준엄한 형벌이 제대로 실효성 없이 권세 있는 자와 간교한 무리에게 악용되면, 그 폐단의 여파로 법이 무상해지고, 법이 무상해지면 禮도 따라서 문란해진다.[233] 여기서는 刑과 法과 禮가 연쇄로 일체가 되고 있다.

禮와 法의 개념적 일체성은, 후대 禮法의 기능 분화와 관련한 언론에도 잘 나타난다. '禮는 未然에 방지하고, 法은 사후에 징계한다.'는 명제가 漢初 德主刑輔 사상에 핵심임은 전술했다.[234] 그런데 이 명제는 역대 법제사에서 개념 표현을 조금씩 달리하면서 계속 등장한다.

우선, 唐律釋文 序에서는 이렇게 적고 있다.

"무릇 禮란 백성의 防備이고, 刑은 禮의 外表로서, 양자는 입과 혀처럼 상호의존적 불가분의 관계를 유지한다. 禮는 죄악이 싹트기 전에 금지하고, 刑은 이미 발생한 후에 통제한다."[235]

法이 刑으로 바뀐 것인데, 이는 淸史稿 刑法志에서도 재천명한다.

"禮는 미연에 방지하고, 刑은 사후에 금지한다. 양자가 상호보완으로 행해지기 때문에, 어느 하나라도 없어서는 안 된다."[236]

그런데 隋書 刑法志에서는 이렇게 바뀌어 나타난다.

"먼저 法令을 시행하는 것은, 인민으로 하여금 죄악을 범하지 말라는 마음이며; 나라에 항상 정해진 형벌이 있는 것은, 誅戮하되 사사로운 노여움이 아니라는 뜻이다."[237]

---

232 禮記, 禮運: "天子適諸侯, 必舍其祖廟, 而不以禮籍入, 是謂天子壞法亂紀."

233 禮記, 禮運: "禮者君之大柄也.刑肅而俗敝, 則法無常；法無常, 而禮無列."

234 大戴禮記, 禮察: "禮者, 禁於將然之前；而法者, 禁於已然之後."

235 唐律釋文序: "夫禮者民之防, 刑者禮之表, 二者相須猶口與舌然. 禮禁未萌之前, 刑制已然之後." 唐律疏議, 616쪽 참조.

236 淸史稿, 刑法一: "禮防未然, 刑禁已然, 相輔而行, 不可缺一者也."

237 隋書, 刑法: "先施法令, 欲人無犯之心; 國有常刑, 誅而不怒之義."

金史 刑志에서는 더욱 간명한 명제로 등장한다.

"刑으로써 사후를 다스리고, 法으로써 미연을 방지한다."[238]

宋 神宗은 "사후에 금지하는 것이 勅이고, 미연에 금지하는 것이 令이다."고 조금 독특한 표현을 한 적도 있다.[239] 令은 사전에 발포하는 군주의 政令으로서 法令을 뜻하며, 勅이란 비교적 중대한 事案에 대한 군주의 裁決로서 勅命을 의미한다.

이상 언론을 종합해 보면, 禮의 미연예방 기능이 후대에 法의 개념으로 이전되었음을 알 수 있다. 즉, 맨 처음 등장하는 禮-法 대비의 명제에서는, 禮가 사전 규범적 기준이고, 法은 사후 제재기능을 담당하는 형벌 개념으로 사용되었다. 두 번째 단계에서는, 여기의 法이 刑의 개념으로 대체되면서, 禮-刑 대비 명제가 등장하는데, 사후 제재 의미의 法이 본래 개념인 刑으로 정착된 것이다. 그리고 隋書의 마지막 단계에 이르러서, 사전 규범기준으로서 기능이 禮에서 法으로 바뀌어, 法-刑 대비 명제가 정형화된다.

이는 법제사에서 전통법이 隋唐대에 이르러 가장 完整하게 집대성된 사실과 깊은 연관성을 지닌다. 즉, 전통법이 완벽한 체계를 갖추어 국가사회 근본기강으로서 본 궤도에 오르면서, 제도나 이념사상으로 모두, 法이 禮를 대체해 명실상부한 최고규범 지위를 확립한 것이다.

사실, 근대 서양 법에도 규범적 기준 기능과 강제적 제재 기능이 겸비되어 있다. 앞 기능은 법의 구체 내용을 국민에게 미리 알림으로써 행위에 실질적 준칙을 제공하는 것이며, 뒤 기능은 이를 위반한 자에 대한 제재조치로서 형벌이나 기타 불이익을 부과하는 것이다. 그러나 양자는 법의 서로 다른 양면 기능으로, 상호 보완해 통일조화를 유지

238 金史, 刑: "刑以治已然, 法以禁未然."

239 宋史, 刑法一: "禁於已然之謂敕, 禁於未然之謂令."

하는 불가분의 관계에 있다. 규범적 기준만 제시하고, 그 위반에 대한 어떠한 제재도 없다면, 그 禮-法의 실효성이 거의 없게 될 것이다. 반대로 규범적 기준을 사전에 공포하지 않고, 대뜸 강제적 제재의 칼날을 들이댄다면, 이는 정당성을 결여한 단순한 폭력에 불과하게 된다.

두 기능의 밀접불가분성은 전통법에서 '德主刑輔'나 '禮主法從' 사상으로 표현된다. 또한 장구한 법제사의 흐름 속에, 禮·法·刑 등의 개념이 모호하게 서로 혼동되는 현상도, 그러한 본질적 관계와 깊은 관련성이 있다. 예컨대, 禮와 法, 禮와 刑, 法과 刑의 대비 관계에서 刑의 개념은 시종 사후 제재적 형벌의 기능만을 가진 것처럼 보이지만, 실제로는 그러한 것이 아니다. 후술하듯이, 刑은 단순한 형벌 의미만 내포하지 않고, 본디 규범적 기준으로서 法의 일반 개념과 상통하는 포괄적 보편적 개념인 것이다. 다시 말해서, 刑 자체에도 사전예방의 규범적 기준 기능이 내재한다.

예컨대, 荀子는 刑의 근본이, 暴惡을 미워하고 금지함으로써, 未然에 징계하는 것이라고 규정한다.[240] 이러한 사상언론은 漢書 刑法志나 後漢書 應奉傳 등에 그대로 직접 인용되고 있다. 그런가하면, 唐律疏議 序文에서는, 禮와 刑이 본래 한 물건으로서, 禮에 어긋나면 刑에 집어넣는다고 말하기도 한다.[241] 善한 자는 禮로 대하고, 善하지 않은 자는 刑으로 대한다는, 순자의 명제와 같은 의미다.[242] 刑이 규범적 기준으로서 禮나 法과 개념상 상호 밀접히 관련됨을 알려주는 징표들이다.

한편, 禮와 法의 동질성은, 특히 荀子에게서 사상적으로 더욱 원만하게 성숙한다. 義와 禮가 '禮義'로 병칭되는 것과 상응하여, '禮法'이

240 荀子, 正論: "凡刑人之本, 禁暴惡惡, 且懲其未也."

241 柳贇, 新刊故唐律疏議序: "禮、刑, 其初一物, 出禮入刑之論, 固將以制民爲義, 而非以囚民爲厲也." 唐律疏議, 664쪽 참조.

242 荀子, 王制: "以善至者, 待之以禮; 以不善至者, 待之以刑."

라는 합성어까지 보편으로 거론된다.

우선, 禮란 法의 큰 명분으로서, 모든 사람이 준수하는 보편공통의 규범인데, 다만 일반사람들은 禮가 法이 되는 뜻을 모르고 따르기만 하고, 聖人은 그 본질 원리까지 아는 것이 다를 뿐이다.[243] 그래서 禮를 존중하면, 비록 현명하지 못할지라도 '法士'(법도 있는 선비)라고 일컫는다.[244] 나라를 잘 다스리는 방도로 禮와 法이 함께 나란히 거론되는 것도 이 때문이다. 현명한 군주가 잘 다스리는 '治國'에는, 조정 군신이 모두 禮를 숭상하며, 중앙과 지방에 모든 관리가 법을 좋아하며 준행한다. 군주는 법에 맞춰 수취하며, 인민은 禮에 따라 절용하는 것이, 부국강병에 방도이다. 禮가 숭상되고 법이 지극한 나라에는, 大道가 크게 행해져 안정과 번영을 누리게 된다.[245]

그리고 禮란 몸을 바르게 다스리는 규범이고, 그 禮를 바르게 가르쳐주는 이가 스승이다. 禮가 아니면 이는 法이 없는 것이고, 스승과 法이 아니면 몸을 바르게 할 수 없다. 따라서 스승에게 배우는 것은 곧 '禮法'인 셈이다.[246] 또한 군신·상하·귀천·장유 등 모든 인간관계에서, 中正의 도리를 숭상하고, 각기 자신의 分數를 공경스럽게 지키는 것이, '禮法의 중추적 요체'이다. 그 결과 천자가 자기 자신을 바르게 하고 無爲로써 통치하여, 천하가 모두 공평균등하게 잘 다스려지는 것이, '禮法의 대의명분'이라고 순자는 정의한다.[247]

243 荀子, 勸學: "禮者、法之大兮."; 法行: "禮者, 衆人法而不知, 聖人法而知之."

244 荀子, 勸學: "隆禮, 雖未明, 法士也."

245 荀子, 富國: "足國之道, 上以法取焉, 而下以禮節用之.… 其百吏好法, 其朝廷隆禮, 是治國已.… 脩禮以齊朝, 正法以齊官."; 君道: "至道大形, 隆禮至法, 則國有常."

246 荀子, 修身: "禮者、所以正身也; 師者、所以正禮也. 非禮, 是無法也；非師, 是無師也. 不是師法而好自用, … 故學也者, 禮法也."

247 荀子, 王霸: "君臣上下貴賤長幼, 莫不以是爲隆正, 以謹於分, 而禮法之樞要也. 天子共己而止矣, 天下莫不均平, 莫不治辨, 而禮法之大分也."

순자는 禮를 최고 규범으로서 자기 철학사상에 핵심을 삼았는데, 그 문하에서 법치사상을 집대성한 法家의 대표 인물, 韓非子와 李斯가 배출된 것도 결코 우연이 아니다. 禮와 法의 근본적 동질성은 물론, 순자의 禮法 병칭 사상이 주요한 원인임은 말할 나위가 없다.

7. 禮와 法의 異質性 : 禮의 신분적 차등성

지금까지 살펴본 바와 같이, 禮와 法은 국가통치에 근본기강이고, 사회질서유지에 기본규범인 점에서 서로 동질이다. 그렇다고 禮와 法이 완전히 동일한 것은 아니다. 禮는 周의 기본제도이고, 法은 전국 이후 禮의 지위를 대체한 새로운 사회규범이다. 춘추전국시대를 분기점으로 中國 역사가 대전환을 이루기 때문에, 양자의 규범적 성질 가운데 이러한 역사성이 각기 다르게 반영될 것은 당연한 사리다. 즉, 禮와 法은 각기 그들이 기본규범으로 기능한 인간사회의 구체적 시대상황을 배경으로 탄생한 역사적 산물일 수밖에 없다.

이러한 역사적 관점에서 부각되는 양자의 가장 큰 본질상 차이는, 禮의 상대적 차등성과 法의 절대적 평등성이라고 할 수 있다. 禮의 차등성은, 개인이 소속한 혈연이나 사회 신분집단에 따라 선천으로 결정되는, 고정불변의 수직적 계층질서이다. 이에 반해, 法의 평등성은 그러한 신분에 관계없이 능력과 공로에 따라 후천으로 이동 가능한, 개인중심의 수평적 사회규범인 점이 다르다. 그러나 물론 法이 禮의 지위를 대체하면서, 禮의 본질 특성을 의식으로나 무의식으로나 상당 부분 계승한 것은 후술할 바와 같다. 사람의 사상의식이나 사회제도가 어느 한 시점을 기준으로 완전히 단절적 전환을 이룰 수는 없기 때문이다. 사람과 사회의 정신 생명도 시간 흐름처럼 연속성을 유지하며 점차 변화하는 것일 따름이다. 여하튼 여기서는 禮의 신분적 차등성을 중심으로 고찰하며, 법의 평등성은 뒤에 자세히 서술한다.

앞서 禮의 본질 정신의 하나로 언급한 남녀부부의 分別도, 사실 禮의 중요한 차등성에 속한다고 볼 수 있다. 또한 여기서 말하고자 하는 차등성 자체도 禮의 핵심적 본질정신이라고 할 수 있다. 그러나 엄격히 구별한다면, 남녀부부의 분별은 상호 대등한 수평적 인간관계상의 개별 구체적 차별·구분이며, 여기에 禮의 차등성은 부자·군신·귀천·존비처럼 사회 전반에 걸친 수직적 상하·주종 관계상 일반 포괄적 차등·계층인 점이 다르다. 또, 禮의 차등성은 법의 평등성과 명확히 대조적 상관관계를 유지하므로, 따로 분리해 살펴본다.

禮의 차등성은 시원적으로 周의 통치조직에 근간을 이루는 封建宗法制의 핵심 본질이다. 鄭이 滑과 衛를 침입한 뒤, 周 상왕襄王의 퇴각 요청에도 불구하고 宿怨으로 거부하자, 周王이 狄을 동원하여 鄭을 정벌하였다. 富辰이 이를 적극 만류했는데, 그때 간언 가운데 封建制의 유래 및 본질이 잘 나타나고 있다.

周公이 管叔과 蔡叔의 不和를 평정한 뒤, 이를 상심하여 文王·武王·周公의 자손들을 제후국으로 책봉함으로써, 周 왕실에 울타리로 삼은 것이 봉건제의 기원이다. 그 뒤 昭公·穆公이 왕실 화목을 돈독히 도모하기 위해 친족을 규합하여 지은 詩句를 인용하면서, 울타리 안에서는 서로 불화로 다툴지라도, 외환이 있을 때 함께 구원해주는 것은 형제밖에 없다고 강조한다. 즉, 鄭은 왕실 東遷을 도와준 공로도 큰 친척 나라인데, 일시적 작은 분노 때문에 오랑캐를 동원해 鄭을 정벌하는 것은, '친척을 친근히'(親親) 하는 封建制 근본이념에 정면으로 배치한다는 것이다.[248]

248 左傳, 僖公24年: "周公弔二叔之不咸, 故封建親戚以藩屛周. 周之有懿德也, 猶曰: '莫如兄弟', 故封建之. 其懷柔天下也, 猶懼有外侮; 扞禦侮者, 莫如親親, 故以親屛周."

천자가 제후국을 책봉하여 세움으로써 시작하는 봉건제는, 제후·卿·大夫·士·庶人·工商에 이르기까지 차례로 漸降하면서, 전체로 피라미드형 수직적·차등적 신분관계를 형성한다.[249] 이렇듯 봉건제의 기본원칙은 '親親'을 바탕으로 한 수직적·차등적 신분관계임을 알 수 있다. 이는 그대로 봉건 禮制에 핵심 본질이 된다. 한편, 봉건 신분관계는 王·公·大夫·士·皂·輿·隷·僚·僕·臺라는 열 등급의 연쇄적 주종관계로 표현되기도 한다.[250] 제후 안에서도 公·侯·伯·子·男의 다섯 계층 작위가 있다. (참고로, 서양 중세 봉건제도 다섯 작위가 있어, 이를 번역하는 과정에 고대 周 봉건제 다섯 작위 명칭을 차례로 대응해 차용하였다. 그런 줄 모르는 요즘 사람들은, 公·侯·伯·子·男이 서양 고유 명칭인 줄로 착각한다!)

여기에서 물론 아랫사람은 윗사람을 섬기고, 윗사람은 아랫사람을 보호하고 다스림이 禮이다.[251] 최고 통치자인 왕은 아래로 천하 인민을 다스리면서, 위로는 上帝와 天地神明을 받들어 섬기게(祭祀) 된다. 또한 각 계층 사람들은 각기 신분에 맞는 고유한 직분을 충실히 지켜야 한다. 즉, 천자는 천하를, 제후는 나라를, 대부는 관직을, 선비는 집안을, 각각 사랑하고 다스려야 한다. 자기 직책의 관할영역을 벗어나면, 참람한 월권행위로 禮가 아니다.[252]

이러한 신분상 수직적 차등성은 禮論에 보편으로 거론된다.

禮는 친소를 정하고 嫌疑를 판단하며, 異同을 구별하고 시비를 밝히

249 左傳, 桓公2年: "天子建國, 諸侯立家, 卿置側室, 大夫有貳宗, 士有隸子弟, 庶人工商各有分親, 皆有等衰."

250 左傳, 昭公7年: "天有十日, 人有十等. 下所以事上, 上所以共神也. 故王臣公, 公臣大夫, …"

251 左傳, 昭公30年: "禮也者, 小事大、大字小之謂. 事大在共其時命, 字小在恤其所無."

252 韓非子, 外儲說右上: "夫禮, 天子愛天下, 諸侯愛境內, 大夫愛官職, 士愛其家, 過其所愛曰侵."

는 규범 기준이다.[253] 또한 귀천에 등급이 있고, 장유에 차별이 있으며, 빈부·경중이 제각기 합당한 것을 禮라고 정의한다.[254] 그리고 親親·尊尊·長長 및 남녀유별 같은 禮의 차등성은, 시대나 지역을 막론하고 결코 바뀔 수 없는, 가장 중대한 人道로 규정된다.[255] 禮의 신분적 차등성을 이처럼 강조하는 것은, 무분별한 혼동이 사람들에게 오해와 의심을 불러일으켜, 국가사회 질서를 문란하게 할 염려가 있기 때문이다. 즉, 인민들이 각각 자기 신분 직책에 충실하고 분수를 지킴으로써, 평화로운 질서를 유지하자는 규범 목적인 것이다.[256]

"군주는 군주답고, 신하는 신하다우며, 부모는 부모답고, 자식은 자식답다." 공자의 正名論은 춘추전국시대에 보편 사상으로, 본질상 禮의 신분적 차등성을 근거로 사회질서를 유지하려는 규범 이념이다.[257] 특히, 君上의 名義와 地位를 신하에게 빌려주거나 빼앗기지 않고, 신분상 차등적 禮를 엄격히 고수하는 正名論은, 국가정권 및 사회질서를 안정시켜 유지하는 法寶로서 매우 중요하다. 심지어 하늘에는 두 해가 없으며, 땅에는 두 왕이 없고, 집에는 두 주인이 없으며, 어떠한 사회집단에도 최고지위자는 둘이 있을 수 없다. 유일무이의 君父權 이론으로 군신상하의 차별을 절대화하기도 한다.[258]

---

253 禮記, 曲禮上: "夫禮者, 所以定親疏、決嫌疑、別同異、明是非."

254 荀子, 富國: "禮者, 貴賤有等, 長幼有差, 貧富輕重, 皆有稱者也." 禮論편에서는 이를 '別'로 정의한다.

255 禮記, 喪服小記: "親親·尊尊·長長·男女之有別, 人道之大者也."; 大傳: "親親也, 尊尊也, 長長也, 男女有別, 此其不可得與民變革者也."

256 禮記, 坊記 전편 내용이 차등분별로서 禮의 목적과 규범기능을 기술한다.

257 論語, 顔淵: "君君、臣臣、父父、子子."; 子路: "必也, 正名乎! 名不正, 則言不順 ; … 事不成 ; … 禮樂不興 ; … 刑罰不中 ; 刑罰不中, 則民無所錯手足."; 國語, 周語中: "爲臣必臣, 爲君必君."; 齊語: "爲君不君, 爲臣不臣, 亂之本也."

258 禮記, 坊記: "天無二日, 土無二王, 家無二主, 尊無二上, 示民有君臣之別也."

한번은 虢公(괵공)과 晋侯가 함께 王을 朝見하는데, 왕이 公과 侯를 똑같은 禮로 대우했다. 이에 대해 史筆은, 名義와 地位가 같지 않으면 禮遇도 다른 법인데, 무차별하게 대하는 것은 禮를 빌려주는 것이라며 비난한다.[259] 한편, 周王이 내란을 피해 鄭에 나와 있었는데, 晋 文公이 왕을 도와 복귀시켰다. 이에 왕이 연회를 베풀어 공로를 치하하자, 晋 文公이 王의 고유한 독점적 典章인 隧를 요청하였다. 그러나 왕은 周의 덕을 대신할 정도가 아닌데, 두 왕이 있을 수 없다는 이유로 이를 거절했다.[260] 아직 봉건 신분질서가 크게 문란해지지 않은 춘추초기에 강한 명분의식을 반영해준다.

그런데 衛 穆公은 戰功을 토지로 포상하려다가, 신하가 이를 사양하는 대신, 朝會 때 군주와 같은 제후의 禮를 사용하도록 요청하자, 그냥 허락하였다. 이 사실에 대해 공자는, 禮의 器物과 名義를 타인에게 빌려주지 않는 것이 군주 통치권이라면서, 차라리 토지를 더 많이 준 것만 못하다고 탄식하고 있다. 왜냐하면, 명분으로 믿음을 보이고, 믿음으로 기물을 지키며, 기물로써 禮를 표현하고, 禮로써 義를 행하며, 義로써 공공복리를 증진함이, 인민을 다스리는 정치에 大節인 까닭이다. 기물과 명분을 빌려줌은 정권을 주는 것이나 다름없고, 정권을 상실하면 국가도 따라서 빼앗기게 되기 때문이다.[261]

실제로, 魯에서 季氏가 오랫동안 실질상 집권해오다가 昭公을 축출하였는데, 昭公이 국외에서 사망했어도 백성들이 비난하는 사람 하나 없이 그대로 복종했고, 제후들까지 현실을 인정하고 말았다. 신하가

259 左傳, 莊公18年: "王命諸侯, 名位不同, 禮亦異數, 不以禮假人."

260 左傳, 僖公25年: "王章也. 未有代德, 而有二王, 亦叔父之所惡也."

261 左傳, 成公2年: "惜也, 不如多與之邑. 唯器與名, 不可以假人, 君之所司也. 名以出信, 信以守器, 器以藏禮, 禮以行義, 義以生利, 利以平民, 政之大節也. 若以假人, 與人政也. 政亡, 則國家從之, 弗可止也已."

군주의 지위와 명분을 오랫동안 행사한 결과, 인민이 진짜 군주가 누구인줄 모른 당연한 소치다.[262] 또, 楚가 제후들과 同盟하는데, 蔡와 許의 군주는 楚의 수레에 동승해 자신의 독립 지위를 상실한 까닭에, 春秋는 양국 이름을 아예 기록조차 않고 있다. 한번 지위를 상실함으로써, 다시는 제후 반열에 설 수 없는 비참한 처지가 된 것이다.[263]

이와 관련해, 로자도 일찍이 중요한 명언을 남겼다. "물고기가 연못을 벗어날 수 없듯, 나라에 소중한 기물은 인민에게 보일 수 없다."[264] 한비자는 이를 인용해, 법가의 통치방편인 法·術·勢 관점에서 부연 해설한다. 즉, 나라에 소중한 기물이란, 곧 賞과 罰의 法을 시행하는 군주의 權柄과 威勢인데, 이를 신하에게 보여주면 그 위세를 편승해 차용하기 때문에, 보여주어서는 안 된다는 것이다.[265]

또한 권세를 빌려주면 군신상하 지위가 아예 뒤바뀌기 때문에 더욱 조심해야 한다. 宋 子罕은 백성이 좋아하는 賞은 군주에게 맡기고, 백성이 싫어하는 罰은 자신이 장악함으로써 정권을 독점하였다. 韓詩外傳은 이 사실을 거론하면서 로자의 이 구절을 인용한다.(卷7)

특히, 군신상하의 지위 명분에 관하여, 유가·도가·법가를 막론하고 한결같이 절대적 正名論을 주장하는 사실은, 본질상 周禮의 신분적 차등성과 밀접불가분한 관련성이 있다. 이러한 사회 신분관계의 차등성은 자연적 존재현상의 비유를 통하여 그 합리적 당위성이 강조된다.

---

262 左傳, 昭公32年: "季氏出其君, 而民服焉, 諸侯與之；君死於外, 而莫之或罪, 何也? 民不知君, 何以得國? 是以爲君愼器與名, 不可以假人."

263 左傳, 成公2年. "蔡侯·許男不書, 乘楚車也, 謂之失位. 位其不可不愼也乎! 蔡許之君, 一失其位, 不得列於諸侯, 況其下乎!

264 老子, §36: "魚不可脫於淵, 國之利器不可以示人."

265 韓非子, 喩老: "賞罰者, 邦之利器也. 在君則制臣, 在臣則勝君. 人君見賞而人臣用其勢, 人君見罰而人臣乘其威. 故曰 : '邦之利器, 不可以示人.'" 內儲說下에도 같은 내용이 보임.

즉, 하늘은 높고 땅은 낮은 자연 현상에 대응하여, 인간의 사회적 존비·귀천의 신분지위가 존재하는 원리는 당연하다고, 易傳은 밝히고 있다.[266] 또한 땅에는 높고 낮음이 있고, 하늘에는 밝고 어둠이 있듯, 사람에게 군신상하의 지위가 존재하고, 나라에 도읍과 향촌이 있는 것은, 예로부터 내려오는 당연한 제도라고 한다.[267]

이러한 차등적 禮란 구체로 어떠한 것인가? 禮書에 등장하는 중요하고 독특한 몇몇 구체 내용을 간추려 정리해볼 가치와 필요가 있다.

우선, 신분적 차등성은 가장 쉽게 눈에 띄는 일상 衣服 제도에 나타난다. 禮의 服制는 크게 두 종류가 있다. 그 하나는 국가 차원에서 관직 品階와 연결되는 官服制이다. 이는 의복의 빛깔과 文飾의 차이로 구별되며, 보통 車制와 함께 거론된다. 군주는 同姓 귀족과는 수레를 같이하지 않으며, 異姓 신하와는 수레는 같이하되 의복은 같이하지 않는다. 각기 이들과 구별되는 유일무이한 절대 지위를 표시한다.[268]

한편, 수레는 兵車와 관련해 百乘·千乘·萬乘 등 신분적 차등성이 존재한다. 초기에는 天子六軍、제후三軍의 軍制와 함께 비교적 예법대로 잘 지켜졌다. 춘추시대 이래 실력쟁패가 본격 노골화하고, 특히 晋이 六軍을 창설하면서 차츰 이러한 위계질서가 붕괴하기 시작했다.[269] 또한 군주나 부친 이름을 筆舌로 일컬을 수 없는 避諱 제도도, 忠孝와 관련한 특징적 禮의 차등성이다. 제후가 천자와 칭호를 같이 사용할 수 없는 것도 당연한 禮이다.[270]

---

266 周易, 繫辭上: "天尊地卑, 乾坤定矣. 卑高以陳, 貴賤位矣."

267 國語, 楚語上: "地有高下, 天有晦明, 民有君臣, 國有都鄙, 古之制也."

268 禮記, 坊記: "貴賤有等, 衣服有別, 朝廷有位, 則民有所讓.… 君不與同姓同車, 與異姓同車不同服, 示民不嫌也."; 韓非子, 外儲說右下: "古禮, 行不與同服者同車."

269 周禮, 夏官, 司馬: "凡制軍, 萬有二千五百人爲軍, 王六軍, 大國三軍, 次國二軍, 小國一軍."

270 韓非子, 外儲說右下: "諸侯不得與天子同號."

다른 하나의 服制는, 가족 차원에서 친족 사망 시 입는 喪服의 종류와 기간을 차등 짓는 喪服制다. 상복은 斬衰(참최)3年, 齊衰(자최)杖期, 齊衰不杖期, 齊衰5月, 齊衰3月, 大功9月, 小功5月, 緦麻3月로 나뉜다.[271] 이는 봉건제의 출발점으로서, 사회의 최소기초단위인 가족공동체에 親疎·존비의 신분질서를 규정한 핵심적 禮로, 수천년 전통사회를 지탱해 온 중추 규범이다. 또한 상복제는 그 자체 상징성이 뚜렷이 드러날 뿐만 아니라, 율령제에 근간으로서 각종 범죄·형벌의 경중을 결정하는 기본적 신분표준인지라, 실질 의의가 매우 크다.

이밖에도 禮의 중요한 신분적 차등성은, 주로 '愼終追遠'의 喪祭와 관련하여 특히 부각된다. 우선, 사망의 명칭이 신분지위에 따라 각기 다르다. 천자는 崩, 제후는 薨, 대부는 卒, 선비는 不祿, 서민은 死라고 일컫는다.(曲禮下) 사망 후 殮하여 入棺하는 날짜 및 장례 치르는 기일, 그를 조문하는 범위도 각기 차이가 난다. 천자는 7일만에 입관하여 7개월에 장례하되, 모든 제후가 다 모여 조문한다. 제후는 5일과 5개월에 동맹 제후가 모이며, 대부는 사흘과 석달에 같은 지위의 관리가 모두 모인다. 선비는 踰月葬에 친족을 포함한 외척과 인척 등 개인적 친분관계 사람들이 조문한다.[272]

또한, 왕족이나 제후의 상례에서 喪哭하는 장소도 각기 다르다. 同姓 제후는 왕실 家廟에서, 同宗은 祖廟에서, 高祖 이하 同族은 父廟에서, 異姓 제후는 밖에서 각기 치른다.(左傳, 襄公12年) 한편, 조상신을 모시는 사당(廟)과 일반 천지신명을 받드는 제사(祀)의 수효도 각기 다르다. 천자는 일곱, 제후는 다섯, 대부는 셋의 廟와 祀를 각기 향유한다.

---

271 大明律集解附例, 喪服圖 및 服制 참조.

272 左傳, 隱公元年: "天子七月而葬, 同軌畢至；諸侯五月, 同盟至；大夫三月, 同位至；士踰月, 外姻至."; 禮記, 王制: "天子七日而殯, 七月而葬; 諸侯五日而殯, 五月而葬; 大夫士庶人, 三日而殯, 三月而葬." 단 士庶人의 三月葬은 불확실함.

선비는 한 廟를 모시고, 서민은 사당 없이 방안 제사를 지내는데, 제사는 適士가 二祀, 그 이하 庶士 및 서민은 一祀만을 지낸다.[273]

한편, 특기할 사실이 또 있다. 지금까지 언급한 중요한 차등적 禮가 주로 기간이 길거나 수가 많은 것을 귀하게 여겼는데, 귀천 차이를 결정하는 관점의 표준도 구체적 禮의 표현영역에 따라 각기 다르다. 예컨대, 궁실이나 그릇은 큰 것이 귀하고, 종묘의 제사용 술잔은 작은 것이 귀하다. 堂이나 臺는 높은 것이 귀하지만, 지극히 공경스러운 제사일수록 단을 쌓지 않고 낮은 맨땅에서 행한다. 衣冠은 화려한 것이 귀하지만, 반대로 지극히 공경스러운 禮器는 소박한 것이 더 귀하다. 물론 적을수록 귀한 것도 있다.(禮記, 禮器)

禮의 신분적 차등성과 관련해 아주 중요한 원칙이 있다.

"禮는 서민까지 내려오지 않고, 刑은 大夫까지 올라가지 않는다."(禮不下庶人, 刑不上大夫.)는 禮記(曲禮上) 명제다. 후내 史書에서는, "禮는 군자를 가르치고, 律은 소인을 금지시킨다."는 명제나, "두려움으로써 소인을 다스리고, 부끄러움으로써 군자를 대우한다."고 표현하기도 한다.[274] 순전히 문맥상으로 이해하면, 禮는 귀족의 전유물이며, 대부 이상 통치계층은 형벌 제재를 받지 않았다고 오해할 소지가 있다.

그러나 국가의 강제적 제재인 형벌을 수반하지 않는 순수한 도덕규범으로서 禮나, 그러한 규범상 절대 특권을 향유하는 귀족계급은, 역사상 결코 존재하지 않았다. 다만, 禮와 刑의 시행에서 사대부와 서민의 귀천 차별이 인정됨은 확실하다. 이는 禮의 신분적 차등성의 본질에도 부합한다. 그러나 이는 상대적 차등에 불과하지, 결코 문자적 의미처럼 절대적 구분까지 의미하는 것은 아니다. 자세한 내용은 本論

273 禮記, 王制 및 祭法篇 참조.

274 魏書, 刑罰志: "禮訓君子, 律禁小人."; 金史, 刑: "畏以處小人, 恥以遇君子."

편 제1장 "예의 법규범성"에서 탐구한다.

지금까지 禮의 신분적 차등성을 살펴보았다. 이와 대조되는 법의 본성은 公平無私의 평등성이다. 道와 義의 공통 개념인 '理'와 그 본질 속성인 公平無私性은 앞서 이미 언급하였다. 법의 평등성은 道·義의 '理' 개념과 그 공평무사로부터 직접 연원한다. 한편, 親親·尊尊이라는 禮의 차등성은 仁의 親愛적 개념과 밀접히 관련된다. 즉, 혈연 친족에 대한 친근성과 사랑의 정을 더 시급하고 중요하게 여기는 유가 仁의 관점에서, 親疎와 존비의 차등적 禮는 자연스러운 귀결이다.

그러나 至仁無親 개념도 등장한 바와 같이, 周의 통치계층이나 유가 자신도 禮의 차등적 본질을 궁극 이상으로 삼은 것은 아니다. 이는 유가가 최고 이상세계로 동경하는 '大同' 사회의 묘사에도 여실히 드러난다. 大同의 최고 기본 선결요건은, 바로 '大道가 행해져 天下가 지극히 公平해지는 것'이다. 그렇게 되면, 부모자식간의 사사로운 혈친 관계도 사회적 의미를 상실하고, 오직 어진 자와 능력 있는 자가 선임되어, 禮義나 刑法 등 어떠한 인위적 규범이 없이도, 천하가 저절로 태평스럽게 다스려진다. 다만, 현실사회에서 이러한 대동이 불가능하기 때문에, 혈친 관계를 바탕으로 하고 禮義를 기강으로 삼아, 군신·부자·형제·부부 등 세습적 차등적 신분질서나마 평화롭게 유지하는, '天下爲家'의 小康 사회가 차선으로 제시된다.[275]

또, 춘추 초기 周 왕실의 지배계층은, 봉건제의 연원 및 중요성을 거론하는 자리에서 옛말을 인용해 강조한다. "최상의 善政은 德으로써 인민을 다스리는 것이고, 그 다음이 먼저 가까운 혈친을 친근히 대한 다음 차츰 疏遠한 자에게까지 확대해가는 것이다."[276] 禮記에 따르

275 禮記, 禮運: "大道之行也, 天下爲公. 選賢與能, 人不獨親其親…是謂大同. 今大道既隱, 天下爲家, 各親其親, 禮義以爲紀, 以正君臣, 以篤父子…是謂小康."

276 左傳, 僖公24年: "大上以德撫民, 其次親親以相及也."

면, 최상은 보답을 바라지 않고 보시만 행하는 德을 존귀하게 여기고, 그 다음은 보시와 보답의 왕래를 바탕으로 禮에 힘쓴다.[277] 이 모두 혈연적 인정과 신분적 차등성을 근본으로 삼는 봉건적 禮가 결코 최선의 이상은 아님을 명백히 표현하고 있다.

그러고 보면, 도가·묵가·법가 등이 한결같이 유가의 차등적 禮를 비판한 것도 자연스러운 사상적 추세로 보인다. 도가의 道德이나 묵가의 兼愛, 그리고 법가의 信賞必罰 法은, 모두 공평무사한 평등성을 본질로 삼으면서, 차등적 禮에 대한 비판의 代案으로 제시된 점에서 공통이다. 그러나 이들도 현실의 수직적 신분관계를 완전히 부정하지는 못하고, 어쩔 수 없이 인정하지 않을 수 없었으니, 인간사회에 모순적 역설이 아닐 수 없다.

특히, 법가는 군신간의 절대적 忠을 이념화하여, 王權보다 더 절대적 황제의 통일 전제정권을 창출했다. 또, 도가의 한 流波인 黃老사상은 漢初에 君主南面之術을 체계화하여, 역시 전제권력에 이념 명분을 제공하였다. 그러나 이는 절대적 평등이라는 본질과 상대적 차등이라는 현상을 양면성으로 동시에 공유하는 道의 眞面目으로, 어느 시대나 사회를 막론하고 누구도 피할 수 없는 당연한 진리인지 모른다.

8. 禮와 法의 조화 : 法 속에 계승·수용된 禮

지금까지 禮와 法의 본질관계라는 일반 관점에서, 양자의 중요한 동질성 및 이질성을 살펴보았다. 양자 모두 국가 근본기강이며 기본 사회규범이라는 동질성 때문에, 춘추전국시대로부터 秦漢으로 옮겨가는 역사적 대전환 과정에서, 봉건적 禮가 중앙집권적 法으로 대체될

277 禮記, 曲禮上: "太上貴德, 其次務施報, 禮尙往來."

수 있었다. 이는 통치조직과 사회경제구조의 변화에 따른 소치로, 시대상황의 반영이라는 기본성격을 당연히 지닌다.

규범 내용의 관점에서 보면, 法이 禮의 동질성을 어떻게 얼마만큼 계승·수용하고, 또한 이질성에 기인한 시대상황 변화의 요청이 실제로 무슨 변화와 조정을 초래하였는지가 문제된다. 즉, 내용 변화의 측면에서, 禮와 法의 구체적 실질 관계를 검토해 볼 필요가 있다.

과연 法 속에 계승·수용된 禮의 구체 내용은 무엇이 있으며, 禮 밖에 새로이 규정된 법의 내용은 또한 어떤 것이 있는가?

夏·殷·周 三代의 禮에도, 비록 말단지엽이지만 禮의 실효성 확보를 위한 보충 규범으로서 형벌이 이미 존재했다. 특히, 춘추전국시대에 이르면, 刑과 法이라는 명칭의 규범이 禮 속에서 새로이 발생하여 성장하기 시작했다. 요컨대, 先秦 시대에는 기본상 法·刑이 禮의 범주에 포섭되는 일반관계가 설정될 수 있다. 周禮의 내용에는 범죄와 형벌을 전담하는 秋官 司寇의 직제뿐만 아니라, 天官·地官을 막론하고 널리 法·則·刑·政·禮·樂 등에 관한 일반제도가 함께 망라되었다.

그러나 秦漢 이후 율령 체계에 이르면, 형벌은 물론 禮 자체가 율령이라는 법의 일부에 포함되고 있다. 물론 周禮의 모든 내용이 고스란히 수용된 것은 아니지만, 喪服圖를 포함한 각종 중요한 禮와, 특히 會典 안에 설정된 禮典은 대표적 禮이다. 순전히 명칭 개념에서 보면, 禮와 法의 형식 지위가 완전히 뒤바뀐 셈이다. 정치사회적 대변동에 명실상부하게 대응할 만한 규범체계의 대전환인 셈이다.

우선, 唐律을 중심으로 法 속에 흡수·규정된 禮의 내용을 살펴보자. 방대한 율령의 모든 조목을 다 망라할 수는 없고, 특히 중요하게 부각되는 사항을 위주로 그 대상을 훑어보기로 한다. 서술 편의상 크게 네 가지 관점으로 분류한다. 공통 특징은 대부분 禮의 신분적 차등성과 직접 긴밀히 관련된다는 사실이다.

첫째, 禮와 法이 개념·호칭에서 일치·부합하는 관계를 유지하는 경우다. 예컨대, 천지·종묘 등에 대한 국가 제사를 담당한 祭官이 器物을 法대로 갖추지 않은 경우, 杖70에 해당한다는 규정이 있다. 그런데 疏議에서는, 이를 '禮와 令의 法에 의하지 않은' 의미로 해설한다.[278] 또한 황제 수레에 사용되는 비품이나 기물을 법대로 관리·수리하지 않거나, 그를 잘못 제공한 죄를 규정하는 조문이 있다. 이에 대해 疏議는, 그 수리·관리에 '常法'이 있으며, 그를 바칠 때는 모두 '禮法'에 따라야 한다고 해석하면서, 실제로 禮의 규정을 예시하고 있다.[279] 法의 규정이 실질상 禮에 근거하면서, 국가의 유권 주석에 의하여, 그 법의 개념이 직접 禮의 법임을 명시하는 예들이다.

한편, 황제 칙서를 받들어 행하는 사절은 그 대리인으로서 상징성이 매우 높은데, 그에 대항하여 신하의 예를 갖추지 않는 자는 絞刑에 처한다는 규정이 있다.[280] '예에서 벗어나면 刑에 처한다(出禮入刑)'는 禮法 일관성의 전형적 예이다. 그런가 하면, 太廟 문안에 임의로 들어가는 것을 금지하는 규정이 있다.(衛禁, §58) 唐律釋文은 이에 대하여 '예를 갖추어 공경을 다하면 죄가 없다'는 단서 해설을 덧붙이고 있다.[281] 예에 합당한 행위는 원칙상 범죄를 구성하지 않으며, 형벌책임도 면죄될 수 있다는 소극 측면의 禮法 일치성을 보여주는 일례다.

둘째, 禮를 法制化한 것으로, 특히 예의 근간인 신분질서 존립유지를 목적으로 통치이념에 직접 관련한 규정이 있다. 우선 엄격한 계급

---

278 唐律, 職制, §98: "牲牢玉帛之屬不如法, 杖七十."(疏議曰：不依禮令之法.)

279 唐律, 職制, §105: "諸乘輿服御物, 持護修整不如法者, 杖八十."(疏議曰：自有常法.…依禮, '授立不跪, 授坐不立'之類, 各依禮法.)

280 唐律, 職制, §122. "對捍制使, 而無人臣之禮者, 絞."

281 唐律釋文, 卷七: "太廟, 謂高祖之神主在其中, 于禮惟恭則無罪.". 唐律疏議 630쪽.

혼을 들 수 있다. 주인이 奴에게 양인 여자를 처로 취해주는 경우는 물론, 奴가 스스로 그러한 경우에도 남녀 쌍방 모두 처벌한다. 후자 경우, 주인이 그 사실을 알았으면 역시 감경 처벌하며, 이를 기회로 여자를 자기 집 婢의 호적에 올린 경우에는, 流三千里로 엄하게 가중 처벌한다. 또한 노비를 양인이라고 속여 양인에게 결혼시킨 경우나, 노비가 스스로 그러한 경우에도 역시 처벌한다.(唐律, 戶婚, §270) 雜戶와 양인, 官戶와 양인 상호간에도 통혼이 금지된다. 특기할 사실은, 노비가 자기 딸을 양인 처첩으로 사사로이 시집보낸 경우에는 도둑에 준하여 처벌한다.(唐律, 戶婚, §271) 노비는 사유재산이기 때문에, 주인의 처분이나 동의를 거치지 않은 임의 출가는, 소유권 침해가 된다는 것이다.

이밖에, 工·樂·雜戶·官戶 상호간에도, 비록 律文 규정은 없지만 당연히 통혼할 수 없다. 다만, '違令'죄로 처벌이 비교적 가벼울 뿐이다. 그리고 이러한 위법혼인은 모두 법정 당연 무효로서, 절대적 강제적 이혼사유가 된다. 부부 혼인이란 사회 신분계급과 지위가 서로 대등하여, 匹敵할 만한 집안끼리 결합해야 한다. 봉건 신분질서의 등급성을 유지하는 '門當戶對' '當色爲婚'은 전통 혼인법에 핵심 징표다.[282]

예의 동성불혼 원칙은, 물론 법에서도 그대로 고수한다. 그러나 성씨란 본디 옛날에 공덕을 표창하기 위해 하사한 것으로, 세월이 오래 흐르면서 그 근원을 소급해 밝힐 수 없는 경우가 많다. 특히, 周 왕실의 책봉을 받은 많은 제후국은, 대개 그 친척으로 본디 같은 姬姓이지만, 별도로 國姓을 전승하는 경우가 있다. 법에서는 이들 사이 통혼을 특별히 허용한다. 그러나 글자는 다르지만 발음이 같아 남녀 성 분별이 곤란한 경우나, 근래에 특별한 공로로 별도 姓을 하사 받았지만 譜

282 唐律, 戶婚, §191. (疏議曰：人各有耦, 色類須同.良賤既殊, 何宜配合?); §192. (疏議曰：依令 '當色爲婚', 若異色相娶者, 律無罪名, 並當違令.)

牒이 존재한 경우, 그 同族性이 명백하면 통혼을 금지하는 것이 율령의 특색이다.(唐律, 戶婚, §182) 동성혼인은 처뿐만 아니라 첩에게도 똑같이 적용되며, 緦麻 이상 근친인 경우에는 간음죄로 논한다.

법에서는 동성뿐만 아니라, 상당한 범위 안의 외척·인척 상호간의 혼인, 同母異父자매나 繼女(처의 전남편의 딸)나, 일찍이 袒免 이상 친족의 처이었던 자를 취하는 혼인은 모두 금지한다. 이중 특별한 근친혼은 간음죄로 처벌한다.(唐律, 戶婚, §182, §183)

법이 보호하는 또 다른 예는, 봉건 종법제에 근간을 이루는 嫡庶의 준별이다. 적처의 장자가 아니면, 원칙상 가통을 계승하는 적자로 옹립할 수 없다. 다만, 적처가 50세가 넘도록 아들이 없는 경우에 한하여, 최연장의 서자를 세울 수 있다. 令은 조금 상세히 부연 규정을 두고 있다. 적자가 없거나 범죄·질병이 있는 경우에는 적손을 세우며, 적손도 없으면 적자의 同母弟、庶子、적손의 同母弟、庶孫의 순서로 세운다.(唐律, 戶婚, §158) 집안을 계승할 진정한 적자가 아니면, 公·侯·伯·子·男과 같은 봉작이나 官蔭을 계승할 수 없음은 당연한 사리다.(唐律, 詐僞, §371)

적서의 준별은 자손의 가계계승에만 국한하는 것이 아니라, 적서의 근원이 되는 처첩 질서의 확고한 유지로도 표현된다. 왜냐하면, 적자를 바꿀 수 없는 경우에, 그 뿌리인 처의 지위 자체를 뒤바꾸는 탈법(편법)이 감행될 수 있기 때문이다. 즉, 적처를 폐하고, 첩으로 그 지위를 대신함으로써, 적자를 변경할 수도 있다. 따라서 처첩의 신분지위를 고정시키지 않고서는, 적서의 질서 유지가 실효성을 확보하기 어렵다. 그러나 실제로는 첩의 미색에 미혹되어, 처와 적자를 폐한 사례가 적지 않았다. 어쨌든, 처를 첩으로 강등시키고, 첩이나 客女·婢를 처로 삼는 행위는, 부부 正道를 파괴하고 인륜을 모독하며 명분을 뒤바꾸고 禮經을 문란하게 하는 범죄로, 律에서 엄격히 금지한다.(唐律,

戶婚, §178)

이와 관련하여, 명분상 일부일처제를 관철하는 형식도 특징이다. 즉, 처가 있는데 다시 처를 취하는 중혼이 금지된다.(唐律, 戶婚, §177) 물론 첩은 여기서 제외된다. 다시 말해, 夫와 대등한 배필로서 혼인의 예를 갖출 수 있는 처는 오직 하나이며, 그 지위는 합법 이혼이나 사별에 의하지 않고는, 결코 박탈하거나 변경할 수 없다. 국가사회 기강은 그 기초단위인 가족질서의 안정에 의지한다. 가족 질서는 혼인관계의 영속적 순수성과 父子관계의 정상적 계승에 의해서만 유지될 수 있다. 그러한 의미에서 가족적 적서 준별의 正名論은, 그대로 국가 사회규범에 직결되는 중요한 통치이념인 것이다.

혼인질서와 관련해 중요한 禮의 입법으로 七出·三不去·義絶 등이 있다. 법은 七出을 적극 규정하지는 않고, 소극적 관점에서 규정한다. 처첩에게 七出과 義絶의 정황이 없는 경우, 七出에 해당하더라도 三不去 사유가 존재하는 경우에는, 일방적으로 이혼(축출)할 수 없다. 그러나 義絶은 당연한 강제이혼사유로 직접 규정하고 있다. 예의 내용과 대비해 특기할 사항은, 七出 중 惡疾과 간음의 경우에는 절대 이혼을 인정하는 점이다. 이 경우 비록 三不去의 사유가 존재해도 축출할 수 있다! 그리고 無子의 요건에 관한 확정기한의 기준으로, 적자 옹립과 관련해 50세를 제시한다. 49세까지는 아들이 없다는 이유로 처를 축출할 수 없도록 규정한 것도 특징이다. 法理의 일관성과 적서 질서유지의 실효성에 부합하는 타당한 내용이다.(唐律, 戶婚, §189, 190)

養子에 관한 법의 제한 규정도 봉건 종법제의 가족질서와 관련된다. 戶令 규정에 의하면, 養子는 원칙상 아들이 없는 경우, 昭穆(行列)에 상응하는 同宗 친족에 한하여 허용된다. 律令은 異姓 남자의 양자를 원칙상 금지한다. 다만, 3세 이하 遺棄兒는 생명보호라는 인도적 관점에서 收養을 허용한다. 여자는 異姓인 경우라도 家系 계승과 직접 관련되지 않기 때문에 금지하지 않는다.(唐律, 戶婚, §157) 허나 범죄로 沒官되어 사역당하는 雜戶는, 남녀를 막론하고 수양할 수 없다. 當色爲婚이라는 계급혼 원칙에 비추어, 사회 신분이 상이한 계층간 양자도 당연히 금지된다. 비록 律文에 罪名이 규정되지 않았지만, 이는 당연히 하지 않아야 할 '不應爲'죄 법리에 해당한다.(唐律, 戶婚, §159)

셋째, 역시 입법 연원이 직접 예에 있는 경우로, 범죄의 책임성을 감면해주는 판단기준과 심문에 관한 사항이 있다. 우선 범죄의 책임성에 관하여, 70세 이상、15세 이하、廢疾(한 支體가 없거나 한 눈이 멀거나 척추가 부러진 신체장애)의 사람은, 流罪 이하를 범한 경우 형 집행 대신 벌금을 징수한다. 疏議는 이 규정이 70세 이상 및 젖니를 갈지 않은 어린이(남자 8세, 여자 7세)는 노비로 삼지 않는 周禮에 근거한 것이라고 해설한다. 그러나 사형은 물론, 流刑 중에도 유배지에는 노역을 부가하는 加役流 및 反逆緣坐流, 통상 사면되지 않는 會赦猶流의 경우에는 여기에서 제외된다.

그리고 80세 이상、10세 이하、篤疾(두 눈이 모두 멀거나 두 支體가 없는 신체장애)의 사람은, 謀反·謀大逆·殺人罪를 범하여 사형에 해당하는 경우, 특별히 주청하여 황제 재결을 받아야 한다. 그밖에 도둑이나 상해죄는 벌금으로 대신하며, 그 이하 가벼운 죄는 모두 형벌책임을 묻지 않는다. 이는 周禮 秋官 司寇, 司刺의 三赦之法에 근거한 규정이다. 10세 이하는 幼弱에, 80세 이상은 老旄(모)에, 篤疾은 蠢愚(준우: 백치)에 각각 해당한다. 도둑이나 상해죄를 벌금에 처하는 이유는, 탐욕심·분노·원한으로 타인의 재산과 신체를 침해한 주관적 범죄의도를 완전히 방관할 수는 없기 때문이라고 한다.

한편, 90세 이상과 7세 이하는 비록 사형 범죄라도 형벌을 가하지 않는 것이 원칙이다. 이는 禮記 曲禮上의 내용을 그대로 법제화한 규정이다. 다만, 謀反·謀大逆罪에 연좌되어 유배、沒官되는 경우는 예외다. 국법 영역에서는 군주 통치권이 절대지상 명령임을 반영하는 전형적 예이다. 한편, 형벌책임이 감면되는 이들을 교사해 죄를 범하게 한 경우에는, 교사범을 正犯으로 처벌하는 규정도 특기할 만하다. 법이 人情과 禮를 수용하여 형벌 고삐를 일부 완화하면서, 그로 인해 야기될 수 있는 법망의 허점을 동시에 예방한 것은 합리적 完善 조치다.(唐律, 名例, §30)

한편, 범죄 책임성이 감면되는 이들 모두에 대해서는 증인능력도 인정하지 않음이 특색 있다.(唐律, 斷獄, §474) 이는 범죄사실을 밝히는 형사절차법상, 증거의 객관적 신빙성 차원에서도 의미심장하지만, 증인으로 拷訊당하는 사람의 정신적 압박 및 신체적 고통에 대한 인도적 배려라는 주관적 관점에서도 매우 의미가 크다. 왜냐하면, 전통시대 증인심문에는 범죄피의자와 마찬가지로 刑杖을 사용하는 것이 법으로 공식 인정되고 있기 때문이다.

또, 80세 이상과 10세 이하 및 篤疾 환자는, 그 형사책임 면제에 상응하여, 타인의 범죄고발능력도 인정하지 않는다. 즉, 이들은 謀反·謀大逆·謀叛 및 자손의 불효죄 등을 제외한 기타 일반범죄에 대해서는, 官司에 고발할 수 없으며, 官司도 이들의 고발을 수리해서는 안 된다.(唐律, 鬪訟, §352) 자기 범죄 행위에 대해 책임능력이 없는 자에게, 타인의 범죄에 대한 고발 및 증인 자격을 부여하지 않는 것은, 전통 황금률인 恕의 道에도 일치하고 형평 원리에도 부합하는 타당하고 정의로운 입법이다.

그리고 법은 죄수심문에서 刑杖의 사용(拷訊)을 최후 부득이한 방편으로 인정하며, 반드시 먼저 정황과 사리를 반복해 밝게 살피고 헤아리도록 규정한다. 獄官令은 구체로 먼저 五聽의 심문절차를 거치도록 명령하고 있다.(唐律, 斷獄, §476) 이는 周禮 秋官, 小司寇에 규정한 辭

聽·色聽·氣聽·耳聽·目聽의 五聲之聽을 직접 그대로 법제화한 것이다.

범죄와 형벌 책임에 관한 전통법의 가장 전형적 특권 규정은, 역시 親、故、賢、能、功、貴、勤、賓의 八議다.(唐律, 名例, §7) 이는 周禮 秋官, 小司寇의 八辟을 그대로 규정한 법으로, 봉건 신분질서의 계급 차등성을 가장 명확히 표현하는 규정이다. 疏議는 '刑不上大夫'라는 명제를 인용하면서, 이들 범죄는 刑律상 경중에 따르지 않고, 군주의 특별한 의론과 재결에 달려있다고 해설한다. 또한 5품 이상 관리가 사형 죄를 범한 경우, 그 범죄가 惡逆이상이 아니면 집에서 자결할 수 있도록 허용한다는, 獄官令 규정도 바로 동일한 의미맥락에서 이해된다.(唐律, 斷獄, §499, 疏議)

넷째, 동일한 범죄에 대한 형벌이 범죄의 주체와 객체(대상) 사이 신분관계에 따라 그 경중이 달라지는 경우다. 이 또한 법이 禮의 신분적 차등성을 직접 반영하는 것이다. 가장 전형적 대표는 가족내 존속과 비속 상호간의 범죄에 관한 규정이다. 물론 여기서 罪責 경중을 판단하는 기준은 혈연 친소에 따라 정해진 喪服制다.

예컨대, 비속이 존속을 폭행·상해한 경우에는 일반인보다 가중되는데, 혈연이 가까워 상복이 무거워질수록, 그 형벌도 비례하여 무거워진다. 반대로, 존속이 비속을 폭행·상해한 경우에는 일반인보다 감경되는데, 혈연이 가까워 상복이 무거워질수록, 그 형벌은 반비례하여 가벼워진다. 따라서 상복이 무거운 가까운 친족간 범죄일수록, 비속의 존속에 대한 罪責과 존속의 비속에 대한 罪責의 차이가 더욱 현격해지게 된다. 예를 들면, 자손이 조부모·부모를 욕설하기만 해도 絞刑이고, 폭행하면 상해 유무에 관계없이 斬刑에 해당한다. 반면, 조부모·부모가 자손을 폭행치상하는 경우는 물론이고, 과실치사 경우에도 전혀 범죄가 성립하지 않는다.(唐律, 鬪訟, §329) 현대 형법에서 존속살인죄를 가중 처벌하는 규정도, 바로 봉건 예제의 차등성을 반영한 전통 법문화의 유풍이다.

한편, 무덤을 파헤치는 發塚罪 경우, 律文에는 존비귀천의 신분 차별을 규정하지 않고 있다. 그런데 疏議에서는 문답 방식을 빌어, 존비 등수에 따른 범죄와 형벌 경중 차이가 분명함을 강조하면서, 당연한 比附(유추) 적용을 거론한다.(唐律, 賊盜, §277) 그러나 절도죄는 조금 특수하여, 존속 재물을 훔친 경우에도 일반인보다 형벌이 감경된다.(唐律, 賊盜, §287) 親族公財의 관념과 혈연적 人情을 참작한 입법이다.

부부관계 범죄에서는, 夫가 존속이 되고 처첩이 비속이 되는데, 첩은 처보다 한 단계 더 낮은 신분이 된다. 따라서 夫가 처를 폭행하면, 상해 결과를 초래한 때 비로소 일반인보다 두 등급 낮은 형벌을 받으며, 첩을 상해한 죄는 처보다 다시 두 등급 감경한다. 반면 처가 夫를 폭행치사하면, 일반인보다 가중 처벌하며, 첩은 처보다 다시 한 등급 더 가중한다. 처가 첩을 범행한 경우 夫가 처를 범한 관계에 상응(적용)하고, 첩이 처를 범한 경우에는 첩이 夫를 범한 관계와 동일하다.

한편, 살인죄를 제외하면 부부간 범죄는 통상 親告罪이며, 특히 夫妻간 단순한 폭언은 범죄를 구성하지 않는다.(唐律, 鬪訟, §325, 326) 부부간 자연적 수평적 대등성이, 夫爲婦綱이라는 인간적 통치규범에 의해 변질되었는데, 그 예가 법에도 그대로 반영된 것이다. 그러나 자손과 첩·노비 등에 대한 관계에서는, 夫妻의 부분적 대등성도 법에 그대로 규정되고 있다.[283]

良賤 간에 폭행상해죄도 예의 신분적 차등성이 투영되고 있다. 보통 천민이 양인을 범한 경우 일반인보다 가중하는데, 部曲의 경우 한

283 이상 가족내 존비(長幼)·夫妻 상호간 罪責의 차등성은, 林咏榮, 唐清律的比較及其發展, 387-399쪽, 특히 비교도표를 참조할 것.

등급, 노비는 두 등급을 각각 가중한다. 반면, 양인이 천민을 범한 경우 일반인보다 감경하는데, 그 정도는 앞의 경우에 상응한다. 部曲과 노비 사이에 폭행상해죄는 양인과 部曲 사이 관계에 대응하여 처리된다.(唐律, 鬪訟, §320) 한편, 노비와 주인 및 주인의 친족 사이에는, 罪責의 가감 정도가 일반 良賤 사이 관계보다 더 심화된다. 노비의 재산적 성격상 당연한 논리적 귀결이다.(唐律, 鬪訟, §321-324)

이밖에, 국왕 통치권을 대리하는 官員에 대한 범죄를, 일반인에 대한 범죄보다 가중 처벌하는 관존민비 법 규정도, 禮의 신분적 차등성을 반영한다.(唐律, 鬪訟, §312-317) 물론 이는 기본상 국가에 대한 忠을 강하게 요구하는 통치이념이 직접 법제화된 것이다. 또, 학문을 가르쳐준 스승을 폭행·상해한 죄도, 일반인보다 두 등급 가중 처벌한다. 학문의 道에서 스승의 존엄성을 가장 소중히 여기는 禮記 學記편 구절이 직접 인용되고 있다. 君·師·父 삼위일체 윤리도덕 신분성이 법에 계승되고 있는 독특한 예다.(唐律, 鬪訟, §333) 다만, 공식 官學의 師弟 관계에만 국한하고, 私學은 명문으로 배제하고 있음이 특징이다. 아마도 국법의 公的 성격과 범죄구성요건의 명확성을 부각하기 위한 배려일 것이다.

지금까지 살펴본 내용은, 법 속에 반영된 禮 가운데 지극히 중요한 일부 내용에 불과하다. 사소한 조목까지 따지기로 하면, 禮와 관련하지 않은 律文이 거의 없을지도 모른다. 특히, 忠孝나 情理와 같은 다른 각도에서 조망할 상당 부분 중요한 내용은, 이미 출판한 별도 저서에서 상세히 서술하였다.[284] 따라서 여기서는 禮와 법의 기본적 계승·조화관계를 특별히 인식하는 데서 그친다.

284 졸저, 전통 중국법의 정신, 2011재판, 全書 내용을 참조.

제6장 法

1. 전통 법문화에서 法의 起源과 必要惡性

1) 머리글

인간은 정치적 사회적 동물이고, 사회 있는 곳에 법이 있다고 한다. 다시 말하면 인간은 법 없이 살 수 없다. 법은 왜 필요하며 어떻게 생겨나게 되었을까? 법의 기원과 필요성은 사실 같은 의미가치를 지니는 문제다. 한편, 이 문제에서 법은 그 자체 독립 존재라기보다는, 국가 및 군주(통치자)와 더불어 삼위일체로 상호 관련지어 거론함이 보통이다. 왜냐하면, 여기서 핵심본질 개념은 인간과 법을 매개하는 정치성·사회성인데, 정치·사회의 개념은 그 바탕인 통치 조직·구조로서 국가와 그 주도적 지위를 차지하는 통치주체로서 군주, 그리고 통치방편으로서 법이 통일조화를 이룸으로써 성립하기 때문이다. 따라서 법의 기원과 필요성은 곧 국가 및 군주(통치자)의 기원과 필요성의 문제이기도 하다.

한편, 법이 인간의 평화로운 행복한 사회생활에 꼭 필요하다고 해서, 반드시 충분한 조건인 것은 아니다. 즉, 법질서만 잘 갖춰지면 반드시 인간 사회가 평화롭고 정의로운 행복한 삶을 누린다고 장담할 수 없다. 법은 인간사회에 필요한 최소 조건일 수 있어도, 반드시 충분한 최대 조건은 아닌 것이다. 왜냐하면, 법이란 평화질서를 위해 부득이 인간의 일부 자유·권리를 제약하고, 때론 합법적 국가폭력으로서 형벌이나 기타 강제 수단을 동원하기 때문이다. 법은 인간사회에 부득이한 필요악으로서 불충분한 결점을 지닌다. 따라서 고대 법가의 법치만능이나 현대 법실증주의의 법률만능주의는 법의 기원과 필요악성이란 본질 측면에서 볼 때, 자칫 과유불급의 愚를 범할 수 있으므로, 깊은 반성과 통찰이 필요하다. 일찍이 老子가 "법령이 많아질수록 도적이 많아진다."고 지적하면서, "올바름('正'義)으로 나라를 다스리는 법"을 강조한 까닭이다.[1]

本章에서는 이러한 동서고금의 법률만능주의에 대한 반성과 새로운 대안 모색을 위해서, 우선 동아시아 전통법문화에서 법의 기원과 필요악성에 대한 역사·철학적 탐구를 시도해본다. 법의 문자어원상 개념은 도량형 규범 비유와 함께 뒤에서 따로 자세히 살펴본다.

여기서 전통'법'은 근대적 실정법의 좁은 범주가 아니라, 좀 더 시원적인 광의의 사회규범으로 기능한 禮까지 포함해, 법의 기원을 함께 거론함이 자연스럽다. 기원과 필요성의 논의에서 오히려 禮가 법보다 우선하여 압도적 지위를 차지함이 사실이다. 또한 필요성의 논의에서는 兵이 刑의 일환으로서 나란히 등장하는 게 보통인데, 고대에는 兵刑一致 관점에서 德主刑輔 사상이 크게 펼쳐진 바 있다. 그리고 '부득이'(필요악성)란, 없을 수 없다는 필요성 의미와, 마지못해 존재한다는 흉악성·혐오성을 동시에 함축하는 중의적 개념임을 주의할 필요가 있다. 이러한 기본 개념을 전제로, 이해 편의상 크게 법의 기원과 필요성과 불충분한 흉악성으로 나누어 고찰한다.

먼저, 고대 동아시아 법의 기원에 관한 현대 학설들을 몇으로 분류

1 老子 제57章: "以正治國, 以奇用兵, 以無事取天下, 吾何以知其然哉, 以此, 天下多忌諱, 而民彌貧, 民多利器, 國家滋昏, 人多伎巧, 奇物滋起, 法令滋彰, 盜賊多有, 故聖人云, 我無爲而民自化, 我好靜而民自正, 我無事而民自富, 我無欲而民自樸."

해 요약정리하고, 전통 '灋'의 기원으로서 廌 → 皐繇(皐陶) → 蚩尤의 상관성을 살펴본다. 이어 법의 기원에 관한 제자백가의 철학사상을, 墨子、管子、商鞅、孟子、荀子、韓非子、道家 老莊、關尹子、呂氏春秋、班固 漢書 刑法志의 차례로 소개한다. 다음으로 兵刑일치 관점에서 '必要'惡으로서 법의 필요성을 검토하고, 必要'惡'으로서 법의 불충분성을 살펴본다.

현재 중국에서 법의 기원 학설은 크게 4부류로 나뉜다.

첫째, 商代 설은 엄격한 역사실증주의와 유물론적 역사관에서 제기했으나, 근래 고고학 발굴로 지금은 지지자가 거의 없다.

둘째, 노예제 사회 초기 夏대 설. 씨족이 붕괴하고 사유제와 계급제 바탕 위에서 노예제 국가가 형성되어 탕왕의 부자세습제가 확립되고, 夏 국가와 함께 禹刑이 생겨났다는 주장이다. 현재 다수설이다.

셋째, 원시사회 말기(唐虞) 설. 서경 등 전통 역사기록을 긍정해 법률의 기원을 唐虞시대로 본다.

넷째, 黃帝 시기 설. 원시공산주의 소유제가 신농씨 말기에 붕괴한 이래, 刑罰史 관점에서 黃帝 때부터 고대사회 발전규율에 완전히 부합하다고 긍정한다. 전설에 근거해 고고학적 증거가 없다고 회의적이다. '사회 있는 곳에 법이 있다.'는 法諺의 보편성과 넓은 의미에 법의 개념에서 보면, 충분히 타당하며, 최근 지지자와 견해가 늘어 반갑다.

역사철학 관점에서 법의 기원은, 인간이 육체적 능력이 다른 동물들에 비해 현저히 열등하여, 맹수와 자연력을 극복하기 위해 군집생활을 하면서, 사회적 관계에서 발생하는 모순갈등과 불화분쟁을 평화롭게 해소하기 위한 필요성에서 찾을 수 있다. 물론 인성론에서 인간의 사악한 감정욕망, 이기심과 자존심도 중요한 원인으로 본다.

전통법의 기원론과 필요악으로서 수단성을 통해, 법에 대한 선현들의 기본 개념과 정신문화를 좀 더 깊이 이해할 수 있다. 고대 법가의 법치 지상주의와 현대 실정법 만능주의에 대한 경종과 각성을 통해 동서고금을 회통하는 새로운 시대 이상적 법문화가 꽃피길 기원한다.

2) 고대 동아시아 법의 기원에 관한 현대 학설

우선 역사상으로 고대 중국에서 법이 언제 비롯했는지, 시간상 법의 기원에 대한 현대 중국법사학계의 견해들을 간단히 살펴보자.

1930-40년대 陳顧遠이 서경 등 전통 역사기록을 바탕으로 중국 법률의 기원을 唐虞(요순) 시대로 보는 글을 발표했다. 사회주의 중공 건국 후 마르크스·레닌 이론 관점에서 국가와 법의 기원에 대해 본격 토론하기 시작했다. 1956년 5월 吳恩裕가 "중국국가기원문제" 보고서에서 고고학·考據學 관점에서 政法과학 연구자는 '협소한 관점'을 내버려야 한다고 강조하며, 국가기원이 夏가 아니라 商이라고 설명했다. 이듬해 高天人이 이 문제는 너무 크고 복잡해서 의아한 부분이 많으므로, 우선 商代로 잘라 살피고 앞으로 더 개척해야할 거라고 화답하면서, 그 뒤 열띤 쟁론이 펼쳐졌다.

마르크스주의 법학이론에 따르면, 사회생산이 일정 단계까지 발전해 사유제·계급·국가가 출현함이 법의 기원에 근본원인이자 제1공통원리다. 제2공통원리는 법의 발생이 씨족관습에서 관습법을 거쳐 성문법으로 발전하는 과정을 거침이며, 제3원리는 종교·도덕의 영향이 아주 커서 강렬한 종교 색채와 도덕 흔적을 지닌다. 엥겔스의 "가정·사유제·국가의 기원"에 따르면, 국가는 이전 씨족 조직과 달리, 첫째 지역에 따라 국민을 획분하고, 둘째 무장세력·감옥·강제시설 등을 수반한 공공권력을 설립하며, 셋째 권력 유지를 위해 공민이 납부하는 조세가 필요하다.[2] 이러한 이론을 근거로, 현재까지 시간상 법의 기원

2 曾憲義 主編, 中國法制史, 中國人民大學出版社, 2000, 19-20쪽.

학설은 크게 4부류로 나뉜다.[3]

첫째, 가장 확실한 물증에 근거한 보수적 관점에서 취한 商代 설. 엄격한 역사실증주의 관점과 유물론적 역사관에서 제기한다. 근래 고고학 발굴 결과, 지금은 지지자가 거의 없다.

둘째, 노예제 사회 초기 夏대 설. 1960년대 초 張晋藩이 기원전 22세기 夏代에 씨족이 붕괴하고 노예제국가가 형성되면서, 사유제 및 계급제 바탕 위에서 부자세습제가 확립되고, 하왕조 국가와 함께 禹刑으로 총칭하는 법률도 생겨났다고 주장했다.(趙希鼎(1979)도 同旨)

1986년 游紹尹은, 법은 본디 존재한 게 아니라, 원시사회 후기 생산력발전과 사회분업 확대로 잉여생산물이 생기고 사유재산과 빈부구별이 생기면서, 착취자와 피착취자로 나뉘어 대립하게 된 계급시대에 배태한 것으로 본다. 禹가 부족연맹이 추천한 伯益 대신 아들 啓한테 자리를 물려주면서, 통치권 투쟁방식과 함께 계급무장 및 계급억압을 수반한 '家天下'의 夏왕조가 성립하는데, 그 통치권 유지를 위한 노예제계급 법도 출현한 것이다. 국가와 법이 상호보완 관계로 동시에 생겨난 것으로, 노예제 국가 명의로 새로운 행위규범을 제정해 강제하여, 노예주 계급통치에 불리한 모든 행위를 범죄로 규정해 처벌한 것이라고 한다.

국가가 있어야 법률도 있다는 기본전제 아래, 원시사회는 국가가 없으므로 법도 필요 없다. 법의 기원을 夏로 보는 관점은, 夏의 노예제 법률 탄생은 원시관습에서 법률로 발전한 긴 변화과정을 거치면서, 과도기에 배태한 원시관습은 통치자 의지 반영도 아니고, 국가 강제력의 보장도 없어서 '법'이 아니라고 본다. 국가가 점차 형성되면서 원

3 張晋藩 主編, 中國法制史研究綜述, 中國人民公安大學出版社, 1990, 14-18쪽 내용을 중심으로 관련 연구논문을 종합하여 요약 정리함.

시 관습도 통치계급의지를 대표하는 관습법으로 전환되었는데, 이전의 관습을 법으로 승인하기도 했다. 예컨대, 토지공유제는 국유토지 형식으로 보류했는데, 실은 노예주계급의 집단소유다.[4]

셋째, 원시사회 말기(唐虞) 설. 전술했듯이, 1930-40년대 이미 陳顧遠이 서경 등 전통 역사기록을 긍정해 법률의 기원을 唐虞(요순) 시대로 보았다. 그 후 1981년 倪正茂는 원시사회 중국인을 세계 주요 문명권과 비교·분석하여, (관습)법의 기원은 계급적 노예사회가 아니라 원시사회 후기에 비롯했다고 주장했다.

엥겔스의 "가정·사유제·국가의 기원"에는 법률·법관·감옥·소송이 없는 단순·질박한 미묘한 씨족제도도 있지만, 법률 등이 존재하는 다양한 사회형태의 사례도 소개한다. 실제로 역사상 원시사회 기록에도 한비자의 上古시대、장자의 지덕지세、공자의 대동사회처럼 강제력이 필요 없는 경우도 있지만, 부락간 치열한 전쟁이나 심지어 야만적 식인습관이나 순장을 실행한 사례도 많다. 원시사회 전기에는 생산력도 지극히 낮고 잉여 사유재산관념이 없었지만, 식품이 모자라는 경우 약육강식의 침탈이 발생할 수 있다. 후기에 들어서 생산력이 높아지면서 사유재산관념과 상호침탈이 빈번해지며 노예제 진입 준비가 진행되었다. 인류 계급분화는 노예제 이전에 원시 후기에 시작되었으며, 3차 사회대분업에 따라 점차 강화되었다. 제1차 대분업은 유목부락의 분리로 개시했는데, 주인과 노예, 착취자와 피착취자의 양대 계급으로 제1차 사회 대분열이 이루어졌다. 강자의 약자에 대한 강제가 집단성과 계급성을 띠며, 관습법 맹아 시기다. 수공업이 농업에서 분리하며 제2차 대분업이 일어났다. 자유인과 대량 노예의 차별 외에,

4 游紹尹, "略論我國法的起源", 中南政法學院學報, 1986, 제2기, 25-30쪽. 張晋藩 主編, 中國法制史綱, 中國政法大學出版社, 1986년판도 같은 취지.

부자와 빈자의 계급 차별이 생기고, 소수로 약자가 된 노예주의 강제력이 관습법의 발전을 촉진했다. 진정한 사회 기생충 계급인 상인의 분화가 제3차 사회 대분업이다. 새로운 재부귀족을 형성해, 대량 노예의 강제노동으로 상부구조를 떠받치는 관습법 발전 제3단계로, 더욱 엄밀하고 체계적인 잔혹한 폭력진압을 방패로 국가기구를 형성했다. 따라서 법률은 계급분화가 성숙한 원시사회 후기에 이미 비롯했다.

1. 원시사회에 이미 인간관계를 조정하는 관습법이 존재함. 2. 관습법은 재산·상속·혼인·선거·내부 인신침해 및 복수·부락간 관계 등을 광범위하게 다룸. 3. 원시사회의 철저한 붕괴(노예제 국가 건립)에 근접할수록, 관습법은 계급착취 및 계급압박의 내용을 더 많이 더 심각히 반영함. 4. 노예사회 초기 노예주계급의 국가는, 이런 관습법을 승인하고 새로운 내용을 첨가해, 노예에 대한 더 가혹한 착취압박을 실행하고 국가폭력으로 시행을 보장하여, 법률의 계급성이 드디어 주도적 지위를 차지함.

이를 바탕으로 제시한 견해는, 1. 법률이 원시사회에 이미 출현했다면, 인구도 증대하고 관계도 복잡해질 미래 무계급(공산)사회에도 반드시 법률이 필요할 것이다. 모택동 말처럼, '법정은 1만년이 지나도 필요하다.'('사회 있는 곳에 법이 있다.'는 법언 인정!) 2. 원시사회 관습법은 비록 계급성을 띠긴 했지만 사회성이 주도했고, 노예제 사회에는 계급성이 주도하고 사회성이 부차적이다.(근친혼 금지법) 노예 해방과 함께 봉건제·자본주의 사회에서 사회성이 점차 두각을 드러내며, 환경보호법 같은 경우 계급성은 소실하고 사회성이 온전하다. 3. 생산자료 공유제를 실시하는 사회주의는 착취제도 소멸로 법률에 사회성이 주도하며 생산력 발전을 촉진하고, '법 앞에 만인평등'과 '입법평등'을 관철할 수 있다.[5]

이에 동조하는 견해가 이어졌다. 1984년 서경 堯典 기록을 긍정하여, 늦어도 唐虞 때 이미 비교적 과학적·진보적 법사상이 나타났고, 虞舜 때 형법을 제정해 죄명과 형벌을 규정하고 집행기관을 두어, 성문법의 시원으로 볼 수 있다는 주장이 나왔다.(薛其暉)

원시사회에도 각종 관습과 불문의 기율이 필요하고 존재했다. 이를 준수하면 칭찬하고, 어기면 정황에 따라 비난과 징벌이 따랐다. 원시적 형벌제도의 탄생이다. 범죄와 형벌을 규정하는 형법은 "사유제와 계급의 출현과 함께 생겨난" 게 결코 아니고, 원시사회에 이미 등장했다. 모순이 보편 존재하고, 사회모순 해결수단으로서 징벌제도는, 원시사회뿐만 아니라 장래 (공산)사회에도 필수불가결하다. 동서고금에 형벌이 없는 사회를 선양·추구하는 주장은, 실현할 수 없고 유해한 空想이다. 역사상 형벌제도에 대해 무조건 전면 반대할 게 아니라, 사회생산발전과 인민생활안정에 유리한 징벌제도는 오히려 긍정·선양해야 한다. 원시사회 형벌제도는 물론 원시적이나, 원시적 인민성·민주성의 긍정 측면과 우매한 야만적 낙후성도 있다.(李啓謙)[6]

夏禹의 국가가 정식 성립하기 전에, 맹아 상태의 법과 법관이 존재해 심판활동을 전개했다. 사유재산이 이미 생겨나고 노예약탈전쟁을 수행하여 계급이 형성되던 시기에, '制令'과 형벌·법관은 이미 생겨나, 원시관습으로만 볼 수 없다.(錢大群) 요순 부족연맹시대 씨족간 분쟁과 부족간 전쟁 및 사유재산 출현은, 고대 형법이 출현해 존재했다는 근거가 된다. 따라서 '皐陶作刑' 설이 성립할 수 있고, '刑이 兵에서 비롯했다'는 설이 합리적이며, '해태가 소송을 판결한' 설도 믿을만하고, 堯典의 '五刑'도 근거가 있어서, 경전작가 엥겔스의 논술이 바로 원시사회 말기에 부합한다.(李衡梅)[7] 중국 법률의 기원은 종교·군사·생산·생

5 倪正茂, "論法律的起源", 社會科學,(上海), 1981 제1기, 76-82쪽.

6 李啓謙, "試論原始社會的懲罰制度, 東岳論叢, 1986 제4기, 73-75쪽.

7 李衡梅, "中國古代刑法淵源", 江漢論壇, 1984 제9기, 60-65쪽.

활습관과 관계가 밀접한데, 부족연맹 확대와 부족국가 형성에 따라 법률이 출현했다.(吳相文)

넷째, 黃帝 시기 설. 원시공산주의 소유제가 신농씨 말기에 붕괴한 이래, 刑罰史에서 五帝시대 사형 위주→三王시대 肉刑 위주→隋唐부터 明淸까지 徒刑·체벌 위주→청말 이후 자유형 위주로 변화해왔다.(蔡樞衡) 黃帝 시기부터 고대사회 발전규율에 완전히 부합하다고 긍정한다.(寧漢林) 사실 黃帝 때 禮法과 兵刑으로 다스렸다는 춘추전국 시기 초기 법가학파의 주장이기도 하다. 상앙은 신농씨 이후 약육강식 혼란이 치성해, 황제가 군신상하의 義와 부자형제의 禮와 부부배필의 合을 정하고, 안으로 刀鋸(刑)와 밖으로 甲兵을 사용했다고 전한다.(畫策) 管子도 황제가 법을 두어 바꾸지 않고 다스림에 인민이 평안히 적응했다고 말한다.(任法)

이상 4설 중 제1설은 현재 고고학 발굴로 부정되었고, 제4설은 전설에 근거해 고고학적 증거가 없다고 다수는 회의적이며, 제2설이 학계의 보편 지지를 받는 통설이다.[8] 그러나 근래 많은 고고학 발굴(男女合葬, 亂葬 등)에 의하면, 원시사회 말기에 부계씨족사회 발전 단계에 들어 남녀 사회지위가 변하고, 엥겔스가 지적한 대로 최초 계급대립인 혼인관계에서 夫(남)의 妻(녀)에 대한 계급압박과 노역, 빈부분화와 계급대립이 발생한 것이 분명하고, 경제 및 계급 기초에서 법의 기원을 찾는다면, 제3설도 근거가 없지 않다.

필자가 보기에, 사회주의 중국에서 제2설이 압도적 다수를 차지함

8 葉孝信 主編, 中國法制史, 北京大學出版社, 1996, 9-16쪽; 葉孝信 主編, 中國法制史, 復旦大學出版社, 2002, 1-9쪽; 曾憲義 主編, 中國法制史, 中國人民大學出版社, 2000, 18-25쪽; 曾憲義 主編, 中國法制史, 北京大學出版社, 2000, 17-28쪽; 趙昆坡 編著, 中國法制史, 北京大學出版社, 2002, 6-19쪽; 楊一凡 主編, 新編中國法制史, 社會科學文獻出版社, 2005, 29-34쪽.

은, 법과 국가는 계급분화와 계급모순갈등의 산물이며, 특히 법은 통치계급이 피치계급을 억압·착취하는 계급지배 수단이라는 마르크시즘 이론에 맹목적 충성하는 선입편견의 소치로 여겨진다. 다행히 근래 들어 '사회 있는 곳에 법이 있다.'는 法諺의 보편 진리를 받아들여, 넓은 의미에서 법의 개념과 기원을 밝히는 학자가 늘어 반갑다.

한편, 고대 法과 刑, 兵과 刑이 구분되지 않아, 刑이 兵에서 기원한다는 설이 보편 지지를 받는다.[9] 이에 대해 합리성은 있지만, 최고 중요한 경제적 근원을 간과했다는 비판이 있다. 단순한 약탈전쟁만으론 국가도 법률도 생기기 어렵다는 이유다.(張晋藩) 이에 대해, 형법이 반드시 사유제 이후 발생한다는 선입견에 집착할 필요가 없다는 반박도 있다. 원시사회 말기 약탈전쟁은 본디 경제 원인으로 일어나고, 전쟁은 지도자가 조직을 영도하는 행위로, 승리하기 위해 법률(군대기율, 周易, 師卦, '師出以律')로 전투원을 통제하고, 위반자는 엄히 징벌하는 체계가 필요하기 때문이다.(李衡梅)

3) 전통 '灋'의 기원으로서 廌 → 皐繇(皐陶) → 蚩尤

앞서 분류한 법의 기원에 관한 넷째 견해로, 黃帝와 한판 대접전에서 패한 蚩尤까지 소급하는 흥미로운 학설을 하나 따로 소개한다.[10] 설문해자에 따르면, '法'의 本字는 '灋'이고, 氵+廌+去로 이루어진바, 水는 수평=공평성을 상징하고, 廌는 외뿔 들소(산양) 비슷한 신령스런 짐승(獨角獸)으로, 다투는 사람을 그 앞에 데려가면 정직하지 못한 자를 뿔로 들이받아 물리친다(去)는 뜻을 함축한다.

근래 '水'와 '去'의 함의에 대해 새로운 기발한 해석이 나왔다. '去'는

9 李衡梅, "試論'刑起于兵'", 遼寧師大學報, 1985 제1기, 68-70쪽.

10 이하 기본 줄거리는 武樹臣 等著, 中國傳統法律文化, 北京大學出版社, 1994, 제3장, 84-146쪽 내용을 간추려 정리 소개함.

갑골문·금문에 두 사람이 서로 등진 모습으로 나타나는데, 설문해자의 '人相違也' 해설을 인용해 두 사람이 서로 불화로 다투는 모습이라고 풀이하면서, 기존 설문해자의 동사 해석(물리친다)이 잘못이라고 지적한다.[11]

그러나 사람이 불화로 법관 앞에 함께 나와 다투는 모습은 서로 마주보며 옥신각신할 것이지, 서로 등지고 앉지는 않을 것이다. 그보다는 해태가 시비·선악·곡직을 가려 그른 사람을 뿔로 받아 물리친 결과, 그가 떠밀려가며 두 사람이 서로 영원히 등지는 모습이라고 풀이함이 더 타당하고 합리적일 것이다. 물론 '去'에 심리정서상 등짐으로서 불화도 함축할 수 있지만, 그렇다고 不直者를 물리친 결과 두 사람이 등지는 모습을 배제할 필요는 없다. 둘을 다 함축할 수 있고, '去'를 '人相違也'로 해설한 許愼이 '灋'자 안에 담긴 '去'의 함의를 오해할 리는 없을 것이다.

본론으로 돌아와 결론부터 요약하면, 灋의 기원은 역사상 堯舜 때 사법관 皐陶(皐繇)가 재판할 때 활용했다는 神獸 해태(廌)로 귀착한다. 고요는 동이족으로, 黃帝한테 패전해 몰락한 치우蚩尤의 후예인데, 지금 산동 지역에 근거한 동이족 蚩尤의 토템 해태(치) = 고요 = 치우가 궁극에 중국(東亞) '灋'문화의 최초 기원이라는 것이다.

황제 시대 동이족 蚩尤 부족은, 화산 분출로 흘러내린 용암물이 굳어 굳세고 날카로운 금속이 되는 사실을 발견해, 금속병기를 만들어 무장한 정예군[12]으로 천하를 호령하며, 주변에 피정복 부족을 가혹하게 奴役하였다. 그 일족인 苗族은 잔인한 5刑을 만들어 '法'이라고 불렀다.(史記, 五帝本紀; 尙書, 呂刑 등) 그런데 黃帝가 치우 부족의 내분을

11 武樹臣 等著, 中國傳統法律文化, 17쪽 및 124-124쪽.

12 역사고전 문헌에 철갑무장한 치우군을 '半神半人'으로 상징화해 묘사했다.

틈타 탁록 전쟁에서 대승해[13] 대규모 부족연맹을 결성하고, 각 부족의 특장을 고려해 관직을 분장했다. 전쟁과 형벌에 탁월한 치우 부족한테 兵刑을 맡겨, 그 뒤로 대대로 세습관직으로 전승했다.

堯·舜·禹도 부족 추장으로 부족연맹 수장으로 추대되어 천하를 다스리면서, 치우 부족의 후예인 고요를 사법관으로 임명했다. 고요가 堯·舜·禹 3대에 걸쳐 등장하는 역사기록을 보면 超長 수명인데, 사실은 1인이 아니라 해태 토템 부족후예로 사법관직 세습인 듯하다. 치우는 兵·刑·法을 창조한 戰神으로 유명해, 류방이 沛縣 3천 자제를 이끌고 진섭·오광 起義에 동참하러 출정하면서 '치우'에게 제사를 지냈다고 전한다.(史記, 고조본기) 치우가 산에서 쇠를 녹여 兵을 만들고, 정복전쟁에서 승리해 영토·재부·영예를 독차지하면서, 피정복민을 지배하는 과정에서 형벌까지 창안해 兵刑一致를 이룬 사실은, 여러 기록에 전한다. 그 일족인 묘족이 잔혹한 5형을 시행했는데, 패전해 남방으로 강제 이주당해 현재 귀주성 묘족 자치구를 이룬다.

兵은 刑의 수단으로, 甲兵·도끼·刀鋸·송곳 등이 행형 도구였다. 반면 刑(법)은 兵의 조건으로, 군사 출정에 군기율(형벌)과 악률은 승전에 필수조건이다.(易: '師出以律') 주지하듯이, 진군공격은 북으로 사기를 북돋우고, 철군후퇴는 징 같은 금속악기로 급박을 고한다. 흥미로운 사실은, 가장 오래된 戰鼓는 '皐陶'라 부르는데, 지금 쓰는 단순한 큰 북이 아니라, 서로 다른 길이·직경·굽이(弧度, 각도)의 여러 鼓木에 피혁을 입혀 만든 일련(세트)의 북들이, 서로 다른 파장과 파동수로 상황에 따라 다양한 군사명령을 지휘했다. 북이 크고 짧으면 소리가 빠르고 짧게 들리며, 북이 작고 길면 소리가 느리게 멀리 들린다. 戰鼓의

13 황제가 치우를 역전승해 처치한 역사는, 류방이 항우를 역전승한 사적과 흡사한 줄거리로 느껴진다.

발성 자체가 한 音律체계를 구성해, 皐陶가 군령의 대명사도 되어, 치우가 만든 5兵 및 사법관 고요와 함께 兵·刑·法 삼위일체 同源을 구성한다.

한편, 해태로 알려진 解'廌'는, 설문해자 독음은 '태'지만, 다른 詞典·운서에서는 '지'나 '치'로 읽는데, 맨 위 점이 바로 외뿔을 가리킨다. 따라서 해치는 치우·고요와 음이나 상징에서 일맥상통한다. 황제가 치우를 이긴 뒤에 천하가 크게 혼란해지자, 다시 '치우' 형상을 내세워 가까스로 안정을 되찾았고, 치우 부족한테 병형 직관을 맡겨 평안질서를 유지했다. 해치는 시대에 따라 소·양·곰·사슴·기린 등과 비슷한 것으로 인식되었는데, 고요 형상도 시대에 따라 다변했다. 夏商대 고요가 해치로 공정하게 재판했다고 전하는데, 갑골문에 나오는 '御廌'는 사법관 명칭이라고 한다.

周대 禮器에 새겨진 기괴한 도안으로서, 식탐의 대명사로 일컬어지는 도철(饕餮)도, 실은 치우의 다른 이름이다. 귀족간의 쟁송에 대한 판결의 결과를 주조한 禮器나, 피정복지 禮器를 몰수해 녹여 새로 만든 禮器에, 이를 새겨 넣어 위하력을 과시했다고 한다. 서주에서 치우를 전쟁신으로 제사지내기 시작해, 류방도 첫 거병 때 치우한테 제사를 지냈다. 묵자(明鬼)에는, 고요 고향인 齊나라에서 두 귀족의 쟁송에, 양 한 마리가 등장해 곡직을 결단하여, 해치 고사를 그대로 실현했다는 기록이 전한다.

한편, 고요가 죽은 뒤, 그 후예는 英·六·許(舒) 등지에 봉해졌는데, 나중에 周의 압박으로 남으로 옮겨가 안휘성 六安·舒城 일대 정착해 토착 庭堅족과 우호를 유지했으나, 춘추시대 楚한테 함께 멸망해 합병되어 고요 제사도 끊겼다고 한다. 고요 후예를 정복한 초왕은, 전리품에서 해치 형상을 새겨 넣은 기특하고 정미한 모자를 발견해, 곧잘 머리에 써서 '초왕관'이라 불렀다. 전국 말 중원을 통일한 秦은 尙武와 법치로 유명한데, 秦의 '嬴'姓은 고요의 '偃'姓과 동일한 글자로 같은 조상혈통이라고 한다. 秦이 楚를 멸한 뒤, 고요 후예의 유물인 초왕관을 발견해 몹시 기뻐하며, 해치-고요-치우 토템상징이 결송과 직결되므로, 사법을 관장한 어사한테 특별히 하사해 정식 法冠이 되었다.

漢이 천하를 평정한 뒤, 秦의 문장전적 유물을 회수해 치국도구로 활용했는데, 법률관제는 물론 輿服도 모두 계승했다. 집법관리는 해치 형상을 새긴 法冠을 썼는데, '獬冠'·'豸冠'으로도 불린 御史冠 전통은 唐代까지 이어졌다. 뿐만 아니라, 관서 담장 정면에는 고요와 해치 형상을 그려, 장엄한 정의 기개를 연출했다. 해치 형상은 사법관의 분묘壁이나 帝王陵의 神道傍 등에도 등장했다. 길상한 神獸로 황궁의 처마끝에 자리해, 인간 홍진 煙火를 굽어 세태를 청량하게 식혀주는 상징으로도 쓰였다. 우리나라 서울 광화문 양옆 해태 형상도 남방 관악산 火氣를 진정시켜준다고 전해온다.

4) 법의 기원에 관한 제자백가의 철학사상[14]

지금까지 주로 역사상 법의 출현 시기 관점에서, 전통법의 기원을 어느 때까지 소급해 인정할 것인지, 근현대 중국 법제사학자들의 다양한 견해를 살펴보았다. 이제는 춘추전국 시대 주요 제자백가들이 예법의 기원을 어떻게 보았는지 탐구해보자. 예와 법에 관해 특별히 관심을 주력한 순자와 법가 사상이 예법의 기원에 관해 상론한다. 다른 제자백가도 나름 독특한 관점에서 직간접으로 언급하므로, 대강 두루 살펴보고자 한다.

우선, 가장 오래된 고전인 尙書(書經)에는, 왕권천명설에 상응하여

---

14 張維新, "中國古代法制史學史硏究-以歷代古籍爲中心", 華東政法大學 博士學位論文, 2011, 28-54쪽에서도, 先秦 주요 古典 및 儒墨道法 諸子의 견해를 대강 정리해 소개한다.

하늘이 典·禮·刑을 내렸다는 기록이 자주 나온다. 유명한 '洪範九疇'도 하늘이 禹한테 하사한 것이며, 苗民이 刑(法)을 제정했다고 전한다. 國語에는 '刑이 兵에서 비롯했다'는 명제가 나오는데, 고대 法刑이 부족간 전쟁에서 기원했다는 兵刑일원론을 밝힌다.

제자백가 중 특히 순자를 비롯한 법가 사상가들이 전개한 보편적 법규범 기원론은, 대체로 구체적 사실적 역사성을 강하게 반영한다. 여러 관점에서 다양하게 거론하는 이론들의 공통 핵심은, 역시 인간의 사회성·정치성을 다른 동물의 자연 상태와 구분 짓는 종차 개념이다. 이들 견해를 종합 정리하면, 대략 두 측면으로 요약할 수 있다. 첫째는 對內로 인간 상호간에 실력투쟁으로 인한 혼란을 종식시키고 평화로운 질서를 유지하기 위함이다. 둘째는 대외로 인간의 미약한 힘을 모아 사나운 짐승과 무서운 자연력을 극복하고 인류생존을 확보하기 위해서다. 이하 주요한 제자백가 및 秦·漢初 고전에 나타난 禮·法 기원론을 대강 살펴본다.

① 墨子(約 전470-전391?)

법의 기원에 관하여 본격으로 체계적 논의를 전개한 최초 사상가는 아마 묵자인 듯하다. 천하대동을 궁극이상으로 제시하는 '尙同' 사상이, 곧 묵자가 보는 법과 군주의 기원론을 대표한다. 묵자에 의하면, 인류가 처음 출현하여 아직 형벌이나 정치 및 사회적 수장이 없던 때에는, 사람마다 자기가 옳다고 여기는 주장이 각기 다를 뿐만 아니라, 자기 주장이 옳고 남의 견해는 그르다고 서로 비난하였다. 따라서 부자형제간에도 혐오와 원한으로 서로 화합하지 못하고 뿔뿔이 흩어지며, 가벼운 경우 다툼이 끊이지 않고 심한 경우에는 싸움이 계속되어, 천하가 마치 짐승세계처럼 크게 혼란스러웠다.

천하 혼란이 시비선악을 바르게 통일할 통치자(正長)가 없기 때문에 발생함을 알게 된 인간은, 마침내 천하에서 가장 어질고 선량하며 지혜로운 성현을 선택해 천자로 내세우고, 그로 하여금 천하의 정의를 대동·통일시켜 혼란을 다스리게 했다. 그러나 천자 혼자 힘만으로는 부족함을 알고, 다시 현량한 자를 선택해 삼공을 세웠으며, 또다시 천하를 수많은 나라로 나누고 제후를 뽑아 군주로 세웠다. 그 아래로 경·대부·正長·里長·家君을 차례로 세움으로써 漸降적 통치체계를 갖추게 되었다. 그 후 천자가 선한 자를 상주고 악한 자를 벌준다는 정교와 법령을 공포하는데, 그 정치 명령이 차례로 아래에 전달·시행됨으로써 천하가 통일로 다스려지게 되었다.[15]

이것이 법과 군주의 기원에 관한 묵자 견해인데, 이론으로나 체계로나 상당히 진보한 수준이라는 느낌을 준다. 우선, 혼란상황 및 그 원인에 대한 인식이 구체적 직접적이 아니라, 사상견해와 주장(義)의 차이라는 상당히 추상적 개념적 차원인 점이 특징이다. 통치자의 출현이 실력투쟁 승리자의 자기군림이 아니라, 군중의 이성적 '선택'으로 말미암았다. 또한 통치조직의 구성순서도 아래 작은 단체부터 위 큰 집단으로 상향 확대하는 게 아니라, 오히려 반대로 천자가 먼저 옹립된 후에 하향으로 分封하는 형식을 취한 점이 특색이다. 이는 周의 봉건제를 염두에 둔 건지는 모르지만, 그를 연상케 하는 수준 높은 통치체계이다. 기원론으로서는 어쩌면 역사적 사실과 다소 다른 이상론으로 평가될지도 모른다.

특히, 통치자가 엄연히 존재하는데도 천하가 여전히 혼란한 모순적 정치현실에 대해, 묵자가 내린 해명을 보면 더욱 그럴 가능성이 크다. 묵자는 현실사회 군주들이 옛날 시원적 이상과 달라졌음을 주된 이유

---

15 墨子, 尙同 上·中·下 참조. 統壹大同의 天下正義에 기초한 묵자의 法律起源論은, 졸고, "墨子의 법사상", 이화여대, 법학논집 제18권제2호(2013.12.), 310-314쪽; 졸저, 선진법사상사, 전남대출판부, 2014, 200-206쪽 참조.

로 내세운다. 예컨대, 본디 五刑(法)은 성왕이 간사하고 음란한 죄악을 징계해 천하를 다스리기 위해 제정하였다. 그런데 苗族에 이르러서는 오히려 무고한 백성을 학살하고 천하를 더욱 혼란스럽게 하는 흉기로 전락했다. 이는 형(법) 자체가 본래 나쁜 것이 아니라, 그 형의 시행적용이 악한 것이다. 또, 上帝가 국가와 도읍을 건설하고 군주를 세운 것은, 단순히 그에게 높은 지위와 권세를 향락시키기 위해서가 아니라, 만인을 위해 공리를 일으키고 해악을 제거해 부귀와 태평을 도모하도록 사명을 부여한 것이다. 그런데 현실 군주가 국가 인민을 다스리는 것은 이와 반대다.(尙同中) 이러한 당시 정치현실을 비판하면서 올바르게 계도하기 위해, 묵자의 이상 지향적 의도가 법과 군주의 기원론에 삼투해 들어갔을 가능성이 상당히 높다. 여하튼 묵자 견해는 시기도 매우 앞서지만, 내용도 다른 제자백가 사상과 사뭇 다르다.

묵자의 上同은 현실을 긍정하는 게 결코 아니라, 현실을 개혁해 변화를 도모한다. 또, 비록 일체가 모두 위로 천자한테 동조하자고 주장하지만, 결코 君權을 절대화하지 않고, 인민을 애호하는 '兼君'을 옹호하며, 백성을 해치는 '別君'은 반대한다. 또, 군주가 刑政 명령을 발하는 입법권을 가지지만, 국가인민의 이익을 위하지 않으면 법이 될 수 없다. 이러한 점에서 긍정 평가를 받는다.[16] 또, 正長은 오직 현인을 추대·천거하는 방식으로 온화한 민주적 색채가 농후해서, 적지 않은 학자가 루소의 사회계약론과 대등하게 비교해 찬상한다.

한편, 공산주의 유물론 관점에서, 실질상 현저한 한계를 드러낸다는 비판도 따른다. 우선, 묵자는 자연관에서 '天志' '明鬼'를 말해, 사회이론에 神道 색채가 감염되어 민주성이 크게 약화했다. 또, '선택'의 주어가 생략되었는데, 실질 문맥상 '인민'이 아니라, '上帝鬼神'이 주체라

16 張國華 主編, 中國法律思想史, 法律出版社, 1982제1판, 1985제3쇄, 69-70쪽.

서, 현대 민주주의와 현격히 다르다. 다음으로 설사 '선택'권을 인민이 가진다 할지라도, 어떻게 선택할지 문제가 된다. '현인'이란 추상적 선택표준은 있지만, 십인십색의 異義 현실에서 천자부터 각급 정장의 옹립 자체도 '천하 정의의 통일'을 기다려야 한다. '천하 정의의 통일'은 국가·법률의 형성 이후에 얻어지는 결과라서, 국가·법률의 기원에 전제로 삼은 것은, 고대 중국에 유명한 논리학자로서 아주 큰 오류의 함정에 빠진 꼴이라고 꼬집는다.17

그러나 이러한 지적은 전형적인 서양의 이분법적 형식논리 사고방식의 소치일 것이다. 마치 원인과 결과를 1차원 직선상에 선후만 따지는 꼴이다. 같은 1차원이라도 원처럼 스스로 완결된 2차원 평면상에 그려진 폐곡선(운동장 트랙)으로 보면, 원인과 결과는 서로 꼬리에 꼬리를 무는 순환관계로 인식될 수 있다. 마치 불교에서 '因果同時'의 대표적 비유실례로 연꽃의 花果동시를 들듯이! 서양 철학(형식논리학)에서는 도저히 풀리지 않는 '제1원인'(the First Cause, God) 문제의 미궁도, 동양 실질논리에서는 1차원 높은 '無始無終'의 개념으로 쉽게 풀리고 이해된다. 기독교 신학에서 신(God)을 스스로 존재하는 자족적 존재로 표현하는데, 동양식으로는 '無爲自然' 또는 '自由自在'(스스로 말미암고 스스로 존재)가 된다. 이는 논리비약이 아니라 차원 승화다! "닭이 먼저냐, 달걀이 먼저냐?"도, 언뜻 형식논리로 보면 말장난(언어유희)에 불과한 논리적 오류처럼 미궁에 빠지지만, 실질논리에서는 엄연히 현실에 존재하는 실존차원으로 받아들이면 된다.

인간이 자기 눈(肉眼)에 보이지 않는 건 존재하지 않고, 자기 두뇌(논리)로 이해할 수 없는 건 오류라고 단정한다면, 이는 저급한 知(정신)적 오만일 뿐이다. 그게 형이하의 사회경제적 토대(하부구조)를 절대시해,

17 李光燦·張國華 主編, 中國法律思想通史(1-3卷), 山西人民出版社, 2001, 48쪽.

형이상의 정신세계(상부구조)를 부정·무시하는, 편협한 공산주의 유물론의 한계다. 본질(목적)과 형식(수단) 관계도 마찬가지다. 마치 수단은 오로지 목적을 위해서 존재하고 봉사하는 편면적 일방관계로 오해하는 편협한 사고가 문제다. 본질(목적)과 형식(수단) 어느 것도 절대적 우위를 차지하지 않고, 양자가 상호 의존적 보완-상대적 수평관계를 지니며 존재하는 것이다. 이것이 불교의 緣起론적 사고방식이다. 콩(본질, 목적)은 콩깍지(형식, 수단)가 없으면 어디에 맺혀 성숙할 수조차 없다. 그렇다고 콩깍지만 장대하고 화려하게 열릴 뿐, 정작 콩이 없거나 빈약하다면 존재 의미(가치)가 없어진다.

법도 인간이 정의를 실현하며 평화로운 질서유지를 위해 존재하는 수단이면서, 다른 한편으로는 그 목적 달성을 위해서 거꾸로 인간이 사회적 약속으로서 그 법을 잘 준수하고 복종해야 한다. 말하자면, 법은 인간이 자신을 위해 제정해 집행하지만, 인간을 다스리는 대상으로 삼아 제약·통제·구속하게 된다. 문제는 공동체를 위한 공익 목적에서 공평하고 정의로운지, 아니면 일부 특권 계급의 이익을 위한 사적 도구로 전락하는지에 있다. 실체법과 절차법의 관계도 마찬가지다. 목적과 수단, 본질과 형식은, 서로 절대 우위를 주장하는 서양식 相剋관계가 아니라, 상호의존적 보완으로 원만해지는 동양적 相生관계로 이해하여야 한다.

본 주제인 (예)법의 기원 문제도 바로 이러한 사고방식으로 접근하고 이해할 필요가 있다. 1차원 직선이 아니라 2차원 평면상 폐곡선의 차원 승화로 풀리듯이, 2차원 평면이 아니라 3차원 地球로 이해되듯이, 형이상의 추상적 실체도 3차원 육안의 지각인식이 아니라 4·5차원 혜안의 지혜로 통찰해야 하리라! 儒·墨·道의 天志·天命·天道 관념이나 불교를, 유물론 관점에서 단순히 형식논리로 헐뜯고 비방하는 것은, 참으로 한심하고 유치한 어리석음일 수 있다.

② 管子

현전하는 '管子'서는 대부분 관중의 親著가 아니라는 게 정설이지만, 관중의 정치사상과 풍토를 계승한 제나라 직하학파가 종합·정리한 실용적 철학사상서로서, 핵심 내용은 관중의 정치철학을 대체로 반영한다는 점에서, 전체로 대강 살펴본다. '管子'서에 나타난 법의 기원론은, 간명하지만 중요한 핵심은 잘 파악해 눈길을 끈다.[18]

우선, 管子는 거친 무서운 자연환경에서 나약한 인간의 생존을 위한 절체절명의 공동체 조직 필요성에서 법의 기원을 찾는다.

> "옛날 군신상하 구별이 없고 부부 혼인결합이 아직 없던 때, 사람은 짐승처럼 군거하면서 서로 힘으로 정복하였다. 영리한 자는 어리석은 자를 속이고, 강자는 약자를 능멸하여, 노약자나 외로운 사람들이 제대로 살 수가 없었다. 이에 지혜로운 자가 군중 힘에 의지해 강포함을 금지해 강자의 만행이 그치게 되었으며, 백성을 위하여 이익을 일으키고 폐해를 제거하며 백성의 덕을 바로잡으니, 백성이 그를 스승 삼게 되었다. 따라서 道術과 德行이 현인으로부터 나오게 되었다. 그로부터 의리가 민심에 형성되어, 백성이 道에 돌아가게 되었다. 명분과 사물이 제자리를 잡고 시비가 분명해져서 상벌이 행해졌다. 상하가 질서 잡히고 민생이 안정되어 나라 도읍이 건립되었다. 나라가 나라 됨은 백성이 안정되어 나라가 이루어지는 것이며, 임금이 임금 됨은 상벌이 행해짐으로써 임금이 되는 것이다."(君臣下)

즉, 원시 실력상쟁 시대에 살벌한 약육강식 생존경쟁을 지양하기 위해, 지혜로운 자와 현인을 중심으로 국가가 형성되면서, 명분과 시

---

18 졸고, "관자의 법사상", 법사학연구 제11호, 1990, 115- 116쪽; 졸저, 선진법사상사, 384-385쪽; 李光燦·張國華 主編, 中國法律思想通史(1-3卷), 42-43쪽 참조.

비를 정하고 상벌을 행하는 법적 규범이 발생했다고 역사 연원을 인식한다. 그러면 인간은 왜 자연 상태에서 평화공존이 어렵고 야만적 투쟁을 일삼게 될까? 管子는 예와 법의 기원을 인간의 사악한 본성에서 구한다. 즉, 인간의 喜·怒·惡·欲 감정 때문에 천하가 크게 실패한다는 것이다. 욕망을 절제할 보편적 사회규범이 없으면, 감정이 넘쳐 투쟁과 혼란을 초래한다.

> "사람은 본디 서로 미워하며 그 마음이 사나운 까닭에, 법을 만들게 되었다. 법은 예에서 나오고, 禮는 治에서 나온다. 治와 體는 道이며, 만물은 治와 禮를 기다린 후에 안정된다."(樞言)

통치에 핵심중추 격언은, "인민을 사랑하고 이롭게 하며, 유익하게 하고 안심시킴이다." 이 네 가지는 道에서 나오는데, 이를 활용해 천하가 다스려지게 된다.[19] 군중이 그를 스승으로 삼아 군주로 추대하고, 법령이 시행된다. 이렇듯 法을 낳는 자는 군주고, 법을 지키는 자는 신하며, 法을 법삼는 자는 인민인데, 군신·상하·귀천이 모두 법에 복종할 때 大治라고 관자는 정의한다.[20] 법의 주체와 객체가 구분되어 계급이 나뉘지만, 법 앞에 만인평등을 강조해, 법의 독자성·자율성을 강조하는 점이 법가다운 특색으로 눈에 띈다.

③ 商鞅(전390-전338)

商鞅은 순자보다 훨씬 앞서고, 맹자보다 조금 앞선 동시대인으로서 초기 법가인데, 秦孝公을 보필해 변법개혁에 성공함으로써, 秦의 부국강병과 천하통일에 탄탄한 초석을 놓았다. 특히, 명분의 배정 및 확인이 법치질서 확립과 혼란 방지에 가장 중요한 이유를 명쾌한 토끼 비

19 管子, 樞言 : "愛之利之, 益之安之. 四者道之出. 帝王者用之, 而天下治矣."

20 管子, 任法 : "有生法, 有守法, 有法於法. 夫生法者君也, 守法者臣也, 法於法者民也, 君臣上下貴賤皆從法, 此謂爲大治."

유로 설명해, 아주 독특한 법의 기원론을 제시한 사상가로 유명하다. 명분(소유권)이 정해지지 않은 야생 토끼가 한 마리 나타나면, 모든 사람이 서로 먼저 잡으려고(무주물 선점의 원칙) 좇아간다. 하지만 시장에 팔려고 내놓은 토끼는 아무리 많아도, 어느 누구 하나 슬쩍할 엄두도 못 낸다. 바로 명분(소유권, 分)이 정해진 때문이다.[21] 말하자면, 약육강식의 무한 생존경쟁으로 말미암는 투쟁과 혼란을 그치기 위해서는, 명분의 확정은 절대 필요하다. 그 정치사회적 요청으로, 국가 강제력의 배경 하에 예법이란 사회규범이 필요해 등장한 셈이다. 공자(유가)의 正名論도 비슷한 의미맥락에서 이해할 수 있다.[22]

한편, 상앙은 조금 독특한 역사 발전의 관점에서 禮法 기원을 단계로 파악한다. 商鞅에 따르면, 태초에는 국가도 법도 없었다.

> "신농씨 세상에는, 남자가 밭을 갈아 먹고, 여자가 베를 짜서 입으며, 刑政을 쓰지 않아도 다스렸고, 甲兵을 일으키지 않은 채 왕이 되었다."(畫策)

> "천지가 생기고 사람이 생겨난 당시에는, 인민이 자기 어미만 알고 아비는 알지 못해, 사는 방도가 친족만 친하여 구별이 있고, 사사로운 사랑으로 음험했다. 인민군중이 구별과 음험을 일삼아 혼란스러웠다. 그때는 인민이 힘써 승리와 정복을 일삼아, 투쟁과 소송이 다반사였다. 소송에 올바른 표준이 없으면 안정성을 얻을 수 없는지라, 고로 현자가 中正을 세우고 공평무사를 베풀어, 인민이 어질다고 기뻐했다. 이때에 이르러 親親이 폐지되고 현인을 세우게 되었다. 무릇 仁者는 愛利에 힘쓰고, 賢者는 서로 뛰어난 길을 찾았다. 인민이 많아졌는데 제약이 없이, 오래 서로 뛰어날 길만 찾다보

21 商君書, 定分. 토끼 비유는 법가 定分論에 공통이라, 愼到·韓非子도 인용함.

22 상앙의 定分論과 유가의 正名論은, 졸저, 전통 중국법의 정신, 513-517쪽 참조.

니, 또 혼란에 빠졌다. 그래서 聖人이 이어받아 土地·貨財·男女의 명분을 지었다. 명분이 정해지고 제약이 없으면 안 되겠기에 금지를 설정했고, 금지를 설정하고 담당이 없으면 안 되겠기에 관직을 두었으며, 관직을 설치하고 통일하지 않으면 안 되겠기에 군주를 세웠다. 군주를 세우고 나니 현인 숭상이 폐지되고, 대신 귀한 자를 존귀하게 여겼다. 그러한즉, 上世에는 혈친이 친근하고 私사로운 정을 사랑했으며, 中世는 현인을 숭상하고 仁을 기뻐했으며, 下世는 존귀한 자를 귀히 여기고 관직을 존중하게 되었다. 현인을 숭상하니 서로 뛰어나려 애썼고, 군주를 옹립하니 현인이 쓸모없어졌다. 혈친을 친근히 여기면 私적 감정에 치우치고, 中正이 바로 서면 사적 감정이 통하지 않는다. 이 세 가지는 일이 상반되지 않으나, 인민의 도가 피폐해져 중점이 바뀌고, 世事가 변하여 시행하는 방도가 바뀐 것이다. 그래서 '王道에는 먹줄이 있다.'고 말한다."[23]

원시모계사회에서 혈연적 사사로운 애정에 의해 친소 차별과 음험함으로 상호 징벌과 쟁송을 일삼아 인류가 혼란스러워지고, 이에 현인이 중립 공정한 道로써 쟁송을 해결하였다. 그러나 이제는 서로 지혜(道)를 다툼으로써 다시 혼란스러워져, 성인이 나와 토지·재화·남녀 명분을 구별하였다. 정해진 명분을 실효성 있게 시행하고 보장하기 위해 금령을 제정하고, 그를 총괄 통솔할 군주와 관료조직을 만들었다. 이렇게 예법과 군주가 형성된 것이다. 여기에 유가를 비롯한 백가쟁명의 철학사상에 대한 변증법적 지양이 내재하고, 그 통합으로서 법가 사상의 정당성 근거와 이후 분서갱유의 화근도 매복한 셈이다.

한편, 상벌은 신흥지주계급의 법치를 실행하는 강력한 양대 무기다.

23 商君書, 開塞: "故聖人承之, 作爲土地貨財男女之分; 分定而無制, 不可, 故立禁; 禁立而莫之司, 不可, 故立官; 官設而莫之一, 不可, 故立君."

상벌을 유효적절하게 휘두를 수 있는 근거는, 사람들이 '이익을 좋아하고 해악을 싫어하는' 보편적 性情에 있다고 상앙은 지적한다. 인성론도 법의 기원에 유력한 근거가 되는 것이다.

"人情에 좋아함과 싫어함이 있어, 인민을 다스릴 수 있다. 군주는 好惡를 잘 살피지 않으면 안 된다. 好惡란 賞罰에 근본이다. 무릇 人情은 爵祿을 좋아하고 형벌을 싫어하니, 군주가 둘을 설치해 인민의 의지를 통제하여, 자신의 의욕을 성취할 수 있다."[24]

고통스럽고 위험천만한 農戰을 강행하여 부국강병을 도모할 수 있는 원천도, 바로 민생고를 면하고 명리를 얻고자 하는 인지상정 본능욕구를 역이용하는 술책인 것이다.

어쨌든, 상앙은 인류사회 현실생활에서 국가·법률의 기원을 통찰하여, 神權사상의 영향을 배제한 점에서 큰 진보를 이루었다고 평가된다. 또, 국가·법률의 실질은 사유제산제 보호와, 안으로 형벌(刀鋸)을 사용하고 밖으로 甲兵을 행사하는 폭력성을 띤다고 간파하여, 유물주의 정신에 부합한다고 칭찬받기도 한다.[25] 그리고 군신상하의 도의와 부자형제의 예의 및 부부배필의 제도를 확립하면서, 법률의 강제적 제재수단성과 인민통제의 근본방편성을 인정했다. "잘 다스리는 자는 인민을 법으로 막는다."는 법치기능을 강조함으로써, 인식론과 정치법률사상사에 귀중한 공헌을 했다고 평가된다.[26]

그러나 그가 知己인 孝公 사후에, 시기질투로 반격을 받아 車裂에 처형된 비운은, 자업자득 업보로서 극단적 엄형중벌 법치의 역설을 웅변하여, 애처로운 苦笑를 자아낸다.

---

24 商君書, 錯法: "人情而有好惡；故民可治也. 人君不可以不審好惡；好惡者, 賞罰之本也. 夫人情好爵祿而惡刑罰, 人君設二者御民之志, 而立所欲焉."

25 李光燦·張國華 主編, 中國法律思想通史(1-3卷), 475쪽.

26 張國華 主編, 中國法律思想史, 82-83쪽.

④ 孟子(전372-전289)

孟子는 법규범의 기원을 五常의 인륜과 관련하여 간략히 언급한다. 즉, 后稷이 농사를 처음 가르쳐, 오곡이 풍성하고 백성을 풍요로워진 후에, 배부르고 편안하기만 할 뿐 교화가 없으니, 인간도 짐승과 다를 바가 없어졌다. 이에 司徒 관직을 두어 인륜을 가르치게 된 것이라고 한다.[27] 따라서 인간이 금수와 구분되는 많지 않은 징표 중 하나는, 바로 인간관계에서 인의에 따라 행동하는 인륜이 된다.[28]

禮記도 禮의 기원에 관하여 맹자와 같은 견해를 보인다. 앵무새나 성성이도 말을 할 수 있지만, 禮가 없어 부자가 함께 섞여 사는 금수를 벗어나지 못하는데, 만약 인간도 禮가 없다면 말하는 짐승에 불과할 것이다. 그래서 성인이 예를 제정해 가르치게 되었는데, 인간이 예를 실행해 짐승과 구별될 수 있다고 한다.(曲禮上) 晏子도 인간이 금수와 같은 약육강식 실력투쟁을 하지 않는 것은 예가 있기 때문이며, 예를 제거하면 인간은 곧 짐승이 된다고 말한다.[29]

예의 사회적 필요성을 들어 그 기원을 간접 거론한 셈이다. 이러한 견해는 비록 간단명료하지만, 법규범이 인간을 만물의 영장으로 특징지울 수 있는 種差 개념으로서 발생한 역사성을 잘 드러낸다.

⑤ 荀子(約전316-전235)

荀子는 예법의 기원을 더 구체적 근원에서 분석한다. 순자는 공맹의 仁義를 계승·발전시켜 禮論을 체계화한 사상가로서, 정통 유가로

---

27 孟子, 滕文公上: "人之有道也, 飽食煖衣、逸居而無教, 則近於禽獸. 聖人有憂之, 使契爲司徒, 教以人倫."

28 孟子, 離婁下: "人之所以異於禽獸者幾希. 舜明於庶物, 察於人倫, 由仁義行."

29 晏子春秋, 內篇諫上: "力多足以勝其長, 勇多足以弑君, 而禮不使也. 今君去禮, 則是禽獸也. 凡人之所以貴於禽獸者, 以有禮也."; 內篇諫下: "君子無禮, 是庶人也；庶人無禮, 是禽獸也. 夫勇多則弑其君, 力多則殺其長, 然而不敢者, 維禮之謂也."

분류된다. 하지만 그 성악설과 禮論은, 제자 李斯와 韓非子가 계승 발전시켜 법가 법치주의를 집대성한 발판이 되어, 철학사상사에서 아주 중요한 의미를 함축한다.

순자는 우선 하늘(자연)과 인간 사이에 명분을 밝혀, 천명을 통제해 인간을 위해 활용하는 '人定勝天'을 강조한다. 그 전제 아래, '分'으로 '예'를 해석해, '예'에도 '법'의 속성이 있음을 밝히고, '禮法'을 한 범주로 병칭하는 예법 일체성을 논한다. 이어 예를 지도적 기준으로 입법해야 하며, 非禮는 無法이란 원칙을 확립한다. 예는 법의 大分이자, 類의 기강이고 절도의 기준이다. 예의가 생기면 법도를 통제한다. 다스림에 기본원칙은 예와 刑으로, 明德愼罰해야 태평을 이룬다. 순자는 예를 융숭히 높이고 법을 존중하는 예법 관계를 논하는데, 예법 구조는 대체로 5단계로 나눠볼 수 있다.

첫째, 禮義는 공자의 仁과 맹자의 仁義를 계승한 순자의 핵심 개념으로, 규범성과 제도성이 더욱 강해졌다. 둘째, 法義는 법의 정신·원리·원칙으로, 예의에서 분화해 상통하기도 하고, '分'을 뜻하기도 한다. 셋째, '法數'는 수량 측면에서 법의 구체조문을 가리키며, '政令'·'법제'·'度量'·'繩墨' 등이 비슷한 개념으로 쓰이기도 한다. 넷째, '類'는 공자-묵자의 범주를 이어받아 더욱 발전시킨 예법의 범주로, 법의 흠결·부족 경우에 禮義에 근거해 비슷한 부류의 사례·판례를 원용해 보충하는 유추해석·적용에 관한 원칙이다. 다섯째, '刑'은 본디 '법'과 '형벌'을 모두 함축하는데, 순자의 경우 대부분 형벌로 쓰인다.

이러한 예법 개념과 순자 특유의 '성악설'의 바탕 위에서, 교화에 필요한 禮義와 절제에 필요한 법을 강조하는 순자의 예법기원론이 펼쳐진다. 첫째, 본디 악한 성정을 교화하기 위해 성인이 인위적 규범으로서 예법을 일으켜 세우게 된다는 '化性起僞'설이다. 둘째, 名分(몫)을 분명히 획정해, 인간의 안정된 공동체 질서를 유지한다는 '明分使群'

설이다.[30]

순자에 따르면, 우선 인간이 대내로 짐승처럼 상호 무력 투쟁하는 원인은, 자연 현상 관점에서 보면, 인간 욕망은 무한한데 재물은 유한하기 때문이다.[31] 이는 생산력 증진이 인구증가를 따르지 못하는 한, 시간의 흐름과 함께 더욱 악화될 것이다. 또 사유재산제 발달로 빈부격차가 심화하면서, 상대적 경쟁심과 증오감도 커질 것은 당연하다.

> "예는 어째서 생겨났는가? 사람은 태어나면서부터 욕망을 지니는데, 욕망이 충족되지 않으면 밖으로 구하기 마련이다. 구하는데 정도와 한계가 없으면 다투지 않을 수 없고, 다투다보면 혼란해지며, 혼란해지면 서로 곤궁해진다. 선왕은 혼란을 방지하기 위하여 예의를 제정해 한계를 구분했다. 그리하여 인간 욕망을 충족시키고 추구하는 수요를 공급해주되, 욕망이 재물 부족에 곤궁해지지 않고, 재물 또한 욕망에 종속되지 않음으로써, 양자가 상호 균형관계를 지속하도록 하였다. 이것이 예의 기원이다."[32]

여기서 인간이 공통으로 가지는 가장 큰 기본 욕망은 이른바 식욕과 남녀로서, 이는 곧 자기보존 및 종족보존을 위한 생명체 본능이다. 또 사망·빈곤·고통은 누구나 피하는 공통 혐오다. 그런데 이 욕망과 혐오는 평상시에 개인 마음속에 감추어져 헤아릴 수 없기 때문에, 언제 어떻게 발동해 분쟁혼란을 야기할지 알 수 없다. 그래서 이에 대한 사전적 객관 표준규범으로 예가 필요하게 된다.[33]

---

30 李光燦·張國華 主編, 中國法律思想通史(1-3卷), 338-347쪽; 張國華 主編, 中國法律思想史, 109-112쪽. 참조.

31 荀子, 榮辱: "人情之所同欲也, 然則從人之欲, 則埶不能容, 物不能贍也."; 富國: "欲惡同物, 欲多而物寡, 寡則必爭矣."

32 荀子, 禮論: "禮起於何也? 曰 : 人生而有欲, 欲而不得, 則不能無求. 求而無度量分界, 則不能不爭 ; 爭則亂, 亂則窮. 先王惡其亂也, 故制禮義以分之, 以養人之欲, 給人之求. 使欲必不窮於物, 物必不屈於欲. 兩者相持而長, 是禮之所起也."

그런데 순자는 상호투쟁에 더 근원적 이유를 인간 내면의 본성에서 구한다. 바로 성악설이다. 그에 의하면, 식욕·남녀에 대한 생존본능뿐만 아니라, 부귀·명리에 대한 이기적 욕망도, 모두 인간의 사악한 본성의 표출에 불과하다. 인간이 자연 성정에만 따라 행동하면, 반드시 쟁탈로 나아가서 의리와 명분을 범하고, 결국 혼란을 초래할 게 뻔하다. 그래서 성인이 인간의 사악한 성정을 다스려 轉化하기 위하여, 선량한 인위적 예의법도를 제정한 것이다.[34]

"옛날에 성인은 인간 본성이 사악하여 편협·음험하고 바르지 못하며, 패역·혼란으로 잘 다스려지지 못함을 근심하였다. 이에 군주를 세워 그 권세로써 군림하면서, 예의를 밝혀 교화하고 바른 법을 제정해 다스리며, 무거운 형벌로 금지함으로써, 천하 인민이 모두 평안하고 선량해지도록 하였다. 이것이 성왕의 통치이자, 예의의 교화다."[35]

다음으로, 인간이 대외관계에서 동물과 자연력의 위협에 공동대처하는 집단방위 필요성이, 인류 사회생활과 정치조직을 탄생시킨 또 다른 요인이다. 물론, 사후에 다른 인간집단과 상호대결의 기능을 갖게 된 사실도 간과할 수 없다. 순자는 이를 좀 더 자세히 분석한다.

"물과 불은 氣가 있지만 생명은 없으며, 초목은 생명이 있지만 지각이 없고, 짐승은 지각이 있지만 義가 없다. 오직 사람만이 氣도

33 禮記, 禮運: "飮食男女, 人之大欲存焉；死亡貧苦, 人之大惡存焉. 故欲惡者, 心之大端也. 人藏其心, 不可測度也；美惡皆在其心, 不見其色也, 欲一以窮之, 舍禮何以哉?"

34 荀子, 性惡: "今人之性, 生而有好利焉, 生而有疾惡焉, 生而有耳目之欲, 有好聲色焉. 然則從人之性, 順人之情, 必出於爭奪, 合於犯分亂理, 而歸於暴.… 故聖人化性而起僞, 僞起而生禮義, 禮義生而制法度.然則禮義法度者, 是聖人之所生也."

35 荀子, 性惡: "古者, 聖人以人之性惡, 以爲偏險而不正, 悖亂而不治, 故爲之立君上之埶以臨之, 明禮義以化之, 起法正以治之, 重刑罰以禁之, 使天下皆出於治, 合於善也. 是聖王之治而禮義之化也."

있고 생명도 있고 지각도 있으며 또한 義도 있다. 그래서 천하에 가장 존귀한 것이다. 힘은 소만 못하고 걸음은 말만 못하지만, 마소를 부리는 것은 왜인가? 사람은 군거할 수 있지만, 그들은 군거할 수 없기 때문이다. 사람은 왜 군거할 수 있는가? 分이 있기 때문이다. 어떻게 分이 행해질 수 있는가? 義가 있기 때문이다. 즉, 義로써 배분하면 조화를 이룰 수 있고, 조화로우면 통일될 수 있으며, 통일되면 힘이 많아지고, 힘이 많아지면 강해지고, 강해지면 다른 사물을 이기게 된다.… 그러므로 사람은 살면서 군거하지 않을 수 없는데, 군거하면서 分이 없으면 분쟁하고, 분쟁하면 혼란해지고, 혼란해지면 서로 흩어지며, 흩어지면 약해지고, 약해지면 다른 사물을 이길 수 없게 된다. 그래서 잠시도 예의를 버릴 수 없다고 말한다. 아랫사람을 잘 부릴 수 있는 자를 군주라고 하는데, 군주란 잘 군거함을 말한다."[36]

여기서 인간이 만물에 영장으로 군림할 수 있는 가장 중요한 본질 개념은 分과 義다. 이는 바로 禮와 법에 공통 본질로서 흔히 일컬어지는 大義名分, 곧 명의와 명분을 지칭한다. 義는 禮와 법의 중요한 본질 속성으로서, 의로움·떳떳함·정당함을 뜻하여, 근대 서양법의 이념에서 정의와 상당히 접근하는 개념이다. 바로 정의로운 禮法을 뜻한다.

한편, 分의 개념은 매우 多義라서, 그 내포가 광범하다. 공동체 구성원의 능력과 자질에 따라, 각각 다른 직책을 부여하여 차등 질서를 편

---

36 荀子, 王制 "水火有氣而無生, 草木有生而無知, 禽獸有知而無義, 人有氣有生有知, 亦且有義, 故最爲天下貴也. 力不若牛, 走不若馬, 而牛馬爲用, 何也? 曰 : 人能群, 彼不能群也. 人何以能群? 曰 : 分. 分何以能行? 曰 : 義. 故義以分則和, 和則一, 一則多力, 多力則彊, 彊則勝物. 故人生不能無群, 群而無分則爭, 爭則亂, 亂則離, 離則弱, 弱則不能勝物. 不可少頃舍禮義之謂也. 能以使下謂之君. 君者, 善群也." 富國편에도 같은 내용이 일부 보임.

성하는 분별·분업, 그 결과 부여된 사회적 직책과 지위로서 직분·명분·본분, 그리고 그 지위와 명분에 합당하게 나누어져 각자에게 귀속되는 몫으로서 배분·분수 등을 두루 뜻한다. 禮의 차등·분별성이 곧 分의 의미이기도 하다. 순자는 예의의 기원과 관련하여, 이러한 차별적 分의 필수불가결성을 매우 강조한다.

> "명분이 균등하면 보편적일 수 없고, 세력이 가지런하면 통일될 수 없으며, 군중이 한결같으면 부릴 수 없다. 하늘과 땅에 상하 차이가 있듯, 현명한 군왕이 나라를 다스림에도 차등적 제도가 있기 마련이다. 무릇 쌍방 모두 존귀하면 서로 섬길 수 없고, 쌍방 모두 비천하면 서로 부릴 수 없음이 자연의 이치다. 세력과 지위가 가지런하며 욕망과 혐오가 같으면, 재물이 넉넉할 수 없기 때문에 반드시 분쟁한다. 분쟁하면 반드시 혼란해지며, 혼란해지면 서로 곤궁해진다. 선왕은 이러한 혼란을 염려해 예의를 제정해, 각자 몫을 배분하고 빈부귀천 차등을 둠으로써, 서로 원만히 통일조화를 이루도록 했다. 이것이 천하를 양육하는 근본이다."[37]

마르크스주의 법학이론에선 사유제 출현과 계급 및 계급투쟁의 발생이 법의 기원에 진정한 원인이라고 본다. 국가와 법은 성인이 만든 게 아니고, 인성의 선악과는 본질적 관계가 없다고 여긴다. 이러한 진리는 순자 시대에 인식할 수 없었지만, 평화롭고 질서 있는 群居의 방도로 예법을 설한 순자의 견해는, 상당한 啓導적 의미를 지닌다. 예법이 사회에서 적대적 쌍방의 충돌을 '질서' 범위 내에서 유지하기 위해

---

37 荀子, 王制. "分均則不偏, 埶齊則不壹, 衆齊則不使. 有天有地, 而上下有差；明王始立, 而處國有制.夫兩貴之不能相事, 兩賤之不能相使, 是天數也. 埶位齊而欲惡同, 物不能澹, 則必爭, 爭則必亂, 亂則窮矣.先王惡其亂也, 故制禮義以分之, 使有貧富貴賤之等, 足以相兼臨者, 是養天下之本也." 이러한 차등성은 묵자나 맹자의 분업론과 상통하는데, 모두 의에 근거한 分을 핵심 본질로 삼음이 공통이다.

생겼고, 쟁탈을 조정·통제해 사회 안정과 질서를 유지하기 위해 제정한 것이라는 통찰은 평가할 만하다. 그렇지만 예법의 실질은 통치자와 피치자 사이에 피비린내 나는 계급압박·착취를 가려 숨기는 것이고, 거기에 예법 기원의 수수께끼를 풀 열쇠가 있다고 비평한다.[38]

⑥ 韓非子(약 전280?-전233)

성악설과 名義·分數에 기초한 순자의 예론과 예법기원론은, 법가를 대표하는 그의 제자 李斯와 韓非를 통해 법치주의 철학사상에도 그대로 이어짐은 물론이다. 한비는 기본상 전기 법가, 특히 상앙의 역사관을 계승하여, 上古·中古(夏禹)·近古(湯·武)·當今(戰國) 4단계로 나눈다. 역사발전의 진화를 전제로, "법이 시대에 맞춰 변화해야 다스려지고, 다스림이 세상에 적합해야 공로가 있다. 시대가 변하는데 다스림이 바뀌지 않으면 혼란해진다."(心度) 이를 바탕으로 사회역사 변화의 원인과 국가·법률 발생 근원을 설명하고, 법치 실행의 역사적 필연성과 필요성을 역설한다. 최초 인류사회에 국가·법률이 없던 원인은, 물질생활자료가 풍부하고 인구가 희소해, 생존경쟁에 어려움이 없었기 때문이다.

"옛날 丈夫가 경작하지 않아도 초목 열매가 먹기 충분했고, 부인이 베 짜지 않아도 금수 가죽이 옷으로 넉넉했다. 힘써 일하지 않아도 봉양이 충분하며, 인민이 적고 재화가 넉넉해, 인민이 다투지 않았다. 그래서 厚賞과 重罰을 시행하지 않아도, 인민이 저절로 다스려졌다. 지금 한 사람에 다섯 아들이 있다면 많은 게 아니나, 아들마다 다섯 아들을 낳는다면, 조부가 죽기 전에 25손자가 된다. 그래서 인민이 많고 재화는 적어, 수고롭게 힘써 일해도 공양이 희박해져, 인민이 서로 다투게 되니, 비록 상벌을 배로 가중해도 혼란을

38 李光燦·張國華 主編, 中國法律思想通史(1-3卷), 347쪽 참조.

면할 수 없다.”[39]

여기에 한비는 순자와 전기 법가의 성악설을 계승해, 인간의 이기적 심정을 ‘自爲心’으로 규정해, 법과 국가의 필요성과 기원을 보충 설명한다. 군신 사이에는 물론 부모자식 사이에도 서로 교묘한 이해타산 속에 처신하는 현실에서, 성현의 도덕에 의한 자발적 성선은 기대하기 어렵다는 논지다.[40]

이처럼 성악의 전제 아래, 국가와 법의 기원을 ‘禁暴’와 ‘止亂’(‘止爭’)의 필요에서 찾은 한비 견해는, 인류 역사발전 단계의 필연적 산물로 보는 역사유물주의 색채가 농후하다고 평가된다. 다만, ‘인구가 많고 재화가 모자란’ 여건만으로 계급모순과 국가·법률 발생을 해석함은, 확고한 타당성을 지니지 못한다고 비판을 받는다. 사유재산제 발생이 인류사회 대분열을 초래해 계급 및 피착취계급이 발생한 상황에서는, 인구나 생활자료 다소가 결정적 작용을 하지 못한다. 한비도 빈부 분화의 원인을 “사치하고 게으르면 빈곤해지고, 힘써 일하고 절약하면 부유해진다.”고 파악하는데, “부자한테 조세를 수취해 빈곤한테 보시하면, 힘써 일하는 절검에서 빼앗아 사치한 나태를 보태주는” 것이라고 비판한다. 이는 한비의 계급착취 편견을 현저히 폭로하며, 국가·법률이 신흥지주계급의 기득권 유지를 요구하는 강렬한 願望도 함축한다. 국가·법률의 가치가 ‘禁暴’와 ‘止亂’(‘止爭’)에 있다면, 국가·법률로 “사치하고 게으른 빈곤한 구귀족과 노동인민을 통제하여, 힘써 일하며 절검하는 신흥지주계급을 보호·유지하는 셈이라고 비평한다. 요컨

39 韓非子, 五蠹: “古者丈夫不耕, 草木之實足食也; 婦人不織, 禽獸之皮足衣也. 不事力而養足, 人民少而財有餘, 故民不爭. 是以厚賞不行, 重罰不用而民自治. 今人有五子不爲多, 子又有五子, 大父未死而有二十五孫, 是以人民衆而貨財寡, 事力勞而供養薄, 故民爭, 雖倍賞累罰而不免於亂.”

40 한비자의 인성론은, 졸저, 전통 중국법의 정신, 112-114쪽 참조.

대, 법을 근본으로 법·술·세 삼위일체 법치사상은, 본질상 신흥지주계급이 반드시 통일적 봉건전제주의 중앙집권제 정권을 수립해 통치해야 한다고 주장하여, 당시 역사조건에서 시대요구에 부합한 진보적 사상이다. 다만, 엄형중벌에 의한 잔혹한 착취와 압박은 반인민적이고 사회생산에 불리한 것으로, 계급착취의 본질적 한계를 드러내고, 결국 秦이 금세 農民起義에 전복된 중요한 원인이 되었다는 비판을 면하기 어렵다.[41]

⑦ 道家 老莊

도가는 일반으로 국가 실정법에 대한 혐오 내지 부정적 견해가 강하므로, 특별히 법사상이나 법률기원론 같은 내용은 기대하긴 어렵겠다. 그러나 국법을 비판·부정하는 '법률허무주의' 견해도 나름 독특한 법사상이 된다는 점을 감안하면, 국법의 기원에 관한 나름의 견해는 찾을 수 있겠다.[42] 老莊 일파는 '사회퇴화관'의 주창자로 여겨지고, 그가 묘사한 이상세계 '小國寡民'은 실제 원시사회와 다르다고 지적받기도 한다.[43] 하지만 원시반본의 복고풍 철학사상은 '週而復始' 易理와 상통하여, 오랜 역사에 三玄으로 숭앙받아온 만큼, 지금까지 수많은

41 李光燦·張國華 主編, 中國法律思想通史(1-3卷), 495-497쪽; 張國華 主編, 中國法律思想史, 121-126, 133-134쪽 참조.

42 張國華 主編, 中國法律思想史, 42·49, 106-9쪽 참조. 실제로 대부분 법률사상사 저서에는 老子·莊子를 독립의 章節로 기술한다.

43 李光燦·張國華 主編, 中國法律思想通史(1-3卷), 49쪽. 예컨대, 씨족·部落의 혈연 중심 원시사회는 小'國'이라 보기 어렵다는 견해는, 마르크스주의 국가 개념으로 편협하게 주장하는 선입주관이라 일반보편으로 인정하기 어렵다. 소박한 원시사회에 '什佰之器'나 '舟輿' 같은 문명의 이기가 없을 것이고, '使'라는 글자도 주관적 노력의 유위 색채가 진해 그 주체는 문명에 오염되었을 거라고 비판하나, '使'는 '假使'로 '雖'처럼 가설적 양보 구문이라, 문맥을 살피면 문자로 트집 잡을 일은 아니다. '말이 그렇지, 뜻이 그렇나?'

성현의 두뇌나 정신이 모두 異常이나 광란이라 단정할 수 없다면, 그렇게 쉽사리 일언반구로 폄훼·부정할 수만은 없을 것이다.

老子는 규범원류관이라 부를 만한 유명한 명제를 남겼다.

> "도를 잃은 뒤 德이고, 덕을 잃은 뒤 仁이며, 仁을 잃은 뒤 義이고, 義를 잃은 뒤 禮이다. 무릇 禮는 忠信의 각박함이요, 혼란의 괴수다. 앞에 미리 인식함은 道의 꽃이자, 어리석음의 시작이다."(제38장)

그런데 禮는 실질상 법규범과 상통하는 범주로서, 예악이 붕괴한 뒤 춘추 말 刑書·刑鼎 주조와 전국 초 法經이 출현했으니, 역사상 바로 '법'으로 이어진다. 따라서 老子는 인간의 도덕성과 인의윤리가 타락하면서 예가 나오고, 마지막에 법이 출현했다고 보는 법률기원의 견해를 피력했다고 볼 수 있다.[44]

장자도 비슷한 입장에서, 자연 속에 평화 공존하는 至德之世를 그리면서, 黃帝가 치우와 탁록 전쟁을 치른 뒤 요순이 群臣을 두었으나, 湯武 放伐부터 약육강식 혼란이 비롯했다고 본다. 대외작전과 대내통치의 수요에 의해 국가와 법이 발생했는데, 통치자가 수중에 장악한 도구임을 암시한다.[45]

⑧ 關尹子와 呂氏春秋

국가조직과 예법을 정하는 절차 방법에 관한 關尹子의 언급도 주목할 만하다. 즉, 君臣 사회조직은 벌을 본받은 것이고, 그물은 거미를, 禮는 두더지(拱鼠)를, 그리고 兵은 불개미를, 각각 본받아 제정한 것이라고 한다.[46] 인간이 천지자연을 본받는다는 老子의 명제가 아니더라

44 졸고, "老子의 '無爲自然' 법사상, 법철학연구 제1권, 305-339쪽; 졸저, 선진법사상사, 244-335쪽 참조.

45 졸고, "장자의 법철학", 일감법학 제21호, 321-362쪽; 졸저, 선진법사상사, 336-378쪽 참조.

46 關尹子, 三極: "聖人師蜂立君臣, 師蜘蛛立網罟, 師拱鼠制禮, 師戰蟻置兵."

도, 인간 일상생활과 문명 이기가 자연의 구체 사물과 현상에 대한 경험지혜의 축적임은 의심할 여지가 없다. 이를 군주나 법규범의 기원과 관련해 사회조직의 형성근거로 비유함은 매우 흥미롭다. 비록 그 진실성에 대한 신뢰가치 문제는 차치하더라도.

한편, 先秦 제자백가 사상을 종합 정리한 呂氏春秋는, 기본상 순자처럼 인류가 짐승처럼 군집생활 하면서 약육강식 상호투쟁을 그치지 않아 공멸의 위기에 처하게 되었다고 인식한다.

인간이 육체는 다른 짐승에 비할 수 없이 취약하다. 맹수처럼 적의 공격을 방어하거나 상대방을 공격할 날카로운 이나 발톱을 가진 것도 아니며, 추위와 바람을 막을 가죽피부와 털을 지니지도 못하고, 재빨리 위험을 피하고 이익을 취할 수 있는 기골과 근력을 타고나지도 않았다. 그런데도 금수를 제압하고 자연의 기후변화에 적응하면서, 만물에 영장으로 군림하는 것은 무슨 까닭인가? 바로 인류가 군집생활을 영위하여 상호이익을 증진시킬 수 있기 때문이다. 그러나 가장 중요한 핵심은, 군집생활의 이익이 그 조직적 사회성과 그를 통솔하는 지배자의 정치성에 기인한다는 사실이다. 즉, 이러한 야만상태의 환난을 종식시키기 위해, 성인이 천하·국가를 위한 장구한 숙려에서 천자·군주를 내세웠다. 천자·군주를 세운 것은, 천자·군주에게 사사로이 아부하기 위함이 아니고, 천하 인민을 위해 원대하게 사려한 까닭인데, 후에 도덕이 쇠퇴하고 세상이 혼란해지면서, 군주가 천하를 사사로운 이익의 대상으로 삼았음을 비판한다.[47] 그런데 군주와 국가가 그 止揚

47 呂氏春秋, 恃君: “群之可聚也, 相與利之也; 利之出於群也, 君道立也. 故君道立, 則利出於群, 而人備可完矣.… 聖人深見此患也, 故爲天下長慮, 莫如置天子也, 爲一國長慮, 莫如置君也. 置君非以阿君也, 置天子非以阿天子也, 置官長非以阿官長也. 德衰世亂, 然後天子利天下, 國君利國, 官長利官, 此國所以遞興遞廢也, 亂難之所以時作也.”

의 목표인 상호 실력투쟁 자체의 결과로 탄생한 산물이라는 사실은, 呂氏春秋에 나타나는 독특한 견해다. 이른바 刑期無刑과 같은 순환논리 구조다. 이와 함께 통치권의 형성단계가 묵자와는 정반대로, 작은 집단부터 점차 큰 공동체로 상향 발전하는 점도 특징이다. 즉, 원시공동체 내부에서 실력투쟁에 승리한 자가 수장이 되었는데, 사회가 점차 발전하면서 수장 자신의 힘만으로는 통치하기 부족함을 느껴 군주를 내세우고, 다시 천자를 옹립하기에 이르렀다고 한다.[48]

이러한 呂氏春秋에 군주와 법의 기원론은, 관자·상앙·한비자·순자에서 공을 세운 자가 스스로 자립해서 군주가 된 것과는 달리, 성인이 천하의 이해득실을 형량해 따로 통치자를 내세우고, 스스로 '謀士'(策士)를 자임한 점이 특이하다. 소수 통치자에게 잘 보이려고 아부하지 않고, 군주와 관직 설치가 오직 천하백성의 이익을 위해서라고 주장한 점은, 황종희의 "天下爲主, 君爲客"[49] 사상에 맹아가 되었다. 이는 呂氏春秋 편저자인 呂不韋 본인이 군주가 아니라, '謀士' 지위에 있었던 연고라는 지적이 흥미롭다.[50] 말하자면, '君主'가 아니라 '君客'으로, '民主'에 봉사하는 진정 명실상부한 '머슴(公僕)' 개념인 셈이다.

⑨ 班固의 漢書 刑法志

秦漢 통일 후, 법과 군주의 기원 및 필요성에 관한 이러한 사상은, 역사적 경험지혜를 종합 정리하여 漢書 刑法志 서두에 전해지게 되어, 매우 주목할 만하다. 반고는 동중서의 '天人合一'의 군권신수 '天命'설을 채택하지 않고, 순자와 법가의 여러 견해를 종합해, 나름대로 精緻

48 呂氏春秋, 蕩兵(用兵): "民固剝林木以戰矣, 勝者爲長. 長則猶不足治之, 故立君; 君又不足以治之, 故立天子. 天子之立也, 出於君; 君之立也, 出於長, 長之立也, 出於爭."

49 黃宗羲, 明夷待訪錄, 原君에 나오는 말이다.

50 李光燦·張國華 主編, 中國法律思想通史(1-3卷), 52-53쪽, 523-524쪽 참조.

한 유심주의 견해를 피력해 눈길을 끈다. 각종 자연적 위험에 노출되어 있는 취약한 인간이 도리어 만물을 지배할 수 있는 것은, 군집하여 사회생활을 영위하는 지혜 때문이다. 그런데 군집하여 재물 공급이 부족하면 상호투쟁으로 혼란스러워지는 까닭에, 성인이 공경과 양보와 박애의 덕으로 솔선수범하여, 군중이 그에게 가서 귀의했다는 것이다. 이것이 군왕과 도덕인의의 기원이다. 사랑과 덕은 공경과 위엄의 뒷받침이 있어야, 쇠퇴하지 않고 오래 지속될 수 있기 때문에, 禮와 刑을 제정하게 되었다고 한다.[51]

인류사회 발전사를 보면, 인류의 직접 조상은 군거 동물로서, 생존을 위해 군집 능력과 단체 활동으로 개체의 취약성을 보완해 대자연의 험난을 극복해왔다. 그러나 군거는 원숭이에서 인류로 진화하는 가장 중요한 조건이지만, 인류사회에 고유 특징도 아니고, 국가와 법의 기원에 직접적 원인도 아니다. 선진 사상가 다수는 인류 물질생활 조건에서 법과 국가의 기원을 찾았다. 그러나 반고는 '定分止爭'의 식견에다가 통치자의 수요에 적합한 견해를 추가해 넣었다. 사람이 군거할 수 있는 근거는 바로 사람한테 '仁愛'心이 있기 때문이라고 설명한다. 仁愛가 없다면 군거할 수 없다는 것이다. 그런데 '仁愛'心은 '禮'와 '刑'으로 유지해야 영원히 타락·실패하지 않을 수 있다. "사랑은 공경이 있어야 실패하지 않고, 德은 권위가 있어야 오래 지속한다. 그래서 禮를 제정해 공경을 숭상하고, 刑을 만들어 권위를 밝힌다." 바로 반고가 漢書에 '禮樂志'와 '刑法志'를 독립해 기술한 소이일 것이다. 누구한테 공경을 숭상하고, 누구를 위해 권위를 밝히는지 명언하지 않았으나, 국가와 법률의 출현은 군주의 통치지위와 권위를 유지보호하

51 漢書, 刑法志 참조. "… 從之成羣, 是爲君矣；歸而往之, 是爲王矣. 愛待敬而不敗, 德須威而久立, 故制禮以崇敬, 作刑以明威也."

기 위해서라고 보인다.[52]

5) '必要'惡으로서 법(兵刑)의 필요성

법이 출현한 것은, 인간한테 그 존재가 필요하기 때문이다. 즉, 법의 필요성은 그 기원의 전제이다. 사실 법의 기원에서 그 필요성이 대강 언급된 것이나 다름없다. 사회규범으로서 법의 필요성을 언급할 때, 인간의 분쟁을 해결하기 위한 공평한 객관적 표준성과 함께, 타인을 침해하고 공공질서를 어지럽히는 죄악을 징벌하기 위한 강제적 제재성이 동시에 거론되기 마련이다. 전자의 속성은 특히 예나 윤리도덕과 함께 일반 법규범의 기원에서 보편으로 언급되었다. 여기서는 주로 후자의 필요성에 관하여, 법의 강제성을 상징하는 刑을 중심으로 살펴본다. 물론 '刑은 兵에서 비롯했다(刑始于兵)'는 전통적 兵刑일치 관점에서, 兵의 필요성이 동시에 부각된다. 兵이 맹수의 위협이나 적의 침공을 방어하는 대외적 무기라면, 刑은 같은 집단 내 해악을 제거하는 대내적 무기다. 비록 內憂냐 外患이냐 차이는 있지만, 공동체의 생명·안전·재산 보호와 질서유지의 自衛 수단임에는, 兵刑의 필요성이 공통이다.

兵의 필요성에 관한 언론은 무수히 많은데, 그중 대표 내용을 소개하면 다음과 같다.

우선, 춘추전국시대 제후국간 전쟁에 즈음하여, 뜻밖에 대외적 우환을 예방하는 兵의 준비는 정당하고 필수불가결하다고 강조된다.[53] 유비무환의 자위 개념이다. 묵자가 공격전쟁은 비난하면서도 수비전을 상당히 중시하여, 그 설비와 방법에 관한 내용을 무려 11편에 걸쳐 상

52 李光燦·張國華 主編, 中國法律思想通史(1-3卷), 755-756쪽 참조.

53 春秋左傳, 隱公5年: "不備不虞, 不可以師."; 桓公17年: "疆場之事, 愼守其一, 而備其不虞. 姑盡所備焉, 事至而戰."

세히 서술하고 있는 것도, 바로 이러한 맥락이다. 외적이나 도적의 전란이 발생하는 경우, 병기와 군사를 잘 갖추고 있는 자가 승리하기 때문에, 성인이 兵을 만들었다.[54] 그래서 그는 양식이 나라에 보배이고, 兵이 나라에 발톱이며, 성곽은 자위의 보루라고 일컫는다. 이 세 가지를 갖추는 것이, 나라를 지킴에 없어서는 안 될 중요한 도구다.[55]

呂氏春秋는 兵을 갖추는 것은 외적을 방비하기 위함인데, 그 병으로 도리어 자신을 공격함은 본래 목적을 상실하는 어리석은 짓이라고 힐난한다.[56] 요컨대, 병력은 일차로 외부적 해악을 방비하는 수단인 셈이다.[57]

그러나 병의 필요성은, 자위라는 소극적 수비 차원에 머무르지 않고, 적극적으로 불의를 정벌해 정의를 구제하며 해악을 제거해, 복리를 증진하는 공격적 개념에까지 확장된다. 물론, 여기서 핵심 필수전제조건은 정당성이다. 병의 근본으로 義·智·勇의 삼자가 꼽히는데, 그 첫째가 義인 사실은, 정당성이 兵에 가장 중요한 선결조건임을 말해준다.[58] 실제로, '義兵'은 제자백가에 공통으로 거론되는 중요한 사상이다. 특히, 成湯과 武王이 각기 桀과 紂를 정벌하고 혁명한 역사적 사실에서도 '義兵'은 정당성을 설명하는 중추 개념이다.

묵자는 이들 의병이 천명을 받들어, 仁義롭지 못한 포학무도한 군주를 정벌한 주륙이지, 결코 침공이 아니라고 칭송한다.(非攻下) 아울러, 난포한 무리가 횡행하는데도, 의병을 일으켜 이를 토벌하지 않으

54 墨子, 節用: "若有寇亂盜賊, 有甲盾五兵者勝, 無者不勝, 是故聖人作爲甲盾五兵."

55 墨子, 七患: "備者國之重也, 食者國之寶也, 兵者國之爪也. 城者所以自守也, 此三者國之具也."

56 呂氏春秋, 本生: "修兵者, 以備寇也, 今修兵而反以自攻, 則亦失所爲修之矣."

57 韓非子, 解老: "凡兵革者, 所以備害也."; 國語, 楚語上: "明除害以導之武."

58 呂氏春秋, 決勝: "夫兵有本幹. 必義, 必智, 必勇."

면, 천하 해악을 방치하기에 막대한 불의라고 비난한다.[59] 따라서 불의를 정벌하기 위해서도, 의병은 항상 준비되어 있어야 한다.[60] 맹자도 문왕·무왕이 한번 분노함으로써 천하 인민을 평안하게 한 사실을 거론하며, 백성이 자신들을 물과 불 속에서 건져주는 것으로 여기고 환영하는 정벌은 행하여도 좋다고 강조한다.[61]

순자도 仁義之兵을 강조하는데, 인의와 兵戰을 서로 양립할 수 없는 모순 개념으로 인식하는 세속 견해를 비판한다. 즉, 仁者는 인민을 사랑하기 때문에 그들의 해악을 싫어하고, 義人은 도리에 따르기 때문에 인민의 혼란을 싫어한다. 병은 이러한 상황에서 난포함을 금지하고 해악을 제거하는 수단으로, 결코 실력쟁탈을 위한 방편이 아니라는 것이다. 그래서 인의지병이 지나는 곳마다, 모든 인민이 단비처럼 반겨 맞이한다.[62]

의병의 필요성에 관한 한, 呂氏春秋 언론도 빠뜨릴 수 없는 독보적 특색을 지닌다. 천하인민을 위한 배려는, 有道를 권장하고 無道를 종식시키며, 有義를 상주고 不義를 처벌함이 으뜸이다. 따라서 무도와 불의를 정벌하는 것보다 더 큰 복은 없다.[63] 물론, 무도를 지키고 불의를 구제하는 것보다 더 큰 화는 없으며, 무도와 불의를 방치하는 것은 천하에 해악을 조장하는 것이다. 따라서 의로운 병은 공격정벌이나 구원수비 모두 가능하다.[64] 인민을 죽음으로부터 구제해 주는 의병은,

---

59 墨子, 非儒: "暴亂之人也得活, 天下害不除, 是爲群殘父母, 而深賤世也, 不義莫大焉."

60 墨子, 七患: "庫無備兵, 雖有義, 不能征無義."

61 孟子, 梁惠王下 참조. "文王一怒而安天下之民, 武王亦一怒而安天下之民."

62 荀子, 議兵: "彼仁者愛人, 愛人, 故惡人之害之也 ; 義者循理, 循理, 故惡人之亂之也. 彼兵者, 所以禁暴除害也, 非爭奪也. 故仁者之兵, 若時雨之降, 莫不說喜."

63 呂氏春秋, 振亂: "凡爲天下之民長也, 慮莫如長有道而息無道, 賞有義而罰不義. 攻無道而伐不義, 則福莫大焉."

누구나 부모처럼 갈망하기 때문이다.[65] 환언하면, 병의 사용은 오직 도의에 근거하고, 천하인민의 이익을 위한 목적에 합당하여야 한다. 혼란무도한 자를 공격함이 兵의 正義인데, 의로운 공격은 피공격자를 복종시켜, 자신에게는 영예를 가져오고, 천하인민에게는 이익을 안겨 준다.[66] 결론으로, 병은 인간 존재와 함께 그 역사를 같이하는 威力으로서, 결코 잠시도 없을 수 없는 필수불가결한 존재다. 다만, 그 위력에 전적으로 의지해서는 안 되며, 오직 병 자체의 도의와 인민에 대한 愛利만이 그가 의지할 정당성이 된다.[67]

> "집안에 회초리가 없으면, 아이들 허물이 바로 드러나며; 나라에 형벌이 없으면, 백성들의 상호 침범과 죄악이 곧 나타나고; 천하에 정벌이 없으면, 제후들의 포악함이 이내 일어난다. 그래서 회초리를 집안에서 놓을 수 없으며, 형벌을 나라에서 없앨 수 없고, 정벌을 천하에 시행하지 않을 수 없다. 다만 정교하고 졸렬한 차이가 있을 뿐이다. 그러므로 예로부터 성왕은 의병이 있을지언정, 병 자체를 아예 없애지는 않았다."[68]

천자 권위가 유명무실해진 춘추시대에는, 덕망과 실력을 겸비한 패

---

64 呂氏春秋, 禁塞: "守無道而救不義, 則禍莫大焉, 爲天下之民害莫深焉. 無道不義者存, 是長天下之害, 而止天下之利. 兵苟義, 攻伐亦可, 救守亦可; 兵不義, 攻伐不可, 救守不可."

65 呂氏春秋, 懷寵: "兵之來也, 以救民之死.義兵至, 則鄰國之民歸之若流水, 誅國之民望之若父母."

66 呂氏春秋, 召類: "凡兵之用也, 用於利, 用於義.攻亂則服, 服則攻者利 ; 攻亂則義, 義則攻者榮." 應同편에도 같은 내용 보임.

67 呂氏春秋, 用民: "威不可無有, 而不足專恃. 威必有所託, 然後可行. 惡乎託? 託於愛利."

68 呂氏春秋, 蕩兵: "家無怒笞, 則豎子嬰兒之有過也立見 ; 國無刑罰, 則百姓之悟相侵也立見 ; 天下無誅伐, 則諸侯之相暴也立見. 故怒笞不可偃於家, 刑罰不可偃於國, 誅伐不可偃於天下, 有巧有拙而已矣. 故古之聖王有義兵而無有偃兵."

자의 兵威가 제후국간에 평화질서를 유지하는 필수불가결한 수단으로 강조됨도 같은 맥락이다.

> "무릇 작은 제후국은, 晋과 楚가 병으로 위엄을 보임으로써 두려움을 가지고, 상하가 자애와 화목을 유지하며, 자애와 화목으로 그 국가를 안정시키고, 대국을 섬김으로써 존립할 수 있게 된다. 위엄이 없으면 교만해지고, 교만하면 혼란이 생기며, 혼란해지면 반드시 멸망하게 된다. 하늘이 五材(五行: 金·木·水·火·土)를 내려주어, 인간이 이를 고루 사용하며 어느 하나도 없앨 수 없는데, 누가 兵(金)을 제거할 수 있겠는가? 병은 설비된 지 오래되어, 포학무도한 자에게 위엄을 보이고 문덕을 밝히는 방편으로 사용되어 왔다. 성인은 이로써 흥성하고, 악인은 이로써 혼란·멸망하였다. 흥성과 패망, 혼란과 현명의 방책이 모두 兵으로부터 말미암는다. 그대가 兵을 제거하려 함은 지나치게 건방지고 외람되지 않은가?"[69]

法, 특히 刑의 필요성 자체에 관해서는, 일반 제자백가들이 兵과는 달리 거의 침묵하고 있다. 물론, 법치를 핵심사상으로 주장하는 법가에서 법의 필요성과 당위성을 강조할 것은 자명한 일이다. 그들의 언론은, 특히 덕과 예를 위주로 하는 人治에 대응하는 반론으로, 그 강도를 높이는 것이 사실이다. 이점은 나중에 따로 언급하기로 하고, 여기서는 법제사 관점에서 漢代 이후 덕주형보 관점에서 거론되어 온 역대 언론을 간략히 살펴본다.

전술했듯이, 漢書 刑法志는 첫머리에서 군왕과 법규범의 기원에 관한 사상을 종합 정리해 재천명했는데, 兵刑의 필수불가결성도 좌전과

69 左傳, 襄公27年. "諸侯小國, 晉楚所以兵威之, 畏而後上下慈和, 慈和而後能安靖其國家, 以事大國, 所以存也. 無威則驕, 驕則亂生, 亂生必滅, 所以亡也. 天生五材, 民並用之, 廢一不可, 誰能去兵? 兵之設久矣, 所以威不軌而昭文德. 聖人以興, 亂人以廢. 廢興存亡昏明之術, 皆兵之由也, 而子求去之, 不亦誣乎!"

呂氏春秋의 핵심 내용을 인용해 거듭 강조한다.[70] 또, 唐書 刑法志는, 형이 비록 仁義정치에 보조수단이지만, 백성 죄악을 방지하는 필수 방편이므로 완전히 폐지할 수는 없고, 다만 너그럽게 늦춰줄 수 있을 뿐이라고 지적한다. 아울러 仁義의 근본을 숭상하지 않고 현실풍속이 어떠한지도 살피지 않고, 常刑을 폐지한다면, 이는 백성들 고삐를 늦춰 간사한 죄악의 문을 열어주는 것으로, 물이 가득 찬 제방을 무너뜨리는 행위와 같다고 경고한다.[71] 또, 법이란 인민을 다스리는 재갈과 고삐이자, 그 폐해를 구제하는 도끼와 같은 것으로, 하루도 이를 폐지할 수 없다는 언론도 보인다.[72]

뿐만 아니라, "모든 나라 군주는 법전과 법칙이 있기 마련이다"는 정언명제까지 古言으로 인용한다.[73] '사회 있는 곳에 법이 있다'는 법언과 같은 말이다. 특히 주목할 것은, 인간의 사회성과 법의 필수불가결성에 대한 비유다. 물고기가 물에서 서로 노닐 듯, 사람은 도에서 서로 교유한다는 莊子의 비유가 있다. 그런데 물고기가 무리를 달리하고 싶어서 물을 버리고 뭍으로 올라가면 즉사하고, 호랑이가 무리를 달리하려고 산을 버리고 시장으로 내려가면 금방 사로잡힌다는 비유를 든다. 성인이라 할지라도 중생과 무리를 달리할 수 없다고, 인간의 사회성을 강조하는 언론이다.[74] 그런가 하면, 한비자는 물고기가 물을

---

70 漢書, 刑法志: "古人有言：'天生五材, 民並用之, 廢一不可, 誰能去兵?" 鞭扑不可弛於家, 刑罰不可廢於國, 征伐不可偃於天下；用之有本末, 行之有逆順耳."

71 唐書, 刑法: "蓋刑者, 政之輔也. 政得其道, 仁義興行, 而禮讓成俗, 然猶不敢廢常刑, 所以爲民防也, 寬之而已. 今不隆其本、顧風俗謂何而廢常刑, 是弛民之禁, 啓其姦, 由積水而決其防."

72 五代史, 刑法志: "刑法者禦人之銜勒, 救弊之斧斤, 故刑法不可一日廢之於國."

73 唐書, 刑法: "古不云乎, '萬邦之君, 有典有則.'"

74 關尹子, 三極: "魚欲異群魚, 舍水躍岸, 卽死；虎欲異群虎, 舍山入市, 卽擒; 聖人不異衆人, 特物不能拘爾."

잃으면 재앙을 당하듯, 사람이 법을 떠나면 죄를 지어 형벌을 받는다는 비유로써, 법의 필수불가결성을 단적으로 부각시킨다.[75]

6) 必要'惡'으로서 법의 불충분성

그러나 이상과 같은 법의 필수불가결성이, 논리상 그 자체를 목적시하는 법만능주의 사상에까지 확장하는 것은 결코 아니다. 법은 어디까지 인간사회를 다스리기 위해 필요한 '수단'에 불과하다. 환언하면, 사회 질서유지의 필요성 때문에 마지못해 가지는 부득이한 존재다. 이를 논리로 표현하면, 법은 인간사회에 필요조건이지만, 충분조건은 아니다. 그러나 현실에서 인간의 사사로운 욕망은 법의 이러한 부득이한 필요성을 악용해, 도리어 인간을 탄압하거나 착취하는 경우가 허다하다. 이러한 경우, 법은 인간을 질서 있고 평화롭게 다스리는 선방편이 아니라, 동족을 살륙하고 해치는 명분상 도구로 전락하고 만다. 법을 필요'악'이라고 일컫는 개념도 바로 이러한 취지다. 전통사상의 관점에서는 흔히 兵刑을 흉기로 표현한다. 물론, 이는 법에 국한한 이야기가 아니라, 군주와 국가 자체를 포함해, 모든 인간 사회제도에 보편으로 타당한 공론이다.

우선, 병의 흉악성은 일찍이 老子가 간명한 명제로 표현했다.

"兵은 상서롭지 못한 도구로서, 군자의 그릇이 아니며, 마지못해 사용할 뿐이다."[76] 병기를 동원하는 전쟁은 필연으로 많은 인명을 살상하고 재산을 파괴하기 때문이다. 뿐만 아니라, 병력이 진을 친 곳에는 가시덤불만 무성하게 자라고, 군대가 지나간 뒤에는 반드시 흉년이 들게 된다. 그래서 道를 닦고 행하는 성인군자는 무력으로 천하에 군

75 韓非子, 大體: "使人無離法之罪, 魚無失水之禍."

76 老子, §31: "兵者不祥之器, 非君子之器, 不得已而用之."

림하지 않는다.[77] 공자는 衛靈公이 陳法에 관해 묻자, 제사 지내는 법은 들었지만, 군사에 관한 일을 배운 적이 없다고 잘라 말했다.[78] 역시 兵의 흉악성을 간접으로 극명히 보여주는 말이다.

한편, 춘추시대에 제후간 실력쟁패가 노골화하는 현실 속에서도, 병의 흉악성을 들어 전쟁을 최대한 억제하려는 외교적·사상적 언론들이 적지 않게 돋보인다. 晋 惠公이 秦 穆公에게 패전하여 포로로 끌려오자, 晋 惠公 누이로 秦의 왕비인 穆姬는, "하늘이 재앙을 내려, 양국 군주가 玉帛의 朝禮로 상견하지 못하고 병전을 일으켰다"고 비판했다.[79] 또, 晋의 郤至가 楚에 가서 동맹할 때, 子反이 양국 군주가 전쟁터에서 서로 화살을 쏘아댈 때 만나는 것이 하늘의 복이라고 말하자, 이는 가장 큰 화로서 난세의 도라고 반박한 적이 있다.[80] 그리고 "勇은 도덕이고, 병은 흉기이며, 爭은 일의 말단이다"는 명제도 보인다.[81] 왜냐하면, 병전은 인민의 생명을 살상하고 재산을 파괴하여, 국가의 큰 재앙이기 때문이다.[82]

그래서 병의 필수불가결성과 특히 의병의 당위성을 역설하는 呂氏春秋도, 갑병이란 사람의 목을 베고 배를 가르며 성곽을 함락시키므로, 몹시 불명예스러운 것으로 인식한다.[83] 또, 군대가 주둔한 곳에는 가시덤불만 무성해진다는 老子 말을 인용하면서,[84] 甲兵이란 천하에

---

77 老子, §30: "以道佐人主者, 不以兵强天下. 師之所處, 荊棘生焉; 大軍之後, 必有凶年."

78 論語, 衛靈公. "俎豆之事, 則嘗聞之矣；軍旅之事, 未之學也."

79 左傳, 僖公15年. "上天降災, 使我兩君匪以玉帛相見, 而以興戎."

80 左傳, 成公12年. "若讓之以一矢, 禍之大者, 其何福之爲?"

81 國語, 楚語下. "夫勇者, 逆德也；兵者, 凶器也； 爭者, 事之末也."

82 左傳, 襄公27年. "兵, 民之殘也, 財用之蠹, 小國之大菑也."

83 呂氏春秋, 順說. "甲之事, 兵之事也, 刈人之頸, 刳人之腹, 隳人之城郭, 其名又甚不榮."

84 呂氏春秋, 應同. "師之所處, 必生棘楚."

흉기고, 용맹이란 천하에 흉덕이므로, 흉기를 동원해 흉덕을 행함은 부득이한 경우에 국한해야 한다고 강조한다.[85] 특히, 만물이 소생하는 孟春에는 살상용 흉기인 갑병을 움직일 수 없는데, 이를 어기면 반드시 하늘의 재앙이 따를 것이라고 경고한다.[86]

한편, 이러한 병의 흉악성은 비유개념을 통해 표현되기도 한다. 우선, 병은 불과 같아서, 잘 갈무리하지 않으면 자신까지 태워버리는 재앙을 자초하게 된다.[87] 그런데 악이 쉽게 만연하는 것은 들불과 같아서, 이를 박멸해야 하지 가까이 접근할 수 없다는 비유가 있다.[88] 여기서 불을 매개 고리로 兵이 惡으로 직접 연결될 수 있음을 알 수 있다. 또, 兵과 刑은 질병과 같은 위상에서 병렬로 거론된다. 莊子는 사회 법망에 저촉해 金木의 형구로 처벌받는 외형을, 자연 법칙을 거스르고 본연의 성정을 어겨 음양오행 부조화로 말미암는 질병인 내형과 개념상 대비시킨다.[89] 한비자도 신체 질병을 內害로 표현하면서, 법적 형벌을 外禍로서 대비해 병렬한다.[90] 그리고 음식·거처·노동을 조절하지 못해 발생하는 질병과, 탐욕스럽고 무례한 범죄로 받는 형륙, 자기 힘과 분수를 모르고 날뛰다가 당하는 병전이 세 가지 비명횡사 요인으로 병칭되기도 한다.[91]

老子는 兵이 상서롭지 못하기 때문에, 개선장군도 凶禮인 喪禮로써

---

85 呂氏春秋, 論威. “凡兵, 天下之凶器也；勇, 天下之凶德也. 擧凶器, 行凶德, 猶不得已也.”

86 呂氏春秋, 孟春紀. “孟春之月, 不可以稱兵, 稱兵必有天殃.” 禮記, 月令에도 보임.

87 左傳, 隱公4年. “夫兵猶火也; 弗戢, 將自焚也.”; 襄公24年. “兵不戢, 必取其族.”

88 左傳, 隱公6年 및 莊公14年. “惡之易也, 如火之燎于原, 不可鄉邇, 其猶可撲滅?”

89 莊子, 列禦寇. “爲外刑者, 金與木也；爲內刑者, 動與過也. 宵人之離外刑者, 金木訊之；離內刑者, 陰陽食之.”

90 韓非子, 解老. “內無痤疽癉痔之害, 而外無刑罰法誅之禍.”

91 韓詩外傳, 卷1 및 孔子家語, 卷1, 五儀解 참조.

맞이한다고 말했다. 그런데 晏子는 갑병의 陣中, 옥송의 법정, 喪中에는 모두 바닥에 돗자리를 깔지 않는데, 이는 삼자 모두 우환이란 공통점 때문이라고 설명한다.[92] 한편, 법의 궁극 근원이자, 각종 개념상 법과 직간접으로 긴밀한 관계를 유지하는 道의 비유를 통해서도, 병형의 흉악성을 확인할 수 있다. 道를 칼에 비유하여, 칼날로 물건을 자르면 이롭지만, 손으로 그 칼날을 쥐면 상처를 입는다는 것이다.[93] 한비자도 道는 창칼과 같아서, 성인이 포학한 죄악 징벌에 사용하면 복을 이루지만, 어리석은 자가 분노를 이기지 못하여 함부로 휘두르면 화를 자초한다고 비유한다. 아울러 도를 물에 비유하기도 하는데, 목마른 자가 적당히 마시면 목숨을 살리지만, 물에 빠진 자가 많이 마시면 익사한다고 경고한다. 따라서 道는 생명과 성공의 원천이기도 하지만, 동시에 사망과 실패의 화근도 될 수 있다.[94] 이른바 '양날의 검'이다.

여기서 道에 비유되는 창칼은, 그 자체가 병기이기도 하지만, 물도 법의 본질적 비유개념이기 때문에, 도에 대한 비유가 곧 병형의 실체로도 연결된다고 볼 수 있다. 질병·喪事와 병칭되는 병형은 거의 절대 흉악으로 단정된다. 반면, 물과 창칼로 비유되는 도나, 불로 비유되는 병은, 사물의 양면성 중 부정적·소극적 측면을 특히 강조하는 상대적 해악으로 주목된다. 병형의 필요악적 본성을 동시에 균형 있게 밝힘에는, 후자 비유가 더 객관적이고 적절할 것이다.

사실, 법과 형벌의 불충분성은, 공자와 맹자도 간접으로 간명하게 여실히 밝힌바 있다. 공자는 정치교화의 대원칙을 이렇게 피력한다.

"정치명령으로 인도하고 형벌로 다스리면, 백성들이 요행히 빠져

---

92 晏子春秋, 內篇諫下: "臣聞介胄坐陳不席, 獄訟不席, 尸坐堂上不席, 三者皆憂也."

93 關尹子, 一宇: "吾道如劍, 以刃割物卽利, 以手握刃卽傷."

94 韓非子, 解老: "道譬諸若水, 溺者多飮之卽死, 渴者適飮之卽生; 譬之若劍戟, 愚人以行忿則禍生, 聖人以誅暴則福成. 故得之以死, 得之以生, 得之以敗, 得之以成."

나가고도 부끄러움이 없는데; 덕으로 인도하고 예로 다스리면, 백성들이 부끄러운 줄도 알고 또 바르게 된다."[95]

정치적 법령과 형벌만으로는 다스림이 원만하지도 충분하지도 않음을 일깨운다. 맹자는 선량함도 법도 단독으로는 결코 自足하지 못함을 지적했다.

"단지 선하기만 해서는 정치를 할 수 없고, 단순히 법만 가지고는 저절로 시행되지 않는다."[96]

온유한 선량만으론 정의와 평화를 실현하기 어렵고, 능력과 권세를 얻어야 기대할 수 있겠다. 법도 집행의지와 강제력이 모자라면 실효성이 떨어질 뿐만 아니라, 의지와 능력은 충분해도 간교하고 사악한 자가 법을 악용하면 오히려 커다란 재앙이 될 것이다.

법제사 측면에서 보면, 법과 형벌은 병처럼 악으로까지 묘사되지는 않는다. 덕주형보 관점에서, 법과 형이 근본적인 정묘한 治道는 못되고, 물정에 따라 이를 교정하는 조악한 治術로서, 정치적 발난시엽에 불과하다고 인식이 일반이다.[97] 특히, 난포함을 금지하고 혼란을 다스리기 위해, 마지못해 사용하는 부득이한 방편으로 강조함이 특징이다.[98] 환언하면, 덕과 예로써 계도하여 따르지 않는 자는 법으로 규율하며, 법에도 위반하면 부득이 형벌을 시행하지 않을 수 없다. 즉, 형이란 위엄을 과시하기 위한 목적에서가 아니라, 통치를 보필하기 위한 수단으로 제정한 것이다.[99] 刑의 궁극 이상은 兵에서 시작해 禮로

---

95 論語, 爲政: "道之以政, 齊之以刑, 民免而無恥; 道之以德, 齊之以禮, 有恥且格."

96 孟子, 離婁上: "徒善不足以爲政, 徒法不能以自行."

97 晋書, 刑法: "按法蓋粗術, 非妙道也, 矯割物情, 以成法耳."

98 唐書, 刑法: "刑者, 政之末節也.先王以禁暴釐亂, 不得已而用之."; 晋書 刑法: "陳乎兵甲而肆諸市朝, 具嚴天刑, 以懲亂首, 論其本意, 蓋有不得已而用之者焉.", 宋史, 刑法二: "先王用刑, 蓋不獲已, 何近代憲綱之密耶!

99 元史, 刑法一: "道之以德義, 而民弗從, 則必律之以法; 法復違焉, 則刑辟之施, 誠有

끝난다.[100]

특히, 형법은 인민 생명에 관계되는 만큼, 한번 잘못 시행하는 경우, 그 폐해가 막심하다. 백성들이 손발을 어떻게 놀려야 좋을지 모를 뿐만 아니라, 억울한 희생자의 원혼이 천심을 움직여 화기를 손상시키면 재앙까지 내린다고 믿었다. 그래서 그 중대함과 곤란함이 두드러지게 강조되었다.[101] 형법의 부득이한 보충적 성격도 이로 말미암아 더욱 의미심장해진다.

한편, 철학사상으로는 법가의 지나친 신상필벌주의에 대한 반작용으로서, 상벌의 불충분성이 보편으로 강조됨이 주목할 만하다. 물론, 덕주형보 사상의 연속선상에서 거론된다. 즉, 교화가 잘 이루어지면, 비록 후한 상과 엄한 벌로도 금할 수 없게 되며, 덕과 인의로 인민을 잘 교화하는 통치자는 상벌로 다스리지 않는다.[102] 또한, 진실한 충신은 爵祿으로 상 주어 등장하는 것이 아니며, 반대로 간신은 형벌로도 주륙하기에 부족하다.[103] 군주 자신이 덕을 행하지 않으면 백성은 상벌을 경시하기 때문에, 엄한 형벌이 오히려 더 심한 죄악을 유발하며, 후한 상도 더 이상 권선 기능을 발휘할 수 없게 된다.[104]

不得已者.是以先王制刑, 非以立威, 乃所以輔治也.”

100 遼史, 刑法志上: “刑也者, 始於兵而終於禮者也.”

101 論語, 子路: “刑罰不中, 則民無所錯手足.”; 三國志, 魏書, 武帝紀: “(建安十九年) 夫刑, 百姓之命也”; 五代史, 刑法志: “刑獄之難, 古今所重, 但關人命, 實動天心, 或有冤魂, 則傷和氣.”; 宋史, 刑法二: “獄, 重事也. 用法一傾, 則民無所措手足.”; 晋書, 刑法 및 三國志, 魏書, 衛覬傳: “刑法者, 國家之所貴重, 而私議之所輕賤；獄吏者, 百姓之所縣命, 而選用者之所卑下. 王政之弊, 未必不由此也.”

102 呂氏春秋, 義賞: “敎成則雖有厚賞嚴威弗能禁, 故善敎者, 不以賞罰而敎成.”

103 孔子家語, 卷3, 辯政: “爲人臣而忠其君者, 爵祿不足以賞也；諛其君者, 刑罰不足以誅也.”

104 晏子春秋, 內篇諫上: “以刑罰自防者, 勸乎爲非; 以賞譽自勸者, 惰乎爲善; 上離德行, 民輕賞罰.”

보통 법가에 분류되는 관자도 상벌의 불충분성을 상당히 중시한 점은 특기할 만하다.

"살륙형벌은 쓰기에 부족하다." "상은 선을 권장하기에 부족하며, 형은 허물을 징계하기에 부족하다." "상은 좋아하기에 충분하지 못하며, 형은 미워하기에 충분하지 못하다. 상은 좋아함의 말단이며, 형은 싫어함의 지엽이다." "형벌은 백성의 뜻을 두렵게 하기 부족하며, 살륙은 인민 마음을 복종시키기 부족하다."[105]

요컨대, 법, 특히 형과 상은 백성을 다스리는 필요불충분한 최후 방편에 불과하다. 따라서 법령의 강제성과 형벌의 위하성도 기능적 한계를 가지지 않을 수 없다. 환공이 백성을 다스리는 방도에 대해 묻자, 管子가 "덕으로써 걱정해주고, 벌로써 두렵게 하거나 힘으로 금지시키지 말라"고 답한 것도 바로 이러한 이유 때문이다.[106]

7) 맺음말

지금까지 전통법문화에서 국가와 법의 기원에 관한 몇 가지 주제를 역사와 철학사상 관점에서 살펴보았다. 우선, 고대 동아시아에서 국가와 법이 언제 어떻게 발생했는지에 관하여, 근래 중국에서 제기되는 여러 학설을 간추려 소개하고, 전통 '灋'의 역사적 기원으로서 해태(해치)와 皐陶와 치우 족의 상호 관련성을 살펴보았다. 그리고 철학사상 관점에서 先秦 주요 철학사상가들이 펼친 국가와 법의 기원론을 정리해 소개하고, 秦漢 이후 종합 정리된 한서 형법지의 입장도 검토했다.

105 管子, 立政: "殺戮刑罰, 不足用也."; 內業: "賞不足以勸善, 刑不足以懲過."; 心術下: "貨之不足以爲愛, 刑之不足以爲惡.貨者, 愛之末也; 刑者, 惡之末也."; 牧民: "刑罰不足以畏其意, 殺戮不足以服其心."

106 管子, 小問: "凡牧民者, 憂之以德, 勿懼以罪, 勿止以力,… 懼之以罪, 則民多軸; 止之以力, 則往者不反."

다음으로, 법의 기원과 밀접히 관련된 법의 본질속성으로서 인간사회에 법이 필요한 이유, 즉 법의 필요성을 병형일치 관점에서 두루 살펴보고, 법이 필요는 하지만 충분하지는 않다는 관점에서 必要'惡' 속성도 균형 있게 검토해 보았다.

탐구 과정에서, 비록 2천여 년전 고대 일이라서 정교함은 다소 떨어지지만, 우리 동아시아 전통법문화와 역사철학이 근대 서양법철학에 비해 그리 손색이 없을 정도로 아주 장구하고 심오함을 확인할 수 있었다. 현대 첨단 기술문명의 발전으로 인해, 앞으로 인류 법문화도 획기적 변화가 불가피할 것으로 예상된다. 새로운 법문화 창출 및 적응 과정에, 우리 전통법문화의 철학사상도 온고지신의 정신으로 고금을 관통하는 일관회통에 중요한 참고자료가 되길 기대한다.

특히, 걸핏하면 '법대로 하자'는 법률만능주의 한계를 자각하고, 법이 인간의 평화질서와 행복에 필요한 최소한의 수단도구로서 절제되는 법의식 풍토로 변화하길 기원한다. 사실, 법관·검찰·변호사·법학자를 포함하여 거의 모든 사람은, 누군가 자기한테 '법대로 하자'고 따지면, 결코 좋아하지 않으며, 분노와 격정부터 일 것이다. 바로 법이 인간의 사회생활에 충분하지 않은 필요'악'임을 본능적으로 일깨우는 무의식 심리반응이자 진솔한 법감정인 것이다!

2. 법의 본질 속성

1) 공평

법의 본성을 일언이폐지하면 '공평'이라고 할 수 있다. 흔히 '공평무사'라고 일컫는데, '無私'란 '공평'을 강조하기 위해 부정적 표현의 동일의미를 반복한 것에 불과하다. 공평이란 법의 본성과 이념은, 동서고금을 막론하고 모든 법규범에 공통된 보편성이다. 다만, 역사적 민족적 문화적 시각 차이에 따라, 구체적 표현개념과 강조 비중이 다소 다를 뿐이다. 흔히 '정의'로 대표되는 근대 서양법의 지상 이념도, 물론 이 공평의 개념 속에 자연히 포섭된다. 전통법 관점에서도, 義가 법에 근원적 상위 규범으로서, 법의 이상적 지향목표가 됨은 당연하다. 正은 義의 본질 속성으로, '正義'라고 병칭하는 합성어까지 일찍이 등장하였음은 앞서 살핀 바와 같다. 물론, 두 역사적 개념의 구체적 실질 내용이 같은 것은 아니다. 그러나 적어도 '공평'이라는 법의 궁극이념과 본성의 관점에서 보면, 대체로 상통한다고 이해된다.

우선, 公의 이념은, 전술한 道·義·法 삼자의 공통 속성인 無親·滅親의 개념과 직결된다. 親이란 자기 혈친으로서 곧 '私'親을 의미한다. '私'의 상대적 개념이 '公'이기 때문이다. 어원으로 보면, 私의 本字는 ム인데, 公이란 곧 ム를 두 사람이 서로 등진(八) 상태를 묘사한다.[107]

사실, 道와 義의 본질 속성은, 무친·멸친의 無私 개념으로만 표현되는 것이 아니고, 직접 公으로 표현되기도 한다. 예컨대, 老子는 天道를 실행하는 왕도의 본질로 容(포용성)과 公(공평무사)을 전제한다.[108] 유가에서는 大道가 실행되는 '天下爲公'의 '대동'이 궁극 이상사회다.[109] 그리고 한비자는 나라가 잘 다스려지기 위한 전제조건으로, 공의가 행해지고 사심이 제거될 것을 상정한다. 법제를 분명히 밝혀두고 私恩을 제거하여, 명령과 금지가 반드시 시행되도록 하는 것이, 바로 군주의 公義이다. 이에 상응하여, 결백한 인격으로 私心 없이 공정을 실행함이, 신하의 公義다.[110]

---

107 韓非子, 五蠹: "古者蒼頡之作書也, 自環者謂之私, 背私謂之公, 公私之相背也, 乃蒼頡固以知之矣."; 說文解字 二上篇: "公 : 平分也, 從八從ム. 八猶背也. 韓非曰 : 背ム爲公."

108 老子, §16: "知常容, 容乃公, 公乃全, 全乃天, 天乃道, 道乃久."

109 禮記, 禮運: "大道之行也, 天下爲公…是謂大同."

법의 公적 속성에 관해서 가장 상세하고 비중 있게 거론하는 것은, 역시 법가사상이다. 일찍이 상앙은 법을 私의 개념과 대비시켜 의론하고 있다. 그는 나라가 혼란해지는 원인이 법을 방치하고 私議에 맡겨 정치하기 때문이라고 인식한다. 법과 명분을 분명히 세워서, 그에 부합하는 자는 상주고 公을 해치는 자는 형벌하면, 백성들의 쟁란이 그칠 것이다. 三代 성왕이 義로써 천하를 다스리고 춘추오패가 법으로 제후를 바로잡은 것도, 천하를 私有하기 위함이 아니라, 천하를 다스리기 위한 '公天下' 이상 때문이었다. 따라서 현명한 군주는 私를 제거하고 법에 의해 통치해, 나라에 빈틈이나 좀벌레가 없도록 한다.

특히, 그는 국가를 다스리는 세 방편으로 법과 信과 權을 든다. 그중 법은 군신이 함께 지키는(共操) 것이고, 信은 군신이 함께 존립하는 바라고 정의한다. 결국, 상앙에게 법은 私와 대립하는, 公共의 치국방편인 셈이다.[111] 군주가 천하와 더불어 하는 것이 법이다. 이러한 상앙의 개념정의는 법제사에도 이어진다.[112] 즉, 법을 천하에 公器로 인식하는 후대의 보편 관념은, 상앙으로부터 비롯한 셈이다.

한비자도 법을 私의 개념과 대립시켜 인식한다. 우선, 私를 행하는 것은 먹줄 밖에 일로서, 먹줄 밖과 법의 안은 서로 용납할 수 없는 원수사이라고 그는 말한다.[113] 먹줄 자체가 법의 비유개념인데, 私는 법과 양립할 수 없는 속성이라는 의미다. 거꾸로 말하면, '無私=公'이 법

110 韓非子, 飾邪: "明法制, 去私恩, 夫令必行, 禁必止, 人主之公義也. 私義行則亂, 公義行則治, 故公私有分. 修身潔白, 而行公行正, 居官無私, 人臣之公義也. 明主在上, 則人臣去私心, 行公義."

111 商君書, 修權: "法者君臣之所共操也, 信者君臣之所共立也. 君臣釋法任私必亂, 故立法明分, 而不以私害法, 則治. 三王以義親, 五霸以法正諸侯, 皆非私天下之利也, 爲天下治天下. 是故明主任法去私, 國無隙蠹矣."

112 晋書, 刑法: "夫人君所與天下共者, 法也."

113 韓非子, 外儲說右上: "夫行私者, 繩之外也; 繩之外與法之內, 讎也, 不相受也."

에 본질 속성이다. 또, 법령을 제정하는 목적은 私를 폐지하기 위함이므로, 법령이 제대로 시행되면, 私道는 저절로 폐지될 것이 자명하다. 법을 어지럽히는 장본인은 私라고 본다. 다시 말해, 혼란은 私로 말미암고, 통치는 법으로 이루어진다. 여기서도 법과 私는 공존할 수 없는 모순 관계다.[114] 따라서 無私의 公이 법에 본성이다.

뿐만 아니라, '公'의 본질속성을 '법'자에 덧붙여 '公法'이라는 개념을 사용한다. 私曲·私行·私術을 제거하고, 公法을 받들어 행하는 것이, 부국강병과 安民을 실현할 수 있는 통치 근본이다.[115] 반면, 공법을 경시하고 私心을 행하는, 간사한 신하의 득세는 망국에 화근이다.

公과 함께 짝을 이루어 거론되는 법의 본성은 平이다. 平은 물의 표면(水平)이나 저울대(衡平)와 같이, 한쪽으로 기울어지거나 일부분 돌출하거나 함몰함이 없이, 바르고 고른 상태를 일컫는다. 이 平과 동일한 의미로, 正이나 直의 개념이 함께 거론되는 사실도 주목할 만하다. 뒤에 상술하듯이, 平·正·直의 속성들은 법의 문자어원과 법규범의 비유 개념에도 그대로 나타난다. 우선, '法'자에 삼수변(氵)이 水平의 본성을 취한다.[116] 법의 비유 개념으로는, 準(수준기)이 수평의 속성을, 權·衡(저울)은 형평성, 그리고 繩(먹줄)과 鉤(자)는 정직성을 각각 상징한다.[117] 법과 상통하는 속성을 공유하는 구체 사물로 법의 비유 개념을 삼아, 법의 본성을 간접으로 부각시키고 있다.

철학사상에서 平의 속성은 公의 개념과 동시에 거론된다. 상앙은

---

114 韓非子, 詭使: "夫立法令者以廢私也, 法令行而私道廢矣. 私者所以亂法也. 所以治者法也, 所以亂者私也 ; 法立, 則莫得爲私矣. 故曰 : 道私者亂, 道法者治."

115 韓非子, 有度: "能去私曲就公法者, 民安而國治 ; 能去私行行公法者, 則兵强而敵弱. 古者世治之民, 奉公法, 廢私術, 專意一行."

116 說文解字: "灋, 刑也. 平之如水, 從水."

117 管子, 宙合: "夫繩扶撥以爲正, 准壞險以爲平, 鉤入枉而出直."; 明法解: "權衡者, 所以起輕重之數也, 權衡平正而待物."

법이 平正하면 관리들의 농간이 없게 된다고 지적한다.[118] 한비자도 관리는 법을 平正히 시행하는 자로서, 나라를 다스림에 평정을 잃어서는 안 된다고 강조한다.[119] 모두 平이 법의 본질 속성임을 간명하게 표현해준다.

漢代에 법의 공평성과 관련한 유명한 일화가 있다. 文帝 행차가 다리를 지나는데, 다리 밑에서 한 사람이 걸어 나와 말을 놀라게 한 죄로 체포되어 정위에게 이송되었다. 심문 결과, 행차가 이미 지난 줄 알고 나온 과실범으로 벌금에 해당한다는 판결이 내려졌다. 처벌이 너무 가볍다고 황제가 노하자, 정위인 張釋之는 법의 본질속성과 법관의 본연 직책으로 조리 있게 답변해 황제를 수긍시켰다.

> "법이란 천자가 천하와 더불어 시행하는 공공의 것입니다. 지금 법이 이와 같은데, 이를 바꾸어 가중 처벌한다면, 법이 인민에게 公信을 잃게 됩니다. 당시에 황제께서 사신을 시켜 그를 처형했다면 그만이지만, 지금 이미 정위에게 이송했는데, 정위란 천하에 平正한 직책(저울)입니다. 저울을 한번 기울이면, 천하 모든 법의 적용이 그에 따라 경중을 달리해야 할 터인데, 백성들은 어디에 손발을 두어야 하겠습니까?"[120]

법이 천하 공공의 그릇임과 함께, 법을 집행하는 관리가 '천하지평'임을 명확히 천명한 것이다. 그런데 후자는 그 후 역사상 자주 인용되는 법제사에 명언이 되었다.[121] 또, 漢 宣帝때에는 기존의 廷尉 아래

---

118 商君書, 勅令: "法平則吏無姦."

119 韓非子, 外儲說右下: "吏者, 平法者也; 治國者, 不可失平也."

120 漢書 卷50, 張釋之傳: "法者, 天子所與天子公共也. 今法如是, 更重之, 是法不信於民也. 且方其時, 上使使誅之則已. 今已下廷尉, 廷尉, 天下之平也. 壹傾, 天下用法皆爲之輕重, 民安所錯其手足?"

121 三國志, 魏書 卷14, 高柔傳: "廷尉, 天下之平也, 安得以至尊喜怒而毁法乎?" 또 同書 卷13, 王朗(王肅)傳에는 張釋之傳의 언론을 그대로 인용하고 있다.

네 명의 廷平을 신설해, 결옥의 공평에 각별히 힘쓰도록 조처했다.[122] 淸대 孫星衍은 당률소의에 대한 서문에서, 법은 天下之平이라는 명제를 거론한다.[123] 특히, '법은 평정을 유지하는 천하 공공의 그릇이다'는 金 世宗의 말은, 법의 공평성을 간명히 함축하는 표현이다.[124]

한편, 관자는 법을 제정하고 시행하는 군주의 관점에서 '無私'를 강조한다. 군주의 명령과 금지를 포함한 통치행위 전반이 규범적 구속력과 법적 강제력을 가지기 때문에, 우선 군주의 사사로운 자의성의 배제가 법의 공평성 확보를 위한 핵심 문제다. 齊 桓公이 기득 권력과 지위를 잃지 않고 유지할 수 있는 방법을 묻자, 관중은 "개인의 好惡 감정으로 公正을 해치지 말라"고 간명하게 답한다.[125] 군주 명령은 국가를 바르게 하는 것이어야 하지, 개인 욕망을 충족시키는 수단이 되어서는 안 되며, 백성들에게 은혜를 베풂에도 사사로움 없이 한결같아야 천하가 모두 심복하게 된다. 따라서 무사는 위정자의 기본 요긴이라고 할 수 있다.[126] 심지어 군주는 천지일월과 같은 至高의 공평무사를 본받아야 한다.

> "성인은 하늘과 같아서 사사로이 덮음이 없고, 땅과 같아서 사사로이 실음이 없다. 사사로움은 천하를 어지럽히는 것이다."[127]
>
> "하늘은 공평무사하여 선악을 모두 덮고, 땅은 공평무사하여 크고 작은 것을 모두 실으며, 도덕충신효제처럼 버릴 것 없는 규범은

---

122 漢書, 刑法志: "其爲置廷平, 秩六百石, 員四人. 其務平之, 以稱朕意."; 漢書 卷8, 宣帝紀: "(元康二年)夏五月, 詔曰 : '獄者, 萬民之命, 所以禁暴止邪, 養育群生也.' 吏務平法."

123 孫星衍, 重刻故唐律疏議序: "法者, 天下之平." 唐律疏議, 667쪽.

124 金史, 刑: "法者, 公天下持平之器."

125 管子, 桓公問: "毋以私好惡害公正."

126 管子, 宙合: "王施而無私, 則海內來賓矣."; 牧民: "無私者, 可置以爲政."

127 管子, 心術下: "聖人若天然, 無私覆也 ; 若地然, 無私載也. 私者, 亂天下者也."

공평무사하여 어질고 불초한 자를 모두 쓴다. 그러므로 성인의 버릴 것 없는 규범은 천지의 공평무사함과 함께 짝을 이룬다."[128]

따라서 군주의 사사로운 감정은 공평한 법을 파괴하는 근원이라 엄격히 금지된다. 임금이 공평하지 못하여, 늘 상으로 은혜를 베풀기만 하고 형벌을 아낀다면, 국가는 무법상태나 다름없게 된다.[129]

물론, 명확한 차이가 본디 존재하거나, 또는 반드시 구분해 사용된 것은 아니다. 이제 여기서는 서술의 편리와 체계적 명료성을 위하여, 법 자체의 사물적·객관적 관점과 그 시행적용상의 인간적·주관적 관점으로 나누어 개별 구체로 고찰해보고자 한다. 전자는 주로 법의 靜적·본체적 속성을 의미하고, 후자는 법의 動적·작용적 속성으로서 다시 시행주체와 적용대상·객체로 구분할 수 있다.

2) 법 자체의 객관적 명료성

법이 다른 일반 사회규범과 가장 두드러진 차이점은 법의 실정성일 것이다. 법은 實定化하여, 그 어느 규범과 비교할 수 없는 명확한 객관성을 지니게 된다. 이는 국가 통치규범으로서 법의 가장 큰 강점이기도 하다. 동시에 최대 자기한계성의 근본요인이 된다. 즉, 법의 객관성은 준법자인 인민에게 분명한 행위규범과 가치판단기준을 제시해줄 뿐만 아니라, 법을 집행하는 관리나 제정한 군주까지도 기속할 수 있는, 통일성과 항상성을 지닌다. 반면, 실정화한 법의 문자에 집착하면, 융통성과 탄력성을 상실하게 되고, 간교한 관리의 농간이나 사악한

128 管子, 刑勢解: "言而語道德忠信孝弟者, 此言無棄者. 天公平而無私, 故美惡莫不覆; 地公平而無私, 故小大莫不載; 無棄之言, 公平而無私, 故賢不肖莫不用, 故無棄之言者, 參伍於天地之無私也."

129 管子, 八觀: "私情行而公法毁."; 君臣上: "人君不公, 常惠於賞而, 不忍於刑. 是國無法也."

무리의 탈법을 조장하는 폐단도 초래할 수 있다. 물론, 법가 사상이나 법제사에서 법치주의는 주로 긍정 관점에서 이를 거론하고 있다.

그런데 법의 객관성은 두 가지 의미를 함축한다. 첫째, 실질 관점에서 내용 및 문자 표현이 簡易하고 명료하며 평범해야 한다. 둘째, 형식·절차 관점에서 성문화하여 인민에게 공포해야 한다.

첫째, 법은 그 실질 내용이 평범하고 간이할 뿐만 아니라, 법문의 표현도 명료하고 정확해야 한다. 이는 본질상 앞서 언급한 道의 平易性과 직접 연결되는 속성이다. 법의 궁극 근원이 道이고, 道가 法을 낳는다는 규범체계 속에서 보면, 지극히 당연한 논리가 된다. 특히, 평이하고 간단해야, 알기도 쉽고 따라 행하기도 어렵지 않다. 老子나 易傳의 道論은 법의 평이명료성을 연역하는 직접 근거가 된다. 唐書 刑法志는 이점을 적확히 지적한다.

> "무릇 법령은 간단해야 하니, 간단하면 명료하고; 그 시행이 항구적이어야 하니, 오래되면 공신력이 있게 된다. 그런데도 평범한 군주나 용렬한 관리는, 흔히 이를 제대로 지키지 못하고, 즐겨 자주 고친다. 하물며 법령이 번잡하고 많아지면, 비록 정밀하고 현명한 선비라도 두루 익힐 수 없으며, 관리들이 이를 빌미로 위아래도 조종해 농간부리게 되니, 이것이 법전의 폐단이다."[130]

그래서 일찍이 상앙과 한비자는, 법령이란 일반 보통사람들도 모두 쉽게 알고 행할 수 있도록 평이해야 한다고 강조한다. 명찰할 지식인이나 알 수 있고, 현명한 군자나 행할 수 있는 것은, 법령으로 삼을 수 없다. 왜냐하면, 법은 인민에게 적용하고, 인민이 준수해야 하는 통

130 唐書, 刑法: "蓋法令在簡, 簡則明, 行之在久, 久則信, 而中材之主, 庸愚之吏, 常莫克守之, 而喜爲變革. 至其繁積, 則雖有精明之士不能遍習, 而吏得上下以爲姦, 此刑書之弊也."

치규범인데, 평범한 인민이 모두 명찰하고 현명하지는 못하기 때문이다.[131] 지혜로운 자도 알기 어려운 미묘한 말을 법으로 삼으면, 백성들은 알 도리가 없기 때문에, 제대로 준수할 수 없게 된다. 그러면 법을 시행·적용하는 실효성은 별로 없고, 통치 자체도 제대로 될 리가 없다.[132] 관자도 법은 간명해야 쉽게 행해지고, 형벌을 분명해야 범하지 않으며, 정사는 간단해야 쉽게 따르고, 요구는 적어야 쉽게 만족할 수 있다고 언급한다.[133]

법의 평이명료성은 준법자인 인민을 위해서만 아니라, 법의 집행주체인 관리와 입법자인 군주 자신을 위해서도 필수 속성으로 인식된다. 사실, 이는 법치를 주장하는 법가 사상에 핵심 논거이다. 역사적 대'세'에 의하면, 요순 같은 성현이나 걸주 같은 포군은 극히 드물고, 평범한 군주가 대부분이다. 그토록 드문 성현에만 의지하면, 세상이 제대로 다스려질 수 있는 가능성은 극히 희박해진다. 따라서 위로 요순 같은 성현은 비록 못되지만, 또한 아래로 걸주 같은 포군도 되지 않는, 중용의 군주들이 천하를 평범하게 지속 다스리기 위한 방편이 법이다.[134] 따라서 법의 내용도 평범하고 간명해야 할 것은 자명하다. 심지어 요순 같은 성현도 법을 떠나서는 조그만 나라도 잠시 다스리기가 어렵다. 차라리 보통 평범한 군주가 법을 지켜 다스리는 것만 못하게 된다. 아무리 정교한 목수라도, 일반 사람이 자를 사용해 길이를 재고 선을

---

131 韓非子, 八說: "察士然後能知之, 不可以爲令, 夫民不盡察; 賢者然後能行之, 不可以爲法, 夫民不盡賢." 商君書, 定分: "行法令, 明白易知."

132 韓非子, 五蠹: "微妙之言也, 上智之所難知也. 今爲衆人法, 而以上智之所難知, 則民無從識之矣."

133 管子, 桓公問: "法簡而易行, 刑審而不犯, 事約而易從, 求寡而易足."

134 韓非子, 難勢: "夫堯舜桀紂, 千世而一出, 是比肩隨踵而生也, 世之治者, 不絶於中. 吾所以爲言勢者, 中也. 中者, 上不及堯舜, 而下亦不爲桀紂, 抱法處勢則治, 背法去勢則亂. 今廢勢背法而待堯舜, 堯舜至乃治, 是千世亂而一治也."

긋는 것보다, 더 틀림없이 정확할 수는 없는 것과 마찬가지다.[135] 이것이 법치의 이론 근거이자 법의 객관적 명료성이 요청되는 소이다.

특히, 법의 객관명료성은 천지자연의 항상적 규칙성과 일월의 밝음(明)에 빗대어 강조된다.

> "성군이 법제와 度量을 설치함에는, 천지와 같이 변함없고 뭇별처럼 견고하며, 일월처럼 밝고 四時처럼 미더운 까닭에, 명령을 내리면 백성이 순종하게 된다."[136]

> "四時처럼 어그러짐 없고, 별처럼 변함없으며, 밤낮 같고 음양 같으며, 일월처럼 밝은 것을 '법'이라고 한다."[137]

> "법이란 백성에게 믿음을 보임으로써 나라를 다스리는 방편이다. 천지처럼 간명하고 서로 평이하고, 사시처럼 어그러짐 없어서 백성이 범하지 못하고 쉽게 피할 수 있어야 한다."[138]

그런데 일월의 밝음은 법의 객관명료성에 대한 비유로 뿐만 아니라, 그 상위규범인 예의의 명료성을 비유하는 개념으로도 거론된다. 하늘에서는 해와 달보다 밝은 것이 없고, 땅에서는 물과 불보다 밝은 것이 없으며, 인간에게서는 禮와 義보다 더 밝은 것이 없다는 비유는 앞서 언급하였다.[139] 그런가 하면, 예란 일에 당하여 이를 다스리는 방편으로서, 나라를 다스림에 예가 없으면, 장님이 길잡이 없이 길을 가는 것과 같고, 한밤중에 깊은 골방에서 촛불 없이 물건을 찾는 격이라고

---

135 韓非子, 用人: "釋法術而心治, 堯不能正一國. 使中主守法術, 拙匠守規矩尺寸, 則萬不失矣."

136 管子, 任法: "聖君失度量, 置儀法, 如天地之堅, 如列星之固, 如日月之明, 如四時之信, 然故令往而民從之."

137 管子, 正: "如四時之不貣, 如星辰之不變, 如宵如晝, 如陰如陽, 如日月之明, 曰法."

138 遼史, 刑法志下: "法者, 所以示民信, 而致國治. 簡易如天地, 不忒如四時, 使民可避而不可犯."

139 荀子, 天論 및 韓詩外傳, 卷1 참조.

비유하기도 한다.[140] 구체 사물의 밝음(明)을 가지고 추상적 예와 법의 규범적 명료성을 적절히 비유하는 개념들이다.

규범적 명료성은 법이나 예에 그치지 않는다. 明德이나 昭德 같은 용어도, 비록 추상적 개념이긴 하지만, 덕의 밝은 본성을 나타내준다. 그리고 그러한 밝은 덕과 법·예의로 나라를 다스리는 현명한 임금을 명군·명주라고 일컫는다. 尙書 洛誥편에 등장하는 '明辟'도 明君(明法)으로 해석되는 상통하는 용어다.

특히 법가에서는, 군주가 법에 밝고, 법을 신민에게 분명히 시행하며, 또한 그러한 밝은 법을 뜻하는 '明法'이라는 개념을 즐겨 사용한다. 한비자는 선왕들이 백성을 친근히 하는데 힘쓰고, 법을 밝히는 데 애썼다고 기술한다. 법이 분명하면 충신이 등용되고, 벌이 반드시 행해지면 간신이 물러난다고 강조한다.[141] 군주가 신하를 통제함에는, 비록 지혜와 능력이 있더라도, 법을 위배하여 專制하는 일이 없고; 비록 현명하고 행적이 뛰어나더라도, 직책을 벗어난 일을 하거나 공로에 앞서 상 받는 일이 없으며; 비록 충성과 신의가 있더라도, 법을 버리고 금지를 철저히 시행하지 않는 일이 없게 해야 한다. 이것이 바로 '明法'이다.[142]

관자에는 철저한 법치 관점에서 논술하는 '명법'과 '명법해'라는 두 편이 있다. 明法이란 군주가 백성을 통일해 다스리며 신하를 부리는 통치 방편으로서, 私術의 개념과 대비된다.[143] 私와 대조되는 明은, 법

140 家語, 卷6, 禮論: "禮者, 卽事之治也. 治國而無禮, 譬猶瞽之無相, 譬猶終夜有求于幽室之中, 非燭何以見? 故無禮, 則手足無所措耳."

141 韓非子, 飾邪: "先王盡力於親民, 加事於明法. 彼法明則忠臣勸, 罰必則邪臣止."

142 韓非子, 南面: "人主使人臣雖有智能不得背法而專制, 雖有賢行不得踰功而先勞, 雖有忠信不得釋法而不禁, 此之謂明法."

143 管子, 明法解: "明主者, 上之所以一民使下也. 私術者, 下之所以侵上亂主也."

의 공적 본성을 대표하는 개념으로 이해할 수 있다. 이들은 비록 법치의 관철이라는 법가 관점의 표현이지만, 철저한 법치를 위해서는 군주 자신부터 법에 '밝아야' 함은 물론이며, 신하와 인민이 확실히 알고 제대로 시행·준수할 수 있도록 법을 '밝혀야' 할 것이다. 이는 당연히 법 자체의 '평이하고 명료한' 규정을 전제한다.

한편, 법의 명료한 내용은 간단하면서 평이한 문자로 규정될 때, 비로소 그 목적이 원만히 성취될 수 있다. 아무리 쉬운 내용이라도 난삽하고 다의적 애매한 문자로 표현되면, 본의를 명료하게 전달할 수 없다. 그러면 법을 집행하는 자는 자의적 횡포와 농간을 부리고, 법을 준수하는 자는 무슨 내용이며 어떻게 행동해야 할지 모르게 된다. 그러나 법은 고도로 전문기술성과 엄격한 개념 정밀성을 요구하기도 한다. 따라서 일반 통속용어로 표현하면, 때로는 오히려 부적확하고 불분명한 개념규정이 되기 쉽다. 법의 문자적 규정양식이 중요하면서도 곤란한 모순이 바로 여기에 있다. 동시에 이는 법문을 해석·적용하는 문제이기도 하다.

사실, 이는 법규정에만 한정된 고유한 문제라기보다는, 문자 언어의 일반 본질·기능과 관련된 보편 과제이다. 글은 말을 다 표현할 수 없고, 말은 뜻을 다 표현할 수 없는 본질적 한계는 인정하지 않을 수 없다.[144] 그래서 老子는 이름(개념)붙일 수 있는 이름은 항상적 본질적 이름이 아니며, 최선의 말은 조그만 흠도 있어서는 안 된다고 단정한다.[145] 그런가하면, 공자는 말이란 뜻을 전달하면 그만이라고 말한다.[146] 莊子는 말로 전달하고자 하는 뜻을 얻으면, 그 말은 잊어버리라고 강조한다.[147] 일찍이 석가부처도 설법이란 뗏목을 타고 강을 건넌

144 易, 繫辭上, §12: "書不盡言, 言不盡意."

145 老子, §1: "名可名, 非常名." §27: "善言無瑕謫."

146 論語, 衛靈公: "辭達而已矣."

뒤 그 뗏목은 놓아버리는 것과 같다고 비유하면서, 최고 진리인 불법조차도 결국 놓아야 할 방편임을 강조한다. 또한 설법이란 본디 말할 만한 법도 없는 것이라고 말한다.[148] 맹자는 글로써 말을 해치지 말고, 말로써 뜻을 해치지 말며, 오직 뜻으로써 뜻을 맞이하여 본질을 얻으라고 강조한다.[149]

사실, 모든 문자언어를 초월한 이심전심이야말로 궁극 이상경지가 된다. 그러나 현실에서는 말과 글을 떠나서는 일상 의사소통이 원활하지 못하기 때문에, 이를 사용하지 않을 수 없다. 법 자체도 부득이한 필요악인데, 이를 표현하는 문자 또한 부득이한 수단이니, 법이라는 실정 규범은 수단 중의 수단인 셈이다. 그런데 법제사에서 보면, 수많은 간사하고 잔혹한 法吏들이 편협하고 왜곡된 법치의 명분 아래, 율령의 문자를 고의로 지나치게 엄밀하고 정확히 해석·적용하는, 이른바 '深文'의 폐단이 상당히 심했다. 순수한 법치 관념에서 행해지는 맹목적 법실증주의적 해석·적용도 법가의 刻薄性을 한층 부각시키는 악명이 된다. 하물며, 法吏가 사리사욕이나 개인적·당파적 원한을 충족시키려는 저의에서, 법문의 자구해석을 악용하는 경우에, 그 해독은 특정 개인이나 집단에 그치지 않고 국가사회에 대파란을 일으키곤 하였다.

둘째, 법의 객관명료성을 확보하기 위해서는, 형식·절차 측면에서, 법이 이를 준수할 인민에게 공개되어야 한다. 법의 형식절차상 공개는 성문화와 공포의 양자를 포함한다. 선진 시대 성문법 공포는 뒤에

---

147 莊子, 外物: "得意而忘言."

148 金剛經, 正信希有分 第6: "知我說法, 如筏喩者, 法尙應捨, 何況非法?"; 非說所說分 第21: "說法者, 無法可說, 是名說法."

149 孟子, 萬章上: "不以文害辭, 不以辭害志.以意逆志, 是爲得之."

따로 자세히 기술한다.

3) 법 시행주체의 공신성

법이 제아무리 훌륭해도, 제대로 시행되지 못하면 법이라고 할 수 없다. 법의 실효성은 법의 존재 의의와 가치를 결정짓는 한 중요한 요소이다. 실효성이 없는 법은 법으로서 존재가치가 없을 뿐만 아니라, 때로는 아예 그 법이 없는 것보다 못한 경우도 있을 수 있다. 법의 공신력과 권위가 실추되면, 국가 정치까지 혼란해지기 때문이다. 법이 실효성을 지니기 위해서는, 무엇보다도 執法·司法 기관의 주체적 시행의지와 실천이 중요하다. 입법 당사자인 군주와 일선 행정관리 모두가 법시행 주체로서 자격과 권한을 지닌다. 그리고 이들은 법을 법대로 적용해야 할 직책과 의무도 부담한다.

법의 실효성은, 다른 개념으로 표현하면 공신성이 되고, 전통 법철학사상으로는 신상필벌이란 용어로 집약된다. 천지자연의 존재법칙인 道의 항상적 信에 관해서는, 도가나 유가 등에서 일찍부터 보편으로 거론하지만, 法의 공신성으로서 신상필벌은 법가에서 집중 강조하는 것이 사실이다. 상앙이 秦 孝公을 보필하여 변법을 단행한 후, 법의 공신력을 인민에게 보여주기 위하여, 막대기를 남문에 세워놓고 북문으로 옮기는 자에게 50金을 준 사실은 너무도 유명하다.[150] 또, 涓人이 천리마를 구하기 위하여, 죽은 말의 가죽을 오백금에 사들인 고사도 이러한 공신성을 강조하는 전형적 일화다. 과연 1년이 채 안 되어 천리마가 세 필이나 저절로 찾아왔다.[151] 비천하고 손쉬운 일에 대한 상벌이 미더울진대, 하물며 중대하고 어려운 일에 대한 법령의 공신

150 史記, 卷68, 南君列傳 참조. 魏 吳起는 전쟁공로에 대한 상록 하사의 공신성을 보이기 위해 비슷한 방법을 사용한 적이 있다. 韓非子, 內儲說上七術 참조.

151 戰國策, 권29, 燕策1 참조.

성은 말할 필요가 있겠는가? 공로를 세운 자에게 상을 머뭇거리지 않고, 죄지은 자에게 벌을 지체하지 않음으로써, 백성의 신뢰를 확보해야 한다. 그래야 법이 비로소 예방적 규범 기능을 수행할 수 있다.[152]

그래서 일찍이 상앙은 나라마다 모두 법이 있지만, 그 법을 반드시 시행되도록 하는 법은 없으며; 나라마다 모두 간사한 죄악을 금지하고 도적을 처벌하는 형벌은 있는데, 이를 범한 죄인을 반드시 체포·처벌하는 법은 없다고 강조한다. 법을 반드시 시행하는 실효성의 결여가 가장 중요한 관건이라는 것이다. 국가의 혼란은, 법의 내용 자체가 혼란스럽거나 국가가 법을 제정·사용하지 않기 때문이 아니라, 그 법을 제대로 시행하지 못하기 때문인 것이다.[153]

관자도 세상에 혼란은 법령이 없기 때문이 아니라, 상벌의 권병을 쥔 자가 그 법을 제대로 시행하지 않기 때문이라고 강조한다. 법령 자체도 공연히 문란해지지 않고, 국가도 까닭 없이 망하지 않는다.[154] 법이 단지 존재하기만 하고 시행되지 않으면서, 소원한 사람만 해치거나, 명령을 한번 공포해도 복종하지 않는 사람이 있으면 어찌 될까? 백성들이 반드시 법령을 경시하고, 난포한 세력이 일어나 군주의 지위를 위태롭게 할 수도 있게 된다.[155] 그래서 상벌의 법령은 기필코 시행하여, 인민이 확실히 믿게 해야 한다.[156]

---

152 管子, 君臣上: "有善者不留其賞, 故民不私其利; 有過者不宿其罰, 故民不疾其威."; 權修: "賞罰信於其所見, 雖其所不見, 其敢爲之乎?"

153 商君書, 畫策: "國之亂也, 非其法亂也, 非法不用也. 國皆有法, 而無使法必行之法."

154 管子, 七臣七主: "法令非虛亂也, 國家非虛亡也. 亂世煩政, 非無法令也, 其所誅賞者非其人也."

155 管子, 八觀: "法虛立而害疏遠, 令一布而不聽者存, 然則衆必輕令而上位危."; 法法: "令已布, 而賞不從, 則是使民不勸勉, 不行制, 不死節, 則國不安矣; 令已布, 而罰不及, 則是教民不聽, 則主位危矣."

156 管子, 禁藏: "賞罰莫若必成, 使民信之."

신상필벌은 법치주의에 본질적 핵심이다. 이를 가장 적극 강조·부각하는 사상가는 역시 한비자이다. 그는 군주의 일곱 가지 통치방편으로 七術을 거론하는데, 그 중 두 가지가 곧 必罰과 信賞이다.[157] 공로가 없는 자에게 상을 주지 않고, 죄지은 자에게 반드시 형벌을 시행하는 것이, 성인의 통치다.[158] 죄인을 차마 처벌하지 못하는 仁慈와, 공도 없는 자에게 상을 베풀기 좋아하는 은혜는, 망국에 근본이 된다.[159] 상의 범람은 요행심을 불러일으키고, 형벌의 인색은 죄악을 조장하기 때문이다.[160] 아침에 법령을 내리면 저녁에 곧 시행되고, 저녁에 법령을 내리면 다음날 아침에 바로 시행되어, 열흘 안에 천하가 모두 준수하기를 한비자는 기대했다. 그는 신상필벌의 법치주의를 지나치게 확신했음에 틀림없다.[161]

신상필벌의 목적을 실효성 있게 관철하기 위한 필수 방편으로, 후한 상과 엄한 벌을 강조하는 것이, 법가에 공통 특징이다. 특히, 중형엄벌의 주장이 사뭇 강하다. 상앙은 형벌이 무거우면, 인민이 감히 범하지 못하고 착해지기 때문에, 저절로 형벌이 필요 없게 된다고 기대한다. 전통법의 궁극이상은 서경에 나오는 '刑期無刑'이라고 할 수 있는데, 이를 법가 방식으로 전환한 '以刑去刑'의 사상이다.[162]

---

157 韓非子, 內儲說上: "七術, 主之所用也. (七術) 二曰、必罰明威, 三曰、信賞盡能."

158 韓非子, 姦劫弑君: "聖人之治國也, 賞不加於無功, 而誅必行於有罪者也." 難一에도 같은 내용이 보임.

159 韓非子, 內儲說上, 七術: "夫慈者不忍, 而惠者好與也. 不忍則不誅有過, 好予則不待有功而賞.有過不罪, 無功受賞, 雖亡不亦可乎?" 內儲說·外儲說의 여러 편에 수많은 역사고사를 거론해 신상필벌 주장이 계속 전개된다.

160 韓非子, 難二: "夫賞無功, 則民偸幸而望於上; 不誅過, 則民不懲而易爲非; 此亂之本也."

161 韓非子, 難一: "賞罰使天下必行之, 令朝至暮變, 暮至朝變, 十日而海內畢矣."

162 商君書, 畫策: "不刑而民善, 刑重也. 刑重者, 民不敢犯, 故無刑也."; 去强: "王者刑九而賞一, 强國刑七賞三, 削國刑五賞五. 而刑法刑, 國治; 以刑致刑, 國亂."

한비자는 어머니의 두터운 자애가 자식을 망치고, 아버지의 근엄한 회초리가 도리어 자식을 올바르게 성장시킨다는 비유로, 중형엄벌의 효율성과 합리성을 강조한다. 중형으로써 금지되는 것은 경벌로써 반드시 금지되는 것은 아니지만, 경벌로 금지되는 것은 중형으로 반드시 금지되기 때문이다. 그러나 그는 가벼운 형벌이 혼란과 멸망의 근원이라고 주장하면서도, 중형과 대칭으로 厚賞을 함께 강조하는 점이 상앙과 조금 다르다. 상이 후하고 형벌이 중하면, 명령이나 금지가 급속히 실효성 있게 시행될 것이라고 기대한 것이다.(六反)

> "현명한 군왕은 법령을 준엄하게 하고 형벌을 무겁게 한다. 상은 후하면서 믿음이 있어서, 백성들이 이를 이롭게 여기도록 하고; 벌은 무거우면서 기필하여, 백성들이 이를 두려워하게 하며; 법은 한결같으면서 견고하여, 백성들이 이를 알게 한다. 그래서 군주는 상을 베풂에 변덕이 없고, 형벌을 행함에 용서가 없다. 명예를 상에 첨가하고, 수치를 형벌에 부가한다면, 성현과 범부를 막론하고 모두 힘을 다할 것이다."[163]

한편, 관자도 형벌의 중요성을 특히 강조한다. 군주가 법을 공평무사하게 시행하지 못하여, 항상 상주기만 좋아하고 형벌을 차마 내리지 못한다면, 나라에 법이 없는 것이나 다름없다고 본다.[164] 확실히 그도 厚賞重刑의 필요성을 인정한다. 그러나 법의 실효성 있는 시행을 위하여, 이보다 더 근원적인 본질적 요소를 전제하는 것이 관자의 특징이다. 법이 시행되기 위해서는, 상벌의 공신성과 군주 자신의 솔선수범, 그리고 법 자체의 실질내용상 도덕성이 반드시 선행해야 한다

---

163 韓非子, 五蠹: "明王峭其法、而嚴其刑也.賞莫如厚而信, 使民利之；罰莫如重而必, 使民畏之；法莫如一而固, 使民知之.故主施賞不遷, 行誅無赦.譽輔其賞, 毀隨其罰, 則賢不肖俱盡其力矣."

164 管子, 君臣上: "人君不公, 常惠於賞, 而不忍於刑, 是國無法也."

고 보는 것이다.

"법다운 법을 법 삼지 않으면, 정사에 항상성이 없고; 법답지 못한 법을 법 삼으면, 명령이 행해지지 않는다. 명령을 내려도 시행되지 않으면, 이는 법답지 못한 법을 명령하는 것이다. 법다운 법인데도 시행되지 않으면, 이는 명령을 내리는 사람이 밝게 살피지 못하기 때문이다. 밝게 살피는데도 시행되지 않으면, 상벌이 가벼운 것이며; 상벌이 무거운데도 시행되지 못하면, 상벌에 공신력이 없기 때문이다. 공신력이 있는데도 시행되지 않으면, 이는 군주가 몸소 솔선수범하지 않기 때문이다. 그래서 禁令이 자신에게서 실천되면, 법령은 자연히 백성에게 시행된다고 말하는 것이다."[165]

"법률제도가 반드시 道에 근거하고, 명령이 반드시 분명하게 공개되며, 상벌이 반드시 믿음 있게 시행되는 것이야말로, 백성을 바르게 다스리는 방도이다."[166]

확실히, 관자의 신상필벌론은 본말을 알고 균형감각을 상실하지 않아서, 중용적 입장이라 하겠다. 법의 시행에 관하여, 상앙이나 한비자와 같은 순수한 법가의 극단성과 달리, 관자의 사상이 비교적 객관적 조화를 이루고 있는 점은 높이 평가받을 만하다.

呂氏春秋도 군주와 법령의 믿음을 매우 강조한다. 천지 사계절의 운행이 미덥지 못하다면, 만물이 제대로 성장할 수 없다. 마찬가지로, 군주가 미덥지 못하면, 백성의 비방이 흥성하여 나라가 편안하지 못하고; 상벌이 미덥지 않으면, 인민이 법령을 가벼이 범하여 통치가 곤란해진다. 반면, 믿음이 서면 빈말로도 상줄 수 있기 때문에, 천하가 저

165 管子, 法法: "不法法則事毋常, 法不法則令不行. 令而不行則令不法也, 法而不行則修令者不審也, 審而不行則賞罰輕也, 重而不行則賞罰不信也, 信而不行則不以身先之也. 故曰 : 禁勝於身則令行於民矣."

166 管子, 法法: "憲律制度必法道, 號令必著明, 賞罰必信密, 此正民之經也."

절로 복종할 것이다.[167] 고대 성왕들이 천하를 잘 다스린 비결도 다름이 아니라, 한결같이 법령의 믿음을 핵심 중추로 삼았기 때문이다.[168]

법 시행주체의 공신성과 관련하여 또 다른 중요한 요소는, 법의 실효성을 보장하기 위한 절차적 방편제도로서 거론되는, 執法·司法기관의 독자성과 전문성이다. 이는 일단 제정된 법이 입법자인 군주의 수중으로부터 시행주체인 관리에게 옮겨지면, 더 이상 입법자의 자의적 간섭을 받지 않고 독자로 시행되어야 한다는 의미다. 물론, 이는 근대 서양법에서 사법권의 독립과 동일한 차원의 개념은 아니다.

중앙집권적 통치체제의 정점에 위치한 군주는, 입법뿐만 아니라 司法에서도 궁극에 최고 절대권을 행사한 것이 사실이다. 그러나 철학사상으로 보면, 법의 공평무사한 신뢰성을 확보하기 위하여, 법집행의 독립성이 상당히 강조된다. 또한, 군주의 최고사법권도 법의 범위를 벗어나 자의로 남용되어서는 안 된다는 의미에서, 법집행의 독립적 자율성을 언급할 여지가 존재한다. 특히, 법이 고도로 전문성을 요구하는 현실 관점에서도, 법적 지식과 논리에 밝지 못한 권력의 월권적 간섭은, 私情의 폐단만을 초래하기 쉽기 때문에, 더욱 그 필요성과 당위성이 부각되는 것이다.

일찍이 周公은 어린 成王에게 관리의 선임 방도를 훈계하면서, 특히 사법관의 독립성을 간섭하지 말도록 당부하고 있다. 우선, 문왕과 무왕이 옥송을 신중히 여겨, 오직 사법 관리의 법집행을 존중하고, 전혀 간여하지 않은 사실을 거론한다. 아울러, 문왕·무왕을 계승한 성왕도 이들을 본받아, 결코 법관의 재판에 간여해 그르치는 일이 없도록 거

167 呂氏春秋, 貴信: "凡人主必信. 信立則虛言可以賞矣. 天地之大, 四時之化, 而猶不能以不信成物, 又況乎人事? 君臣不信, 則百姓誹謗, 社稷不寧 ; 賞罰不信, 則民易犯法, 不可使令."

168 呂氏春秋, 用民: "三代之道無二, 以信爲管."

듭 강조한 것이다.[169]

한편, 老子는 집권통치자들이 법을 무시하고 권력을 남용해 형벌을 자행하는 춘추말엽의 정치 현실을 비판하면서, 사법관의 전문성과 독립성을 거론한다. 형벌은 항상 일정한 사법기관을 두어 공평무사하게 전담시켜야 한다. 그런데 통치자가 사리사욕과 자의적 감정을 충족하기 위해, 권력을 빙자해 전문적 사법기관 기능까지 월권으로 전횡하면 큰일 난다. 마치 도끼도 잡을 줄 모르는 사람이 목수를 대신해 도끼질하다가, 십중팔구 자기 손을 다치게 되는 것과 같다는 비유로, 그 어리석은 짓(무식이 용감)을 경고한다.[170] 형벌을 잘못 남용하여 무고한 인민을 살상하게 되면, 억울함과 원한이 쌓여 그 재앙이 결국 통치자 자신에게 되돌아올 것은, 역사 경험법칙상 자명한 이치다. 군주가 자신의 삶만 추구하여 가렴주구와 포학무도를 자행하면, 인민은 죽음까지 가벼이 여기게 된다. 죽음도 불사하는 사람은 어떠한 잔혹한 형벌로도 더 이상 위협할 수 없게 된다. 결국 군주 통치권에 대한 저항과 도전이라는, 가장 큰 위세를 초래하는 것이다.[171]

禮記에 의하면, 군주의 친족이 죄를 범한 경우, 사법관이 군주에게 범죄사실과 해당 형벌을 보고한다. 이때 군주가 감형을 건의할 수 있지만, 이는 법적으로 사법관을 구속하지 못한다. 세 차례 사면요청이 거절된 경우에, 甸人에게 이송되어 처형된다. 사법권의 독립성이 거의 절대로 보장되는 셈이다. 군주가 혈친의 온정으로도 사법관의 권한을

169 尙書, 立政: “文王庶獄庶愼, 惟有司之牧夫是訓用違; 庶獄庶愼, 文王罔敢知于茲. 孺子王矣! 和我庶獄庶愼, 時則勿有間之. 繼自今文子文孫, 其勿誤于庶獄庶愼, 惟正是乂之. 其勿誤于庶獄, 惟有司之牧夫.”

170 老子, §74: “常有司殺者殺. 夫代司殺者殺, 是謂代大匠斲. 夫代大匠斲者, 希有不傷其手矣.”

171 老子, §75: “民之輕死, 以其上求生之厚.”; §74: “民不畏死, 奈何以死懼之?”; §72: “民不畏威, 則大威至.”

침범하거나 간섭하지 못하는 것이, 백성의 평등을 보장하는 통치의 정도라고 규정된다.[172]

물론, 이러한 사법권의 독립성이 실제로 어느 정도 보장·실현되는지는, 전적으로 개별 통치자의 덕성과 사법관의 지혜·능력에 달려있다. 앞서 언급한 漢 文帝 때 張釋之는 사법권을 황제의 권한으로부터 거의 완벽하게 독립해 행사한 전형적 모범을 보여준다.

唐 穆宗이 최고 사법기관인 大理司 위에 다시 옥상옥 격인 參酌院을 설치해, 그 최종심판결과를 의론하도록 한 적이 있다. 이에 大理少卿인 崔杞는 大理寺가 국가 최고 守法기관임을 상기시키면서, 參酌院의 의론으로 법관이 본래 전문적·독립적 직책을 더 이상 지킬 수 없다고 간언하여, 이를 폐지시킨 것이다.[173] 또, 宋 仁宗 때 近臣의 범죄를 法司에 회부해 다스리지 않는 사례가 빈번하였다. 이에 王贄는, 범죄사실에 경중이 있고, 이치에 고의와 과실이 갈라지는데, 모두 군주 자신의 판단에 따라 전후가 다르게 심판해 정치의 요체를 훼손시키면, 전문 법관은 무슨 소용이 있느냐고 힐난하였다. 모든 범죄를 法司에 이송해 한결같이 법에 의해 다스리도록 건의해 수용되었다.[174] 따라서 법제사로도 사법권의 독립이 순전히 허구적 관념에 불과한 것만은 결코 아님을 확인할 수 있다.

한편, 법집행 주체의 독립성을 일반 정치사상 관점에서 보면, 군주가 현명한 인재를 등용해 관직을 맡긴 뒤, 다만 총괄 감독할 뿐이지, 구체로 지시하거나 간섭하지는 않는다는, 無爲적 南面통치술로 보편

---

172 禮記, 文王世子: "公族之罪, 雖親不以犯有司, 正術也, 所以體百姓也."

173 唐書, 刑法: "大理寺, 陛下守法之司也. 今別設參酌之官, 有司定罪, 乃議其出入, 是與奪繫於人情, 而法官不得守其職."

174 宋史, 刑法二: "情有輕重, 理分故失, 而一切出於聖斷, 前後差異, 有傷政體, 刑法之官, 安所用哉? 請自今悉付有司, 正以法."

화한다. 도가와 파생 黃老 사상이 대표적 전형이지만, 사실 유가나 묵가·법가에서도 공통으로 확인되는 주장이다.

예컨대, 공자는 덕으로 정치하는 것을, 북극성이 천체 중심에 회전 중심축이 되어 가만있으면, 뭇별이 그 주위를 회전 운행하는 것에 비유한다. 또, 舜이 자기를 공경스럽게 가다듬고 똑바로 남쪽을 향해 無爲로써 다스렸다고 칭송한다.[175] 荀子도 천자는 덕과 능력을 논하여 관리를 임명하고, 자신은 공경스럽게 無爲로써 천하에 임해야 한다고 강조한다. 특히, 재상 한 사람만 제대로 등용하면, 백관이 저절로 정비되어; 옷자락을 드리우고 있기만 해도, 천하가 스스로 다스려진다고 역설한다. 자기 능력을 과시하여 스스로 행하는 것은 신하나 필부의 소임이다.[176] 이른바 '大德不官'이다.(禮記, 學記) 이러한 무위정치 사상은 당시 유명한 격언으로 명제화해 인구에 널리 회자했다.

> "군주가 어질고 능력 있는 인재를 구함에 수고로움을 다하고, 그를 등용해 정치를 함에 안일무사하다."[177]

묵자의 尙賢思想도 본질상 이와 상통된다.

이러한 尙賢·任賢의 사상은, 군주 입장에서 보면 무위남면의 도가 되지만, 거꾸로 신하 관점에서 보면 관직의 수행에서 군주의 구체 간섭이나 개별 지시를 받지 않는 독립성을 의미하게 된다. 행정관리란

---

175 論語, 衛靈公: "無爲而治者, 其舜也與! 恭己正南面而已矣."

176 荀子, 王霸: "人主者, 以官人爲能者也；匹夫者, 以自能爲能者也. 爲之者, 役夫之道也; 論德使能而官施之者, 聖王之道也. 天子共己而已矣. 身有何勞而爲垂衣裳而天下定. 君者、論一相, 陳一法, 明一指, 以兼覆之."

177 黃老사상이 유행한 전국말엽 및 漢初에 걸쳐 매우 보편으로 거론된 명제다. 韓非子, 難二: "君人者, 勞於索人, 佚於使人."; 大戴禮記, 子張問入官: "勞於取人, 佚於治事."; 呂氏春秋, 當染: "古之善爲君者, 勞於論人, 而佚於官事, 得其經也."; 士節: "賢主勞於求人, 而佚於治事."; 察賢: "天下之賢主, 豈必苦形愁慮哉? 執其要而已矣. 任力者故勞, 任人者故逸."

곧 법령을 시행하는 것이 주된 임무기 때문에, 일반 관직의 독립성은 곧 법관의 독자성도 포괄로 함축하는 것이다.

한편, 법가 사상은 통치에서 주관적 인간의 요소보다 객관적 법의 요인을 더 중시하는데, 법관의 독자성에서도 주로 사법관의 인간성보다 법 자체의 객관성을 더욱 중시·강조하는 법치주의 특색을 나타낸다. 군주의 현명함은 신하를 잘 등용함에 있지만, 신하의 현명함은 법령을 밝게 알고 관직을 잘 수행해 군주를 잘 떠받듦에 있다.[178] 그래서 현명한 군주가 다스리는 나라에는, '법을 교화로 삼고, 관리를 스승으로 삼는다.'는 법가 명제가 등장하고 만다.[179]

법의 독자성은 管子에게서 더욱 상세하고 완벽하게 이론화한다. 군주가 관직을 설치하고 관리를 임명하는 것은, 법령을 잘 받들어 행하여 백성을 다스리고 죄악을 퇴치하기 위함이다. 인재등용조차도 군주 자신이 직접 천거하지 않고, 법에 의해 선택해야 한다.[180] 이렇게 등용된 신하도 물론 당연히 법에 엄격히 기속된다. 관자에서 거론하는 모범적 신하의 지칭인 '忠臣' '經臣' '法臣'은, 모두 法術과 度數의 이치에 밝아, 치우치거나 아첨함이 없이, 법대로 엄격히 집행함으로써, 군주를 보필하고 백성을 다스리는 법치관료를 의미한다.[181]

그리고 법령이 일단 공포되고 나면, 그 법령의 공포와 집행을 게을

---

178 韓非子, 忠孝: "夫所謂明君者, 能畜其臣者也 ; 所謂賢臣者, 能明法辟治官職以戴其君者也."

179 韓非子, 五蠹: "明主之國, 以法爲教, 以吏爲師."

180 管子, 明法解: "人主之張官置吏也, … 使之奉主之法, 行主之令, 以治百姓而誅盜賊也."; 明法: "先王之治國也, 使法擇人, 不自擧也; 使法量功, 不自度也."; 君臣上: "選賢論材, 而待之以法."

181 管子, 重令: "經臣, 謹於法令以治, 不阿黨."; 君臣下: "能據法而不阿, 上以匡主之過, 下以振民之病者, 忠臣之行也."; 七臣七主: "法臣, 法斷名決, 無誹譽."; 明法解: "凡所謂忠臣者, 務明法術, 日夜佐主明於度數之理, 以治天下者也."

리 하거나 무시한 자를 물론, 법령의 내용을 덜거나 보탠 자도, 법에 복종하지 않은 자와 함께, 사면 없이 사형에 처해진다. 오로지 법령대로만 해야 한다.[182] 뿐만 아니라, 군주의 법령을 준수하여 실행한 경우에는, 비록 실패하더라도 처벌하지 않아야 하며; 군주의 법령에 의하지 않은 경우에는, 설사 공로가 있다 할지라도 사형에 처해야 한다. 그렇지 않으면, 법제가 문란해지고 명령이 행해지지 않을 것이기 때문이다.[183] 심지어 법령은 백성이나 군주 자신보다도 존귀하고 소중한 존재로 인식된다. 따라서 군주의 개인 욕망이나 백성에 대한 은혜로써 법령을 변경하거나 어그러뜨려서는 안 된다.[184]

이처럼 엄격한 법에 기속은 곧 법의 독자성을 주장하는 법치사상이다. 이는 공평무사라는 법의 본성을 관철하는 긍정 측면이 강하지만, 한편 지나치게 강조되면 법에 객관적 자율성을 부여하고, 심지어 법이 인간보다 우선하는 본말이 전도된 물신화까지 초래하는 폐단을 낳게 된다. 어쨌든 법가의 법치나 유가·묵가의 尙賢 모두, 법이나 법집행 주체를 입법자인 군주의 자의적 전횡으로부터 독립시켜, 법의 공평무사를 확보하고자 함에 궁극목적이 있다.

4) 법 적용객체의 평등성

법의 공평무사성은, 그 시행에서 적용대상(受範者) 신분의 귀천고하를 막론하고 통일로 적용됨으로써 비로소 원만해질 수 있다. 이는 법이 신분적 차등성을 본질로 하는 禮와 구별되는 가장 큰 징표다. 禮는 신분의 귀천과 친소에 따라 수직적 작위를 부여한 봉건제도의 근본규

182 管子, 重令: "虧令者死, 益令者死, 不行令者死, 留令者死, 不從令者死, 五者死而無赦, 惟令是視." 商君書, 定分에도 비슷한 내용이 일부분 언급되고 있음.

183 管子, 任法: "遵主令而行之, 雖有傷敗, 無罰; 非主令而行之, 雖有功利, 罪死."

184 管子, 法法: "明君… 爲君欲變其令, 令尊於君.… 不爲愛民虧其法, 法愛於民."

범이다. 전국시대에 들어서, 제후들의 약육강식 패권쟁탈이 중원의 새로운 정치사회적 통일을 지향해 더욱 치성해갈 때, 철학사상도 이를 밑받침하고 계도해나갈 통일·평등적 통치이념이 동시에 성숙하고 있었다. 법가와 황로사상이 대표적 주류를 이룬다고 할 수 있다. 이들은 규범상 禮의 차등성에 대신하여, 법의 평등성·통일성을 강하게 제시하였다. 전술했듯이, 이들은 법의 규범적 시원을 道에서 직접 구하였다. 그중 법의 공평무사성과 통일평등성은 '一'로 대표되는 道의 보편성 및 大道無親·大義滅親의 공평무사로 직결되는 본질 개념이다.

그러나 통일평등성이 법가의 법에만 고유한 철학 개념은 결코 아니다. 이는 사상 계파를 막론하고, 통치 기본으로 강조되는 법이나 형벌의 일반보편 속성이다. 禮를 대체할 기본 사회규범으로서 법의 범주가 아직 출현하기 이전에도, 일찍이 禮의 보충적 방편규범인 刑의 시행에서 불완전하나마 신분적 귀천을 막론한 공평과 통일이 강조되었다.

尙書에는 訟獄에서 양당사자가 함께 참석해 변론을 진행한 뒤, 공평무사하게 형벌을 적용하라는 재판의 대원칙이 천명되고 있다. 백성의 분쟁을 다스림에는, 소송 양당사자의 말을 밝고 공평하게 심판하여, 어느 일방에게도 사사로이 치우침이 없도록 강조한다.[185] 소송에 민형사 구분이 없던 고대사회에서, 尙書의 이러한 소송심판 원칙은, 형벌의 적용뿐만 아니라 민사 분쟁의 심판에서도, 禮의 신분 귀천을 초월해 법의 보편적 공평무사를 강조한 것으로 볼 수 있다.

일찍이 堯는 형법을 매우 공평 균등하게 시행하여 인민을 잘 다스렸다고 한다.[186] 춘추시대에도 '같은 죄에 대한 형벌을 달리하는 것은 공평한 형법이 아니다.'는 법언이 이미 보편으로 거론되고 있다.[187] 또

---

185 尙書, 呂刑: "兩造具備, 師聽五辭; 五辭簡孚, 正于五刑. 明淸于單辭, 民之亂, 罔不中聽獄之兩辭 ; 無或私家于獄之兩辭."

186 國語, 魯語上: "堯能單均刑法以儀民."

한, '선행이 뚜렷하면 비록 비천하더라도 상 주어야 하고, 죄악이 드러나면 비록 존귀하더라도 처벌해야 한다.'는 격언도 통용된다.[188] 실제로 晋의 叔向은, 아우가 뇌물을 받고 불공평하게 재판한 朝廷 소송을 재심하면서, 그의 유죄를 공정하게 인정한 적이 있다. 공자는 이에 대해서 국법을 시행함에 혈친의 죄악도 은폐하지 않는 정직한 의로운 행위라고 칭송하였다.[189]

맹자에는 재미있는 일화가 전한다. 가령 舜의 부친이 살인하였다면, 사법관인 皐陶가 어떻게 처리할 것인지를 묻는 제자의 질문에 대하여, 맹자는 법대로 집행할 뿐이라고 답한다. 그러면 舜은 이를 금지하지 않을 것인지 의문이 일 수 있는데, 맹자는 사법관이 한번 받들어 시행하는 국가 공법을 舜이 어떻게 사사로이 금지할 수 있느냐고 반문한다. 설령 천하를 헌신짝처럼 내팽개치고, 살인한 부친을 몰래 업고서 은둔할 수는 있을지언정, 천자 신분으로도 천하에 공평한 법을 사사로이 굽히거나 어길 수는 없다는 것이다.[190] 형법은 신분 귀천을 막론하고 평등하게 통일로 적용되어야 하며, 이를 관철하기 위하여 법관의 독자적 중립성은 천자도 간섭하지 않고 보장해야 한다.

법시행의 통일평등성을 사상 핵심으로 각별히 강조하는 것은 물론 법가다. 관자는 국가 통치에 주요 수단으로 명령·형벌·祿賞의 三器를 들고, 이를 침공해 훼손하는 망국에 근원으로 六攻을 거론한다. 이 六攻이란 親戚·權貴·財貨·女色·巧佞·玩好이다. 모두 군주의 사사로운 감정을 자극해, 법의 공평무사를 해치고 국가기강을 어지럽히는 장본

187 左傳, 僖公28年 및 襄公6年: "同罪異罰, 非刑也."

188 國語, 魯語上: "善有章, 雖賤賞也; 惡有釁, 雖貴罰也."

189 左傳, 昭公15年 및 家語, 卷9, 正論解 참조.

190 孟子, 盡心上: "'舜爲天子, 皐陶爲士, 瞽瞍殺人, 則如之何?' 孟子曰 : '執之而已矣.' '然則舜不禁與?' 曰 : '夫舜惡得而禁之? 夫有所受之也.'"

인들이다. 六攻이 국가에 치명적 해독이 되는 이유는, 명령을 듣지 않아도 버젓이 행세하고, 금지를 범해도 제재를 받지 않으며, 공로가 없는데도 부귀를 얻을 수 있기 때문이다. 이러한 사사로운 六攻이 존재하는 한, 아무리 추상같은 명령으로도 인민을 움직일 수 없고, 엄중한 형벌로도 대중에게 위세를 보일 수 없으며, 후한 祿賞으로도 백성을 권장할 수 없게 된다. 이처럼 민중이 군주 뜻에 따르지 않으면, 전쟁에서 승리할 수 없음은 물론, 나라를 견고하게 유지하기도 어렵다. 이러한 사사로운 六攻으로 말미암아, 명령을 변경하거나 형벌을 감면하거나, 또는 祿賞을 가감하는 불공평이 없어야 한다. 그래야 나라가 제대로 다스려질 수 있다.(重令)

군주가 나라를 다스림에는, 법 밖에 자의를 전횡하지 않고, 법 안에 사사로운 은혜를 베풀지 않으며, 오직 법대로만 공평무사하게 행하면 된다. 위세를 둘로 다르게 부리지 않으며, 政令을 두 문으로 달리 내리지 않는 통일적 법치가 가장 중요한 핵심이다.(明法) 이것이 '不二法門'으로 일컬어지는 법의 통일성이다. 마치 하늘이 특정한 사물을 위하여 시절을 바꾸지 않듯이, 현명한 군주도 특정인을 위해 국법을 굽히는 일이 없어야 한다. 하늘의 일정한 운행법칙 앞에 만물은 균등하며, 군주의 통일적 국법 아래 만민은 평등한 것이다.(白心)

군주가 법을 통일로 시행하면, 백관이 그 법을 준수하지만; 군주의 법이 통일되지 못하면, 아래에서 법을 위반하고 사사로운 논리를 내세우는 자가 반드시 많아진다.[191] 법이 본디 백성을 통일로 규율하는 통치수단이라는 사실에 기인하는 당연한 논리 귀결이다.[192] 따라서 저

191 管子, 法禁: "君壹置則儀, 則百官守其法. 君之置其儀也不一, 則下之倍法而立私理者必多矣."

192 管子, 明法解: "明主者, 上之所以一民使下也."; 任法: "所謂仁義禮樂者, 皆出於法. 此先聖之所以一民者也. 夫法者, 上之所以一民使下也."

울·말·자와 같은 도량형 규격이 통일되고, 병기의 법도가 한결같으며, 책이 같은 문자를 쓰고, 수레의 軌幅이 같은 것처럼, 국가 법제도 통일성을 지닐 때 비로소 지극한 公正이 실현될 수 있다.[193] 일반백성이 법을 준수함은 당연한 일이지만, 군주 또한 자신이 제정한 법의 시행에 복종해야 한다. 비록 법을 제정하는 자는 군주이고, 법을 집행하는 자는 신하이며, 법을 준수하는 자는 백성으로 구분되지만, 군신 상하가 귀천 없이 모두 법에 복종할 때, 비로소 가장 이상적 통치(大治)가 된다.[194] 이것이 관자가 말하는 궁극적인 법의 통일성이다.

한편, 상앙은 치국의 세 가지 요체로 祿賞·형벌·교화의 통일평등성을 거론한다. 이른바 壹賞·壹刑·壹教가 그것이다.

우선, 壹賞이란, 봉록과 관작을 오로지 兵戰의 무공에 따라 수여하며, 달리 사사로이 시행하는 바가 없음을 가리킨다. 이렇게 함으로써, 知愚·貴賤·勇怯·賢不肖를 막론하고, 모두 목숨을 내걸고 자신의 지혜와 능력을 다하기 때문에, 천하에 대적할 자가 없게 된다.

壹刑이란, 형벌 시행에 어떠한 차별 등급이 없는 것으로, 재상이나 장군으로부터 일반서민까지, 군주 명령을 준수하지 않거나 국가 금지를 위반하거나 또는 법제를 문란하게 하는 자는, 모두 용서 없이 처형하는 것이다. 설사 이전에 공로나 선행이 있는 자라도, 뒤에 죄악이나 실패를 범하면, 형벌의 감면혜택 없이 법대로 처리하며, 충신효자도 罪過에 따라 법조문대로 처단한다. 법령을 집행하는 관리가 그 직책을 소홀히 하는 경우에는, 가차 없이 사형에 처하고 삼족을 멸한다.

壹教란, 박문다견·변론·지혜·忠信·예악·修行 등 어떠한 덕행이 있

193 管子, 君臣上: "衡石一稱, 斗斛一量, 丈尺一綧制, 戈兵一度, 書同名, 車同軌, 此至正也."

194 管子, 任法: "夫生法者, 君也; 守法者, 臣也; 法於法者, 民也; 君臣上下貴賤皆從法, 此謂爲大治."

는 자라도, 감히 개인적으로 법령을 평론하거나 의론을 개진하지 못하며, 더구나 이로 인해 부귀공명을 얻을 수 없게 하는 것이다.

이렇듯, 상과 형벌과 교화의 삼자를 통일로 시행하면, 형벌을 당하는 자도 난포하다고 원망함이 없고, 상을 받는 자도 인자하다고 칭찬함이 없으며, 성인이라도 덧보탤 것이 없고, 평범한 군주라도 덜 것이 없는, 완전무결한 법치가 성취될 수 있다고 주장한다. 또한 壹賞의 결과 천하무적이 되면, 전리품으로 얻는 타국의 재화로써 상을 줄 수 있기 때문에, 자신이 상을 주지 않아도 되는 '無賞'의 경지에 이른다. 壹刑의 결과 인민이 감히 법령을 위반하지 못하면, 형벌이 필요 없는 '無刑'의 목적을 달성할 수 있다. 壹教의 결과 신하가 사사로운 의론을 감히 펴지 못하면, 국론이 통일되고 부국강병에만 전념할 수 있기 때문에, 특별한 교화가 불필요한 '無教'의 경계에 도달하게 된다.(商君書, 壹刑) 이것이 곧 秦의 천하통일에 가장 큰 원동력을 제공한 법령 및 교화의 통일이자, 분서갱유의 포학무도로 천하 상실에 장본인(화근)이 된 武斷적 획일주의이기도 하다.

한비자도 법령의 통일평등성에 관하여, 관자나 상앙과 일맥상통하는 사상을 보인다. 도량형이 특정인을 위하여 다소나 장단·경중을 달리하지 않듯이, 현명한 군주의 법령 또한 통일로 평등하게 시행되어야 한다. 군주나 관리의 사사로움이나 뇌물의 횡행으로 법이 굽혀질 수 없다.[195] 명령이란 가장 존귀한 말이며, 법이란 가장 적합한 일이다. 그래서 법령이 한번 시행되면, 이를 위배하는 행위는 신분 여하를 막론하고 엄격히 금지되는 것이다. 다시 말해서, 한비자의 존귀한 명령이나 적합한 법은 유일무이의 절대지상성을 지닌다.[196] 이는 법령

195 韓非子, 八說: "石不能爲人多少, 衡不能爲人輕重. 明主之國, 官不敢枉法, 吏不敢爲私, 貨賂不行, 是境內之事, 盡如衡石也."

196 韓非子, 問辯: "令者、言最貴者也; 法者、事最適者也. 言無二貴, 法不兩適, 故言

자체의 객관적 절대유일성의 관점에서 언급되는 것이 특징이다. 그러나 여기에는 입법 주체인 군주의 독점적 절대권과, 법시행상의 예외 없는 통일평등성의 의미가 동시에 함축되어 있다. 범법이나 반역의 죄악이 한결같이 존귀한 권신으로부터 말미암는데, 법령 적용과 형벌 시행은 항상 비천한 일반백성을 주 대상으로 삼기 마련이다. 그래서 세력 없는 자들은 절망하여 하소연할 길조차 없는 역설적 규범현실을 한비자는 비판한다.[197]

사실 소극적 관점에서 법적용상 신분적 불공평성에 대해 더욱 예리하고 극단적 비판은, 이미 장자가 제기하고 있다. 갈고리를 훔친 작은 도둑은 형벌을 받는데, 나라를 훔친 큰 도둑은 제후가 되는 규범 현실이 그것이다.[198] 仁義禮法과 도량형의 규범자체를 송두리째 훔쳐 농락하는 불공평한 현실상황은, 고관대작의 상이나 도끼의 위압형벌조차 실효성이 없게 만드는 것이다.(胠篋) 뿐만 아니라, 온 천하를 가지고도 선을 상주고 악을 벌하기가 부족한 형편이 되어버린다.[199]

그리고 呂氏春秋는 법의 통일성을 道의 '一'이라는 개념본질과 직접 연결시켜 언급한다. 특히, 군주의 준법을 강조하는 점이 주목된다. 군대에 장군, 나라에 군주, 천하에 천자는, 각각 관할 인민을 통일로 다스리는 유일무이의 최고 통치권자이다. 군주나 천자가 오로지 一을 고수해야만 천하가 다스려지고, 둘로 나누어지면 혼란해진다.[200] 여기서

行而不軌於法令者, 必禁."

197 韓非子, 備內: "春秋所記, 犯法爲逆以成大姦者, 未嘗不從尊貴之臣也. 然而法令之所以備, 刑罰之所以誅, 常於卑賤, 是以其民絶望, 無所告愬."

198 莊子, 胠篋: "彼竊鉤者誅, 竊國者爲諸侯."; 盜跖: "小盜者拘, 大盜者爲諸侯."

199 莊子, 在宥: "擧天下以賞其善者不足, 擧天下以罰其惡者不給, 故天下之大不足以賞罰."

200 呂氏春秋, 執一: "王者執一, 而爲萬物正. 軍必有將, 所以一之也；國必有君, 所以一之也；天下必有天子, 所以一之也；天子必執一, 所以摶之也. 一則治, 兩則亂."

一이란 군주의 존재나 통치권 자체의 유일무이 독점성을 가리키지만, 道와 법령의 통일평등성도 함께 의미한다. 법령을 통일로 시행하여 인민의 마음을 통일함으로써, 지혜로운 자도 기교를 부리지 못하고, 어리석은 자도 졸렬할 수 없도록, 평등성이 확보되어야만 천하가 편안하게 다스려진다.[201]

그러하기 위해서는, 군주 자신도 법을 준수하고 그 적용을 받아야 한다. 무왕은 紂를 정벌할 때, 공로가 있으면 짐승에게도 상을 주고, 죄악이 있으면 형벌을 시행함에 천자도 피하지 않음으로써, 은을 혁명하고 천하를 계승했다고 한다.[202] 법령 적용과 상벌 시행 앞에서는, 천자와 짐승조차도 평등함을 강조한다. 한편, 荊 文王은 일찍이 사냥개를 얻어 석 달간 수렵에 미치고, 丹이라는 여인에 빠져 1년간 조회를 보지 않은 적이 있었다. 이에 葆申이라는 사법관이 왕의 죄가 笞刑에 해당한다고 선고하였다. 그리고 사면을 요청하는 왕에게, 선왕 대대로 전승되는 법령을 폐지할 수 없다는 원칙을 고수하였다. 법대로 형벌을 집행하여 왕에게 죄를 얻은 편이 차라리 낫다고 답변하였다. 결국 왕도 이를 받아들인 다음, 수치심으로 자기 혁신을 단행하여 부국강병을 이룩했다는 것이다.[203] 지극히 예외적인 史實이지만, 법 적용에 통일평등성을 강렬히 부각시키는 전형적 사례들이다.

한편, 禮로는 '刑不上大夫' 명제가 정형화되어 있지만, 이것이 귀족의 형법상 면책특권을 의미하지 않음은 전술하였다. 또한 周禮에는 八辟 제도가 있어, 후대 율령상 八議로 계승되어, 量刑에 특별한 감경사

201 呂氏春秋, 不二: "同法令所以一心也；智者不得巧, 愚者不得拙, 所以一衆也. 故一則治, 異則亂；一則安, 異則危."

202 呂氏春秋, 簡選: "武王進殷之遺老, 而問民之所欲, 行賞及禽獸, 行罰不辟天子."

203 呂氏春秋, 直諫: "王之罪當笞. 臣承先王之令, 不敢廢也. 王不受笞, 是廢先王之令也. 臣寧抵罪於王, 毋抵罪於先王."

유로 참작해 차등을 인정하기도 한다. 그러나 왕족도 원칙상 공평한 형법 적용을 받으며, 이 경우 군주가 법관의 심판결과에 간여할 수 없음도 전술하였다. 비록 禮는 기본상 신분적 차등성에 근거하지만, 이를 보필하여 병행되는 형법은 원칙상 공평무사하게 적용되어야 함을 의미한다. 그 시행 방법이나 절차상 일부 특권은 부분적 예외로 인정될 뿐이다. 예컨대, 왕족은 궁형이 없으며, 비공개로 은밀한 장소에서 집행하는 것 등이다.[204]

사실, 신분의 귀천에 관계없이 공평하게 시행되는 법의 통일성은, 법제사에서도 빈번히 거론되는 핵심 주제다. 율령이란 군주의 개인적 희노 감정과 자의를 충족시키는 도구가 결코 아니다. 적용 대상의 친소나 빈부귀천에 따라 적용을 달리해서도 안 된다. 율령은 천하통치에 공평무사한 방편이라고 원칙상 인식되었다.[205]

주목할 만한 흥미로운 사실은, 이민족이 중원을 지배한 시대에 법의 평등한 통일 적용이 유난히 강조된 점이다. 특히, 통치자인 군주 자신이 權貴親戚에 대한 법시행상 사사로운 특혜를 각별히 경고하고 있다. 생각하건대, 이는 소수 이민족이 무력으로 중원을 정복해 다수 한족을 지배하는 과정에서, 흔히 홍성하기 쉬운 소수 지배층의 공로에 대한 교만한 특권의식을 통제함으로써, 자칫 일어나기 쉬운 민족적 반발감정을 미리 진정 무마하기 위한 정치적 고려가 다분하리라! 물론 권신의 지나친 발호는 군주 개인의 권좌에 대한 도전과 위협이

204 禮記, 文王世子: "公族之罪, 刑於隱者, 不與國人慮兄弟也. 公族無宮刑, 不翦其類也."

205 魏書, 刑法志: "夫律令, 高皇帝所以治天下, 不爲喜怒增減, 不由親疏改易."; 隋書, 刑法: "陛下爲法, 急於黎庶, 緩於權貴, 非長久之術. 誠能反是, 天下幸甚."; 宋史, 刑法二: "仁宗於賞罰無所私, 尤不以貴近廢法."; 遼史, 刑法志上: "刑法之制, 豈人主快情縱意之具邪?"

될 수도 있다. 어쨌든 이들에게 법의 공평무사한 통일 시행은, 소수의 다수 지배를 정당화하고 안정시키는, 정치적 초석으로서 매우 중요한 의미를 함축한다. 遼 聖宗의 詔書는 이러한 사정을 잘 대변해준다.

"짐은 국가가 契丹과 漢人으로 구성되어 있는 까닭에, 남과 북의 이원으로 나누어 통치하는데, 이는 한결같이 관리의 부정부패와 기강문란을 제거하고자 함이다. 만약 귀천에 따라 법을 달리한다면, 반드시 원망이 생겨날 것이다. 무릇 일반 백성은 죄를 범하여도, 결코 사법관을 움직여 조정에까지 뜻을 전달할 수 없다. 오직 짐의 內族이나 外戚들이 대개 권세를 믿고, 뇌물을 써서 법망을 회피하려고 꾀하는데, 이와 같으면 법은 곧 파손되고 만다. 지금부터는 權貴親戚이 범죄로 고발되면, 사건 대소를 막론하고 모두 관할기관이 법대로 심문한 뒤, 남과 북 이원의 복심 결과를 첨부해 올리도록 하라. 만약 곧장 법대로 심문하지 않거나, 청탁을 받고 짐에게 減輕을 奏請하는 자가 있다면, 범인과 같은 죄로 논할 것이다."[206]

金史가 金의 법제 전반을 평가하는 언론도, 대체로 이와 일맥상통하고 있다. 金의 초기 법제는 매우 간이하고 귀천에 따른 경중의 차별이 없다. 입법의 본래 의도는 귀천·친소·고하·대소를 막론하고 평등하게 대하여, 모두 한결같이 율령의 제한에 구속되고, 군주의 법령 앞에 손발이 가지런하게 복종하도록 함에 있었다. 이는 秦이 군주의 권위를 강력하게 도모한 의도와 상통하는데, 왕족에 대해서도 恩典을 별로 베풀지 않고, 사대부에 대해서도 특별한 예우를 행하지 않았다.[207]

206 遼史, 刑法志上: "朕以國家有契丹、漢人, 故以南北二院分治之, 蓋欲去貪枉, 除煩擾也；若貴賤異法, 則怨必生.夫小民犯罪, 必不能動有司以達於朝, 惟內族、外戚多恃恩行賄, 以圖苟免, 如是則法廢矣. 自今貴戚以事被告, 不以事之大小, 並令所在官司按問, 具申北南院覆問得實以聞；其不按輒申, 及受請託爲奏言者, 以本犯人罪罪之."

실제로 金 世宗은, 왕후친족의 범죄에 대하여 尙書省이 八議 중 議親을 인용해 주청하자, 크게 반박하였다.

법은 천하를 다스리는 공평한 그릇이라고 전제하면서, 친척이라고 해서 감경해 주면, 이를 믿고 방자하게 전횡을 일삼도록 조장하는 결과를 초래할 것이라고! 아울러 八議의 원칙을 본질상 논하고 있다.

즉, 외가는 本親인 종실과는 다른데, 漢이 지나치게 강대한 외척 권세로 쇠운을 맞이한 역사 경험을 교훈삼아, 외척이나 공주에게 특권을 부여하지 않는다는 것이다. 한편, 국가에 공로가 있는 자에 대한 議勳은 가능하지만, 議賢에 대해서는 賢人이라면 어찌 범법할 리가 있겠느냐면서, 원칙상 부정적 견해를 보이기도 하였다. 다만, 친척 범죄로 인한 연좌를 감면해줄 경우에 한하여, 그 의론의 여지와 가치가 있을 것이라고, 매우 합리적 법이론을 펴고 있다.[208]

그리고 元 英宗은, 자신을 오래 섬긴 近臣이 죄를 범한 사건에 대하여, 祖宗 대대로 전승되는 법을 군주의 사사로운 정으로 굽힐 수 없다고 말하면서, 법대로 처리하라고 명령했다.[209]

---

207 金史, 刑: "金初, 法制簡易, 無輕重貴賤之別. 原其立法初意, 欲以同踈戚壹小大, 使之咸就繩約於律令之中, 莫不齊手並足以聽公上之所爲, 蓋秦人强主威之意也. 是以待宗室少恩, 待大夫士少禮."

208 金史, 刑: "法者, 公天下持平之器, 若親者犯而從減, 是使之恃此而横恣也. 外家自異於宗室, 漢外戚權太重, 至移國祚, 朕所以不令諸王、公主有權也. 夫有功於國, 議勳可也. 至若議賢, 既曰賢矣, 肯犯法乎? 脫或緣坐, 則固當減請也."

209 新元史, 刑法志: "終元之世, 奸臣舞文法以害正人."

제3편 本 論

禮-法 文史哲學論

제1장 전통법문화에서 禮의 법규범성과 법 범주의 역사변천

1. 머리글

일찍이 공자는 "정치명령으로 인도하고 형벌로 다스리면, 백성들이 요행히 빠져나가고도 부끄러움이 없는데; 덕으로 인도하고 禮로 다스리면, 백성들이 부끄러운 줄도 알고 또 바르게 된다."고 가르쳤다.[1] 政刑보다는 德禮를 우선 중시한, 춘추 이전 봉건 周禮의 규범성 회복을 갈망·역설한 말로 느껴진다. 전통법문화에서 국법은 '情'·'理'·'法'의 삼위일체 통일조화를 지향한다.[2] 국법의 지향목표인 情·理 이념도 현실적 소재(토대)로서 '法'의 개념범주를 검토함에는, 다분히 역사적 범주성을 띠기 마련인 '廣義의 法 개념으로서 周禮'의 법규범성을 살펴볼 필요가 있다. 근대 서양법이 지배하는 우리 법체계가 전통법과 실질상 단절된 현실을 고려해, 전통'法'의 성격과 개념범주를 미리 설정하는 기초 작업인 셈이다. 전통법을 역사적 실체로서 객관화하고, 근대서양법의 법 개념과 구별하여 혼동을 피하기 위한 전제요건으로서, 수천 년간 지속해온 法制상 역사적 개념과 특히 유가·법가의 철학사

1 論語, 爲政: "子曰: 道之以政, 齊之以刑, 民免而無恥; 道之以德, 齊之以禮, 有恥且格."
2 졸저, 전통 중국법의 정신-情·理·法의 중용조화-, 전남대출판부, 2011 재판.

상 개념을 고찰하는 방대한 작업이다.

전통법의 범주를 대강 설정하는 기초 작업으로서, 법과 직접 관련된 개념들의 문자어원상 함의, 춘추 말 성문법 공포, 전국 초 李悝의 法經 및 '法에서 律로 전환'에 관한 내용은 뒤에 따로 고찰한다. 여기서는 역사상 법의 선행 사회규범으로서 예의 법규범성을 탐구해보고, 이를 바탕으로 역사적 범주로서 법 개념의 변화발전 내용을 구체로 살펴본다. 이는 법제도상으로 周禮 → 전국시대의 變法 → 秦漢 이후의 律令체제로 변천한 실질내용과, 그에 상응하여 전개된 유가의 禮治 → 법가의 법치 → 漢 이후의 禮主刑輔적 법철학사상 논의를 동시에 포함한다. 법 범주의 역사변천은 개요를 이미 발표한바,[3] 여기서는 중복을 피하고 좀 더 확대·심화하는 차원에서, 구체적 역사적 법률제도를 기초로, 전국시대 일련의 변법개혁 주류와 漢 이후 율령체계 확립 과정에 삼투한 禮의 융합 현상을 살펴본다.

우선, 법에 선행하는 禮의 법규범성을 탐구해, 광의의 법으로서 禮를 밝힌다. 구체 내용은, 禮의 기원 및 개념속성에 관한 학설, 禮 → 法 →律의 역사적 범주 변천과정, 禮와 刑의 상호 관계로서 禮의 객관적 행위규범 표준성과 禮의 강제적 제재수단성, 그리고 '禮不下庶人'과 '刑不上大夫'라는 명제의 실질 의미를 차례로 살펴본다. 다음으로 춘추 말 전국시대 변법개혁과 歷史적 範疇의 발전, 그리고 法과 禮의 변증법적 통합으로서 律(令) 체계의 등장 과정을 대략 살펴본다. 끝으로 漢 이후 율령체계의 추가 발전내용을 소개한다.

전통 禮·法문화의 본질 이해에 도움이 되고, 철학사상적 연원 및 현실적 司法실천상의 情理(禮法) 논쟁을 종합 포괄해, 전통 '法' 개념이 구체적 현실적 역사적 범주로서 다소 분명히 설정되길 기대한다.

3 졸저, 전통 중국법의 정신-情·理·法의 중용조화-, 45-63쪽 참조.

2. 법에 선행하는 禮의 법규범성-광의의 법으로서 禮

뒤에 상세히 고찰하듯이, 전통법문화에서 法·刑·律의 문자적·어원적 개념과 각종 법규범적 비유를 구체로 살펴보면, '法이 곧 刑'이라는 권위적·공포적 형벌 위주의 법의식은 지나치게 과장된 역사적 왜곡임을 알 수 있다. 형벌이라는 강제적 제재수단 요소 외에, 객관적 규범표준 기능이라는 법의 이념적·기능적 측면을 균형 있게 살펴보면, 더욱 그러하다. 물론, '法家'의 사상 기치에 뒤덮인 '法'과, 禮에 대응하는 '刑', 그리고 秦漢 이래 봉건통치 법제의 대명사가 되어온 '律'의 함의가, 현실에서 강제적 위하적 형벌 관념에 다분히 치중함은 사실이다.

사실, 전통법의 실질적 개념범주는, 法·刑·律의 문자어원상 함의와 일반적 의식관념만으로 정의하기에는, 왠지 허전하고 부족한 느낌이다. 법은 문자 개념이나 의식 관념 이전에, 인간의 사회관계를 규율하는 살아있는 규범 실체이기 때문이다. 이제 구체로 실질적 법의 규범 실체를 이해하기 위해, 역사적 범주의 발전을 중심으로 禮-法(刑)-律의 실정 制度와 그에 상응한 유가의 禮論과 법가의 法治論을 고찰한다.

1) 禮의 기원 및 개념속성에 관한 학설

禮의 최초 기원은 보통 원시사회 풍속습관에서 유래하는 것으로 인식된다. 계급사회에 접어들면서, 사회 질서유지 및 인민통치에 필요하고 유익한 전통 풍속습관을 국가권력이 인정하고, 나아가 이를 보충·정비해 규범화한 것이 곧 禮라는 것이다. 따라서 禮에는 국가 통치권의 의지가 표명되고, 국가의 합법적 폭력(형벌)이 강제수단의 방패로 내세워지지만, 그 실질 내용은 고유한 풍속습관의 성격을 다분히 보류하게 된다. 이 禮는 형식상 상당히 오랜 기간(아마도 夏·殷代까지) 不成文 관습법으로 존재해온 듯하다.[4] 說文에서 '禮는 履'라고 규정한다.

'가면 길이다'처럼, 사람이 발로 밟아 남긴 발자국이 계속되어 길을 이루듯, 사람들 행동이 반복되어 형성된 관습이 禮로서, 후세 사람들이 밟아가는(履行) 길, 즉 행위규범이라는 의미로 해석되기도 한다.[5] 문자 어원상 禮란, 祭器에 玉과 희생(祭物)을 담아 제단에 올려놓고, 신명께 제사지내 복을 구하는 의식을 상징한다. 신(天神, 조상신)에 대한 공경이란 본의에서, 인간관계의 공경이란 뜻도 파생하게 되었다.[6]

그런데 이러한 禮의 원시적 유래 자체를 禮의 일반 보편개념으로 동일시해 사용하는 경향이 적지 않다. 이러한 현상은 특히 律令체제에서 禮에 대한 모호한 개념이나 서양 관점에서 막연한 인상을 반영하는 듯하다. 예컨대, 몽테스키외는 중국 입법자들이 혼동한 종교·법(法律)·습속(風俗)·생활양식(禮儀) 네 가지(箴規)를 禮(禮教)라고 인식하였다.[7] 또, J. Needham은 禮를 '고대로부터 전래하여 중국인이 본능적으로 정당하다고 인식하는 관습·관행·의식'이라고 규정하면서, 서양 자연법과 같은 것이라고 비유한다.[8] 이러한 서양 관점은 일본 학자와 근대 초기 중국학자들이 채택하여, 중국 고대법, 특히 유가의 法理學이 自然法이라는 학설이 풍미하였고,[9] 禮의 개념정의에 대한 다양한 학설

4 栗勁·王占通, "略論奴隸社會的禮與法", 中國社會科學, 1985.5. 12쪽; 倪正茂·俞榮根·鄭秦·曹培, 中華法苑四千年, 群衆出版社, 1987. 10-11쪽 참조.

5 栗勁·王占通, 앞의 글, 12쪽 참조.

6 說文解字, 一篇上: "禮, 履也, 所以事神致福也." 여기 段注 해설과 王延林 編著, 常用古文字字典, 上海書畫出版社, 1987, 11쪽; 林咏榮, 唐淸律的比較及其發展, 國立編譯館, 1982, 19-21쪽 참조.

7 몽테스큐 저, 李泳禧역, 法의 精神, 동서문화사(Great Books 53), 1976, 358쪽 참조, ( )안의 용어는 中國語 번역임. 肖永淸 主篇, 中國法制史簡篇, 山西人民出版社, 1981, 27쪽 인용 내용 참조.

8 J. Needham, Science and Civilization in China, (V.2. History of Scientific Thought), Cambridge, 1962, Re. 544쪽 참조. 황산덕, "東洋古代의 法思想", 서울대 法學 제7권제1호, 73쪽도 이 견해를 그대로 답습해 소개한다.

논쟁이 광범위하게 펼쳐졌다.

그리하여 ① 禮는 법이 아니고 단순한 윤리도덕이며, 刑이야말로 비로소 법이라는 견해; ② 일부분 禮는 법이고 (법의 효력과 작용을 구비하고) 일부분은 도덕이라는 견해; ③ 실질적 법으로서 광의의 법에 포함되는 관습법이라는 견해; ④ 禮는 실질적 법이되 주로 私法이나 民法을 지칭하며, 이와 별도로 刑法·公法이 존재하여, 결국 禮와 刑의 두 체계가 공존한다는 견해; ⑤ 刑은 단순한 형벌로서 법의 내용이 결코 없고, 禮야말로 일반 보편적 행위규범으로서 도덕과 법률의 이중성을 지닌다는 견해; ⑥ 협의의 법에는 刑만 속하고, 禮는 독립적 범주를 이루지만, 광의의 법에는 禮도 刑과 함께 일반 행위규범으로서 포함된다는 견해; ⑦ 禮 자체가 곧 법이며, 禮 밖에는 어떠한 독립적 법체계도 존재하지 않고, 刑조차도 禮라는 법의 일부에 속한다는 견해 등이 대표적 학설로 등장하였다.[10]

2) 禮→法→律의 역사적 범주 변천

물론, 대부분은 先秦시대 禮를 중심으로 하고, 특히 周禮를 명확히 지칭하여 개념 규정한 견해도 적지 않다. 그러나 禮에 대한 일반 개념 규정, 특히 禮와 法·刑의 관계를 종합해 재정리하기 위해서, 시대 및 대상에 따라 구분해 고찰함으로써 '역사적 범주'의 실체를 확인할 필요가 있다. 이러한 관점에서, 역사상 실재했던 先秦시대 禮制(周禮), 춘추전국시대 이래 周禮가 쇠퇴하면서 유가 철학사상이 제기한 禮論, 그에 상응하여 부상한 법가사상 및 법가사상을 바탕으로 진행된 變法운

---

9 兪榮根, 儒家法思想通論, 廣西人民出版社, 1998 제2판, 40-43쪽 참조. 초기 대표학자로 梁啓超와 陳顧遠이 거론된다.

10 兪榮根, 앞의 책, 100-109쪽; 栗勁·王占通, 앞의 글, 9-22쪽; 林咏榮, 앞의 책, 18쪽 내용 및 거기에 소개된 학설 참조.

동 산물로서 刑·法·律, 그리고 漢代 이후 禮가 律令에 흡수·계승되어 다시 법규범화한 禮-法 통일조화의 단계로 구분할 필요가 있다.

우선, 문헌 기록상 등장하는 最古의 禮는 夏禮와 殷禮로 전해진다. 공자는 일찍이 夏禮와 殷禮는 각기 말할 수 있지만, 그들 후예인 杞와 宋의 禮制에 대해서는 문헌이 부족해 징험할 수 없다고 탄식했다. 또 殷은 夏禮를, 그리고 周는 殷禮를 각각 저본으로 제정한 것이기 때문에, 그 손익증감의 변화내용을 알 수 있다고 선언했다.(論語, 八佾; 爲政) 이러한 사실을 보면, 적어도 춘추말기까지는 夏禮와 殷禮에 대한 역사 기록은 물론, 그 구체 내용에 대한 문헌자료가 전승되었음을 짐작할 수 있다.[11]

뿐만 아니라, 현전하는 最古 역사기록으로 알려진 尙書 堯典편에는, 舜이 5년마다 한 번씩 동남서북 제후국으로 巡守나가 律度量衡을 통일하고 五禮를 정비했으며, 伯夷에게 三禮를 관장하도록 임명했다는 기사가 실려 있다. 또, 고요皐陶가 舜의 조정에서 禹와 時政을 토론하는 가운데, 인간의 각종 규범은 하늘이 부여해준 것으로, 이를 성실히 준수·시행해야 한다고 역설한다. 인간의 五典·五禮·五服·五刑은 각기 하늘이 부여해 명하는 天典·天禮·天德·天罪에 근원한다는 천인합일 이론체계를 피력한다.(尙書, 皐陶謨) 이들은 天命과 神權을 극히 중시하던 고대 문화의 반영으로서, 人法天 사상[12]의 전형적 표현인데, 夏禮의 존재사실과 함께 그 시행과정·방법·주관 및 이론 근거까지 밝혀주는 실증 자료다. 또, 周公이 殷禮를 거론하는 기록도 尙書에 두 번이나 등장한다.(洛誥, 君奭) 周禮의 전신이자 그 직접 근원인 殷禮의 실존성은 夏禮에 비해 훨씬 높을 것이 자명하다.

---

11 倪正茂 外, 앞의 책, 11쪽 참조.

12 졸고, "고대 중국의 人法天 철학사상", 동아법학(54), 2012. 1-37쪽 참조.

다만, 이들의 구체 내용은 漢代 이래 다양한 주석 이외에는 직접 확인할 근거가 없으며, 실제 명칭과 존재형식도 확증할 수 없다. 일반으로 그 존재형태는 不(成)文의 관습법이라고 보는 견해가 지배적이다.[13] 그 명칭은 夏代 당시부터 '禮'로 일컬어졌는지, 아니면 周初에 尙書를 편찬한 史官과 孔子가 당시 일반 규범명칭인 '禮'로써 (마치 지금 우리가 동서고금 국가 기본규범을 그 고유한 명칭여하와 관계없이 일반으로 '法'이라고 통칭하듯) 표현한 것인지는 확실하지 않다. 그러나 甲骨文에 '禮'자가 이미 등장한 것으로 보아, 적어도 殷代에는 禮라는 명칭이 통용되었을 것으로 짐작된다.

우리가 흔히 일컫는 禮는 周禮(현전하는 十三經 중 三禮에 해당하는 '周禮'書가 아님)의 대명사로 통용된다. 左傳에는 "周公이 周禮를 '制'定 했다"는 기록이 실려 있다.(文公18年) 이에 대해, 禮 자체가 당시 유행하던 풍속습관이나 先王으로부터 시행되어온 관례로서 不(成)文 관습법이라고 보는 견해에서는, 당연히 周公의 '制'禮說을 부인할 것이다.[14] 그러나 절대다수 통설은, 周公이 夏·殷의 古禮를 바탕으로 당시 정치사회적 요청에 합당하게 손익증감하고 새로이 정리·편찬하여 法典化·制度化한 것이라고 이해한다.[15] 한편, 禮가 정치·사회·경제상으로 장기간에 걸쳐 점차 발전한 자연형성 측면(풍속습관 속성)을 강조해 굳이 '制'禮를 부인하면서도, 실질 내용은 '商代로부터 전승해온 殷禮를 수집·증보·정리해 더욱 체계화·제도화한' 것이라는 실질적 制禮활동을 인정하는 견해도 있다.[16] 허나 근대적 의미의 '立'法(법제정) 개념도 동

13 倪正茂 外, 앞의 책, 11쪽; 張晋藩 主篇, 中國法制史, 群衆出版社, 1985, 3-8쪽.
14 栗勁·王占通, 앞의 글, 12-14쪽 참조.
15 張晋藩·張希坡·曾憲義 編著, 中國法制史(第一卷), 49쪽; 肖永清 主編, 中國法制史簡篇, 山西人民出版社, 1981, 28쪽; 倪正茂 外, 앞의 책, 12쪽; 兪榮根, 앞의 책, 101쪽; 張晋藩 主編, 앞의 책, 15쪽. 상세한 문헌자료 정리, 구체적 경과·방법·내용은, 楊善群, "論周禮的制訂在歷史上的進步作用", 學術月刊, 1984.11. 27-32쪽.

서고금 법제를 수집·정리해 현대 본국 상황에 맞도록 '參酌' 편찬하는 것에 불과한 사실을 감안하면, '制'禮의 독창성이나 고유성에 문자상 지나치게 집착할 필요는 없다.

한편, 禮의 제정은 형식상 보통 成文法典化를 전제로 하는 것이 다수 견해지만, 예외로 '체계적 서적(法典·禮典) 편찬' 자체는 부인하는 학설도 있다. 周公은 大綱만 제정하고, 그 뒤 점차 수정·보완하여 成文化했다는 주장이다.[17] 사실 周禮 내용은 몹시 광범위하여, 크게는 국가문물 典章制度부터 작게는 사회 풍속습관까지, 정치·경제·군사·윤리·司法·혼인·민사 등 거의 모든 영역을 총망라한다. 흔히 周禮는 '禮儀三百, 威儀三千'[18] 또는 '禮經三百' '曲禮三千' 등으로 일컬어질 만큼,[19] 禮의 전성시대를 대표한다. 그 종류는 크게 吉·凶·軍·賓·嘉의 五禮나 冠·婚·喪·祭·朝·聘·軍振·賓主·鄉飮酒의 九禮로 분류하니, 그 진면목을 가히 짐작할 수 있다.[20]

이렇게 방대한 禮의 전부가, 明淸代 會典이나 현대 법령집처럼, 일목요연한 체계로 성문법전화했다고 보기에는, 당시 필기도구 사정이나 禮의 실질내용상 상당히 회의적이다. 그렇다고 전혀 성문화하지 않은 '관례'의 형식으로만 보기에는, '制'禮의 의미나 당시 문화수준으로 불합리한 점이 존재한다. 적어도 宗法제도나 국가 주요 典章制度는 이미 성문화했다고 봄이 합리적일 것이다. 甲骨文에 竹簡을 엮어 만든 '冊'자나, 그 冊을 책상(丌)에 올려놓은 '典'자가 이미 보편으로 등장하

---

16 張國華 主編, 中國法律思想史, 法律出版社, 1985 第3刷, 25-26쪽.

17 楊善群, 앞의 글, 27-28쪽. 한편 成文化를 명확히 주장하는 견해는, 倪正茂 外, 앞의 책, 12쪽; 兪榮根, 앞의 책, 101쪽; 肖永淸 主編, 앞의 책, 28쪽 등이 있다.

18 禮記, 中庸; 韓詩外傳, 卷4; 大戴禮記, 衛將軍文子편 등 참조.

19 禮記, 禮器; 大戴禮記, 本命편 등 참조.

20 周禮, 春官, 宗伯 및 大戴禮記, 本命편을 각기 참조.

며, '則'자는 鍾鼎에 칼(刀)로 새긴 모습을 상징한다.[21] 이러한 점으로 보면, 그 어느 자료 못지않게 중요한 국가 典章文物제도가 '典'이나 '則'의 성문법규범 형태로 보존했을 것은 합리적이고 당연한 사리다.

3) 禮의 객관적 행위규범 표준성

이렇게 제정된 周禮는 국가 근본 통치규범이자 인민의 행위규범임이 자명하다. 즉, 周禮는 기본상 '法'규범의 지위와 성격을 지니는 것으로 이해된다. 다만 논란 대상은 禮와 刑의 관계 및 그와 관련한 禮의 강제적 제재수단성 문제에 집중된다. 특히, 인민의 일반생활을 규율하는 '習俗'性이 농후한 禮도, 단순한 윤리도덕이 아니라 강제적 법규범인지가 주목된다. 禮의 법규범성과 관련한 이러한 문제를 법의 두 본질속성 관점에서 검토·정리해보면 간명해질 것이다.

우선, 禮의 객관적 행위규범 표준성은 춘추전국시대 각국 禮論에 잘 나타난다. 특히, 역사기록에 등장하는 통치규범으로서 "禮는 국가를 경륜하고 사직을 안정시키며, 인민을 질서잡고 후손을 이롭게 하는 것이다." 즉, "禮란 백성을 바르게 다스리는 것이다. 제후는 동맹 모임으로 상하 법도를 훈계하고 재물 절용을 규제하며, 천자에 대한 朝見으로 작록과 장유 질서를 바로잡으며, 정벌로써 무도한 자의 죄를 성토한다."[22] 요컨대, '禮는 나라에 근간'이자 '禮는 나라에 기강'이며, '周禮는 (나라에) 근본이다.'[23] 또 '禮는 정치의 수레'이자 '정치 수레를 이끄는 것'으로 비유된다.[24]

특히, 禮를 핵심으로 강조한 荀子는, 禮를 準繩·規矩·度量衡 개념에

21 常用古文字字典, 冊(115쪽)·典(269쪽)·則(259-260쪽) 字조 참조.
22 左傳, 隱公11年 및 莊公23年; 國語, 魯語上 참조.
23 左傳, 僖公11年 및 閔公元年; 國語, 晋語4 참조.
24 左傳, 襄公21年 및 荀子, 大略 참조.

비유해, 禮의 통치규범성을 밝혀준다. 禮가 法과 규범적 비유개념을 공유해 규범표준으로서 동질적임을 보여준다.[25] 전술한바와 같이, 물길에 깊이를 표시해 사람들이 빠지지 않게 하듯, 백성을 다스림에는 혼란과 죄악을 표시해 잘못에 빠지지 않게 하는 표지標識가 禮다. 禮를 없애면, 백성이 헷갈려 죄악과 재앙의 함정에 빠지므로, 형벌이 더욱 번잡해진다.(大略; 天論) 또, 하늘에 해와 달, 땅에 물과 불, 사물에 구슬처럼, 사람에게는 禮義가 가장 밝다. 해와 달의 밝은 빛, 물과 불의 윤택함, 구슬의 보배로움처럼, 禮義는 국가에 공적과 명예가 된다. 사람 운명은 하늘에 있고, 국가 운명은 禮에 있다.(天論)

요컨대, 禮란 군주가 통치방편으로 길이를 재는 자(尺)와 같은 法度다.(儒效) 禮로 국가를 올바로 다스림은, 저울로 경중을 달고 먹줄로 곡직을 바로잡음과 같아서, 禮가 없으면 사람이 살 수 없고 일도 이루어지지 않으며, 국가도 평안하지 못하다.(大略) 禮가 나라를 다스림은, 저울로 경중을 달고, 먹줄로 곡직을 그으며, 規矩로 원과 사각형을 그림에 비유되어, 도량형을 설치하면 사람들이 속일 수 없듯, 禮를 시행하면 나라가 잘 다스려진다.(王覇)

> "禮의 이치는 정말 심오하다. 먹줄을 그으면 곡직을 속일 수 없고, 저울을 들면 경중을 속일 수 없으며, 規矩를 대면 원과 사각형을 속일 수 없고, 禮를 밝게 살피면 거짓과 가짜로 속일 수 없다. 먹줄은 지극한 곧음이고, 저울은 지극한 평형이며, 規矩는 지극한 方圓이고, 禮는 지극한 人道이다. 그래서 禮를 본받지 않고 원만히 행하지 않으면 方正하지 못한 백성이고, 禮를 본받고 원만히 행하면 方正한 선비다."(荀子, 禮論; 禮記, 經解)

25 공자·맹자는 도량형 표준척도를 禮보다 더 추상적·근원적 도덕 행위규범에 비유하는데, 뒤에 자세히 기술한다.

"程(도량형)이란 사물에 표준이며, 禮란 節度에 표준이다. 程으로써 수량을 분별하고, 禮로써 윤리를 정한다."(荀子, 致仕)

儒家 사상과 특히 荀子의 禮治 사상을 계승해 漢初에 편찬된 경전에서도, 禮는 德과 함께 최고 근본규범으로 더욱 부각된다.

"道德仁義는 禮가 아니면 이루어질 수 없고, 인민 교화와 풍속 선도는 禮가 아니면 원만해지지 않으며, 분쟁 소송은 禮가 아니면 해결되지 못한다. 君臣上下와 부자형제는 禮가 아니면 윤리등급이 안정될 수 없고, 스승 모시고 학문 배우는 일은 禮가 아니면 친숙해지지 못한다. 조정위계、군대기율、관직분담、법령시행은 禮가 아니면 위엄이 행해지지 않으며, 기도·제사 및 귀신봉양은 禮가 아니면 정성과 장엄이 갖추어질 수 없다."(禮記, 曲禮上)

"禮는 나라를 다스리는 최고 표준이고, 국가를 강성하게 하는 근본이며, 권위를 떨치는 방도이고 공적과 명성을 이루는 요체다. 군주가 禮를 실행하면 천하를 통일할 수 있지만, 이를 실행하지 않으면 사직을 멸망시키게 된다."(韓詩外傳, 卷4)

禮가 국가통치에 근본기강이라는 말은, 국가구성원 입장에서 보면 국민 상호간 쌍방관계를 규율하는 총체적 사회규범임을 뜻한다. 전술했듯이, 晏子는 국가권력의 유지는 오직 禮뿐이라고 강조했다. 禮로 나라를 다스림은 아주 오래 되어, 天地와 함께 시작한 걸로 본다. 군신·부자·형제·부처·고부 사이에 모든 인륜이 禮에 가장 좋은 바탕이다.(左傳, 昭公26年; 晏子春秋, 卷7, 外篇)

인간은 윤리도덕이 있기 때문에, 금수와 달리 무력이 아닌 지혜와 교육에 의해 상호 평화롭고 질서 있는 사회생활을 영위할 수 있다. 父子간에 친근함이 있고, 군신간에 의리가 있으며, 부부간에 분별이 있고, 長幼간에 질서가 있으며 朋友간에 믿음이 있다는 五倫이다.[26] 禮記에서는 朋友 대신 兄弟를 포함해 '人義'라는 개념으로 표현한다. 부모의 자애、자식의 효도、형의 선량、아우의 공경、남편의 의리、아내의 유순、어른의 은혜、아이의 순종、군주의 인애、신하의 충성이 열 가지 人義가 된다. 이 五倫十義를 수양하고, 喜怒哀懼愛惡欲의 七情을 절제하여, 상호분쟁을 방지하고 사양과 화목을 이룸에는, 禮보다 더 좋은 방편이 없다.(禮記, 禮運) 五倫十義로 모든 인간관계 전반이 禮에 의해 규율된다.

禮는 국가 최고통치기강이자 사회 근본규범일 뿐만 아니라, 개인의 인격수양 지침과 행위준칙이기도 하다. '禮는 사람의 근간'이나 '禮는 몸의 근간'이라는 명제다.[27] 사람 몸의 근간은 척추인데, 척추가 없으면 설 수도 없고 살 수도 없다. 그래서 禮가 없으면 설 수가 없다. 공자도 禮를 알지 못하면 설 수 없다고 말하며, 자기 아들에게 禮를 배웠느냐고 묻고서, 禮를 배우지 않으면 설 수 없다고 훈계했다.[28] 심지어 禮를 몸 자체로 비유해, 몸이 갖추어지지 않으면 사람이 될 수 없다고 말한다.[29]

개인의 행위준칙으로서 禮는 각자 사회적 지위에 따라 직책을 수행하는 기본규범을 뜻한다. 따라서 禮의 개인적 행위준칙성과 사회적 통치규범성 개념은 하나로 상통한다. 한 사람의 禮는 개인 인격과 생명을 좌우하며, 그 사람의 사회적 직책의 성패까지 판가름한다. 齊 景公이 술에 취해 신하들과 함께 잠시 禮節을 풀어놓자고 말하자, 晏子가 그 과오를 심각히 지적했다. 천자·제후·대부가 무례하면 각각 사직·나라·집안을 지킬 수 없고, 형제가 무례하면 함께 살 수 없으니, 사람이 禮가 없으면 일찍 죽는 게 낫다는 것이다.(韓詩外傳, 卷9)

---

26 孟子, 滕文公上. 呂氏春秋, 壹行에서는 당사자를 중심으로 十際라고 표현한다.
27 左傳, 成公13年; 昭公7年; 孔子家語, 卷9, 正論解.
28 論語, 堯曰 §3; 季氏 §13 참조.
29 孔子家語, 卷10, 曲禮子貢問. 禮와 體는 聲韻學上 疊韻으로, 의미·문자 상통함.

전술했듯이, '禮는 履'라는 說文 정의가 禮의 자연발생적 풍속습관성의 표현으로 해석되기도 한다. 그러나 이러한 존재적 사실 관점이 아니라, 당위적 가치 관점에서 이 명제를 이해하면, 禮의 사회(당위)규범적 표준성이 더욱 강하게 부각된다. 이 명제는 說文의 정의 이전에, 전국시대부터 漢初에 걸쳐 통용되던 보편 개념이다. 예컨대, 易 序卦傳에 '履란 禮'라는 개념정의가 등장하고, 禮記(仲尼燕居)와 孔子家語(問玉)에는 '말한 것을 履行(실천)하는 것이 禮다'는 명제가 보인다. 거꾸로, '禮란 (孝를) 履行함이다.'(禮記, 祭義; 呂氏春秋, 孝行) 특히, "禮란 사람이 밟는(履) 바이다. 발이 잘못 밟으면 반드시 넘어지고 위험에 빠지기 마련인데, 잘못은 하찮지만 그(결과 초래하는) 혼란은 몹시 큰 것이 禮다." 이는 荀子(大略) 말로, 이러한 개념을 명확히 설명하는 종합 해석으로서, 禮의 당위적 행위규범성을 적절히 대표한다.

서양법의 원천인 그리스 신화에 정의의 여신 "dikē는 '경계석·한계'를 의미"하며, "'정의롭게 하다(dikein)'란 '양 분쟁당사자 사이의 바로 중간에 던지다'는 의미"라고 한다.[30] 법과 禮가 '규범적 표준성'을 공유함은 이와도 상관성이 있어 보인다. Palmer는 'dikē'의 뜻을 '길(a path, 道)'이나 '선언·판결(pronouncement)'로 보던 전통 해석에 반대하여, 다양한 그리스 고전문헌과 인도유럽어 계통의 여러 말글 사례를 정밀히 실증 분석했다. 그 결과, 법과 정의란 바로 각자에게 나눠진 몫과 영역 안에서 배타적 권력행사를 보장해주고 권한(몫) 없는 자의 침범을 절대 엄금하여, 개체로 나눠져 전체로 조화를 이루는 공동체 다스림을 위한 공간적 '경계선들(boundaries)'이라는 새로운 정의를 전폭 지지·역설했다.[31] 이는 '각자에게 각자의 몫을' 떠올리는 배분적 정의 관

30 최자영, 고대 그리스 법제사, (대우학술총서588), 아카넷, 2007, 15쪽 참조.

31 L. R. Palmer, "The Indo-European Origins of Greek Justice", Transactions of the Philological Society, 1950, 149~168쪽, 특히 164 및 168쪽 참조.

념이다. 고대 동아시아 법가들이, 산토끼와 시장(집)토끼의 차이를 대비한 유명한 비유로써, 다툼을 방지하기 위해 몫(권리)의 경계를 내세운 법의 '定分'론과 상통하는 '규범적 표준'이다.

'dikē'의 뜻을 '길(道)' '선언·판결'로 보던 전통적 해석이나 '경계석·한계'로 읽는 새로운 해석이나, 관점의 차이일 뿐 실질 의미는 상통한다고 느껴진다. 왜냐면, 법과 정의가 가리켜준 '길'이나 권력자가 '선언'한 명령과 법원이 확인한 '판결'은, 모두 사람들이 가고 행하고 따라야 할 실체적 내용의 관점에서 본 것이고; 각자의 몫을 구분해주는 '경계석·한계'는, 서로 넘지 못할 바깥둘레로서 절차적 형식의 시각에서 살핀 것이기 때문이다. 말하자면, 강의 물길과 강둑의 차이인 것이다. 전통 해석에 따르면, 법과 정의는 물이 물길로 흐르고, 차와 사람은 각각 차도와 인도로 다녀야함을 강조한다. 허나 새로운 식견은, 물은 둑(제방)을 넘지 않고, 차는 차선을 벗어나지 않으며, 사람은 인도의 '경계석·한계'를 넘어 차도로 들어가지 않아야 함을 역설한다. 'dikē'의 문헌용례에 양쪽 견해를 지지해줄 증빙자료가 함께 나타남도 당연한 이치다.

동양 고전에서 '예'가 감정욕망의 범람을 방지하는 둑이라고 비유한다.[32] 서양 고전에서 'dikē'가 영역(department)·몫(portion)·권한(power) 침범을 엄금하는 '경계석·한계'로 풀이되니, 禮는 법가의 법이나 서양의 'dikē'와 마찬가지로 인간행위에 '규범적 표준'임이 분명하다. 고대 그리스 'dikē'에는 "안정된 평화질서를 보호하기 위한 경계석·한계"로서 '둑'이나 '제방'의 기능이 담겨있을 수도 있고, 영어 'dike'에 담긴 '제방·둑'의 어원일 수 있겠다.[33]

32 졸저, 지혜의 법과 생명법학, 전남대출판문화원, 2021, 411-432쪽.

33 졸저, 지혜의 법과 생명법학, 474-477쪽 내용을 요약 정리함.

한편, 최근 연구에 따르면, '律'도 바로 '구분·경계·표준·항렬'의 의미에서 비롯했다는 견해가 있어 주목된다. '聿'은 오른손(又)으로 필기구(丨:刀筆)를 잡고 甲骨·기물에 그림을 새기는 모습으로, 그 필기구까지 의미해 '筆'이 되었는데, '律'의 주요 구성부분이 되고 실질상 같은 글자라는 추정이다. 고대 부족사회에서 갑골기물에 각 부족의 토템을 새겨 그린 그림은, 그 부족의 徽章·旗幟로 쓰여 각 부족의 차이를 구별하는 상징도안 標識가 되고 '구분'의 뜻이 파생했으며, '律'의 본의로 발전했다는 것이다. 상관근거로, '聿'이 든 '畫'(劃)는 '分'·'界'의 뜻으로 法'律'의 획일성과 상통하고, '肆'는 '陳''列'의 뜻이며, '肄'는 활쏘기나 예법 등 상관 規矩·표준을 '익힘'이고, '肇'는 區'分', '晝'는 해돋이와 해넘이 사이 밤과 경'界'를 구별·구분한다고 설명한다. 덧붙여, '尹'은 '聿'과 초기 모습이 같은데, '尹'이 다스림·官·군주를 뜻해, '聿'에서 발전한 '律'이 그 다스림의 도구·수단이니 상관된 의미라고 한다.[34]

후술하듯이, 법과 예에 공통된 비유로 아주 빈번히 거론되는 度量衡도, 길이(넓이)·부피·무게의 수량을 구분하는 표준이다. 규모에 따라 기본단위가 달라지고 구분경계도 疏密에 차이가 나지만, 일정한 수치와 그 위아래 수치를 구분하는 경계 획정이 본질 속성이자 기능이다. 禮도 신분에 따른 차등을 구분하고, 법도 권리의무의 한계를 정하고, 몫과 명의(소유권)를 구분한다. 禮·法에 규범적 표준성은 바로 도량형과 같아서, 그 공통 기능이 비유로 매개된 것이다.

지금까지 고찰로 禮의 행위규범 표준성이 전술한 법가의 법 개념 못지않게 충분하고 명확히 부각되었다. 이로써 禮와 法이 동질적 행위규범일 뿐만 아니라, 禮 자체가 '法'의 개념범주에 포섭될 수 있는 유력한 논증의 절반은 이미 마친 셈이다.

---

34 祝總斌, "律字新考", 北京大學學報, 1990년제2기, 15-18쪽.

4) 禮의 강제적 제재수단으로서 刑-禮와 刑의 상호관계

이제 그 다른 절반인 강제적 제재수단 측면에서, 禮의 法규범성을 살펴보기로 하자. 禮의 강제적 제재수단성은 보통 禮 개념 자체만으로 거론하지 못하고, 禮와 刑의 대비병칭으로 언급한다. 이는 法이든 禮든, '刑' 개념을 떠나서는 강제적 수단성이 제대로 부각되지 못하며, 거꾸로 '刑'이야말로 '法'의 강제성을 대표하는 전형 요소임을 뜻한다.

사실, 刑은 '法' 개념이 출현하기 전부터 '禮'와 동시에 공존·병행한 것으로 전해진다.[35] 夏禮와 殷禮의 실존성은 이미 전술했다. 尙書 堯典에는 '律度量衡' 및 '五禮' 등과 함께 象刑, 正刑으로서 五刑, 그 완화(감형) 처분인 流刑, 官에 대한 鞭刑, 교화용 刑, 벌금에 의한 贖刑 등, 상당히 발달한 형벌체계가 등장한다. 그런가하면, 伯夷가 典禮를 시행하면서, 인민의 분쟁이나 범죄를 刑으로써 재판했다고 한다.(呂刑) 西漢代 尙書大全에는 '夏刑三千條'를 언급하고, 東漢 鄭玄은 周禮·秋官·司刑의 注에서 이를 구체로 '夏刑은 大辟(사형) 2百, 臏辟 3百, 宮辟 5百, 劓(의)·墨 각1千'이라고 부연 설명한다.[36] 또, 苗民이 五虐之刑을 제정해 法이라고 명명(尙書, 呂刑)했는데, 禹가 苗民을 정복하고 그 五刑을 습용했다고 전해진다. 특히, 夏의 정치가 혼란해진 뒤 禹刑이 제정되었다고 전한다.(左傳, 昭公6年) 이것이 바로 苗民의 五刑을 계승한 夏刑3천조일 것이라는 추측이다.[37]

---

35 동아시아에서 형(법)의 최초 기원은 노예제 계급국가인 夏禹로 보는 통설과 달리, 최근에는 원시사회 말기인 堯舜 부족연맹시대에 사유재산 출현과 함께 씨족 구성원간에 분쟁과 부족간 전쟁에서 비롯했다는 유력한 설도 있다. '법' 이전에 '관습'과 이를 어긴 자에 대한 제재로서 '형벌'이 등장했다고 한다. 李衡梅, "中國古代刑法淵源", 江漢論壇, 1984, 제9기, 60-65쪽 참조.

36 (重刊宋本) 十三經注疏, 淸嘉慶20(1815)年, 江西南昌刻印, 藝文印書館, 1982, 9版(影印本), 제3책, 539쪽 참조.

37 倪正茂 外, 앞의 책, 14-15쪽; 張晋藩·林中·王志剛, 앞의 책, 9-16, 25-26쪽 참조.

商代에도 기본상 禹刑을 계승해 湯刑(湯法)을 제정·시행했는데, 紂의 포학무도한 엄형준벌은 酷刑의 대명사로 유명하다. 周는 '殷罰' 중 합리적이고 타당한 '義刑' '義殺'만을 선별 계승해 사용했는데, 불효·不友 등 중요한 윤리강상 범죄에 대해서는, '文王이 제정한 형벌'을 즉각 시행하고 사면을 허용하지 않았다.(尙書, 康誥) 또 周公은 周禮와 함께 '九刑'(刑書九篇)을 제정·시행했고, 穆王 때는 유명한 '呂刑'을 제정했다.[38]

이처럼 禮와 刑이 동시에 공존·병행한 까닭에, 전술한 것처럼 각종 의론이 분분한 형편이다. 강제적 수단성이 刑에만 고유한 것이라고 이해하여, 禮는 법이 아닌 윤리도덕에 불과하다는 견해가 있다. 또는 禮의 법규범성을 인정하더라도, 私法(민법)영역에 국한시키고, 이에 대해 公法(刑)을 대비함으로써, 禮와 刑의 두 '법' 개념체계를 인정한다. 이는 '禮'와 '刑'이라는 문자적 개별성에 지나치게 집착한 편견이다. 전체적 법규범체계상 禮와 刑의 본질 및 기능을 유기적으로 고찰할 필요가 있다. 周禮가 비록 국가 근본 통치규범의 본질과 기능을 지녔지만, 후대 근대 서양법 범주와 달리, 습속이나 윤리도덕 색채가 농후한 것이 사실이다.

그러나 역사기록에 의하면, 禮를 위반한 행위는, 원칙상 크게는 天子 명의의 정벌부터 작게는 구금까지, 각종 강제적 제재조치가 취해진 것이 보편 사실이다.[39] 다만, 구체 형벌의 조건·내용·방법·정도는, 후대 律이나 근대 서양법처럼 그렇게 명확한 성문규정이 禮에 존재했다고 보기는 어렵다. 당시 사회의 근본 통치조직인 봉건종법제와 그를 유지하기 위한 孝·忠의 禮에 어긋난 중대 범죄는, '文王이 제정한 형

38 倪正茂 外, 앞의 책, 15-16쪽; 張晋藩·林中·王志剛, 앞의 책, 26-31쪽 참조.
39 자세한 내용(실례)은, 栗勁·王占通, 앞의 글, 14-17쪽 참조.

벌'과 같은 '刑'에 명문의 처벌규정을 직접 두었을 것이다. 그밖에 일반 違禮 행위는, 그 객관적 성질·정도 및 행위자의 주관적 동기·상황 등을 종합 고려하여, 그때그때 개별구체로 타당한 처벌을 결정했을 것이다. 이것이 "先王은 구체 事件을 의론해 제재를 가하였으며, (미리 명문) 형벌을 규정하지 않았다"는 고대 '議事以制' 전통이다.[40]

따라서 동질의 범죄행위라도 시기와 장소, 행위자와 법 집행주체에 따라 전혀 다른 제재조치가 내려질 수 있다. 이것이 '論心定罪' 또는 '原情定罪'라고 일컬어지는 주관적·유심주의 재판원칙으로서, 근대 서양의 죄형법정주의와 다른, 중국 禮治의 고유 특색이다. 게다가, 춘추 이후로는 周 天子 중심의 봉건 통치체제가 실질상 와해하면서, 정치권력쟁탈이나 약육강식 등 비법률적 정치범죄가 적지 않게 발생하였다. 아예 통치권의 약화 또는 무기력화로 違禮·犯法 행위에 대한 실제 징벌을 시행할 수 없는 현상도 나타났다. 물론, 모든 違禮행위가 현실적 제재를 반드시 받는 것만도 아니다.[41]

그러나 이러한 사실이 결코 禮의 강제적 제재성을 부정하거나 약화시킬 수는 없다. 우선, 근대 서양법에서도 모든 범법행위에 대하여 '刑'罰이라는 제재수단이 가해지는 것은 결코 아니다. 형법상 正刑과 기타

---

40 左傳, 昭公6年: "先王議事以制, 不爲刑辟." 杜預注: "臨事制刑, 不預設法." 이에 대해 공영달 正義는, 서경에 죄형을 미리 제정한 기록을 들면서, 성왕은 대강만 거명해놓고, 범죄의 주객관 정상의 深淺에 따른 형벌경중의 出入을 감안해, 구체 판단은 수시 의론(재량)에 위임했는데, '신하인민이 그 淺深·경중을 예측하지 못해, 항상 권위를 敬畏해 죄를 짓지 못하게 두려워하는 마음(畏懼心)을 품도록 한 것이라고 풀이한다. 子產의 刑書 주조 이래 신흥지주계급을 대표하는 법가와, 현대 사회주의 중공 학자들은, 이를 귀족계급의 사법권 독점 농단이라 신랄히 비판한다. 한편, 춘추 이전을 불성문 '판례법' 시대로 보는 최근 견해는, 이전의 판례를 참작해 심판한다고 해석한다. 武樹臣 等著, 中國傳統法律文化, 北京大學出版社, 1994, 214-218쪽 참조.

41 栗勁·王占通, 앞의 글, 16-19쪽 및 俞榮根, 앞의 책, 109-114쪽 참조.

公私法상 형사제재 이외에도, 행정법상 과태료, 공무원에 대한 견책·감봉·파면 등 징계조치 및 대민 행정상 허가취소 등 각종 불이익(행정제재), 민법상 강제집행 처분(민사제재) 등도, 모두 국가권력에 의한 실질적 법의 강제제재 수단임은 물론이다. 심지어 헌법상 통치행위나 일반 정치상 위법행위는, 면책특권의 비호 아래 국민의 여론제재에 의하는 경우가 많다. 법적으로 형사책임이 규정된 경우에도, 실제로는 역시 정치적·윤리적 책임으로 대체되는 경우가 많다. 또, 죄형법정주의도 구체적 정상참작을 위한 재량권 여지를 인정하는 상대주의 경향이 일반이다. 따라서 정도 차이는 있을지언정, 동일한 행위에 대한 처벌이 역시 시간·공간·주체 및 행위의 개별구체 정상에 따라 달라지기 마련이다. 또, 모든 범죄행위가 실제로 강제제재를 받는 것도 아니다. 경중과 정상에 따라, 훈방·기소유예·기소중지·선고유예·집행유예 등, 각종 제동장치로 강제제재(형벌) 시행을 유보하는 경우도 많다.

요컨대, 禮는 법적·도덕적 규범표준의 실질을 중심으로 규정되어 있으며, 그 위반 행위에 대한 강제 제재조치는 중대한 범죄의 경우 '刑'에 직접 명문규정을 두었을 것이다. 그밖에는, 일반으로 '原情定罪' 또는 '論心定罪'의 대원칙 아래, 불문 관례에 의하여 개별 정상을 참작하고 구체적 타당성을 기하는 '議事以制' 형식이었을 것이다. 즉, 규범적 표준척도인 '禮'에 어긋나는 행위는 국가적 강제 제재수단인 '刑'을 부가하는데, 이것이 '失禮入刑'(出禮入刑)의 명제로 대표되는 禮治의 실질 내용이다.

그러나 '禮'와 '刑'이 개념상 대립한다고 하여, 양자가 별개로 독립 '法' 체계를 이루는 것은 아니다. 이는 현대 '法'과 '刑'의 일반 관계에 비추어보면 쉽게 이해할 수 있다. 지금 '刑'이 '法'의 규범적 표준으로서 기능(실효성)을 보장하기 위한 강제 제재수단이며, 결코 '法'과 독립해 별도로 존재하는 법 범주가 아님은 자명하다. 또, '刑'이 독자적 개념범주를 지니고 있다고 하여, 누구도 '法'의 강제성에 회의를 품지는 않는다. '禮'와 '刑'의 관계도 대체로 이와 비슷하며, 서로 一物兩面의 표리관계를 이루는 것이다.

그러면 夏의 禹刑, 殷의 湯刑, 周의 九刑이 각기 亂政의 산물이라는 左傳(昭公6年) 기록은 어떻게 이해해야 할까? 문자로만 보면, 마치 이들 刑이 초기 안정된 정치체제에서 시행되던 '禮'를 대체해 등장한 별도 법체계인 것처럼 여겨질 수도 있다. 그러나 전국시대 법가사상에 의해서 '法'이 周'禮'를 완전히 대체한 것과는 그 성격이 전혀 다르다.

전술한 것처럼, 夏·殷·周는 초기부터 禮와 함께 강제 제재수단인 刑을 동시에 겸비하고 있었다. 다만, 초기에 평화롭고 안정적 통치체제에서는, 禮의 규범적 표준기능에 의한 敎化가 중심이 되고, 刑의 강제적 제재는 제도상으로도 간략할 뿐만 아니라, 실제 시행은 더욱 희소할 것이 당연한 사리다. 그러다가 사회의 복잡화、경제적 번영、정치적 안일에 따라 도덕적 해이·쇠퇴로 수많은 부조리와 범죄가 발생하면서, 법의 규범적 표준으로서 禮의 사전 교화기능이 역부족이 되었고, 치안문제 해결을 위해 법의 강제적 제재수단인 刑의 사후 징계(교정·처벌)기능 강화가 필요했을 것이다. 이는 漢에 約法三章이 곧 九章律로 발전하고, 唐에 約法十二章이 律令格式의 방대한 법체계로 변화한 역사적 사실에 비추어도, 충분히 납득할 만한 합리적 현상이다. 즉, 禹刑·湯刑·九刑은 禮나 기존 刑 체계와 별도로 독립한 법체계로서 禮의 지위를 대체한 것이 결코 아니다. 다만, 시대적 요청(더러 통치자의 포학무도한 자의성 개입가능)에 의해 법의 강제적 제재성을 대폭 강화하여, 기존 刑을 가중하거나 새로 제정한 특별 형법에 해당할 것이다. 물론, 그만큼 禮의 규범적 표준 기능은 약화될 것인데, 桀·紂의 酷刑은 그 전형적 실례다. 이는 근대 관점에서 보면, 도덕적 정당성과 구체적 타당성을 상실한 惡法 문제가 될 것이다.

5) 禮不下庶人과 刑不上大夫

禮와 刑의 관계에 관하여, 그 개별독자성의 결정적 논거로, '禮는 서민에까지 내려오지 않고, 刑은 大夫에까지 올라가지 않는다'는 명제가 자주 거론된다.[42] 순전히 문맥상으로만 이해하면, 禮는 귀족 전유물이며, 대부 이상 통치계층은 형벌 제재를 받지 않기 때문에, 禮와 刑은 전혀 다른 규범 체계로 오해될 소지가 있다. 그러나 국가의 강제적 형벌을 수반하지 않는 순수한 도덕규범으로서 禮나, 그러한 규범상 절대적 특권을 향유하는 귀족계급은 역사상 결코 존재하지 않았다.[43]

유가 예론에서는 흔히 '禮樂刑政'을 곧잘 병칭한다.

"음악은 同調로 서로 친하게 동화시키고, 禮는 差異로 서로 공경하게 분별한다. 樂이 지나치면 안일방탕으로 흐르고, 禮가 과도하면 서먹하니 소원해진다. 감정을 화합하고 용모를 단정히 꾸밈이 禮樂이니, 禮義가 서면 귀천에 질서가 서고, 음악에 공명동조하면 상하가 화합한다. 애호(賞)와 혐오(罰)가 분명하면 현불초가 구별되고, 형벌로 포악을 금하고 관작으로 현인을 천거하면 정치가 안정된다. 仁으로 사랑하고 義로 바로잡으면, 인민은 잘 다스려진다."[44]

확실히, 예는 차이를 강조하는 등급질서로, 혈연 중심의 봉건제에 핵심이다. 예의 목적은 등급제로 개인의 사회지위를 고정해 천생 혈통의 귀천 운명에 안주하길 노리는 법적 안정성이 강하다.(근대법도 기득권 보호로 사회질서 유지 목적은 동일하다.) 사회주의 중공 학자들의 일

---

42 禮記, 曲禮上. 魏書, 刑罰志에는, '禮는 군자를 가르치고 律은 소인을 금지한다.'는 명제가 보이고, 金史, 刑에는 '두려움으로 소인을 다스리고 부끄러움으로 군자를 대우한다.'는 말로 표현된다.

43 楊景凡·兪榮根, 孔子的法律思想, 群衆出版社, 1984, 53쪽 참조.

44 禮記, 樂記: "樂者爲同, 禮者爲異. 同則相親, 異則相敬. 樂勝則流, 禮勝則離. 合情飾貌者, 禮樂之事也. 禮義立, 則貴賤等矣. 樂文同, 則上下和矣. 好惡著, 則賢不肖別矣. 刑禁暴, 爵擧賢, 則政均矣. 仁以愛之, 義以正之. 如此則民治行矣."

반 견해에 따르면, 예치 사상에 가장 본질적 특징은 등급의 차이가 아니고, 계급의 구별과 부족의 차이인데, 바로 禮不下庶人과 刑不上大夫가 그거란다. "노예사회와 봉건사회에서 계급차별도 주민의 등급구분으로 고정되고, 매 계급의 특수한 법률지위를 확정한다."는 레닌 말처럼, 西周에 등급 획분은 우선, 착취자와 노동인민의 양대 귀천등급으로 넘을 수 없는 구별이 나타났고, 그 계급차이가 법률상 반영된 게 위 명제라고 한다.[45] 다만, 프롤레타리아 인민독재를 주창하는 사회주의에서, 공산당(원)과 일반 노동자농민의 넘을 수 없는 등급 차이는 어떻게 보고 설명할지 궁금하다.

본론으로 돌아와서, 위 명제의 해석은 자고로 지금까지 의견이 매우 분분하다. 우선, 전통 경전주석가의 해석을 살펴보자.

먼저, 禮不下庶人에 대한 해석은 크게 세 견해로 나뉜다. 첫째, 서민은 비천하고 빈한하기 때문에, 오로지 그들을 위한 禮를 따로 제정하지 않고, 필요한 경우 가장 가까운 士禮를 차용한다는 견해다. 둘째, 서민은 경제상 禮의 器物을 충분히 갖출 자력이 부족하며, 또 토지경작 등 생업에 종사하느라 禮를 행할 여력과 여가가 없기 때문에, 그들에게 사대부와 똑같은 禮를 요구할 수 없다는 해석이다.[46] 셋째, 서인까지 내려오지 않는 禮는 귀족 내부에서 거행되는 '酬酢'(賓客) 같은 일정한 계급적 禮에 한정하며, 기타 일반 禮는 모두 서인에게도 보편 시행된다는 해석이다.[47]

---

45 李光燦·張國華 主編, 中國法律思想通史(1-3卷), 山西人民出版社, 2001, 93-94쪽.

46 陳澔 注, 禮記集說, 上海古籍出版社, 1987, 13쪽; 孔穎達 撰, 禮記注疏, 卷3, (重刊宋本) 十三經注疏, 1982, 제5책, 56쪽; 孫希旦, 禮記集解, 中華書局, 1998 제3쇄, 81-82쪽; 家語, 卷7, 五刑解 참조.

47 白虎通, 권8, 五刑편: "禮不及庶人者, 謂酬酢之禮也." 楊寬, "籍禮新探" 참조.(楊善群, 앞의 글, 28쪽에서 재인용)

禮가 국가를 다스리고 인민을 바르게 교화하는 기본 규범이라면, 서민이 그 적용대상에서 제외될 리가 없음은 자명하다. 실제로, 서민도 제후나 사대부와 마찬가지로 禮儀를 향유하는 기록이 적지 않다. 다만, 그 범위와 등급이 최하위로 한정되는 '庶人之禮'일 따름이다.[48] 그러나 禮의 차등성을 인정하는 순자는, 사대부 이상은 禮樂으로써 절제하고, 일반 백성은 法數로써 통제해야 한다고 주장하기도 한다.(富國) 또, '군자는 非禮를 범하지 않고, 소인은 不祥을 범하지 않는다'는 晏子 말도, 不祥은 곧 형벌을 의미하므로, 그 본질 의미맥락이 앞의 기본명제와 상통하는 전통 제도임이 분명하다.[49] 여하튼 禮와 刑의 시행에서 사대부와 서민의 귀천차별이 인정됨은 확실하다. 이는 법의 통일적 평등성과 확연히 구분되는, 禮의 신분적 차등성의 본질에도 부합한다. 그러나 이는 상대적 차등에 불과하지, 결코 문자적 의미처럼 절대적 구분까지 뜻하는 것은 아님이 분명하다.

다음으로, '刑不上大夫'는, 대부 이상 고관은 賢者로 범법을 예상하지 않으며, 만약 범법한 경우 경중을 가려 十惡이 아니면 八議로 감면할 수 있다고 해석함이 통설이다. 즉, 大夫 범죄는 八議에 의해 군주가 직접 개별구체로 처벌을 의론하며(議事以制), 刑書(법전)에 미리 대부의 범죄를 규정하지 않는다. 대부는 현자를 임명할 텐데, 미리 범죄 가능성을 예정함은 군주의 인재발탁(식견)에 흠결을 예고하는 셈이기 때문이다.[50] (어느 국가 형법이건 '내란예비음모죄'는 규정해도, '혁명성공죄'는 두지 않을 것이다.)

---

48 栗勁·王占通, 앞의 글, 11-12쪽; 楊善群, 앞의 글, 29쪽; 兪榮根, 앞의 책, 117-118쪽 참조.

49 左傳, 昭公3年.

50 鄭玄 注가 대표한다. 孔穎達 撰, 十三經注疏, 제5책, 56쪽 참조. 또 唐律釋文, 卷第一. 唐律疏議, 長孫無忌 等撰, 劉俊文 點校, 中華書局, 1983, 621쪽 참조.

물론, 周禮에 八辟과 역대 刑律에 八議가, 귀족계층의 범죄와 형벌상 특권을 규정하는 것은 사실이다. 그러나 그것은 量刑上 경중 정도 문제지, 범죄 및 형벌책임 유무를 가르는 본질 문제는 아니다. 즉, 대부의 범죄가 八議에 해당한다고 할지라도, 八議 규정 자체가 무죄나 면죄·면책특권을 부여하는 것은 아니고, 다만 최고 사법권자인 군주의 감형이나 사면 재량권에 위임한다는 취지다.

禮記에 의하면, 왕족은 宮刑이 없다. 그러나 사형 범죄는 군주가 법관에게 세 번 사면을 요청해도 허락되지 않은 경우, 마침내 甸人(왕족과 귀족의 형벌을 담당한 특별 刑官. 周禮의 甸師氏)에게 이송되어 비공개로 처형된다.(禮記, 文王世子) 이는 왕족과 작위 있는 귀족을 甸師氏에게 보내 처형한다는 周禮(秋官·司寇)의 규정과 대체로 일치한다. 일반 백성은 길거리에서 공개 처형하고, 하급 관리는 조정에서 공개 처형한다. 그런데 '刑不上大夫'는 왕족·대부를 특별히 비공개로 처형한다는 취지로 해석하는 것이다.[51] 그 방법은 周禮나 禮記상의 특별 刑官에 의한 비공개 처형 이외에, 흔히 자결 기회를 우선 부여함이 일반이다.[52]

특히, 유교의 德과 禮를 최고 통치이념으로 삼아 중앙집권적 전제군주제를 완성한 漢代에 이르러, 이 명제는 새로운 해석을 통해 이론체계가 형성된다. 賈誼는 '귀중한 기물 근처에 있는 쥐에게 감히 돌을 던지지 않는 것은, 잘못하여 그릇을 손상시킬까 두려워하기 때문이다.' 라는 속담을 들어, 그 명제의 의미를 비유한다. 즉, 군주의 존엄성에 허물이 될까봐, 그 측근 대신들에게는 형벌을 직접 집행하지 않는다는 것이다. 대신의 범죄가 공개되는 경우, 군주의 인재등용이 현명하지 못하다는 식견을 폭로하는 결과가 되기 때문이다. 물론, 기본상

---

51 孔穎達 撰, 十三經注疏, 제5책, 56쪽; 孫希旦, 禮記集解, 82쪽 참조.

52 물론, 비교적 가벼운 죄에는 '放逐'(流刑)이나 '贖刑'을 부과하기도 한다. 張晋藩·張希坡·曾憲義, 앞의 책, 52-53쪽 참조.

대신 개인에 대한 禮遇를 통하여 염치와 절조를 존중하고 장려한다는, 정책적 의미도 동시에 지닌다.[53]

그래서 귀족의 각종 범죄는 정면으로 그 죄명을 직접 호칭하지 않고, 완곡한 명칭으로 일컫는다. 그 명예심을 손상하지 않으면서, 양심에 수치를 알게 한다. 그러면 그는 자기 죄를 스스로 알아, 흰 갓을 쓴 다음 물 대야와 칼을 가지고 궁궐에 나아가 군주에게 스스로 죄를 청한다. 이에 군주는 刑官에게 이송하지 않고, 대부가 스스로 북쪽을 향해 재배한 뒤 꿇어앉아 自決한다. 이것이 대부에게는 형벌을 내리지 않고 禮로써 대한다는 본래 의미라고 한다.[54] 이는 秦의 중앙집권적 절대군주체제를 계승하면서, 한편으로 秦이 포학무도한 酷刑으로 멸망한 역사적 사실을 교훈삼아, 유가의 禮治, 특히 군주의 대신에 대한 禮遇를 채택한 정치사상적 융합의 산물로 보인다.[55]

실제로, 춘추시대 鄭 子產은 내란을 일으킨 公孫黑에 대해, 그 죄목을 거론하면서 빨리 죽지 않으면 司寇의 大刑이 시행될 것이라고 명령하여, 결국 그가 스스로 자살한 사실이 있다.(左傳, 昭公2年) 춘추시대 역사기록에는 귀족이 자결로써 형벌을 미리 대신한 경우가 적지 않다. 한편, 明 太祖도 신하를 대우하는 禮를 중시하여, 대신에게 죄가 있는 경우, 물 대야에 칼을 얹어 자결하도록 허락했다. 대신의 체통을 존중하고 가벼이 모욕주지 않은 古禮와, 刑을 대부에게 가하지 않음으로써 염치를 장려함이 군신간의 은혜와 예의를 다하는 길이라는 禮論을, 긍정해 수용한 것이다. 또, 明代에 東廠·錦衣衛 등 특별 사법기구로써 특히 사대부에게 가혹한 형벌을 자행했는데, 당대 선비들은 바로 '刑不上大夫'의 禮를 거론해 준엄히 비판했다.(明史, 刑法三)

53 孔穎達 撰, 十三經注疏, 제5책, 56쪽; 孫希旦, 禮記集解, 82쪽 참조.

54 漢書, 卷48, 賈誼傳 참조. 또 孔子家語, 卷7, 五刑解 참조.

55 兪榮根, 앞의 책, 118-120쪽 참조.

한편, 禮-刑 관계의 전통적 해석과 달리, 현대에는 '禮不下庶人, 刑不上大夫' 명제를 禮記의 구체적 문맥 속에서 개별특수 의미로 해석하는 견해나, 독특한 句讀나 자구 해석도 적지 않다. 중공 건국 직후 郭沫若·鐘肇鵬·金景芳 등 유명 학자들이 이 구절이 周代 史實이라고 인정했는데, 80년대 곽말약 해석에 반대하는 새 해석이 나오기 시작했다.

첫째, 현재 보편적 공감을 얻는 다수설은, 전자는 마차를 타고 宗廟를 지날 때의 禮와 관련해, 서민은 본질상 수레에 탈 수가 없기 때문에, 下車할 필요가 없다는 의미로 풀이한다.(李啓謙, 齊魯學刊, 1980-2)[56] 후자는 수형인(肉刑 당한 죄인)은 군주 측근에 벼슬할 수 없다는 뒤 구절과 관련하여, 왕족에게 宮刑이 없다는 禮記 기록과 상응해, 대부에게는 宮刑이나 肉刑을 시행하지 않는다는 뜻이다.[57] 이 경우 두 구절은 각기 독립 문장으로 분리된다.

> "國君이 수레 앞 가로나무에 손을 얹고 몸을 굽히면, 대부는 수레에서 내리고; 대부가 수레 앞 가로나무에 손을 얹고 몸을 굽히면, 선비는 수레에서 내리는데, (이러한) 禮는 庶人한테까지 내려오지 않는다. 刑은 대부한테 올라가지 않으니, 受刑人은 군주 곁에 있지 못한다."[58]

여기서 노예사회 법률제도에는 이런 원칙이 존재하지 않았다고 부정하면서, 전구(禮) 의미해석은 구체적 마차 관련 禮라 서인에게 해당 없다고 동의하고, 후구(刑)는 漢代 유학자들의 이상일 뿐이라고 보는 견해도 있다. 서인은 노예가 아니고, 국사 의론에 참여할 권리가 있는

---

56 이하 연구사적 견해 소개는, 張晋藩 主編, 中國法制史硏究綜述, 中國人民公安大學出版社, 1990, 75-77쪽 내용에서 재인용.

57 栗勁·王占通, 앞의 글, 11-12쪽 및 兪榮根, 앞의 책, 114-116쪽 참조.

58 禮記, 曲禮上: "國君撫式, 大夫下之. 大夫撫式, 士下之. 禮不下庶人. 刑不上大夫, 刑人不在君側."

자유인이라서, 그들 나름의 禮가 있기 때문이다.(王占通, 吉林大學學報, 1987-5)

둘째, 두 대구 명제는 춘추전국 당시 일부 귀족들의 정치적 요구일 뿐, 현실을 반영하는 사실은 아니고, 오히려 "예는 서인까지 내려와야 하고, 형은 대부까지 올라가야 한다."는 의미로 해석하는 견해가 나왔다.(陳一石, 法學研究, 1981-1) 반어법으로 의미를 역전시킨 것이다.

셋째, 두 대구 명제에 '上·下' 동사를 완전히 다른 참신한 의미로 해석하는 견해가 나왔다. 즉, '올라가다·내려오다'는 서술형이 아니라, 많은 사례를 논거로 '숭상·비하하다'는 가치평가로 전환한다. "예라고 해서 서인을 비하(무시)해선 안 되고, 형이라고 대부를 숭상(특혜)해서는 안 된다."는 의미로, 대부나 서인이나 禮·刑에서 획일·평등을 뜻한다.(湯起康, 文史知識, 1984-7)

넷째, 臺灣에서 나온 독특한 견해로, 대부는 솔선수범해야 하는데, 법을 범하면 반드시 먼저 서인으로 강등(폄하)한 뒤에 형을 시행하므로, 대부 신분에서는 처형되지 않는다.[59]

현재 학설은 이 대구 명제의 史實性을 인정하지 않고, 춘추전국 시기 유가의 법률주장을 반영한 철학사상으로 이해하는 분위기가 지배한다.[60] 순자의 다음 언론과 연계하면 그럴 듯하다.

> "예란 귀천에 등급이 있고, 長幼에 차이가 있으며, 빈부·경중이 모두 적절히 상응한다. 고로 천자는 袾裷衣冕을, 제후는 玄裷衣冕을, 대부는 裨冕을, 士는 皮弁服을 각각 쓴다. 덕은 반드시 지위에 합당하고, 지위는 반드시 봉록에 합당하며, 봉록은 반드시 씀씀이에 합당해야 한다. 선비 이상은 반드시 예악으로 절제하지만, 대중 서민

59 王夢鷗, 禮記今註今譯(上), 臺灣商務印書館, 1984 修訂初版, 43쪽.
60 張晋藩 主編, 中國法制史研究綜述, 77쪽.

백성은 반드시 法數로 통제한다."[61]

종법제도 아래 서민은 주 종실 밖에 외족인(피정복 신민 포함)으로서 비천한 신분인지라, 대부분 혈연에 기초한 왕실·귀족의 家禮에 참여할 자격권한이 없고, 다만 전 사회구성원을 보편 규율하는 일반 예의는 적용받는다는 풀이도 수긍할 만하다.[62]

3. 변법개혁과 歷史적 範疇의 발전

지금까지 춘추이전 (周)禮의 법적 성격과 함께, 禮와 刑의 규범적 관계에 관한 유가의 禮論을 고찰하였다. 이제 춘추전국시대에 周禮가 刑·法·律로 대체되는 역사적 변화와 함께, 이를 뒷받침한 법가의 법치사상을 중심으로, 禮와 法의 관계를 살펴보기로 하자.

전술한 바와 같이, 西周에 九刑이나 呂刑은 비록 법의 강제수단을 강화한 특별형법이긴 하지만, 그래도 기본상 周禮의 실효성을 보장하는 相輔 관계를 유지하고 있었다. 한편, 이때 제후국들은 혈연적 봉건체제의 지배하에, 원칙상 周禮를 함께 봉행하고 규범적 종속관계에 있었다. 천자가 정기로 巡守 나가 律度量衡을 통일하고 五禮를 점검하던 요순시대 규범적 통치가, 周代에도 비슷하게 계승·시행되었다. 물론 제후의 천자에 대한 朝聘 형식을 통해서도 규범적 통일성이 유지되었다. 그러나 周禮의 근본대강을 벗어나지 않는 범위 내에서, 제후는 각국의 구체적 자연적·인문적 환경에 따라 개별로 요청되는 통치사항을, 하위 법규범 형식으로 제정·시행할 수 있었을 것이다. 마치 현대

61 荀子, 富國: "禮者, 貴賤有等; 長幼有差, 貧富輕重皆有稱者也. 故天子袾裷衣冕, 諸侯玄裷衣冕, 大夫裨冕, 士皮弁服. 德必稱位, 位必稱祿, 祿必稱用, 由士以上則必以禮樂節之, 衆庶百姓則必以法數制之."

62 李光燦·張國華 主編, 中國法律思想通史(1-3卷), 96-99쪽 참조.

지방자치처럼 말이다!

한편, 周의 東遷 이후, 천자 실권이 약화되고 통일적 봉건체제가 동요하기 시작하는 춘추시대에 들어서서, 이러한 자치입법은 더욱 활발해지게 된다. 예컨대, 齊 桓公 때 管仲이 시행한 '軌-里-連-鄕'의 행정조직법이나, 晋 文公의 '被廬之法' 및 趙盾의 '常法'('夷蒐之法'), 宋의 '刑器', 楚의 '僕區之法', 荊 莊公의 '茅門之法' 등이 그 대표적 실례다.[63] 이들은 춘추초기 법으로서 대체로 周禮를 충실히 따르고 있다. 예컨대, 齊 환공의 패권과 관중의 입법은 '尊王攘夷'의 대의명분을 표방하였으며, 楚 文王의 僕區之法은 그 내용이 周 文王의 법과 동시에 나란히 대비되고 있다.(左傳, 昭公7年) 특히, 晋 文公이 패권을 성취한 통치기반인 被廬之法은, 명실상부하게 '義'와 '信'과 '禮'를 바탕으로 한 '교화'의 법이었다.(左傳 僖公27年) 그 12년 뒤 晋 襄公 때 趙盾이 개혁한 常法(夷蒐之法)은, 이미 상당히 刑에 치중하는 변화를 보인다. 즉, "행정법전을 제정하고 범죄와 형벌을 바르게 규정하며, 刑獄을 처리하고 도망범의 체포를 독려하며, 계약과 장부를 시행하고 묵은 정치를 해소하며, 禮의 질서를 바로잡고 옛 관직을 회복하며, 숨은 현인을 등용하는" 것을 골자로 하는 '常法'은, 아홉 항목 중 세 가지가 刑에 관한 내용이었다.(左傳, 文公6年)

그런데 춘추 후기에 들어서면서, 鄭 子産이 '刑書'를 주조하고, 晋 趙鞅과 荀寅이 范宣子의 '常法'(夷蒐之法)을 대폭 개혁한 刑鼎을 주조하면서, 각국이 속속 성문법을 제정·공포해 변법개혁을 추진했다. 이는 그때까지 대의명분상 그런대로 통일적 최고 법규범의 명맥을 유지하던 周 王室의 禮樂이 완전히 붕괴되어, 더 이상 실효성을 지니지 못하게

63 張晋藩 主編, 中國法制史, 群衆出版社, 1991, 20-22쪽; 曾憲義 主編, 中國法制史, 北京大學出版社, 2000, 63-65쪽; 趙昆坡 主編, 中國法制史, 北京大學出版社, 2002, 51-53쪽 참조.

된 법제사적 반영이다. 또, 정치사회로는 군웅할거의 제후들이 부국강병과 실력쟁패로써 새로운 통일을 지향하는, 변법개혁운동의 일환으로 표현된 것이다. 마침내, 전국 초기 魏의 李悝가 '法經'을 편찬해 이러한 일련의 변법운동을 집대성하였고, 商鞅이 그 뒤를 이어 秦의 변법개혁을 주도해 중원 통일의 기반을 다졌다. 이러한 일련의 사실은 전국시대 변법개혁을 대표하는 절정이다.

물론, 이러한 변법개혁은 사회경제적 발전, 특히 생산력 증대에 결정적으로 힘입어 태동된다. 이는 정치상 권력구조와 사회적 신분제도, 특히 세습적 종법주의 계급질서를 동요시키고, 정치·사회·경제를 규율하는 法制의 변혁까지 초래한 것이다. 특히, 이 시기 법제개혁은 信賞必罰과 엄형준벌의 법가 사상에 근거한 성문법의 제정 및 공포를 수반한다. 모든 변화개혁의 초기에는 신구 세력간 극심한 긴장대립과 마찰분쟁이 일기 마련이다. 특히, 기득권과 세습 지위를 유지하려는 보수 세력의 반발과 비판은, 법의 항상성、법적 안정성이라는 이념을 대의명분으로 내세운다. 여기에는 道德仁義와 禮의 근본정신이 핵심으로 강조된다. 반면, 개혁을 추진하는 신진세력은 으레 법의 변화성과 현실사회의 구체적 타당성을 역사적 당위로 제시한다. 이는 이념상 국가발전과 인민복리라는 실용적 공리주의 '부국강병'론을 강조하는데, 물론 실질상 군권의 절대화와 통치구조의 재편성을 뜻한다.

춘추 말엽(前536) 鄭 子産이 刑書를 주조해, 최초로 본격적 법제개혁 및 공포를 단행하였을 때, 晋 叔向은 서한을 보내 엄중히 비판했다. 이에 대해 子産은 '세상을 구제하기'(救世) 위해서 부득이 법제를 개혁하고 刑書를 주조했다고 간단히 밝히면서, 叔向의 비판을 완곡히 거절했다.(左傳, 昭公6年) 鄭에 이어 晋의 趙鞅·荀寅 등이 范宣子의 刑書를 刑鼎으로 주조한 사건(前513)에 대해서는, 孔子가 혹독하게 비평했다.(左傳, 昭公29年)

이처럼 춘추 말엽 실행된 刑鼎 주조에 대해서, 기존 정치세력이나 철학사상의 강력한 반발과 비난이 가해졌다. 비판론이 고수하고자 강조하는 '常法'은 명문으로 거론된 바와 같이, 仁義 등 윤리도덕에 근거한 전통 周禮이다. 즉, 鄭과 晋의 刑鼎 주조는 단순한 성문법의 제정 및 공포라는 상징 의미를 넘어서, '禮로부터 刑(法)으로'라는 대대적 변법개혁이 시작되는 중대한 역사적 의의를 함축하는 것이다. 그러나 刑鼎 주조는 禮를 刑(法)으로 개혁하는 법제의 '변화'를 의미함과 동시에, 다른 한편으로는 법의 '성문화'라는 상호 대립충돌의 의미를 지닌다. 즉, 이전에는 구체적 객관 사실에 따라 임기응변의 權變을 발휘할 수 있던 법제(특히 형법소송)가, 刑鼎 주조로 성문화함으로써 '항상 불변'으로 고정되어 버렸다. 거시적 법체계와 역사 관점에서는 더없이 중대한 '변화'가, 미시적 법의 존재형식과 시행적용의 시각에서는, 역설적으로 고정불변의 '恒常'化를 수반한 셈이다.

한편, 魏 文侯(前445-396 在位)가 李悝 등을 기용해 개혁을 추진하면서 편찬한 '法經'은, 춘추 말기 鄭·晋 등의 변법개혁을 계승해 당시 법제를 집대성한 법전이다. 비록 法經은 현전하지 않지만, 盜·賊·囚·捕·雜·具法의 6篇 체계를 정비해 중국 成文法典史에 명실상부한 남상을 이룬다. 法經의 제정은 그 자체가 변법의 주요 내용일 뿐만 아니라, 나아가서 정치·사회·경제·군사적 일반 변법개혁을 순조롭게 진행시키고 그 실효성을 보장하는 강력한 규범적 수단방편이 된다. 즉, 이는 춘추시대 '刑'의 명칭을 '法'으로 바꾼 단순한 문자상 변동에 그치지 않는다. 법제의 성문화와 공개화를 확립하고, 내용 분류에 따라 합리적 조직체계를 비교적 완비한 것도, 법전 형식상 큰 변혁에 속한다. 무엇보다도 실질 내용에서, 당시 군주통치권을 강화하고 신흥지주계급의 사회경제적 지위와 이익을 보장하며, 동시에 구 귀족세력의 저항을 봉쇄하는 핵심 무기가 된다. 이를 위해 기존 봉건 禮制의 신분적 차등성을 폐지하고, 친소귀천에 관계없이 일률로 평등하게 대우하며, 다른 한편으로 신상필벌과 엄형준벌의 법가 사상을 관철시키는, 엄격한 법치주의가 法經에 중요한 실질적 변법개혁 내용이다.

전국시대를 명실상부하게 대표할 만한 가장 성공적 개혁은, 秦 孝公(前361-338 在位)시 商鞅의 변법 실행인데, 주요 개혁내용은 다음과 같다. 첫째, 경지를 정리해 농민에게 분배하고 매매를 허락하되 토지세를 부과했다. 둘째, 세습적 신분과 관직을 폐지하고, 특히 軍功을 작위와 상으로 적극 장려했다. 셋째, 군주 중앙집권 행정제도를 수립해 전국을 31縣으로 나누고 鄕邑을 설치하며, 伍什制를 창설해 상호 범죄를 고발하도록 連坐 책임을 부과했다. 넷째, 토지개간을 적극 추진하고 重農抑商 정책을 시행했다. 다섯째, 2人 이상 壯丁(成年남자)이 分家하지 않으면 戶의 賦稅를 배가하고, 부자형제 동거를 금지했다. 여섯째, 詩·書 같은 유가 경전을 불태우고 제자백가 유세를 금지하며, 度量衡을 통일하고 법령을 철저히 시행했다.[64]

상앙의 변법개혁에는 법제사상 특히 획기적 의미가 있다. 즉, 그는 李悝의 法經을 기초로 당시 秦國 실정에 맞추어 보충 수정한 새 법령을 제정하고, 그 명칭을 '法'에서 '律'로 바꾸었다. 주지하듯이, '律'의 명칭은 그 후 2천년간 중국 전통법상 최고 법형식(法源의 공식호칭)이 되었다. 그런데 이는 단순한 명칭 변경에 불과한 것이 아니라, 개념 상징과 실질 의미에서도 상당히 중대한 의미가 있다. 法은 물처럼 평평하게 하는(平之如水) 의미인데, 律은 균등하게 펴는(均布) 의미를 함축한다. 크게 보면 법의 공평무사성에서 상통한다. 그러나 엄밀히 구분하자면, 법은 실질 내용상 평등성을 강조하고, 律은 형식절차 관점에서 시행·적용상 일률성·통일성에 치중하는 어감이 강하다. 이는 향

64 劉澤華 等編, 앞의 책, 145-147쪽 참조.

후 秦이 철저하고 준엄한 법치주의로 부국강병을 이룩하고, 나아가 전국을 통일한 규범적·제도적·사상적 밑바탕이 된 사실에 충분히 반영되고 있다. 이웃 간에도 범죄를 고발하도록 장려하고, 은닉자에 대해 엄격히 처벌하며, 태자의 범죄도 법시행의 예외를 허용할 수 없다고 그 스승을 처벌했다. 이러한 획일·균등성은 마침내 그 변법개혁의 주인공조차 자승자박하는 처참한 운명을 초래했다.

이렇듯, 춘추말엽부터 전국시대에 걸쳐 진행된 '禮로부터 (刑)法-律로 변화'는, 확실히 법규범체계의 본질적 개혁에 해당한다. 외형상 '명칭'이 바뀌고, 실질 내용상 봉건귀족의 특권을 인정하는 禮의 신분적 차등성이, 신흥지주계급의 신분상승 발판을 제공하는 法의 평등성으로 대체되었다. 그런데 법규범의 기능속성 측면에서 보면, 이는 禮의 규범적 표준성보다는 刑의 강제적 제재수단성에 훨씬 치중하는 방향 전환을 의미한다. 즉, 법규범의 사전적 예방·교화 기능으로부터 사후적 징계·처벌 작용으로 이전한 것이다. 물론, 법가의 '법'도 사전 예방 기능을 강조하지만, 그것은 어디까지나 信賞必罰, 특히 엄형중벌의 권위에 의한 공포적인 금지명령을 뜻하며, 이는 가차 없는 혹독한 처단의 전제에 불과한 것이다. 사실 刑(法) 자체도 규범적 표준성을 암묵적으로 간접 전제하기 마련이다.

법가 법치에 특장인 법의 '공평무사'는 앞서 상세히 기술했으므로, 여기서는 중복을 피해 생략한다.

4. 法과 禮의 변증법적 통합으로서 律令 체제

이제 마지막으로 漢代 이후 律令체계에서 유가의 禮가 律속에 삼투하여, 양자가 융합·조화되는 법규범의 통일 시기를 살펴보자.[65] 주지

65 '중국 법률의 儒家化'라는 역사적 전개과정은, 瞿同祖, 中國法律與中國社會, 中

하듯이, 漢 高祖가 중원에 들어서면서 約法三章을 선포한 것은, 秦의 가혹한 엄형준법의 전면 폐지를 의미하는 획기적 법제혁명이었다. 그러나 수년이 채 못 되어 중원을 재통일한 뒤 병란을 수습하고 사회를 안정시키기 위해서는 '三章의 법'이 역부족임을 실감하게 되었다. 이에 蕭何는 律令을, 韓信은 軍法을, 張蒼은 章程(행정법규)을, 그리고 叔孫通은 禮儀를 각각 나누어 제정하게 되었다. 蕭何는 본디 沛縣에 말단관리로 봉건 법률제도 실무를 경험했고, 통치수단으로서 율령의 중요성을 인식했다. 그래서 咸陽에 진입하자마자 秦의 律令 도서를 입수해 보관했는데, 이 秦律을 바탕으로 시대 요청을 참작하여 九章律을 제정한 것이다. 이는 法經6篇에 戶·興·廐의 3章을 추가한 것인데, 내용상 대체로 秦律을 답습한 것이었다.[66] 따라서 九章律 자체에는 禮의

華書局, 1981, 328-346쪽; 兪榮根, 앞의 책, 489-519쪽을 중심으로 요약 정리함.

66 이 변천 과정에 대하여, 晋書 刑法志는 法經을 상앙이 계승해(六律로 바꾸어) 秦을 다스렸는데, 漢이 다시 秦制를 계승해 蕭何가 (九章)律을 제정하면서, 連坐制를 폐지하고 不告知罪를 신설한 후, 民事·財政에 관한 興·廐·戶 3편을 증보했다고 전한다. 그래서 秦律도 法經처럼 6篇이며, 나머지 3편은 漢代에 추가 증보된 것으로 본다. 그러나 최근 출토한 睡虎地秦墓竹簡(이하 '秦簡'이라고 약칭함)에 기록된 일부분 秦律에는 戶·興·廐에 관한 규정이 이미 상당히 많으며, 명칭도 田律·廐苑律·倉律·金布律 등이 눈에 띈다. 따라서 실질 내용상 漢의 九章律이 거의 모두 秦律로부터 직접 유래하며, 형식 편제로도 秦律에 이미 이러한 律名이 존재했을 가능성을 전혀 배제할 수 없다.

한편, 清末 沈家本은 史料에 산재해 있는 漢의 律令을 수집·분류·정리·평론한 「漢律摭遺」에서, 前後漢 전시대에 걸친 律令의 단편 규정들 중 秦律과의 계승 관계를 史書 기록을 인용해 특별히 언급한다.(沈家本, 歷代刑法考(제3冊), 中華書局, 1985, 1363-1779쪽) 漢이 가혹한 秦律을 답습한 구체 실례로는,(물론 중간에 폐지·부활 변화는 있을 수 있음) 황제의 절대 군주권을 침해·위협하는 誹謗妖言·腹非·非所宜言·降敵 등 죄목(卷3, 賊律1, 大逆無道), 盜鑄錢에 대한 死刑(卷4, 賊律2, 詐僞), 獄吏의 不直(卷6, 囚律, 鞫獄), 五歲刑부터 一歲刑 以下의 刑名(卷9, 具律1), 탐관오리에 대한 禁錮(秦의 籍門), 奪爵의 법(卷11, 具律3), 황제 전용의 馳道 및 廐置(驛馬)·副車·食廚 등 제도(卷13, 廐律), 小愆乏(경범죄)

내용이 거의 전적으로 배제되었다. 그러나 叔孫通이 제정한 禮儀가 조정의 儀式典禮로서 律令과 함께 법전화하여 '理官'에 보관된 사실은 상징 의미가 크다. 叔孫通은 유가(제도)가 적극적 공을 진취(창업)하기에는 어렵지만, 이룬 공을 소극적으로 지키기(守成)에는 유용하다는 이론 근거를 제시했다. 이 禮儀의 시행으로, 武功을 다투던 혼잡한 조정이 점차 엄숙하게 질서 잡혀가자, 劉邦도 "내가 오늘에야 황제의 존귀함을 알겠다"고 감탄한바 있다.(史記, 권99, 劉敬叔孫通列傳)

한편, 陸賈는 高祖 면전에서 詩·書를 거론하다가, 武功만을 과시하는 그에게 면박을 당했다. 이에 陸賈는 반문으로 고조를 설복했다.

> "천하를 비록 말 위에서 얻었지만, 그렇다고 어떻게 말 위에서 다스릴 수 있겠습니까? 湯과 武王도 逆(혁명)으로 취해서 順(仁義)으로 지켰습니다. 文武를 병용하는 것이 장구한 통치술입니다. 만약 秦이 천하를 통일한 후 仁義를 행하고 先王을 법삼았다면, 폐하가 어떻게 천하를 얻을 수 있었겠습니까?"

이로 인하여, 秦이 흥망한 원인과 그 역사적 교훈을 분석 종합한 新語가 이루어졌다.[67] 결론은 장기간 戰亂兵禍를 치유하고 천하를 안정

및 不如令(違令罪)에 대한 가혹한 처벌(卷13, 廐律, 不承用詔書) 등이 거론된다. 이들은 대부분 苛酷性이 공통으로 부각된다. 沈은 동시에, 漢律의 직접 최초 연원인 法經에 어찌 三代 先王의 良法이 전혀 없겠냐고 반문하면서, 그 요소가 상앙의 秦法을 거쳐 漢律에도 면면히 계승될 것은 당연한 사리라고 강조한다. 그래서 鄭玄이 周禮 注에 인용한 漢律을 근거로 일부 규정이 周禮에서 연원함을 주장한다. 예컨대, 漢律의 先請은 周禮의 八議에, 決事는 八成, 受獄은 受中, 案比는 大比, 讀鞫은 讀書, 乞鞫은 聽治, 過失 불처벌은 三宥의 법, 8세 미만 80세 이상에 대한 형벌 감면은 三赦의 法에 각각 해당한다.(自序 참조) 예외로, 漢律의 인신약취 매매범의 처벌 규정은, 秦의 노비시장 허용과 정반대로 인간 존엄성을 인정한 제도로서, 漢律이 秦律을 그대로 답습했다는 일반론은 타당하지 않다고 강조한다.(卷2, 盜律, 和賣買人)

67 史記, 권97, 酈生陸賈列傳 第37; 漢書, 권43, 酈陸朱劉叔孫傳 第13 참조.

시키기 위해, 형벌을 완화하고 수취를 감면하며, 인민과 더불어 휴식하는 '無爲'정치를 실현하는 정책이었다. 이로써 漢初에 黃老 사상이 지배하게 되었다.

이처럼 叔孫通의 禮儀와 陸賈의 仁義 위주 無爲정치 사상이 약간 유가적 색채를 띤 점 이외에는, 기본 율령 자체는 순수한 법가 관점에서 禮를 거의 포함하지 않았다. 그러다가 文帝 때 賈誼가 민본사상을 바탕으로 禮樂을 일으키고 德敎를 시행해, 秦法을 모두 개혁하자고 건의하였다. 그는 "무릇 仁義와 恩德은 군주의 칼날이고, 권세와 법제는 군주의 도끼다"는 공리주의 색채가 농후한, 군권 중심의 德主刑輔論을 폈다. 하지만 "무릇 禮란 미연에 금지하며, 법이란 사후에 금지(징벌)한다"는 유명한 명제를 제시한다. 이러한 禮治論은 비록 받아들여지지 않았지만, 우여곡절 끝에 周勃 사건을 계기로 文帝가 '刑不上大夫'의 유가적 '禮'論을 채택함으로써, 유가의 禮가 律에 직접 삼투하기 시작하였다.

한편, 법가적인 漢律 자체를 개정하기가 사실상 거의 불가능한 봉건왕조체제에서, 유가의 禮는 우회 통로를 거쳐 법에 삼투하는 돌파구를 찾게 된다. 武帝가 董仲舒의 건의를 받아들여 '儒家獨尊' 통치이념을 공식 표방한 이래, 유가 經典을 인용하여 律令을 해석하고 獄訟을 재판하는 풍조가 현실에서 크게 성행했다. 晋書 刑法志 기록에 의하면, 漢代 대표적 법률 註釋家로는 叔孫宣·郭令卿·馬融·鄭玄 등 巨儒 십여명 있었다. 각 家마다 수십만 자에 이르고, 재판에 실제 적용된 것만도 무려 26,272條에 7,733,200여字나 된다고 하니, 그 방대한 규모를 짐작할 수 있다. 물론 안타깝게도 이들은 전해지지 않는데, 현전하는 周禮의 鄭玄 注에 거꾸로 漢律을 인용하는 경우가 적지 않은 점을 보면, 그 사실을 충분히 인정할 수 있다. 또 직접 유가 경전에 근거하여 재판하는 春秋決獄이 董仲舒를 통해 이루어졌다. 이는 律令의 흠결을 보충할 뿐만 아니라, 심지어 해석을 통해 내용을 개폐하는 '比附' 제도로 발전했다. 이러한 법의 해석·적용 방법을 통해, 유가의 禮가 비록 간접적이긴 하지만 실질상 律令 깊숙이 대량 삼투할 수 있었다.

이밖에, 昭帝 때 개최한 鹽鐵會議에서 법가를 대표하는 대부와 유가를 대표하는 賢良文學이 대논쟁을 벌였다. 賢良文學은 연좌제와 각종 혹형의 폐지를 주장하고, 春秋決獄과 '親屬相容隱' 제도에 크게 찬성함으로써, 法과 禮의 사상 투쟁을 통한 통일조화에 크게 기여하였다. 또, 東漢 章帝 때 개최한 白虎觀會議에서는 '五經異同'을 토론하여 학술적 시비와 사상적 통일을 도모했다. 그 회의기록인 白虎通(義)은 三綱·五常·六紀의 윤리도덕 및 황제와 관리의 爵·號·諡에 관한 법 등, 각종 禮儀典章 제도를 총망라했다. 이로써 중국 봉건법률의 儒家化가 더욱 촉진되었다.

한편, 魏晋 이후로는, 유가가 신흥왕조의 법전편찬 작업에 직접 참여함으로써, 漢代와 달리 立法 차원에서 유가의 禮가 律令에 명문으로 규정되어, 새로운 국면으로 발전하게 된다. 주요 내용만 대강 열거하면, 魏의 新律은 八議 제도를 정식으로 입법화하고, 晋의 泰始律은 후대 모든 범죄와 형벌의 기본 준거가 되는 '服制'를 제정했다. 北魏는 犯罪存留養親法과 官當제도를, 北齊는 十惡의 전신인 '十條의 重罪'를 각각 신설했다. 이로써 중국 전통법을 집대성한 結晶적 精華로 불리는 隋唐律의 주요 근간이 실질상 모두 준비 완료된 셈이다.[68]

---

68 한편, 漢代부터 淸末까지 禮法 융합·조화의 시기를 다시 세분하기도 한다. 林咏榮, 앞의 책, 41-46쪽에서는, 西漢부터 三國 魏까지를 「禮가 律에 합병되는 단계」, 西晋부터 元代까지를 「禮가 律에 잠복하는 단계」, 明淸代를 「禮가 律에 현저히 드러나는 단계」로 구분한다. 또, 兪榮根, 앞의 책, 504-534쪽에서는, 西漢부터 唐 전기까지를 「유가 법사상의 상승 단계」, 唐 중기부터 淸代까지를 「유가 법사상의 하강 단계」, 淸 말엽 아편전쟁 이후를 「유가 법사상의 쇠퇴 및 와해 단계」로 구분하기도 한다.

5. 맺음말

지금까지 법 개념을 역사적 범주의 관점에서 각 시기 법 개념을 살펴보았다. 춘추 이전의 禮와 그 보조수단으로서 刑, 춘추말엽부터 공포되기 시작한 成文의 '刑', 전국시대 변법개혁운동의 주요근간을 이룬 '法', 秦의 천하통일에 기반이 된 '律' 개념의 변천, 그리고 漢代 이후 유가적 禮가 법가적 법인 律令 체계에 삼투해 들어가 禮와 法이 융합·통일되는 과정이었다. '禮'를 正으로 하여, 그 反으로서 부상한 '法', 양자의 모순 대립적 合一의 산물로 탄생한 漢 이후의 '律'은, 확실히 중국 전통법의 역사적 변증법의 발전과정을 잘 반영해준다. (그 '法'과 '律'이 합쳐져 오늘날 '法律'이란 범주가 탄생했다.)

이들 범주가 외적인 개념명칭으로나 철학사상으로, 이러한 모순대립을 통한 통일조화의 변증법적 발전을 전개시킨 것이다. 물론, 양자가 법의 실질적 양면적 본질속성을 모두 구비하면서, 국가사회의 기본 통치규범이라는 넓은 의미의 법 개념 속에 포섭될 수 있기 때문이다. 즉, 禮와 法(刑)은 법의 규범적 표준성과 강제적 수단성의 관점에서, 다만 정도와 치중 경향의 차이를 달리하면서, 시대적 환경과 요청에 따라 대립과 모순의 통일조화를 지향해온 것이다.

三代의 禮制가 보조수단으로 刑을 병행하였음은 전술한 바와 같다. 춘추전국시대 법가의 '刑' '法'이 막강하게 대두할 때, 이에 맞서 周禮로 復古를 역설하던 유가의 禮論도, 사실 刑의 강제적 수단성을 완전히 부정한 것은 아니었다. 다만, 德과 仁에 근거한 禮를 위주로 하고, 政과 刑에 의지하는 法을 보조로 삼자는 것뿐이었다. 예컨대, 공자는 그의 유명한 正名論에서, 名義가 올바르지 못하면 禮樂이 흥성하지 못하고, 따라서 '刑罰'이 적정한 중용을 상실하여, 인민이 손발 둘 곳도 없게 될 것을 걱정하였다. 즉, 형벌은 예악과 동시에 병칭되는데, 공자의 우려는 단지 '형벌의 부적정'일 뿐이며, 형벌의 적정한 중용은 명분이 바르고 예악이 홍성한 자연적 귀결로서, 오히려 이상적 소망이 된다.[69] 또, 맹자는 '단순한 善만으로는 정치를 할 수가 없고, 단순한 法만으로는 저절로 시행되지 않는다.'는 유명한 명제를 남겼다. 여기서 善은 물론 유가의 德禮와 仁義 등을 포함하는 추상적 윤리도덕규범을 지칭하는 것으로서, 禮와 法의 양자가 어느 한쪽에도 치우치지 않고 중용조화를 이루자고 강조하는 절충 주장인 셈이다.[70] 더욱이 그는 나라가 편안하고 한가할 때, 군주는 '政刑을 밝혀서' 人倫과 함께 王道仁政의 방편으로 삼자고 주장하기도 한다.[71] '禮法之分'을 주장하는 荀子는 더욱 말할 것도 없이 德과 刑, 禮와 法을 동시에 중시하는데, 실질 내용상 양자가 거의 융합 단계에 이른다.[72]

한편, 漢代 이후 중앙집권적 절대 군주제와 그 통치수단인 律令 체계가 이미 객관적 사실로 확립된 이후에는, 법제현실로나 사상으로나 모두 더 이상 儒-法이나 禮-法의 논쟁이 불필요하고 무익하게 된다. 우선, 漢代에는 叔孫通이 律에 규정하지 못한 朝儀 등을 傍章 18편으로 제정하였는데, 그가 지은 禮儀는 律令과 함께 편찬하여 '理官'에 보존하였다.[73] 그런가 하면 宣帝는, 太子(후에 元帝)가 형벌이 너무 가혹하니 儒生을 등용하여야 한다고 건의하자, 이에 정색을 하며 힐책했다. "漢 왕실의 제도는 본디 覇道(法家)와 王道(儒家)를 섞어 사용하는데,

69 論語, 子路. 瞿同祖, 앞의 책, 309쪽; 楊景凡·兪榮根, 앞의 책, 25-59쪽; 兪榮根, 앞의 책, 192-198쪽 등 참조.

70 孟子, 離婁上 참조. 瞿同祖, 앞의 책, 309쪽 참조.

71 孟子, 公孫丑上 참조. 兪榮根, 앞의 책, 293-298쪽 참조.

72 자세한 내용은, 瞿同祖, 앞의 책, 310-311쪽; 兪榮根, 앞의 책, 390-467쪽 참조.

73 晋書, 刑法志 및 漢書, 禮樂志 참조. 보통 傍章이 곧 禮儀라고 추측된다. 杜貴墀, 漢律輯證(卷6)에서는 이를 근거로 漢의 禮儀가 대부분 律令 중에 포함되었을 것이라고 추측하기도 한다. 또한 倪正茂 外, 앞의 책, 44쪽 참조.

어떻게 순전히 (유가) 德教에만 맡길 수 있는가? 周의 정치(禮)를 기용하란 말인가?"[74] 더구나 유가적 지식인도 일단 관직에 등용된 후에는 律令을 알아서 시행 적용해야 한다. 특히 司法재판을 담당해야 할 직책이 부여되기 때문에, '聽訟'을 회피하거나 法治를 반대하고 德治와 禮教만 주장할 수 없는 형편이 된다.[75]

황제를 대신하여 인민을 직접 다스리는 법치관리인 '吏'는, 일찍이 한비자가 '관리로 스승을 삼고, 법으로 가르침을 삼으라.'(以吏爲師, 以法爲教.)는 유명한 명제로 전형화하여, 법가에 상징으로 부각되었다. 중앙집권적 전제군주 통치체제가 확립된 후에는, 이들의 신분적 특성이 단순한 법치관리로부터 王道와 民本을 표방하는 유가적 '牧民官'의 자질까지 겸비해야 했다. 이는 가혹하기로 이름난 秦의 천하통일 시기부터 현실 통치의 기본원칙으로 강조되었음이, 최근 출토한 '秦簡'의 내용으로 명백히 밝혀졌다.

'秦簡'에 포함된 독립의 '爲吏之道'라는 竹簡은, 법치관리의 각종 道理를 상세히 기록하고 있다. 여기에는 관리의 절대군주에 대한 충성·공경 및 법령의 엄격한 집행이라는 법가의 기본 직책은 물론이고, 인민을 다스리기 위한 전제조건으로서 개인적 인품과 덕성의 함양이 요구되었으며, 이들을 표준으로 하는 신상필벌의 시행도 강조되었다. 이러한 관리의 행위규범은 '五善'과 '五失'로 집약된다. 그중, 君上에 대한 忠信과 공경, 비방함이 없는 청렴정직, 사무 처리의 세심과 타당, 선행의 기꺼운 실천, 공경과 양보와 예절의 '五善'만 보아도, 그 내용 특징이 분명해진다. 특히, 도처에서 인민에 대한 자애와 관용, 그들을 위한 해악의 제거 및 복리증진(除害興利)이라는 봉사 행정을 강조하고,

74 漢書, 卷9, 元帝紀 참조.

75 瞿同祖, 앞의 책, 304-308쪽 참조.

공평무사하고 청렴정직하며 가혹함 없는 법의 집행과 사무 처리도 매우 중시한다.[76]

이들 도덕적 행위규범은 말할 필요도 없이, 민심에 순응하여 중앙집권적 절대군주제를 강화하고, 그 법질서를 유지하며 나아가 신흥지주 통치계층의 전체이익을 보호하는, 일종의 회유정책에 속한다. 즉, 법가적인 엄형중벌의 통치수단을 뒷받침하면서, 그 지나친 가혹성을 완화하기 위하여, 유가의 王道民本 통치사상을 흡수하여 양자를 융합·조화한 王覇 병행정책인 셈이다.[77]

이러한 관리의 도리(吏道), 즉 이상적 官吏像은 漢代에 계승되어, 통치이념으로 더욱 체계화되고 강조된다. 秦이 그러한 이념을 실현하지 못하고 가혹한 수탈과 부역 및 엄형준법으로 30년만에 멸망한 역사적 경험이 반면교사가 된 것이다. 예컨대, 文帝는 緣坐法을 폐지하면서, 이를 반대하는 승상에게 도리어 관리의 '牧民'像을 명확히 부각시켰다.

> "법이 정의로우면 백성이 성실해지고, 형벌이 정당하면 인민이 복종하게 된다. 무릇 인민을 다스림(牧民)에 善으로 인도하는 것이 관리(직책)이다. 선도하지도 못하면서 오히려 정의롭지 못한 법으로써 처벌하면, 이는 법이 도리어 인민에게 해악을 끼치는 것으로 포악함이 된다."(漢書, 刑法志)

景帝는 "무릇 관리란 백성의 스승이다"면서, 관리가 의복과 수레 등을 품위에 맞게 사용하여, 그 체통을 잃지 않도록 '禮'의 존엄성을 강조하였다.[78] 後漢 安帝 때에 劉愷는, 刺史와 二千石(관직 명칭)은 인민

76 睡虎地秦墓竹簡, 整理小組, 文物出版社, 1978, '爲吏之道', 280-296쪽 참조.

77 張晋藩, 中國法律史論, "從秦簡'爲吏之道'看秦的'治吏'思想", 96-110쪽 참조. 여기서 필자는 '王覇道 혼용'이 漢(宣帝)代에 비롯된다는 일반 통설을 부정하고, 실질상 秦代에 이미 시작되었다고 주장한다. 이는 기본 통치술에 부합하는, 합리적인 타당한 견해로 여겨진다.

의 '師表'로서 풍속을 교화하고 典例를 존중함에 마땅히 솔선수범해야 한다고 의론하면서, 윗물이 맑아야 아랫물도 맑다고 주장하였다.[79]

이처럼, 관리는 인민을 교화하는 牧民의 師表로서 솔선수범 모범성이 요구되었다. 이는 이후 역대왕조에 의해 지속 표방되는 봉건사회의 일관된 통치이념이기도 하다. 특히, 史記·漢書 등과 같은 正史에서 循吏列傳과 酷吏列傳을 두어, 이러한 인민의 師表로서 牧民官吏의 이념과 像을 부각시키면서, 역사 속 관리들을 평가한 점이 주목할 만한 사실이다.[80]

史筆 아래의 循吏란, 대체로 '法에 근거하여 理에 따라 인민을 다스리는 관리'(本法循理之吏), 또는 '위로는 公法에 순종하고 아래로는 人情에 순응하여 인민을 다스리는 관리'(上順公法, 下順人情) 등으로 개념 정의된다.[81] 그 실질 내용은 인민을 '德으로 선도하고 禮로 교화하며, 청렴하면서도 寬厚한 인품으로 인민을 사랑하여, 정치를 평안하게 하고 獄訟을 잘 다스리는' 仁政王道를 의미한다. 그러기 위해서는 '世務에 통달하고 法令에 밝으며, 經術로써 관직을 더욱 여유 있게 할 수 있는', 文武겸비、儒法병용의 자질을 갖추는 것이 가장 이상이다.

이에 반해, 酷吏란 전적으로 법령(刑名法術)에 의지하여, 그 文字에 지나치게 천착하고, 심지어 고의로 견강부회하여 法理와 人情을 위배하면서, 포학하거나 어리석은 군주의 비위를 맞추어, 己意私情을 관철·만족시키는 자를 지칭한다. 이들은 대개 그 의도를 실현하기 위해

78 漢書, 景帝紀, 中元6年 참조.

79 後漢書, 卷39, 劉愷傳 참조.

80 예컨대, 史記·漢書·後漢書·北齊書·隋書·北史·新唐書·金史는 循吏·酷吏 두 列傳을 모두 구비하는데, 魏書·舊唐書는 良吏·酷吏로 명명한다. 晋書·宋書·梁書·元史는 良吏列傳만, 南史·宋史·新元史·明史는 循吏列傳만 두는데, 南齊書는 良政으로, 遼史는 能吏로 일컫는 점이 특이하다.

81 史記, 卷119, 循吏列傳의 索隱 및 漢書, 卷89, 循吏列傳의 師古注를 참조.

서, 가능한 모든 혹형엄벌의 가혹한 수단을 가리지 않기 때문에, 실질상 秦의 극단적 法治사상의 소생을 뜻한다.[82]

이러한 역사적 사실과 평가는 무얼 의미할까? 철학사상으로 法家가 法의 규범적 표준으로서 公平無私를 강조하면서도, 한편으로는 유가적 禮와 德의 사전예방 교화기능을 전면 부정하고, 오로지 신상필벌과 엄형준법의 강제적 수단성에 치중했다. 반면, 儒家는 德과 禮의 교화에 의한 사전예방에 중점을 두면서, 政令과 형벌의 강제적 제재가 지니는 죄악금지의 보조 방편기능도 인정함으로써, 德主刑輔·禮主法從이라는 양자의 중용조화를 지향한 것이다. 즉, 규범적 표준성을 위주로 삼으면서 강제적 제재성을 보조적 수단으로 여기는 유가 사상이, 법규범의 본질 이상에도 부합할 뿐만 아니라, 현실적 人情과 통치방법에도 순응하기 때문이다.

따라서 전통법의 개념은 철학사상으로나 역사적으로 모두, 禮와 刑(法)을 모두 포함하는 넓은 의미의 법규범으로 설정하지 않을 수 없게 된다. 이러한 의미에서 法은 정치·사회·경제·문화 등 인간 행위의 거의 모든 영역을 총망라한다. 법은 국가사회의 기본 질서규범으로서 모든 개별적 사실적 행위의 영역을 지배·규율하기 때문이다. 그래서 전통 中國法制史의 대상과 범위에 관한 문제에서, '法制'의 개념을 협의의 '법의 제도'로서 刑律에 국한시키지 않고, 광의의 '제도의 법'으로서 法律典章 文物制度의 전반을 포함해 이해함도 당연하다.[83]

사실, 전통법을 '律'이라는 편협한 고정관념으로 보면, 단순히 형법전에 불과한 것처럼 여겨질지 모른다. 물론, 律에 형법만이 규정되어 있는 것도 아니다. 민사법에 관한 규정도 적지 않다. 다만, 규정 방식

82 이상은 각 史書의 循·酷吏列傳에 序文 평론 내용을 종합 요약·정리한 것임.
83 陳顧遠, 中國法制史, 臺灣商務印書館, (刊年未詳), 1934年 序文, 1-3쪽 참조.

이 위반에 대한 국가형벌의 제재를 중심으로 이루어졌을 뿐이다. 무엇보다도, 형식상 律의 하위법처럼 되어 있는 令·格·式 등의 법 범주가, 실질상 국가의 정치·행정·사회·문화·군사 등 모든 영역을 총망라하는 조직규범이라는 사실이 중요하다. 특히, 明·淸代의 會典을 보면 더욱 분명해진다. 여기에서는 律이 刑部의 조직과 刑事行政 등에 관한 법 규정과 함께, 刑典의 한 부분 규범으로 속해 있을 따름이다.[84]

결론으로, 법의 규범적 표준성과 강제적 제재성이라는 일반 양대 본질속성의 측면에서, 전통법은 일반적 광의의 법규범 개념으로 이해함이 바람직하다. 여기에는 춘추 이전의 三代 禮制 및 유가의 禮와, 춘추전국시대 변법개혁의 주인공으로 등장한 刑·法·律 및 법가의 法, 그리고 漢代 이후 이들 양자가 융합·조화를 이룬 역사적 변증법의 산물로서 律令(例) 체계까지 총망라하게 된다. 이러한 法의 개념과 情·理의 개념범주를 가지고, 전통법의 情·理·法 삼위일체 이념을 탐구하면, 전통법문화의 진면목을 제대로 이해할 수 있을 것이다.

84 조선시대 經國大典도 동일한 六典 체제로 구성되어 있다. 당시 일반 刑律로 依用된 大明律은 刑典 '用律'조에 의해 포괄 계수된 입법 형식을 취한다. 자세한 내용은, 朴秉濠, 韓國法制史攷, 法文社, 1983 再版, 414- 418쪽 참조.

제2장 先秦 시대 성문법 공포

1. 머리글

법은 역사상 불문 관습법 시대로부터 성문법 시대로 발전해 왔다. 현재 세계 인류문명 발상지에 성문법 역사는, 우루남무 법전(Code of Ur-Nammu)、고대 바빌론에 함무라비법전、인도 마누법전만 해도 3-4 천년의 유구한 전통을 자랑한다. 동아시아 전통법문화도 예외는 아니다. 夏·殷 시대 성문법전은 아직 발견되지 않았지만, 夏禮와 殷禮 존재가 기록에 전한다. 적어도 周대에는 周公이 周禮를 제정했고, 呂侯가 呂刑을 제정해 시행했다는 기록이 명확히 전한다. 또, 齊나라 직하학파 편찬으로 전해지는 管子와, 漢대 편집된 걸로 전해지는 周禮에는, 周나라 때 성문법령 공포에 관한 제법 상세한 절차가 실려 있다. 따라서 황하문명 권에서도 禮法의 성문화와 공포는, 동시성의 원리에 부합하게 다른 문명권과 대체로 비슷하게 실행된 걸로 추정된다. 이렇듯 성문법 공포가 일찍부터 시행된 것은, 사회규범으로서 법의 본질속성과도 상당히 밀접불가분의 관계가 있을 것이다.

그러나 춘추 이전에는 주로 '禮-刑'의 범주로 존재했고, 춘추 말엽 西周 통치권의 약화로 제후국들이 독자적 '刑'·'法'을 제정 공포하기 시작했다. 춘추말 전국시대가 사회경제적 역사발전의 전환기이자, 百家爭鳴 百花齊放의 철학사상 황금기로서, 法源의 획기적 변혁도 수반하였다. 따라서 법제사에서, 법의 성문화 및 공포는 秦漢 중앙집권 통일제국에 중요한 통치도구인 율령체계 형성에도 막대한 영향을 끼친 관계로, 주로 이 시기에 주목해 토론을 집중하는 성향이 강하다. 이에 춘추말 전국시대에 펼쳐진 일련의 성문법 공포와 관련한 주제를 정리해 검토해보고자 한다.

우선, 춘추 말 시작한 법의 성문화와 공포에 관한 숙향과 공자의 평론을 음미하면서, 성문법 공포를 둘러싼 학계의 다양한 견해와 논쟁을 정리 검토하고, 필자의 견해를 밝히고자 한다. 이어 법의 성문화와 공포의 철학사상적 배경으로서 법의 본질속성을 사색해보고자 한다. 공평정의를 확보하기 위한 필요적 방편으로서, 道로부터 직접 연원하는 법의 객관적 명료성이 핵심 주제어가 될 것이다.

2. 성문법 공포의 역사유래

성문화한 법은 그 법의 시행 주체인 관리와 적용 대상인 인민에게 공포할 때, 비로소 그 객관명료성이 원만해진다. 사실 법은 시행하기 위해 제정하는데, 시행하기 위해서는 공포해야 한다. 근대법처럼 공포와 시행 개념이 정확히 구분되지 않은 고대에, 법의 공포는 그 자체가 곧 시행·적용을 의미하는 것이다. 현전하는 周禮가 비록 周公이 제정한 원전이 아니라 漢人의 僞作이라고 입증되지만, 그중 상당한 내용은 실질상 周의 예법에 부합한다고 인정된다. 성문법의 공포에 관한 象魏도 실제 주례에 속하는 것으로 보인다.[1] 춘추말엽 魯의 궁궐에 화재가 발생했을 때, 季桓子가 哀公을 수행하여 象魏 밖에서 현장을 지켜본

1 象魏制度와 周禮上 법령공포는, 楊景凡·兪榮根, 孔子的法律思想, 群衆出版社, 1984, 40-41쪽 참조.

사실이 있다. 이 소화 작업에 대원칙은, 재물을 구하느라고 인명을 손상하는 일이 없어야 한다. 그런데 祖宗의 옛법은 상실하면 안 된다는 이유로, 象魏를 먼저 거두어 잘 보관하라는 명령이 내려졌다.[2] 춘추말엽에도 전통 周禮의 象魏라는 법령공포가 여전히 계승·시행되고 있음을 입증해주는 실례다.

周禮에 의하면, 天官 大宰는 정월 길한 날에 治法을 나라 중앙 및 지방에 공포하고, 治象의 법을 象魏에 내걸어 만인이 분명히 보고 알게 하며, 열흘이 지난 뒤 이를 거두어들인다.[3] 天官 小宰는 정월에 治官에 속하는 부하관원을 통솔해, 大宰가 공고한 治象之法을 함께 觀讀한 뒤, 목탁을 가지고 순시하며 '법을 준수하지 않는 자는 국가 형벌을 받을 것이다'고 공포한다.[4] 그리고 地官 大司徒와 夏官 大司馬 및 秋官 大司寇도 각기 敎象之法、政象之法、刑象之法을 天官 大宰와 마찬가지 절차로 공고한다. 물론, 대사도·대사구도 小宰와 마찬가지로, 각자 소속관원을 통솔해 자기 관할의 법을 觀讀하고 준수하라고 공포한다. (小司馬에는 해당 내용이 흠결되어 있으나, 이는 闕文으로서 본래는 당연히 규정되었을 것이다.) 이밖에 秋官에는 특별히 刑禁을 사방에 선포하여 알리는 '布憲'이란 관직도 있다.[5]

象魏란 천자나 제후의 궁전 바깥 대궐문 양쪽에 흙을 쌓아 만든 누대로서, 이곳에 법을 내걸어 백성이 볼 수 있게 하였다. 따라서 본래는 법을 공포하는 곳을 뜻했는데, 나중에 의미가 확장되어 그곳에 내거

---

2 左傳, 哀公3年: "季桓子至, 御公立于象魏之外, 命救火者傷人則止, 財可爲也. 命藏象魏, 曰 : '舊章不可亡也.'"

3 周禮, 天官冢宰: "正月之吉, 始和, 布治于邦國都鄙, 乃縣治象之法于象魏, 使萬民觀治象, 挾日而斂之."

4 周禮, 天官小宰: "正歲, 帥治官之屬, 而觀治象之法, 徇以木鐸曰 : '不用法者, 國有常刑.'"

5 周禮, 秋冠司寇: "布憲, 掌憲邦之刑禁. 正月之吉, 執旌節以宣布于四方."

는 법령 자체도 象魏라고 일컬은 것이다. 여하튼 상위는 실정화한 국가 성문법을 공포하는 제도 장치임이 분명하며, 이미 주초부터 시행되었음을 짐작할 수 있다.

3. 춘추 시대 사회경제적 배경과 제후국의 성문법 제정

周 천자를 정점으로 봉건제도가 아직 실효성 있게 유지되던 춘추이전에는, 제후국들도 정치적 작위를 책봉해준 왕실의 周禮를 근본법규범으로 받아 시행하였다. 춘추시대에 이르러 왕실의 통치권이 약화되고 봉건제가 동요하면서, 제후들의 실력쟁패가 실제로 노골화하기 시작했다.

그렇다면, 춘추 말기 이래로 각국에서 독자적 법령을 제정해 시행한 사회경제적 배경은 과연 무엇일까? 법률은 사회경제적 생산관계의 반영이며, 동시에 통치계급의 정치의지의 표현이다. 주지하듯이, 춘추시대에 이미 철기가 보급되어 농업생산력이 신속히 증대하고 수공업·상업도 상당히 발달했다. 특히, 지방경제의 발전은 봉건제후의 정치상 독립성 강화와 신흥지주계급의 경제적 세력 증대를 가져왔다. 순망치한 관계의 제후세력과 신흥지주계급은 쉽게 결합해 정치개혁을 도모했는데, 그 중심내용은 당연히 田制 및 軍制의 개혁이었다. 그에 따라 관료제도가 점차 흥기하고 군현제도도 속속 출현했다.

사회경제적 발전과정에서 新舊 정치세력 간에 모순과 투쟁은 필연이다. 대세를 장악한 통치계급이 기득권을 보호하고 자신의 통치기초를 공고히 다지며, 아울러 구세력의 저항을 타격·제압하기 위하여, 속속 성문법을 제정해 공포한 것이다. 물론, 성문법 제정은 사회경제적 개혁과 표리관계를 이루며, 개혁에 필수로 수반된 전제이자, 그 결과로서 산물이라 할 수 있다. 대표적인 성문법 제정은 鄭 子産의 刑書

주조와 晉國에 刑鼎 주조인데, 그 물꼬를 튼 독자적 법 제정의 필요와 시행은 춘추 초기 패권을 차지한 나라부터 움터 왔다. 史書에 전하는 주요 법을 차례로 소개하면 다음과 같다.[6]

춘추 첫 패권을 차지한 齊 桓公 때, 관중은 재상(前685년)으로서 존주양이를 내세워 제후를 규합하며 많은 개혁정치를 수행했는데, '管子' 서에 보면 軌-里-連-鄕의 군대편제 등 많은 법을 시행한 걸로 전한다. 두 번째 패자인 晉 文公은 오랜 망명 끝에 귀국해 즉위(前636년)한 뒤, 被廬之法(전633), 일명 執秩之法으로 周禮 등급질서를 유지하며 三軍을 편제해 대정을 실시해 패자로 강성해졌다. 그 뒤 晉 昭公12년(전621년) 夷에서 열병하며 5군 중 2군을 줄여 3군체제로 개편하면서, 趙盾(宣子)이 집정하여 일명 '夷蒐之法'인 常法을 시행했다.

> "국사처리규범을 제정하고, 죄와 법을 적정하게 정해 옥안과 형벌을 처리하며, 도망자 체포를 독려하고 민사계약과 채권담보를 실시하며, 잘못된 묵은 폐정을 척결하고 예제질서를 회복하며, 막히고 숨은 현인을 발탁했다. 제도를 정비한 뒤, 大傅 陽子와 大師 賈佗를 임명하고, 晉國에 常法으로 시행했다."(左傳, 文公6年)

그 후 진 平公4년(전554) 집정한 范宣子가 刑書를 개정했는데, 관부에 소장하고 인민에게는 공개하지 않은 듯하다.(左傳, 襄公19年; 昭公29년) 바로 이 내용을 40년 뒤 刑鼎으로 주조해 논란이 일었다.

한편, 주 천자 세력권 밖인 남방 楚나라는 일찍부터 독자로 '王'을 자칭했는데, 楚 文王(?-前675년) 때 '僕區之法'을 제정해 사후 150년경에도 시행된 기록이 보인다. 도적과 장물을 은닉해주면 도적과 같은 죄로 처벌한다는 내용인데, 周文王之法에도 있던 것으로 전해진다.(左傳,

6 張晋藩 主編, 中國法制史, 1991, 20-22쪽; 曾憲義 主編, 中國法制史, 2000, 63-65쪽; 趙昆坡 主編, 中國法制史, 2002, 51-53쪽 참조.

昭公7년) 楚 莊王(?-前591년) 때는 茅門之法을 시행했는데, 群臣·大夫·公子들이 궁문 출입시 말발굽이 낙숫물을 밟으면, 관리가 끌채를 자르고 마부를 참한다고 전한다.(韓非子, 外儲說右)

4. 鄭 子産의 刑書 주조와 晉 叔向의 비평

1) 정 자산의 시대배경과 개혁정치

춘추시대 이러한 제후국들의 독자적 법 시행에 이어, 역사상 획기적 성문법 공포가 이루어진다. 鄭의 刑書와 晉의 刑鼎이 그것이다. 정 자산의 형서 주조는, 전술한 춘추시대 각국에 공통된 사회경제적 급변이라는 일반보편의 역사배경 이외에도, 정나라 특유의 개별 구체적 배경도 있었다. 정나라는 춘추오패인 晉·楚 두 강대국 사이에 낀 약소국으로서, 권세 강한 방대한 귀족들의 세력다툼으로 어찌할 수 없는 내우외환에서, 노예주귀족에서 봉건귀족으로 막 전환한 상황이었다. 자산은 당초 내정외교에서 周禮를 적극 옹호·찬미하면서, 눈부신 활동과 공로로 국내외에서 예절바름과 덕망을 공인받다가, 국내 권력다툼 내홍을 처리하는 과정에서 권력을 물려받게 되었다.

흔히 그러하듯, 집권해 실제 정치를 시행하면서는 현실의 효용과 국리민복을 실현하기 위하여, 부득이 봉건 예제질서의 틀을 개혁하지 않을 수 없었다. 즉, 문벌호족의 권력다툼이나 서민 토지 침점쟁탈을 제지하기 위하여 토지개혁으로 경계 재획정으로 소유권을 명확히 분배하고, 호구편제로 행정조직 및 농촌질서를 정비해 생산력 증진과 통제를 강화하며, 도시와 교외 상하질서도 정비하고 호화사치도 억제하며 새로운 부역조세를 실시해 부국 기반까지 다졌다.[7] 이렇듯 여러

---

7 자산의 개혁정치와 행적은, 張國華, 中國法律思想史新編, 1991, 36-43쪽; 李光

방면의 개혁 정치를 바탕으로 집정 8년째(魯 昭公6년, 前536)를 맞은 鄭 子產은, 그간 그 결실로서 성문법을 쇠에 새겨 주조해 공포하였다. 이는 신흥지주계급 및 상인·노동인민의 강렬한 요구로, 구 귀족계급이 '알 수 없고 예측할 수 없는 형법 권위'로 독단적 생살권을 휘두르며 극단적 공포주의에서 벗어나, 사유재산 및 인신안전과 권리를 보호하기 위한 성문법 제정의 시대적 요청의 결과로 평가된다. 이 획기적 변법혁신은 戰國 초 魏 文侯(前445-396재위) 때 李悝의 法經 편찬보다 무려 1백여 년 앞선 선행 변법으로, '법가'의 법치 주장에 필수전제인 성문법 조건을 실현하고, 이후 전국시대 예치와 법치의 논쟁에 선구적 단서를 마련한 것이다.[8]

2) 자산의 형서 주조와 숙향의 반대·우려

자산의 刑書 주조에 대해서, 당초 자산을 매우 존경하고 기대했던 晉 叔向은 엄청난 우려와 실망을 토로하는 친서를 보냈다.

"처음에 나는 귀하께 기대가 컸는데, 이제 사라졌습니다. 옛날 선왕께서는 개별 사건마다 구체로 의론하여 판단결정(議事以制)하였지, 형법전을 제정하지 않았습니다. 백성들이 그 법조문을 가지고 따지고 다투는 마음이 생길까 저어해서였습니다. 그래도 오히려 비리를 막고 죄악을 금지하기 어려워서, 의리로 일깨워 예방하고, 행정으로 바로잡고, 예절로 시행하며, 믿음으로 지키고, 어짊으로 받들었습니다. 관작과 봉록을 마련하여 잘 따르도록 권하고, 형벌로 엄단하여 음란한 죄악을 위압했습니다. 그래도 모자랄까 두려워서, 충성으로 일깨우고 선행으로 권장하며 생업으로 가르치고 화합으로 이끌며

燦·張國華 主編, 中國法律思想通史(四), 2001, 214-217쪽; 졸저, 포청천과 청렴정직 문화, 마로니에, 2018, 159-202쪽 참조.

8 張國華, 앞의 책, 41-2쪽; 李光燦·張國華 主編, 앞의 책, 214-216쪽 참조.

공경으로 임하고 강하게 타일러 강직하게 판단했습니다. 그리고도 오히려 거룩하고 지혜로운 군주와, 현명하고 통찰력 있는 관리와, 충실하고 신의 있는 어른과, 자혜로운 스승을 구하여 교화한 결과, 백성들을 믿고 맡겨 부려도 혼란이 발생하지 않게 되었습니다. 백성들이 성문법이 있는 줄 알게 되면, 윗사람한테 거리낌이 없어지고 서로 다투는 마음이 생겨, 법조문을 따져 요행으로 뜻을 이루려 할 테니, 참 어찌할 수 없습니다. 夏에 정치가 혼란해져 禹刑을 만들었고, 商에 정치가 혼란해져 湯刑을 만들었고, 周에 정치가 혼란해져 九刑을 만들었으니, 세 법전이 등장한 것은 모두 말세였습니다. 지금 우리 선생께서 정나라 재상으로 논밭 두둑과 도랑을 만들고, 국민들이 비방하는 세제를 세우며, 세 가지 형벌을 제정해 성문법전으로 주조하셨으니, 그렇게 백성들을 바르게 안정시키기는 어렵지 않겠습니까? 시(경)에도 '문왕의 덕을 본받아 법 삼으니, 날마다 사방이 평안하네.'라 노래하고, 또 '문왕을 본받아 법 삼으니 만방이 믿음으로 따르네.'라 노래합니다. 이와 같다면, 무슨 법전이 필요하겠습니까? 백성들이 다툼에 실마리를 알았으니, 장차 예의를 내버리고 문서를 뒤적이며, 송곳이나 칼끝처럼 죄다 따지고 다툴 것입니다. 혼란스런 소송과 재판이 넘쳐나고, 재화와 뇌물이 횡행할 것입니다. 귀하께서 마칠 무렵 정나라도 패망할 것입니다. 제가 듣건대, '나라가 장차 망하려면, 반드시 법제가 많아진다.'고 하더니, 이를 두고 일컫는 말일 것입니다!"

저주에 가까운 비난과 비판을 접한 자산은, 그러나 정중하게 예의를 갖추어 답신한다.

"만약 우리 선생님 말씀과 같다면, 제(僑)가 재능이 없어 자손까지 대를 이을 수는 없겠습니다만, 저는 지금 세상이나 구제하렵니다. 분부하신 명령을 받들어 따르진 못해도, 어찌 감히 크나큰 은혜를 잊겠습니까?!"

이에 士文伯이 말했다. "화성(火: 心宿)이 출현하면, 정나라에 화재가 일겠다. 화성이 출현하기 전에, 큰 불을 지펴 쇠를 녹여 형서를 주조해 다툼의 실마리를 저장했으니, 화성의 상징으로 보면 화재가 나지 않고 어찌 배기겠는가?"(左傳, 昭公6年)

실제로 그해 여름 정나라에 화재가 났다.

3) 형서 주조의 역사적 의미 평가

자산의 형서 주조에 대한 역사적 의미에 대한 기존 주류 평가는 관점에 따라 아주 다채롭게 펼쳐졌다. 첫째, 판례법에서 성문법으로 전환변화; 둘째, 비밀법에서 공개법으로 전환변화; 셋째, 관습법에서 성문법으로 전환변화를, 각각 대표한다는 학설들이 제기되었다. 이에 대해, 周나라 때는 영미법상 판례법이나 영국 메인이 "고대법"에서 말한 비밀법도 아예 존재하지 않았고, 당시 이미 주로 성문법을 채택했으므로, 이상 세 학설은 전제부터 성립할 수 없다고 나름 상세한 논증으로 반박하는 주장이 제기되어 눈길을 끈다.[9] 최근에는 새로운 각도에서 변화의 특성을 파악하는 시도들이 이루어지고 있다.

첫째, 춘추 이전 西周 사회의 다원적 입법권과 사법권이, 주 왕권의 통제력 약화로 제후국이 독자적 통치권을 확립해가는 과정에서, 일원적 입법권 및 사법권으로 전환하는 획기적 변화라고 보는 견해다. 춘추 이전에 西周에는 씨족사회 군사민주제 유풍이 강하게 남아, 군사수령·씨족의사회·公民大會 등이 입법권·사법권을 나눠 장악·행사했다.

국가대사 결정에 의심이 있는 경우, 군주、사대부、서민、거북점、

9 郝鐵川, "從多元立法權和司法權到一元立法權和司法權的轉折-春秋時期'鑄刑書'、'鑄刑鼎'辯析", 華東政法學院學報, 2005년 제5기, 65-69쪽 참조.

시초점까지 총동원해 의견을 종합 판단한다는 서경 洪範九疇의 기록; 천하에 도가 없으면 서민이 정치를 의론한다는 공자 말(論語, 季氏); 정나라 향교에 인민이 모여 국정의 시비를 의론하자 향교를 헐자는 주장이 일었는데, 자산은 여론의 향배를 살펴 국정에 귀감과 반면교사를 삼아 적극 활용할 수 있다고 존치시킨 결정; 사형 처결에 좌우측근과 경대부뿐만 아니라 국민전체 여론까지 살피고, 처형할 만할 때 처형하라는 맹자 말(梁惠王下) 등을 보라! 이를 종합해보면, 각 단계·층위별 참여권을 보장해 상당히 민주적 체제를 시행했다고 한다.

최근 출토 金文자료에 의하면, 서주 초·중기에도 동족 分封 公國뿐만 아니라, 異族 제후국들에 대해서도, 각 지방 특유 습속을 존중해 상당한 자치권을 허용·보장하면서, 필요한 경우 최후 사법권을 통해 尊周의 통치를 확인하는 국가법질서체계를 구성했다고 평가된다. 근대 서양의 '견제와 균형'에 빗댄 듯, '收放界限'(회수와 방임, 잡아 죔과 풀어줌)으로 일컬어진다.[10] 그런데 춘추 말 제후국들이 농업생산력 증대와 田制·軍制 등 변법개혁으로 군주집권을 강화하면서, 구체 사안별로 상당한 재량권을 가지고 유연하고 탄력적으로 판단하던 '議事以制'가, 刑書 주조로 개별 범죄마다 그에 상응하는 형벌을 확정해 획일적 재판을 유도하는 일원화 사법체계로 전환되었다는 것이다. 종법귀족군주제에서 군주전제로 변화를 의미한다.[11]

둘째, 사회통제방식의 획기적 변화로 관찰하는 견해다. 혈연 중심 종법제에 기초한 매우 안정적 사회관계의 禮治가, 사회경제적 급변으로 격렬한 도전과 충격을 받아 예악이 붕괴하는 혼란한 세상을 구원하기 위해, 부득이 법에 따라 다스리는 새로운 사회통제방식인 법치

10 王沛, "西周邦國的法秩序構建: 以新出金文爲中心", 法學硏究, 2016 제6기, 191-206쪽 참조.

11 郝鐵川, 앞의 글, 69-76쪽 참조.

로 전환·변화를 이룬 획기적 사건이 형서 주조라는 것이다. 구체로는, 과거 종법제 예치질서를 부정하고, '議事以制'의 귀족전단 사법체제를 부정하며, '예법으로 일체를 포괄 망라'하는 질서이념을 부정하고, 사회통제방식을 법치로 전환한 것이다. 말하자면, 본격적 법치의 개시라고 본다.[12]

셋째, 의미맥락의 해석과 경제학적 분석으로, 각기 다른 사회구조 制約(통제)에 따른 사법효율성과 사법공정의 관점에서, 상황조건에 알맞은 최선의 선택으로 보는 견해다. 시간 차원에서 안정된 농경사회와 공간차원에서 약소한 국가권력(小國寡民)의 엄격한 예치사회는, 사안의 간단함과 정보취득의 편리함으로 사법 처리비용이 아주 낮아서, 대량의 입법비용을 투입할 필요가 없다. 재판준거규범도 사법관원의 경험지혜를 구전(때론 이심전심도 포함)으로, 세대 전승해도 오해나 왜곡변질의 가능성(위험성)이 낮고, 제반 상황이나 사법관원의 자질도 공정성을 염려할 정도는 아니다. 따라서 굳이 복잡하게 문자화해 높은 비용을 지불할 필요가 없었다.

그런데 춘추시대 들어서면서 사회는 신속히 급변하기 시작했다. 철기사용으로 생산력이 급증하면서, 국가는 세제개혁으로 국부증대와 조직 확대개편 및 군권강화를 꾀할 수 있게 되었다. 이에 정 자산을 비롯해 각국 제후는 토지경계 재획정과 관개수로 개설 및 조세부역 신설을 단행하고, 봉건을 폐지하고 군현을 설치하며, 부유한 경제력과 번성한 인구를 동원해 겸병전쟁으로 영토 확장을 도모했다. 사유재산제와 부의 축적으로 빈부격차와 계급갈등과 분쟁이 다양해지면서, 사안의 사실관계가 복잡해지고, 기존의 단순한 자발적 예의 규범으로

12 黃東海·范忠信, "春秋鑄刑書刑鼎究竟昭示了什麽巨變", 法學, 2008년 제2기, 53-61쪽.

해결하기 어려워져, '예악붕괴'를 초래하게 되었다.

기왕 경험으로 사실을 판별하기도 어려워지고, 정보취득 비용도 급증했다. 게다가 구전의 언어규범은 안정성과 통일성 확보가 어려워, 사법의 적체와 오해 및 왜곡을 야기했다. 각지 인구의 혼합과 탐욕과 유혹에 취약한 인간감정의 변덕은, 재량권의 남용과 뇌물수수 및 매수 등으로 사법의 공정성도 위협하게 되었다. 사회경제적 급변으로 심각한 위험과 곤경에 처한 사법효율과 공정성의 유지·확보를 통해, 혼란한 세상을 구제하기 위해, 부득이 성문법 공포의 충격요법을 취한 조치가 역사적인 '형서 주조'라는 것이다. 이에 대한 회의와 우려가 晋 숙향의 서신이고, 자신의 입장 옹호가 자산의 답변이다. 역사상 모든 개혁·혁신이 그렇듯이, 자산의 형서 주조가 사법효율과 공정에 반드시 최선이고 완전무결한 성공을 보장하는 것은 아님은 물론이다.[13]

넷째, 지식 형태의 중대한 변화가 사법제도에 상응한 변동을 촉발한다는 지식학 관점에서, 춘추시대 서민 지식인의 발흥을 바탕으로, 영주귀족의 법률지식 독점을 타파하고, 서민지식인에게 사법발언권 일부를 양도한 획기적 역사전환점이, 자산의 형서 주조라고 주장하는 견해다. 이는 곧 봉건영주제에서 군현관료제로 전환을 의미한다. 하·은·주 삼대에도 이미 형서가 있었지만, 영주귀족 내부에만 공개해, 판결의 합법성은 상급 영주에게만 지는 독점체제였다. 자산의 功過는 성문법 제정이나 일반적 공개가 아니라, 기존에 있던 법률내용을 서민에게 공개한 데 있다고 주장한다. 법률내용 공개로 귀족과 서민의 법률지식정보의 균형을 촉발했고, 법률내용을 알게 된 서민은 더 이상 귀족의 법률해석에 절대 복종하지 않고, 법률을 운용해 자기이익을

13 于明, "法律規則、社會規範與轉型社會中的司法-'叔向使詒子產書'的法理學解讀", 北大法律評論, 2009년 제2기, 375-397쪽 참조.

최대화하려고 쟁취하고, 자신의 법률이해를 가지고 귀족의 해석에 이의를 제기할 수 있게 되었다.

이 견해에 따르면, 귀족과 서민간의 갈등대립의 주된 역사적 원인은, 영주귀족의 직권남용으로 인한 공신력 상실과, 문화의 하향보급으로 인한 서민 자아의식의 각성이다. 즉, 서민들도 법률내용을 이해하고 지식정보를 흡수할 능력을 갖출 정도로 문화수준이 향상하면서, 사회학적으로 자산의 형서 주조 공개가 비로소 가능했고 의미가 있다는 것이다. 과연 자산이 형서를 주조한 이후, 민중의 법률학습 열정이 크게 높아져, 30여년 뒤엔 중국 최초 '律師'로 일컬어지는 鄧析이 출현하였다. 숙향이 우려한 대로, 법해석을 통한 시비곡직 도치까지 농단하기에 이르렀다.

참고로, 이 견해는 청말 변법을 중국 역사상 제2차 '자산의 형서 주조' 사건으로 평가한다. 그 핵심관건은 법률수정이나 예법논쟁 자체 또는 관제개혁이 아니라, 서민이 법률문제상 해석·변론할 수 있는 실체적·절차적 권리를 부여함에 있다고 단언한다. 즉, 1905년 과거제 폐지와 1909-1910년 율사(변호사) 활동 합법화가, 청말 사법개혁에 최고 핵심관건이라고 한다. 아울러, 현대 각종 언론매체 발달과 인터넷 및 IT기술 혁신으로 인한 지식정보망의 급속한 보급·확산은, 법률전문가(엘리트)의 독점에 대한 중대한 도전으로, 새로운 사법혁명의 계기가 될 수 있다고 전망한다.[14]

이밖에도, 2016년 출판된 "淸華大學(所)藏戰國竹簡"(6)에 실린 "子産"편 내용이 공개되면서, 그 내용을 주해·분석하면서, 자산의 형서 주조와 관련성을 탐구한 글들이 다수 발표되어 주목된다.[15]

---

14 張正印, "司法制度變遷的知識學動力-從子產'鑄刑書'說起", 法學評論, 2016 제2기, 168-175쪽.

15 王捷, "青華簡'子產'篇與'刑書'新析", 上海師範大學學報, 46:4, 2017, 53-59쪽; 王沛,

첫째, '清華簡' <子產>편의 상세한 주해를 통해, 자산이 주조한 '형서'의 형식은, 반드시 좌전 杜預 注 이래 정설처럼 굳어진 전통적 견해처럼 '刑鼎'으로 단정할 수는 없다. '刑書'의 체례는 공문서인데, '자산'편은 논술체로 상호 관련성은 인정되지만 '형서' 자체는 아니다. 呂刑 등 다른 관례에 비추어, 자산 '형서'도 구체 내용 전체를 수록하기보다는 서언 정도 새겼을 가능성이 높다는 견해다.[16]

둘째, <子產>편에 '鄭令'과 '野令', 그리고 '鄭刑'과 '野刑'으로 구분된 법 범주가 차례로 나오는데, 이 사실을 바탕으로 후대 '律-令' 구분 및 '周國-野族' 구분이 기정사실로 확인되어, 법의 다원성과 일원성 문제가 자산 형서 주조의 핵심 관건일 것이라고 추정하는 견해다.[17]

4) 숙향이 우려한 '爭心'은 杞憂인가?

근대화 이후 사회주의 계급투쟁사관에 젖은 현대 중공 학자들은, 대부분 자산의 형서 주조를 획기적 역사발전으로 평가하면서, 그에 상응하여 숙향의 비평과 우려는 봉건예치 질서를 고수하려는 보수 귀족계급의 저항이나 발악 정도로 폄하하는 분위기가 다분하다. 도도한 역사발전의 大河 흐름에서 보면, 분명 숙향의 비평과 우려는 한낱 부질없는 '螳螂拒轍' 정도에 불과한 게 현실일 것이다. 마치 쇠테를 두른 강인하고 거대한 수레바퀴에, 가녀린 두 앞발을 쳐들어 항거하며 막으려는 버마재비(사마귀)처럼, 1989.6.4. 북경 천안문 광장에서 맨몸으로 탱크에 저항한 중국 어느 公民처럼 말이다! 그러나 한 시대를 대표

"子產鑄刑書新考: 以青華簡'子產'爲中心的研究, 政法論壇, 36:2, 2018, 162-170쪽; 李姸周·張崇禮, "淸華簡<子產>주해"(상)、(하), 중국어문론역총간, 제44집, 379-399/제45집, 323-350쪽 참조.

16 王捷, "青華簡'子產'篇與'刑書'新析", 56-58쪽 참조.

17 王沛, "子產鑄刑書新考: 以青華簡'子產'爲中心的研究, 163-170쪽.

하는 덕망 있는 지성인 군자를, 적어도 양식 있는 지식인라면, 그렇게 단면적으로 편협하게 왜곡·매도할 수는 없다. 다행히 중공이 개혁개방 이후 사회주의 시장경제와 民主法制(法治)를 외친 지 40여년이 지나면서, 이제 사회주의 중공 학자 가운데는 제 정신이 돌아와, 양식 있는 공정한 객관 평가를 내놓기도 하여 무척 반가운 일이다.

숙향이 반대·우려한 실질 이유를, 문맥과 역사상 맥락에서 비교적 객관 공정하게 평가한 견해는, 전술한 '경제학적 관점에서 사법효율과 공정성'을 탐색한 평론이다. 숙향이 형서 주조에 반대한 두 가지 이유 중 첫째는 이미 소개했거니와, 둘째 이유는 사후 결과 초래할 '인민들의 다투는 마음(爭心)'인데, 그 실질 의미 분석이 제법 예리하다.

보통 이 '爭心'은, 인민이 법(내용)을 알게 되면, 사법권을 독점한 귀족법관이 법을 굽혀(枉法: 법과 다르게) 재판할 경우, 법과 사리를 근거로 저항하며 민중의 기본인권을 쟁론하게 된다는 의미로 해석한다. 물론 틀린 말은 아니다. 실제 鄧析이 등장해 많은 쟁송을 유발·教唆(使嗾)해 큰 혼란을 야기했다. 허나 그게 전부는 아니다. 당시 교육문화 수준으로 일반 백성은 법을 알기도 어렵고, 더구나 자기 권익보호를 위한 무기로 동원할 정도로 담이 크고 용기 있는 자는 드물었을 것이다.

따라서 거시관점에서, 사회적 후유증결과 차원에서 파악할 필요가 있다. 당초 자산이 형서를 주조한 이유는, '議事以制'에 수반한 법관 자유재량권의 자의적 남용으로 초래될 재판의 불공정과 불평등을 해소하려는 목적도 컸다. 법의 성문화는 급변시기에 급부상하는 새로운 사회갈등분쟁에 대한 시의 적절한 대처를 곤란하게 만들고, 그 자체가 새로운 논쟁거리가 될 수 있다는 우려다. 법실증주의는 교조주의로 흐를 가능성이 큰데, 법에 사전적·사후적 흠결이 있더라도, 법관이 법조문에 매여 법해석을 통한 법형성의 재량권을 발휘할 수 없으면 사안해결은 적체되고, 그를 빌미로 간사한 인민이 '기회적 위법'을 버

것이 저지를 위험성이 커진다. (예컨대, 인터넷 사이버 범죄 등) 법규정에 없는 악은 죄가 아니라는 명분·합리화로, 자기한테 이익이 되면 양심을 잠시 덮어 가리고 버젓이 저지르는 것이다. '公공의 法에 의지해 私情을 펼치는' 것이다. 그러면 사법의 적체는 더욱 심화하고, 그를 처결하기 위해 사법당국은 법을 초월하는 재량권을 강구하게 되고, 地代추구(rent seeking)를 유발해 뇌물수수와 부패독직을 초래하게 된다. 기회적 위법은 심지어 法定 輕罪를 빌미로 거리낌 없이 大惡을 범하는 뻔뻔함까지 초래한다. (예컨대, 고작 징역 몇 년을 살고 평생 먹고살 거액을 횡령할 수 있다면, 감행하는 자가 많은 현실!)

뿐만 아니라, 성문법의 문자 자체에 내재하는 한계와 애매모호함은, 법문 해석의 다툼을 유발하고, 이는 사법비용을 크게 증대시킨다. 법관의 독점적 해석권 상실은 시의 적절한 재판을 어렵게 하고, 법률에 대한 일반인 해석과 전문가 해석의 긴장관계도 유발할 수 있다. 다양한 법해석은 법의 통일성과 안정성을 위협할 수 있다. 자산의 형서 주조에 대한 숙향의 우려에는, 이미 성문법의 부작용에 대한 통찰과 식견이 함축되었을 거라는 평론이다.[18]

충분히 공감할 수 있는 견해다. 그래서 일찍이 공자도 말했다.

"법령으로 인도하고 형벌로 가지런히 하면, 백성이 형벌을 모면하면서도 부끄러운 줄 모르지만; 덕으로 인도하고 예로 가지런히 하면, 부끄러운 줄 알고 방정해진다."[19]

5) 鄧析의 竹刑과 피살

실제로, 자산이 형서를 주조한 뒤로 '법치'의 폐단과 후유증은 점증했고, 중국 최초 사설 律師라고 일컬어지는 鄧析이 출현해 시비곡직을

18 于明, 앞의 글, 388-397쪽 참조.

19 論語, 爲政: "道之以政, 齊之以刑, 民免而無恥; 道之以德, 齊之以禮, 有恥且格."

마음대로 농락하는 지경에 이르렀다. 鄧析(전545? - 전501)은 자산 집정 시 대부로서 아주 영리하고 변재가 뛰어난 비판적 지성으로 유명한 듯하다. 그는 신흥지주계급 편에서 봉건 예제를 강하게 반대하며, 자산의 형서 주조 이후 사찬 법서를 竹簡에 기록한 '竹刑'으로, 인민의 소송에 직간접 관여하고 교사해 상당한 수입도 올린 걸로 전한다. 荀子에는 장자와 변론으로 유명한 惠施와 鄧析을 동급으로 여러 번 병칭하는데, 간사한 변론으로 혹세무민하여 국정을 어지럽히는 마수로 신랄히 비판한 대목이 나온다.

"先王을 법삼지 않고 禮義를 비난하면서, 괴이한 언설을 늘어놓고 궤변을 농락하길 좋아하는데, 몹시 명찰하지만 혜택이 없고, 변재는 유창하지만 쓸모는 없으며, 일을 많으나 공로는 적어, 통치에 기강으로 삼을 수 없다. 그럼에도 버티는 근거가 있고 말이 그럴 듯하니 일리가 있어, 어리석은 대중을 기만·미혹시키기 충분하니, 惠施와 鄧析이 그렇다."[20]

이어 공자가 魯에 벼슬할 때, 이레 만에 少正卯를 주륙하며 설명한 5惡을 인용한다.

"사람에 큰 죄악이 다섯인데, 절도는 끼지도 못한다. 첫째, 마음이 통달했으나 음험하고; 둘째, 행실이 편벽하고 완고하며; 셋째, 말이 거짓인데 변설이 좋고; 넷째, 기억이 추악한데 광박하며; 다섯째, 그름에 순종하며 번지르르한 것이다. 이 다섯 가운데 하나만 있어도 君子의 주륙을 면치 못하거늘, 소정묘는 모두를 겸비했다."

거처에 따르는 무리가 군집하고, 언변이 간사함을 수식해 대중을 현혹하며, 강력히 반대해 독립할 만한 자는, 小人의 걸주 같은 간웅이

---

20 荀子, 非十二子: "不法先王, 不是禮義, 而好治怪說, 玩琦辭, 甚察而不惠, 辯而無用, 多事而寡功, 不可以爲治綱紀 ; 然而其持之有故, 其言之成理, 足以欺惑愚衆 ; 是惠施鄧析也."

니, 주륙하지 않을 수 없다. 湯이 尹諧를, 文王이 潘止를, 周公이 管叔을, 太公이 華仕를, 管仲이 付里乙을, 子産이 鄧析과 史付를 각각 주륙한 것은, 비록 세대는 다르지만 그 마음은 같다. 小人이 군중을 이루면 우환거리가 되기 충분하기 때문이다.[21]

呂氏春秋도 비슷한 관점에서 등석을 혹세무민 우환거리로 평론한다. 鄭國에 비난 글을 내거는 자가 많아 子産이 금지하자, 鄧析은 비난 서신을 보냈다. 子産이 서신을 금지하자, 鄧析은 사람을 통해 전했다. 금령이 무궁하면, 鄧析의 대응도 무궁했다. 가·불가를 가릴 수 없어 상벌로 다스리면, 처벌이 빠를수록 혼란도 더욱 빨라졌다. 큰물이 나서 부자가 익사했는데, 누군가 그 시체를 건져서, 부잣집에서 그한테 건네 달라고 했다. 그 자가 돈을 몹시 많이 요구하자, 부잣집에서 등석에게 말하니, 등석은 팔지 못할 테니 안심하라고 답했다. 이에 그 자도 걱정해 등석을 찾아가니, 등석은 또 사지 못할 테니 안심하라고 답했다. 이렇듯 子産의 정치에 鄧析은 비난을 일삼았다. 옥송에 연루한 인민과 변론을 약정함에, 큰 사건은 외투 한 벌, 작은 사건은 속옷 한 벌을 받았는데, 옷(비용)을 바치고 소송을 배우는 자가 헤아릴 수 없이 많았다. 非를 是로 바꾸고, 是를 非로 뒤집어, 시비에 법도가 없고, 可와 不可가 날로 변했다. 이기게 하려면 이기게 하고, 지게 하려면 지게 했다. 鄭國이 크게 혼란에 빠져, 민심이 흉흉하고 구설이 분분했다. 이에 자산이 근심해 鄧析을 잡아 죽이니, 민심이 이내 안정되고, 是非가

21 荀子, 宥坐: "孔子爲魯攝相, 朝七日而誅少正卯. 門人進問曰 : '夫少正卯, 魯之聞人也, 夫子爲政而始誅之, 得無失乎?' 孔子曰 : '居! 吾語女其故. 人有惡者五, 而盜竊不與焉 : 一曰心達而險, 二曰行辟而堅, 三曰言僞而辯, 四曰記醜而博, 五曰順非而澤。此五者有一於人, 則不得免於君子之誅, 而少正卯兼有之.' 故居處足以聚徒成群, 言談足以飾邪營衆, 强足以反是獨立, 此小人之桀雄也, 不可不誅也. 是以湯誅尹諧, 文王誅潘止, 周公誅管叔, 太公誅華仕, 管仲誅付里乙, 子産誅鄧析、史付, 此七子者, 皆異世同心, 不可不誅也. 詩曰 : '憂心悄悄, 慍于群小.' 小人成群, 斯足憂矣."

바로잡혀 法律이 시행되었다. 세상에 나라를 다스리고 싶은데, 鄧析 같은 부류를 주륙하지 않으면, 더욱 혼란에 빠지는 법이다.[22]

순자와 려씨춘추에는 등석을 처형한 게 자산으로 전하지만, 좌전에는 자산의 2대 후계자인 사천駟歂이 집정 1년만(前501, 정 獻公13년, 周敬王19년)에 처형했다고 전한다. 아마도 자산 후계자가 자산의 형서에 의해 처형한 연유로, 유명한 '子産' 명의에 가탁한 듯하다. 좌전 史家는, 사설 변호인으로 인민들에게 소송을 교사해 시비선악을 교란한 혐의로 鄧析을 살해하고, 그 私撰 법률서인 竹刑을 공식 시행한 집권자 子然을 '不忠'하다고 비평했다.

> "진실로 국가에 보탬이 되는 게 있다면, 그 가운데 간사함만 골라 내버리면 된다. (詩經 邶風에 연애시) '靜女' 3章에선 '彤管'만 취하고, (鄘諷) 竿(干)旄시에 '何以告之'는 그 충심을 취한다. 고로 그 道를 쓴다면, 그 사람을 버리지 않는 법이다. 詩(召南)에 '무성하게 우거진 甘棠나무, 꺾지 말고 치지 말라, 召伯께서 쉬신 곳이니!' 그 사람을 사념해 그 나무조차 아끼거늘, 하물며 그 道를 쓰면서 그 사람을 긍휼히 여기지 않는단 말인가? 子然은 유능함을 권장할 수 없게 되었도다."[23]

여기서 정치·사회·경제적 변화에 따른 변법의 추세는 어찌할 수 없는 시대 조류이고, 성문법의 제정 및 공포도 당연한 역사적 발전이라고 인정함은 차치하자. 적어도 숙향이 예견한 대로, 인민들이 법조문을 따져 시비선악을 논하고, 승부욕에서 訴로 쟁송함을 일삼게 되니,

---

22 呂氏春秋, 審應覽, 離謂편 참조.

23 春秋左傳, 定公9年: "鄭駟歂殺鄧析, 而用其竹刑. 君子謂子然, "於是不忠. 苟有可以加於國家者, 棄其邪可也. 靜女之三章, 取彤管焉. 竿旄'何以告之', 取其忠也. 故用其道, 不棄其人. 詩云, '蔽芾甘棠, 勿翦勿伐, 召伯所茇.' 思其人, 猶愛其樹, 況用其道而不恤其人乎! 子然無以勸能矣."

그에 따라 법의 해석적용상 틈을 노려, 순박한 인심에 시비선악을 뒤바꾸는 소송교사 전문업자, 중국 최초의 律師로 일컬어지는 鄧析이 출현한 역사현실을 확인할 수 있다. 그리고 자산의 뒤에 뒤를 이은 집권자는, 번잡해진 소송폐해를 조금이나마 억제하고자, 그 주인공인 등석을 처형하고, 그 명석한 法書인 죽형의 내용을 국법 해석적용에 직접 활용한 교활함을 보인 것이다.[24]

5. 晉의 刑鼎 주조와 공자의 비평

정 자산이 刑書를 주조한 지 23년 뒤에, 晉에서도 刑鼎을 주조했다. 여기에 대해선 공자가 상당히 신랄한 역사평론을 남겼다. 晉 頃公 13년(전513) 겨울, 趙鞅과 荀寅이 군사를 이끌고 汝水 강변에 성을 쌓고 나서, 晉國에 1鼓(480斤) 쇠(鐵)를 징발해 刑鼎을 주조했는데, 晉 昭公12년(전621) 夷蒐之法을 바탕으로 平公4년(전554) 范宣子가 개성한 刑書를 새긴 것이다. 이에 대해 仲尼는 신랄하게 비평했다.

"晉이 장차 망할진저! 자기 법도를 잃는구나. 무릇 晉國은 唐叔이 주 천자한테 받은 法度를 수호해 떳떳하게 인민을 다스리고, 경대부가 질서정연하게 직책을 지킨 까닭에, 인민이 자기네 통치귀족을 능히 존경하고, 그래서 귀족들은 자기 직업(통치)을 능히 유지할 수 있었다. 귀천이 서로 간섭·침범하는 허물이 없어서 법도라고 일컫는다. 文公은 이 법도로 執秩의 관직을 두고, 被廬之法을 만들어 춘추시대 맹주가 되었다. 지금 이 법도를 저버리고 刑鼎을 만들었으니, 인민은 오로지 형정에 관심을 둘 테니, 어찌 통치 귀족을 존경

24 鄧析에 관하여는, 張國華, 앞의 책, 43-45쪽; 李光燦·張國華 主編, 앞의 책, 217-218쪽 참조.

하리요? 그러면 귀족은 어떻게 신분직업을 지킬 수 있으리오? 귀천에 위계질서가 없어지면, 어떻게 나라를 다스리겠는가? 또 (형정에 새긴 내용은) 범선자의 刑으로 夷蒐之法이니, 晉國에 혼란한 제도이거늘, 어찌 이를 法으로 삼는단 말인가?"

또 蔡史墨(蔡나라 사관 墨, 사관인 蔡墨?)도 혹평했다.

"范氏와 中行氏는 장차 망할진저! 中行寅은 下卿으로서 上令을 침범(위반)하여, 임의로 刑器를 만들어 국법을 삼았으니, 이는 法姦(법의 간사함, 간사함을 법삼음)이다. 게다가 范氏 형을 더해(당초 훌륭한 被廬之法을) 바꿔버렸으니, 망할 징조다. 그가 趙氏까지 끌어들여, 趙孟도 함께 참여했으나 부득이 따라한 것이니, 만약 복덕이 있다면 그는 화를 면할 수 있겠다."[25]

나중에 16년 뒤, 趙鞅은 荀寅의 생질인 邯鄲 午를 처형하고, 그 세력과 반란전을 벌여 생명에 위험을 맞았으나, 다행히 죽음을 모면했다. 그러나 다시 6년 뒤에 荀寅은 趙鞅에 패해 鮮虞를 거쳐 齊로 망명했다. 그 뒤 晉은 趙·魏·韓으로 분할되어 와해되고 말았다.

숙향의 비평에 대한 다양한 해석 논란 못지않게, 공자의 비평에 대해 현대 학자들의 회의와 해석의론은 매우 다채롭게 분분하다.

첫째, 좌전에 비평기록 자체의 신빙성을 의심하는 견해다. 당시 법을 은밀히 감춘 기타 사료가 없고, '장자'·'한비자' 등 선진문헌에 공자

25 春秋左傳, 昭公29年: "冬, 晉趙鞅、荀寅帥師城汝濱, 遂賦晉國一鼓鐵, 以鑄刑鼎, 著范宣子所爲刑書焉. 仲尼曰: '晉其亡乎! 失其度矣. 夫晉國將守唐叔之所受法度, 以經緯其民, 卿大夫以序守之, 民是以能尊其貴, 貴是以能守其業. 貴賤不愆, 所謂度也. 文公是以作執秩之官, 爲被廬之法, 以爲盟主. 今棄是度也, 而爲刑鼎, 民在鼎矣, 何以尊貴? 貴何業之守? 貴賤無序, 何以爲國? 且夫宣子之刑, 夷之蒐也, 晉國之亂制也, 若之何以爲法?' 蔡史墨曰: '范氏、中行氏其亡乎! 中行寅爲下卿, 而干上令, 擅作刑器, 以爲國法, 是法姦也. 又加范氏焉, 易之, 亡也. 其及趙氏, 趙孟與焉. 然不得已, 若德, 可以免.'"

명의를 가탁한 언론이 매우 많으며, 내용상 論語와 비교해도 사뭇 다르다. '貴'(6회)와 '賤'(2회)을 다수 언급하며 차별하는 논조는, 귀족의 고귀한 품격함양과 禮를 강조한 공자의 '군자'-'소인'관과 예론에 어긋난다고 한다. 그러나 그 타당성에 의문이 제기되기도 한다.[26]

둘째, 숙향과 공자가 반대한 것은 형정의 실질내용이지, 형정이란 법전화 형식 자체는 아니라는 견해다. 일찍이 明 丘浚도 공자는 범선자 형서가 선량하지 못함을 힐난한 것이지, 성왕 예법을 인민에게 알리지 말라는 게 아니라고 해설했다.(大學演義補, 권103) 현대에는 귀천등급질서 존폐여부가 아니라, 어떻게 유지할지 적정한 방도를 문제 삼은 거란 유력한 해석이 있다. '인민이 형정에 있다'는 구절은 형정 내용을 빌미로 쟁송사단을 벌이기 좋아할 거란 의미가 아니라, 인민의 생명재산이 형정의 위엄 아래 놓이는, 엄형중벌의 학살을 경고한 거라고 풀이한다. 천재지변 자연재해조차 군주의 부덕 소치로 歸責하는 論語·맹자·순자의 仁政 내용에 비추어, 합리적이라는 공명동조가 따른다.[27] 좌전에 전하는 공자 비평 원문 그대로, 첫째 刑鼎은 唐叔의 법과 진 문공 '被廬之法'의 法度를 내팽개쳐 '귀천 무질서'를 초래하고, 둘째 거기에 새긴 '夷蒐之法'은 혼란한 제도이며, 셋째 주체 및 절차상 下卿이 주도해 자의로 시행한 하극상의 奸法이기 때문이다.[28]

사실, 이 논점은 론어에 나타난 공자의 기본 사상과 일치한다. 공자는 政刑에 의한 명령보다 德禮에 의한 교화를 우선 중시했다. 예악정벌이 천자로부터 나오며, 군주는 군주답고 신하는 신하다운 正名論을

26 楊一凡 主編, 新編中國法制史, 社會科學文獻出版社, 2005, 64-67쪽 및 거기에 인용한 Herrlee Glessner Creel, Essays on China's Legal Tradition, 137-139쪽 참조.

27 兪榮根, 儒家法思想通論, 廣西人民出版社, 1998년 제2판, 189-190쪽; 楊一凡 主編, 新編中國法制史, 社會科學文獻出版社, 2005년 제1판제1쇄, 67-69쪽 참조.

28 兪榮根 主編, 中國法律思想史, 法律出版社, 2000년 제1판, 24-25쪽 참조.

통치에 급선무로 삼았다. 뿐만 아니라, 공자는 춘추 첫 패자인 제환공은 속임수 없이 올바르지만, 두 번째 패자인 진문공은 속임수를 써서 올바르지 못하다고 힐난했다.[29] 진문공이 맹주가 된 '被廬之法'도 공자한테는 흡족하지 못했을 텐데, 하물며 그보다 훨씬 뒤 예악이 붕괴되어 나타난 政刑의 산물을, 한참 아래 신하가 주도해 종묘에 귀중한 寶器에 새겼으니~?!

셋째, 전통 법률가 귀족단체가 법의 해석적용을 독점한 은밀한 판례법체계에서, 군주가 입법·사법을 독점하는 성문법 공포로 전환하는 걸 반대했다는 해석이다. 성문화는 필연적으로 법의 확정성과 안정성을 크게 증대하지만, 반면 탄력성과 유연성을 질식시켜, 군자의 시의적절한 중용유지 재량권을 제한하기 때문이다. 최근 包山서 출토한 楚簡에 의하면, 초나라는 영토 확장 후 현지 원로들의 자율적 사법권을 존중함으로써, 왕국의 안녕을 유지했다고 한다.[30]

6. 법의 實定性과 성문법 공포

법의 성문화와 공포는, 법의 객관명료성을 확보하기 위해서, 법이 형식·절차 측면에서 이를 준수할 인민에게 공개되는 걸 의미한다. 법의 형식절차상 공개는 크게 성문화와 공포로 나뉜다.

우선, 법은 문자로 기록되는 것이 일반이다. 불문법주의를 채택하는 희귀한 예외를 제외하면, 국가 실정법은 성문을 원칙으로 함이 동서고금에 공통된 일반보편 법문화다. 물론 전통 중국도 예외는 아니다. 이는 법이 윤리도덕이나 관습 같은 일반 사회규범 및 개인간의 예와

29 論語, 憲問: "晋文公譎而不正, 齊桓公正而不譎."

30 楊一凡 主編, 新編中國法制史, 69-70쪽 참조.

구별되는 본질 특징이기도 하다. 물론, 법과 같이 국가 근본규범으로서 시행된 禮는 대개 성문화되었다. 논의의 편의상 몇 단계 소주제로 나누어 검토해보자.

1) 성문법 공포 역사에 관한 유력한 찬반론

전통 다수설은, 鄭과 晉의 형정 주조가 중국 법제사상 최초의 획기적 성문법 공포라고 평가한다. 몰락노예주 계급의 법률 독점과 전횡을 제한하고, 신흥지주계급의 법적 지위와 권익을 상당히 보호하게 된, 법제사상의 획기적 변화라는 것이다.[31]

이에 대하여, 周初 象魏 제도를 더욱 앞선 성문법 공포로 인정하는 유력한 반론이 만만치 않다.[32] 이 반론에 의하면, 鄭·晋의 刑書·刑鼎 주조는 최초 성문법 공포도 아닐 뿐더러, 법률을 鐘鼎에 주조하거나 금속기물에 새기는 창시적 사건도 아니라고 한다. '則'자가 어원상 칼로 鼎에 문자를 새기는 會意문자인 점에서도 알 수 있듯이, 殷·周시대에 성행한 鐘鼎 주조 자체가 법의 성문화와 밀접히 관련될 것이라는 추측이 가능하다.

실제로, 周公이 제정한 周禮에는, "則으로 德을 관찰하고, 德으로 일을 처리하며, 일로 功을 헤아리고, 功으로 인민을 먹여 살린다."고 한다. 또 맹서하길, "則을 훼손하면 賊이고, 賊을 숨겨주면 은닉(藏)이며, 재물을 훔치면 盜이고, 중요 기물을 훔치면 姦이다. 범죄은닉을 주도

31 張晋藩 主篇, 中國法制史, 57-61쪽; 張晋藩·張希坡·曾憲義 編著, 中國法制史, 第一卷, 77-82쪽; 肖永清 主編, 中國法制史簡編(上), 山西人民出版社, 1981, 99-102쪽; 蒲堅·趙昆坡, 中國法制史簡明教程, 北京大學出版社, 1987, 36-39쪽; 薛梅卿 主編, 中國法制史教程, 中國政法大學出版社, 1988, 50-52쪽; 錢大群 主編, 中國法制史教程, 南京大學出版社, 1987, 74-76쪽 참조.

32 黃東海·范忠信, 앞의 글, 53쪽.

한 불명예와 姦사한 도둑을 사용하면, 이는 중대한 凶德으로 결코 사면하지 않는다." 이러한 법원칙이 周禮 기본법인 九刑에 잊지 않고 실려 있으니, 이에 반하는 행위는 법칙으로 삼을 수 없다는 언론이 좌전에 나온다.[33]

또, 지금까지 발굴된 각종 金文에도, 刑(法)과 관련된 문구가 다수 나와 크게 주목받는다. 특히, 西周 말 춘추 초 제작된 걸로 보이는 도끼가 2002-3년에 발굴되었는데, '鼎+刂' 형태의 '刑'자와 '井(荆)'자가 동시에 나와, '刑鼎'과는 다른 형태의 '刑器'로서 주목받고 있다.[34]

그리고 周禮 秋官에는 約劑를 관장하는 司約이라는 직책이 있는데, 約劑란 맹서나 약법과 같은 법률적 효력이 있는 계약이다. 국가 간에 큰 약제는 종묘에 보관하는 常器에 새기고, 민간의 작은 약제는 竹簡 등에 써서 보관한다.[35] 법규범을 종정에 새겨 성문화한 관례는, 주초부터 공식 제도로 인정된 셈이다.

그런데 이 반론에서 한 걸음 더 나아가면, 刑鼎의 성문화 자체를 법의 공포와 직결시키는 일반 견해에 대해 강한 회의도 일어난다. 왜냐하면, 鐘鼎이란 종묘에 보관하는 국가의 귀중한 보물이며, 종묘는 가장 신성하고 존엄한 장소로서, 일반인민들이 종묘 안에 들어가서 종정을 관람하고 거기에 새겨진 법률을 읽을 가능성이란 결코 기대할 수 없기 때문이다. 따라서 刑鼎 주조는 본래 목적이나 결과적 현실의 관점에서 모두 실질상 법률공포가 될 수 없다. 이는 군주가 '귀중한

---

33 春秋左傳, 文公18年: "先君周公制周禮曰: '則以觀德, 德以處事, 事以度功, 功以食民.' 作誓命曰: '毁則爲賊, 掩賊爲藏, 竊賄爲盜, 盜器爲姦, 主藏之名, 賴姦之用, 爲大凶德, 有常無赦. 在九刑不忘, 行父還觀莒僕, 莫可則也."

34 王沛, "刑鼎源于何時-由棗陽出土曾伯陭鉞銘文說起", 法學, 2012 제10기, 109-115쪽.

35 周禮, 秋冠司寇. "司約 : 掌邦國及萬民之約劑. 凡大約劑書於宗彝, 小約劑書於丹圖."

기물과 명분(상벌·법령)은 臣民에게 보여주거나 빌려줄 수 없다'는,[36] 당시 보편적 사상과도 일치한다. 이러한 이유에서, 주초에 법을 상위에 내건 제도를 최초 성문법 공포로 인정하면서도, 춘추시대 제후국이 주조한 刑鼎은 비록 성문화일지라도 그 자체가 공포라고 인정하기는 어렵다는 독특한 학설인 것이다.[37]

2) 필자의 私見

생각하건대, 이는 근본적으로 공포의 의미와 범위를 어느 정도로 정의할 것인가라는 개념 문제와 관련된다. 우선, 刑鼎이 국가 모든 법을 기록한 것으로 보기는 어렵다. 형정 주조로 수록할 수 있는 문자 수량은 극히 제한되는데, 국법의 범위는 매우 넓고 수량도 많은 것이 현실이다. 형정으로 주조할 수 있는 법은, 극히 중요한 기본 형법에 국한할 가능성이 높다. 이는 형정만이 유일한 법의 성문화는 아닐 것이라는 추측을 가능하게 한다. 다시 말해서, 형정은 법의 성문화나 공포 자체에 본질적 가치를 지니는 것이 아니라, 오히려 상징적 기념비로서 의미가 있을지도 모른다. 따라서 형정은 성문화의 한 특수한 형태지만, 성문화가 곧 형정으로 연결되는 논리필연 관계는 성립하지 않을 수 있다.

한편, 형정은 춘추시대에 들어서면서 周의 봉건 통치조직을 사실상

36 老子, 제36장: "國之利器, 不可以示人."; 韓非子, 喩老: "邦之利器, 不可以示人."; 內儲說上, 說三: "齊王問於文子曰: '治國何如?' 對曰: '夫賞罰之爲道, 利器也. 君固握之, 不可以示人. 若如臣者, 猶獸鹿也, 唯薦草而就.'"; 內儲說下, 說一: "勢重者, 人主之淵也; 臣者, 勢重之魚也. 魚失於淵而不可復得也, 人主失其勢重於臣而不可復收也. 古之人難正言, 故託之於魚. 賞罰者, 利器也. 君操之以制臣, 臣得之以擁主. 故君先見所賞則臣鬻之以爲德, 君先見所罰則臣鬻之以爲威. 故曰: '國之利器, 不可以示人.'"

37 楊景凡·兪榮根, 孔子的法律思想, 41-43쪽 참조.

이탈한 제후국들이, 규범상으로도 周禮의 지배로부터 독립하기 위하여, 자국의 독자적 법규범을 제정했다는 점에 본질적 의의가 존재한다. 이는 주례의 봉건적 종속성에 대한 제후국의 규범적 독자성의 확립을 의미한다. 제후들이 周室의 작록제도가 자신에게 불리하다는 이유로, 그에 관한 典籍을 모두 제거했다는 맹자의 언급에서도 확인된다.[38] 즉, 춘추시대 이래로 제후들은 주례를 더 이상 奉行하지 않을 뿐만 아니라, 자기의 법규범적 독립성에 방해가 되는 주례를 폐지하고, 자국의 독자 법을 제정·공포한 사실을 의미한다. 따라서 형정 주조가 중국법제사에서 법의 시원적 성문화 및 공포라는 획기성을 지니는 것으로 단정함은 성급하다. 象魏가 형정 주조에 앞선 성문법 공포로 인정될 수 있는 근거가, 이러한 사정들과 관련됨은 물론이다.

한편, 형정이 단순히 종묘에 보관된 이유만으로 이의 공포성을 부인하는 견해에도, 의문의 여지는 역시 존재한다. 법의 공포란 원칙상 이를 준수할 인민에게 행해져야 함은 물론이다. 그러나 그 방법과 절차, 그리고 공포의 결과 법을 인지하는 현실적 범위에는, 절대적 기준이 존재하기 어렵다. 다시 말해, 중요한 본질은 공포의 개념과 사실이지, 구체 방법이나 결과적 범위가 아닐 수도 있다.

실제로, 근대법의 공포도 기본절차는, 국가가 정한 공적 장소에 이를 공고하고, 아울러 관보에 게재하는 방법을 취하는 것이 일반이다. 그러나 그 결과, 실제로 정해진 공적 장소에 가서 공포된 법을 보거나, 관보를 열람하는 국민의 수적 비율은 지극히 낮다. 관보에 게재하는 것은, 법을 집행할 관리에 대한 통지 기능에 불과하며, 이를 접할 수도 없는 준법자인 국민에 대한 공포의 효과는 결코 기대할 수 없다. 물론, 문명 발달로 수많은 각종 언론 매체들이 법의 공포 범위를 사실상 간

38 孟子, 萬章下: "周室班爵祿也, 其詳不可得聞也. 諸侯惡其害己也, 而皆去其籍."

접으로 확장시키는 공헌이 크겠지만, 이는 공포의 공적 절차가 아니다. 또, 언론을 통해 전파될 법의 분량은 지극히 일부분 중요내용에 국한한다. 무엇보다도, 국민의 자유와 권리를 구속하는 형법에서, 법률의 不知나 착오는 고의를 阻却하지 않으며, 따라서 형사책임을 면제받지 못한다는 대원칙이 주목된다. 이는 법의 공포가 인민의 구체적 현실적 인지를 본질로 삼지 않을 뿐만 아니라, 애초부터 그리 기대하지조차 않는 관념적 의식에 불과함을 단적으로 보여준다.

따라서 형정이 종묘에 보관되어 인민의 실제 접근가능성이 차단되었다는 이유만으로, 법의 공포를 부인하는 것은, 지나친 결벽주의 소치다. 사실, 법의 공포란 본래 법의 존재를 입법자의 수중으로부터 독립시켜, 그 시행·적용상에 야기될지도 모르는 주관적 자의성을 방지하고, 규범적 기준으로서 객관적 명확성을 부여하기 위해서 행해진다. 다시 말해서, 법의 존재 중심이 입법자로부터, 행정(執法)·司法의 관리 및 준법의 인민에게 옮겨지는 의식절차가 공포에 해당한다. 특히, 고대 중국에서 난해한 문자와 희귀한 문방구는 극소수 귀족 및 지식계층의 독점물이며, 또한 인민의 문맹률도 매우 높았을 것이다. 법을 성문화해 공포하더라도, 일반백성이 이를 직접 해독·인지하기란 사실상 기대 불가능한 일이나 다름없다. 그래서 법의 공포란 실질상으로 법을 집행할 관리에게 공개로 전달하는 것이 제1차적 절차가 된다. 그리고 법을 집행하는 관리가 이를 인민에게 잘 알리는 작업이 공포의 부수적 필수 과정이 될 것이다.

3) 文字學적 語源으로 본 성문법의 역사연원

법의 성문화는 그 유래를 소급할 수 없을 정도로 오래되었다. 어쩌면, 법의 존재가 문자의 출현과 동시에 성문화했는지도 모른다. 이 사실은 법을 뜻하는 문자들의 어원 개념 속에서 간접으로 확인된다. 예컨대, 가장 오래된 법의 개념 중에 '典'이 있다. 尙書에 등장하는 '五典', '典刑', '典' 등이 대표인데,[39] 여기서 典은 한결같이 '常'의 의미로 해석된다. 또한 周禮 첫머리에는 天官 大宰의 직책으로 국가를 다스리는 가장 중요한 국가기강인 六典의 관장이 나온다. 六典이란 治·敎·禮·政·刑·事典인데, 八法·八則 등 수많은 법규범의 최상위에 군림하는 사실이 무엇보다도 주목된다.[40] 실제로 爾雅 釋詁편에 의하면, 典·彝·法·則·刑·範·矩·庸·恒·律·戛·職·秩이 모두 '常'으로 訓詁되고 있다. 여기에 거론되는 개념은 모두 법의 의미로 상통하는데, 역시 典이 첫머리에 나옴이 특히 눈에 띈다. 典은 법 중에 으뜸가는 최상위의 법 개념임을 확인할 수 있다. 그리고 唐書 刑法志에서는 彝典이라는 용어를 法典·刑律의 의미로 사용한다. "복수로 사람을 죽이는 것은 본디 彝典에 저촉된다."[41] 또, "율령 서적은 정치에 근본인데, 성현의 가감 손질을 거친 고금의 章程(法典)으로서, 역대로 이를 彝典이라고 부른다."[42] 오늘날 사용되는 법'典'의 용어도 그 어원 유래는 물론 이와 직결된다.

그런데 '典'은 冊(竹簡)이 几(책상) 위에 놓여있는 모습을 취한 상형문자로, 중요하고 위대한 서적을 의미한다.[43] 물론, 책이 처음 출현했을 때는 왕실조정에서나 통용되었을 것이며, 그중 책상 위에 잘 보관되는 책이란 국가정사에 관한 중요한 내용일 것이다. 이러한 의미의 '典'

---

39 尙書, 堯典(古文尙書 舜典). "愼徽五典, 五典克從." "象以典刑."; 皐陶謨. "天敍有典, 勑我五典五惇哉!; 西伯戡黎. "不迪率典."; 康誥 "汝亦罔不克敬典." 國語, 晋語8에도 "國家有大事, 必順於典刑."이라는 구절이 보인다.

40 周禮, 天官冢宰: "大宰之職, 掌建邦之六典, 以佐王治邦國.…"

41 唐書, 刑法: "復讎殺人, 固有彝典."

42 五代史, 刑法志: "律令之書, 政理之本, 經聖賢之損益, 爲古今之章程, 歷代以來, 謂之彝典."

43 說文解字, 五篇上: "典 : 五帝之書也. 從冊在丌上, 尊閣之也. 莊都說, 典, 大冊也."

자를 法의 의미로 사용함은, 법의 문서화와 함께 귀중함을 함축한다고 볼 수 있다.

또, '則'도 법칙·규칙·원칙·준칙 등과 같이 법의 의미로 쓰이는 대표적 글자다. 그런데 則의 '貝'는 본디 鼎의 축약형으로, 주문籒文의 '則'자는 鼎과 刀가 합쳐 이루어진 회의문자다. 즉, 칼로 鼎에 문자를 새기거나, 그 새긴 문자를 뜻한다.[44] 이른바 鐘鼎문이 그것이다. 종정이란 고대 왕실종묘에 보관하는 국가의 보배로운 기물로서, 맹서나 기타 중요한 법률을 새겨 자손 대대로 전하는 것이다. 역사상 춘추시대 鄭 子產이 주조한 刑書나 晋 范宣子가 주조한 刑鼎 등이 전형 대표다. 법이라는 의미의 '則'자가 바로 종정에 새긴 법률문자로부터 유래한 사실도, 법의 성문성을 나타내주는 좋은 실례다.

이밖에도, 묵자는 선왕의 서적으로서 백성에게 공포해 국가에 시행하는 것을 憲이라고 말한다. 憲은 곧 법인데, 선왕의 책으로 전제되고 있다. 즉, 竹簡에 쓰거나 금석에 새겨서 후손에게 전하는 법을 의미한다. 秦漢 이후 서적에 자주 등장하는 '三尺'이라는 법 개념은, 삼척 길이의 죽간에 쓰인 律에서 유래한다. 최근 출토한 秦律竹簡은 이 사실을 입증해주는데, 이도 법의 성문성을 그대로 반영하고 있다. 한편, 후한 말엽에 應邵는, 율령을 편찬해 올리는 표문에서, '載籍'이라는 개념으로 표현하고 있다. "무릇 국가 대사는 載籍보다 중대한 것이 없다. 載籍이란 혐의를 결단하고 시비를 밝히는 것으로, 상과 형벌의 규정이 적정한 중용을 취하여, 후세 사람에게 영원히 귀감이 되어야 한다."[45]

---

44 說文解字, 四篇下: "(鼎刀): 籒文則, 從鼎."; 王延林 編著, 常用古文字字典, 上海書畫出版社, 1987, 259쪽: "從見爲從鼎之省變, 從刀從鼎, 以刀刻畫鼎文." 또한 楊景凡·兪榮根, 孔子的法律思想, 41쪽; 王沛, "刑鼎源于何時-由棗陽出土曾伯陭鉞銘文說起", 109-115쪽 참조.

45 晋書, 刑法: "夫國之大事, 莫尙載籍. 載籍也者, 決嫌疑, 明是非, 賞刑之宜, 允執厥中,

법을 성문화하는 이유와 문서 개념으로 법을 표현하는 원인이 잘 함축되어 적절히 묘사되고 있다. 요컨대, 성문화·실정화는 법의 본질속성이라고 해도 과언이 아닌 셈이다. 후대에 널리 사용되는 '(祖宗)成憲' 개념도 바로 가벼이 바꿀 수 없는 '성문법'을 의미한다.

4) 법령의 구두 공포

실제로, 법의 공포가 반드시 성문화를 전제조건으로 요구하는 것도 아니다. 전통시대에 절대적 군주의 구두명령은, 그 자체가 법과 같은 효력을 지니는 것이 일반보편이었다. 평상시 조정에서도 그러하지만, 특히 전쟁과 부역이 끊이지 않은 유사시에는, 상황에 따라 수시로 말하는 것이 곧 법의 공포다. 문자학으로 보더라도, 律과 함께 전통법체계에 쌍벽의 근간을 이루는 '令'은, 본디 '口'字가 '人'字 위에 놓인 상형문자로서, 입으로 호령하는 것을, 사람이 길게 무릎 꿇고 듣는 모습이라고 한다. 그래서 令이란 '호령을 내리는 것'이라고 정의된다.[46]

그리고 '命'은 '令'字에 다시 '口'字가 첨가되어 이루어졌는데, 흔히 입으로 호령을 내려 사람에게 일을 시키는 것이라고 풀이된다. 그러나 '令'과 글자모습이 매우 흡사한 갑골문의 字形을 가지고, 사람이 집안에서 호령을 내리는 모습인 것 같다는 해석도 있다. 물론 命과 令은 발음도 접근하고 뜻도 같기 때문에, 본디 한 글자로 통용되었을 것이라는 추측도 가능하다.[47]

또, 尙書에는 周公이 당부하거나 경계하는 계고로서 내린 여러 편의

俾後之人永有鑒焉."

46 王延林 編著, 常用古文字字典, 506쪽: "令, 甲文作(), 金文作(), 小篆作(). 林義光曰 : '按卩卽人字, 從口在人上, 象口發號, 人跽伏以聽也.'"; 說文: "令, 發號也."

47 說文解字: "命 : 使也. 從口令"; 常用古文字字典, 62쪽. "命, 甲骨文作(), 似在屋內發号施令的人形. 甲骨文只寫令, 可見令命古代只一字, 令命兩字, 音近義同."

'誥'가 있다. 이는 최고 통치자의 명령으로서 실질상 법이나 다름없다. 明 태조가 특별형법으로 반포한 세 차례의 '大誥'가 이를 방증해 주는 좋은 실례가 된다. 그런데 이 '誥'는 특히 君上이 신하에게 말(言)로 알린다(告)는 의미이므로, 실제로 명령과 같은 것이다. 그리고 秦이 '詔'자를 창시하여 황제에 대해서만 독점해 사용하면서부터, 역대로 천자의 명령을 '詔'로 일컬었는데, 詔는 곧 誥를 대신한 글자인 셈이다.[48] 물론, 誥나 詔나 命令이 보통 문서화의 후속절차를 밟는 것은 사실이다. 특히, 군주의 전권 위임에 의해, 전장에서 생살권을 행사하는 대장군의 호령과 처단은, 일언지하에 즉결성이 두드러진다.

요컨대, 법의 공포는 원칙상 성문화를 전제로 하지만, 예외로 문서가 아닌 구두로 하는 법의 영역도 존재한다. 또한 공포의 전 과정을 가지고 논하자면, 입법자인 군주로부터 법을 시행하는 중앙 및 지방관리에 이르기까지는 성문의 형태로 전달되는 것이 일반이지만, 일선 執法관리로부터 백성에게 이르는 경로는, 구두 형식으로 공포와 함께 시행이 겸해지는 경우가 대부분일 것이다.

5) 성문법 공포와 법치주의 사상

한편, 法思想으로는 전국시대에 들어와, 특히 법가 중심으로 성문법 공포가 법치의 전제로서 강력히 주장된다. 그러나 법가에 앞서, 묵자도 법의 공포를 누차 거론한 것이 확인된다. 家君(家長)은 집안에 憲令을 發布하고, 國君은 국가 백성에게, 그리고 천자는 천하 인민을 대상으로 각각 憲令을 發布한다고 언급한다.[49] 또, 옛 성왕은 헌령을 발포

---

48 說文解字: "誥, 告也. 從言告聲."(段注: 按以言告人, 古用此字, 今則用告字, 以此誥爲上告下之字. 又秦造詔字, 惟天子獨称之.)

49 墨子, 尙同下: "家君發憲布令其家, 國君亦爲發憲布令於國之衆, 天子亦爲發憲布令於天下之衆."

하여, 상벌로써 효자를 천거하고 賢良을 존숭하며, 권선징악의 교화를 행했다고 말한다.[50] 그리고 선왕의 서적으로서, 국가에 시행하고 백성에게 공포하는 것이, 곧 憲이라고 정의한다.[51]

법의 공포에 관하여, 가장 상세히 기술하면서 가장 엄격히 주장하는 대표적 사상으로 管子를 들 수 있다. 우선, 관자는 공포의 상세한 절차를 언급하고 있다. 즉, 정월 초하루에 백관조회 때 군왕이 법령을 발하여 나라에 공포하는데, 지방장관과 대부 모두 태사로부터 법령을 받아서 대조회의 날에 군왕 앞에서 법령을 몸소 습득한다. 태사는 법령을 공포한 후 법전 원본을 태부에 보존하고, 부본을 군왕 앞에서 나누어 준다. 지방장관은 조회가 파한 뒤에 각 지방으로 돌아가서, 하급 지방관들에게 차례로 법령을 전수하는데, 이러한 공포절차를 모두 마치고 사후 보고를 올린 뒤에야 비로소 집에 돌아와 쉴 수 있다. 법령의 공포절차가 끝나지 않고 보고를 올리지 않은 채로 집에 들어가 쉬면, 법령을 지체한(留令) 죄로 사형에 해당하여 사면될 수 없다. 법령이 공포된 후 법령을 시행하지 않는 자(不從令)도 마찬가지다. 또한 태부에 보존한 원전과 대조하여, 법령을 임의로 첨가한 자는 '專制'죄로, 삭제한 자는 '虧令'죄로 역시 사형에 해당하며 사면될 수 없다.[52] 이러한 법의 공포는 법의 효력발생요건으로서, 군주의 통치권에 대한 막강한 기속력을 부여하는 의무로까지 주장된다. 법령은 먼저 공포한 후에야 비로소 시행할 수 있다.[53] 법령을 공포하기 이전에는, 공로에

50 墨子, 非命上: "古之聖王發憲出令, 設以爲賞罰以勸賢."; 非命中: "古之聖王擧孝子而勸之事親, 尊賢良而勸之爲善, 發憲布令以敎誨, 明賞罰以勸沮."

51 墨子, 非命上. "先王之書, 所以出國家, 布施百姓者, 憲也."

52 管子, 立政. 졸고, "관자 법사상의 개관, 법사학 제11호(1990) 125-127쪽; 졸저, 선진 법사상사, 전남대출판부, 2014, 394-398쪽 참조.

53 管子, 立政: "首憲旣布, 然後可以布憲. 凡將擧事, 令必先出. 曰事將爲, 其賞罰之數, 必先明之. 首事旣布, 然後可以擧事."

대해서도 상을 줄 수 없고, 죄에 대해서도 형벌을 내릴 수 없다.[54] 법령공포 이전의 망령된 상은, 공신의 원망을 야기하고 간신의 발호를 조장하여 혼란에 근본이 된다. 또, 법령공포 이전의 망령된 형벌은, 인민을 죽음도 두려워할 필요가 없는 자포자기의 함정에 몰아넣어, 폭동과 난리를 초래할 수 있기 때문이다. 법은 객관적으로 공개한 후에 시행하여야, 인민의 행위에 대한 규범적 가치척도로서 실효성 있게 제 기능을 충분히 발휘할 수 있는 것이다.

법가의 집대성자인 한비자는 申不害의 術과 公孫鞅의 법을 계승하여, 양자의 통일조화를 군주의 이상적 통치방편으로 제시한다. 여기서 법의 공개성이 術의 독점적 은밀성과 대조해 거론됨이 특징이다.

> "군주의 보물은 법이 아니면 곧 術이다. 법은 서적으로 편찬하여 관청에 비치하고 백성에게 공포하는 것이며, 術은 군주의 마음속에 감추어 두고 개별 사건에 맞추어 은밀히 신하를 제어하는 것이다. 따라서 법은 분명할수록 좋고, 術은 드러나지 않아야 한다. 그런 까닭에, 현명한 군주가 법을 공포하면, 나라 안에 귀천을 막론하고 이를 들어 알지 못하는 사람이 없고, 術을 사용하면 가장 친애하는 측근조차도 알 수가 없다."[55]

> "術이란 능력에 따라 관직을 주고, 명분에 맞춰 실질을 요구하며, 살생의 권한을 쥐고 신하의 책임을 부과하는 것으로서, 군주가 가지는 것이다. 법이란 법령을 관청에 비치해두고 형벌을 인민의 마음속에 새겨두며, 법을 신중히 준수하는 자에게 상주고, 명령을 간

---

54 管子, 法法: "令未布, 而民或爲之, 而賞從之, 則是上妄予也; 令未布, 而罰及之, 則是上妄誅也."

55 韓非子, 難三: "人主之大物, 非法則術也. 法者, 編著之圖籍, 設之於官府, 而布之於百姓者也; 術者, 藏之於胸中, 以偶衆端而潛御群臣者也. 故法莫如顯, 而術不欲見. 是以明主言法, 則境內卑賤莫不聞知也; 用術, 則親愛近習莫之得聞也."

악하게 위배하는 자에게 벌주는 것으로서, 신하가 스승 삼는 것이다. 군주가 術이 없으면 윗자리가 위태로워지고, 신하가 法이 없으면 아래지위가 혼란해진다. 이들은 모두 하나도 없어서는 안 되는 제왕의 통치도구다."[56]

7. 성문법 공포의 철학사상-正名論에서 본 道와 法의 성문화

법이 다른 일반 사회규범과 가장 두드러진 차이점은 법의 실정성일 것이다. 법은 實定化하여 그 어느 규범과 비교할 수 없는 명확한 객관성을 지니게 된다. 이는 국가 통치규범으로서 법의 가장 큰 강점이기도 하다. 동시에 최대의 자기한계성의 근본요인이 된다. 즉, 법의 객관성은 준법자인 인민에게 분명한 행위규범과 가치판단기준을 제시해줄 뿐만 아니라, 법을 집행하는 관리나 제정한 군주까지도 기속할 수 있는 통일성과 항상성을 지닌다. 반면, 실성화한 법의 문자에 집착하면, 융통성과 탄력성을 상실하게 되고, 간교한 관리의 농간이나 사악한 무리의 탈법을 조장하는 폐단도 초래할 수 있다. 물론, 법가사상이나 법제사에서 법치주의는 주로 긍정 관점에서 이를 거론하고 있다.

과연, 동아시아 전통법도 성문화 및 공포의 철학사상에는, 앞서 법의 본질속성으로 기술한 법의 객관적 명료성과 평이함이 있다. 법 자체의 사물적·객관적 관점에서 법의 靜적·본체적 속성과, 시행적용상의 인간적·주관적 관점에서 법의 動적·작용적 속성을 포함하는데, 후자는 다시 시행주체와 적용대상·객체로 구분할 수 있다. 법의 객관성은 실질 내용 및 문자 표현이 簡易하고 명료하며 평범할 것과, 형식·

56 韓非子, 定法: "術者, 因任而授官, 循名而責實, 操殺生之柄, 課群臣之能者也, 此人主之所執也; 法者, 憲令著於官府, 刑罰必於民心, 賞存乎愼法, 而罰加乎姦令者也, 此臣之所師也. 君無術則弊於上, 臣無法則亂於下, 此不可一無, 皆帝王之具也."

절차상 성문화해 인민에게 공포해야 한다는 두 가지 의미를 함축한다.

첫째, 법은 그 실질 내용이 평범하고 간이할 뿐만 아니라, 법문의 표현도 명료하고 정확해야 한다. 둘째, 법의 명료한 내용은 간단하고 평이한 문자로 표현해 인민대중에게 공개할 때, 비로소 그 목적이 원만히 성취될 수 있다. 아무리 쉬운 내용이라도, 난삽하고 다의적 애매한 문자로 표현되면, 본의를 명료하게 전달할 수 없다. 그러면 법을 집행하는 자는 자의적 횡포와 농간을 부리고, 법을 준수하는 자는 무슨 내용이며 어떻게 행동해야 할지 모르게 된다. 그러나 법은 고도로 전문기술성과 엄격한 개념 정밀성을 요구하기 때문에, 일반 통속용어로 표현하면 때로는 오히려 부적확하고 불분명한 개념규정이 되기 쉽다. 법의 문자적 규정양식이 중요하면서도 곤란한 모순이 여기에 존재한다. 동시에 이는 법문을 해석·적용하는 문제기도 하다.

사실 이는 법규정에만 한정된 고유한 문제라기보다는, 문자 언어의 일반 본질·기능과 관련된 보편 과제다. 周易의 언명처럼, 글은 말을 다 표현할 수 없고, 말은 뜻을 다 표현할 수 없는 본질적 한계가 있다.[57] 老子는 이름(개념)붙일 수 있는 이름은 항상적 본질적 이름이 아니며, 최선의 말은 조그만 흠도 있어서는 안 된다고 단정한다.[58] 공자는 말이란 뜻을 전달하면 그만이라고 말한다.[59] 莊子는 말이 전달하고자 하는 뜻을 얻으면, 그 말은 잊어버리라고 강조한다.[60] 석가부처도 설법이란 뗏목을 타고 강을 건넌 뒤 그 뗏목은 놓아버리는 것과 같다고 비유한다. 최고 진리인 불법조차도 결국 놓아야 할 방편이며, 설법이란 본디 말할만한 법도 없는 것이다.[61] 맹자는 글로써 말을 해치지

57 易, 繫辭上: "書不盡言, 言不盡意."

58 老子, §1: "名可名, 非常名."; §27: "善言無瑕謫."

59 論語, 衛靈公: "辭達而已矣."

60 莊子, 外物: "得意而忘言."

말고, 말로써 뜻을 해치지 말며, 오직 뜻으로써 뜻을 맞이하여 본질을 얻으라고 강조한다.[62] 그러고 보면 모든 문자언어를 초월한 이심전심이야말로 궁극 이상경지가 된다.

그러나 현실에서는 말과 글을 떠나서는 일상 의사소통이 원활하지 못하기 때문에, 이를 사용하지 않을 수 없다. 법 자체도 부득이한 필요악인데, 이를 표현하는 문자 또한 부득이한 수단이니, 법이라는 실정규범은 수단 중의 수단인 셈이다. 그런데 법제사에 보면, 수많은 간사하고 잔혹한 法吏들이 편협하고 왜곡된 법치의 명분 아래, 율령의 문자를 고의로 지나치게 엄밀하고 정확히 해석·적용하는, 이른바 '深文'의 폐단이 상당히 심했다. 순수한 법치 관념에서 행해지는 맹목적 법실증주의적 해석·적용도, 곧잘 법가의 刻薄性을 한층 부각시키는 악명이 된다. 하물며, 法吏가 사리사욕이나 개인적·당파적 원한을 충족시키려는 저의에서, 법문의 자구해석을 악용하는 경우, 그 해독은 특정 개인·집단에 그치지 않고 국가사회에 대파란을 일으키곤 했다.

예나 지금이나 법에서는 '名義'를 아주 중시한다. '명의'는 법에 생명이나 다름없다. 좀 거창하게 말하면 '大義名分'이다. '(大)義'는 법에 담긴 정신·목표나 실질내용을 가리키고, '名分'은 언어문자로 표현된 법의 형식 얼굴로서 권리 귀속자(주체)의 몫을 가리킨다. 언어문자(학) 자체도 표현형식에 걸맞은 실질내용을 중시하는 '正名' 철학이 중요하지만, 언어문자로 인간의 생명과 신체자유 및 재산(권리의무)을 좌지우지하는 법(조문)은 더더욱 그러하다.

사실 '正名'은 유가뿐만 아니라 도가에서도 철학상 핵심주제를 이룬다. 老子에게 名은 道와 함께 대칭적 개념(對偶범주)로 제시된다. 道는

61 金剛經, 正信希有分 第6: "知我說法, 如筏喩者, 法尙應捨, 何況非法?"; 非說所說分 第21: "說法者, 無法可說, 是名說法."

62 孟子, 萬章上: "不以文害辭, 不以辭害志. 以意逆志, 是爲得之."

원칙상 항상 형체가 없이 숨어 있기 때문에 名이 없다.[63] 그래서 흔히 老子의 道論은 논리적 無名論으로 규정되는데, 이것이 마치 모든 형식적 名義를 전면 부정한 것처럼 오해되어 왔다. 특히, 유가의 仁義禮樂과 正名論에 대한 비판과 결부되어, 그러한 편견은 철석처럼 굳어버렸다. 그러나 老莊의 仁義禮樂에 대한 비판은 당시 정치사회 현실의 왜곡된 모습을 겨냥한 것이지, 결코 그 본질적 실상까지 완전히 거부한 것이 아님은 분명하다. 마찬가지로 無名論도, 당시 정치사회 현실에서 통치자들이 표방하던 華而不實의 허울 좋은 명분을 겨냥한 것이지, 名義의 철학적 진면목까지 부정한 것은 결코 아니다. 다만, 유가의 正名사상이 현실정치와 더욱 밀접하게 관련된 것이 사실이기 때문에, 老子의 無名論이 유가의 正名論과 상호 대립하여, 名義와 言語를 완전히 부정하는 비논리적 형이상학적 관념론으로 오해되기 쉽다.[64]

그러나 실제로, 老子는 道의 無名적 본질과 함께, 그 道의 발현으로 생성되는 만물의 有名적 현상을 통일조화로 동시에 거론한다. 그 실질 의미는 유가의 正名 이념과 크게 다르지 않음을 알 수 있다. 우선, 老子는 道라고 일컫을 수 있는 道는 常道가 아니며, 이에 상응하여 名이라고 일컫을 수 있는 名도 常名이 아님을 지적한다. 또 無名은 천지자연에 시원적 출발점이지만, 有名은 만물의 어머니라고 규정한다.[65] 천하에 시작이 있음(有始)으로 해서 이것이 천하 만물의 어머니가 되므로,[66] 有名과 有始는, 無名·無始의 본체적 道가 발현하여 비로소 존재하게 되는 만물을 규정하는 필수불가결한 표현형식이 된다.

---

63 老子, §41: "道隱無名."; §32: "道常無名."

64 汪奠基, "老子朴素辨證觀念的邏輯思想一無名論", 中國邏輯思想論文選(1949~1979), 100-148쪽.

65 老子, §1: "道可道, 非常道；名可名, 非常名. 無名, 天地之始；有名, 萬物之母."

66 老子, §52: "天下有始, 以爲天下母. 得其母, 以知其子；旣知其子, 復守其母."

객관 현상계의 규율존재를 표현하는 道가 '可'와 '常'이 있으면, 객관적 자연의 사유형식(개념)을 반영하는 名도 '可'와 '常'이 있는 것은 당연하다. 列子에는 楊朱가 老子 말을 인용하여, '名義란 실질의 손님이다'는 명제가 등장한다.[67] 바꾸어 말하면, 실질은 명의의 주인이 된다. 道와 名의 관계는 곧 사유대상의 名實관계로서, 名과 實이 可와 常, 有와 無의 상호대립·보완적 관계를 이루는 것은, 道라는 범주의 자연논리적 형식표현인 셈이다. 따라서 道와 名의 이론은, 주관적 논리사유 표현형식인 有名(개념)과 객관적 자연논리의 無名(본질)이, 직접 동일한 개념범주의 상호관계에 놓여있음을 확실히 긍정하고 있다. 다시 말해서, 道와 名, 有와 無, 可와 常은 본래 본질과 현상처럼 상호 대립적이면서, 동시에 통일조화를 이루는 불가분의 일체 관계를 지니는, 同出異名의 논리적 범주가 된다.[68]

실제로, 老子 자신도 천지보다 먼저 생겨나서 독립 불변하는 천하만물의 어머니에 대하여, 그 이름을 알 수 없기 때문에 부득이 '道'라고 일컫는다고 정의한다.[69] 이는 無名의 道가 有名·有始와 마찬가지로 천하 만물의 어머니라는, 논리적 등가성을 의미하는 것이다. 그리고 道 자신은 비록 항상 명칭이 없지만, 만물의 생성과 함께 명칭(개념)이 제정되기 마련이다. 일단 명칭이 존재한 후에는, 그 명칭의 기능과 사용이 한계가 있음을 알고, 실질인 본체적 道를 표현·지칭하는 데서 그쳐야 위험이 없게 된다.[70] 명칭은 실질에 지나치거나 부족함 없이 적절한 수준에서 사용되어, 어떠한 조그만 하자도 없는 것이 최고 이상

67 列子, 楊朱: "老子曰 : '名者, 實之賓.'". 列子의 본편은 주로 名實相符하지 못한 당시 정치사회 현실을 신랄히 비판하며 실질상 正名論으로 일관한다.

68 汪奠基, 앞의 글, 107-110쪽 참조.

69 老子, §25: "有物混成, 先天地生, 獨立不改, 可以爲天地母, 吾不知其名, 字之曰道."

70 老子, §32: "道常無名.始制有名, 名亦旣有, 夫亦將知止, 知止可以不殆."

이다.[71] 이는 곧 名實相符를 궁극이념으로 지향하는 유가의 正名論과 실질상 상통하는 것이다.

莊子도 명칭은 실질의 손님이라는 명제를 써서, 老子와 같은 實主名賓의 본질적 주종관계를 인정한다.[72] 명칭은 실질을 표현하는 공공의 수단방편이기 때문에, 실질을 초과하여 많이 취해서는 안 된다고 강조한다.[73] 다시 말해서, 명칭의 사용은 실질과 부합하는 데서 그치고, 義(개념)의 설정도 적절한 중용에 머무르는 것이 최고 이상이다.[74] 名實相符의 기본 관계는 老子와 마찬가지로 正名論에 상통하는 것이다.

이러한 정명론에 근거하여, 실질에 합당한 名義(명분)를 법으로 성문화해 공포해야, 정의롭고 실효성 있는 법이 될 것이다. 그래서 일찍이 제자 子路가, "衛나라 군주가 당신한테 爲政을 맡긴다면 무엇을 우선하겠냐?"고 묻자, 공자는 "반드시 正名을 우선하겠다!"고 답했다. 우활하다는 子路의 힐난에, 공자는 粗野하다고 책망하며 이렇게 설명했다.

> "君子는 자기가 알지 못하는 바는 잠자코 침묵하는 법이다. 名이 바르지 못하면 말이 不順하고, 말이 不順하면 일이 이루어지지 않으며, 일이 이루어지지 못하면 禮樂이 흥성하지 못하고, 禮樂이 흥성하지 못하면 刑罰이 적중하지 못하며, 刑罰이 적중하지 못하면 인민이 손발 둘 곳이 없어진다. 고로 君子는 名을 내세움에 반드시 말할 만하고, 말함에는 반드시 행할 만한 법이다. 君子는 자기 말에 구차한 바가 없다."[75]

---

71 老子, §27: "善言無瑕讁."

72 莊子, 逍遙遊: "名者, 實之賓也."

73 莊子, 天運: "名, 公器也, 不可多取."

74 莊子, 至樂: "名止於實, 義設於適, 是之謂條達而福持."

75 論語, 子路: 子路曰: "衛君待子, 而爲政, 子將奚先?" 子曰: "必也, 正名乎!" 子路曰: "有是哉! 子之迂也! 奚其正?" 子曰: "野哉! 由也! 君子於其所不知, 蓋闕如也. 名不正, 則言不順; 言不順, 則事不成; 事不成, 則禮樂不興; 禮樂不興, 則刑罰不中; 刑罰

상대적 현상세계에 안정된 사회질서를 유지하기 위한 부득이한 수단방편으로서 예·법 규범은, 거창한 대의명분만 내세울 게 아니라, 적절한 실천궁행과 정의로운 실효성이 따를, 명실상부한 중용균형의 정명론이 바람직하다는 뜻이다.

8. 맺음말

이상에서 先秦 시대 성문법 공포를 중심으로, 춘추 말기 제후국에서 시작한 변법개혁의 대표적 산물로서, 鄭의 刑書와 晉의 刑鼎 주조를 살펴보았다. 이를 둘러싼 비평 논란과, 특히 숙향과 공자의 혹평에 대한 다각도의 분석평가를 두루 소개하며 검토해보았다. 그리고 성문법 공포의 철학사상적 배경을 탐구하는 의미에서, 道로부터 말미암는 법의 객관적 명료성과 평이함을 대략 언급하고, 미지막으로 老子의 無名-有名의 道論과 공자의 正名論도 간략히 음미해 보았다. 우리 전통 법문화에서도 근대 서양법학 못지않게 아주 일찍부터 법의 實定化와 성문법의 공포가 이루어져 왔으며, 그 바탕에는 나름 심오한 철학사상적 지혜가 내재해 있음을 확인할 수 있었다. 아무쪼록 21세기 새로운 시대에 동서고금을 회통하는 새로운 법문화 창달에 조그만 참고와 보탬이 되길 바란다.

不中, 則民無所措手足. 故君子名之, 必可言也; 言之, 必可行也. 君子於其言, 無所苟已矣."

제3장 李悝의 法經

1. 머리글

夏·殷·周 삼대 이후, 춘추전국시대는 백화제방 백가쟁명으로 일컬어지듯, 정치사회경제 모든 분야에서 전대미문의 혼란을 겪은 걸로 유명하다. 인류 역사발전의 일반보편 규율에 따라, 청동기에 이어 철기가 보급되면서 농업생산력이 급증하고 수공업과 상업도 발달하였다. 인구수뿐만 아니라 이동도 대폭 증가하여 사회 전체가 복잡다단해지며, 생존경쟁도 치열해지고 권력투쟁도 극렬해져 겸병전쟁이 빈발하였다. 그 결과 수백에 달하던 제후국은 전국 초기 20여개국으로 합병되고, 특히 유력한 전국7웅으로 압축되기에 이르렀다. 그러한 과정에서 제후국들은 부국강병으로 패권을 차지하기 위해서, 서로 정치경제적 우위를 선점하려 자발적 개혁변화를 도모하였다. 그 결과, 하·은·주 삼대를 지배하던 사회 기본규범인 禮制는, 급변하는 정치사회 상황을 효율적으로 규율하기 어려워지고, 새로운 사회체제에 적합한 사회규범의 모색 정립이 필요하게 되었다.

대표적인 조치가, 춘추 말 鄭 子產의 刑書와 晉의 刑鼎 주조를 비롯한 각국의 개혁입법으로, 법제사상 특히 성문법 제정·공포와 관련해 뜨거운 관심과 주목을 받는 획기적 사건이다. 법은 정치사회경제 전반에 걸친 종합적 문화 結晶체로, 時空의 모든 유전자를 함축하는

DNA와 같다. 따라서 급변하는 사회경제적 토대는 상부구조인 정치개혁으로 이어지고, 마침내는 최고 절정에는 기본 사회규범으로 반영되기에 이른다. 춘추전국 시대가 역사상 가장 획기적 전환기가 되는 소이도, 바로 근본 사회규범이 하·은·주 전통 禮制에서 새로운 法制로 변화하기 때문이다.

그중에서도 전국초기 정치사회개혁에 선구적 주자로서 두각을 드러낸 魏 文侯 때, 李悝[1]의 각종 정치사회경제 개혁 조치와 그 결실로서 '法經'의 편찬은, 역사상 특히 법제사상 가장 주목받는 획기적 사건으로 평가받아 왔다. 춘추말 시작한 각국의 刑書 주조 및 개혁입법을 계승·종합해 제법 체계를 갖춰 편찬한 통일 법전으로서, 商鞅을 통해 秦 의 개혁 및 율령 통일에 기본 토대를 제공하기 때문이다.

이렇듯 법제사상 귀중한 '李悝의 法經'은, 현전 문헌자료가 희박해 접근성도 떨어지는 탓인지, 우리나라에는 제대로 소개되지 못하고 있는 형편이다. 이에 필자가 30여년전 臺灣大學 유학시절 처음 관심을 갖고 발표했던 보고서를 바탕으로, 1차 문헌자료와 최근 중국 측 주요 연구 성과를 참고해 대강 정리·소개한다.

맨 먼저 문제 제기에 이어, 전국 초 魏국의 상황을 배경으로 두각을 나타낸 魏 文侯의 개혁, 李悝가 추진한 주요 정치경제 개혁을 소개하며, 그 결실로 '法經'이 출현한 역사적 맥락을 현전 역사기록을 중심으로 대강 살펴본다. 물론, '法經'의 실재 存否를 포함한 근본문제에 대해 학계의 다양한 견해를 소개하고 타당성도 나름 살펴본다. 이어 '法

1 '悝'는 漢書 師古注에 '音恢'라 적었고, 說文解字에는 "啁也. 從心里聲. 春秋傳有孔悝. 一曰病也. 苦回切"로 나오고, 段注는 "悝는 지금 詼字"라고 한다. '恢'와 '詼'는 韻書자전에는 모두 '苦回切'로 나와 '괴'나 현대음은 '회'로 읽는다. 'ㄱ'과 'ㅎ'은 같은 牙音'계통이라 음운변화로 통하거나 변하는 경우가 많다. 이밖에 '근심(憂)·슬픔(悲)'의 뜻으로 '리'라 읽는다. 현대 중국음은 kŭi(쿠이)다.

經'의 실재를 긍정하는 입장에서 '法經'이 역사무대에 등장한 배경과 경위를 고찰하고, '法經'의 체계 및 구체 내용에 대한 분석과 평가를 정리해본다. 다음으로 법경이 후대 법전에 끼친 역사적 영향력 가운데 으뜸으로 꼽히는 문제, 법경을 商鞅이 秦에 가지고 들어가 '法'經을 秦'律'로 바꾼 역사기록이 사실인지, 진실성에 대한 학계의 줄기찬 찬반쟁론을 간추려 정리 소개하고, 필자의 의견과 종합평가를 곁들인다.

2. 법치 사조의 발상지로서 晉의 역사문화

정 자산이 刑書를 주조한 지 23년 뒤, 晉도 頃公13년(전513) 겨울에 쇠(鐵)를 모아 刑鼎을 주조했다. 이에 공자가 진이 망할 거라고 비평한 사실은 앞서 소개했다. 과연 晉은 公室이 쇠약해지고 6卿이 각축을 벌이다가, 전국 개시와 함께 趙(전475)·魏(전445)·韓(전424)이 차례로 독자적 제후국으로 분립하면서, 결국 晉은 망하고 말았다.(전369) 후발 제후로 등장한 위 문후는, 특히 각별한 배려와 노력으로 부국강병을 도모했는데, 西門豹·吳起·李悝 등 현인을 기용해, 개혁변법에 성공해 강국의 입지를 다졌다. 춘추 말기 晉에서 刑鼎을 주조하고, 전국 초기 3晉의 하나인 魏에서 초창기부터 변법개혁에 성공해 법가 사상의 기초가 된 데는, 나름대로 충분한 역사적 배경과 이유가 있었다.

춘추전국은 종법노예제로부터 봉건사회로 바뀌는 대전환기다. 춘추 이래 철기보급과 牛耕 확산으로 생산력이 증가하면서, 가호 단위 소농경제 조건이 마련되었다. 노예주귀족이 노예를 혹사해 황무지를 개간해 사유지가 늘고, 혹사에 저항하는 노예들의 도망이 급증하면서, 地租를 수취하는 소작농제로 전환하며 봉건귀족이 형성되었다. 동시에 평민 가운데 軍功이나 벼슬·재산축적에 의한 토지구매로 신흥지주계급이 탄생했다. 이들은 봉건귀족에 대해 권력경쟁 관계로 부상해 세습특권을 부정하며, 지주경제를 유지하기 위해 비세습 관료체제와 중앙집권 군주제를 선호하여, 마침내 군주와 결탁해 획기적 변법개혁을 도모했다. 이러한 사회경제적 배경에서 법가 사상이 태동해, 봉건귀족의 예제를 비판·반대하고, 신흥지주계급과 군주 이익 확보를 위해 획일적 법치를 주장하게 되었다.

춘추시대 제 환공을 보필해 첫 패권을 이룬 관중과 정 자산은, 예치를 존중하면서 田制·행정편제·세제 및 법제상 비슷하게 온건한 개혁에 성공하였다. 그 후 晉 頃公13년(전513) 趙鞅과 荀寅이 刑鼎을 주조해 법치개혁을 단행하였는데, 그게 가능했던 역사·문화적 배경과 이유는 대략 다음과 같이 요약할 수 있다.

1. 晉은 夏와 동족으로, 夏의 고토에 봉해져 정치문화가 비슷하다. 諸戎과 긴밀한 관계에서, 종법 예치 전통이 없고, 尙武정신과 법치·현능을 중시하는 풍조가 강하다. 2. 종실이 허약하고 6卿이 정권을 장악해, 공실과 경, 경과 경 사이의 권력투쟁이 격했다. 3. 위정자는 '나라를 이롭게 함이 仁이다'는 실용주의 민본의식이 강해, 혈연 중심의 종법예제가 약했다. 4.이익을 중시해 토지쟁송이 빈번했고, 禮義를 경시했다. 5. 지략·政績·공로를 관직임명 기준으로 삼아, 현능을 숭상하는 공정성이 앞섰다. 6. 그 결과 楚에 인재도 晉에서 기용하는 문호개방이 두드러졌다. 7. 말단지엽의 儀式에 치중할 뿐, 예의 근본정신은 잘 모르고 경시했다. 8. 봉건경제 발전에 따라 형성된 군신·주종 관계에서 절대적 일심충성을 중시하였다. 9. 왕명과 군주에 복종하지 않는 자는, 夏의 族誅에 비슷한 멸족의 엄형을 시행했다. 10. 유목부족의 법도처럼 軍政일체 풍속에서 軍法을 중시해, 정기적 수렵대회에서 열병·관직임명·법제개혁공포를 시행했다.

이러한 역사적 문화풍속 배경에서, 晉은 예보다 법을 훨씬 중시하는 전통이 강했다. 특히, 진 문공이 原을 포위하며 사전에 선포한 약속을 지키기 위해 함락 직전에 철군해, 군령의 공신과 존엄성을 유지할 정도였다. 또, 晉은 법의 제정 및 수정 활동을 유난히 많이 해서, 唐叔之法·被廬之法·夷蒐之法 등을 거쳐 刑鼎 주조까지 단행했다. 韓·趙·魏 3家가 晉 出公을 축출하고,(전452) 제후로 정식 책명 받아 3晉이 되었다.(전403) 과연, 삼국도 진의 후예답게 법치사상의 지도 아래, 급속한 개혁변법으로 신속한 봉건화를 추진하게 되었다.[2]

3. 전국 초 魏 文侯의 개혁과 法經 편찬

이러한 晉의 지리적 역사문화 배경에서 분화한 三晉 중, 魏가 개국 초부터 文侯의 탁월한 정치력에 힘입어, 魏成子·翟璜·李悝를 재상으로 등용하고 樂羊·西門豹·吳起 등 유능한 정치군사가를 임명해, 눈부신 개혁으로 중앙집권제를 모범적으로 확립했다. 魏는 중원 핵심요지에 천리 옥토를 가졌으나, 동으로 宋·齊, 서로 秦, 남으로 楚, 북으로 趙에 각각 둘러싸인 요충지라서, 자강·자위를 도모해야 했다. 인구는 조밀한데 개간할 여유 황무지도 별로 없어서, 부국강병이 쉽지만은 않았다.

이러한 상황에서, 부국강병을 꾀하는 위 문후는 현명한 인재를 널리 구했다. 說苑에 따르면, 적황翟黃이 西河를 지킬 吳起를 추천해 西河 바깥이 안녕을 찾았고, 鄴에 수령으로 西門豹를 추천해 趙의 우환이 사라졌다. 酸棗 수령으로 北門可를 추천해 齊의 우환이 없어졌고, 中山을 공격할 적임자로 樂羊을 추천해 함락했으며, 魏에 다스릴 만한 대신이 없어서 李克(悝)을 추천해 魏國이 크게 다스려졌다. 이들 5대부

2 武樹臣 等著, 中國傳統法律文化, 北京大學出版社, 1994제1판, 2000제3쇄, 258-272쪽; 李光燦·張國華 主編, 中國法律思想通史(1-3권), 山西人民出版社, 2001, 423-431쪽 내용(두 책 대동소이)을 요약 정리함.

는 그 공로로 爵祿이 배가했다고 전한다.(說苑, 臣術)

나중에 국정자문을 구하는 위 문후한테, 리회는 "집안이 가난하면 어진 아내를 생각하고, 나라가 혼란하면 훌륭한 재상을 생각한다."고 귀띔해주었다.[3] 문후가 季成子와 翟黃 중 누구를 재상으로 결정할지 자문하자, 리회는 비천하고 소원한 외부인으로 존귀한 조정 내부 친족 일에 관여하지 않는 법이라고 사양했다. 文侯가 국가대사니 사양할 일이 아니라고 간곡히 청하자, 리회는 마지못해 답한다.

> "존귀한 자는 천거하는 바를 보고, 부유한 자는 베푸는 걸 보며, 빈곤한 자는 취하지 않는 청렴을 보고, 궁박한 자는 하지 않는 의리를 살피면, 알 수 있습니다."

이에 季成子가 재상이 되었다. 翟黃이 5대부 추천 공로를 들며 서운해 하자, 리회는 "季成子가 천거한 卜子夏·田子方·段干木은 모두 군주의 스승인데, 그대 추천은 신하 감이다."고 답했다.(說苑, 臣術)

자세한 경위와 구체 시말은 전하지 않지만, 사서에 단편으로 실린 기록들을 종합하면, 리회는 문후의 스승 또는 재상으로서 실질상 변법개혁을 주도해, 위를 전국칠웅에 으뜸 강국으로 부상시켰다. 게다가 그 결과를 종합·정리하고 각국의 선행 법령들을 참조해 '法經' 6편을 편찬함으로써, 법제사상 획기적 기념비를 남긴 걸로 전해진다. 아쉽게도 그 기념비는 시간의 부식을 견디지 못하고 마멸되어 散失한 걸로 보인다. 위 문후가 李悝를 등용해 대폭 단행한 개혁의 주요 내용은, 각 史料기록을 종합 정리하면 다음과 같다.[4]

첫째, 세습 卿大夫의 신분과 녹봉 제도를 폐지하고, 능력과 공로에

---

3 史記 卷44, 魏世家 第14: "家貧則思良妻, 國亂則思良相."

4 劉澤華等 編著, 中國古代史(上), 人民出版社, 1979, 137-141쪽; 張國華 編著, 中國法律思想史新編, 北京大學出版社, 1991, 127-130쪽; 蘇南, 法家文化面面觀, 齊魯書社, 2000, 28-32쪽 참조.

따른 관직 체계를 실시했다. 이는 노예주귀족의 예제를 봉건귀족, 특히 신흥지주계급의 법제로 전환함에 필수 전제로, 법가 법치사상에 핵심관건이다. 魏 文侯가 爲國之道를 묻자, 리회는 "공로 있는 자에게 식록을 주고, 有能한 자를 관직에 임명하되, 상은 반드시 맞게 시행하고 형벌은 반드시 합당하게 내리다."고 답한다. 文侯가 상벌이 모두 합당한데도 인민이 잘 부응하지 않는다고 불만을 토로하자, 이렇게 답한다. "나라에 淫民이 있나 봅니다. 淫民의 祿을 빼앗아 사방 선비를 부르세요. 아비가 공로가 있어 祿을 받았어도, 그 아들이 공로 없이 받아먹으며, 나갈 때 수레 타고 미려한 갖옷 입는 榮華를 누리고, 집에서는 금슬종고 악기소리를 즐기며 자녀와 안락을 누리면서, 향당의 교화를 어지럽히니, 이런 자는 식록을 빼앗아 사방 선비를 초빙해야 합니다."[5]

둘째, 토지 생산력을 최대화하는 교화와 重農抑末 정책을 실시했다. 구체로는, 국가 토지를 인구에 따라 균등히 배분한 뒤, 그에 상응한 조세·부역을 부과했다. 또 토지의 표준 생산량을 정한 뒤, 실제 작황에 따라 풍년에는 정부가 양곡을 구매 비축해 곡가폭락을 방지하고, 흉년에는 비축해둔 양곡을 방매해 가격폭등을 억제하는 '평적법平糴法'을 시행했다. 법가의 공통 특징은 農戰을 통한 부국강병이 기본핵심이다. 후술하듯이, 명실상부한 법가의 개산시조(鼻祖)로 평가받는 리회도, 바로 농업생산력 증대를 통해 민생안정 및 군비비축을 최급선무로 강력히 추진한 걸로 보인다. 특히, 하부구조로서 국가사회 존립에 토대가 되는 민생경제는 더욱 시급했다.

5 說苑 卷七, 政理: "臣聞爲國之道, 食有勞而祿有功, 使有能而賞必行, 罰必當. … 奪淫民之祿以來四方之士."

이를 위해 첫째로, 리회는 地力(토지의 농업생산력)을 극대화하는 경작 장려책을 시행했다. 정전제를 폐지해 토지사유제를 공식화하고 십일세를 실시했다. 더 이상 개간할 황무지가 거의 없는 상황에서, 기존 토지를 충분히 이용해 뽕나무나 과일·채소 등 생산을 확대하고, 김매기·제초작업 등 근면한 영농으로 단위생산량(소출) 증대를 책려했다.(근면·나태에 따라 1畝당 3斗 차이가 나고, 총 경지600만畝로는 180만斗(18만섬) 차이가 난다고 추산) 특히, 익은 곡식을 적기에 수확해 감량·변질을 방지하고, 자연재해 손실을 최소화하기 위해서 다양한 곡물을 함께 파종해, 대체보완이 가능하도록 강구했다고 한다.

둘째로는, 곡식의 성숙도에 따라 풍흉 수확 편차로 곡가 앙등 및 폭락이 발생하는 것을 방지하기 위하여, 국가가 물가안정에 적극 개입해, 안정된 평년작 균형가를 유지하도록 平糴제를 시행했다. 풍년에 곡가가 폭락하면 농민 손실이 크고, 흉년에 앙등하면 일반 서민이 고통스러워, 양자 모두 민생을 위협해 노탄에 빠지고 유랑을 초래할 위험이 크기 때문이다. 풍년에는 국가가 평년작 가격으로 곡식을 수매·비축해 농민 소득을 보장하고, 흉년에 평년작 가격으로 정부곡물을 방출해 민생을 안정시키는 것이다.(漢書, 食貨志) 말하자면, 老子가 도를 체득한 성인한테 기대한바, "남아도는 것을 취해 모자란 데 보태주는" 균형방책을 시간상으로 펼쳐 시행한 셈이다. 이는 후대 균수均輸법·常平倉·義倉·진대법 등 물가민생 안정책에 효시가 되었다.[6] 그 결과 위나라에는 서민으로 거대한 재산을 축적한 부자와 지게미를 먹는 가난뱅이가 동시 병존하는 빈부격차가 나타났다.(史記, 平准書)

리회의 경제개혁에서 아주 중요한 점은, 경제를 정치안정에 전제요건으로 긴밀히 연계한 것이다. 飢寒으로 인한 불안·유랑에 대비하는

6 蘇南, 法家文化面面觀, 齊魯書社, 2000, 25-32쪽 참조.

한편, 귀족의 호화사치와 농업생산에 불리한 상공업은 인민을 간사한 죄악으로 내몬다고 강력히 금지했다. 魏 文侯가 "형벌의 근원은 어디서 생기나?"고 묻자, 李克(리회)은 이렇게 답했다.

"간사한 淫泆의 소행이다. 무릇 간사한 마음은 饑寒에서 일고, 淫泆은 오랜 굶주림에서 온다. 미려한 조각장식은 농사를 해치고, 화사한 錦繡는 베짜기를 손상한다. 농사를 해침은 기근의 근본이고, 베짜기를 손상함은 추위의 근원이다. 饑寒이 함께 닥쳐 간사한 짓을 하지 않을 자는 없고, 남녀가 미려한 장식으로 서로 뽐내면서 淫泆하지 않을 자도 없다. 고로 위에서 기교를 금하지 않으면, 나라가 가난하고 백성이 사치스러워진다. 나라가 가난해 궁박한 자가 간사해지고 부유한 자가 음일하면, 인민을 간사하게 내모는 것이다. 인민의 간사한 짓을 법으로 주륙해 그 죄를 사면하지 않으면, 이는 인민을 잡는 함정이다. 형벌의 기원은 군주가 근본을 막지 않아서니, 말단지엽으로 쇠퇴함이 나라를 손상시키는 길이다."[7]

전형적 중농억상 정책으로, 로자의 소박한 도덕에 동조하고, 맹자의 민생주의 왕도정치를 엿보인다. 실제로, 魏國에 조세부역은 다른 제후국보다 훨씬 가벼운 걸로 전한다. 西漢 劉向이 쓴 新序에는, 魏 文侯가 털을 보호하려고 갖옷을 뒤집어 입고 나무를 진 길손을 보고, "속가죽이 닳으면 털이 어디 붙어 있겠나?"고 반문하며, 문득 깨달음을 얻었다. 이듬해 東陽에서 상납한 錢布가 10배나 되어 대부들이 모두 축하하자, 문후는 가죽옷 일화를 거론하며 현명하게 답했다.

"전답도 인민도 늘지 않았는데, 돈이 10배로 늘었다면, 반드시 사대부한테 취했을 텐데, 아래가 불안하면 위가 평안히 거할 수 없으

7 說苑, 反質: "魏 文侯問李克曰：'刑罰之源安生?' 李克曰：'生於奸邪淫泆之行. 凡奸邪之心, 饑寒而起; 淫泆者, 久饑之詭也. …民以爲邪, 因之法隨, 誅之不赦其罪, 則是爲民設陷也. 刑罰之起有原, 人主不塞其本, 而替其末, 傷國之道乎?!"

니, 결코 축하할 일이 아니다."[8]

셋째, 吳起를 중심으로 군제를 개혁했다. 엄격한 시험을 통해 常備軍을 선발하여, 부역을 면제하고 田宅을 공급해 전문적 정예 병력을 양성했다. 吳起는 병법전문가로서, 나중에 文侯 사후 武侯 측근의 시기질투로 배제되어, 楚로 건너가 수령이 되었다. 1년 뒤 悼王의 신임 아래 令尹이 되어, 대대적 변법개혁으로 부국강병을 이루어, 리회·상앙과 함께 전국 초중기 3대 변법개혁가로 손꼽힌다. 戰功 포상은 법가 공통의 부국강병책에 핵심인데, 신상필벌과도 밀접히 관련된다.

吳起가 魏 武侯 때 西河를 지키면서 실행한 조치는 아주 유명하다. 국경 부근에 秦의 작은 정자를 제거해 농경을 안정시키고자, 甲兵을 동원하고자 묘책을 냈다. 北門 밖에 수레끌채를 놓고, 南門 밖으로 옮기는 자는 상급 전택을 주겠다고 선언했다. 모두 미심쩍어 가만있는데, 한 사람이 옮기자 호령대로 포상했다. 이어 팥 1섬을 동문 밖에 두고, 서문 밖으로 옮기는 자는 똑같이 포상한다고 하자, 서로 다투어 옮겼다. 이에 "명일 정자를 공격하는데, 먼저 오르는 자는 國大夫 벼슬과 상급 전택을 하사한다."고 선언하자, 사람들이 앞 다투어 달려가 하루아침에 해치웠다.

이에 앞서 李悝는 魏 文侯 때, 上地를 지키면서 인민의 활쏘기 기술을 단련하고자 엉뚱한 명령을 내렸다.

> "누구든지 의심스러운 다툼이나 소송이 있는 경우, 활쏘기 시합을 해서 과녁에 적중하는 자가 승리하고, 적중하지 못하면 진다."

이에 사람들이 앞 다투어 활쏘기를 익혀 밤낮 쉬지 않았다. 나중에

---

8 新序, 卷二 雜事第二: "此非所以賀我也. 譬無異夫路人反裘而負芻也, 將愛其毛, 不知其裡盡, 毛無所恃也. 今吾田不加廣, 士民不加衆, 而錢十倍, 必取之士大夫也. 吾聞之下不安者, 上不可居也, 此非所以賀我也."

秦과 전쟁에서 대승을 거두었다.(韓非子, 內儲說上) 아울러 잦은 병력동원과 승전을 경계했다. 魏 文侯가 吳가 亡한 까닭을 묻자, 李克은 여러 번 전쟁에서 여러 번 승리한 까닭이라고 답했다. 잦은 전승은 국가에 복인데, 망한 까닭이 무엇이냐고 묻자, 李克은 好戰窮兵이 멸망의 길이라고 답한다.

"잦은 전쟁으로 인민은 피폐한데, 잦은 승리로 군주는 교만해져서, 교만한 군주가 피폐한 인민을 다스려 멸망에 이른 것입니다."[9]

넷째, 李悝가 당시 각국 법제를 연구 종합해 '法經'이라는 새 법전을 편찬했다. 晉書 刑罰志는 삼국 중 魏國의 法을 언급하면서, 당시에 秦漢 舊律을 이어받아 사용했는데, 그 文은 魏 文侯의 스승인 李悝로부터 말미암았다고 전한다.

"李悝는 여러 나라 法을 차례로 참조하여 法經을 저술했다. 王政의 시행에 盜賊보다 급한 게 없어서, 그 律은 '盜·賊'편에서 시작했고, 盜賊은 모름지기 수색 체포해야 하므로 '網·捕'(一作囚·捕) 2편을 두었다. 그리고 輕狡、越城、博戲、借假、不廉、淫侈、踰制 등을 합쳐 雜律 1편을 이루고, 또 具律로 형벌의 加減례 등 총론을 갖추었다. 그래서 그가 저술한 법문은 6편인데, 모두 罪名의 제도이다. 나중에 商君(商鞅)이 이를 이어받아 秦을 보필해 개혁했고, 漢은 秦의 법제를 이어받았다."[10]

---

9 新序, 卷五 雜事第五: "魏 文侯問李克曰:'吳之所以亡者, 何也?' 李克對曰:'數戰數勝.' 文侯曰:'數戰數勝, 國之福也. 其所以亡, 何也?' 李克曰:'數戰則民疲, 數勝則主驕. 以驕主治疲民, 此其所以亡也.' 是故好戰窮兵, 未有不亡者也."

10 晉書, 刑罰誌: "是時承用秦漢舊律, 其文起自魏 文侯師李悝, 悝撰次諸國法, 著法經. 以爲王者之政, 莫急於盜賊, 故其律始于'盜·賊'. 盜賊須劾捕,故著'網·捕'(一作囚)二篇. 其輕狡·越城·博戲·借假·不廉·淫侈·踰制以爲雜律一篇, 又以具律具其加減, 是故所著文篇而已. 然皆罪名之制也. 商君受之以相秦, 漢承秦制."

唐律疏議 名例에도 비슷한 기록이 전한다.

> “周가 쇠약해지면서 重刑을 시행했다. 전국시대 법제가 달라져, 魏 文侯가 스승으로 섬긴 李悝는 諸國 刑典을 모아 法經 6편을 지었다. 1盜法, 2賊法, 3囚法, 4捕法, 5雜法, 6具法이다. 商鞅이 전수받아 法을 律로 바꾸었는데, 漢 승상 蕭何가 悝가 지은 6편에 戶·興·廐 3편을 추가해 九章律이라 불렀다.”[11]

이 두 문장이 李悝의 法經에 관한 가장 오래된 기록인데, 李悝의 法經은 中國 正史에 기재된 最古法典인 듯하다. 李悝의 생애에 관해서는, 史記 孟子荀卿列傳과 漢書 食貨志에 “魏에 李悝가 魏 文侯를 위해 地力을 다하는 가르침을 펼쳤다.”는 내용이 전한다.[12] 또, 漢書 藝文志에는 法家로 李子 32편을 전하는데, 章炳麟의 고증은 이러하다.

> “悝는 儒者로 子夏-曾申한테 受業했다. (李悝는 더러 李克이라 적는다.) 史書에 전하는 말은 서로 뒤섞여 다른 것처럼 보이나, 같은 사람일 것이다. 克은 曾申한테 수업하고, 曾申은 子夏한테 수업했다. 藝文志에 李克 7편은 유가에 있는데, 별도로 李子 32편이 悝란 이름으로 법가에 있으니, 이는 마치 伊尹·鬻子·師曠의 서책이 諸家에 걸쳐 나옴과 같다.”[13]

---

11 唐律疏議, 名例: “周衰重刑, 戰國異制, 魏 文侯師於李悝；集諸國刑典, 造法經六篇, 一盜法, 二賊法, 三囚法, 四捕法, 五雜法, 六具法. 商鞅傳授, 改法爲律. 漢相蕭何, 更加悝所造戶興廐三篇, 謂九章之律.”

12 史記, 孟子荀卿列傳: “魏有李悝盡地力之教.”; 漢書, 食貨志: “李悝爲魏 文侯盡地力之教.”

13 章炳麟, 檢論 卷3, 原法: “悝儒者, 受業子夏、曾申. (李悝或作李克), 史書傳說, 駁互不同, 当是一人, 克受詩於曾申, 曾申受之子夏, 而藝文志李克七篇在儒家, 又別有李子三十二篇名悝在法家, 此猶伊尹鬻子師曠之書出入諸家也.” 楊鴻烈, 中國法律發達史, 商務印書館, 1967, 73쪽에서 재인용.

4. 法經 실재 존부에 대한 학설 논란

매우 안타깝게도, 法經과 기타 史書에 기재된 李悝의 저술은 모두 전하지 않는다. 역사 기록조차 매우 간략하여, 겨우 法經의 篇目만 전해올 뿐이라, 구체 내용은 알 수 없다.

法經에 관해서는, 晉書보다 李悝의 생존시대에 훨씬 가까운 史記와 漢書에서 일언반구도 전하지 않는다. 그래서 수십년전 일본에 저명한 중국법제사 학자 仁井田陞은 李悝 法經의 실존성을 의심하기도 했다.[14] 小川茂樹는 그 학설에 동조하면서, 한 걸음 더 나아가 晉書 刑法志의 기록까지 부정했다.[15] 중국학자들은 晉書 刑法志와 唐律疏議에 기재된 李悝 法經에 대해 대체로 긍정하는 편이다. 다만, 漢書 藝文志에 李子 32篇이 法家 첫머리에 나오고 原注에 곧 李悝라고 하지만, 法經이란 명칭이 없으므로 믿을 수 없다며, 부정적 입장을 취하는 학자도 있다.[16]

또, 李悝 法經 기록에 대해 아주 큰 쟁론이 존재함을 인정하고, 史記·漢書뿐만 아니라 전국시기 법가의 저술에도 전혀 등장하지 않는 기이함과, 처음 등장하는 晉書 刑法志와 唐律疏議가 모두 唐人 저술인 바, 이때는 이미 魏 文侯 때로부터 천여 년이 지났고, 진서 형법지서 인용한 魏律序도 전국 초부터 6백여 년 지난 점 등을 들어, 법경 존재에 대한 회의를 합리적으로 공감하는 견해도 있다. 물론, 상앙이 秦에 갖고 들어가 '法'을 '律'로 바꿨다는 기록도 당률소의에 처음 등장할

---

14 仁井田陞, 唐令拾遺, 東京大學出版會, 1933년, 3쪽; 仁井田陞, 中國法制史硏究(刑法), 東京大學東洋文化硏究所, 1959, 180쪽 참조.

15 小川茂樹, "李悝法經考", (著作集第三卷). 守屋美都雄, 中國古代の家族と國家, 第二章"李悝の法經に關する一問題" 548·553쪽; 杜正勝, "傳統法典始原-兼論李悝法經的問題", 勞貞一先生八秩榮慶論文集(臺灣商務印書館, 1986), 425쪽 재인용.

16 徐朝陽, 中國刑法溯源, 臺灣商務印書館, 人人書庫380, 民國58(1969), 臺二版, 30쪽.

뿐, 그 이전에 명문기록이 없다는 이유로 회의적이다.[17]

허나 秦이 가혹한 법치로 분서갱유 등 미증유의 참화를 야기한 탓에, 漢 역사가는 秦律에 대한 忌諱가 莫深했고, 秦律의 鼻祖인 法經을 언급하지 않음은 지극히 자연스럽다는, 설득력 있는 합리적 지적도 있다.[18] 漢 이후 한동안 '법가'에 대한 언급 자체를 몹시 기피했을 거란 합리적 추정으로, 史記·漢書 등에 李悝 法經이 등장하지 않는 이유를 설명해 공감동조를 자아낸다.

한편, 1956년 출판된 明 董說 편저 七國考에는, '魏 刑法 法經' 條에 桓譚의 新論(原作'新書')을 인용해 李悝의 法經을 대략 기술하는데, 晉書 刑法志보다 훨씬 상세하다. 다만, 七國考에서 인용한 桓譚의 新論에 대해, 체코 漢學家 Timo-teus Pokora가 위조 가능성을 제기했다. 그에 대해 일본학자 守屋美都雄은, 明末 董說은 당시까지 전해오던 桓譚의 新論을 직접 보았을 가능성이 있다고 반론하고 있다.[19] 양쪽 쟁론은 팽팽하여, 결정적 자료가 출현하기 전에는 그 진위를 판별하기 어려운 실정이다. 그런 연유에서인지, 근현대 중국학자들은 아예 언급하지 않고 넘어가는 경우가 다수인데,[20] 桓譚 新論이 남송 때 散失해 董說이 인용할 수 없다는 강력한 회의론도 있고,[21] 아예 董說이 진서 형법

17 楊一凡 主編, 新編中國法制史, 社會科學文獻出版社, 2005, 71-72쪽.

18 張晋藩 主編, 中國法制史研究綜述, 1990, 89쪽.

19 앞 주15)에서 재인용한 守屋美都雄와 杜正勝의 문장 참조.

20 예컨대, 沈家本, 刑法攷, 律令一, 歷代刑法考(제2冊), 中華書局, 1985, 843쪽; 李光燦·張國華 主編, 中國法律思想通史(1-3卷), 山西人民出版社, 1994, 465-472쪽; 李貴連 主編, 中國法律思想史, 北京大學出版社, 2000 제2쇄, 104-107쪽; 兪榮根 主編, 中國法律思想史, 法律出版社, 2000, 86-88쪽; 葉孝信 主編, 中國法制史, 復旦大學出版社, 2002, 55-57쪽; 楊一凡 主編, 新編中國法制史, 70-73쪽.

21 楊寬, 戰國史,(修正本 '後記') 上海人民大學出版社, 1980 제2판. (張晋藩 主編, 中國法制史研究綜述, 89쪽서 재인용.); 張國華 編著, 中國法律思想史新編, 130쪽.

지 내용을 갖고 위조했다는 부정론도 있다.[22] 물론, 신빙성을 인정해 언급하거나 구체 내용을 상세히 소개하는 학자도 적지 않다.[23] 특히, 張警은 사료학 관점에서 楊寬의 회의부정론을 상세히 반박하며, 법경은 물론이고 七國考에 인용된 桓譚 新論은 명말에 온전히 존재했다고 긍정해 눈길을 끈다. 董說의 인격과 七國考 내용 연구를 바탕으로 위조설을 반박하고, '법경'의 내용도 상세히 연구했다.[24]

이밖에, 黃奭이 漢學堂叢書에 佚文6편을 편집하고 孫星衍이 서문을 써, "법학 학문이 周 穆王 때 呂刑 이후 춘추시대 刑書·竹書 등이 있었지만, 현전하는 最古는 법경이다"고 평했다는데, 문자도 전국시대 것이 아니고, 체제와 내용은 당률과 흡사해 인정할 수 없다고 한다.[25]

물론, 역사학은 반드시 믿을 만한 사료에 근거해야 하며, 법제사도 예외는 아니다. 歷史의 고증방법에 대해 孔子도 말한 적이 있다.

> "夏禮는 내 능히 말할 수 있으나, (그 후예인) 杞는 징험하기 부족하다. 殷禮는 내 능히 말할 수 있으나, (그 후예인) 宋은 징험하기 부족하다. 문헌이 부족해서다. 문헌이 족하다면 내 능히 징험할 수 있다."[26]

---

22 曾憲義 主編, 中國法制史, 中國人民大學出版社, 2000제1판제1쇄, 55-56쪽.

23 張晋藩 主編, 中國法制史, 群衆出版社, 1982년판본(71-74쪽), 1991년판본(92-94쪽); 楊鶴皐 主編, 新編中國法律思想史, 安徽大學出版社, 1997, 111쪽. 특히, 趙昆坡 編著, 中國法制史, 北京大學出版社, 2002, 66-69쪽과 倪正茂·兪榮根·鄭秦·曹培, 中華法苑四千年, 群衆出版社, 1987, 23-25쪽은 상세한 내용을 소개한다.

24 張警, 法學硏究, 1983 제6기. 張晋藩 主編, 中國法制史硏究綜述, 89-94쪽 재인용.

25 楊鴻烈, 中國法律思想史, 95쪽. "中國古代史史料學"(陳高華·陳智超等著, 北京出版社)에서는 이 책에 서문 저자 孫星衍의 권위를 존중해 전국시대 문헌자료로 수록했는데, 蒲堅(法學硏究, 1984, 제4기)은 元代 王元亮의 唐律疏議注를 맹신한 오류라며, 당률소의 내용을 거꾸로 편집했음을 낱낱이 대조해 밝힌다. 張晋藩 主編, 中國法制史硏究綜述, 94-95쪽 재인용.

26 論語, 八佾: "夏禮, 吾能言之, 杞不足徵也; 殷禮, 吾能言之, 宋不足徵也. 文獻不足故

따라서 七國考에서 인용한 桓譚 新論의 진위문제는 잠시 접어두고라도, 晉書 刑法志와 唐律疏議의 신빙성 여부에 관하여는, 설령 두 서적의 기재가 회의적이라 할지라도, 그것만으로 李悝 法經의 절대 부존재를 결코 확증할 수는 없다. 하물며, 史書 자체도 모든 史實 전부를 낱낱이 기록할 수는 없지 않은가?!

필자 소견으로는, 晉書와 唐律疏議의 기재를 근거로 李悝의 法經을 긍정함이, 史記와 漢書에 法經에 관한 기록이 없다는 이유로 李悝 法經의 존재를 부정하는 것보다는, 史實에 부합할 가능성이 더욱 크다고 여겨진다. 하물며, 전국 말기에 사회경제적 발전도 이미 法經이 출현할 만한 경지에 이르지 않았던가?!

法經의 亡佚 문제는 청말 대 법학자 沈家本도 추측할 뿐이었다.

> "이 책(법전)은 秦法에 근원이라, 틀림없이 焚書 목록에 들지 않았을 것이다. 어느 때 사라졌는지 알 수 없으나, 아마도 董卓의 혼란 때가 아닐까 싶나. 그래서 隋書 經籍志에도 그 명칭조차 없다."[27]

다만, 沈氏가 董說의 七國考를 열람했는지는 알 수 없다. 그러나 어쨌든, 沈氏의 추측이 맞는지 여부와, 七國考 중 齊國考에 인용한 桓譚 新論의 진위 여부는, 서로 다른 차원의 별도 문제다.

5. 法經 편찬의 역사배경과 성격

法經 편찬의 역사배경을 살피기 전에, 우선 중요한 관련 문제를 언급할 필요가 있다. 즉, 과연 法經이 중국 최초에 공포한 성문법(전)인가? 이 문제는 '成文'의 의미와 '公布'의 의미를 동시에 함축한다. '성문'이 반드시 '공포'까지 대표하는 것은 아니기 때문이다. 사실 이 문

也, 足則吾能徵之矣."

27 沈家本, 刑法攷, 律令一, 歷代刑法考(제2冊), 中華書局, 1985, 843쪽 참조.

제의 답안을 찾기는 간단하지 않다. 法經의 歷史意義에 대한 각 학자들의 평가는 언뜻 보기엔 대동소이하나, 그 小異가 본질상의 차이·不同을 함축해 탐구할 가치가 있다.

일찍이 邱濬은, 刑法을 문서화한 것은 法經에서 비롯했다는 견해를 표명했다. 周 때 '周官'에 실린 禁法은 官府 직책으로 分掌했을 뿐, 문서화는 아니라는 것이다. 沈家本은 이를 '臆測'이라고 비평했다.[28] 楊鴻烈은 法經에 대해 단지 "李悝는 중국 성문법전의 창시자"라고 평가했다.[29] 戴炎輝은 "통설은 전국시대 魏國 李悝의 法經6편이 중국 最古法典이라고 하나, 몹시 의심스럽다는 유력 학설도 있다."고 적었다.[30] 허나 2인은 구체 내용을 밝히지 않았다. 徐朝陽은 "魏 李悝가 諸國 刑典을 모아 지은 法經 6편은 중국 성문법전 편찬의 시조다." "諸國 刑典을 모아 후세 법전의 시조가 되어 법전편찬의 기초를 놓은 것은 李悝의 法經이다."고 평한다.[31] 이처럼 法經 이전에 諸國 형전의 존재를 인정하면서도, 法經을 法典편찬의 시조로 평가함은, 그 의도가 더러 '편찬'에 존재할 수도 있겠지만, 그 상세한 함의는 여전히 불명확하다. 陳顧遠의 평론은 자가당착 모순처럼 보인다. 그는 한편으론 法經이 실로 "中國成文法典의 始祖"라고 평하면서, 다른 한편으론 춘추시대 이미 法도 있고 典도 있음을 인정한 것이다. "혹자는 중국에 성문법전은 李悝 法經에서 시작한다고 말하는데, 대개 法經은 집대성한 것이다. 史實을 합쳐보면, 마땅히 晉 趙鞅의 刑書를 으뜸으로 삼든지, 아니면

28 沈家本, 刑法攷, 律令一, 歷代刑法考(제2冊), 1985, 843쪽 참조.

29 楊鴻烈, 中國法律思想史, 1987, 臺7版, 95쪽 참조.

30 戴炎輝, 唐律通論, 國立編譯館, 民國66年, 臺四版, 1쪽 참조.

31 徐朝陽, 앞의 책, 10쪽 및 30쪽 참조. 倪正茂·俞榮根·鄭秦·曹培, 中華法苑四千年, 22-25쪽은 "중국법제사상 첫 번째 봉건형법전 편찬", "춘추전국초기 성문법의 집대성으로 후세 봉건입법의 청사진"이라고 평함.

적어도 鄭 刑書나 晉 刑鼎이 해당할 것이다."[32]

中國에 성문법은 이른바 '黃帝李法'、'政典'、'皐陶造律'이 있다. 또, "夏에 정치가 혼란해지자 禹刑을 만들었고, 商에 정치가 혼란해지자 湯刑을 만들었으며, 周에 정치가 혼란해지자 九刑·呂刑 등을 만들었다."고 전한다.[33] 그러나 '呂刑'이 대강 윤곽만 전할 뿐, 그 나머지는 징험할 문헌이 부족하여 史實로 확정하기에는 조심스럽다. 다만 전술했듯이, 춘추시대 宋에 刑器, 晉에 刑鼎, 鄭에 刑書와 竹刑, 楚에 僕區의 법과 茅門의 法이 각각 있었다. 이 기록은 左傳과 諸子書에 대략 그 편린이 전하니, 이들 법이 單篇의 성문법령으로 인정될 수는 있다. 따라서 일반학자들은 대체로 중국 성문법 제정과 공포가 李悝 法經 이전인 춘추말기까지 소급한다고 동의한다.

李悝가 法經 6篇을 편찬한 일은, 史料 原典 기록으로 되돌아가 그 文義를 자세히 음미하면, 해답을 얻을 수 있다. 晉書에 '悝가 諸國 法을 차례로 찬집하여 法經을 지었다'와 唐律疏議에 '諸國 刑典을 모아 法經6편을 지었다'는 기록은, 李悝가 당시 시행된 각국 법령을 채집하여, 斟酌과 취사선택을 거쳐 비교적 조리 있는 체계적 法經 6편을 편찬했다는 의미일 것이다. 전술한 여러 학자들이 말한 '成文法典'이나 '編纂法典' 등의 용어는, 만약 '비교적 조리 있는 체계적' 法'典'의 함의로 이해한다면, 그 뒤에 나오는 '창시'니 '最古'니 '시조'로 평가한 명사도, 비교적 史實에 부합한다고 받아들일 수 있겠다.

로마도 하루아침에 이루어지지 않았듯이, 法經 자체도 어느 날 갑자기 우뚝 나타난 것은 아니다. 그렇다면 춘추 말기 이래로 각국에 제정 법령이 있었는데, 결국 魏國에서 中國封建法典의 청사진(藍本)을 편

32 陳顧遠, 中國法制史, 臺灣商務印書館, 44쪽 및 99쪽 참조.

33 沈家本, 刑法攷, 律令一, 歷代刑法考(제2冊), 1985, 814쪽 이하 참조.

찬한 역사배경은 과연 어디에 있을까? 법률은 사회경제적 생산관계의 반영이며, 동시에 통치계급의 정치의지의 표현이다. 전술했듯이, 춘추시대에 이미 철기가 보급되어 농업생산력이 신속히 증대하고, 수공업·상업도 상당히 발달했다. 특히, 지방경제의 발전은 봉건제후의 정치상 독립성 강화와, 신흥지주계급의 경제적 세력 증대를 가져왔다. 순망치한 관계의 제후세력과 신흥지주계급은 쉽게 결합해 정치개혁을 도모했는데, 그 중심내용은 당연히 田制 및 軍制의 개혁이었다. 그에 따라 관료제도가 점차 흥기하고 군현제도도 속속 출현했다.

사회경제적 발전과정에서 新舊 정치세력 간에 모순과 투쟁은 필연적이다. 대세를 장악한 통치계급이 기득권을 보호하고 자신의 통치기초를 공고히 다지며, 아울러 구세력의 저항을 타격·제압하기 위하여, 속속 성문법을 제정해 공포한 것이다. 정 子産이 刑書를 주조하고, 晉國에서 刑鼎을 주조한 것들이다.

李悝가 비교적 체계적 법경을 편찬한 것은, 당시 전국초기의 사회경제와 정치가 이미 상당한 정도로 성숙해, 秦國의 중원통일에 기초가 완비되었고, 법률제도 방면에서도 각국 법령을 채집해 비교적 조리있는 법전을 편찬할 여건이 갖추어졌기 때문에 가능했다. 이를 "商君이 이어받아 秦을 보필해 대업을 완수"할 가능성을 제공한 것으로 보는 것도 전혀 무리가 아니다.

철학사상 방면에서 보면, 춘추 각국에 성문법이 속속 출현한 것은, 한편으론 早期 법가의 법치사상이 추동한 결과이며, 다른 한편으론 법가 인물들이 스스로 통치계급의 핵심에 진입해 상당한 정권을 장악한 소치다. 法經도 철학사상 방면에 두 층면의 意義를 지닌다. 그래서 李悝가 早期法家에 대표인물로 인정됨도 당연하다.

陳顧遠이 法經을 "私人의 刑法草案 정도인데, 商鞅이 이어받아 秦을 보필했고, 蕭何가 증폭하여 九章을 만들었다."고 평가한 견해는,[34] 아마도 法經이 魏國 통치권과 전혀 무관하며, 魏相을 담당했던 李悝가 개인적으로 편집해, 공포·시행을 거치지 않은 순수한 私纂法典에 불과하다는 의미일 듯하다.

그러나 위에서 살핀 바와 같이, 法經은 李悝가 魏 재상 신분으로 편찬해 시행한 魏의 國法이었을 가능성이 아주 높다. 史記와 漢書는 모두 魏國 李悝가 地力을 다한 교화를 펼쳤다고 전한다. 李悝가 魏 文侯 때 정치에 참여해 변법을 실행했으며, 法經은 틀림없이 그가 시행한 변법개혁과 상당히 밀접한 관계가 있을 것이다.

진실로 鄭國 子産이 刑書를 鼎에 주조한 기록도, 자산이 집정자 지위에서 제정해 시행한 것이다. 법전편찬에 나오는 구체적 인명만 보고서, 피상적으로 성급히 私人 편찬이라고 속단할 수는 없다. 하물며, 唐律疏議에 "魏 文侯가 李悝를 스승으로 모셔, 諸國 刑典을 모아 法經 6편을 지었다."고 전하지 않는가? 文義로 보면, 法經을 편찬한 주체는 魏 文侯이지, 李悝가 아니다. 어떤 군주가 몸소 실무를 진행할 리가 있으랴? 그럼에도 功名은 모두 君主 자신한테 귀결하지 않던가? 세종대왕이 訓民正音(한글)을 몸소 창제했을까?

6. 法經의 내용과 특색

史料가 전하는 法經 6편은 단지 罪名의 篇目으로 매우 간략하다. 우선 晉書 刑法志에 전하는 기록을 중심으로 그 내용상 특징을 간단히 살펴보면 다음과 같다.

> "王政은 盜賊이 막급한지라, 그 律은 盜·賊에서 시작한다. 盜·賊은 모름지기 수색·체포해야 하므로 囚·捕 2편을 지었다. 그리고 輕狡、越城、博戲、借假、不廉、淫侈、踰制는 한데 모아 雜律1편을 이

34 陳顧遠, 中國法制史, 44쪽 및 99쪽 참조.

루었고, 또 具律로 加減을 정했다."[35]

法經 6편은 盜法、賊法、囚法、捕法、雜法、具法임을 알 수 있다. 唐律疏議에 의하면, 盜法과 賊法은 法經부터 後魏에 이르기까지 줄곧 법전상 따로 분리된 편제를 따랐다.[36] 학자들 연구에 의하면, 先秦 문헌상 '盜'와 '賊'은 현재의 '盜賊'과 같지 않으며, 개념상 명백히 현저하게 구별된다. 荀子 修身편에 "선량(사람)을 해침이 賊이고, 재화를 훔침이 盜이다.(害良曰賊, 竊貨曰盜.)"고 한다. 晉書 刑法志는 張裴의 律表를 인용해, "까닭 없이 공격해 죽임이 賊이고, 자기 물건이 아닌데 취함이 盜이다.(無變斬擊謂之賊, 取非其物謂之盜.)"고 전한다. 대체로 盜는 재물에 대한 침범이고, 賊은 社會、法律、倫理道德의 파괴와 人身상 위해를 가리킨다.[37]

사실, 法經이 규정하는 기본 죄악은 바로 盜와 賊으로, 동서고금 모든 인류사회에 필요한 최저한도의 기본규범일 따름이다. 즉, 漢 高祖가 중원에 진입하기 이전에 제후들과 서약한 約法三章이다. "살인자는 죽이고, 상해와 도둑은 응분의 죄형에 처한다.(殺人者死, 傷人及盜抵罪.)" 또, 漢書 地理志에 전하는바, 箕子가 은나라를 떠나 朝鮮으로 가서 樂浪朝鮮에 인민을 교화했는데, 이때 시행한 犯禁八條 중에 현전하는 3조문도 이에 해당한다. "서로 죽이면 즉시 죽임으로 상환하고, 서로 해치면 곡식으로 배상하며, 서로 도둑질하면 남자는 그 집안에 奴로 몰수하고 여자는 婢로 삼는다."[38]

---

35 晉書, 刑罰志: "以爲王者之政, 莫急於盜賊, 故其律始於盜賊, 盜賊須劾捕, 故著囚捕二篇, 其輕狡、越城、博戲、借假、不廉、淫侈、踰制, 以爲雜律一篇, 又以具律其加減."

36 唐律疏議, 卷第17, 賊盜篇 참조.

37 程樹德, 九朝律考, 臺灣商務印書館, 1973 臺2版, 14-15쪽 ; 杜正勝, 앞의 글, 433-438쪽 ; 張晉藩等編著, 中國法制史, 97쪽.

38 漢書 卷28下, 地理志第八下: "樂浪朝鮮民犯禁八條: 相殺以當時償殺 ; 相傷以穀

이러한 전형적 史例는 모두 法經에 盜와 賊의 범위를 벗어나지 않는다. 재산을 침범하고 국가를 탈취하는 盜는 사유제와 천하국가 질서를 위해하고, 몸을 손상시키고 생명을 해치는 賊은 人身을 위해하여 생산력을 감소시킨다. 양자 모두 인민의 자유와 평안한 생활을 파괴할 뿐만 아니라, 통치계급의 근본이익과도 상호 모순 대립한다. 그래서 李悝가 盜賊을 王政에 가장 큰 걸림돌로 여겨, 그 퇴치를 급선무로 삼은 것은 당연하다. 특히, 전국시대에 아들이 자기 아비를 시해하고, 신하가 자기 군주를 시해하여, 권력을 찬탈하고 국가를 훔치는 사건이 끊임없이 발생했다. 이러한 상황에서, 法經의 盜法과 賊法은 시대적 특색을 다분히 함축·반영하기도 한다.

囚法(網法)과 捕法 2편은, 盜賊의 수색·체포·처벌을 보장하는 보조적 지위와 임무를 가지며, 실체법의 실현을 위한 절차법으로 이해할 수 있다. 어떠한 사회규범도 제아무리 훌륭하고 완전무결하게 정비되었다 할지라도, 만약 실효성 확보를 위한 강제력이 부족하다면, 단지 紙上空文이 되고 말 것이다. 그래서 절차법이 실체법의 실효성 보장을 자기 임무로 삼아, 사회강제력의 구체적 표현으로 독자적 법 영역을 형성하는 것이다.

輕狡(경박·교활)、越城(성곽 넘음)、博戲(도박·희롱)、借假(대차)、不廉(부패)、淫侈(음란사치)、踰制(과분참람) 등을 망라하는 雜法은, 비록 구체 내용을 언급하진 않았지만, 당시 상당히 복잡·변화한 정도로 발전한 사회경제상을 반영하는 잡다한 규제로 추측할 수 있겠다. 물론, 동시에 사회경제적 모순관계도 상당히 중대하고 심각했음을 엿볼 수 있는 단서가 되기도 한다.

마지막 具法은 후대 법전에서 맨 앞 으뜸 자리를 차지하는 '刑名·法

償；相盜者，男沒入爲其家奴，女子爲婢. 欲自贖者，人五十萬."

例’의 濫觴으로, 史料의 단편적 기록에 의하면, 형법 적용상 주객관상 여러 정황에 따른 형벌의 가감례를 규정한 것으로 보인다. 국가의 특별한 형사정책이나 정상참작 사유 등이 포함되지 않았을까?

그러면 法經에서 비롯해 漢律에도 이어진 ‘具’法 - ‘具’律은 과연 무슨 뜻일까? 名例·총칙을 왜 그 당시에는 ‘具律’이라 명명했을까?

‘具’는 甲骨文에 보면, 솥(鼎)을 아래서 두 손으로 받들어 올린 모습인데, 金文에선 조개(貝)로, 小篆에서는 눈(目)으로 생략되어 바뀐 것으로, 설문해자에서 ‘함께 두다(共置)’로 풀이한다. 한편, 共은 갑골문과 금문에는 두 손으로 한 그릇(器)을 받든 모습인데, 小篆에서 廾 모양으로 바뀌어, 설문해자에서 ‘함께(同)’로 풀이한다. 단옥재 주에서는 ‘廾’을 ‘二十’의 축약형으로 보아, 20인이 모두 손을 내밀어 힘을 합친 걸로 풀이한다. 한편, ‘共’의 가차자로 통용하는 ‘供’은 ‘設’置·‘供給’의 뜻이고, ‘具’와 통용되던 ‘俱’는 설문에서 ‘모두(皆)’로 풀이하는데, ‘偕’로 잘못 표기된 판본도 여럿이다. 참고로, ‘偕’는 ‘彊’함과 ‘俱’로 풀이된다.[39] 이러한 문자풀이를 종합하면, ‘갖출 具’든 ‘함께 俱’든, 둘 이상 다수가 함께 공동으로 물건을 들거나 협력함을 뜻하니, ‘具律’은 다른 모든 율이 공동으로 떠받들어, 즉 모든 율 전반에 공통으로 적용되는, ‘일반총칙’이란 의미를 내포하게 된다.[40]

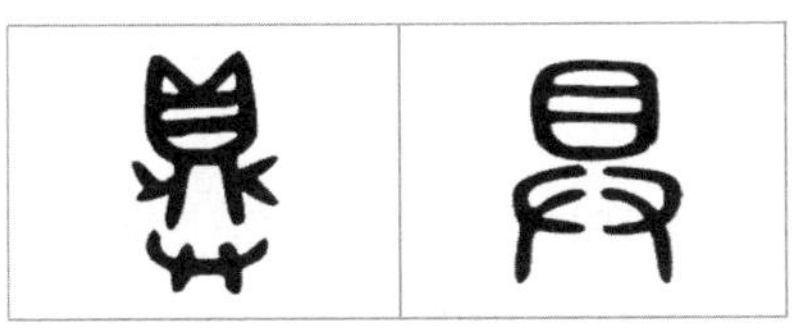

‘具’자 金文, 說文解字 글꼴

---

39 說文解字注, 許愼 著, 段玉裁注, 漢京文化事業公司, 1980, 105쪽·375-376쪽; 王延林 編著, 常用古文字字典, 上海書畫出版社, 1987, 152-153쪽 참조.

40 졸고, 삼국시대 ‘科’ 입법과 그 법적 특징, 인하대 법학연구 제22집제1호(2019.3.), 138쪽 각주에서 재인용.

다음으로, 董說의 七國考에 인용한 桓譚의 新論에 실린 李悝 法經의 내용을 대략 소개하기로 한다. 비록 진위 문제는 여전히 쟁론이 있지만, 전술한 것처럼 사료학상 근거로 실재가능성을 적극 긍정하는 유력설이 존재하므로, 본고도 참고자료 삼아 정리해 본다.

七國考에 인용한 桓譚의 新書에는, 晉書가 전하는 法經의 篇目 외에, 正律·雜律·減律로 3分한 구체 내용이 대략 실려 있다.

제1편 盜法에는, 大盜는 변방 戍卒에 처하는데, 엄중하면 사형이다. 宮(남의 방)을 몰래 엿보면 臏형에 처하고, 유실물을 주워 가지면 刖刑에 처하는데, 盜心이 있기 때문이다.

제2편 賊法에는, 살인자는 주륙하고 가족과 처족을 몰수하는데, 2인을 살해하면 외가(母族)까지 몰수한다.

제3편 囚法(網法)과 제4편 捕法은 구체 내용이 전하지 않는다.

제5편 雜法은 구체 내용이 '6禁'으로 나뉘어 상세히 전한다.

남자가 1처2첩이면 귀를 베고, 2妻면 주륙하고, 妻가 외도하면 궁형에 처함이 淫禁이다. 문리해석상 1처1첩은 공식 허용한 듯하다.

부절을 훔치면 주륙하고 가족을 몰수하며, 옥새·관인을 훔치면 주륙하며, 국가법령을 의론(시비)하면 주륙하고 가족과 처족까지 몰수함이 狡禁이다.

1인이 성을 넘으면 주륙하고, 10인 이상이면 그 마을과 가족까지 모조리 도륙함이 城禁이다.

도박유희는 벌금이 3幣인데, 태자가 1회 博戲하면 회초리로 다스리고, 그치지 않으면 엄중히 때리며, 그래도 그치지 않으면 폐위함이 嬉禁이다.

대중이 1일 이상 군집하면 심문하고, 3,4,5일 군집하면 주륙함이 徒禁이다.

승상이 금품을 받으면 좌우 측근을 주륙하고, 犀首(무소우두머리: 장군) 이하가 금품을 받으면 주륙하는데, 금품이 1鎰 이하면 죽이지 않고 벌금에 처함이 金禁이다. 이밖에, 대부 집안에 제후 물품이 1개 이상 있으면 전 가족을 몰살한다.

法經에 具法은 형벌의 가감례로, 新書에는 減律로 적었다. 죄인이 15세 이하면, 중죄는 3등급, 경죄는 1등급씩 감경한다. 60세 이상이면, 소죄는 정황을 참작해 감경하고, 중죄는 사리를 분별해 감경한다.[41]

무릇 자연계의 因果律에는 까닭 없는 탈선이나 예외가 존재하지 않는다. 모든 자연현상은 다 物理에 따라 운행한다. 바로 老子가 말한 대로, "하늘의 그물(인과법망)은 텅텅 빈 듯하지만, 아무리 성글어도 빠져나가지 못한다."(天網恢恢, 疏而不漏.) 그러나 인류 사회규범은 비록 천지자연을 본받아 원만한 이상을 추구하지만, 천태만상의 사회현상을 완전무결하게 규정할 수는 없다. 그래서 인류의 법률은 合理성과 合情성을 동시에 구비하도록, 부단히 노력해 탄력성을 강구하고 흠결을 보충하려고 도모한다. 法經에 具法은 진실로 이러한 긴장관계를 조정하는 일종의 완충장치인 셈이다.

이상을 종합 정리해보자. 일반 봉건법률이 기득권을 보호하고 반항세력을 제압해, 통치계급의 정치권력을 공고히 보장함을 이념으로 삼듯, 法經도 본질상 신통치권력의 정치이익과 신지주계급의 경제이익과 군주전제를 보호·유지하고, 봉건통치계급 내부관계를 조정하며, 인민의 재산권과 생명·안전을 보장해 국가사회 안정과 통치계급 이익을 확보하고자, 법가의 엄형중벌을 시행한 걸로 보인다.[42]

---

41 七國考, 卷12, 魏刑法, 法經條. 楊家駱主編, 中國學術名著, 歷代會要第一期書, 第一冊, 世界書局, 民國49年, 366-367쪽; 趙昆坡 編著, 中國法制史, 66-68쪽 참조.

42 倪正茂·兪榮根·鄭秦·曹培, 中華法苑四千年, 23-25쪽; 張晋藩 主編, 中國法制史, 1982(71-74쪽), 1991(92-94쪽); 趙昆坡 編著, 中國法制史, 68-69쪽 등 참조.

7. 商鞅이 '法'經을 秦'律'로 바꾼 게 사실일까?

李悝의 法經이 실재했다면, 후대 법전편찬에 끼친 영향은 실로 매우 深遠하다. 법경의 기본내용과 편찬형식은 장기간에 걸쳐 중국 역대 법전이 죽 계승해 활용했다. 전술했듯이, 역사에는 商君이 이를 이어받아 秦을 보필하면서, '法'을 '律'로 바꾸어 秦律을 편찬했다고 전한다.[43] 곧, 盜律、賊律、囚律、捕律、雜律、具律이 되는 셈이다. 허나 워낙 오래된 사건이고, 현전 문헌사료가 매우 희소한 관계로, '법경'의 실재 존재 여부와 마찬가지로, 과연 상앙이 정말로 李悝의 法經을 가지고 秦에 들어가 변법개혁하면서 '法'을 '律'로 바꾼 게 史實인지, 의구심과 논란에 여지가 있다. 참고로, 대표적 찬반 의견을 각각 간단히 요약해 소개하고, 최근 종합 견해와 필자의 鄙見을 적기로 한다.

최근 출토한 "雲夢秦墓竹簡"에 보면, 秦은 이미 확실히 '律'이라 호칭했고, 대체로 청률까지 죽 이어졌다. 전국시대에는 '法'이 일반 호칭으로 널리 쓰였고, '刑'은 夏 이래 기본 호칭이었으며, '法'과 '律'이 기본 호칭으로 쓰일 때도 함께 쓰였다. 고대 刑·法·律은 서로 훈석(互訓)할 정도인데, 상앙이 왜 굳이 法을 律로 改稱했을까?

1. 우선 독특한 관점에서, 상앙의 '法→律 改稱'의 원인을 적극 피력한 찬성의견이다.[44] 이는 중국법제사상 매우 중대한 획기적 전환으로, '죄'와 '벌'의 문제에서 중국 고대법이 '벌' 위주에서 '죄' 중심의 量刑으로, 저급에서 고급으로 진보한 봉건법 형성 과정이라고 본다.

첫째, 詞義상 고대 刑·法·律은 모두 명사·동사로 쓰이지만, 서로 연

---

43 晉書, 刑罰誌: "悝撰次諸國法, 著法經.…商君受之以相秦, 漢承秦制."; 唐律疏議, 名例: "魏 文侯師於李悝, 集諸國刑典, 造法經六篇,…商鞅傳授, 改法爲律. 漢相蕭何, 更加悝所造戶興廐三篇, 謂九章之律."

44 程天權, "論商鞅改法爲律", 復旦學報(社會科學版), 1983.1, 68-71쪽. 張晋藩 主編, 中國法制史硏究綜述, 101-104쪽에서 재인용.

용하지는 않으며 구분된다. 刑은 주로 형벌을 지칭하며, 죄의 내용을 포괄하지 않는다. 律은 사람을 約束하는 행위준칙으로, 죄명을 바로잡음이 주 내용이니, 죄·형을 모두 포함한다. 法은 본의가 刑으로 법칙의 뜻이 파생했는데, 한계가 있게 핍박함이다. 따라서 상앙이 자의로 법을 律로 바꾼 게 아니라, 법을 단지 형벌로 귀결하거나 형벌로부터 연구하는 전통 관념을 부정하고, 죄의 관점에서 법을 새롭게 연구하는, 창시적인 새로운 인식의 전환이다.

둘째, 서주부터 춘추까지 역사를 반영한 좌전에는 '刑'이 68회, 주로 '作法' 의미로 쓰이고, '法'은 8회, '律'은 7회(음률 포함) 나온다. 전국시대 맹자에는 '法'이 10회, '刑' 1회, '律' 0회다. 秦簡에는 '律'이 88회, 그중 '律名'이 18회 나오는데, 그중 魏 律名이 2곳, '法律' 연용이 3곳 나오고, '法'은 10회('廢'와 상통하는 용례 제외), '刑'은 25회('법률' 통칭 의미는 없음) 나온다. 춘추전국시대 신흥지주계급의 급부상으로, 강렬한 권력 재분배 요구가, 각국에 경쟁적 변법개혁 운동을 촉발해, 성문법 공포가 줄이었다.

법은 안정적 근거로서 '공평권리'를 취득하는 의지처가 되었고, 李悝 등 법가 인물이 1차로 '刑→法'의 개혁을 이루어, 법전 본문에 죄명을 열거했다. 최초로 '죄'의 각도에서 법률을 제정해 '以罪統刑'을 창시했으나, '법'의 본의는 '형'이라서 철저한 개혁이 되지 못했다. 리회는 이론상 종합결론을 성취했고, 제도상 확고한 완성은 상앙의 '法→律' 改稱이다. '律'로 '죄명'을 바로잡음으로써 '죄' '형'이 서로 호응하여, 고대법에 비약적 발전을 이루었다. (노예제 → 봉건제 변화를 법제상 '以刑統罪'에서 '以罪統刑'로 획기적 전환으로 봄이, 현대 중국법사학계에 보편 통설이다. 다만, 李悝의 法經을 기준으로 보기도 한다.[45])

45 張國華 編著, 中國法律思想史新編, 130쪽.

한편, 죄명과 형벌은 불가분 관계로, 법경 6편에선 중요한 사법원칙을 천명한 총칙(명례)에 해당하는 具法을 맨 뒤에 두어, 죄와 형의 관계도 이론상 기술이 없었다. 진률도 그대로 그 체계를 답습했고, 한률은 거기에 3장을 덧보태 具律이 중간에 위치했다. 삼국시대 魏律 18편은 '具律'을 '刑名'으로 바꾸어 제1편에 앞세움으로써, 아주 중대한 의의를 갖는다. 唐律에 이르러 봉건 법제는 최고 절정에 달한다.

상앙이 왜 '法 → 律'로 바꾸었을까? 그 참된 이유는 본인이 밝히지 않았고, 후대인도 잘 모른다. 宋은 '刑統'이라 부르고, 元은 通制·典章으로 불렀다가, 明律에서 '律'로 회복했다. 秦律이 가혹한 暴政으로 금세 멸망한 까닭에, 역대 秦을 역사귀감으로 삼았는데, '律'을 '법'이나 '형'으로 다시 개칭하지 않은 이유는 명실상부하기 때문이다. '율'은 '형'보다 과학적이고, '법'보다 확실하며, 진률의 조문 분별이 죄와 형의 상응체계에 모범이 되었다.

송은 '형통'이라 불렀지만, 실제로는 당의 율령격식을 그대로 답습하고, '勅'으로 '律'을 대신했다. 원은 유목민족으로 야만형벌이라 잠시 후퇴했으나, 명청 대 회복했다. 刑·法·律은 李悝·상앙 이전부터 있었고, 그 후에도 계속해서 고금에 걸쳐 3자 상통 의미로 혼용되고 있어, 명확한 구분이 어렵다. 허나 정미한 차이를 파악해 역사발전의 관점에서 연구 관찰하면, 상앙의 개혁은 심오하고 미묘한 의의를 지니는 법제사상 위대한 거동으로, 찬란한 광휘로 기억될 것이다.

2. 이에 대해 회의와 질문의 근거도 만만찮다.

첫째, 당률소의·唐六典注·睡虎地秦簡 모두 상앙이 '法 → 律'로 바꾼 史實의 증거로는 부족하다. 당은 시간상 거리도 멀고, 당 태종이 어찬한 '진서 형법지' 관련 기재는 張裴의 '律表'를 인용해, 법경 편목이 상앙 이전에 '律'로 호칭했다. 명 董說의 七國考도 桓譚 新書를 인용해, 법경을 '正律'·'雜律'·'減律'로 적었다. 睡虎地秦簡은 진시황 시기에 쓴 것이므로, 진시황 시기에 '法→律' 개칭 사실만 증명한다.(상앙 소급 불분명) 내용상 당시 6국과 후대 법률도 모두 법경과 범위가 대체로 일치하고, 秦 법률문답 필사 시기는 일러도 상앙 사후로 추정된다. 軍功으로 전택과 벼슬을 포상함은, 당시 각국 변법에 기본내용이므로 독특성을 인정하기 어렵다.

둘째, 상앙 변법과 관련한 秦漢 史籍(순자, 한비자, 사기, 려씨춘추, 전국책, 회남자, 염철론, 新序, 한서 등) 가운데, '法→律'로 바꾼 흔적을 찾을 수 없다. 오히려 상앙의 주요 정치주장은 '爲法'·'行法'이고, 변법의 주요법률형식도 '法'과 '令'이다. 상앙의 법은 '罰'과 '賞'이고, 변법의 내용은 定罪量刑의 범위를 훨씬 초과한다.

셋째, 상군서 20편에도 '法→律'로 바꾼 근거를 찾을 수 없다. 대부분 상앙 친저로 법률 방면 기술이 많으나, '法''令''約''刑'이 많다. '律'은 3회뿐인데 '원칙' '常規' 의미고, '均布'나 '정죄양형' 의미는 아니다. 반면 상군서에 '법'은 '나라에 權衡' '君臣의 共操' '관부에 비치한 헌령'으로, 신불해의 術, 신도의 勢와 함께 상앙의 법이 법가의 法術勢로 일컬어진다. 따라서 상앙 이전에 6국에서 '律'이 법률규범으로 등장했고, 秦이 '法→律'로 바꾼 건 상앙 사후 진시황 통일 이전이라고 본다.[46]

3. 최근 종합의견으로, 商鞅이 "法을 律로 바꾼" 사실을 긍정하면서, 사회문화 특히 법률양식 각도에서, 秦이 "法을 律로" 바꾼 원인을 탐구한 글이 눈에 띈다. 선진법률사 발전3단계설을 제시한 것으로, 三代의 "以刑統例"에서 전국의 "以法統令"을 거쳐 秦의 "以律統刑"으로 변화했다는 설명이 중심주제이나, 과연 "상앙이 法을 律로 바꾼 건지?" 역대 찬반의견을 일목료연하게 정리해 참고할 만하다.

46 江必新, "商鞅「改法爲律」質疑", 法學雜誌, 1985.5. 張晋藩 主編, 中國法制史硏究綜述, 96-101쪽서 재인용. 祝總斌, "關于我國古代的'改法爲律'問題", 北京大學學報(哲社版), 1992년제2기, 42-54쪽도 믿을 수 없다고 여러 논거를 든다.

우선, 법경 및 상앙의 개칭 사실을 전하는 역사기록의 신빙성은 일단 긍정한다. 조정에 최고 수준의 지식인이 편찬을 주도하고, 당시 대량의 관방 및 민간 문헌자료가 존재해 편찬에 유리했으며, 춘추필법으로 대표되는 전통 역사관과 史官의식이 杜撰·왜곡 가능성을 거의 두절하므로, 현전 역사기록의 진실성은 믿어도 좋다는 것이다.

그러한 광범위한 근거에서, 청말 沈家本부터 현대에 이르기까지, 수많은 (법)사학자들이 상앙의 '法 → 律' 개칭을 긍정한 주류 통설을 자세히 소개한다. 다만, '律'명의 법전은 西漢에서 시작했다는 부정론,(明 丘浚, 청말 梁啓超) 소극적 보수적 관점에서 확증이 없다고 유보하는 견해,(戴炎輝, 淺井虎夫) 새로운 출토자료가 없는 한 쟁론은 실질 의의가 없으나, 일체 사료기록을 전면 부정함은 시기상조라는 신중한 견해, 1930년대 이후 계속 제기된 質疑 견해,(江必新, 祝總斌) 그리고 이에 대한 반론(吳建璠) 등등을 차례로 소개한다.

이어 필자 자신의 견해를 피력한다. 당시 경천동지할 秦국 변법과 '法 → 律' 개칭이 사서에 보이지 않음은 정말 의아하지만, '秦律'을 "가을 쑥바귀처럼 무성하고 엉긴 기름처럼 치밀하다"(繁如秋荼, 密如凝脂: 杜詩)、"모든 재산취득에 합당한 法式이 있다"고 표현한 게 문학적 과장인 줄 알았는데, 1975년 '睡虎地秦墓竹簡'이 출토해 조금도 틀림없는 사실임을 알게 되었다. 이에 사서 기록에 전하지 않는 이유도 나름 추측해본다.

당시 낙후한 벽지에 夷狄으로 여겨진 秦의 국내활동에 대해, 당시 주류 선진 6국에서 대수롭지 않게 여긴 탓인가? 진이 가혹한 법치로 단명한 결과, 후세 학자들이 진의 역사 언급을 기피했을까? '변법' 활동은 법률전문가 일로, 소수 관련애호자나 언급할까? 일반 유가 문인묵객들은 경전공부로 녹봉 얻기에 바빠 관심을 가질 겨를이 없었나?

적어도 秦의 '法 → 律' 개칭이, 李悝의 法經에서 秦律로 변화를 지칭함은, 쟁론이 없는 사실이다. 法經의 眞實存在 여부와 商鞅이 개칭했는지 여부는 쟁론 중이지만, 부정 의견은 지금까지 결정적 증거를 제시하지 못한다. 秦國의 '法 → 律' 개칭은 이웃나라 法經을 秦國의 구체정황과 결합한 장기간 입법사법실천의 산물이며, 적어도 그 선구자는 商鞅이다. 商鞅 이전에 '律'자에 '軍紀'·'軍令'의 함의로 널리 쓰였고, 法律·法令 의미의 '律'자도 商代에 출현했으며, 전쟁 중의 군률도 音律에서 왔다. 상무정신이 투철한 秦은 군기·군령의 律이란 법률형식을 국가 법률의 각 영역까지 확장해, "군법의 律로 刑典의 호칭을 삼은 것이다." 전쟁과 군대 기율은 지극한 권위를 지녀, 전체 臣民의 언론행위를 통일하기 쉽고, 더욱 중요한 점은 律이 다른 법률양식이 갖추지 못한 "諸項合一"의 장점을 지니기 때문이다.[47]

요컨대, 하은주 삼대에는 법규범의 일반 호칭으로 '刑'이 쓰이고, 전국시대 급속한 사회경제적 변화로 노예제가 봉건영주제로 전환하면서, 급부상한 신흥지주계급의 이익요구로 중앙집권군주제가 확립되는 과정에서, 새로운 법형식인 '法'으로 바뀌는 과도기 변화를 거쳤다. 최후에 중원통일의 시대적 요청에 맞춰, 획일적 평등을 강력히 요구·상징하는 '律'로 획기적 대전환을 이루었다. 거기에는 鐘鼓로써 군령(북은 진격, 징은 철군)을 하달 지휘하는 일사불란한 군대 紀律의 속성과, 秦의 상무정신 및 법가의 農戰 장려 법치주의 사상이 함께 깃들어 있음을 알 수 있다.

필자 생각에, 모든 변법개혁이 하루아침에 성공해 명성이 완성되는 것은 아니다. 이러한 역사적 경험지혜에 비추어보면, 상앙이 처음 '법'을 '律'로 바꾸는 개혁을 착수했어도, 즉시 가시적 성공효과가 나타나

47 武樹臣, "秦'改法爲律'原因考", 法學家, 2011年第2期. 인터넷 "愛思想"에 실린 글 참조. http://www.aisixiang.com/data/89840-4.html(최근검색일: 2021.11.29.)

지는 않은 채 일정 기간 지속하면서, 진시황의 천하통일에 맞추어 법 형식의 획기적 획일적 변경이 확정되었다고 볼 수 있다.

적절한 비유인지는 모르겠으나, 우리가 현재 쓰고 있는 아라비아숫자는 본디 인도숫자(지금도 쓰고 있음)로, 아라비아 상인을 거쳐 중세 유럽에 전해졌는데, 유럽인들은 자기네가 직접 접촉해 받은 아라비아 고유로 오인해 '아라비아숫자'로 불렀다고 한다. 역사상 최초 창시자 이름(명칭·명망)이 잊힌 채, 그 승계자가 주인으로 행세하는 사례는 부지기수로 많지 않은가?

비록 상군서에서 주로 '法'이란 호칭을 쓰고 '律'이 잘 등장하지 않을지라도,(상앙은 그때까지 인민대중한테 낯익은 '법'이란 개념으로 자신의 변법개혁 사상 전달의 효과를 극대화하려 했을 것이다.) 실질 내용상 '壹賞'·'壹刑'·'壹教' 같은 획일적 평등·균등을 유난히 강조·역설하여, '균등한 분포(均布)'를 뜻하는 '律'의 본의에 완전히 정합하는 개념과 사상을 펼치고 있다. 따라서 秦의 '法 → 律' 개칭에 굳이 꼭 상앙을 배제할 필요는 없다.

다만, 한 가지 기특한 가능성이 문득 번갯불처럼 뇌리에 스쳐간다. '罪'의 본자는 '辠'였는데, '皇'과 비슷하다는 이유로 진시황이 '罪'로 바꾸었다고 한다. 이러한 통설처럼, '灋'-'乏'-'廢'의 글자가 고대 상통 互用한 사례에 비추어, 진시황이 '灋'이 '乏' '廢'와 상통 혼동하는 부정적 이미지를 완전히 지우기 위해서, 법 형식 명칭을 '律'로 최종 확정해, 도량형 및 마차궤도 폭·문자 통일과 함께 획일화한 완성자일 수는 있겠다.(이는 순전히 개인 靈感상상이며 私見임)

앞서 춘추 말 晉의 刑鼎 주조와 관련하여, 법치 사조의 발상지로서 晉의 역사문화를 소개했다. 晉의 三分으로 나온 魏가,[48] 祖國인 晉의

48 三國演義 첫머리에, "天下大勢는 分久必合이요, 合久必分이라"고 하더니, 춘추

역사문화 바탕 위에서, 전국 초 문후의 개혁과 李悝의 법경 편찬으로, 칠웅에 선발주자로 급부상한 경위도 비교적 상세히 살폈다. 끝으로, 상앙이 법경을 가지고 秦에 들어가 '法'을 '律'로 개칭하며, 秦律 변법 개혁을 단행해 천하통일에 기반을 다진 문제도 검토했다.

이 과정에서, 晉의 刑鼎 나무가 魏 법경의 꽃을 활짝 피우고, 마침내 秦律로 천하통일 열매를 맺었다는, 비유적 평가가 나와 눈길을 끈다. 秦은 晉보다 더 서쪽에 치우친 편벽지로, 夏族의 후예이자 戎狄의 나라다. 공자가 西行으로 천하를 주유할 적에도 발길이 닿지 않았던지라, 엄격한 봉건 종법제의식이 형성되지 않았고 상무기풍이 강하여, 법가의 農戰 위주 법치사상이 꽃필 최적의 토양을 갖추었다. 秦에는 殉葬 풍속이 오래까지 이어져, 시경에도 애도하는 시가 전하고, 공자는 순장 대용 俑을 처음 만든 자는 후손이 끊길 거라고 저주에 가까운 비평을 했다.(실제로 진시황릉에 엄청난 방대한 병마용을 附葬했고, 秦은 곧 멸망하고 말았다.) 여러 가지 유사한 점들을 비교해볼 때, '晉의 수레에 秦의 바퀴'라는 연결비유도 있고, 특히 魏 '法'經이 秦'律'로 변화·발전하면서, 현대에 우리가 흔히 쓰는 '法律'이란 단어가 형성되었다는 총평도 상당히 유의미하게 느껴진다. 아울러 최근 출토한 "睡虎地秦墓竹簡"에 魏의 '戶律'과 '奔命律'이 함께 나와, 양자의 긴밀한 상관관계를 분명히 반증하여 눈길을 끌기도 한다.[49]

8. 맺음말 – 法經이 후대 법전에 끼친 영향을 덧붙여

역사가 전하는 바에 따르면, 漢初 蕭何는 '秦法'에서 쓸 만한 것을

시대 晉이 韓·魏·趙 삼국으로 나뉘어 전국시대가 되더니, 후한 이후 鼎立한 魏·吳·蜀 삼국이 통일되며 晉이 다시 등장했다.

49 李光燦·張國華 主編, 中國法律思想通史(1-3권), 山西人民出版社, 2001, 431-437쪽.

가리고 골라, 거기에 戶·興·廐 3편을 추가 증보하여 九章律을 이루었다. 그러니 法經은 직접 秦漢 통일 법전인 律令체계 확립에 핵심 기반을 제공한 셈이다. 남북조 시대 여러 법전도 모두 法經을 뒤이어 손익·증감한 결실임은 두말할 나위가 없다. 法經이 현전하는 最古의 법전인 唐律까지 계승된 정황에 대해서는, 唐律疏議 각 편의 서두에 비교적 상세한 설명이 전한다.[50] 법경 편목 순서대로 소개해본다.

賊盜편: "賊盜律은 魏 文侯 때 李悝가 처음 法經을 제정할 적에, 盜法과 賊法으로 나누어 法의 篇目으로 삼았다. 秦漢부터 後魏까지 모두 賊律과 盜律로 불렀다. 北齊 때 둘을 합쳐 賊盜律로 명명했고. 後周 때 劫盜律로 바꾸었다가 다시 賊叛律로 불렀다. 隋 開皇 때 합쳐 賊盜律로 명명하여, 지금까지 이어진다."[51]

斷獄편: "斷獄律의 명칭은 魏에서 비롯한다. 魏가 李悝의 囚法에서 일부를 나누어 이 편을 새로 만들었다. 北齊 때 다시 捕律과 서로 합쳐 명칭을 捕斷律로 바꾸었고, 後周 때 다시 斷獄律이 되었다."[52]

捕亡편: "捕亡律은 魏 文侯 때 李悝가 제정한 法經 6편 중 捕法 제4로, 後魏에 이르러 捕亡律로 명명했다. 北齊 때 捕斷律로 부르고, 後周 때 逃捕律로 바꾼 뒤, 隋 때 다시 捕亡律로 바꾸었다."[53]

---

50 法經부터 隋唐律까지 篇目 차례는, 梁啓超가 一目了然한 도표를 작성하였다. 梁啓超, "論中國成文法編制之沿革得失", 飮冰室文集之十六, 臺灣中華書局印行, 21-22쪽 참조.

51 唐律疏議 卷第17, 賊盜篇: "賊盜律者, 魏 文侯時, 里悝首制法經, 有盜法、賊法、以爲法之篇目. 自秦漢至後魏, 皆名賊律、盜律. 北齊合爲賊盜律. 後周爲劫盜律, 復有賊叛律. 隋開皇合爲賊盜律, 至今不改."

52 唐律疏議 卷第29, 斷獄篇: "斷獄律之名, 起自於魏, 魏分里悝囚法而出此篇. 至北齊, 與捕律相合, 更名捕斷律. 至後周, 復爲斷獄律."

53 唐律疏議 卷第28, 捕亡篇: "捕亡律者, 魏 文侯之時, 里悝制法經六篇, 捕法第四. 至後魏, 名捕亡律. 北齊名捕斷律, 後周名逃捕律, 隋復名捕亡律."

雜律편: "李悝가 처음 法經을 제정할 때 설치한 雜法의 편목이 차례로 죽 이어지며 오랜 세월 내려왔다. 그러다가 後周에 이르러 雜犯律로 바꾸었다가, 隋 때 다시 '犯'자를 제거해 雜律로 환원했다."[54]

名例편: "魏가 漢律을 바탕으로 18편을 편찬하면서, 漢의 具律(法經의 具法)을 刑名第一로 바꾸었다. 晉이 賈充 등한테 명하여, 漢、魏律을 손익·증감해 20편을 제정하면서, 魏의 刑名律에서 나누어 法例律을 두었다. 宋·齊·梁과 後魏 때도 바꾸지 않고 답습했다. 北齊에 이르러 刑名과 法例를 합쳐 名例로 명명했다. 後周 때 다시 刑名으로 바꾸고, 隋는 北齊에 따라 다시 名例로 되돌렸다. 唐은 隋를 계승해, 고치지 않고 답습했다."[55]

비록 단지 篇目 명칭의 유래만 기록했지만, 내용상으로는 法經이 唐律에 끼친 영향의 계통이 어떠한지만 알 수 있다. 法經이 唐律 이후 여러 법전에 끼친 영향은 더 말할 나위가 없다.

요컨대, 法經부터 唐律까지 천여년 동안 피차 형식상 증가、감소、분할、합병의 차이는 있지만, 본질상 법률의 내용、체계、원칙은 전혀 다르지 않다. 각 朝代의 구체적 역사조건에 따라 각 朝代 법률의 상이한 특징이 나타나지만, 이는 단지 근본은 같고 말단은 다른 대동소이로, 현상적 차별일 따름이다. 그 주요 원인은, 중국 봉건왕조의 사회경제적 기초에는 근본상 변혁이 없으며, 법률이 반영하는 통치계급의 이익과 의지도 일찍이 근본상 변화가 없었기 때문이다.

---

54 唐律疏議 卷第26, 雜律篇: "李悝首制法經, 而有雜法之目. 遞相祖習, 多歷年所. 然至後周, 更名雜犯律, 隋又去犯, 還爲雜律."

55 唐律疏議 卷第1, 名例篇曰: "魏因漢律爲一十八篇, 改漢具律(即法經的具法: 筆者注)爲刑名第一. 晉命賈充等, 增損漢、魏律爲二十篇, 於魏刑名律中分爲法例律. 宋齊梁及後魏, 因而不改. 爰至北齊, 併刑名、法例爲名例. 後周復爲刑名, 隋因北齊, 更爲名例. 唐因於隋, 相承不改."

"나아가 법리상 탐구 토론해보면, 조문 정리는 전국시대 전성을 이루었다. 그 이후로 法을 말하는 자는 특수 문제의 범위를 초월하지 못하고, 律을 강론하는 자는 오직 李悝의 法經 영역에 갇혀 있다. 고로 중국에서 법학은 엄격히 말하면 후대에 더 이상 발전이 없었다."[56]

뿐만 아니라, 현재 우리가 일반 보편명사로 널리 쓰는 '法律'이란 단어도 알고 보면, 李悝의 '法'經과 상앙 변법 결과 탄생한 秦'律'의 합작으로 탄생한 역사성을 지니고 있다.

이상, 李悝 法經의 실재 문제와 내용상 특색 및 편찬의 역사배경, 그리고 후대 법전에 끼친 영향 등에 대하여, 晉書 刑法志와 唐律疏議 등 현전하는 사료를 중심으로 간략히 소개했다.

청말 개혁사상가 梁啓超는 일찍이 "中國 成文法 編制의 沿革得失을 논함"이란 논문에서, 중국 법제사상 法經의 의의에 대하여 적당한 평가를 내렸다. 이제 마시막으로 梁氏의 法經에 대한 역사적 평가를 인용해, 결어에 가름하고자 한다.

"첫째, 이후 성문법의 기초를 세웠다.… 2천년간 法律은 李悝가 제정한 法經을 청사진(藍本)으로 삼지 않은 게 없다. 다만, 시대의 수요에 따라 증감·손익을 가한 것에 지나지 않을 따름이다. 法經 6편은 비록 사라지고 없지만, 실은 구르고 굴러 간접으로 전해져, 지금 大淸律例에 산재한 것이 얼마나 되는지 알 수 없다. 다만, 어느 것이 원문인지 식별해낼 수 없을 뿐이다. 고로 후세 일체 모든 법전은, 法經과 단지 母子의 혈통적 관계일 뿐만 아니라, 진실로 일체화 관계에 있다.

둘째, 그 이전의 成文法과 慣習法의 집대성이다. 李悝의 法經이

56 陳顧遠, 앞의 책, 42쪽 참조.

당시 여러 나라 법을 차례로 편찬해 이루어진 것이라지만, 앞에 열거한 7종 法 뿐만 아니라, 역사기록에 전하지 않는 다른 성문법과, 竹帛에 기록되지 않은 각국 慣習法들도, 法經에 망라되지 않음이 없다 할 것이다. 대저 法經은 局部法을 모아 일반법으로 편찬한 것이다. 중국 법률의 통일은 法經부터 시작한다. 중국에서 法經의 존재는, 프랑스에서 나폴레옹 법전의 존재와 같다. 고로 여러 나라 법은 비록 지금은 하나도 남아있지 않지만, 그들은 法經의 연원이 되어 여기저기 편린으로 흩어져, 法經을 매개 고리로 통하여, 간접으로 현행 법률 가운데까지 이어져 내려오는 것은 전혀 없다고 할 수 없다."[57]

法經은 중국법제사상 이어받은 연원도 매우 장구하지만, 그 후 법률에 끼친 영향도 아주 深遠함은 두말할 나위 없다. 허나 아주 애석하게도 法經은 현재 전해지지 않아, 청말 법학자 沈家本도 안타깝게 탄식했다.

"史記 孟子荀卿列傳에는 魏에 李悝가 地力을 다한 교화를 펼쳤고, 漢書 食貨志에도 李悝가 魏 文侯를 위해 지력을 다한 교화가 있었다고 전한다. 다만, 地力을 다한 사업은 아주 상세히 기록하면서, 法經은 전혀 기술하지 않았도다. 정말로 학문을 강구하지 않는 세태는, 예나 지금이나 다 그러한가 보다."[58]

하필 감개무량한 회포인가? 晉書에 기록한 法經 기사는 史記나 漢書에서 기술한 '地力을 다한 사업'보다 간략해서일까? 후학들의 안타까운 애석함도, 예나 지금이나 다 그러한가 보다.

57 梁啓超, 앞의 글, 10쪽 참조.

58 沈家本, 刑法攷, 律令一, 歷代刑法考(제2冊), 中華書局, 1985, 843쪽 참조.

제4장 전통 중국에서 복수의 예법과 철학지혜

— 禮와 法의 긴장관계 —

1. 머리글

주지하듯이, 우리 전통법문화에서는 禮가 상당히 큰 비중과 중요한 기능을 담당해 왔다. 근대 서양 법철학 관점에서 보자면, 법과 (윤리)도덕의 관계에 비견할 만한데, 근대법에서 윤리도덕이 차지하는 비중에 비하면 완전히 상반될 정도로, 동아시아 전통 율령체제에서 예는 압도적 비중을 차지해왔다. 근대법에서 법과 윤리도덕은, 일부 포함관계를 비롯해 상호 긴장관계를 지니기도 한다.[1] 하은주 삼대 禮制에서 춘추전국시대 법으로 획기적 전환을 하는 과정에서, 禮와 법(율령)의 공통 속성인 사회규범으로서 행위기준성에 비추어, 인지상정에 부합하는 예는 상당 부분 음으로 양으로 율령에 흡수되어, 그 일부로 체화하였다.

하지만, 획기적 전환에 따라 예가 법으로 바뀌면서, 예의 차등(분별)성이 법의 평등성으로 판이하게 달라졌다. 이러한 이질적 특성은, 국법 율령으로 하여금 예의 배제 및 거부(단절)를 촉구했고, 그 결과 적지 않은 분야에서 예와 법(율령)의 모순대립 및 긴장관계가 팽팽히 유

---

1 심헌섭, 법철학Ⅰ-法·道德·힘-, 법문사, 1983재판, 103-146쪽 참조.

지되기도 했다. 대표적 주제가 바로 가족공동체 내의 효와, 그 연장선상에서 형성된 나라(國家: 國←家) 안에 군주에 대한 충이, 상호 충돌하는 갈등대립이다.[2] 충효의 긴장대립 가운데는, 주권에 핵심으로서 法權에서 중심을 차지하는 이른바 '(私的) 復讎(復讐)' 문제가 아주 중요한 주제가 된다. 근대법에서 '자력구제 금지의 원칙'에 해당하는 '복수금지' 문제는, 사실 禮制에서도 논란거리가 되긴 하였지만, 율령법체제로 전환하면서, 특히 '肉刑 금지와 부활' 문제와 함께, 법제사에서 가장 열띤 논쟁과 공박이 펼쳐진 '뜨거운 감자'에 속한다.

전통법(律令)은 禮를 그대로 계승하기도 하지만, 때로는 정면으로 부정하거나 상당히 변용하는 경우도 있다. 즉, 禮와 법이 긴장·갈등 관계에 놓이기도 한다. 물론, 양자가 항상 전면 대립하는 것은 아니다. 전형적 대표로 復讐를 들 수 있다.

친족, 특히 부모·형제의 피살에 대한 復讐權은 禮에서 전면 인정할 뿐만 아니라, 절대지상 의무로까지 요구한 것으로 흔히 알려져 왔다. 동아시아 전통문화에서, 복수는 효를 최고지상 윤리로 강조하는 유가의 기본사상과, 그 효를 바탕으로 군주에 대한 충을 논리상 자연스럽게 연역해온 지배계층의 통치이념에도, 암묵으로 부합한다. 그래서 先秦시대 고대 禮制 및 규범의식에서 상당히 막강한 생명력을 꽃피웠다. 그러다가 진한 통일국가 이후 역대 율령체제는, 가족공동체의 사적 복수가 연쇄적 피의 보복으로 살벌한 공포와 치안질서 혼란을 야기하지 못하도록, '복수권'을 원칙상 금지하였다. 다른 한편으로는, 효 윤리에 근원하는 '복수 의무-책임감'까지 완전히 잊고 방기하지는 못하도록, 어정쩡한 타협안을 입법해 시행해왔다.

---

2 家와 國, 孝와 忠, 禮와 法 사이에 이념적 결합과 대립긴장 관계는, 졸저, 전통 중국법의 정신, 전남대출판부, 2011 재판, 256-280쪽 참조.

현전하는 고전 원문 내용들을 종합해 엄밀히 분석해보면, 복수에 관한 막연한 전통 견해와 다소 다른 禮의 진면목을 발견할 수 있게 된다. 이러한 동아시아 전통 법제사의 변화 맥락에서, 전통 중국에서 복수의 예법과 철학지혜를 禮와 法의 긴장관계, 禮 밖에 法의 관점에서 살펴보고자 한다.

우리나라 법제사와 관련하여, '복수'에 관한 선행 연구가 여러 편 있다. 1980년대에 唐 이후 복수론을 예치와 법치의 갈등 관점에서 검토하면서, 조선 후기 복수 문제를 다룬 법사학 논문이 나왔다. 20세기 말에 主奴 갈등으로서 복수 문제를 다룬 국문학 논문과, 고려 경종 초 복수를 허용한 특별한 역사배경을 심층 분석한 한국사 논문이 나와 눈길을 끈다. 21세기 들어서는, 茶山 연구 활성화와 더불어, 특히 그 명저 흠흠신서 분석을 통해 그 복수론에 관한 연구가 최근까지 제법 나왔다. 각 시대별 복수 관련 연구도 점차 활기를 띠었는데, 고조선 및 삼국시대 역사기록을 중심으로 복수관의 변화를 탐구한 업적이 눈에 띈다. 아무래도 조선시대 연구가 많은데, 초기 복수사건 처결에 대명률을 해석 적용한 사례를 분석해 법해석론과 지배질서를 살핀 논문, 심리록이나 추관지 등에 실린 후기 복수살인 사건을 분석해 지배층 내 펼쳐진 열띤 복수론쟁과 사회상을 탐구한 연구, 좀 독특하게도 成大中의 아들 성해응의 문학작품을 분석해 그 복수론을 다룬 연구도 나왔다. 그리고 중국 고대 복수에 관한 국내 연구도 여럿 있는데, 주로 문학 관점에서 다룬 담론이 많은 듯하다.

필자도 기존 연구에서 '의로운 분노와 정당한 폭력'을 다루면서 전통 '복수' 禮法 및 철학사상을 간단히 언급한바 있다.[3] 이러한 관련 선행 연구들을 바탕으로, 우리 법제 및 철학사상에 원천으로서, 중국 고

3 졸고, "폭력과 분노에 대한 동양 법철학적 성찰", 전남대 법학논총(36-3), 2016.

대 예-법(율령) 제도 및 복수금지를 둘러싼 논쟁과, 그 배경에 담긴 철학지혜를 원전분석 중심으로 탐구하면서, 규범의식의 큰 흐름을 살펴보고자 한다.

우선, 禮記·周禮·春秋公羊傳·大戴禮記 등 주요 先秦 고전에 나오는 대표적 복수 예제 및 사상을 살펴보고, 춘추전국시대 제후 상호간 復讐戰과 복수론을 간추려 소개하며, '復讎'의 문자 어원을 탐구한다. 다음으로 율령체계에서 복수에 관한 법규정을, 당률 이전과 당률 이후 소극 및 적극 규정으로 나누어 상세히 분석 해설한다. 여기에는 복수의 원칙적 규제, 私和의 엄금과 移鄕 제도, 정당방위와 과잉방위 문제가 주로 다뤄진다. 이어 전통 禮律상 복수에 관한 치열한 논쟁을 시대별로 소개하는데, 後漢 張敏의 輕侮法 반대론, 법제사에 나타난 복수의 정상참작-酌量減刑 사례, 姑婦간 살해에 祖孫간 복수 문제를 비롯하여, 唐代 韓愈·陳子昻·柳宗元 및 宋 王安石의 복수론을 차례로 살펴본다. 마지막으로, 복수에 관한 전통 철학사상을 탐구한다. 복수론에 핵심을 차지하는 공자와 유교의 '以直報怨' 사상을 먼저 상세히 살펴보고, 이어 복수를 반대하는 道家 老莊의 무위자연 자애 사상을 간명히 소개한다. 마지막으로, 일찍이 삼국시대부터 번역 소개되어 전통 사대부의 복수론에 강한 영향력을 끼쳤을, 불교 경전에 복수 금지 慈悲·지혜를 간추려 소개한다. 儒佛仙이 상호 교류·영향 관계에서 삼교합일이 자연스레 형성된 철학사상 추세를 반영해서다.

복수에 관한 법적 논쟁은 청말 근대화 시기 변법혁신으로 종지부를 찍는 운명을 맞게 된다. 전통 시대 복수론에 관한 치열한 공박논쟁을 살펴보면, 현대 사형제 존폐론이 마치 그 연장선상에서 부활 재현하는 새로운 판본(후신)처럼 느껴지기도 한다.

중국 고전에 나오는 유명한 복수 예제와 주요 담론 및 몇몇 사례들은, 선행 연구들에서 자주 거론하고 있다, 여기서는 당률 및 명청률에 복수 관련 규정들을 체계적으로 종합 정리하고, 한유·류종원 이외에 진자앙과 왕안석의 복수론까지 소개하고, 특히 복수론의 철학사상적 연원으로서 공자의 어록을 탐색하면서, 복수에 반대하는 도가 및 불교의 자비로운 철학지혜까지 통찰해본다.

2. 先秦 고전에 보이는 복수 관련 내용

1) 禮記

우선, 절대적 복수의 권한과 의무를 언급할 때 거론되는 가장 중요한 대표 근거는 禮記상 두 언론이다.

첫째, 曲禮에는, "부모 원수는 함께 더불어 하늘을 떠받들 수 없고, 형제 원수는 집에 돌아가 병기를 가져올 틈이 없으며, 벗의 원수는 한 나라에 함께 살 수 없다."고 적고 있다.[4]

둘째, 檀弓편에는, 子夏 질문에 공자가 답변하는 형식을 취하여 이렇게 말한다. "부모 원수는 풀섶에 누워 방패를 베고 자면서, 벼슬도 하지 않고 그와 더불어 천하를 같이 하지 않으며, 시장이나 조정에서 만나거든 집에 돌아가 무기를 취할 겨를조차 없이 즉석에서 투쟁한다. 형제 원수는 같은 나라에서 함께 벼슬하지 않는데, 만약 각기 군주 명을 받들어 사신으로 만나게 되면 싸우지 않는다. 從兄弟의 원수는 스스로 앞장서지는 않지만, 피해자의 자손이 복수를 행하는 경우, 무기를 들고 그 뒤를 따라 원조한다."[5]

---

4 禮記, 曲禮上: "父之讎, 弗與共戴天; 兄弟之讎, 不反兵; 交游之讎, 不同國."

5 禮記, 檀弓上: "子夏問於孔子曰 : '居父母之仇, 如之何?' 夫子曰 : '寢苫枕干不仕, 弗與共天下也. 遇諸市朝, 不反兵而鬬.' 曰 : '請問居昆弟之仇, 如之何?' 曰 : '仕弗與共國 ; 銜君命而使, 雖遇之不鬬.' 曰 : '請問居從父昆弟之仇, 如之何?' 曰 : '不爲魁, 主人能, 則執兵而陪其後.'" 家語, 卷10, 曲禮子貢問篇에도 같은 내용 보임.

확실히 禮記 표현만 보면, 부모·형제의 원수에 대한 적극 보복은 윤리도덕상 절대지상 명령으로 이해된다. 우리가 흔히 말하는 '不俱戴天의 원수'나 '徹天之怨讐'는, 바로 예기에 '不共戴天의 원수'에서 비롯한 말이다. 그러나 禮記는 漢初에 편찬된 전적으로, 禮에 관한 유가 사상을 집대성한 작품이라는 사실에 유의할 필요가 있다. 시대 문제도 있지만, 무엇보다도 현실 禮制가 아닌 이상적 예론에 치우친 사실을 간과해서는 안 된다.

2) 周禮

역시 漢初 유가의 손에 의해 정리된 周禮의 규정은, 禮記와는 상당히 차이가 난다. 물론, 周禮도 시대적 문제점은 있지만, 그때까지 잔존하거나 전해오는 周의 현실적 禮制를 모아 정리한 것이므로, 순수한 禮論과는 기본 성격이 상당히 다르다.

周禮도 두 곳에서 복수를 언급한다. 調人과 朝士의 직책에서다.

첫째, "調人은 만민의 원한을 도맡아 화해시키는 직책이다. 무릇 과오로 사람을 살상한 자는, 인민의 公議로써 화해시킨다. 무릇 원한을 화해시킴에는, 부모 원수는 해외에 피난시키고, 형제 원수는 천리밖에 피난시키며, 從兄弟 원수는 같은 나라에 살게 하지 않는다. 군주 원수는 부모에 준하고, 스승 원수는 형제에 준하며, 벗의 원수는 從兄弟에 준한다. 범죄인이 피하지 않으면, 符節을 징표로 주어 그를 체포하게 한다. 무릇 살인한 후 다시 살인한 자는, 어느 나라에서나 복수하도록 한다. 무릇 정당하게 살인한 자는, 다른 나라에 피난시켜 복수하지 못하도록 하는데, 그에게 복수하면 사형에 처한다. 무릇 폭행한 자는 화해시키는데, 화해가 성립하지 않으면 문서에 기록하되, 먼저 보복하는 자를 처벌한다."[6]

둘째, 朝士의 직책이다. "무릇 무기를 휴대해 마을이나 가족을 도적

질하는 자는, 누구든지 이를 살해해도 무죄다. 무릇 원수를 보복하고자 하는 자는, 朝士에게 신고·등록한 후 원수를 살해하면 무죄다."[7]

여기에서 현실 제도로서 周禮 규정은, 이상적 사상으로서 禮記의 내용과 달리, 상당히 분석적 합리적 체계를 갖추고 있음이 발견된다. 즉, 복수는 원칙상 살인 후 복수를 두려워하여 피살자의 가족을 다시 살해하는 악질범이나, 화해 후 피난 조처에 따르지 않는 자 등에 제한해 허용되며, 그 경우에도 관가에 먼저 신고해야 한다. 무기를 휴대한 도적에 대한 공격살해는, 공동체 보호를 위한 정당방위로 인정되어 무죄이지만, 정당한 복수라도 반드시 관가에 먼저 신고 등록한 뒤 합법절차에 따라야 한다는 제한이 있다. 고의 살인범의 경우 국가 형벌을 받을 것은 당연하다. 과실치사는 공적 화해와 격리 移鄕이 원칙으로, 사형에서 1등급 감형한 流配와 비슷하다.

이에 반해, 禮記의 내용은, 정당한 합법적 복수의 대상이나 복수 자체에 대한 어떠한 제한도 없이, 일반론으로 통칭하고 있다. 후대에 禮記가 周禮보다 훨씬 더 널리 애호되고 인용되며 막강한 영향력을 행사한 까닭에, 복수의 권리와 윤리의무를 분별없이 절대시해온 의식·관행이 문제인 것이다.

3) 春秋 公羊傳

한편, 절대적 복수론에 또 다른 유력한 근거는 春秋 公羊傳에 기록

6 周禮, 地官司徒下: "調人：掌司萬民之難而諧和之. 凡過而殺傷人者, 以民成之. 凡和難父之讎, 辟諸海外；兄弟之讎, 辟諸千里之外；從父兄弟之讎, 不同國；君之讎, 眡父; 師長之讎, 眡兄弟; 主友之讎, 眡從父兄弟. 弗辟, 則與之瑞節而以執之. 凡殺人有反殺者, 使邦國交讎之; 凡殺人而義者, 不同國, 令勿讎, 讎之則死. 凡有鬭怒者, 成之, 不可成者, 則書之, 先動者誅之."

7 周禮, 秋官, 司寇: "朝士：凡盜賊軍鄉邑及家人, 殺之無罪. 凡報仇讎者, 書於士, 殺之無罪."

이다. 楚 平王 태자의 太傅이던 伍奢가 간신의 모함에 빠져 왕에게 죽임을 당하자, 그 아들 伍子胥가 吳로 망명하여,(左傳 昭公20년) 16년 뒤 합려를 도와 楚를 정벌하였다. 그때, '군주를 섬김은 부모를 모심과 같은데, 어찌 복수할 수 있느냐?'는 吳王의 질문에, 자서는 이렇게 답변한다.

> "군주의 정의를 손상시키면서 부모 원수를 보복하는 것은, 물론 신하의 도리가 아닙니다. 하지만 부모가 정당하고 합법적으로 처형되지 않은 경우에는, 자식이 군주에게 복수할 수 있습니다!"[8]

그러나 여기서도 정당한 합법적 형벌에 대해서는 복수할 수 없으며, 복수할 수 있는 경우에도, 후환을 두려워해 그 자손까지 해치는 것은 정당한 도리가 아니라고 제한된다.

그런데 公羊傳에 '국가적 원수는 시간을 초월하여 백대 후에도 보복할 수 있다.'는 또 다른 기록은, 복수의 절대성을 더욱 조장하는 논거가 되기도 한다. 齊 襄公이 紀를 정벌한 사실에 관하여, 公羊傳은 그 9代祖인 哀公이 紀侯의 모함으로 주 왕실에 피살한 데 대한 복수라고 평론한다. 先君의 치욕은 현재 군주의 치욕과 같고, 현재 군주의 치욕은 先君의 치욕과 같은 것이라고, 祖孫 일체성을 내세워 복수를 정당화한 것이다.[9]

4) 大戴禮記

그러나 (小戴)禮記와 짝을 이루는 大戴禮記에는, 복수와 관련해 조금

---

8 公羊傳, 定公4年: "事君猶事父也, 虧君之義, 復父之讎, 臣不爲也.… 父不受誅, 子復讎可也 ; 父受誅, 子復讎, 推刃之道也. 復讎不除害, 古之道也."

9 公羊傳, 莊公4年: "何讎爾, 遠祖也. 遠祖者幾世乎? 九世矣. 九世猶可以復讎乎? 雖百世可也. 國何以可? 國君一體也, 先君之恥, 猶今君之恥也; 今君之恥, 猶先君之恥也."

색다른 기록이 있다.

부모 원수는 같은 시대를 살 수 없고, 형제 원수는 같은 나라에 살 수 없으며, 벗의 원수는 같은 마을에 살 수 없고, 친족 원수는 한 이웃에 살 수 없다고 한다. 기본 내용은 禮記와 별다른 차이가 없다. 그러나 적극적 보복행위에 대한 직접 언급이 없이, 중립적 소극 관점의 서술에서 그치는 것이 특징이다. 그보다 더 특기할 중요한 사실은, 바로 그 앞에 덧붙여진 전제이다.

> "살아서 치욕스러울 바에는, 죽어서 영광스러운 것만 못하다. 치욕을 피할 수 있으면 피하면 그만이지만, 피할 수 없는 경우에는, 죽음을 고향집에 돌아가는 것처럼 여기는 것이 군자의 도이다."[10]

원수를 보복하지 않고 피할 수 있는 것이 최상의 방법이지만, 치욕을 피할 수 없는 부득이한 경우에는, 죽음을 각오하고 복수하는 것이 차선책이 된다.

여기서 복수자가 죽음을 각오한다는 이야기는, 물론 복수 행동이 실패해 도리어 살해되거나, 또는 복수 이후 재복수를 받아 죽을지도 모른다는, 사실상 위험성도 함축할 것이다. 그러나 그 못지않게, 복수를 제한하는 국법을 침범함으로써, 그 제재로 형벌을 받게 될지도 모른다는, 규범적 당위성의 의미도 강하게 함축하는 것으로 이해된다. 이것이 周禮의 규정에도 대체로 부합하는 해석이기 때문이다. 禮記의 내용도 개인 윤리도덕의 차원에서 복수의 당위성을 강조한 것이지만, 그렇다고 복수가 국법이 허용하는 정당한 행위라는 주장은 결코 아니다. 오히려 大戴禮記 해석과 같이, 국가사회 차원에서 복수를 인정하고 장려한 것이 아니라, 국법 위반으로 인한 처형까지 두려워하지 않

10 大戴禮記, 曾子制言上. "生以辱, 不如死以榮. 辱可避, 避之而已矣 ; 及其不可避也, 君子視死若歸. 父母之讎, 不與同生 ; 兄弟之讎, 不與聚國; 朋友之讎, 不與聚鄉; 族人之讎, 不與聚鄰."

는 가족적 효의 윤리의무를 함축하는 것으로 볼 수 있다.

5) 소결

사실, 복수란 자기보존 본능의 연장인 종족보존 본능에서 말미암는, 생명체의 自衛적 자연현상이다. 이는 인간의 사회적 당위규범 이전에, 자연의 존재적 사실 차원에 속하는 문제다. 이에 대해 종교·윤리도덕·법과 같은 당위규범이 어떠한 입장을 취하느냐는, 시대와 지역에 따라 다소 달라진다. 특히, 국가 법질서의 복수에 대한 태도는, 통치권력의 강약과 국가조직의 정비에 거의 전적으로 달려있다.

인간이 조직적 공동체생활을 본격 영위하기 이전인 원시시대에는, 전적으로 개인 복수에 의해 자기종족의 생명을 보호·유지하였을 것이다. 공동체의 사회조직이 정비되고 공권력이 형성되면서, 법이 체계를 갖추고 형벌의 권위가 강대해지면서, 복수가 점차 제한되기 시작하였을 것은 당연하다. 강력한 중앙집권 통치조직의 형성은, 自力救濟의 私刑인 복수를 국가 형벌권의 영역에 흡수하는 결정적 요인이다. 그래서 봉건제도 실행으로 법권이 분립하여 정치적 법적 통일을 결여한 사회와 시대에는, 보통 사적 복수가 성행하게 된다.[11]

전통 중국법의 영역에서 보면, 周의 정치체제가 비록 봉건제이긴 하지만, 왕실의 통치권이 비교적 안정된 초기의 周禮에서는, 복수가 상당히 합리적 체계적으로 제한되었던 것으로 보인다. 그러다가 왕권이 약화되고, 특히 춘추전국시대에 들어서서 제후들의 실력쟁패로 분권화가 가속하면서, 복수에 대한 규범 통제가 거의 실효성을 상실하였다. 이에 본능적 복수가 사실상 성행할 뿐만 아니라, 이념상 당연한

---

11 穗積陳重, 復讐と法律, 岩波書店, 1940년, 11-277쪽 참조. 인류사회의 진보에 따라 복수의 연혁을 公許(義務)·제한·금지하는 세 시대로 나누어, 복수의 일반이론과 각국의 법제사적 실례를 비교적 풍부하게 거론하고 있다.

도리이자 의무로까지 칭송되기에 이른 것 같다. 周禮·禮記·公羊傳의 기록은 각기 이러한 전후 규범현실을 반영하는 대표 사료로 여겨진다.

6) 춘추전국시대 제후 상호간 復讐戰과 복수론

실제로, 춘추전국시대 제후 간에 상호 復讐戰을 계속한 사실은 비일비재하게 많다. 춘추좌전에는 '仇讎'가 8회, '仇'가 16회, '讎'가 56회나 나온다.

오자서가 吳軍을 이끌고 楚에 복수한 公羊傳 기록이나, 越 구천이 臥薪嘗膽으로 부차에게 복수전을 벌여 吳를 멸망시킨 고사가 대표다. 구천이 설욕전을 개시할 때, 신민들이 오히려 앞장서서 복수의 당위성과 승전의 필연성을 피력한 언론은 주목할 만하다.

> "자식은 부모 원수를 갚으려고 생각하고, 신하는 군주 원수를 갚으려고 생각하는데, 누가 감히 힘을 다하지 않겠습니까? 청컨대 복수전을 벌입시다!"[12]

그 이전에 吳越 전쟁에서는, 越의 彌庸이 吳의 군중에 나부끼는 부친의 깃발을 보고, 복수하지 않을 수 없다며 분전하여 吳軍을 대파한 바가 있다.[13]

그런가 하면, 복수 심리가 인지상정의 본능인 사실을 근거로, 살인이 초래할 후환을 염려하여 금지를 역설하는 주장도 있다. 秦 穆公이 晋 惠公의 無道를 정벌하여 그를 생포했을 때, 살해하자는 주장이 사뭇 강력하였다. 그러나 公孫枝가 반박하였다. "자식은 부모 원수를 갚으려고 생각하고, 신하는 군주 원수를 갚으려고 생각하는 법인데, 秦國이 아니라도 천하 제후가 모두 비난할 것이다." 결국 태자를 볼모로

12 國語, 越語上. "子而思報父母之仇, 臣而思報君之讎, 其有敢不盡力者乎? 請復戰!

13 左傳, 哀公13年. "吾父之旗也. 不可以見讎而弗殺也."

잡고 귀환시킨 적이 있다.[14] 또한 후술할 맹자 말처럼, "내가 남의 부모형제를 살해하면, 남도 내 부모형제를 살해할 것이기 때문에, 실제로는 내 부모형제를 스스로 살해하는 것이나 다름없다." 살인의 죄악성을 복수의 연쇄성으로 경고한 것이다.(孟子, 盡心下)

그러나 이러한 견해가 결코 복수를 적극 인정하거나 주장하는 사상은 아님을 직시하여야 한다. 이는 본능적 복수 감정을 존재론 차원에서 사실적 현상으로 인식하고, 이러한 복수의 근절책으로 그 원인적 범죄행위의 금지를 주장하는 지혜다.

7) 復讎의 문자 어원

'복수(復讎=復讐)'의 본래 문자학상 어원 의미는, 넓게 보면 '인과응보 법칙'을 가리키고, 현대 물리학으로 보면 운동의 제3법칙인 '작용과 반작용의 법칙'을 그대로 상징한다.

東漢 때 許愼이 지은 說文解字에 보면, '復은 往來'이고, "讎는 발로 應(譍)함"이니, 본디 말을 주거니 받거니 대화함이다.[15] 한편, '仇는 讎'이고, '敵은 仇'로 정의된다. 단옥재 주에 따르면, 비록 左傳에서 좋은 짝을 妃라 하고 원망하는 짝을 仇라 하며, 仇와 逑가 옛날 通用하는데 설문에서 怨匹을 逑라 하니, 怨偶가 仇인 것은 맞다. 하지만 仇는 怨匹도 되고 嘉偶도 되니, 마치 亂이 다스릴 治, 苦가 통快함의 뜻을 함께 지니는 것처럼, 양 극단을 모두 함축하는 역설성을 띤다고 한다.

요컨대, '仇讎' 모두 상호 대등한 '對敵'처럼, 본디 善惡을 겸해서 말하는 객관중립의 관점인데, 나중에 오로지 원망·상극 관계에만 국한하여 '怨讎'를 뜻하게 되었다[16] 물론, 왜 그렇게 부정적 의미로 한정되

14 國語, 晋語3. "子思報父之仇, 臣思報君之讎. 雖微秦國, 天下孰弗患?"

15 說文解字 卷三, 彳部: "復 : 往來也. 從彳, 复聲."; 卷四, 言部: "讎 : 猶譍也. 從言, 雔聲."

었는지는 밝히지 않아, 정확히 알 수 없다. 다만, 필자 영감으로 관련된 글자들을 대조 분석해 추론해보자면 이러하다.

우선, ‘讎’자 가운데 든 ‘言’은 형‘罰’이나 감‘獄’에 공통으로 들어간다. ‘罰’은 ‘말’을 칼로 위협하며 그물(법망)로 덮은 모습이고, ‘獄’은 ‘말’을 양 옆에서 개가 으르렁 지키는 모습이다. 격언에 “병은 입으로 들어가고, 화는 입에서 나온다.”(病從口入, 禍從口出: 太平御覽) 중국 속담에는, “몸소 가르치면 따르고, 말로 가르치면 따진다.”(以身教者從, 以言教者訟. 後漢書, 第五倫列傳) ‘君’主는 오른손에 지휘봉(회초리)를 들고 다스리며(尹) 입으로 호령하는 존재를 상징한다. ‘命’은 ‘令’을 내리는 입을 뜻한다. 입과 말은 글자 그대로 권력의 상징이다. 사람들이 자존심과 승부욕이 강하다보니, 만나서 말하다보면, 서로 잘났다고 자기 말이 옳다고, 시비곡직을 따지며 말(입)씨름-말다툼하기 십상이다. 그게 번지면 싸움과 전쟁까지 된다. 대부분 입과 말에서 비롯하니, 입과 말이 모든 화근이 되는 것이다. ‘讎’자가 본디 시비선악을 떠나 객관중립으로 모든 말대꾸를 뜻했지만, 시대가 변할수록 각박해지면서, 인간이 주고받는 말이 곧잘 言爭으로 비화해, 서로 원한이 맺히는 부정적 현상이 확대 심화한 때문인 것으로 보인다.

다음으로, ‘讎’자 양 옆에 서서 ‘말’을 지키는, ‘隹’는 꼬리가 짧은 새들의 집합명사로 상형문자다. ‘隻’은 새 1마리요, 雔는 새 2마리다. ‘隻’은 본디 오른손(又)으로 새를 잡고 있는 모습이라, 1마리 잡고 있으면

16 說文解字 卷九, 人部: “仇：讎也. 從人, 九聲.”; 卷四, 攴部: “敵：仇也. 從攴, 啻聲.” 說文 ‘讎’자조, 段注: “人部曰：仇, 讎也. 仇讎本皆兼善惡言之, 後乃專謂怨爲讎矣.”; ‘敵’자조, 段注: “仇, 讎也. 左傳曰：怨耦曰仇. 仇者, 兼好惡之詞. 相等爲敵, 因之相角爲敵. 古多假借適爲敵.”; ‘仇’자조, 段注: “讎也. 讎猶應也. 左傳曰：嘉偶曰妃, 怨偶曰仇. 按仇與逑古通用. 辵部怨匹曰逑, 卽怨偶曰仇也. 仇爲怨匹, 亦爲嘉偶, 如亂之爲治, 苦之爲快也.”

‘隻’, 2마리 잡고 있으면 ‘雙’이 된다.[17] 그런데, 중국 문헌에서는 아직 확인할 수 없으나, 우리나라 조선시대 법전에 ‘隻’이 재판상 被告를 뜻하는 법률용어로 쓰인 점이 아주 특이하다.[18] ‘隻’이 경국대전에는 보이지 않고 속대전 이후 비로소 등장하는 걸 보면, 조선 중기 이후 보편으로 사용되었을 가능성이 높다. 소송과 관련하여, 속대전 형전, 聽理 편에 등장하는 ‘隻’은 모두 5조문이다. 그중 3조문은 ‘元告·元隻’이나 ‘元·隻’으로 병칭하여, ‘隻’이 원고에 상대하는 피고임이 분명하다.

“元告·元隻이 제출한 증거 文書는 官吏가 監封하고, 元告·元隻이 함께 장부에 서명해 추후 증빙자료로 보존한다.”

“무릇 詞訟에 告狀을 제출한 후, 年限內 元·隻이 모두 나타나 진술을 청취한 경우 외에, 단지 한두 번 追呈하거나 한두 번 上言한 경우는, 모두 連訟으로 논죄하지 않는다.”

“奴婢·田宅을 放賣한 후, 가격이 배로 올라 還退하려고, 스스로 元隻이 되어 짐짓 勝負를 벌여 이익을 나누기로 도모한 자는, 일체 지금 가격에 준하여 추징 환수한다.”[19]

그러나 나머지 2조문에서는, ‘隻’이 명백히 원피고 모두를 지칭하는 일반명사로서, 소송당사자 일방을 가리킨다.

“三度得伸이라 함은, 3차례 소송을 접수한 가운데, 한 당사자(一

17 說文解字 卷五, 隹部: “隹 : 鳥之短尾總名也. 象形. 凡隹之屬, 皆從隹.” “隻 : 鳥一枚也. 從又持隹. 持一隹曰隻, 二隹曰雙.” 雔部: “雔 : 雙鳥也. 從二隹. 凡雔之屬, 皆從雔. 讀若醻.” “雙 : 隹二枚也. 從雔, 又持之.”

18 박병호, 韓國法制史, 민속원, 2012, 119·163쪽.

19 續大典, 刑典, 聽理, (田民聽訟各有該掌): “元告·元隻所納可考文書, 官吏監封, 元告·元隻同着名置簿, 以憑後考.”; (勿以連訟論) “凡訟, 告狀後, 年限內元·隻齊現取招者外, 只一二度追呈, 一二度上言者, 竝勿以連訟論.”; (放賣後謀欲還退) “奴婢·田宅放賣後, 價直倍前, 則謀欲還退, 自作元隻, 佯爲勝負以分其利者, 一切準今價徵還.”

隻)가 재차 이김을 이른다. 재차 진 뒤에 다시 소송을 일으키는 자는 非理好訟律로 논죄한다."

"무릇 소송에 한 당사자(一隻)가 外方에 있으면, 곧 그 당사자가 있는 관가(관할구역)에 가서 소송하고, 서울 法司는 그를 잡아 불러들이지 말라."[20]

이상의 법전 용어법을 살피면, '隻'은 민사소송에 한쪽 당사자란 일반명사로도 쓰이고, 특별히 원고가 법률책임을 추궁하는 상대방으로서 피고를 한정해 지칭하기도 한 사실을 알 수 있다. 따라서 '隻'이 둘 겹친 '雙'은 쌍방 당사자란 의미로 쓰일 수 있다.

그러나 고대 용어법은 사뭇 다르다. 尙書 呂刑편에서는 소송 당사자를 본디 "兩'造'具備"로 썼는데, 史記에서 '兩遭'로 썼다. 옛날 서로 假借자로 통용되어, 兩遭=兩造=兩曹 관계라고 한다. 그래서 후한 때 설문해자에서는, '曹'를 소송 獄案에 양당사자(兩曹)로 정의한다. 법정이 관청 동쪽에 있어 두 棘을 취해, 사안 처리자를 曰로 나타냈다.[21]

한편, 周禮에 보면, "兩造 제도로 民訟을 금지하는 정책을 써서, 소송비용으로 묶은 화살 다발을 조정에 납입해야 비로소 聽訟을 개시했다. 마찬가지로 民獄은 兩劑로 금지해, 1鈞(30斤) 金을 3일내에 조정에 바쳐야 재판을 진행했다."[22]

---

20 續大典, 刑典, 聽理, (三度得伸): "三度得伸云者, 接訟三度之內, 一隻再伸之謂也. 再度見屈之後, 更爲起訟者, 以非理好訟律論. 一落一勝, 則更訟. 二度得勝之後, 則勿許更訟."; (凡訟一隻在外方) "凡訟, 一隻在外方, 則就訟於隻在官, 京法司勿爲推捉."

21 說文解字 卷六, 曰部: "曹：獄之兩曹也. 在廷東. 從棘, 治事者; 從曰." 段注: "獄兩曹也. 兩曹, 今俗所謂原告、被告也. 曹猶類也. 史記曰：'遣吏分曹逐捕.' 古文尙書：'兩造具備', 史記, '兩造'一作'兩遭' 兩遭、兩造卽兩曹, 古字多假借也. 曹之引伸爲輩也, 群也."

22 周禮, 秋官司寇: "以兩造禁民訟, 入束矢於朝, 然後聽之。以兩劑禁民獄, 入鈞金, 三日乃致于朝, 然後聽之."

그렇다면 조선에서는 소송비용으로 화살이나 금 대신에 닭·꿩·오리·기러기 같은 새라도 바쳤을까? 알 수는 없다. 헌데 여기서 불현듯 고대 중국에서 相見禮物인 '摯'(贄)가 떠오른다. 각 계층 신분은 각각 정해진 고유의 예물을 손에 받쳐 들고 상견례를 치렀다. 周禮에 따르면, 孤는 皮帛, 卿은 양(羔), 大夫는 기러기(雁), 士는 꿩(雉), 庶人은 오리(鶩), 工商은 닭(雞)을 각각 잡는다. 禮記에 따르면, 天子는 창(鬯), 諸侯는 圭, 卿은 羔, 大夫는 기러기(鴈), 士는 꿩(雉), 庶人은 베(匹)를 각각 지녔다.[23] 어쩌면, 조선 중후기 법정에 출석하는 당사자는, 출정 相見禮物 겸 소송비용으로 자기 신분에 맞는 새를 한 마리씩 품에 안고 가서 바쳤는지도 모른다. 아니면 적어도 그런 옛 상견례를 모방하여 그런 상징개념을 취해, 소송 당사자에 '隻'이란 용어를 차용했는지도 모른다. 확실한 史實은 앞으로 구체적 문헌증거를 찾아 밝혀야할 과제일 듯하다.

3. 율령 체계에서 복수에 관한 법 규정

1) 唐律 이전 율령의 복수 규제

한편, 통일 이후 성립한 중앙집권 체제에서 새로운 법질서는, 복수에 관한 禮의 입장을 바탕으로, 사실상 부분적 허용·제한이나 전면적 금지를 번갈아가며 규정하고 있다. 법제사에서 보면, 새로운 왕조가 성립하여 통치권력이 안정을 이루는 초기에, 사사로운 복수를 금지하는 법령이 공포되는 사례가 더러 있다. 물론, 秦이 가혹한 법령과 준엄한 형벌로 멸망하고, 바로 그 뒤를 이어 일어난 漢은 儒家獨尊의 禮治

23 周禮, 春官宗伯: "以禽作六摯, 以等諸臣 : 孤執皮帛, 卿執羔, 大夫執雁, 士執雉, 庶人執鶩, 工商執雞."; 禮記, 曲禮: "凡摯, 天子鬯, 諸侯圭, 卿羔, 大夫鴈, 士雉, 庶人之摯匹."

를 이념으로 표방한 까닭에, 복수에 관한 한 예외로 관대한 편이었다. 따라서 西漢 대에는 복수를 전면 금지한 조치가 잘 보이지 않는다.

복수를 전면 금지한 대표 사례로는, 후한 말에 당시 권력을 쥔 조조(魏 武帝)가 백성들한테 사적 복수를 못하도록 명령을 내린 일이 있다.[24] 삼국시대 魏 文帝는 詔令을 내려, 복수를 엄하게 전면 금지했다.

> "세상이 혼란해진 이래 전쟁이 그치지 않아, 천하 인민들이 상호 살상을 자행하여 왔다. 이제 천하가 비로소 안정되었는데도, 감히 사사로이 복수를 행하는 자가 있다면, 모두 삼족을 멸한다."[25]

그러나 明帝가 제정한 魏律 규정에 따르면, 사면을 받거나 과오로 살인한 범죄인에 대한 복수는 원칙상 금지한다. 고의로 살인하고 도망하여 체포되지 않은 범인에 대하여는, 古義에 따라 피살자의 子弟가 추적하여 복수할 수 있도록 일부 허용하고 있다.[26] 국가 司法 경찰력의 한계를 민간 자력구제 복수 본능심리로 보충하려는 형사정책의 성격도 짙게 느껴진다. 또한, 남북조시대 西魏 초기에는 복수의 법을 폐지하여, 이를 범하는 자는 살인죄로 논한 적이 있다.[27]

2) 唐律 이래 복수에 관한 소극 규정: 私和의 엄금과 移鄕 제도

가장 완정한 체계로 집대성되어 온전히 전해오는 唐律 및 明淸律에 규정을 살펴보면, 복수에 관한 禮의 내용이 어느 정도 변용되고 어떻게 변천했는지, 대강 윤곽을 확인할 수 있다. 살인자에 대해 피해자

24 三國志 卷1, 魏書1, 武帝紀: "(建安)十年春正月, 令民不得復私讎, 皆一之於法."

25 三國志 卷2, 魏書2, 文帝紀: "(黃初)四年春正月, 詔曰 : '喪亂以來, 兵革未戢, 天下之人, 互相殘殺. 今海內初定, 敢有私復讎者, 皆族之.'"

26 晋書, 刑法: "賊鬥殺人, 以劾而亡, 許依古義, 聽子弟得追殺之.會赦及過誤相殺, 不得報讎, 所以止殺害也."

27 隋書, 刑法: "又初除復讎之法, 犯者以殺論."

가족이 사적으로 복수를 행하지 않고, 국가 공권력이 공평한 인과응보 형벌을 시행할 수 있다면, 그보다 더 나은 것이 없음은 물론이다. 이는 唐律이나 明清律 뿐만 아니라, 동서고금을 막론한 인간 사회 모든 법규범이 기대하는 궁극이상이자, 법과 국가의 기원 및 존재가치이기도 하다. (清律은 明律을 답습해 거의 같아서 '明清律'로 병칭함)

明清律에는 사후 복수를 원칙상 금지하는 明文 규정이 있다. 唐律에는 명문 규정이 없지만, 복수를 원칙상 금지함은 물론이다. 唐書 刑法志에서는, 彛典이라는 용어를 法典·刑律의 의미로 사용한다. "복수로 사람을 죽이는 것은 본디 彛典에 저촉된다."[28]

그러면 피해자의 유족은 어쩌란 말인가? 律은 복수에 대해 크게 두 관점으로 나누어 규정하고 있다.

우선, 복수의 소극적 측면에서, 피해자 가족이 가해자와 사사로이 和解하여 복수를 명백히 포기하는 행위는 엄격히 금지한다.

唐律은 조부모·부모 및 夫가 타인에게 살해되었는데 사사로이 화해(私和)하는 자는 流二千里에 처한다. 만약 그 대가로 재물을 받았다면, 그 부분을 도둑에 준하여 논죄한다. 비록 私和하지 않더라도, 살해된 지 30일이 경과하도록 관가에 고발하지 않으면, 두 등급 감경해 처벌한다. 期親과 大功 이하는 친소에 따라 형량이 체감할 뿐, '복수 심정'은 모든 상복권에 걸쳐 도의적 윤리의무로 요구된다.(賊盜, §260)

이에 관해 疏議에서는, '하늘을 함께 떠받칠 수 없으므로, 항상 창을 베고 잠자야 한다'는 禮法의 내용을 거론하면서, '大痛之心'을 잊어서는 안 된다고 강조한다.[29] 적어도 소극적 측면에서는, 禮의 복수심을 법적 의무로 규정하고 있는 것이다.

---

28 唐書, 刑法. "復讎殺人, 固有彝典."

29 唐律, 賊盜, §260. (疏議曰：祖父母父母及夫爲人所殺, 在法不可同天. 其有忘大痛之心, 捨枕戈之義."

明淸律도 그 형벌을 조금 낮추고 구성요건을 다소 변경하였을 뿐, 기본상 私和를 금지하는 것은 唐律과 마찬가지다. 그러나 관가에 고발하지 않는 행위에 대해서는, 명문의 처벌규정을 삭제한 것이 특기할 만하다.(刑律, 人命, "尊長爲人殺私和") 한편, 明律의 注에 의하면, 私和 금지 대상이 되는 살인은, 謀殺·故殺과 같은 고의 범죄에만 국한하지 않고, 과실범까지 모두 포함한다. 唐律에는 별도 규정이나 주석이 없지만, 마찬가지 의미로 해석됨은 물론이다.

이는 분명히 過誤殺傷에 대해 和解를 원칙으로 하는 周禮의 규정과는 일부분 상호 배치된다. 다만, 周禮에서는 調人이라는 관직이 인민의 公議를 통하여 和解를 이루도록 하는데, 律에서는 개인적 私和를 금지하기 때문에, 규정의 관점이 서로 다른 것은 사실이다.

그러나 唐律에서는 이러한 국가 공권력에 의한 화해의 이상이 간접으로 규정된 바가 있다. (明淸律에는 해당 규정이 없다.) 즉, 살인죄로 사형당해야 할 범인이 사면을 받은 경우에는, 천리 밖으로 이주시키는 移鄕 제도가 그것이다. 공범인 경우에는 主犯만 이주시키며, 피해자 집안에 期親 이상의 근친이 없거나, 또는 피해자가 먼저 천리 밖으로 이사한 경우에는 예외다.(賊盜, §265) 이는 화해가 성립한 경우, 살인범을 멀리 격리시켜 복수를 피하도록 한, 周禮의 규정과 일맥상통하는 취지임이 분명하다. 唐律 규정상으로는, 피해자 가족은 범인을 관가에 고발해 의법 조치를 요청한 후, 스스로 피난 갈 수 있음을 알 수 있다. 즉, 唐律은 私和는 금지하면서, 공권력에 의한 복수피난 제도는 일부분 규정하는 양면성을 띠고 있다.

사실, 부모형제를 살해한 사람을 용서해 화해하기란, 보통 사람의 감정본능으로는 기대하기 어렵다. 禮와 律의 公的인 복수피난 제도는, 법이 피해자의 복수감정을 충분히 만족시켜주지 못하는 경우에 대해, 일종의 보충적 완충장치로 설치된 것이다. 한편, 일반 人情상 기대하기 어려운 화해가 당사자 간에 이루어지는 것은, 사회적 권세나 지위에 의한 강압의 경우나, 또는 경제적 이익을 도모하는 탐욕심의 발로인 경우가 대부분일 것이다. 법이 私和를 금지하고 고발을 의무화하는 것은, 이러한 윤리도덕상 해이와 폐단을 방지하기 위한 것이다.

3) 唐律 이래 복수에 관한 적극 규정: 정당방위와 과잉방위

다음으로 복수의 적극적 측면에서 살펴보면, 복수를 직접 금지하는 명문 규정은 唐律에는 존재하지 않는다. 하지만 앞에 언급했듯이, 唐書 刑法志에는 "복수로 사람을 죽이는 것은 본디 彛典에 저촉된다."고 전한다. 전형적 복수 자체의 엄금을 추론할 수 있는 규정도 존재한다. 구타에 관한 律文에 과잉복수를 금지하는 내용이 실려 있다.

즉, 조부모나 부모가 타인에게 구타 또는 습격당하는 경우, 자손이 '즉석'에서 그를 구제보호하기 위하여 반격해 折傷 이하의 경상을 야기하면, 법적 책임을 전혀 지지 않는다. 그러나 折傷 이상의 중상을 초래한 경우에는, 일반인보다 세 등급 감경 처벌하며, 사망에 이르게 한 때는 일반 살인으로 취급한다.(唐律, 鬪訟, §333 및 明淸律, 刑律, 鬪毆, "父祖被毆")

여기서 折傷 이하의 경상으로 논죄하지 않을 조건은, 즉시 즉석의 반격이되, 자손이 본디 부모·조부모의 폭행사건에 공동으로 가담하지 않았다가, 나중에 후발로 정당방위 목적의 복수 감정으로 개입한 경우에 한한다. 또, 논리적 포함관계로 당연히 포섭되어 항상 참(眞)인 반대해석과 물론해석상, 다음 두 가지 법률효과를 도출할 수 있다.

첫째, 부모·조부모를 위한 즉시즉석의 정당방위가 아니라 사후 의도적 복수라면, 이 규정의 적용을 받지 않고, 경상을 초래한 경우라도 당연히 일반 상해죄의 책임을 묻겠다는 취지다.

둘째, 즉시즉석의 정당방위가 과잉해 致死한 경우, 사망 결과에 대한 고의과실을 따지지 않고 모두 일반 살인으로 처리한다면, 정당방위와 전혀 상관없이 사후에 고의 복수로 살해한 경우, 당연히 살인죄로 처벌한다는 취지다.

그런데 明淸律은 사후 복수를 원칙상 금지하는 明文 규정을 덧붙이면서, 정당방위 목적의 복수를 제한적으로 인정하고 있어 특이하다. 즉, 조부모나 부모가 타인에게 피살한 경우, 관가에 신고하지 않고 스스로 그를 살해하면 杖60에 처하는데, '즉시' 현장에서 살해하면 논죄하지 않는다. 물론 조금이라도 지체하여, 시간이 경과하거나 장소가 바뀐 후의 행위라면, 사후 복수가 된다. 사후 복수의 죄가 이처럼 가볍고, 즉시즉석의 복수는 아예 면죄되는 이유는 과연 무엇일까? 그 정당성에 대하여, 淸律의 注는 禮記 내용을 인용해 설명하고 있다. 특히, 부모가 피살하는 것을 목격하고, 원통한 분노가 격화하여 즉시 복수하는 것은, 인정과 도의에 부합하는 정당한 행위로서, 범죄가 될 수 없다고 한다. 이러한 논리는 실질상 복수를 상당히 긍정하고 허용하는 의미를 함축한다.30

비록 전형적 복수 사례는 아니지만, 어느 정도 복수감정의 발로인 격분·반격의 행위결과에 대한 특별 감경 조치가, 당률 및 명청률에 더 실려 있다.

우선, 당률에는 야간 주거 침입자에 대한 특례가 있다. 밤에 무단히 인가에 침입하는 자는, 주인이 즉시 현장에서(登時) 살해한 경우에는 논죄하지 않는다.(§269) 다만, 불법행위 목적으로 침범한 것이(또는 침범할 주체가) 아닌 줄 알고서 살상한 경우에는, 일반 폭행치사상죄보다 2등급 감형할 따름이다. 이미 붙잡혀서, 침해하거나 저항할 능력이 없

30 大淸律例會通新纂, 卷26, 姚雨薌 原纂·胡仰山 增輯, 文海出版社, 影印本, 2864-2865쪽 참조. "禮謂, 父母之讐, 弗無共天下, 遇者市朝, 不反共而鬪. 義應復讐, 高擅殺之罪輕. 若目擊其親被殺, 痛念激切, 卽時手刃其讐, 情義之正也, 何罪之有?"

는 상태에서 살상한 행위는, 완전한 범죄를 구성한다. 일찍이 漢律에도, '정당한 이유 없이 타인의 집이나 마차·선박에 침입해, 사람을 침해하고 범법하려는 자는, 즉시 때려죽여도 무죄다.'는 규정이 있었다. 唐律처럼 '밤'이나 '집'에 국한하지 않고, '낮'과 '마차·선박' 등의 시간·공간을 더욱 넓게 포괄하는 것이 특징이다. 그런데 이는 群盜를 마을 사람이나 가족이 공동으로 공격하여 살해해도 무죄라고 규정한, 周禮 秋官 朝士의 내용에서 연원하는 것으로 여겨진다.[31]

다음으로, 明淸律에는 간통죄의 사적 복수에 대한 특례가 있다. 즉, 타인과 간통하는 妻妾을 夫가 현장(姦所)에서 목격하고, 분격하여 즉시(登時) 살해한 행위도, 이와 마찬가지로 논죄하지 않는다. 물론 당시 현장에서는 묵인하였다가, 시간이 지난 뒤 나중에 보복한 경우에는, 완전한 고의범죄를 구성한다.(刑律, 人命, 殺死姦夫조)

이상 두 특례도, 부모·조부모를 위한 자손의 정당방위와 비슷하게, 현대법의 정당방위나 자력구제 法理로 이해할 수 있다.

전자는 자신과 가족의 생명·신체·재산상의 침해위협에 당하여, 사물에 대한 분명한 식별과 이성적 판단을 객관상 기대하기 어려운 긴급 상황에서, 순간 충동에서 빚어지기 쉬운 '情理'를 참작한 것이다.

후자는 정당방위 보호 법리가, 혼인과 가정의 순결을 보호하고자 하는 인간의 본능적 심리욕구로까지 확장하여, 明代 이후 가부장권 통치윤리 강화에 따라 법적으로 인정된 것이리라.[32]

전형적 복수가 과거 피해에 대한 '사후적' 보복이라면; 야간주거침입에 대한 선제공격성 제압은, 일촉즉발 상대방의 위협적 침해에 대한 '사전적'('예비적') 복수로서 정당방위이고; 부모·조부모를 위한 자손

31 漢律, 卷5, 賊律3. 沈家本, 歷代刑法考, 中華書局, 1985 第1版, 1473-1474쪽 참조.
32 두 특례 내용은, 졸저, 전통 중국법의 정신, 2011재판, 537-538쪽 참조.

의 정당방위나 간통 현장에서 처첩과 姦夫를 살해함은, 그야말로 즉시 즉석에 '현재적' 복수로서 인정한 것이라고 이해할 수 있겠다.

한편, 元律은 유목민 몽고족의 오랜 관습법을 존중한 까닭인지, 타인이 자기 부친을 살해한 경우, 자식이 그를 구타해 죽여도 논죄하지 않는다. 게다가 일반 살인의 경우와 마찬가지로, 부친을 살해한 범인의 집안으로부터 장례비용 燒埋銀 50냥을 추징해 피해자의 집안에 준다고 간단히 규정하고 있다.[33] 唐律이나 明淸律처럼 구성요건을 구분하거나 어떠한 제한을 부가하지는 않고 있기 때문에, 실질 내용을 구체로 확인하기는 어렵다. 그렇다고 이 구절만으로 사후 복수까지 전면 허용했다고 섣불리 단정하기에는, 오해의 위험성이 상당히 크다.

4. 전통 禮律상 복수에 관한 치열한 논쟁

1) 後漢 張敏의 輕侮法 반대론

한편, 과잉방위의 복수에 관하여는, 後漢 대에 이미 상당한 격론이 있었다. 타인이 부친을 모욕하자, 그 아들이 이를 보고 참지 못해 죽인 사건이 발생했는데, 章帝가 정상을 참작해 사형을 감면해 준 것이다. 이를 선례로 보편적 관행이 이루어져, 급기야 和帝 시에는 輕侮法의 제정이 의론되어, 거의 결정적이었다. 이때 張敏이, 輕侮에 대한 과잉 복수의 판단은 구체 상황에 따라 황제가 결정할 일이라면서, 그 입법을 강력히 반대하였다. 한번 律令에 명문으로 규정하면, 간사한 죄악의 싹을 조장하는 결과가 되어, 그 폐단을 감당할 수 없게 된다는 것이다. 春秋의 의리로 보면, 부모 원수를 보복하지 않는 자는 자식이 아

33 元史, 刑法四, 殺傷. "諸人殺死其父, 子毆之死者, 不坐, 仍於殺父者之家, 徵燒埋銀五十兩."

니지만, 국가 법령이 그를 감면하는 규정을 두지 않는 것은, 복수를 빙자한 살인이 자행될까 염려하기 때문으로, 경전이나 법률의 本意는 한결같이 백성들이 죄악을 범하지 못하도록 방지하는 데 주목적이 있다는 논리였다. 한 사람을 살려주기 위해 살인의 문을 열어 놓으면, 천하가 그 폐해를 입게 될 것이라는 상소를 거듭한 결과, 마침내 輕侮法 제정을 저지하기에 성공하였다.[34]

2) 법제사에 나타난 복수의 정상참작-酌量減刑

사실, 복수에 관한 명문 규정이 없다고, 곧 법률의 흠결이 되는 것은 아니다. 법의 일반원리에 의하면, 특수한 예외규정이 없는 경우, 일반 원칙의 적용을 받는 것은 당연하기 때문이다. 그리고 상세한 구체 입법 규정이 항상 바람직스러운 것도 아니다. 어차피 법은 완전무결한 만능의 그물이 될 수 없는데, 전적으로 법에 의지하게 되면 때로는 뜻하지 않은 커다란 폐단이 초래될 수 있다. 법의 악용은 물론, 그 경직성으로 인한 자승자박의 모순이 전형적 폐해가 될 것이다.

특히, 주관적 인정 및 객관적 事情 등을 다분히 참작해야할 윤리도덕이나 정치 영역은, 상당한 법의 탄력성을 요구하는 것이 일반이다. 이러한 맥락에서, 후술할 한유의 복수에 관한 의론은, 법리로나 윤리로나 모두 상당히 설득력 있는 주장으로 평가된다. 다만, 이를 시행적용함에 있어 원칙성과 형평성을 유지하면서, 구체적 타당성을 실현

34 後漢書, 卷44, 張敏傳. "夫輕侮之法, 先帝一切之恩, 不有成科班之律令也. 若開相容恕, 著爲定法者, 則是故設姦萌, 生長罪隙. 春秋之義, 子不報讎, 非子也. 而法令不爲之減者, 以相殺之路不可開故也. 孔子垂經典, 皐陶造法律, 原其本意, 皆欲禁民爲非也. 殺人者死, 三代通制, 今欲趣生, 反開殺路, 一人不死, 天下受敝." 실제로, 아들과 함께 시장을 지나던 모친이 취객에게 모욕당하자, 아들이 참지 못해 그를 살해했는데, 인정은 긍휼하면서도 대낮 살인을 용서하는 것은 정의가 아니라며, 국법의 제재를 단행한 사례가 발견된다. 後漢書, 卷64, 吳佑傳 참조.

하는 것이 가장 중요한 본질적 문제이다. 이는 전적으로 법관의 인적 요소에 의존하게 된다.

실제로, 이러한 법의 탄력성을 바탕으로 복수에 대한 형벌을 감경해준 사례가 적지 않다. 後漢 때 지운은 친구가 부친 원수를 갚지 못하고 원통하게 죽는 모습을 보고, 자기가 대신 원수 목을 잘라다가 그에게 보여준 뒤, 스스로 관가에 나아가 이실직고하였다. 이에 현령이 감동해 감면해줄 뜻을 비쳤다. 지운은 도리어 "벗을 위해 복수한 것은 개인의 사사로운 정이고, 국법을 받들어 공평무사한 것은 관리의 의무다'고 말하면서, 스스로 감옥에 들어갔다. 이에 현령이 칼을 들고, '그대가 나오지 않으면 자결하겠다'고 위협해, 결국 형벌을 감면받게 되었다.[35]

後漢 때 趙娥라는 여인은, 부친이 피살하고 삼형제 모두 병사하는 참극을 당했다. 살인범이 복수할 사람 없음을 기뻐하는 것을 보고, 조아는 10년을 벼르다가 마침내 칼로 찔러 복수한 뒤, 관가에 사형을 자청했다. 이에 현령이 그 절의를 가상히 여겨, 관직을 버리고 함께 도망치자고 청했다. 조아는 도리어 "원한을 갚고 죽는 것은 딸의 떳떳한 직분이고, 죄를 심판해 刑獄을 다스리는 것은 관리의 도리다"고 말하면서, 公法을 굽혀 구차히 살지 않겠다고 청을 거절했다. 나중에 황제의 사면을 받았다.[36]

그런가하면, 宋 대에는 부친의 살해범이 사면 받자, 아들이 스스로 범인을 죽여 복수한 뒤 자수했는데, 仁宗이 의롭게 여겨 감형해 준 일이 있다. 神宗 때는, 어려서 부친을 남의 손에 잃은 아들이, 장성하여

35 後漢書, 卷29, 郅惲傳: "吾知子不悲天命, 而痛讎不復也.… 爲友報讎, 吏之私也; 奉法不阿, 君之義也. 虧君以生, 非臣節也."

36 後漢書, 卷84, 列女傳: "父仇已報, 請就刑戮! 怨塞身死, 妾之明分 ; 結罪理獄, 君之常理. 何敢苟生, 以枉公法!

원수의 목을 잘라다가 부친 묘에 제사지낸 뒤 자수했는데, 역시 정상을 긍휼히 여겨 유형에 처한 일도 있다.[37] 또, 金 世宗 때는, 역시 아들이 부친의 원수를 살해한 뒤 자수한 사안에 대하여, 烈士라고 칭찬하며 사형을 감해주었다.[38]

3) 姑婦간 살해에 祖孫간 복수 문제

한편, 南朝 宋 태조 元嘉(424-453) 초에, 姑婦간 살해에 祖孫간 복수 문제가 아주 뜨거운 감자로 떠올라, 법제사상 아주 유명한 치열한 토론이 벌어졌다. 黃初의 처 趙씨(시어머니)가 아들 載의 처 王씨(며느리)를 때려죽인 사안이다. 나중에 사면령을 만났지만, 王씨에게 친정부모와 아들 稱과 딸 葉(趙씨 손자녀)이 있어서, 법률상 피살자 자녀의 복수를 회피하기 위해 2천리 밖으로 이주해야 할 형편이었다. 그런데 가해자와 피해자의 간접 姻戚 義親관계를 매개로 한 법령의 규정보다, 가해자와 피해자 자녀의 직접 祖孫 血親관계에 의한 윤리도덕이 우선하여, 결국 시어머니의 며느리 살해사건은 처벌할 수 없는 해석론으로 끝났다. 傅隆이 제기한 의론은 다음과 같다.

"무릇 禮와 律의 기원을 살펴보면, 대개 '自然'에 근본하고 '情理'를 추구하는바, 하늘에서 떨어진 것도 아니고, 땅에서 솟은 것도 아니다. 父子간은 가장 가까운 혈친으로 血氣를 함께 하는 分身인데, 稱과 載의 관계는 載와 趙씨의 관계와 같다. 비록 三代라고 하지만 一體와 다름없어서, 결코 분별할 수가 없다. 稱의 마음이 매우 침통하겠지만, 조모에게 복수한다는 義理는 정말 없다. 만약 稱(손자)이 趙씨(조모)를 살해한다면, 趙씨는 載(아들)한테 어떻게 대할 것인가?

37 宋史, 刑法二 참조.

38 金史, 刑: "復父讎, 又自言之, 烈士也, 以減死論."

父子·祖孫간에 골육상잔한다면, 이는 아마도 先王이 형벌을 시행하고 皐陶가 법률을 제정한 본래 취지가 아닐 것이다. 법령상 '타인의 부모를 살해한 자는 (그 복수를 회피하기 위하여) 2천里 밖으로 이주시킨다'는 규정은, 父子·祖孫간에는 시행하지 않음이 명백하다. 趙씨는 王씨의 (친정) 期親이나 大功·小功親을 천리 밖으로 피하여야 할 따름이다. 또한 법령상 '무릇 유배·이주하는 자의 동거 근친이 서로 동행하고자 하면 허용한다'는 규정은, 人情의 요체를 융통하여 친족간 애정을 교화하는 바이다. 만약 趙씨가 이주한다면, 載는 그 아들로서 어찌 동행하지 않을 수 있겠는가? 또 載가 동행하는데 稱이 따라가지 않는다면, 또한 명의와 교화상 어찌 용납할 수 있겠는가? 이러한 즉, 稱(손자)과 趙씨(조모)는 결국 분리할 수 없으니, 趙씨가 비록 종신토록 내심 부끄럽고, 稱은 마땅히 평생토록 침통해야 할 것이로되, 조손간의 도의가 영원히 끊어질 수 없음은 사리상 당연하다."[39]

이 사건에 대하여, 王義慶도 "法 밖에서 구하고 人情으로 판단하면, 禮에는 과실을 용서하고, 律에는 조부모께 복수한다는 조문이 없다"는 논지로, '孝道를 어그러뜨림이 없도록' 하자고 의론하였다.[40]

4) 陳子昂(661-702)의 복수 전면 금지론

복수를 전면 금지하자는 주장은, 唐宋 대에 이르러 본격 등장한다. 우선, 唐 則天武后(690-705 在位) 때, 徐元慶이 부친을 상해한 縣吏에게 복수를 단행하고 자수한 사건에 관하여, 陳子昂이 개진한 건의가 전형적 대표다.

---

39 宋書 卷55 및 南史 卷15 本傳; 折獄龜鑑 卷4, 議罪; 文獻通考 卷169, 刑考8, 詳讞 등 참조. 졸저, 전통 중국법의 정신, 2011재판, 302-303쪽에서 재인용함.

40 宋書, 卷51 및 南史, 卷13 本傳; 南朝 宋會要, 刑, 611쪽 등 참조.

“先王이 예를 세운 것은 인간에게 권선하기 위함이요, 형벌을 밝힌 것은 죄악을 다스리기 위함입니다. 방패를 베고 자면서 복수를 행하는 것은 자식의 도의고, 죄인을 처벌해 난리를 금지함은 정치의 기강입니다. 도의가 없으면 인간을 훈도할 수 없고, 기강이 문란하면 법을 밝힐 수 없습니다. 그래서 성인은 예를 닦아 안을 다스리고 법을 신칙하여 밖을 방비함으로써, 법을 집행하는 자는 예 때문에 형벌을 폐지하는 일이 없고, 예를 행하는 자는 법 때문에 도의를 손상시키지 않도록 하였습니다. 그러한 후에 난포함이 일어나지 않고 염치가 흥성하여, 천하에 정직한 도가 행해지게 됩니다.… 국가 법률에 의하면, 살인자를 사형에 처함은 나라의 통일된 법입니다. 법의 적용을 둘로 달리 할 수 없는 관점에서 보면, 元慶의 죄는 마땅히 벌 받아야 합니다. 한편, 禮經에 의하면, 부모 원수는 하늘을 함께 떠받칠 수 없음이, 국가가 인민에게 권하는 교화입니다. 교화를 가벼이 여길 수 없는 관점에서 보면, 元慶의 행위는 처벌해서는 안 됩니다. 지금 元慶이 부친 원수를 갚은 것은, 난포한 짓을 일으키고자 한 뜻이 아니고, 다만 자식의 도를 행하고자 하였을 따름이니, 그 의로움은 어질고도 남음이 있습니다. 어진데도 복은 받지 못하고, 난포함과 마찬가지로 형벌을 받는 것을 법이라고 한다면, 백성을 훈도할 방도가 없게 됩니다.

그러나 바른 것에서 사악함이 생겨나 난포함을 일으키는 것이 사리인지라, 예부터 禮로 매우 엄밀하게 방비해도, 그 폐단을 감당할 수 없는 것이 상례였습니다. 先王이 형벌을 밝히지 않을 수 없었던 까닭도 바로 여기에 있습니다. 지금 元慶의 절개를 의롭게 여겨 국가 형벌을 폐한다면, 장래 정치에 반드시 어려움이 많을 것이므로, 元慶의 죄를 묻지 않을 수 없습니다. 왜냐하면, 사람마다 자식이 있고, 자식마다 부모가 있는데, 부모를 위해 서로 복수하기 시작한다면, 그 난리를 누가 구제할 수 있겠습니까? 성인이 처음 예와 법을 제정할 때는, 반드시 먼 훗날까지 내다보고, 일조일석을 위하지 않았습니다.

또한, 개인적 도의 때문에 公的 법을 해치는 일은 어진 사람의 행위가 아니고, 공적 법으로써 사사로운 절개를 두둔하는 일은 왕도의 시행이 못됩니다. 지금 만약 元慶의 죄를 용서해 생명을 보전시킨다면, 이는 그의 덕을 빼앗고 그의 仁을 어그러뜨리는 일로서, 살신성인과 全死無生의 절개가 아니게 됩니다. 마땅히 국법을 공정히 시행해 사형에 처한 뒤, 정려를 세워 그 의절을 표창함으로써, 천하에 정직한 도가 행해지도록 해야 할 것입니다."[41]

5) 柳宗元(773-819)의 반론

이에 대한 반박도 만만치 않은데, 백여 년 뒤 柳宗元이 제기한 반론은 매우 유명하여, 陳子昂·韓愈의 논의와 더불어 복수에 관한 唐代 鼎論을 이룬다.

柳宗元은 우선 형식 논리 관점에서, 陳子昂이 주장한 사형집행과 정려 건립이 양립할 수 없는 모순이라고 지적한다. 즉, 정려를 하사할 만한 행위를 처형함은 법을 모독하는 濫刑이고, 처형할 행위에 대해 정려를 건립함은 禮를 파괴하는 僭越한 처사라는 것이다.

다음으로, 복수를 야기한 원인행위의 정황을 분석해 비판을 계속한다. 즉, 피살자가 법적인 범죄가 아니라, 관리의 私怨에 의해 무고하게 학살된 것이라면, 해당 刑官은 물론 상급 책임자까지 刑政을 밝게 다스리지 못한 허물이 있으므로, 예에 따라 도의적 복수를 행한 元慶에게 부끄러운 마음으로 사죄해도 부족할 터이다. 하물며, 어떻게 그를

41 陳伯玉文集, 卷七, 復讎議狀 참조.

처형할 수 있겠느냐고 반문한다.

반면, 피살자가 죄를 면할 수 없고, 관리의 살해가 법에 허물이 없다면, 이는 사람에게 살해된 것이 아니라 법에 처형된 것이니, 복수할 수 없음은 당연하다. 그런데도 천자의 법을 원수로 여겨 법집행한 관리를 살해한 행위는, 마땅히 주륙해야할 패역무도한 범죄인데, 어떻게 정려를 하사할 수 있겠냐고 힐난한다.

이어서 그는, 예에서 말하는 복수란 원통하고 억울한 피살을 가리키며, 법에 저촉되어 처형되는 정당한 살인은 그 대상에서 제외되기 때문에, 陳子昴이 염려하는 것처럼 인민 상호간의 연쇄적 복수의 혼란은 일어날 수 없다고 지적한다.

마지막으로 柳宗元은, '원수를 잊지 않는 것은 효이고, 죽음을 아까워하지 않는 것은 義이다'는 전통 명제를 제시하며, 효를 행하여 義에 죽는 자라면, 반드시 道를 듣고 이치에 통달한 사람일 텐데, 이를 처형하는 것은 王法이 아니라고 결론짓는다. 결국 복수를 소극 허용하는 전통적 유가의 禮論으로 복귀한 셈이 된다.[42]

柳宗元의 두 번째 논리는 원칙상 설득력 있는 합리성을 지니지만, 해당 사건의 구체적 사실관계를 확인할 수 없기 때문에, 비판의 논거로서 정당한지는 단정할 수 없다. 세 번째 논리도 그 자체로 당연한 말이지만, 결정적 반론의 근거가 되기에는 미약한 편이다.

그리고 첫 번째 논거는 가장 예리한 논리적 명확성을 돋보이고 있는데, 형식상 지극히 당연하게 받아들여질 수 있다. 그러나 실질 관점에서 보면, 이는 가족적 예와 국가적 법의 이율배반적 긴장관계로부터 필연으로 말미암는, 복수론의 진퇴양난 딜레마에 불과한 사실을 간과할 수 없다.

42 柳宗元集, 卷四, 駁復讎論 참조. 古文觀止卷之九에 실림.

사실, 陳子昻 자신도 예와 법의 모순긴장 관계를 전제로, 부득이 전체 국가의 公法을 위하여 부분적 가족의 私禮를 양보하고 있지 않은가? 복수는 단순히 형식적 법 논리 문제라기보다는, 오히려 국가사회 규범정책의 문제라고 이해함이 더 정확할 것이다.

그런 관점에서 보면, 복수에 관한 논의에는 절대적 시비가 존재할 수 없고, 해당 사회와 시대의 정치적 능력과 법적 수준을 반영하는 한 지표로서 표현되는 사상인 셈이다.

6) 韓愈(768-824)의 복수론

사실, 唐律이 복수에 관한 명문 규정을 두지 않은 이유도 동일한 취지로 이해된다. 唐 憲宗 6년(811) 梁悅이라는 자가 부친 원수를 갚고 자수해 죄를 자청한 사건이 발생했다. 황제는 그 志節을 가상히 여겨, 특별히 사형을 감경해 유배에 처했다. 그 후 황제는 칙서를 내렸다.

"복수가 禮經에 의하면 하늘을 함께 떠받칠 수 없는 의리고, 法令으로 따지면 살인자로 사형에 해당한다. 예와 법 모두 왕의 교화방편으로, 이처럼 현격히 다른 까닭을 논변하라!"

이에 한유가 올린 의론 속에, 그 이유가 복수의 일반론으로서 상세히 표현되고 있다.

"자식이 부모 원수를 갚는 일은, 春秋·禮記·周官·제자백가 및 역사서에 보이는 것만도 수 없이 많으나, 이를 비난해 죄 주는 기록은 하나도 없습니다. 마땅히 律에 가장 상세히 규정해야 할 것이나, 律에는 해당 조문조차 없는데, 이는 결코 律文의 흠결이 아닙니다.

생각하건대, 복수를 허용하지 않자니, 효자 마음을 손상시켜 先王의 교훈에 어긋날 것이고; 그렇다고 복수를 허용하자니, 사람들이 장차 법을 빙자해 살인을 자행하더라도, 금지할 도리가 없게 될 것이기 때문입니다. 무릇 律이 비록 성인으로부터 근원하지만, 이를 집행하는 것은 관리인 까닭에, 경전에서 밝히는 바는 바로 이 관리를 통제하는 것입니다. 경전에는 그 뜻이 그토록 상세한데, 律에는 그 조문이 아예 없는 까닭은, 法吏는 法을 통일해 적용하며, 경전을 연구하는 선비가 경전을 인용해 의론하라는 취지입니다.

어리석은 소견으로는, 복수의 이름은 비록 같지만, 구체 내용은 서로 다른 경우가 많습니다. 백성간의 상호 복수는 의론할 여지가 있지만, 법에 의해 관리에 처형된 경우는 재론의 가치도 없고, 혹은 복수하기 전에 먼저 관가에 신고하면 무죄인 경우도 있습니다. 그런 까닭에 복수에 대한 처형과 사면은 획일로 규정할 수 없는 것입니다. '무릇 부모 원수를 갚는 일이 발생하면, 그 사유를 기록하여 상서성이 합의한 뒤 보고하라'고 정함이 마땅할 것입니다."[43]

7) 宋 王安石(1021-1086)의 복수 전면 금지론

한편, 陳子昂 같은 형식 논리상 진퇴양난 모순에 빠지지 않으면서, 철학지혜로 승화된 전면적 복수 금지론은, 한유·류종원과 함께 당송 팔대가인 宋 王安石이 전개했다. 그의 복수 금지론은 현상적 원인에 대한 정확한 인식에서 출발함이 특징이다.

우선, 복수는 태평성세의 道가 아니다. 현명한 천자가 다스린다면, 모든 계층의 관리가 각각 자기 직책을 잘 수행하여, 무고한 살인이 적을 것이며; 설혹 발생하더라도, 피해자 가족이 관가에 신고하면, 천자의 법이 그를 위해 그 원수를 형벌하여, 근본적으로 사적 복수가 필요 없기 때문이다. 그렇지 못한 혼란한 시대에는, 父兄의 원수를 子弟가 스스로 보복하는 사태가 빈발하여, 성인군자가 부득이 객관적 상황을 고려하고 주관적 인정을 참작해 용서하지 않을 수 없게 된다. 따라서

43 韓昌黎文集, 卷8, 復讐狀 및 唐書, 刑法志 참조.

春秋傳이나 禮記에 보이는 복수의 의리는, 난세의 子弟들을 위한 부득이한 立論이라고 판단한다.

한편, 정당한 법적 형벌에 대하여는 복수할 수 없다는 公羊傳의 기록은, 일신의 私情으로 천하 公法을 해칠 수 없다는 기본원칙을 천명한 것이다. 그밖에, 억울한 피살에 대한 복수 허용은, 후천적 사회 도의 때문에 선천적 인간 恩情관계를 폐지할 수만은 없기 때문이다. 그리고 士師에게 사전에 신고·등록한 복수는 무죄라는 周禮 기록은, 아마도 진정한 周公의 법이 아닐 것이다. 왜냐하면, 사적 복수는 공적 법이 제 기능을 발휘하지 못하여, 자연히 발생하는 난세의 산물일 것이기 때문이다. 범죄를 다스리지 못하는 법관이, 과연 사적 복수 허용의 직책인들 감당할 능력과 자격이 있겠는가? 뿐만 아니라, 법관의 심판을 거쳐도 무고한 범죄인이 생길까 두려워함이 법의 근본정신인데, 하물며 성인의 법이 개인의 원한감정에 고귀한 인명을 맡길 리가 있겠는가?

결론으로 왕안석은, 난세라 할지라도 복수금지를 관철하자는 입장을 선호하고 있다. 그 결과 초래될 개인적 갈등은, 후술할 불교 자비심처럼, 철학적·종교적으로 승화된 고귀한 인간성이 유일무이한 최선의 해결책이라고 제시한다. 물론, 복수 금지란 곧 국법이 人情에 앞서는 절대적 우위를 의미하기 때문에, 國과 家, 법과 禮·情의 긴장갈등은 아예 발생할 여지조차 없다. 이 경우 발생하는 개인적 갈등이란, 사형을 각오하고 복수를 결행하느냐, 아니면 복수를 하지 않고 부모 제사를 받들어 집안을 이어가느냐는 효의 문제인 것이다.

> "복수할 수 있는데 복수하지 않는 것도 효도가 아니지만, 복수를 함으로써 조상 제사가 끊어지게 하는 것도 또한 효도가 아니다. 원수를 보복하지 못한 수치심을 품고 종신토록 살아가면 될 것이다. 원수를 복수하지 않는 것은 天理이고, 복수를 잊지 않는 것은 인정

이다. 자기 감정을 극복함으로써 하늘을 경외하며, 마음으로 부모를 잊지 않는다면 또한 되지 않겠는가?"[44]

8) 소결

예를 법보다 더 근본 규범으로 중시한 유가 전통은, 복수에 관하여 韓、柳의 견해를 찬양·지지하고, 陳의 입장을 비판·부정하는 조류가 일반이었다. 陳의 복수반대론은 禮論을 부정하고 국법을 앞세운 실질 내용에서도, 일반 유가의 전통에 허용될 수 없지만, 자가당착의 논리적 모순을 이유로 柳에 반박되었다. 그런데 근대적 법리주의 관념에서도, 陳은 복수를 성인의 예로 인정하고 구시대적 예치의 夢想에 대한 향수를 완전히 저버리지 못했다고 비판받는 형편이다. 한편, 韓·柳도 국가 법률의 공권력이 이미 절대로 성숙한 사회 변천에 부응하지 못하는, 시대착오적 견해인 점에서는 陳과 마찬가지다.

이들에 비하면, 왕안석의 일관적 전면 금지 견해는, 경전의 眞義를 정확하고 분명히 이해해, 전통 유가의 尙古癖을 탈피하고, 복수의 본질과 시대조류의 변천에 통달해, 공명정대한 議論을 전개한 것으로 평가된다.[45] 王은 개인적 인정을 중시한 의론을 철저히 후퇴시킴으로써, 陳과 같이 예와 법 사이 모순에 빠지지 않고, 국법 절대의 논리적 일관성을 유지할 수 있었다. 그의 이러한 논리일관성 강점은, 대개 두 측면에서 고찰할 수 있다. 첫째, 복수가 발생하는 규범현실의 원인에 대한 정확한 인식이다. 둘째, 그 해결방법의 최후 결정적 관건인 국가적 공법과 가족적 情禮 사이의 긴장모순 속에서, 선공후사의 大義 선택으로 복수의 본능적 감정을 사상적으로 승화한 점이다.

---

44 王臨川文集, 卷七十, 復讐解 참조.

45 穗積陳重, 앞의 책, 46-48쪽 참조.

주지하듯이, 陳子昂은 유명한 시인이고, 韓愈·柳宗元·王安石 3인은 모두 유명한 唐宋八大家이다. 이들의 복수론은 명문장에 철학지혜까지 영롱한 보석처럼 빛나니, 과연 명실상부한 대문호들이다.

5. 복수에 관한 전통 철학지혜

1) 공자와 유교의 '以直報怨' 사상

유가의 禮敎에서 비롯한 복수관념과 의식의 철학사상적 연원은, 공자의 '以直報怨'에서 찾을 수 있다. 일찍이 공자는 법의 간접적·내면적 원리로서 소극적 恕(仁)와, 그에 대응하는 직접적·표면적 원칙으로서 적극적 報에 대해서 적절히 언급했다.[46] 어떤 사람이 德(善)으로써 怨恨(惡)을 갚으면 어떻겠느냐고 떠보듯 물었다. 공자는 그러면 德은 무엇으로 어떻게 보답할지 반문하면서, '正直하게 怨恨을 갚고, 德으로 德에 보답하라'고 대꾸했다.[47] 바로 인과응보를 현신설법한 것이다.

그러나 이 어록에 숨은 배경을 추정해본다면, 질문한 혹자가 남이 베푼 덕도 제대로 보답하지 못하면서, 순전히 공자 심성을 떠보려는 수작으로, 넌지시 던져본 낚싯밥 미끼였을 가능성도 충분하다. 질문자의 도덕행실 결함을 알고 그 저의를 간파한 공자가, 요즘 흔히 말하는 '너나 잘하세요!'처럼, '당신한테 잘해준 분들한테나, 먼저 은덕 잊지 말고 잘 보답하세요!' 라고 콕 집어 되쏘지 않았을까? 실질상 핵심 답변을 함축하면서, 형식상 질문에 대한 대답과 문장 수사학적 표현의 균형추로, '원한은 정직하게 갚아도 돼요!'라는 말을 앞에 덧붙여 부연한 것으로 여겨진다. 말하자면, 되게 뜨끔한 훈계다.

---

46 졸저, 전통 중국법의 정신, 440-443쪽 참조.

47 論語, 憲問: "或曰: '以德報怨, 何如?' 子曰: '何以報德? 以直報怨, 以德報德.'"

개인적 인격수양 차원에서 본다면, 공자는 결코 '눈에는 눈, 이에는 이'를 방불케 하는, '악에는 악'이란 원한 서린 인과응보 복수를 찬양하거나 가르치지 않았다. 숱한 곤경과 궁액, 처절한 좌절과 불우를 겪은 공자지만, 자신을 알아주는 자가 없는 고독한 비운을 스스로 탄식하면서, "하늘을 원망하지 않고, 사람을 탓하지 않으며, 아래서 배워 위로 통달하니, 나를 알아주는 자는 하늘인저!"라고 술회하였다.[48]

"成事는 해설하지 않고, 遂事는 간언하지 않으며, 이미 지나간 것은 허물을 탓하지 않는다."는 공자 신념에 비추어 봐도 그렇다.[49] 이미 엎질러진 물을 주어 담을 수 없듯이, 복수로 기왕의 피살이 원상회복할 수 없음이 분명한 터! 새로운 살상의 고리만 연속 되풀이할 복수를 공자가 동의했을 리 만무하다. 뿐만 아니라, 복수에 근원인 '원망·원한'에 대하여, 공자의 성찰과 지혜를 살펴보면 더욱 그러하다.

효자는 父母를 섬김에 올바른 도리로 간언을 하되, 부모가 듣지 않아도 더욱 공경을 다해 어김이 없으며, 수고로워도 원망하지 않는다.[50] 殷末 현인인 "伯夷叔齊는 지나간 옛 惡을 사념치 않고 원망을 하지 않아서" 훌륭한데, 안으로 "仁을 구해 仁을 얻어 누구를 무엇을 원망할 일이 없었다."고 공자는 찬탄한다.[51] 제자 仲弓이 仁을 묻자, 공자는 "대문 밖에 나서면 큰 손님 대하듯 하고, 인민을 부림에는 큰 제사 받들 듯하며, 자기가 원하지 않는 일은 남한테 베풀지 않아, 나라

---

48 論語, 憲問: 子曰: "莫我知也夫!" 子貢曰: "何爲其莫知子也." 子曰: "不怨天, 不尤人, 下學而上達. 知我者, 其天乎!"

49 論語, 八佾: "成事不說, 遂事不諫, 旣往不咎." 微子편에는, 楚狂接輿가 孔子한테 "鳳아! 鳳아! 어찌 德이 그리 쇠약한고? 지난 것은 간언할 수 없고, 올 것은 아직 추구할 수 있다네!"라고 노래하며 당시 위태로운 정치현실을 경종한다.

50 論語, 里仁: "事父母, 幾諫, 見志不從, 又敬不違, 勞而不怨."

51 論語, 公冶長: "伯夷叔齊, 不念舊惡, 怨是用希."; 述而: "伯夷叔齊, 何人也?" 曰: "古之賢人也." 曰: "怨乎?" 曰: "求仁而得仁, 又何怨?"

에서도 원망이 없고 집안에서도 원망이 없다."고 답한다.[52]

수신·제가·치국·평천하에 어느 누구의 원망도 사지 않음이, 어질仁에 필수 전제요건이다. 子張이 從政에 필수 전제요건을 묻자, 공자는 "五美를 존중하고 四惡을 물리치면 從政할 수 있다."고 답한다. 그 5美에 둘째로, "인민이 수고로움을 감당할 만할 때를 잘 선택하면, 수고롭게 사역해도 인민이 원망하지 않는다."고 부연 설명한다.[53] 물론, 원망이 없음은 仁(政)에 필수 전제요건일 따름이지, 충분조건은 결코 아니다. 승부심과 공치사, 원망과 탐욕을 부리지 않기는 결코 쉽지 않지만, 그 네 덕을 갖춘다고 어질다(仁)고 인정할지는 미지수란다.[54]

역대 유명 정치가 평판에 대해, 管仲이 제나라 대부 伯氏의 騈邑三百을 회수해 疏食을 먹게 했어도, 伯氏가 죽을 때까지 怨言이 없을 만큼, 관중이 어질다고 공자는 답한다.[55] 周公이 아들 魯公한테 "大臣이 등용되지 않아 원망함이 없도록 하라."고 당부한 내용이다.[56]

한편, 공자는 범부중생의 심리속성도 잘 간파한다. "女子와 小人은 다루기 어려운데, 가까이 대하면 불손하고 멀리하면 원망한다."[57] 또 일반 사람은 "빈곤하면서 원망이 없기는 어렵고, 부유하면서 교만이 없기가 차라리 쉽다."[58] 일반인이 "원망이 많은 까닭은 이익만을 좇아

---

52 論語, 顔淵: 仲弓問仁. 子曰: "出門如見大賓, 使民如承大祭, 己所不欲, 勿施於人. 在邦無怨, 在家無怨." 仲弓曰: "雍雖不敏, 請事斯語矣."

53 論語, 堯曰: "尊五美, 屛四惡, 斯可以從政矣. …君子惠而不費, 勞而不怨, 欲而不貪, …擇可勞而勞之, 又誰怨? 欲仁而得仁, 又焉貪?…"

54 論語, 憲問: '克伐怨欲, 不行焉, 可以爲仁矣.' 子曰: "可以爲難矣, 仁則吾不知也."

55 論語, 憲問: 或問子産. 子曰: "惠人也." 問管仲. 曰: "人也, 奪伯氏, 騈邑三百, 飯疏食, 沒齒無怨言."

56 論語, 微子: 周公謂魯公曰: "君子不施其親, 不使大臣怨乎不以. 故舊, 無大故, 則不棄也. 無求備於一人."

57 論語, 陽貨: "唯女子與小人, 爲難養也. 近之則不孫, 遠之則怨."

58 論語, 憲問: "貧而無怨難, 富而無驕易."

행동하기 때문이다."[59] 따라서 원망을 멀리하려면, 자신이 몸소 후덕하면서, 사람들한테 책망은 되도록 안 하는 것이 상책이다.[60]

물론, 공자의 以直報怨은 확실히 일반 대중을 위한 통속적 '禮法'상의 규범원칙이다. 이는 실질 정의와 형평의 원리에 바탕을 둔, 다분히 현실적인 철학사상이 분명하다. 이는 소극적 해악의 금지 및 적극적 선행의 실행을 강조한 恕의 원리와 함께, 공자의 핵심사상인 仁 철학에 두 중심축을 구성한다. 즉, 자기가 하기 싫은 바는 남에게 베풀지 말라는 소극적 恕의 원리와, 타인의 해악행위에 대한 원망은 정직하게 갚으라는 적극적 보복의 원칙이, 전통 중국법에 양대 이론 지주로 확고히 서는 것이다.

확실히, 소극적인 恕의 원리와 표리관계를 이루는 적극적 보복의 원칙은, 보답을 바라지 않고 무조건 베푸는 德의 정신이나,[61] 심지어 타인의 해악과 원망까지 덕으로써 갚는 도덕원리의 숭고함에는, 결코 비할 바가 못 된다. 그러나 禮記에 공자 말씀으로 인용된 四料簡 이념형(ideal type) 명제는 아주 의미심장하여, 특히 주목할 만하다.

> "덕으로써 덕을 보답하면, 인민들한테 선을 권장할 수 있고; 원망으로써 원망을 갚으면, 인민들한테 악을 징계할 수 있다. … 덕으로써 원망을 보답하는 것은, 최고 관용하는 仁이고; 원망으로써 덕을 갚는 것은, 형벌을 당해야할 비천한 사람이다."[62]

앞 두 구절은 賞罰의 권선징악 원리고, 以德報怨은 老子의 三寶 중

59 論語, 里仁: "放於利而行, 多怨."

60 論語, 衛靈公: "躬自厚, 而薄責於人, 則遠怨矣."

61 禮記, 曲禮上: "太上貴德, 其次務施報. 禮尙往來. 往而不來, 非禮也. 來而不往, 亦非禮也. 人有禮則安, 無禮則危."

62 禮記, 表記: "以德報德, 則民有所勸; 以怨報怨, 則民有所懲. … 以德報怨, 則寬身之仁也; 以怨報德, 則刑戮之民也."

‘慈’悲의 도덕이며, 以怨報德은 배은망덕한 비열한 下賤을 가리킨다. 현세 실용주의 성향이 짙은 공자 유교에서, 정직한 인과응보로서 권선징악 원리는 핵심 근간일 수밖에 없다. 앞서 나온 ‘以直報怨’은 바로 그 대표 명제로서, 禮敎상 복수 名義와 함께 후대 복수론에 정신적 지주로서 중요한 철학사상을 제공한 것이 거의 분명하다. 원한을 숨긴 체면상 교유는 공자도 좌구명처럼 수치로 여겼다고 자긍한다.[63] 식초를 얻으러 온 사람한테, 자기 집에 줄 식초가 없으면, 정직하게 없다고 말하든지, 아니면 이웃에 가보라고 말하면 그만일 텐데, 애써 호의를 베푼답시고 몸소 이웃에 가서 얻어다가 주는 생색내는 시혜는, 결코 정직한 게 아니라고 공자는 힐난한다.[64]

한편, 소극적 황금률의 원리를 들어, 맹자는 복수의 악순환을 염려하며, 죄악을 범하지 말라고 징악의 훈계를 설파하였다.

> “내 지금 이후로는 다른 사람의 친족을 살해함이 얼마나 막중한지 알겠다. 다른 사람의 이버이를 살해하면, 그 사람 또한 살인자의 어버이를 살해할 것이며; 다른 사람의 형제를 살해하면, 그 사람 또한 살인자의 형제를 살해할 것이다. 그러한즉, 자기 어버이나 형제를 스스로 살해하지 않은 것뿐이지, 한 사람 건너 간접으로 살해한 것이나 마찬가지다.”[65]

물론 이 명제는, 고대 이래로 친족간의 사적 복수를 정당한 것으로 인정하고 적극 장려까지 한 예법문화의 배경에서 이해해야 할 것이다. 허나 이를 빌미로, 맹자가 친족간의 복수나 광범위한 연좌(株連: 멸족)

---

63 論語, 公冶長: “巧言令色足恭, 左丘明恥之, 丘亦恥之; 匿怨而友其人, 左丘明恥之, 丘亦恥之.”

64 論語, 公冶長: “孰謂微生高直? 或乞醯焉, 乞諸其隣而與之.”

65 孟子, 盡心下: “吾今而後, 知殺人親之重也. 殺人之父, 人亦殺其父; 殺人之兄, 人亦殺其兄. 然則非自殺之也, 一間耳.”

의 합법성 및 합리성을 인정하고 적극 주장한 것처럼 과장하거나 호도한다면,[66] 이는 지나친 오해다. 맹자의 본의는, 당시 복수를 긍정하는 예법문화를 현실규범으로 전제한 다음, 그러한 규범현실에서 남을 해치는 범죄가 자기 친족이나 자신에 대한 복수 반격을 불러들여, 결국 스스로 살해하는 것과 같아진다는, 엄중한 경고로 보아야 온당할 것이다. 일반 중생들이 근시안적 어리석음과 순간적 충동분노로 끔찍한 죄악을 저지를까 저어하여, 미연에 방지하려는 노파심일 따름이다.

"정직하게 원한을 갚고, 덕으로써 덕을 갚아라."고 설파한 공자의 가르침 영향인지, 맹자는 老子나 붓다처럼 원한의 고리 단절까지 직접 명확히 말하지는 않았다. 하지만 원한의 야기 자체를 미연에 방지하라고 일깨운 점에서, 소극적 황금률의 중요한 활용은 특별하다.

2) 道家 老莊의 무위자연 자애

한편, 儒佛仙이 서로 영향을 주고받으며 삼교합일이 자연스레 형성된 철학사상 추세를 감안하면, 복수에 대한 道家 및 佛教 가르침을 함께 살펴봄도 유익하고 바람직할 것이다.

먼저, 老子는 항상 善의 편인 天道의 無親과 人法의 公平性에 정면으로 모순·충돌하는 듯한, 道의 절대성을 강조해 눈길을 끈다. 즉, 善과 不善(惡)을 구분하지 않는 절대 평등자애를 펼친다. 성인은 항상 일정한 마음이 없이, 인민의 마음을 자기 마음으로 삼는데, "착한 자를 착하게 대해줌은 물론, 착하지 않은 자도 또한 착하게 대해줌이 최고 도덕적 善이다."[67] 이것이 老子가 "덕으로써 원망을 보답한다."는 유명한 "報怨以德"(제63장) 원칙이다. 이는 "남이 왼뺨을 치거든 오른뺨

---

66 李光燦·張國華 總主編, 中國法律思想通史(一), 山西人民出版社, 1994, 307쪽.

67 老子 제49장: "聖人無常心, 以百姓心爲心. 善者, 吾善之; 不善者, 吾亦善之."

도 대주라"고 설교한 예수의 '원수사랑' 가르침과 일맥상통한다.

莊子는 達生의 원리로 복수 및 전쟁형벌이 없는 이상 사회를 꿈꾼다. 復讎하는 자도, 자기(부모)를 찌른 鏌邪나 干將 같은 명검을 탓하여 부러뜨리지는 않는다. 또, 비록 제아무리 살기등등한 마음을 품은 자라도, 바람에 날려 떨어져 제 머리를 해친 기왓장을 원망하지는 않는다. 그들은 무심한 물건일 뿐이기 때문이다. 분노와 원한을 불러일으키는 것은, 자기(부모)를 해치려는 사람의 주관적 의지와 감정이기 때문이다. 이것이 바로 무위자연의 天道로서, 천하를 평화롭고 균등히 하는 첩경이자, 공격전쟁의 혼란과 살륙형벌을 없애는 비결이라고 장자는 諷諫한다.[68]

3) 불교 譯經에 복수 금지 자비심

한편, 漢 이후 역대 복수론 전개에 알게 모르게 상당히 강력한 영향력을 끼쳤을 불교의 慈悲·智慧를 간과할 수 없다. 후한 때 불교가 처음 전래한 이후, 삼국시대부터 역경 활동이 왕성히 진행되어, 불교 철학지혜가 황실과 사대부 지식층을 중심으로 급속히 보급되었다. 불교에 심취해 깊이 믿은 불자는 물론, 불교를 비판하고 배척·박해한 불신자들도, 기본상 불경을 널리 충분히 숙지했음은 당연한 사실이다. 양편 모두 복수를 강력히 반대하고 금지하는 불경의 자비·지혜에 적잖이 훈습했을 것이기 때문이다.

가장 유명한 전형적 가르침이 장수왕 유훈으로 널리 알려진 고사다. 장수왕 고사는 가장 확실한 부처님 親口(金口) 설법으로 신뢰받는 阿含部 경전에 두 곳이나 실려 전한다. 東晉(317-420) 시대 罽賓(현 카시미르)

68 莊子, 外篇 達生: "復讎者不折鏌干, 雖有忮心者不怨飄瓦, 是以天下平均. 故無攻戰之亂, 無殺戮之刑者, 由此道也."

三藏 瞿曇僧伽提婆가 번역한 中阿含經(卷第17) 長壽王品에 실린 長壽王本起經과, 增壹阿含經(卷第16) 高幢品에 여덟째 경전이다. 그런데 이 경전은 西晉(265-316) 시대에 이미 '長壽王經'이란 단독경전으로 번역 보급되었고, 그 이전에 삼국시대 吳(222-280) 康居國 사문 康僧會가 번역한 六度集經(卷第1), 布施度無極章(第1)에 열 번째 고사로 간추린 요약본이 실려 있다.

장수왕 고사는 하도 유명하여, 그 뒤로도 姚秦(384-417) 涼州 사문 竺佛念이 번역한 出曜經 忿怒品과, 宋 罽賓 삼장 佛陀什이 竺道生 등과 공역한 五分律 羯磨法下에도, 같은 내용이 상세히 인용된다. 후대에 장수왕 고사를 인용한 경전 및 論藏·어록 등도 상당히 많다.

삼국시대부터 장수왕경이 번역 보급된 상황만 보더라도, 남북조 이후 당송 현인들이 복수론 전개에 직간접 영향을 받거나 참고했을 가능성은 충분하다고 여겨진다. 장수왕 관련 경전들의 기록 내용은 다소 출입편차가 있지만, 간추린 요약본인 六度集經 내용을 중심으로 대강 줄거리를 요약 소개해보자. 붓다가 원한으로 원한을 갚으면 안 되는 이유를 자상히 설한 핵심이 확연히 드러난다.

옛날에 보살이 다스리던 큰 나라가 있었다. 왕 이름은 長壽이고 태자 이름은 長生이었다. 장수왕은 바른 정치로 나라를 다스려 나라가 부유했으나, 이웃나라 왕은 포악해 국민이 가난했다. 포악한 왕은 부유한 장수왕 나라를 탐내 침입했다. 신하들은 침략에 맞서 싸울 것을 권했다. 장수왕은 싸울 경우 백성이 다칠 것을 염려해, 태자와 함께 나라를 버리고 산으로 피신했다. (周 古公亶父 고사를 연상시킴) 장수왕 나라를 점령한 포악한 왕은 큰 현상금을 걸고 장수왕을 찾았다.

산으로 피신한 장수왕은, 어느 날 길가 나무 아래 쉬고 있을 때, 자신이 보시를 좋아한다는 소문을 듣고 찾아오던 브라만을 만났다. 장수왕은 자기 처지를 알리고, 자기 목이라도 포악한 왕에게 가져가서 상금을 타라고 브라만에게 권했다. 브라만이 주저하자, 장수왕은 그를 이끌고 포악한 왕에게 갔다. 포악한 왕이 장수왕을 길에서 火刑하려고 할 때, 군중 속에서 아들을 발견한 장수왕은, 아들한테 원수를 갚지 말라고 간절히 당부하고 죽임을 당했다.

> "너는 남의 장점도 보지 말고, 단점도 보지 말라. 원한으로 원한을 갚으면, 원한이 그치지 않으며; 덕으로 원한을 갚아야, 비로소 원한이 멈춘다. 부모 마음에 순순히 따라야, 바야흐로 효자라 부르지; 제멋대로 굴고 고집피우면, 내가 말하는 효도가 아니다."[69]

그러나 산으로 돌아온 태자 장생은 아버지 원수를 갚겠다고 결심하고, 온갖 무술과 기예를 두루 익혀 숙련했다. 산에서 내려온 장생은 포악한 왕을 감쪽같이 속이고, 최측근이 되어 두터운 신임을 얻었다. 어느 날 장생은 포악한 왕과 함께 사냥을 가게 되었다. 그들은 짐승을 쫓다가 길을 잃어, 사흘간 산속을 헤매다 지쳤다. 왕은 피곤해 칼을 장생에게 맡기고, 그 무릎을 베고 잠들었다. 장생은 포악한 왕을 죽이려고 칼을 빼들었으나, 원수를 갚지 말라는 아버지 유언이 생생히 떠올라, 차마 어길 수 없어서 칼을 내려놓았다. 이때 왕이 갑자기 놀라 잠을 깨더니, 꿈에서 장수왕 아들이 자신을 죽이려고 하여 깜짝 놀라 깼다고 말했다. 장생이 왕의 꿈을 귀신 탓으로 돌려 왕을 안심시키자, 왕은 다시 잠들었다. 이렇게 세 번 되풀이했다.

마침내 놀라 잠을 깬 왕에게 장생은 자기 신분을 밝히고, 아버지 유

69 失譯經人名今附西晉錄, 長壽王經 참조. 佛陁什共竺道生等譯, 五分律 卷第24, 第四分之二羯磨法下: "汝莫見長, 亦莫見短, 以怨報怨, 怨無由息, 報怨以德, 其怨乃已. 順父母心, 乃曰孝子, 率情肆志, 非吾謂道." 佛陁耶舍共竺佛念等譯, 四分律 卷第43, 拘睒彌揵度第九에는: "원한은 크고 작건 모두 갚을 일이 아니다. 원한으로 원한을 갚으면, 원한은 끝내 없어지지 않는다. 오직 원한이 없어야 원한을 제거한다.(怨無輕重, 皆不足報。以怨報怨, 怨終不除, 唯有無怨而除怨耳.)"

언 때문에 차마 왕을 죽이지 못했다고 이실직고했다. 포악한 왕은 크게 감동해 자기 잘못을 뉘우치고, 빼앗은 나라를 장생한테 되돌려주고, 본국으로 돌아갔다.

이는 부처님 전생 설화로서, 장수왕은 부처님 전신이고, 장생은 아난 전생이며, 포악한 왕은 제바달다 전신이었다고 설한다. 자비롭고 어질기 그지없는 장수왕이, 이웃나라 왕의 무도한 침략으로 죽임을 당하면서, 아들이 복수할까 염려해 재삼 외친 유훈은 참으로 감동적이다. 아들이 나중에 보복할 기회를 얻었지만, 아버지 절규가 떠올라 복수살인을 저지르지 않은 자비로운 효행 실천도 감동이다. 자비와 인내와 효도가 어우러진 거룩한 감동이다!

실제로 대승불교 보살계에 정화라 할 '梵網經'에는 복수를 엄금하는 명확한 가르침이 전한다.

> "佛子라면 칼·창·활·화살·도끼 등 전투무기나 나쁜 그물·낚시 같은 살생도구를 결코 비축하지 말아야 한다. 보살은 또 父母를 살해한 원수도 보복하지 않거늘, 하물며 다른 일체 중생을 해치랴? 만약 일부러 창칼 등을 비축하면, 輕垢罪를 범한다.…佛子여! 분노(瞋)로써 분노(瞋)를 갚거나, 폭력(打)으로 폭력(打)을 갚아서는 안 된다. 父母兄弟六親을 살해한 경우라도 보복해서는 안 되고, 국가 군주를 타인이 살해해도 보복해서는 안 된다. 殺生으로 중생에 복수하면, 결코 孝道가 아니다. 奴婢도 비축하지 않으며, 때리고 욕설해도 나날이 三業을 짓고 구업죄가 무량하거늘, 하물며 고의로 七逆의 죄를 짓는단 말인가? 出家菩薩이 자비심 없이 원수를 보복하거나, 6친 중에 일부러 보복하면, 輕垢罪를 범한다."[70]

---

70 梵網經盧舍那佛說菩薩心地戒品第十卷下, 鳩摩羅什譯: "若佛子, 不得畜一切刀杖弓箭鉾斧鬪戰之具, 及惡網羅殺生之器, 一切不得畜. 而菩薩乃至殺父母尙不加報, 況餘一切衆生. 若故畜一切刀杖者, 犯輕垢罪.…佛子! 不得以瞋報瞋、以打報打. 若殺父母

'눈에는 눈, 이에는 이'라는 유명한 탈리오 법언이, '성냄엔 성냄, 때림엔 때림(以瞋報瞋, 以打報打)'이란 명제로, 절대 엄금하는 계율로 나타남이 불교 자비심의 특징이다.

그런데, 鳩摩羅什이 번역한 梵網經盧舍那佛說菩薩心地法門品第十에 신라 太賢스님이 해설을 가한 梵網經古迹記에서는, 이 단락에 '참지 못해 계를 어기고 침범한 죄(不忍違犯戒第一)'란 표제를 달고서, 以怨報怨은 違忍行이고, 인욕을 잃은 행동은 대승보살행에서 퇴락한 거라고 설한다. 그리고 '以瞋報瞋' 등에는, '원한으로 원한을 갚으면 원한은 끝내 소멸하지 않으며, 德으로 원한을 갚아야 원한이 이내 다한다.'는 長壽王經에 유명한 유훈을 인용하며, 그래서 보살은 성내지 않음이 참된 용기라고 풀이한다. 이어 세속 禮敎에선 君父의 원수를 갚지 않으면 孝가 아니라는데, 어찌 왕이나 부모를 해친 원수를 갚으면 孝에 어긋난다고 말하는지? 가상 질문에 이렇게 답변한다.

"孝에는 두 종류가 있다. 세간의 孝는 원망으로 원망을 갚아, 마른 풀로 불을 끄려는 격이다. 수승한 孝는 慈비로 怨망을 갚아, 물로 불을 끄는 격이다. 六道 중생이 모두 내 父母라는 부처님 가르침을 믿는다면, 어찌 한 부모를 위해 복수한답시고, 다른 부모를 다시 해칠 수 있단 말인가? 저 분(다른 부모)이 지금 부모를 살해해 나중에 지옥에 떨어질 테니, 단지 (어리석은 분노의 결과로 빚어진 살인에) 비애로 연민할 수 있을 뿐, 더구나 보복할 건덕지는 하나도 없다. 그래서 절대평등한 자비심으로 원한을 해소해, 속히 원한의 사슬을 단절시킴이, 孝 중에 으뜸 孝다."[71]

兄弟六親, 不得加報. 若國主爲他人殺者, 亦不得加報. 殺生報生, 不順孝道. 尙不畜奴婢, 打拍罵辱, 日日起三業口罪無量, 況故作七逆之罪. 而出家菩薩無慈報讎, 乃至六親中故報者, 犯輕垢罪."

71 梵網經古迹記卷下(本), 靑丘太賢集: "述曰: 以怨報怨, 卽違忍行. 若失忍行, 可謂退

불교 절대자비에 대한 명쾌한 비유 해설도 아주 훌륭하지만, 유가의 세속 효와 불교의 수승한 효를 대비한 흥미로운 명언은 단연 압권이다. 唐 一行스님은 大日經疏에서, 유가의 세속 효와 불교의 수승한 효를 대비한 바로 이 명언을 인용하며, 지금 사람들 마음은 세속 보복에 골몰한 까닭에 원망으로 원망을 갚는다고 탄식한다.[72]

잡아함경에는 젊은 바라문이 부처님한테 무례하게 욕설험담을 퍼붓자, 부처님이 가만히 듣고 나서 반문한 유명한 비유 설법이 나온다.

"당신이 종친한테 맛있는 음식을 대접했는데, 종친이 받지 않으면 음식은 누구 것이 되겠소?"

바라문이 음식은 자기 것이 된다고 답했다. 그러자 부처님은, 당신이 방금 퍼부은 험담욕설도, 내가 전혀 받지 않으니, 도로 당신한테 돌아간다고 설했다. 바라문이 의아해서, 이미 서로 증여한 거라고 얼버무리며, 그 까닭을 물었다. 이에 부처님이 자상히 설법해주었다.

"만약 욕설에 욕설로 갚고, 성냄에 성냄으로 갚고, 때림에 때림으로 갚고, 싸움에 싸움으로 갚는다면, 서로 증여하고 서로 더불어 같다고 말한다. 그러나 만약 賓耆여! 욕설에 욕설로 갚지 않고, 성냄에 성냄으로 갚지 않고, 때림에 때림으로 갚지 않고, 싸움에 싸움으로 갚지 않는다면, 이러한 경우 서로 증여하거나 서로 더불어 같은 게 아니다. …(마음에) 성냄이 없는데 어찌 성내리? 正命으로 調伏하고, 正智로 마음 解脫하여, 지혜로운 자 성냄이 없네. 성냄에 성냄으로

乘. 故今制也. 言以瞋報瞋等者, 如長壽王經云: '以怨報怨, 怨終不滅; 以德報怨, 怨乃盡耳.' 是故菩薩不瞋爲勇. 問: '俗禮之中, 君父之怨, 不報非孝. 何故今言, 於害王親, 報之違孝?' 答: '孝有二種. 世間之孝, 以怨報怨, 如草滅火. 勝義之孝, 以慈報怨, 如水滅火. 旣信六道皆我父母, 豈爲一親更害一親? 彼殺今親, 後墮地獄, 但可悲愍, 更無可報. 故以慈心, 平等解怨, 速令斷絶,孝中之孝."

72 唐 釋一行撰, 大日經疏指心鈔卷第九, 蹠卷第二之二: "古迹云: '世間之孝, 以怨報怨, 如草滅火; 勝義之孝, 以慈報怨, 如水滅火.' 今人心是世間報故, 以怨報怨歟?!"

갚으면, 이 자는 바로 惡人이지! 성냄으로 성냄을 갚지 않고, 敵을 마주쳐 조복하기 어려운 걸 조복하니, 성내지 않음은 성냄을 이기네! 세 게송(욕설, 때림, 싸움)도 이와 같다네."[73]

中華電子佛典을 검색하면, 범망경을 비롯한 각종 불경 注疏에 '以怨報怨'이 31회 나온다. '以德報怨' 24회와 '報怨以德' 9회를 합치면 33회니, 서로 비슷한 수로 나타난다. 허나 '報怨'은 248회, '報德'은 477회, '報恩'은 무려 6,864회나 나온다. '報德'과 '報恩'을 합치면 '報怨'의 30배 가까이 된다. 불교의 절대 자비를 상징하는 엄청 많은 빈도수다.

또 한 가지 흥미로운 풍자해학 같은 고사를 보아도, 부모자식을 살해한 원수조차 복수는커녕, 오히려 부모자식으로 섬기라는 가르침은 명백하다. 북위(385-420-534년) 때 번역 소개된 賢愚經에는, 억세게 불운한 단니기가 뜻하지 않은 과실치사상 죄를 여럿 저질러, 피해자들한테 이끌려 왕 앞에서 재판을 받는 이야기가 나온다. 왕이 웃지 못 할 해학 笑話 같은 엉터리(?) 명판결을 선인하여, 고의성 없는 과실범죄인을 관대하게 방면한 것이다.

주막집 평상에 걸터앉아 술 마시다가, 이불에 덮인 아이가 깔려 죽었는데, 모친인 주모가 손해배상을 요구하자, 왕은 어린애를 보이지 않게 평상에 뉘어놓은 과실 책임도 물으면서, 주모한테 단니기를 지아비로 모셔 애를 하나 더 낳아 배상받으라고 판결한다. 또 담장 너머 도망치려다가, 담장 밑에 있던 노인이 깔려 죽자, 그 아들이 요구한 손해배상에 대해서, 왕은 "이미 죽은 아버지를 살릴 수 없으니, 단니기를 아버지로 모시고 봉양하며 사이좋게 살아라!"고 권고한다.[74]

---

73 雜阿含經卷第42, 求那跋陀羅譯 참조. "若當如是罵則報罵, 瞋則報瞋, 打則報打, 鬪則報鬪, 名相贈遺, 名爲相與. 若復賓耆!~ 罵不報罵, 瞋不報瞋, 打不報打, 鬪不報鬪, 若如是者, 非相贈遺, 不名相與. …無瞋何有瞋, 正命以調伏, 正智心解脫, 慧者無有瞋. 以瞋報瞋者, 是則爲惡人, 不以瞋報瞋, 臨敵伏難伏. 不瞋勝於瞋, 三偈如前說."

물론 모든 피해자가 손해배상을 취하하고 용서 화해로 끝나는 이야기다. 왕의 슬기와 해학 지혜를 맛보라는 우스개 옛날이야기 같지만, 저변에는 부모자식을 죽인 원수라도 부모자식으로 받들어 모시라는 불교의 자비 가르침이 깔려 있다. 하물며 복수를 감히 상상하랴?

흥미롭게도, 현대 인디아 독립의 아버지 마하트마 간디도 (영화에 보면) 붓다와 비슷한 자비지혜를 가르친다. 힌두교와 이슬람교의 갈등대립으로 파키스탄이 분리 독립하면서 야기된 내전 상황에서, 분노한 군중들 격정을 가라앉히기 위해 간디가 단식했다. 한 힌두교 젊은이 자기 아들 피살에 복수한 죄를 참회하며 용서를 빌자, 간디는 이슬람 고아를 입양해 아들처럼 기르되, 이슬람교도로 기르라고 타이른다.

이렇듯 불교는 자비심을 근본으로 살생과 복수를 절대 엄금했다. 일찍부터 경률론 삼장의 번역저술이 광범위하게 보급된 중국의 지식문화 배경을 참작하면, 역대 사대부 지도층이 왕도인정을 토론하면서, 복수를 엄격히 금지하거나 제한하는 쪽으로 사상의식이 고양·발전하는데, 불교가 직간접으로 상당한 영향력과 파급효과를 끼쳤을 것은 분명하게 여겨진다.

물론, 앞서 살폈듯이, 한유·진자앙·류종원·왕안석 등이 복수론에 불교경전을 직접 인용·언급하지는 않는다. 허나 류종원은 당대 禪師 비문을 여럿 지을 정도로 불교와 인연이 친밀하게 깊었다. 또, 한유는 비록 유명한 척불론자로 알려져 있지만, 배척하기 전에 불경을 해박하게 섭렵했을 테고, 현세를 등지는 주된 성향에서 강한 반감을 가져 겉으론 배척을 표방했겠지만, 도가보다 더욱 절대 자비심을 가르치는 불교의 본질바탕은 공감하고 찬탄하며 수용하지 않을 수는 없었을 것이다. 미움과 증오와 원한은 본디 사랑과 관심의 발로에서 비롯하여,

---

74 賢愚經卷第11, 慧覺等 譯, (53)檀膩鞨品第46(丹本爲52) 참조.

자기 의도대로 되지 않아 180도 확 바뀐 반발 심리의 표현인 줄, 우리는 너무도 잘 안다. 한유나 주희 같은 척불론자들도 인간의 보편심리에서 예외는 아닐 것이다. 구체적 증거와 상세한 내용은, 앞으로 관심 있고 인연 있는 분들이 확대심화 연구하길 기대해본다.

6. 맺음말

사실, 복수란 자력구제로서 私的 형벌이고, 형벌이란 국가제도로서 공적 복수이다. 양자 모두 인과응보로서 자연법칙에 근원하는 사회규범인 점에서 공통이다. 인간사회의 죄악과 혼란을 예방·통제하기 위한 방편으로, 어느 규범이 더욱 타당하고 효율적인가가 문제될 뿐이다. 사회 진화에 따라 사적 복수로부터 공적 형벌로 이행하는 역사 발전도, 그러한 효율성의 법칙에 순응한다. 국가 통치권이 강대해지고 법질서가 인정되면서, 복수가 점차 제한·금지되어 왔다.

바꾸어 말하면, 복수가 철저하게 효율적으로 금지되기 위해서는, 개인의 사적 복수 감정이 발동하지 않도록, 국가 공권력에 의한 인과응보 형벌이 제대로 시행되어야 한다. 법의 시행과 적용에서 공평무사와 신상필벌 및 사면금지를 강조하는 법가의 법치사상도 바로 이와 직결된다.[75] 무고한 자가 형벌의 남용에 억울하게 희생되어서도 안 되지만, 죄악을 범하고도 법의 제재를 받지 않아 피해자가 원한을 품는 일이 있어서도 안 된다. 실제로 복수란 법의 이러한 형평정의가 실현되지 않음으로써 야기되는 경우가 대부분이다.

그러나 규범현실에서는 국가 공권력에 의한 법적 정의가 피해자의 복수감정을 충분히 해소해 줄 만큼 항상 완전하게 실현되는 것은 아

75 졸저, 전통 중국법의 정신, 119-122, 497-503쪽 참조.

니다. 우선 인과응보 정의에 관하여, 개인의 주관적 감정과 법의 객관적 감정은 본질상 그리 쉽게 조화·일치하기 어렵다. 사건발생의 주관적 동기나 객관적 상황을 양 당사자에게 모두 공평하도록 균형 있게 참작하는 법적 판단이 쉽지 않다.

그리고 통치자 및 구체 법관이 항상 공평무사하게 법을 제정·집행하는 것은 현실에서 기대하기 어렵다. 또 개별 사건에서 객관적 진실이 항상 정확하게 밝혀지는 것도 아니다. 뿐만 아니라, 사후 상황변화도 예기치 않게 발생하여, 정의의 완성을 방해하는 경우도 적지 않다. 결국, 규범현실에서 복수감정을 유발할 틈은 언제나 충분히 넓게 벌어져 있는 셈이다.

그래서 법 이외에, 법의 불충분한 흠결을 보완할 근원적 내면 규범이 필요하게 된다. 법이 파생되어 온 근원으로 다시 소급하지 않으면 안 된다. 老子가 규범연원으로 밝힌 道·德·仁·義·禮나 현대의 윤리·도덕·종교가 그것이다. 국법의 인과응보에 의해서도 피해자의 복수심리가 충분히 보상받지 못할 때, 복수금지를 관철할 최후 결정적 관건은 피해자에게 귀결된다. 복수 감정을 가해자와 화해하거나 또는 스스로 화해하여 도덕적、종교적으로 승화시키는 방법만이 유일하게 남는 셈이다.

완전히 풀리지 않는 복수의 사슬은, 끝없는 연쇄반응을 파급해 갈 것이다. 국법에 의해 그 사슬이 외형상 단절된 경우에도, 피해 당사자의 내면 감정까지 완전히 풀리는 것은 아니다. 왕안석의 복수반대론이 탁월한 의미와 가치를 지니는 것도, 바로 이러한 매듭을 푸는 방법까지 결론으로 제시하고 있기 때문이다.

비록 과오로 인한 살상범죄에 국한하고 있긴 하지만, 周禮에서 당사자 간에 화해와 避難移鄕 제도를 규정하고 있는 것도, 복수의 근원적 해결을 위한 궁극이상의 일환으로 이해된다. 그런데 전통 중국법은 당사자 간에 화해를 효의 윤리에 위배된다는 명목으로 절대로 전면 금지하였다. 법적인 피난 제도도, 唐律에서만 일시 규정했을 뿐, 대부분 폐지해버렸다. 가족에 대한 효와 국법에 대한 충이 상호 모순대립 충돌하는, 팽팽한 긴장감을 완화해 상호 조화를 이루기가 무척 어려운 모양이다. 법이 도덕·종교와 다른 특징이자, 법의 본질적 한계이기도 하다. 복수는 동서고금을 막론하고, 나라의 법과 가족의 예가 조화하기 어려운 모순적 규범영역임에 틀림없다.

전통시대 복수 금지 및 제한에 관한 열띤 논쟁을 보자면, 마치 현대 우리가 펼치고 있는 '死刑 존폐론'을 미리 앞서서 출연한 것이 아닐까 하는 미묘한 착시감이 느껴지기도 한다. 어쩌면, 수천 년에 걸쳐 국가 형벌권 확립을 통해 국법질서 안정유지를 도모해온 과정에서 줄기차게 펼쳐진 '복수금지론'이, 근대화 이후 인류 문명발전과 함께 자유민주주의 인권 법치주의를 표방 실현하려는 현대국가에 들어와 '死刑 폐지론'으로 확대발전해 할기차게 소생·부활한 것은 아닐까?

제5장 清末 法律修訂시 禮法論爭과 沈家本의 법사상

1. 머리글

周易에 "곤궁하면 변하고, 변하면 통하며, 통하면 오래 간다."는 명언이 나온다. 內憂外患으로 지극히 혼란한 朝代 말엽에는, 두 갈래 變通 방도가 출현한다. 하나는 통치계급이 自救的 改革을 도모하는 방도고, 다른 하나는 피치계급 중에 소수 영웅이 주도하는 革命의 길이다.

革命이든 改革이든, 變通의 과정은 정치·사회·경제·법률제도의 변화를 수반하며, 變法이 핵심내용이 된다. 청말 체제내 개혁에는, 10년 가량 修訂法律大臣을 맡은 沈家本이 최고 중요한 인물이다. 비록 그가 주도한 修訂法律은 정식 시행 전에 淸이 멸망해 수포로 돌아갔지만, 나중에 혁명정부와 中華民國 건국 후 법제에도 직간접 영향을 끼쳤다.

漢이 유가의 德主刑輔(先教後刑) 사상을 최고 통치이념으로 표방하여, 前代의 周禮와 유가의 禮教 내용을 대폭 律에 직간접으로 수용 규정한 이래, 淸말 봉건왕조가 멸망하기까지 2천여년 동안 禮는 명실상부하게 법의 최고 지도이념이 되어왔다. 물론 형식상 국가 근본규범 체계는 이미 예에서 律(법)로 전환되었다. 그리고 실질 내용에서도, 중앙집권 절대군주제도의 특성상 국가 형벌권의 강화, 특히 황제 및 왕실에 대한 충성의 지상명령화로 말미암아, 부분적 禮教, 특히 가족주의 효도 윤리가 다소 후퇴하거나 부정되는 경우도 있었다. 이러한 특수한 부분적 예외를 제외하면, 법은 전반적으로 예의 근본정신을 보호·실현하는 것이 중요한 임무였다. 이러한 예와 법의 기본적 조화관계는, 전근대적 왕조체제에서 서양의 근대적 민주주의로 이행하는 역사적 대전환기에, 본질상 변화를 겪지 않을 수 없게 된다.

여기서는 아편전쟁 후 청말 근대화 과정에서 조정 내 개혁의 일환으로 실시한 법률수정작업을 탐구해본다. 수정 작업을 주도한 沈家本을 중심으로, 간략한 경위와 그 과정에서 펼쳐진 禮敎파와 法理派의 禮法論爭을 간추려 소개하고, 沈家本의 법사상을 '情·理·法' 개념 중심으로 대강 살펴보고자 한다. 물론, 중국에서 沈家本에 대한 연구는 다 소개하기 어려울 만큼 상당히 많다. 국내 연구는 2000년에 중국 유명 교수의 저술을 번역 소개한 글 이후, 역사학자와 법학자의 논문이 각 1편씩 발표되어, 기본 골격과 주요 내용은 알려진 편이다.[1]

필자는 30여년 전 臺灣大學 遊學시설에 沈家本과 梁啓超의 법사상을 관심 있게 살펴본 적이 있다. 본장은 그때 발표한 보고서와 관심자료 및 원전 내용을 바탕으로, 국내 및 중국 측 연구업적들을 적절히 참조해, 나름 관점·체계로 정리한다.

우선, 沈家本이 주도한 청말 법률수정 경위와 禮法논쟁의 핵심요점을 간추려 소개한다. 다음으로 沈家本의 法律理念을 서양 법률원리인 '法理'와 전통 情·理·法의 대비 하에 구체 평석 중심으로 탐구한다. 法과 情理의 관계로 말하면, 沈氏는 전통적 견해와 대체로 상통한다. 立

---

1 장국화/임대희·박구철 역, 심가본의 법률사상과 서양법 도입 과정에서의 예·법논쟁(상,하), 법사학연구 21-22호(2000), 101-117/191-233쪽. (張國華 編著, 中國法律思想史新編, 北京大學出版社, 1991, 제10강 번역) ; 金相範, 淸末의 法律改革과 禮·法 論爭, 역사문화연구27(2007). 225-265쪽; 박남규·김현태, 沈家本의 法理論 硏究, 지역발전연구8-2(2009), 219-244쪽.

法論으로 法은 情理에 근거해 제정해야 하고, 司法論으로 法의 해석·적용도 理에 준하여 情을 참작해야 한다. 이어 人情이 익숙해져 형성되는 風俗習慣에 대한 그의 法觀念을 살펴본다. 沈家本의 法律理念은 '至公至允한 法律'로 변법·개혁하여 정치교화를 잘 보필하려는 현실적 필요와 목적에 있었다.

2. 清末 法律修訂 경과와 禮法論争

주지하듯이, 1840년 아편전쟁 이후 清은 서방에 문호를 개방하고, 남경조약 이래로 각종 이권을 열강에 할양하여, 점차 반식민지 상태에 빠지게 되었다. 이에 선각 우국지사들이 국가민족의 생존권 확보를 위해, 각종 변법개혁 자강운동을 전개하게 되었다. 청 황실 입장에서는 내우외환이 동시에 가중·압박하는 곤경에 빠졌다.

그때까지 청말 통치계층은, '하늘(천명)이 변하지 않으면 道도 변하지 않'으며, 따라서 '祖宗의 법도 변할 수 없다'는 대의명분을 철저히 견지했다. 특히, 慈禧太后는 '차라리 나라가 망할망정 법은 바꿀 수 없다'는 완고한 이념 아래, 광서 황제를 구금하고 무술변법을 진압했다. 그러나 의화단 사건 등 계속되는 유신개혁 운동이, 만주족에 대한 한족의 민족주의 혁명운동으로 확산하자, 청조는 존망의 위기감을 더욱 절감하게 되었다. 때마침 영국·미국·일본·포르투갈 4강국도, 중국에서 이권을 장기간 확대·향유하기 위해, 청이 법률을 수정한다면 적극 협조할 뿐 아니라, 기득 領事裁判權을 포기하겠다고 제의해왔다.

이에 청은 마침내 자체 변법을 추진하기로 결정하고, 광서26년 말(1901년 1월) 변법조서를 내리기에 이르렀다.

> "세상에 만고불변의 항상은 없으며, 또한 한번 제정되어 바뀌지 않는 법은 없다."

이전 입장을 완전히 바꾼 것이다. 그러나 여전히 "변하지 않는 것은 삼강오상"이고, 변할 수 있는 것은 그밖에 일반 법령임을 천명했다.[2] 이어 28년(1902)에, 중국 전통 율례와 서방 근대 법률에 모두 해박한 沈家本과 伍廷芳을 修訂法律大臣으로 임명했다. 그리고 이들로 하여금 '당시 통상외교 상황을 감안하고, 각국 법률을 세심하게 참작해', '時宜에 切實하고 공평·합당하여, 中外에 널리 시행할' '現行律例'의 수정을 기초하도록 분부했다. 이는 실로 戰國시대 李悝·商鞅 변법 이후, 秦漢이래 2천여년만에, 중국 봉건통치계층이 스스로 계획한 최후 변법활동으로 평가된다.[3]

당초 법률수정조서에는, 기본 지침으로 중국전통법의 근본원칙인 '삼강오상'의 윤리도덕을 명문으로 직접 언급하지는 않았다. 이를 계기로, 沈家本은 서양의 근대 법리를 대폭 수용해, 이후 보수적 禮敎派의 맹렬한 공격을 야기하는 도화선이 된다.[4] 이후 法律修訂 과정에서 크게 3차례 禮法論爭이 펼쳐진다. 제1차는 沈家本-張之洞, 제2차는 沈家本-勞乃宣, 제3차는 楊度-勞乃宣 사이에 각각 벌어진다. 구체 내용은 대강 소개된바,[5] 본고 나름대로 간략히 정리한다.

1) 大淸律例의 제1차 수정과 주요 수정 내용

광서30년(1924) 修訂法律館이 정식으로 성립하여 법률수정 작업에 들어갔다. 이에 그 기초준비의 일환으로 각국 주요 법률을 번역하면

---

2 張習孔·田珏 主編, 中國歷史大事編年, 第5卷, 729쪽 참조.

3 장국화/임대희·박구철 역, 심가본의 법률사상과 서양법 도입 과정에서의 예·법논쟁(하), 191쪽. 張國華 編著, 中國法律思想史新編(1991), 369쪽.

4 李貴連, "沈家本與淸末立法", 北京大學法學論文集(1986), 270-271쪽 참조.

5 장국화/임대희·박구철 역, 앞의 글(하), 191-233쪽; 張國華, 앞의 책, 366-386쪽; 李光燦·張國華 主編, 中國法律思想通史(四), 2001, 121- 139쪽.

서, 新律 제정이 단기간에 완성될 수 없음을 감안하여, 沈家本은 우선 과도기 조처로 現行律例 중에 여러 과중한 규정을 삭제했다. 그 주요한 내용으로, 陵遲·梟首·戮屍·緣坐·刺字刑 등을 폐지하고, 笞·杖刑을 벌금으로 대체하며, 刑杖訊問을 정지하고, 사형 죄목을 삭감하며, 充軍刑을 폐지했다. 또한 노비에 관한 규정을 삭제하고, 사람의 매매를 금지하고, 滿漢 간에 상이한 형률을 통일했다. 이렇게 삭제된 규정은 345조나 되었다. 이 삭제 작업을 바탕으로 大淸律例의 수정이 광서34년(1908) 일단락되고, 선통2년(1910) 大淸新刑律이라는 명칭으로 공포되었다.

沈家本의 법률 수정 및 新律 기초 작업은, 중국의 전통 仁政·왕도 이념과 법가적 법의 통일공평성 사상에, 서양 근대 자유·민주·평등의 법이념이 적절히 조화된, 훌륭한 대의명분을 바탕으로 실행되었다.

첫째, 陵遲 등 혹형의 폐지와 刑杖訊問의 정지, 사형죄목의 삭감 등은, '仁政'의 이념을 표방했다. 그 내면에 실질 요인의 하나는, 서양법에 비해 지나치게 무거운 형벌제도를 감경해, 법률의 문명화를 이루고, 외국에 허용한 치외법권을 되찾자는 것이었다. 당시 서양 열강은 중국 법률이 야만적이라는 이유로 영사재판권을 향유했다. 그 결과, 국제 무대상 중국이 외국과 평등한 지위를 점하지 못하고, 국내에선 자국 영토 내 법권이 통일되지 못한 상황에 처했다. 이러한 정치·외교적、법률적 불평등을 해소하고, 통일적 법권을 회복하는 일이, 법률수정작업의 중요한 실질적 동기·목적이었다.[6]

둘째, 노비에 관한 율례의 규정을 삭제하고, 인신매매를 금지하는 개혁이다. 이는 물론 인간의 존엄성과 인격의 자유평등이라는, 근대

6 沈家本, 寄簃文存, 卷1, "刪除律例內重法", "虛擬死罪改爲流徒", "變通行刑舊制議"; 卷3, "死刑惟一說" 등 참조.

서양의 법이념을 바탕으로 한 것이다. 즉, '노비도 사람'이며, 결코 짐승이 아니라는, 인격존중주의를 표방한다. 그는 노비가 당하는 각종 비인간적 처참한 상황을 열거하면서, 특히 인신매매는 서방 국가에 비웃음을 사고 있다고 지적한다. 한편, 중국 三代에는 인신매매가 없었으며, 서방 국가들도 최근까지 노비를 짐승처럼 취급한 야만 풍습이 있었다고 말한다. 그와 함께 중국의 풍속 민정이 동서각국과 같지 않고, 인정 습관을 법으로 일시에 혁파할 수 없는 현실성을 감안해, 점진 개혁을 거론한다.[7]

셋째, 만주족과 한족 간에 상이한 법률을 통일하는 것이다. 이는 정치상 민족 불평등을 해소하여, '무편무당의 탕탕평평한 왕도' 이념을 실현하고, 법률상 통일적 공평무사성의 법리를 회복하기 위해서였다. 이는 당시 고조되어 가던, 만주족에 대한 저항과 한족 자치회복이라는 혁명기운과 관련해, 청의 존망이 달린 매우 시급한 현실 문제였다. 만주족의 범죄에 대한 형벌상 특혜를 폐시하고, 만주족과 한족 간에 재산거래 제한을 해제하는 것은, 만주족과 한족의 공동생존권을 확보하고, '법권을 통일'해 민심의 의혹을 제거하는 필수조건이었다.

2) 법률수정의 근본 지도이념-전통 情理를 아우르는 法理

특히, 沈家本은 법률수정의 근본 지도이념으로, "각국에 보편 공통인 선량한 법규를 절충하고, 근대 최신 학설을 두루 채용하되, 중국 역대 전통 예교와 민정에 어그러짐이 없는 것"이라고 스스로 밝히고 있다. 즉, '각국 법률을 세심하게 참작'하라는 조정의 지침에 상응해, '근대 최신 학설'까지 두루 채용한 것이다. 이는 근대 서양의 자유민주주의 평등이념의 대폭 수용을 뜻하며, 특히 학설이란 법학이론으로서

7 沈家本, 寄簃文存, 권1, "禁革華買賣人口變通舊例議", "刪除奴婢律例議".

'법리'를 의미한다. 근대 서양에서 몽테스키외 등이 '법리'를 연구해, 학설이론과 저서로써 당대를 풍미하고, 서로 학파를 이루어 날로 '새로운 이론'(新理)을 세워, 정치개혁에 크게 공헌하고 있음을 강조한다.[8] 국가통치에 핵심 수단방편인 법에 어두우면, 인민을 다스려 안정 화합을 도모할 수 없다. 법을 밝게 살펴 알려면, '그 이치', 즉 법리를 궁구하지 않을 수 없다. 그래서 법을 의론하는 자가, '사리의 당연함'을 밝히고 그 '정신과 뜻의 소재'를 궁구하려면, 법학 연구에 소홀할 수 없다고 강조한다.[9]

이러한 법리가 법률 제정 및 수정의 근본 지도이념이 될 것은 당연하다. 그는 입법이 법리에 완전히 부합하지 않고, 또한 정치·풍속·민생에 실질 도움이 못된다면, 그 법률은 존재가치가 없다고 비판한다. 또, 그는 법리를 '법률의 원리'로 해설하면서, 구체 내용으로 義·序·禮·情의 넷을 거론한다.[10] 여기서 그가 말하는 '법리' 개념이, 결코 근대 서양의 자유민주주의 평등의 법이념에 국한하지 않음을 확인할 수 있다.[11] 오히려 그 표현대로, 동서 각국에 보편 공통인 '선량한 법규'에 내재하는 법의 근본정신과 일반원리를 두루 포함하는 넓은 개념이다. 후술할 바와 같이, 중국 전통 '예교와 민정'이 당연히 포함된다. (禮가 궁극에는 '천리'와 '인정'에 근원하는 禮論(법이념)과 직접 관련된다.) 그가 법률수정 작업에 구체 표준으로, 우리 전통법일지라도 선량하지 못한

8 寄簃文存, 권6, "法學會雜志序" 참조.

9 寄簃文存, 권6, "法學通論講義序" 참조.

10 寄簃文存, 권2, "論殺死姦夫" 참조.

11 장국화/임대희·박구철 역, 앞의 글(하), 193쪽; 張國華, 中國法律思想史新編, 1991, 370쪽; 李光燦·張國華 主編, 中國法律思想通史(四), 2001, 122쪽은 禮教派-法理派 대립에 집착해, '禮教'는 삼강오상 名教를 옹호하는 봉건 정통사상이고, '法理'는 '법률의 원리'로 서방자산계급 법학용어로 규정한다. 전통에 대한 무지몽매와 몰이해·沒却의 소치로, 사회주의 계급이론의 편견이다.

것은 마땅히 제거하고, 남들 법일지라도 선량한 것은 당연히 취하는, 올바른 지혜를 강조함도 이러한 맥락이다.[12]

특히, 중국 전통 율령에 해박하고 정통하여, 薛允升과 더불어 청말 양대 법학 거두인 沈家本은, 고유법의 선악득실도 분명히 판단인식하고, 그 우수한 전통을 근대 서양법의 정신과 동시에 강조한다. 물론, 여기서는 법의 일반보편 원리와 함께, 동서고금 민족·역사·문화·풍속·民情 등의 차이에 따른 개별·구체적 특수성도 고려한다. 예컨대, 당시 개혁론자 중에는 근대 서양에 편향하여 전통을 비판하는 견해가 강한 편이었다. 서양에서는 '법리의 학문'이 매일같이 새롭게 발전해, 중국 전통 법제의 역사적 경험과 그 典章文物은 낡은 종이와 진부한 유물에 불과하다는 논조였다.

이에 대해, 그는 법리가 비록 날로 새로워지는 기미는 있지만, 새로운 법리란 학자들이 연구한 학설이론으로서, 이들이 동서고금에 각기 다른 인정과 사실을 모두 망라할 수는 없다고 지적한다. 예컨대, 법의 학에 관한 중국 학설은 주로 경험적 귀납인데, 서양 학설은 대개 학문적 이론의 연역임을 지적한다. 따라서 학리에 어두우면 경험을 체계로 회통·정리할 수 없고, 경험이 없으면 학리를 실증할 수 없으므로, 양자가 서로 보완해 통일조화를 이루어야 한다.[13]

또한 재판에서도, 서양법은 물적 증거를 중시하는데, 중국법은 인적 진술(供辭)에 치중함을 지적한다. 이와 함께, 당시 서양법 숭상론자들이 두 법체계의 근본 종지가 무엇이고, 그 경험적 역사가 어떠한지를 살피지 않는다며, 그들의 편협성을 비판한다. 동서고금에 풍속 예교가 모두 같을 수 없기 때문에, 개별 특수성을 밝히고 살피면서, 일반보편

---

12 寄簃文存, 권6, "裁判訪問錄序" 참조.

13 寄簃文存. 권6, "刑案雁覽三編序", "王穆伯佑新注無免錄序" 참조.

법리의 근원에 통달하여, 양자의 손익가감을 통한 통일조화가 이상이라고 주장한다. 옛 법이 비록 시대 여건상 지금에 적합하지 않다고 해서, 반드시 옛 법이 지금 법만 못하다는 논리는 성립할 수 없다. 근대 서양법이 아무리 좋다고 해도, 이를 중국에 강요해 획일적 동화를 꾀하면 무리가 된다. 인민의 풍속 예교에 순응해 시행함이, 동서고금에 공통인 법현상임을 강조한다.[14]

한편, '사리의 당연함' 관점에서 보면, 궁극 근원은 동서고금이 동일하다.[15] 중국의 전통 법률도 독자적 '법계'를 형성하는데, 그 정밀한 내용은 지극한 인의로서, 서양 근대 법학의 요지를 그 안에 본디 함축한다. 따라서 각국 법률의 근본정신은 결국 중국 법률의 범위를 초월하지 못한다. 또, 새로운 학문이란 전통 학문으로부터 발전한다. 객관적 사정 변화가 복잡다단해질수록, 법리가 더욱 정밀한 체계를 갖추긴 하지만, 대강 근본 요지는 전통 중국법의 궁극 이념인 '情理'를 떠나서 법을 논할 수 없기 때문에, 情理를 일관 회통해 동서고금에 중용조화를 이룸이 최고 이상이라고 주장한다.[16]

한편, 沈家本은 管子의 구절들을 인용하면서, '법치주의'가 중국 고대에 이미 보편으로 존재했음을 주장한다. 당시 시대 조류인 법치사상에서도, 근대 서양법만 숭상하고 고대 중국법을 탐구하지 않으면, 법학이 원만하게 회통될 수 없다고 강조한다.[17] 중국 전통 律例가 규정하는 예교의 세심한 정신이나 다양한 사정에는, 한 구절 한 글자마다 지극한 이치(至理)를 담고 있다. 그는 법률을 수정함에 근대 서양법을 채용해 전통법과 서로 참고·증험한 결과, 그 異同이 각각 절반임을

14 寄簃文存, 권6, "裁判訪問錄序" 참조.
15 寄簃文存, 권6, "覽獄訪問錄序" 참조.
16 寄簃文存, 권6, "法學名著序" 및 권1, "刪除律例內重法" 참조.
17 寄簃文存, 권6, "新譯法規大全序", "薛大司寇遺稿序" 참조.

확인했다. 만약 그가 30년 법관 생활 동안 중국 전통 율령에 대한 근원적 연구 성과와 그 선악득실에 대한 고증을 축적하지 않았더라면, 서양법의 맹목적 도입은 네모난 구멍에 둥근 막대기를 꽂는 것처럼, 부자연스러운 마찰과 알력만 초래할 것이라고 결론짓는다.[18]

그는 중국 법가가 理官으로부터 유래한다는 전통 명제를 거론하면서, 理官에 종사하는 자신이 법가 학문을 연구함은 당연한 직분이라고, 강한 소명의식을 적극 피력한다. 서양의 '법'이라는 문자가 중국어로 '理' '禮' '法' '制'의 다양한 용어로 번역될 수 있다고 언급한다.[19]

요컨대, 그가 궁극으로 추구하는 법리란, 동서고금의 법에 일반보편으로 내재해 있는 법의 원리 및 근본정신으로서, 근대 서양법의 자유민주주의 평등이념과 전통 중국법의 仁政王道 사상인 禮義를 함께 포함한다. 특히, 중국 고유의 예교와 民情·풍속 등도, 인도주의 평등이념에 정면으로 위배하는 신분적 차별성을 제외하면, 人之常'情'과 당연한 事'理'에 부합하는 일반 내용은 당연히 '법리'의 범주에 포함된다.

따라서 沈家本의 법률 수정 및 新律 기초 작업은, 이상과 같은 사상 기초를 지도이념으로 이루어졌다. 즉, '각국에 일반 공통인 선량한 법규를 절충하고, 근대 최신 학설을 두루 채용하되, 중국 전통 예교와 민정에 어그러짐이 없는 것'이었다. 이러한 사상은 대체로 '중체서용'의 개량주의 입장으로, 당시 조정 밖에서 근본적 변법유신과 혁명을 도모하던 급진세력의 눈에는, 지극히 미온적 타협책으로 보였을 것이다. 이는 체제 내 개혁에 종사하는 정부 관료의 본질적 한계인 셈이다.[20] 더구나 30여년 법관에 봉직하면서 전통 중국법에 대해 精博한

18 寄簃文存, 권6, "大淸律例講義序" 참조.

19 寄簃文存, 권6, "新譯法規大全序", "薛大司寇遺稿序" 참조.

20 현대 중공학자들도 '기만적'·'야만적·반동적'으로 폄하·비판한다. 장국화/임대희·박구철 역, 앞의 글(하), 191-192쪽. 張國華, 中國法律思想史新編, 369쪽.

연구를 성취한 沈家本에게, 중국법의 근본정신인 예교와 情理는 그의 사상에 핵심일 수밖에 없다.

3) 조정 대신들의 비판과 재수정안

그러나 국가 민족의 장래 운명이야 어찌되었든 아랑곳하지 않고, 오직 자신의 정치사회적 기득권에만 집착하는 조정 내 보수 집권세력 눈에는, 지나치게 진보적 위험 사상으로 비쳐졌다.

광서32년(1906), 그가 기초한 "刑事民事訴訟法" 초안이 의견을 수렴하려고 처음 조정에 제출되자, 대신들이 즉각 맹공격을 시작했다. 특히, 父子·형제·부부의 재산분할 제도 및 사대부 부인의 법정출두 증언에 관한 규정 등에 대하여, 張之洞은 "서구 재산제도를 답습한 것으로, 중국 名教를 파괴하고 남녀평등 풍조를 조장하며, 성현의 수신제가 교화에 어긋난다."고 비난했다. 이 법은 예법을 멸시해 강상윤리를 파괴할 위험이 다분히 잠복해 있으며, 심지어 沈家本이 혁명당과 결합하고 있다는 인신공격까지 나왔다. 그 결과 이 법은 곧 폐기되고 말았다. 다시 '각국 성문법을 참고하고, 중국 예교와 民情을 잘 살펴서', 서로 조화를 이루도록 수정하라는 새로운 지침이 내려졌다.

이듬해인 광서33년(1907)에 완성·제출된 "大清新刑律" 초안도, 각국 법률과 세계법학의 최신 학설에 근거해, 총칙과 분칙 체계를 갖추었다. 내용상 刑名의 변경, 사형죄목의 삭감, 사형 방법의 단일화(絞刑), 比附(유추해석) 제도의 폐지, 行刑상 감화교육 제도의 채택 등, 다섯 가지 큰 혁신을 이루었다.

이에 대해, 經義에 근본하고 조종 법제의 仁政에 부합하며, 시의에 적절하고 통상외교에 도움이 된다는 논거로, 적극 찬성 견해도 적지 않았다. 특히, 사소한 예의윤리에 관한 내용은, 전적으로 가정교육과 도덕함양에 의해 다스려야지, 일일이 국가 법률을 동원해 규율할 수 없다며, 예법분리론도 제기되었다. 예의가 먼저 행해져야 형벌이 중용 조화를 이룰 수 있지, 형벌을 행한다고 효제의 윤리도덕이 권장되거나 강요될 수 없다는, 본질적 차이를 지적한 것이다.[21]

그러나 張之洞을 비롯한 비판 공격은 더욱 맹렬했다. 그는 '옛 성왕이 윤리에 근거해 예를 제정하고, 예를 기준으로 형(법)을 제정한' 明刑弼敎의 입법원칙을 강조하며, '윤리를 해치는 규정은 모두 개정해야 한다'고 주장했다. 또, 오상에 비추어 개별 내용을 비판하고, 형명의 변경, 사형방법의 단일화, 비부제도의 폐지도 부당함을 지적했다. 요컨대, 비록 시세에 따라 새 법률을 제정하더라도, 근본상 예교에 위배하지 않아야 한다는 것이었다. 명분상 내세우는 기본원칙은 沈家本 자신의 견해와 상통하지만, 실질 내용에는 천양지차가 존재하였다.[22]

이에 광서34년(1908), 청 조정에서는 더 명확한 구체적 새로운 입법지침이 하달되었다.

"무릇 형법의 근본은 예교에 연원한다. 동서 각국은 예교가 서로 같지 않기 때문에, 형법도 또한 각기 다르다. 중국은 본디 강상을 중시하므로, '干名犯義' 조항에서 입법이 특히 엄중하다. 실로 삼강오상은 요순 때부터 시행되어, 역대 성왕명군들이 한결같이 전전긍긍 보존·수호해 왔으니, 실로 수천 년 전승하는 국가 정수(國粹)이며, 立國에 큰 근본이다. 지금 사해가 서로 하나로 통하여 국제간에 교섭이 빈번하니, 진실로 옛 법만 묵수해 변통적응의 방도를 상

21 羅志淵, 近代中國法制演變研究, 200-209쪽 참조.

22 羅志淵, 앞의 책, 208-210쪽; 李貴連, "張之洞法律思想初探", 法律史論叢(1982), 中國社會科學出版社, 223-246쪽 참조. 禮敎派의 대표인 張之洞은 보통 洋務波로 분류해, 法理派 沈家本과 대비한다. 楊鶴皐 主編, 新編中國法律思想史, 414-420쪽; 李貴連 主編, 中國法律思想史, 288-312쪽; 李光燦·張國華 主編, 中國法律思想通史(四), 46-70쪽 등 참조. 그러나 둘을 함께 같은 '變法思潮'로 분류하기도 한다. 兪榮根 主編, 中國法律思想史, 271-297쪽 참조.

실할 수는 없다. 다만, 남의 장점만을 취해 내 단점을 보충할 뿐이며, 우리 전통 법률 중에 윤리강상과 관련한 조항들은 경솔히 변혁할 수 없으니, 천리와 인륜이 파괴되지 않도록 유지해야 한다. 해당 대신들은 이 뜻을 잘 받들어 政修의 종지로 삼는 일이 지극히 중요하다."[23]

이처럼 보수파의 강경한 비판 견해가 명확히 반영된 새로운 政修 유지에 상응해, 沈家本도 '제반 중국 전통 名教 중, 반드시 영원히 바꾸지 않고 봉행해야 할 내용을 살펴서, 新律 제정으로 말미암아 윤리기강이 훼손되는 일이 없도록', 종전보다 후퇴한 입법방침을 분명히 천명하지 않을 수 없었다.

이렇게 후퇴해 이루어진 "修正刑律草案"(大清新刑律)이 다시 조정에 제출되자, 보수파의 강력한 비난이 여전히 계속되었다. 특히, 提學使인 勞乃宣은 "修正刑律草案說帖"이라는 장편의 문장을 작성해 전국에 배포하면서, 舊律 중 예교강상에 관계되는 각 조항은 다시 新刑律의 正文에 추가 규정해야 한다고 주장했다. 이 초안은 부자 윤리、장유질서、남녀분별 등 강상에 방해가 되고, 특히 "干名犯義"·"無夫姦"·"子孫違犯教令" 등 십여 조문을 삭제한 것은, 중국 전통 "明刑弼教"의 정신에 위배한다고 비평했다. 陳寶琛도 문장을 지어 沈家本을 비판했다. '중국 형법은 세계상 독자적 한 법계를 형성'하며, 그 특색은 곧 윤리강상과 예교를 중시하는 점이라고 강조한다. "형률 개량은 중국 전통법의 불합리한 부분을 가려 제거함에 그쳐야 하며, 일일이 외국 법률에 부합하려고 고유 독자적 文明을 말살해서는 안 된다."[24]

또한 大學堂總監督인 劉廷琛의 비판도 사뭇 강경했다. 그는 법률 초

---

23 李光燦·寧漢林, 앞의 책, 38-39쪽; 李貴連, 앞의 논문(1986), 272쪽 재인용.

24 張晋藩·楊堪·林中 合箸, 中國近代法律思想史略, 180-181쪽; 張晋藩, "論沈家本的法律思想", 中國法律史論, 232쪽 참조.

안이 천리와 인심의 公義에 모두 부합하지 않는다고 단언하면서, 沈家本이 중국 전통 경전과 도덕을 이반했다고 인신공격도 서슴지 않았다. "겉으로 조정 명령을 받드는 체하면서, 속으로 실질상 윤리강상을 파괴한다!" 특히, 서양은 중국과 종교·풍속·법률의 종지가 모두 다르다고 강조하면서, 법률 제정에 앞서 '國是'를 정하자고 제청했다. 새 법률을 시행할지 의론하기 전에, '예교'를 폐지할지 여부를 결정해야 한다. 예교를 폐지한다면 新律을 시행할 수 있지만, 예교를 폐지할 수 없다면 新律은 결코 그대로 시행할 수 없다는, 양자택일 강경론이었다. 즉, 예교와 반드시 일관적 동질성을 유지하면서, 윤리강상의 '國粹'를 보존해야 한다는 것이었다. 그리고 劉廷琛은 특히 외국에 허용한 치외법권을 회수한다는 명분에 대해서는, 법률이란 자국과 자국민을 다스리기 위해 제정하는 것이지, 타인을 위한 것이 아니라고 비판했다. 국내에 거주하는 외국인이 중국 법률을 준수해야 함은, 속지법주의 일반원칙상 당연한 이치다. 영사재판권을 회수하겠다는 명분으로, 본국 4억 인민을 위하지 않고, 전적으로 불과 수천인 외국 거류민을 위해 법을 제정하는 것은, 본말이 전도된 처사라는 것이었다.[25]

4) 沈家本의 반박과 大淸新刑律의 공포

이에 沈家本도 마침내 분연히 일어나 반박했다. 특히 勞乃宣의 구체 조항 지적에 대응해, 일일이 그 반론근거를 상세히 해명했다. 우선, 친속상간·相盜·相毆와 '故殺子孫'·'殺有服卑幼'·'妻毆夫夫毆妻' 등 친족 상호간 범죄는, 일반인에 비해 다소 가중 또는 감경할 양형상 참작사유이다. 따라서 별도로 전문 독립조항을 신설할 필요가 없고, 다만 판결록에 구체 등급 차이를 규정하면 된다. 특히, 문제가 되는 조항에

25 羅志淵, 앞의 책, 210-212쪽.

대한 반론 법리는 다음과 같다.

'干名犯義'는 고소에 관한 사항이므로, 판결록 편찬 시 무고죄에 상세한 규정을 부가하면 된다. '犯罪存留養親' 규정은 고대에 본디 없던 법을 북위 때 처음 제도화했는데, 일찍이 金 世宗은 이 법의 불합리성을 지적해 시행하지 않았다. 청 嘉慶 황제도 그 폐단을 절실히 거론한 바가 있기 때문에, 이 법의 폐지는 예교에 어긋나지 않는다. '犯姦'(無夫姦)의 경우, 외국 법률은 이를 범죄화하지 않고, 다만 미성년 여자에 대한 비통상적 간음만 별도로 규정한다. 이는 풍속교화에 관한 사항으로, 형률 중에 편입할 필요가 없다. 예교는 시행하지 않고 단지 법조문만 공포한다고, 실효성을 거둘 수 있는 성질의 내용이 아니다. 마지막으로, '子孫違犯教令'은 전적으로 가정교육에 관한 사항으로, 형사와는 전혀 무관하다. 별도로 感化院 같은 기구를 설립해 교육을 강화할 필요는 있지만, 형률에 규정할 필요는 없다.[26]

이밖에, 조부모·부모 등 존속살해죄의 조문을 일반 살해죄의 앞에 규정하자는 예교파 주장에 대해서는, 법제사 관점에서 당률과 청률 체제를 구체로 거론한 뒤, 법리상으로도 일반(광의) 규정이 특수(협의) 규정보다 우선하는 것이 자연스러운 순서라고 해명했다.[27]

물론, 沈家本의 입장을 지지하는 '법리파'의 주장도 합리적 논거로 상당히 표출되었다. 그중 楊度의 "論國家主義與家族主義"와 吳廷燮의 "用舊說議律辯" 두 문장은, 신형률의 법리적 근거를 밝혀, 수구파의 공격을 반박했다. 특히, 楊度는 법률 개량(수정)의 근본문제가 가족 본위의 가족주의를 개인 본위의 국가주의로 대체하는 것이라고 규정한다. 국가와 사회가 진보하려면 봉건 가족제도를 해체해야 하는데, 법

26 寄簃文存, 卷8, "書勞提學新刑律草案說帖後" 참조.

27 寄簃文存, 卷5, "答戴尙書書" 참조.

률 관점에서는 개인을 사회상 권리의무 주체로 삼는 자유평등주의를 채택해야 한다. 예컨대, '無夫姦'의 경우, 법리상 국가가 인정하거나 금지하는 적극적 규정을 둘 필요가 없으며(방임주의), 예교상 윤리교육의 문제로서 법률규정의 범위에 포함되지 않는다. 또한 친족 상호간의 어느 일방에 치우치지 않아야 공평하다고 인식한다. 따라서 이들 범죄에 특별 규정은 필요 없다고 원칙론을 제기한다.[28]

그러나 沈家本의 반박에 대하여, 勞乃宣은 법률과 도덕·교화의 상관성을 부인하는 견해는 오류라고 다시 비판했다. 간통을 법률이 금지할 수 없다면, 살인죄나 도적죄도 제거할 수 있느냐고 비약적 추론을 전개했다. 결국, 沈家本도 막강한 보수파의 비판공격에 또다시 양보와 타협하지 않을 수 없었다. '暫行章程'이라는 명칭의 부칙 5조를 추가해 통과된 뒤, 마침내 선통2년 12월에 "大清新刑律"이 공포되었다.

부칙 5조의 주요 내용은, 無夫姦(남편 없는 부녀자의 간통)을 여전히 처벌하고, 존속친의 범죄행위에 대한 자손의 정당방위를 부인하며, 기타 황실이나 존속친에 대한 범죄 및 내란·외환죄의 사형은 여전히 참형을 시행한다는 것 등이었다.[29] 예교파의 상당한 득세로, 沈家本의 법리가 완전히 관철되지 못한 셈이다. 게다가, 이 법은 공포된 지 채 2년이 못되어, 청이 혁명 당함으로써 시행되지도 못했다.

그 후 혁명 초기에 불안과 계속되는 각종 외전내란의 소용돌이에서, 중화민국과 중공의 법제가 차례로 정비되면서, 전통 덕주형보、예주법종、명형필교 등 예론은, 근대 민주주의 평등이념에 의해 대체된다. 허나 예와 법의 관계가 완전히 절연된 것은 아니며, 또한 단절될 수도

28 李光燦·寧漢林, 앞의 책, 40-42쪽 참조.

29 수정 후 大清新刑律의 내용과 특징은, 李光燦·寧漢林, 앞의 책, 47-79쪽 참조.

없는 것이 인간 사회규범의 본질이다. 다만 새로운 명칭으로 관점과 정도를 달리 할 뿐이다. 예컨대, 근대 서양법에서 법철학의 근본문제인 '도덕과 법'의 관계는, 전통법의 예-법 관계와 기본상 일맥상통하는 것이다.

3. 沈家本의 情·理·法 法律理念

沈家本의 법사상은 情·理·法의 法律理念 중심으로 살펴볼 수 있다.

첫째, 沈氏는 法의 필요성을 깊이 인식하여, 어떤 사회도 법률이 없을 수 없다고 보았다. 四庫全書總目提要 政書類 法令 조에는, 단지 唐律疏議와 大淸律例 2部 목록만 수록했는데, 그 按語에는 이렇게 기재했다. "刑은 태평성세에도 폐지할 수는 없지만, 태평성세에 숭상하지는 않기에, 간략히 대강만 수록하고 자세히 적지 않는다."

沈家本은 이에 몹시 불만을 표시해, 政刑은 비록 德禮로 진흥해야 지극한 다스림에 이를 수 있지만, 그렇다고 뒤로 제쳐둘 수는 없다고 비평했다. "唐虞 三代의 흥륭 시대에도 오히려 刑으로 다스림을 보필해, 刑을 폐지하거나 쓰지 않은 건 아니다."[30]

그는 管子를 인용해, "法이란 천하에 程式이자, 만사에 儀表"라고 인식했다. 비록 程式이 구비되고 儀表가 섰더라도, '眞精神'으로 運用하지 않는다면, 程式은 虛文이 되고, 儀表도 外觀형식으로 변하고 만다.[31] 이렇듯 그는 法의 精神을 상당히 중시했다. 그 法律理念을 연구할 가치가 바로 여기에 있다.

---

30 寄簃文存, 卷八, 書四庫全書提要政書類後.

31 寄簃文存, 卷六, 新譯法規大全序.

이밖에도, 沈氏는 法의 歷史性도 상당히 중시했다. 法制의 歷史변천에 대해 이렇게 말한다.

"대개 律文은 천수백년을 거쳐 왔다. 천수백년간 풍속이 상당히 변천했는데, 律例 밖으로 벗어난 이렇다 할 죄상이 보이지 않으니, 이는 모두 천수백년 경험에서 온 것이오, 결코 한두 사람 私見에서 나온 게 아니기 때문이다."[32]

서방 문명이 東漸하여 중국에 개방 변법의 압력을 핍박하던 때, 그는 비록 서방법제의 합리성과 우월성은 인정했지만, 결코 중국 전통 법제에 대한 自尊意識은 포기하지 않았다. 그는 오히려 전통법제의 優良精神을 탐색 發揚하여, 당시 법률수정에 참고자료로 활용했다.

"新學은 왕왕 舊學으로부터 발전해 나온다.… 항상적 원칙은 보존해 지키고, 鄙俗은 혁파하되, 舊部를 모두 폐지하더라도, 신학에 마땅히 참고하고 최대한 이익을 얻도록 해야 한다. …우리나라 舊學은 스스로 한 法系를 형성해, 精微한 곳은 仁義가 지극히 곡진해, 新學의 요지가 이미 그 안에 포함되어 있다."[33]

심지어 당시 일반적 변법사상 추세에 대해, 그는 신중히 경고했다.

"이러한 법치시대에, 만약 단지 지금만 내세우고 옛것을 考究하지 않는다면, 단지 서양법만 숭상하고 중국법을 탐구하지 않는다면, 법학은 온전하지 못하리니, 어찌 동서고금을 회통해 세상에 널리 펼칠 수 있겠는가?"[34]

이렇듯, 沈氏는 전통 법치에 자부심이 상당했다. 과연 그의 法制史 방면 연구저작은 상당히 廣博하고 精深하다. 이것이 沈氏 법률사상이 당시 일반 변법론자의 법률사상보다 전통적·보수적·현실적 색채가

32 沈家本, 明律目箋, 卷一, 斷罪無正條.

33 寄簃文存, 卷六, 法學名著序.

34 寄簃文存, 卷六, 薛大司寇遺稿序.

풍부한 원인배경이기도 하다. 따라서 그 法律理念도 적어도 그가 사용한 문자개념상 전통 法律理念과 일맥상통하게 이어진다.

> "일의 변화가 많을수록, 法理는 더욱 정밀해진다. 그러나 대강요체는 결국 '情理' 두 글자를 벗어나지 못한다. 舊學이든 新學이든, 情理를 저버리고 따로 法이 될 수 없다. 이를 융합해 관통함이 귀중하다."[35]

자고로, 중국인은 禮와 法 같은 인류 사회규범을 말할 적에, 으레 '合情合理'를 언급해 최고 理想으로 삼는다. 다만, 중국 歷史上 적어도 禮와 法의 쟁론상, 法은 줄곧 상서롭지 못한 물건으로 폄하되었고, 법학도 학자들의 전문연구 대상이 거의 되지 못했다. 따라서 法과 情理의 관계도 상세한 구체적 이론으로 체계화되지 못한 느낌이다. 이점은 沈氏도 아마 조리 있게 체계적 연구에 몰입하지는 않은 듯하다. 다만, 전통법제의 우량 여부를 평론하거나, 어떤 법조문의 개혁을 주장할 때, 그는 곧잘 '情理'를 언급해 그 논거로 삼은 점은 눈에 띈다. 그래서 '情理'를 중심으로 沈家本의 法律理念의 편린을 살펴볼 수 있다.

둘째, '法理'의 역사연원은 상당히 유구하다. 漢書 贊에 처음으로 딱 1회 등장하고, 후한서에 3회 나오는 걸로 보아, 아마도 후한 때 제법 즐겨 쓰이기 시작한 듯하다. 후한 班固는 전한 宣帝 때 정치를 찬탄하면서, "신상필벌하고 명실상부하며, 政事·文學·法理 분야에 선비들이 모두 정밀한 재능을 발휘했다."고 평한다.[36] 이를 계승하듯, 隋書 刑法志도 역대 율령 변화를 전하면서 이렇게 평한다. 漢 宣帝는 樞機가 周密하고 法理를 詳備하여, 于定國을 廷尉로, 黃霸를 廷平으로 선임해,

---

35 寄簃文存, 卷六, 法學名著序.

36 漢書 卷8, 宣帝紀 第8: "贊曰: 孝先之治, 信賞必罰, 綜核名實, 政事·文學·法理之士, 咸精其能."

매년 추심 때 항상 친히 목욕재계하였다. 사안을 판결함에는, 明察하면서 공평하게 역지사지(恕)해, '寬簡'의 칭송을 얻었다.[37]

후한 광무제는 내외 관직을 대부분 스스로 선발 기용했는데, 법리가 엄격·명찰하고 직무가 지나치게 고달파, 尙書나 측근조차 황제 면전에서 곤장 맞거나 질질 끌려 내팽개쳐지기 일쑤였다.[38] 가문 유전인지, 광무제 맏형의 증손자 晃·利 형제가, 모친 太姬 宗과 서로 誣告한 사건(87년)이 있었다. 이에 대해 章帝는, "오호라! 어린애들이 大道에 힘쓰지 않고, 法理에 控訴해 종실기강을 타락시킨다."고 탄식하며, 모자 작위를 모두 박탈했다.[39]

和帝 때 王渙은 循吏로 유명했다. 永元15년(103) 황제를 시종해 南巡한 뒤, 洛陽令이 되어 平正하게 처신하며, 원한혐오로 오래 끈 소송이나 法理상 공평하기 어려워 전임자들이 결단하지 못한 사안들을, 모두 적절한 寬猛으로 진위를 曲盡히 밝혀 처리했다. 이에 군중들 의심이 깨끗이 풀려, 온 京師가 신명이라 칭찬·감탄했다.[40]

三國 魏 武帝(조조)는 建安19년(214), 理曹掾屬을 설치하며 말했다.

> "刑은 百姓 생명을 다룬다. 軍中 典獄은 특히 三軍 死生을 장악하니, 몹시 두렵도다. 法理에 밝히 통달한 자를 뽑아 典刑을 맡

---

37 隋書 卷25 志第20 刑法: "漢高祖初以三章之約, 以慰秦人, 孝文躬親玄默, 遂疏天網. 孝宣樞機周密, 法理詳備, 選于定國爲廷尉, 黃霸以爲廷平. 每以季秋之後, 諸所請讞, 帝常幸宣室, 齋而決事, 明察平恕, 號爲寬簡."

38 後漢書卷29, 申屠剛列傳第19: "時內外群官, 多帝自選擧, 加以法理嚴察, 職事過苦, 尙書近臣, 至乃捶撲牽曳於前, 群臣莫敢正言. 剛每輒極諫."

39 後漢書 卷14, 宗室四王三侯列傳 第4: "晃及弟利侯剛與母太姬宗更相誣告. 章和元年,… 於戲！小子不勖大道, 控於法理, 以墮宗緖. 其遣謁者收晃及太姬璽綬.

40 後漢書卷76, 循吏列傳 第66: "王渙字稚子, 廣漢郪人也. …永元十五年(103), 從駕南巡, 還爲洛陽令. 以平正居身, 得寬猛之宜. 其冤嫌久訟, 歷政所不斷, 法理所難平者, 莫不曲盡情詐, 壓塞羣疑."

기라."[41]

그 아들 明帝도 好學多識해 특히 法理에 유념했다.[42] 魏에 高柔와 그 아들 光은 모두 法理에 밝히 숙련했다고 전한다.[43] 또, 晉 衛瓘은 法理에 밝아, 매번 聽訟할 적엔 크고 작은 사안을 진실(情)로써 평단했다.[44] 賈充도 法理에 특장을 발휘해, 廷尉가 되어 平反을 잘한다는 칭송이 자자했다.[45] 南朝 宋에 徐豁도 法理에 정통·숙련하여 당시 칭찬을 받았다.[46] 隋 裴蘊은 기민한 변재로 法理를 논하면, 말이 강물을 입에 건 듯 유창해서, 형벌의 경중이 모두 그 입에 달렸고, 해부·분석이 어찌나 明敏하든지, 당시 누구도 토를 달거나 힐난할 수 없었다. 특히, 황제 의중을 간파해, 峻法으로 처리해 수만 명을 살륙하고 그 집안을 죄다 몰수해, 악명이 높았다.[47]

唐 則天 때 韋方質은 法理에 상세히 해박했고, 經理할 인재가 있어서, 垂拱格式이 상세하고 정밀하다고 정평이 났다.[48] 德宗 때 良吏인 薛珏은 貞元5년(789) 京兆尹이 되어, 강직·근엄하고 明察하며, 法理에 숙련·통달하였다. 부하한테 근면하게 솔선수범했는데, 섬세한 기교에

41 三國志 권1 魏書1 武帝紀: "夫刑, 百姓之命也, 而軍中典獄者或非其人, 而任以三軍死生之事, 吾甚惧之. 其選明達法理者, 使持典刑." 於是置理曹掾屬.

42 三國志 卷3, 魏書3, 明帝紀: (注) "魏書曰 : 帝生數歲而有岐嶷之姿, …好學多識, 特留意於法理."

43 三國志 卷24, 魏書24, 高柔傳: "次光, 字宣茂, 少習家業, 明練法理.…評曰:…高柔明于法理."

44 晉書 卷36, 列傳第6, 衛瓘: "瓘明法理, 每至聽訟, 小大以情."

45 晉書 卷40, 列傳第10, 賈充: "遷廷尉, 充雅長法理, 有平反之稱."

46 南史 卷33, 列傳第23, 徐廣: "徐豁字萬同, 廣兄子也. … 精練法理, 爲時所推."

47 北史 卷74, 列傳第62, 裴蘊: "蘊亦機辯, 所論法理, 言若懸河, 或重或輕, 皆由其口, 剖析明敏, 時人不能致詰.…蘊由是乃峻法理之, 所戮者數萬人, 皆籍沒其家." 隋書 卷67, 裴蘊傳에도 같은 내용.

48 唐書 卷50, 志第30, 刑法: "時韋方質詳練法理, 又委其事于咸陽尉王守愼, 又有經理之才, 故垂拱格式, 議者稱爲詳密."

지나쳐 文學大體를 몰랐다.[49] 宣宗 大中6년(852) 諸道 절도사·관찰사가 점포를 설치해, 상인들한테 통행세를 징수하여 法理에 자못 어긋났다. 이에 염철전운사 裵休는 자의적 징세를 혁파해, 선박 및 상인의 통행 여정을 평안케 하고, 국가 세수를 보호하자고 건의했다.[50]

특히, 三國 魏에 夏侯惠가 劉劭를 추천하며, 선비를 8부류로 평론한 대목이 주목할 만하다.

> "性實한 선비는 平和良正에 服膺하고, 淸靜한 사람은 玄虛退讓을 연모하며, 文學하는 선비는 推步詳密을 가상히 여기고, 法理의 선비는 分數精比를 밝히며, 意思의 선비는 沈深篤固를 알며, 文章의 선비는 著論屬辭를 사랑하며, 制度의 선비는 化略較要를 귀중히 여기고, 策謀하는 선비는 明思通微를 찬탄한다."[51]

南齊 때 孔稚珪는 9년 올린 表문에서 이렇게 의론한다.

> "萬物을 다루는 자는 繩墨이 기준이고, 大國을 다스리는 자는 法理가 근본이다. 그래서 옛 聖工은 조정에 임해, 理를 사유하고 멀리 사악한 싹을 방지하며, 간사함이 크지 못하도록 깊이 두절함에, 法理를 밑천으로 교화를 성취하고, 刑賞을 밝혀 공덕을 세우지 않음이 없었다."[52]

---

49 唐書 卷185下, 列傳第135下, 良吏下: "薛玨, 字溫如, 河中寶鼎人.…貞元五年, 拜京兆尹. 玨剛嚴明察, 練達法理, 以勤身率下, 失於纖巧, 無文學大體."

50 唐書 卷49, 志第29, 食貨下: 鹽鐵轉運使裴休奏: "諸道節度、觀察使, 置店停上茶商, 每斤收拓地錢, 并稅經過商人, 頗乖法理. 今請厘革橫稅, 以通舟船, 商旅旣安, 課利自厚."

51 三國志 卷21, 魏書21, 王衛二劉傳: "故性實之士服其平和良正, 淸靜之人慕其玄虛退讓, 文學之士嘉其推步詳密, 法理之士明其分數精比, 意思之士知其沈深篤固, 文章之士愛其著論屬辭, 制度之士貴其化略較要, 策謀之士贊其明思通微, 凡此諸論, 皆取適己所長而擧其支流者也."

52 南齊書 卷48, 列傳第29: 孔稚珪: "匠萬物者以繩墨爲正, 馭大國者以法理爲本. 是以古之聖王, 臨朝思理, 遠防邪萌, 深杜奸漸, 莫不資法理以成化, 明刑賞以樹功者也."

魏書에는 “王道는 민생산업을 귀중히 여기고, 法理는 은정을 숭상한다.”는 대구가 나온다.[53]

북위 때 선량한 관리로 명망 높았던 두원竇瑗은, 당시 三公曹 제66조에 “母친이 父친을 살해한 경우, 아들은 고발할 수 없다. 고발하면 사형에 처한다.”는 내용을 수긍할 수 없다고 주청했다. 律에는 ‘子孫이 父母、祖父母를 고발하면 사형에 처’하고, 漢宣帝는 ‘子가 父母를 숨겨주고 孫이 大父母를 숨겨주면, 모두 논죄하지 않는다.’고 했다. 이는 대개 父母、祖父母가 작게는 羊을 슬쩍하고, 크게는 남을 殺害한 경우, 恩情상 서로 숨겨줘야 하는지라, 律도 묵인하는 것이다. “法理가 이와 같으니, (공자가 말한) 정직함을 충분히 엿볼 수 있지만”, 반드시 모친이 부친을 살해한 경우까지, 아들한테 말하지 못하게 금지한 건 아닐 것이라고, 두원은 이의를 제기한다. 만약 부친이 모친을 살해하거나, 夫가 妻를 살해한 경우라면, 母가 父보다 낮기 때문에, 아들이 고발하지 않아야 맞다. 허나 母가 父를 살해하려 하는 줄 안다면, 도리상 마땅히 父에 알려야 하고; 만약 이미 살해했다면, 관가에 신고를 허용해야 한다. 지금 母가 父를 살해해도 子가 신고하지 않는다면, 이는 곧 母만 알고 父는 모르니, 식견은 野人과 같고, 도의는 금수에 가깝다. 母는 父와 혼인해, 夫가 妻의 天이 되니, 자기의 天을 살해하고, 또 子의 天도 살해한 셈이라, 두 天이 한꺼번에 무너졌다면, 침묵을 허용할 수 없다고, 두원은 강변한 것이다.[54]

---

53 魏書 卷43, 列傳第31: “景先, 幼孤貧, 無資從師, 其母自授毛詩曲禮…‘王道貴産, 法理尙恩.’”

54 魏書 卷88, 良吏列傳 第76, 竇瑗: “臣伏讀至三公曹第六十六條, 母殺其父, 子不得告, 告者死. 再三返覆之, 未得其門. 何者? 案律, 子孫告父母祖父母者死. 又漢宣云：子匿父母, 孫匿大父母, 皆勿論. 蓋謂父母祖父母, 小者攘羊, 甚者殺害之類, 恩須相隱, 律抑不言. 法理如是, 足見其直. 未必指母殺父止子不言也. 若父殺母, 乃是夫殺妻, 母卑於父, 此子不告是也. 而母殺父, 不聽子告, 臣誠下愚, 輒以爲惑.”

이상에서 살핀 다양한 '法理'의 용례는, 때론 단순히 지금의 '법률'과 비슷한 뜻으로 쓰인 경우도 있지만, 당시 '律令'이 공식 法源 호칭인데, 굳이 '法理'라고 따로 쓴 것은, 대부분 '법논리' '법원리' '법적 사고방식' 같은 개념을 지칭한 때문일 것이다. 특히, 對句로 비교한 사례에서, 그 개념맥락이 더욱 분명해진다. 따라서 근대 서양의 '법 원리'에 대칭하는 번역용어로서 채택된 것도 적절하거니와, 구체 내용상 小異는 있겠지만, 개념의 근본 정신상 大同하고, 沈家本이 동서고금을 아울러 통칭하는 개념으로 사용한 것도 충분히 설득력 있다고 여겨진다.

한편, 晉書 王導전에는, 그 손자가 당시 (불교)法理를 미묘하게 터득한 外國沙門 提婆한테, 毗曇經 강의를 듣고 금세 이해했다고 전한다.[55]

셋째, 확실히 沈氏는 '法理'를 자주 사용했다. 法理는 한편 법률의 理念을 직접 지칭하는 듯하고, 다른 한편 '理' 자체가 '法'과 상당히 밀접한 관계가 있음을 암시하는 듯하다.

舊律에, 夫가 처첩의 姦夫를 목격한 현장에서 직접 죽이는 걸 허용한 '殺死姦夫'조가 있었다. 沈氏는 그 타당성을 法理 관점에서 평론하면서, 法理에 부합하지 않는 상세한 항목을 죽 열거했다. 즉, 正義에 어긋나거나, (선량한) 秩序를 잃거나, 禮를 어기거나, 情에 동떨어진 것은, 모두 法理에 부합하지 않다며, 이렇게 총평했다.

> "만약 한 律을 두어 法理에 모두 부합하지 못한다면, 이 法의 존재가 어찌 귀하다 하겠는가?"[56]

이렇듯, 沈氏 안목에 法理 개념은 아주 넓어서, 正義·禮儀·上下秩序

55 晉書 卷65, 列傳第35, 王導傳: "珣字季琰, 少有才藝, 善行書, 名出珣右. …時有外國沙門, 名提婆, 妙解法理, 爲珣兄弟講毗曇經."

56 寄簃文存, 卷二, 論殺死姦夫. "悖乎義者、失其序者、違乎禮者以及乖乎情者, 均不合乎法理. …若設一律, 而未能盡合乎法理, 則何貴乎有此法也?"

뿐만 아니라, 人情까지 두루 포괄한다. 다만, 義·序·禮는 자고로 儒家에서 줄곧 적극 선양하고, 통치계층도 최고 통치규범의 도덕표준으로 숭상해왔다. 다시 말해, 전통사회에서 일반객관적 최고 사회규범이었고, 따라서 '理'의 범위 안에 들 수 있었다. 이렇게 본다면, 전술한 바와 같이, 沈氏가 말하는 '法理'는 결국 '情理' 두 글자를 크게 벗어나지 않는다. 따라서 우리는 '情理'의 개념으로 沈氏의 주요 法律理念을 망라할 수 있게 된다.

넷째, '理'는 정당한 法이 반드시 갖춰야 하며, 정당한 法은 틀림없이 理에 부합(合理)한다. 서방의 자연법론에서 실정법이 自然法의 正義 관념에 부합해야 한다고 주장한다. 그 正義 관념도 神의 意志든 인간적 理性이든, 合理적 법을 가리킬 따름이다. 확실히, '理'는 자고로 모든 인류 사회규범의 공통 理想이다. 漢書 藝文志에 "법가는 理官에서 나왔다.(法家者流, 出於理官.)"는 말도, 바로 法과 理의 긴밀한 본질관계를 증명한다.

法과 理의 관계에 대해 沈氏도 말했다. "몸소 理官이 된 자는, 비로소 法家의 학습을 추구함이 당연한 일이다."[57] "法을 의론함은 事理의 당연함을 밝히고, 그 정신 본의의 소재를 탐구하기 위해서다."[58] 沈氏 理想 중에 정당한 法은 당연히 合'理'적이다. 그래서 그가 사용하는 理念上의 '法' 개념은, 항상 그 안에 '理'의 개념도 포함한다. 그가 곧잘 언급하는 '情法'이란 단어 중에 '法'자가 바로 그렇다.

그는 唐明律에 犯罪存留養親 조항 규정을 서로 대비해 상세히 분석하고 평판을 가한 뒤, "궁구하건대, 唐律이 (명률에 비해) 情·法 모두 곡

57 寄簃文存, 卷六, 薛大司寇遺稿序. "身任理官者, 始推求法家之學習, 使然之."
58 寄簃文存, 卷六, 法學名著序. "議法者, 欲明事理之當然, 而究其精意之所在."

진하니, (당률을) 개정함이 온당하지 못하다."고 결론을 내렸다.[59] 또, 唐明律에 强盜 규정을 비교하면서, 唐律의 法이 최고 공평하고 온당하다고 평론했다. 唐律은 단지 盜가 '强'인지 아닌지만 따지고, '强'이 '盜'에 先인지 後인지는 따지지 않았으나, 明律은 "단지 財물만 얻었으면, 首從을 가리지 않고 모두 斬한다."고 바꾸었다. 그는 이런 明律을 호되게 비평했다.

> "律文의 실책은 '首從을 가리지 않는다'는 4字에 있지 않고, 오히려 '단지 재물만 얻으면' 3字에 있다. 피해자가 겨우 조금 잃은 데 그친 안건조차 모조리 함께 주륙한다면, 情·法에 서로 비추어 어찌 공평하다 하겠는가?"[60]

이상 사례에서 말하는 '情法' 중에 '法'은, 바로 '合理'적 정당한 법을 지칭하며, '理'의 개념 자체에 상당하므로, '理'자로 대체해도 무방하다. 이렇듯, 理는 法에 본질요소가 된다.

'理'는 현실 또는 역사상 실정법률이 선한지 악한지 評判하는 중요한 기준이기도 하다. 현실사회에 실정법률이 반드시 모두 理에 부합하는 건 아니고, 심지어 왕왕 완전히 不合理하거나 不正當한 惡法도 있다. 理想은 法과 理가 반드시 일치하길 바라지만, 현실은 法과 理가 결코 완전히 부합하진 않는다. 法과 理 사이에는 보통 개념상 구별이 존재한다. 明 呂坤은 일찍이 이렇게 말했다.

> "法에 죄를 얻으면 오히려 도피할 수 있지만, 理에 죄를 얻으면 더 이상 몸을 둘 곳도 없다. 단지 내 마음이 나를 놓아 보내주지 않는다. 그래서 君子는 法을 경외하기보다, 理를 훨씬 더 경외한다."[61]

---

59 明律目箋, 卷一, 犯罪存留養親. "究之, 唐律情法兩盡, 改之未爲當也."

60 明律目箋, 卷三, 强盜. "其律文之失, 不在'不分首從'四字, 而在'但得財'三字, 受害者僅止些微到案者, 遽膺駢戮, 情法相準, 豈得爲平."

61 呂坤, 呻吟語, "存心" 참조. 河洛圖書出版社, 民國63年臺初版, 8쪽. "得罪於法, 尙

"하늘에 죄를 얻으면 빌 곳이 없다."는 공자 말을 연상시킨다.[62]

沈氏 견해에 의하면, 법이 不合理하고 不善하면 無法과 같다. 그래서 그는 실정법률의 해석과 적용에 合理 여부를 기준으로 삼아, 전통법률의 良否를 비평했다. 예를 들면 다음과 같다.

職官犯죄의 처벌에 관하여, 唐律은 京官과 外官의 차별이 없는데, 明淸律은 京官과 外官을 차별했다. 즉, 京官은 品階의 제한이 없고, 외관은 5품 이상만 비로소 조정에 주청할 수 있었다. 이 규정에 대해, 沈氏는 "똑같이 조정 관직인데, 어찌 京外를 구분하는가? 지금 내관을 중시하고 외관은 경시하니, 이는 理에 불공평하다."[63]

전답의 盜耕種을 처벌하는 규정도 비슷한 상황이다. 盜耕의 객체로 말하면, 唐律은 근본상 公私田의 구별이 없는데, 明律은 官田의 경우 民田에 비해 2등급 가중 처벌했다. 이 律文에 대해서도 沈氏는, "官民을 둘로 차별함은, 公理에 부합하지 않다."고 비평했다.[64]

'고의로 뱀·전갈 등 독충으로 사람을 물려 殺傷한 죄'에 대해, 明律은 그 결과의 경중에 따라 다른 형벌에 처했다. 허나 뱀·전갈 등 독충은 본디 사람을 殺傷할 수 있는 물건인지라, 고의로 사용하면 '(일반) 다른 물건을 사람의 귀·코 등 구멍에 넣어두는 죄'에서 규정한 일반 물건과는 정황이 확연히 다르다. 그래서 沈氏는 '뱀·전갈 등 독충을 고의로 사용'한 범죄인은, 致死傷 여부와 상관없이, 곧바로 '故殺'로 논죄해야 한다고 주장한다. "이(명률 규정)는 살인과 상해를 둘로 구분한 건데, 아마 法理상 그렇지 않아야 할 것이다."고 비평했다.[65]

可逃避；得罪於理, 更沒處存身. 只我的心便放不過我. 是故君子畏理, 甚於畏法."

62 論語, 八佾: "不然! 獲罪於天, 無所禱也."

63 明律目箋, 卷一, 職官有犯. "同時朝廷之官, 何分京外? 今重內輕外, 此理之不平者."

64 明律目箋, 卷二, 盜耕種官民田. "歧官民爲二, 此不合公理者也."

65 明律目箋, 卷三, 屛去人服食. "是殺與傷, 分而爲二, 恐法理不應如是."

이밖에, 婦人의 徒流범죄에 대해, 明律은 '곤장1백을 시행하고, 나머지 죄는 收贖한다.'고 규정했다. 우선, 唐律에는 비록 婦人犯罪를 流배하는 법이 없지만, 唐 이전에 이미 婦女犯罪는 방아 찧기나 베 짜기에 처한 법이 있었다. 그는 이 사례를 원용하여, 아마도 곤장을 쳐서 거주하며 작업하도록 시키는 법령이 있었을 거라고 추정한다. 그리고 明律이 婦女노역법을 삭제한 조치를 비평한다.

"明이 婦人은 拘役하는 理가 없을 거라고 오해하여, 거주노역을 收贖으로 바꾸었다. …이에 婦人이 믿는 바 있어, 두려움이나 거리낌 없이 방자히 못된 죄악을 저질러, 못하는 짓이 없게 되었다. 그러니 어찌 선량하지 못한 法개정이 아니라 하겠는가?"[66]

몸소 清末 修訂法律大臣을 역임한 沈家本은, 전통 법률의 일부 조항에 대한 자신의 批評을, 그 자신이 담당한 修法 작업에 다소간 직간접으로 반영했을 것이 틀림없다. 따라서 그의 법률 해석적용상 평론과 變法·立法論상 주장은 결코 개별독립이 아니라, 오히려 양자는 긴밀한 상관성이 있으므로, 함께 거론함이 마땅할 것이다.

가장 주목할 만한 사례는, 바로 '犯罪存留養親' 조문규정에 대한 평론이다. 자고로 중국의 가족 관념은 매우 강하여 孝윤리를 몹시 중시한다. 秦漢이 천하를 통일해 중앙집권적 통치체계를 확립하면서, 자녀의 부모에 대한 孝順은, 臣民의 황제에 대한 忠誠과 상호 대비해, 국가 최고의 統治理念이 되었다. 그래서 역대 전통법률에는 不孝·不忠을 처벌하는 죄목이 상당히 번잡할 뿐만 아니라, 그 형벌도 몹시 엄중했다. 거꾸로 말하면, 국가의 교화 의지는 더러 減刑免罪 규정으로 孝忠을 장려하는 法條도 적지 않았는데, '犯罪存留養親'이 대표적이다.[67]

66 明律目箋, 卷一, 工樂戶及婦人犯罪. "明誤以婦人無拘役之理, 遂改留住爲收贖. …此婦人之所以有恃無恐, 逞惡放刁, 無所不至, 豈非改法之不善乎?"

67 孝와 忠을 결합한 통치이념은, 졸저, 전통 중국법의 정신, 146-279쪽에 상세히

唐律은 당초 "무릇 十惡이 아닌 死罪를 범했는데, 조부모·부모가 老疾로 시봉해야 할 경우, 집안에 다른 期親 장정이 없으면, 조정(황제)에 上請한다."고 규정했다. 그런데 明律은 좀 상세히 개정했다. 死罪를 범해야 비로소 반드시 주청해 위에서 재결하고, 徒流범죄는 곤장1백에 그치며, 그밖에 범죄는 모두 收贖한다고 정했다. 그 결과 왕왕 이 존류양친법의 폐해와 부작용이 발생해, 이 법의 타당성이 제법 뜨거운 의론을 불러 일으켰다. 沈氏는 역사상 황제의 諭論을 인용해, 그 폐해를 심각히 지적했다.

"흉악배들이 律에 명문조항이 있는 줄 알아, 스스로 독자 신분은 죄를 범해도 죽지 않을 줄 믿고, 마침내 함부로 흉악한 포학을 자행한다. 이는 承祀留養의 감면법이 仁을 베푸는 게 아니라, 실은 간사한 흉악을 조장해 인민의 범법을 유인한다."

그는 이 法이 合理에 미진하다고 비평한다. 사안의 경중을 살펴 留養을 허용할지 여부를 결정해야 하며, 결코 일률 관용할 것은 아니라고 주장한다. 결국 이 법을 新刑律草案에서 삭제하며 총평했다.

"이 法은 草案에 편입되지 않아도, 禮教에 어긋나지 않는 듯하다."68

상술한 내용을 종합하면, '理'는 단지 沈氏 法律理念에 주요 개념일 뿐만 아니라, 현실 또는 역사상 실정법률의 선악을 평판하는 기준이기도 했다. 그 견해에 의하면, '理'는 推究할 수 있을 뿐만 아니라, 반드시 推究해야 한다.

"術은 연구할수록 정밀해지고, 理는 추론할수록 걸출해진다. 예

소개함. 특히, '犯罪存留養親'의 요건·효과·역사연원·모순·폐해는 161-168쪽.

68 寄簃文存, 卷八, 書勞提學新刑律草案說帖後, '犯罪存留養親'條. "凶惡之徒, 稔知律有明條, 自恃身係單丁, 有犯不死, 竟至逞兇肆虐. 是承祀留養, 非以施仁, 實以長姦, 轉似誘人犯法." "此法不編入草案, 似尙無悖於禮教."

전에는 성글었는데 지금은 치밀하니, 매사가 모두 그러하다."[69]

대저 모든 사리는 반드시 당연한 궁극이 있기 마련이다. 진실로 궁극을 사용한다면, 고금동서가 애당초 둘이 없다. 다만, 推究하는 사람이 없을까 두려울 뿐이다.[70]

특히, 司法人員은 마땅히 律例(法律)의 根源을 탐구하고, 그 이치를 정밀히 사유하여, 誤判으로 無辜한 사람을 억울하게 하지 않도록 유념해야 한다고, 그는 각별히 강조한다.[71] 沈家本이 법학을 중시한 이유도, 法理를 연구하자는 뜻이리라.

다섯째, 沈家本의 法律理念에서 다른 하나 주요 개념은 '情'이다. '情'의 개념은 서로 다른 두 함의가 있다. 하나는 개별 구체적、주관적 事情、案情의 뜻이고, 다른 하나는 일반 추상적、객관적 人情、民情의 뜻이다. 人情、民情의 개념에는, 일반인의 法感情이 포함될 수 있다. 다민, 사실상 두 意義의 경계는 보통 그리 명확하지 않아서, 한 글사 '情'의 개념에 두 뜻이 함께 담긴 경우가 자주 있다.[72]

律例에서 말하는 '知情者'와 '不知情者'는, 전형적인 事情、實情의 뜻이다. 司法過程에서 판결기준으로 일컫는 '準情酌斷'이나 '準情酌理' 등 개념에서, '情'은 두 뜻을 함께 함축할 것이다. 이른바 '準情'은 바로 일반객관적 人情에 비추어, 개별 구체적、주관적、특수한 案情을 評斷함을 뜻한다. 일반으로 말하면, '理'나 '法'과 나란히 병칭하는 '情'의 함

69 寄簃文存, 卷六, 無寬錄序. "術愈研而愈精, 理愈推而愈出. 古疏今密, 凡事皆然."

70 寄簃文存, 卷六, 監獄訪問錄序. "大凡事理, 必有當然之極. 苟用其極, 則古今中西, 初無二致, 特患無人推究之耳."

71 寄簃文存, 卷六, 重刻唐律疏議序: "設使乎操三尺, …是今之君子所當保求其源而精思其理矣."

72 情·理 개념은, 졸저, 전통 중국법의 정신, 63-73쪽에 상세히 정리함.

의는, 비교적 人情、民情의 뜻을 가리키는 경향이 크다.

첫째로, 沈氏는 '禮는 人情에 근본한다'는 전통적 학설견해에 찬동하여, 法도 마땅히 人情에 순응해야 한다고 주장한다.

"古人이 禮를 제정함에 반드시 人情에 근본했으니, 결코 人情에 거슬러 행하기 어려운 바를 강제하지 않았다."[73]

"律은 大法을 세우고, 禮는 人情에 순응한다."[74]

그래서 법률해석에서, 그는 규정 본의가 좋다고 '善法'으로 판단하는 경우, 그 기준 근거로 왕왕 '合情'을 들곤 했다.

예컨대, 傳統 律例는 부부가 서로 원하는 합의離婚을 인정했는데, 그는 이 조항에 대해 이렇게 注解를 달았다.

"만약 서로 和諧하지 못해 둘 다 헤어지길 원하면, 또한 그 情이 합쳐 살길 강제하기 어려우니, 法도 情에 준하여 인정한다."[75]

또, 婦女가 다른 남자와 간통(和姦)을 범한 경우, 원칙상 夫가 姦婦를 嫁賣할 수 있는데; 예외로 그 夫가 그냥 데리고 살길 원하면, 허용한다는 律文 규정이 있다. 이에 대해 沈氏는, "강제로 이혼시키지 않음은 人情에 순응함이다."고 평론한다.[76]

清律은 府州縣에 親民官이 部民의 婦女를 妻妾으로 취하는 경우, 형벌에 처하고 모두 이혼시킨다고 규정한다. 다만, 子孫弟姪 등 家人을 위해 娶한 경우, 비록 해당 관원은 형사처벌을 받지만, 主婚자가 아닌 남녀 당사자가 이러한 법(사실)을 몰랐고, 또 서로 夫婦가 되길 원한다

---

73 寄簃文存, 卷三, 再醮婦主婚人說. "古人制禮, 必本人情, 萬無拂人情而强以所難者."

74 寄簃文存, 卷五, 燕訓卿議杜氏不應離異說帖, 十六后答友人問夫亡守志例文書. "律設大法, 禮順人情."

75 寄簃文存, 卷五, 婦女離異律例偶箋, '出妻'條. "若不相和諧, 而兩願離, 亦以其情難强合, 而法亦準乎情."

76 寄簃文存, 卷五, 婦女離異律例偶箋, '犯姦'條. "不强之使離, 所以順人情也."

면, 그 혼인을 허용하고, 당사자가 원하지 않으면 이혼시킨다. 이 규정에 대해서 그는, "子孫弟姪 등 家人은 결국 관원 자신과는 다르므로", "이 규정은 情·法 둘 다 곡진한 방도"라고 평한다.[77]

이밖에, 明淸律은 남녀가 定婚한 후, 만약 男家에서 후회해 다른 女家에 다시 聘禮를 행한 경우, 원칙상 男家는 여전히 前女를 娶해야 하고, 나중에 聘禮를 한 다른 여자는 다른 곳에 시집가게 규정한다. 다만, 男方이 나중에 빙례한 여자와 이미 成婚한 경우에도, 여전히 이혼하게 하고 前女를 취하게 한다면, 이는 人情을 크게 손상시킨다. 그래서 "이미 成婚한 경우, 나중에 빙례로 娶한 여자와 함께 살도록 판단하고, 원래 빙례한 여자는 따로 시집가도록 허용해야, 情·法 모두 곡진하다."는 律注의 해설에 그도 적극 동의한다.[78]

둘째로, 合情에 미진한 일부 전통법률에 대해, 그는 그 타당성에 회의를 제기하며 비평한다. 물론 전통법률의 合情性 여부에 대한 그의 비평은, 合理性의 판단기준과 마찬가지로, 너러 직간접으로 그가 착수한 修訂法律 작업에 기본지침이 되었을 것이다.

同姓婚의 강제이혼 법규정에 대하여, 그는 원칙상 同姓婚은 "禮經에서 분별을 중시하는 도의에 어긋나", 마땅히 이혼해야 함에 동의한다. 다만, 별도로 "향촌에 어리석은 무지배가 同姓혼을 하는 경우는 통상 있는 다반사"인 사실을 고려할 필요가 있다고 제안한다. 만약 一律로 법대로 강제이혼시킨다면, 도리어 婦人은 한 지아비를 따른다는 큰 도의를 상실하게 되고, 또 人情에도 편안하지 못하다고 인식한다. "아마도 인정사정을 참작하여 판단해야 좋을 듯하다."고 삼가 신중한

---

77 寄簃文存, 卷五, 婦女離異律例偶箋, '娶部民婦女爲妻妾'條. "子孫弟姪家人, 究與己身不同. …此情法兩盡之道也."

78 寄簃文存, 卷五, 婦女離異律例偶箋, '男女婚姻'條. "已成婚, 則斷與後娶完聚, 聽原聘者另嫁, 情法兩盡矣."

의견을 덧붙인다.79

律에 데릴사위 축출 관련 조항에는, 만약 女家에서 정당한 까닭 없이 데릴사위(贅婿)를 축출·이혼하거나, 여자를 다른 남자한테 따로 시집보내거나, 또는 다른 남자를 사위로 다시 불러들인 경우에는, 그 여자는 당초 남자(前夫)에게 귀속하여, 부부가 따로 나가 살도록 허용한다는 규정이 있다. 율문대로 그 여자를 前夫에게 속하도록 판단한다면, 반드시 먼저 後夫와 이혼을 시켜야 하는데, 물론 前夫가 다시 그 여자를 받아들이길 원하면 문제가 없다. 하지만, 沈氏는 이 조항에 심각한 의문을 제기하며 힐난한다.

> "만약 前夫가 여자의 정절 상실을 이유로 다시 합쳐 살길 원하지 않는데도, 여전히 後夫와 이혼을 시켜 반드시 다시 改嫁를 강행한다면, 또 다시 정절을 잃는 게 아닌가?"

그래서 그는 淸律輯注에서 후단 情況에 대해, "여전히 後夫와 이혼시킨다"고 해설한 것은, "단지 古論일 뿐, 情과 法은 반드시 서로 보완 구제해야 한다."고 일침을 가하고, "이 또한 情에 근거해 참작 판단해야 좋을 듯하다."고 자기 의견을 덧붙인다.80

明淸律의 '居喪嫁娶'조 규정에 의하면, 父母喪 및 夫喪 기간 중에 스스로 혼인(嫁娶)한 자는 강제 이혼시킨다. 이 조문 해석에 대해, 沈氏는 이혼시키면 民情에 불편하며, 더구나 존장이 主婚者이고 남녀는 따르기만 한 경우 이혼하지 않기도 하므로, "그 情을 살펴 헤아리면, 법으로만 재단할 수 없다."고 비평한다.81

---

79 寄簃文存, 卷五, 婦女離異律例偶箋, '同姓爲婚'條. "鄕愚無知, 娶同姓者, 事所常有.…似亦當援情酌斷."

80 寄簃文存, 卷五, 婦女離異律例偶箋, '逐壻嫁女'條. "若前夫以女失節不愿完娶, 而仍與後夫離異, 必令再行改嫁, 不又失節乎?…仍與後夫離者, 但以古論耳, 情與法須相濟也. 此亦當據情酌斷."

子孫의 부녀를 불합리하게 구타해 廢疾에 이르게 한 경우, 子孫의 부녀는 친정에 歸宗하는 法이 있다. 그는 원칙상 "子孫의 부녀는 본디 도의로 만났으니, 구타로 篤疾에 이르면 義絶이라, 친정에 歸宗한다." 고 인정한다. 다만, 만약 子孫의 부녀가 친정에 歸宗하길 원치 않거나, 돌아갈 친정이 없는 경우에는, 마땅히 정상을 참작해 판단할 일이지, 법조문에 구애될 것은 아니라고 주장한다.[82]

出妻의 律에 관하여도, 그는 자못 진지한 批評을 가한다.

> "妻를 내쫓는 일은, 부녀한테 한 남편만 끝까지 따르라는 도의와 서로 융합하기 어렵다. 무릇 婦人은 夫를 따르는 자다.…(칠거지악 중) 惡疾과 無子는 어떤 사람이 意欲하겠는가? 夫婦는 중대한 人倫에 하나다. 婦는 夫를 하늘로 여기는데, 그러한 不幸을 긍휼히 여기지 않고 그냥 내쫓아버리는 게 어찌 天理이겠는가? 이러한 걸 典訓으로 삼는다면, 이는 不仁을 가르치고 人道를 해치는 것이다." "그 말이 올바르면 인정에 가까운데, 인정에 가까운 말을 반드시 理로 규제한다면, 이는 아마 中庸의 道가 아닐 것이다."[83]

이밖에, 한번은 그의 벗이 서신으로, "(律)例에 실린 '婦人이 夫가 사망해 수절하는 경우, 夫의 몫을 계승(상속)한다'는 조문 중에 '婦人' 개념이, 妻가 사망하고 妾이 있는 情況도 포함하는지?" 질문했나 보다. 이에 沈氏는 답신에서 여부에 대해 이렇게 해석했다.

---

81 寄簃文存, 卷五, 婦女離異律例偶箋, '居喪嫁娶'條. "原其情, 未可以法繩之."

82 寄簃文存, 卷五, 婦女離異律例偶箋, '毆祖父母父母'條. "子孫之婦, 本以義合, 毆至篤疾, 則義絶矣, 故歸宗. 如子孫之婦不願歸宗, 或無宗可歸, 則應當衡情酌斷, 而未可泥於法."

83 明律目箋, 卷二, 出妻 : "出妻之事, 與從一而終之義, 頗難融合. 夫婦人, 從夫者也.… 惡疾與無子, 豈人之所欲哉? 夫婦, 人倫之一也. 婦以夫爲天, 不矜其不幸而遂棄之, 豈天理哉?而以是爲典訓, 是教不仁以賊人道也. 其言正自近情, 近情之言, 而必以理繩之, 似非中庸之道."

"이러한 사정은 단지 수절만 따지지, 妻妾을 가려 따지지 않는다. 집안을 이을 후사(양자)를 선택한 경우, 그 후사 양자가 제사를 계승(상속)하고 유산을 받아, 양부 미망인(媵妾)의 천수를 봉양하도록 함이, 임기응변 재량권으로 항상적 원칙(經)에 부합하며, 人情과 律의 본의에 모두 어그러지지 않는다."[84]

이상 소개한 사례는, 대다수 婚姻法에 관한 내용이며, 특히 이혼 관련 안건이 다수를 차지한다. 기실, 人情은 남녀 간에 애정관계가 가장 분명하고 현저하다. 불교에선 중생을 '有情'이라 부르는데, 情識이 있고 愛情이 있는 동물을 총칭한다. '情'은 '愛'를 낳기 때문에, 古人은 특히 '愛'를 들어 '情'을 대표하고, '情'으로 '愛'를 가리켰다. 그래서 愛情은 人情에 대표가 된다.

人情은 본디 자연스레 드러나는 존재(Sein) 감정인데, 부자연스런 당위(Sollen) 理性으로 제약·강박한다면, 틀림없이 양자 간에 모순충돌이 발생할 것이다. 그래서 禮·法을 막론하고 인류 사회규범은 人情의 調和를 理念으로 삼는다. 전통 중국에 '禮는 人情에 근본한다'는 禮論이나, 沈氏가 말하는 '정에 따라 법을 정한다(緣情定法)'는 학설이나, 모두 이 理念에서 벗어나지 않는다.

국가-인민 사이에 수직적 권리의무관계와는 달리, 남녀 간에 감정은 본래 대등한 것이다. 다만, 사회적 가치 관념의 계급성과 국가 統治理念의 수요에 따라서, 국가가 대등한 남녀관계를 불평등한 법률로 조

---

84 寄簃文存, 卷五, 燕訓卿議杜氏不應離異說帖, 十六后答友人問夫亡守志例文書. "此等事, 只論守志, 不論妻妾. 至於擇繼之後, 令該嗣子承祧受産, 以奉養嗣父媵妾之天年, 從權合經, 庶于人情律意, 兩不相悖也." 역사상 비슷한 사례가 송 태종 때 嫡庶간 유산쟁송에서 펼쳐졌다. 서자 安崇緖에게 유산을 물려주되, 친모와 이혼한 嫡母를 함께 봉양해 천수를 다하도록 대화합을 판결해, 엄격한 형식적 法理를 양보하고, 실질적 '情理(天理人情)'에 합치한 경우다. 文獻通考, 권170, 刑考9, 祥讞조 참조. 졸저, 전통 중국법의 정신, 304-305쪽에 상세히 소개함.

절·제약하는 관계로, 양자가 조화를 이루기 어려운 것일 따름이다. 하물며, 남녀 쌍방의 감정은 상대적이지 않은가? 쌍방 감정이 의기투합할 때는, 법률규범상 어떤 문제도 발생하지 않는다. 허나 이 감정이 급변해 의기가 갈라질 때, 바야흐로 규범상 분쟁이 되고, 일방 감정에 순응하면, 곧 다른 일방 情感에 거역하게 된다. 이런 정황에서 법률이 어떻게 쌍방 감정을 곡진히 대변할까? 이는 규범과 현실 사이에 영원히 존재하는 거대한 협곡인가?!

여섯째, 이상에서 살핀 바와 같이, 法理가 결국 人情에서도 벗어나지 못한다면, 情·理·法 3자간에 立體적 관계, 특히 情과 理의 法에 대한 상호관계는 과연 어떠할까? 이 문제는 상당히 복잡하고 추상적이며 철학성이 농후하여, 간단명료히 이해하기는 쉽지 않다.

비록 전통 규범의식의 주류는 德主刑輔、禮主法從이라고 하지만, 인류 행위를 규율하는 기능에서 보자면, 禮와 法은 모두 서로 다른 層次에 속한 동일한 사회규범이다. 사회 발전정도의 차이에 따라, 고대에 특별히 禮의 중요성과 우월성을 강조했을 따름이다. 다만, 여기서 法과 禮는 여전히 상당히 긴밀한 관계를 유지한다. 따라서 禮와 情理의 관계에 대한 고대인의 견해를 참고하면, 法과 情理의 관계를 이해하는 데도 도움이 될 수 있다.

禮와 情理의 관계는 禮記에 비교적 상세히 기술하고 있다. (禮記에 '天'이나 '天道'의 개념은 곧 후대에 '理'나 '天理'를 대표한다.)

> "무릇 禮는 先王이 하늘의 道를 받들어 人情을 다스리는 도구다. 고로 禮를 잃으면 죽고, 얻으면 산다.…고로 聖人이 법칙을 만듦에, 반드시 천지를 근본으로 삼고,…人情을 밭으로 삼는다.…고로 禮義란, 사람에 위대한 단서(도구)요, …天道에 통달하고, 人情에 순응하는, 위대한 구멍(길)이다."[85]

이밖에, 淮南子에도 "聖人은 하늘을 法삼아 人情에 순응한다. …만물이 이를 잃으면 죽고, 얻으면 산다."는 말이 나온다.[86]

이처럼, 禮와 天道(理)의 관계에는, 단지 한 가닥 확정된 길만 있다. 즉, 天道(理)가 禮의 제정 근거이다. 바꿔 말하면, 禮는 반드시 하늘에 근본을 두어, 天道를 받들고 天理를 본받아, 天道에 통달할 따름이다. 老子가 "사람은 땅을 법삼고, 땅은 하늘을 법삼으며, 하늘은 도를 법삼고, 도는 자연을 법삼는다.(人法地、地法天、天法道、道法自然)"고 말한 바와 마찬가지다.

禮와 人情의 관계는 문제가 제법 복잡하다. 人情은 한편으로, 禮가 다스리고 절제하는 대상으로, 이른바 聖王이 경작하는 논밭이다. 다른 한편으로는, 禮가 規律하는 목적으로, 이른바 '禮는 人情에 순응한다'거나, '禮는 人情에 근본한다'는 이야기다. 人情이 禮가 規律하는 대상이자 목적이라는 것은, 결코 서로 다른 두 가지가 아니라, 오히려 동일한 사물의 표리이다. 기실, 모든 사회규범은 사람을 목적으로 삼으면서, 동시에 사람을 規律 대상으로 삼는다. 이러한 현상은 결코 불가사의한 게 아니라, 도리어 당연한 이치다. 확실히 오직 사람만이 사회규범의 궁극 목적일 수 있다. 그래서 공자도 일찍이 "사람이 도를 확충할 수 있지, 도가 사람을 키워주는 게 아니다."고 말했다.

禮記에 의하면, 人情에는 喜怒哀懼愛惡欲의 七情이 있고, 이러한 人情은 배우지 않아도 타고난 천부적 본능이다. 人情이 본래 자연적·선천적 본능이라면, 이를 완전히 억제할 수는 없다. 다만, 人情 욕망이 쉽게 범람하고 흘러넘치므로, 이를 적당히 절제할 필요가 있는 점은

85 禮記, 禮運: "夫禮, 先王以承天之道, 以治人之情. 故失之者死, 得之者生.…故聖人作則, 必以天地爲本, …人情以爲田. …故禮義也者, 人之大端也, …所以達天道順人情之大竇也."

86 淮南子, 精神訓: "聖人法天順人情, …萬物失之者死, 得之者生."

부인할 수 없다. 그래서 明 呂坤은 말했다.

"人情에는 당연한 소원도 있고, 과분한 욕망은 재단하는데, 서로 괴롭히려는 게 아니다. 천지간에 欲願에는 일정한 數가 있어서, 이쪽이 남아돌면 저쪽이 모자라니, 聖王이 잘 조절해 균등히 다스려, 과분한 것을 잘라내어, 당연한 소원에 보태주는 것이다. 이것이 지극한 공평이니, 사람들이 음탕한 욕정도 없고 서운한 원망도 없게 된다."[87]

"物理와 人情은 自然일 뿐이다. 聖人은 그 自然(스러움)을 얻어 천하를 관조하니, 천하 사람들이 聖人의 통찰을 벗어날 수 없다. 그 自然을 장악한 자는 그걸로 천하를 운전하는데, 천하 인민은 聖人의 斡旋을 알아채지 못하고, 궤도에 규제되어 벗어나려 몸부림친다. 그러나 (성인은) 인간의 자연스런 본능적 사욕을 거슬러, 天理의 自然스런 공평정의에 순응한다. 고로 비록 억세고 완고한 어리석은 사람도, 이내 알아차리고 온순히 복종하지 않을 수 없다. 그런즉 聖人은 自然의 機微를 접촉하여, 自然의 감정을 고무할 뿐이다."[88]

요컨대, 禮記에서 말한 것처럼, 禮는 天道를 받들어 人情을 다스리는 도구이자, 天道에 통달하여 人情에 순응하는 방편이다. 이러한 식견은, 禮라는 사회규범의 제정 근거와 목적, 다시 말해 立法의 과정에 주안점을 둔 것이다.

---

87 呂坤, 呻吟語, 存心: "人情有當然之願, 而裁其過分之欲. 非以相苦也, 天地間欲願, 止有此數, 此有餘則彼不足, 聖王調劑而均釐之, 裁其過分者, 以益其當然. 夫是之謂至平, 而人無淫情無觖望."

88 呂坤, 呻吟語, 治道: "物理人情, 自然而已. 聖人得其自然者以觀天下, 而天下之人不能逃聖人之洞察. 握其自然者以運天下, 而天下之人不覺爲聖人所斡旋, 卽其軌物所繩, 矯拂. 然拂其人欲自然之私, 而順其天理自然之公, 故雖有倔强錮蔽之人, 莫不憬悟而馴服. 則聖人觸其自然之機, 而鼓其自然之情也."

근래 일본학자가 司法의 과정, 즉 法源의 관점에서 清代 재판 과정 중에 情理와 法의 관계를 연구해 눈길을 끈다. 그 견해에 의하면, 한편으로 法과 情理가 한 쌍 대우범주가 되어, 法은 실정적이고 情理는 자연적이다. 중국 전통 司法과정 중에, 情理는 가장 보편적 재판기준이고, 法은 情理를 명확하게 해서 강제력을 부여하여, 法과 情理는 결코 적대관계에 놓이지 않는다. 기실, 국가 법률도 일부분 情理가 실정화한 結晶이다. 다른 한편으로 情과 理法이 한 쌍 대우범주가 되어, 理法은 一律性과 卽物性을 띠고, 情은 구체성과 心情性이 풍부하다. 情은 法과 理의 엄격성을 修正하고 완화하는 기능을 갖는다.[89]

沈家本도 法과 情理의 관계를 기본상 전통적 관점에서 본다. 정당하고 良好한 法은, 반드시 天理에 근본하고 人情에 순응한다고 본다.

> "律은 인민 생명이 달린 바다. 그 적용은 몹시 중대하고, 그 義리(정신)는 지극히 정밀하다. 天理와 民彝에 근거하고, 人情과 사실을 형량해야 한다. 理를 궁구하지 않으면, 진위(情僞)의 실마리를 살필 수 없고, 청정한 道義가 아니면, 意見의 사사로운 망령을 제거할 수 없다."[90]

그는 서방의 감옥제도가 良好하여 훌륭한 성과를 발휘하는 원인은, 바로 그 건축방법、대우방법、감독방법 등이 모두 理를 기준으로 情을 잘 참작함에 있다고 인식한다.

한편, 그도 情과 理法 사이에 긴장관계를 인정한다. 예컨대, 전통혼인법은 前婚을 이미 약속한 뒤 重婚한 경우, 그 혼인을 무효로 이혼시

---

89 滋賀秀三, 清代中國の法と裁判. 創文社, 昭和59年. 第四, '民事的法源の概括的檢討 一情·理·法-', 287-290쪽. 졸저, 전통 중국법의 정신, 555-559쪽 부연설명 참조.

90 寄簃文存, 卷六, 重刻唐律疏議序: "律者, 民命之所擊也. 其用甚重, 而其義至精也. 根據於天理民彝, 稱量於人情事故. 非窮理, 無以察情僞之端；非淸義, 無以袪意見之妄."

켜, 여자를 먼저 약혼한 남자(前夫)한테 귀속시킨다. 이에 대해 그는 몹시 困惑스럽게 탄식한다.

"이는 情理에서 가장 온당하게 타협(조화)하기 어려운 문제다."[91]

"그 情을 잘 살펴야지, 法으로만 규제해서는 안 된다"

"마땅히 情을 참작하여 판단해야지, 法에 얽매여서는 안 된다"

"情에 가까운 말을 반드시 理로 얽매 규제하는 것은, 立法에 과도하게 理를 헤아리고, 정에 기준은 존중하지 않았기 때문이다."[92]

이렇듯 沈氏의 法律理念에서 法과 情理의 관계는 기본상 전통 견해와 일맥상통한다. 立法論으로 말하면, 天理와 人情에 근거해 제정한 법률은 정당하고 良好하며, 시대적 실효성도 더욱 커진다. 司法論으로 말하면, 국가 실정법률은 완전히 원만무애하게 선량하고 合理合情적일 수 없기 때문에, 법률의 해석적용과정에서 때로 情理를 표준으로 참작할 필요가 있고, 때로는 人情으로 理法의 곤궁함을 통하게 할 필요도 있다.

결론으로 요약하면, 無理한 情은 단지 私欲일 뿐이며, 無情한 理는 그저 空論에 불과하다. 국가 법률은 立法과 司法을 막론하고, 반드시 理에 부합하고 情에 순응해야 한다. 중국 전통 法理念상에 情과 理의 관계는, 어쩌면 서방 法理念상에 自由와 平等의 관계에 상응할지 모른다. 양자가 항상 상호 분리할 수 없이 계속 관련을 맺으며, 상호 모순대립처럼 보이는 동시에, 서로 균형조화를 유지할 필요가 있다.

4. 風俗習慣 문제

人情이 날로 쌓이고 달로 깊어지면서 자연히 형성되는 風俗習慣

---

91 明律目箋, 卷二, 男女婚姻: "此情理之最難允協者."

92 寄簃文存, 卷五, 婦女離異律例偶箋 : 燕訓歸鄉議杜氏不應離異說帖.

은, 그 자체가 不成文의 사회규범이 되며, 국가 실정법과도 직간접으로 관계가 발생한다. 沈氏도 風俗習慣과 法律의 관계를 상당히 중시했다.

우선, 그는 상당한 정도로 民間風俗의 규범기능을 긍정했다. 그는 동성혼 금지 律을 삭제하고, 금혼 범위를 同宗으로 제한하자고 의론했다. 혹자는 "지금 宗法이 무너진 지 오랜데, 장차 무얼 근거로 정할지?" 우려하는데, 이러한 회의에 대해 그는 스스로 회답했다.

> "宗法이 비록 무너졌지만, 郡에 명망 있는 가문은 오랜 習俗이 전승되어 바뀌지 않는다. …더욱이 世俗도 서로 본받아, 두 姓씨로 근본 지파가 같은 경우, 서로 通婚하지 않는 사례도 여전히 잘 지켜진다. 이는 禁令에 규정할 필요 없이 습속을 따라도 된다."[93]

또, 그는 異姓양자를 후사로 허용하자고 變通을 주장한다. 민간에 古來로 줄곧 異姓 친척을 후사로 삼아온 습속이 있다고 지적한다.

> "이러한 풍속습관도 갑자기 禁斷할 수 없다.…무릇 異姓 친척이 상복제 범위 안인 경우 후사로 승계하도록 허용하고, 상복제가 없는 경우 승계를 허용하지 않는 기준으로 제한하면 된다.…그러면 中國 禮教에 어긋날 우려도 없고, 民間風俗에 미루어 친족으로 승계하게 된다. 또 익숙한 습관이라서, 시행하기 어려울 장애는 없을 게 분명하다."[94]

이렇듯 그는 민간 人情이 익숙한 풍속관습은 禁斷하기 어려울 뿐만 아니라, 때론 법률도 제약할 수 없다고 보았다.

---

93 寄簃文存, 卷一, 刪除同姓爲婚律議: "宗法雖亡, 而郡望則習俗相沿, 歷久不改.… 更有世俗相沿, 兩姓同派, 不相通婚者, 亦應仍其舊. 此不在禁令, 而可從俗者也."

94 寄簃文存, 卷三, 變通異姓爲嗣說: "此種風俗之習慣, 也不能遽禁斷之. …凡異姓親屬之憂服制者, 準其承繼爲嗣, 其無服制, 仍不準承繼, 以示限制.…卽無慮悖乎中國之禮教, 而推之民間風俗, 其以親屬承繼者, 又爲習慣之事, 必不至窒礙難行也."

善惡은 상대적이다. 만사만물은 모두 善한 것도 있고 악한 것도 있다. 풍속습관도 예외는 아니다. 선량한 미풍양속도 있고, 惡劣한 폐습도 있다. 습관이 제2천성으로 혁파제거하기 어렵다면, 불합리한 비루한 습속도 개혁하기 쉽지 않다. 이러한 惡劣한 나쁜 풍속에 대해, 沈家本도 곤혹스럽지 않을 수 없었다.

예컨대, 과부 재가에 관한 '居喪嫁娶'例의 규정에 의하면, 과부가 스스로 개가하길 원하는 경우, 원칙상 시부모 등이 主婚을 하고, 夫家에 例에 규정한 主婚人이 전혀 없는 경우에 한하여, 비로소 친정 母家에서 과부(딸)의 개가를 主婚할 수 있었다. 그런데 淸會典 康熙12년 題準에는 다른 규정이 있었다.

"무릇 婦人이 夫 사망 후 守節을 원하면 허용하고, 改嫁하고자 하면 母家에서 (혼례 때 받은) 財禮를 돌려주고 (딸을) 데려올 수 있다."

당시 세속에는 財禮를 쟁탈하려고, 과부 개가의 主婚權을 둘러싼 분쟁이 빈번히 발생했다. 禮의 本意정신으로 보면, 財禮는 六禮에 納采·納幣로서 신부를 초빙하는 예물이지, 결코 여자는 사고파는(貿女) 대가가 아니다. 그러나 재물을 중시하고 아끼는 민간에선, 財禮를 여자를 사고파는 물건으로 여겨, 오직 이익만 도모하는 이런 악습은 혁파제거하기 아주 어려웠다. 그래서 그는 淸會典에 실린 '財禮 환급'은 민간 風俗習慣에 순응하기 위해 규정한 것이라고 해석했다. 하지만 이 문제의 해결에 그는 여전히 결정을 머뭇거리며 유예했다.

"만약 夫가 사망해 과부가 개가할 때, 반드시 財禮를 반환해야 한다면, 이는 곧 財禮를 여자를 사고파는 대가로 여기는 것이라, 禮의 본의와 합치하지 않는다. 고로 習俗으로 논하자면, 이 점은 절대 삭제할 수 없지만; 學理로 논하자면, 이점은 결코 존속할 수 없다. 例文에 財禮의 반환 여부를 언급하지 않았으니, 이미 이(강희제) 교지를 시행적용하지 않는다는 뜻이다. 이는 진실로 진지하게 토론할 문제로, 그냥 소홀히 지나쳐선 안 된다."[95]

생각건대, 例는 전통적 가부장권 가족질서를 인정하는 차원에서, 부녀삼종지도에 충실하게, 원칙상 과부의 개가는 夫家에서 주혼권을 우선 행사하고, 부가에 후순위 법정 주혼권자도 전혀 없는 경우에, 친정(母家)에서 재례를 환급하고 데려와 주혼권을 행사하도록 규정했다. 그렇게 되면, 夫家에서 과부 개가에 대한 財禮를 수취하든지, 당초 혼례에 지급했던 재례를 환수하든지, 어쨌든 경제상 손해는 없게 된다. 강희제 교지는 과부와 친정의 신분상 자유를 신장해주는 좋은 의도였다. 夫家의 우선 주혼권을 아예 친정(모가)로 원천 이전해주면서, 민간에서 사실상 경제적 이권으로 인식해온 '財禮' 문제를 전향적으로 해결해, 양측 모두 받아들일 타협안으로 제시했다. 당초 혼례 때 받은 재례를 환급하여, 부가가 개가 시 받을 재례의 손실을 보상하도록 배려한 것이리라. 청말 근대화 시기에 이르러, 沈家本은 이런 전통은 좋지 않으며, 나쁜 습속을 혁파하기 위해 변법이 필요하다고 인식했다. 허나, 아직 명맥을 유지한 청 황실에 祖宗律例와 先皇 강희제 교지를, 혼자 임의로 삭제하는 일은 위험부담이 엄청 컸을 것이다. 그래서 공식 의론을 정중히 요청한 것이리라.

불합리하고 비인도적 노비제도의 삭제에 관하여는, 노비도 사람이고 인격이 존엄하다는 인도주의 입장에서, 그는 인류를 축생으로 간주하는 오랜 악습은 마땅히 혁파·제거해야 한다고 과감히 주장했다.[96] 惡習陋俗의 개량을 지지하는 그의 기본입장은, 監獄의 感化기능에 관한 견해에서 비교적 상세히 나타난다.

---

95 寄簃文存, 卷三, 再醮婦主婚人說: "若夫亡改嫁, 而必給還財禮, 是直以財禮爲貿女之物, 殊與禮意不合. 故論習俗, 則此層萬不可刪；論學理, 則此層萬不可存. 例文不言財禮之還否, 蓋已不用此旨. 此固宜加討論, 而不可忽者也."

96 寄簃文存, 卷一, 刪除奴婢律例議.

"어리석은 백성이라 하지만, 아주 어리석은 下愚로 감화가 불가능한 자들이 아니라면, 어찌 감화할 수 없을 리가 있겠는가? 설령 모든 사람을 다 감화할 수는 없을지라도, 가사 10인중 6-7인이나, 4-5인이나, 아니면 2-3인이라도 감화한다면, 풍속을 해치고 치안을 해치는 사람이 틀림없이 나날이 줄어들 것이다. 또, 오래 계속 유지해간다면, 風俗이 저절로 날로 선량해지고, 치안도 길이 보장될 것이다. 다만 우려할 점은, 그저 외관만 답습하고 내실을 추구하지 않아, 감화를 기대할 수 없을까 저어할 따름이다. 정말 감화는 속일 수 없도다!"[97]

이 논설은 비록 감옥내 죄수교화 기능에 관한 이야기지만, 풍속 개량에 대한 그의 견해와 변법사상 전반도 엿볼 수 있는 자료다. 요컨대, 變法移俗은 반드시 인류의 善意에 근본을 두고, 인내심을 갖고 실사구시로 점차 진행해야 한다고 그는 여겼다.

특히, "百里가 떨어지면 風이 다르고, 千里가 멀어지면 俗이 같지 않다."는 속담을 그가 힘써 강조한 점은 주목할 만하다. 인신매매를 엄금·혁파해야한다고 의론할 적에, 비록 서양 각국과 일본이 이미 축첩을 허용하지 않지만, 중국 風俗民情은 동서각국과 같지 않으므로, 갑자기 금지하기에는 불편한 점이 있다고 인정했다. 그래서 그는 타협안으로 중매인의 소개로 합의한 경우에 한하여, 妾을 들이는 습속을 허용하자고 건의했다.[98]

물론, 축첩이 시공을 초월한 절대 폐습악법일 수는 없다. 시비선악

---

97 寄簃文存, 卷六, 監獄訪問錄序: "顧蚩蚩者氓, 自非下愚不移, 詎有不可感化之理. 縱不能盡人而感化之, 第使十人而得六七人, 或四五人, 或二三人, 則人之有害風俗、有害治安者, 必日見其少, 積漸旣久, 風俗自日進於良, 而治安可以長保焉. 所慮者, 但襲外觀, 不求內涵, 遂謂感化無期也. 是果感化之不可欺哉!"

98 寄簃文存, 卷一, 禁革買賣人口變通舊例議 참조.

자체가 시간·공간에 따라 달라질 수 있는 상대적 가치·관념이기 때문이다. 예컨대, 미국에서도 2백년 전엔 노예제가 당연한 법과 풍속이었고, 1백년 전만 해도 여자와 흑인은 투표권이 없었다. 중국과 우리나라 근대화 이후 1세기가량 지난 지금, '축첩'은 더 이상 저주할 폐악이 아니라, 어쩌면 다시 부활해 적극 善用하고 장려할 국가적 우량 법정책이 될 수도 있다. 간통이 더 이상 범죄가 아닌데, 저출산 고령화로 인류사회가 전대미문의 위기에 봉착했다. 먹고살고 가르치기 힘들어 결혼도 출산도 못한다고 한다. 그렇다면, 출산양육을 조건으로, 본처의 동의나 묵인 하에, 부유한 능력 갖춘 사람에게 건전한 축첩을 허용해, 인구 증대와 사회 활력 제고를 도모함직하다. 하물며, 역사상 서자 중에 경천동지할 위대한 인물도 많지 않았던가?

한편, 沈家本은 당시 재판제도 개혁론의 경솔·무모함을 경고하며, 고유 풍속 존중을 강조했다.

> "동서고금에 풍속이 모두 같을 수 없듯이, 재판 사무도 모두 같을 순 없다. …중국의 禮教風俗은 유럽이나 미국과 같지 않다. 일본은 같은 대륙에 속한 국가지만, 역시 완전히 같을 순 없다. 만약 갑자기 (재판)法을 모두 저들과 같이 바꾼다면, 저항력과 걸림돌이 있을 것은 진실로 당연하다."

沈家本의 견해에 의하면, 최고 완전하고 선량한 변법원칙은, 먼저 政教風俗의 연고를 세심히 살펴 숙지하고, 또 法理의 근원을 능통한 다음, 가감손익을 거쳐 회통하는 방법이었다.[99]

중국 전통 사형제도에는 교형과 참형이 있고, 참형이 교형보다 무

99 寄簃文存, 卷六, 裁判訪問錄序: "古今中外, 風俗不盡同, 裁判之事, 卽不能盡同.… 禮教風俗, 不與歐美同, 卽日本爲同洲之國, 而亦不能盡同. 若遽令法之悉同於彼, 其有阻力也, 固宜."

거웠다. 일본학자 岡田朝太郎은 일찍이 絞·斬 2종 사형은 조금도 정당한 이유가 없고, 중국 古來의 陋習迷信일 뿐이라고 비평했다. 이에 대해, 독일에 사형도 지방마다 관습법이 달라, 더러 도끼를 쓰거나 더러 단두대를 쓰는 차이가 있다는 점을 주요 이유로 들면서, 沈氏는 중국 사형제에 대한 일본인의 비평을 반박하며 수긍하지 않았다.[100] 이처럼 沈家本은 민간의 풍속습관을 상당히 중시했으며, 풍속습관 자체도 그의 法律理念 중 '情'과 긴밀한 관계가 있었다.

5. 맺음말

지금까지 청말 修訂法律 과정에서 펼쳐진 禮-法 논쟁과, 修訂法律大臣으로 체제 내 개혁에 10년 가까이 종사한 沈家本의 법사상을 살펴보았다. 우선, 沈家本이 주도한 청말 법률수정 경위와 禮法논쟁에 핵심요점을 간추려 소개했다.

다음으로 沈家本의 法律理念을 서양 법률원리인 '法理'와 전통 情·理·法을 대비해 구체 평석 사안 중심으로 탐구해 보았다. 法과 情理의 관계에서, 沈氏는 전통적 견해와 대체로 상통한다. 立法論상 法은 情理에 근거해 제정해야 하고, 司法論상 法의 해석·적용도 理에 준하여 情을 참작해야 한다. 이밖에, 人情이 쌓여 형성되는 風俗習慣도 그 法律理念에 상당한 비중을 차지한다. 沈氏의 法律理念을 完整히 체계화하려면, '法理' 용어에 함축된 '義' '禮' 등의 정확한 意義와 상호관계도 더 깊이 연구할 필요가 있다.

沈家本은 격동의 혼란시기에 '至公至允한 法律'로 변혁해, 정치교화를 잘 보필하려는 愛國·救國의 정신으로 헌신한, 존경할 만한 모

100 寄簃文存, 卷三, 死刑唯一說 참조.

범적 선비이자 지식인이었다. 沈家本도 멸망해가는 청말 국운회복이 몹시 어려운 줄 알았을 것이다. 石門에 새벽 문지기가 공자를 평한 대로, 어쩌면 "불가한 줄 알면서도 변법개혁에 박차를 행한 자"였을 것이다.[101]

101 論語, 憲問: "子路宿於石門, 晨門曰: '奚自?' 子路曰: '自孔氏.' 曰: '是知其不可而爲之者與?'"

제6장 전통법문화에서 법의 문자어원상 개념과 규범 비유

1. 머리글

전통법의 궁극 이상은 '情'·'理'·'法'의 삼위일체 통일조화라 할 수 있다. 허나 보통 '法은 곧 刑'이라는 부정적 법의식감정 때문에, 전통법문화에 대한 선입견이 왜곡되어 왔다. 전통법문화의 본래 진면목을 밝히기 위하여, 情·理 이념의 현실적 토대로서 다양한 法의 개념범주를 검토할 필요가 있다. 국법의 지향목표인 情·理 이념도 현실적 소재(토대)로서 '法'의 개념범주 없이는 허공루각이 되기 때문이다.

대부분 개념이 그러하듯이, '法'의 개념도 다분히 역사적 범주성을 띠기 마련이다. 특히 근대 서양법이 지배하는 법 현실에서, 전통법과 연결이 실질상 단절된 사실을 감안한다면, 전통 '法'의 성격 및 내용에 관한 개념범주를 다소 분명히 규정하는 기초 작업이 필요하다. 이는 전통법을 역사 속 실체로서 있는 그대로 객관화하기 위해서 뿐만 아니라, 근대 서양법의 현재 법 개념과 구분지음으로써 오해나 혼동의 소지를 줄이기 위해서도, 모두 필수불가결한 전제요건이 된다.

수천년간 지속되어온 法制상 역사적 개념이나 제자백가(유가와 법가)의 철학사상 개념을 본격 고찰하는 일은, 매우 방대하고 어려운 작업이다. 본서 마지막 章에서는, 전통법의 '文史哲學' 중 '文'(字)學 범주를 개략 살펴보기 위하여, 법과 직접 관련된 개념들의 문자어원상 함의를 중심으로 법의 본질속성 및 범위를 고찰한다. 구체로 전통법의 주요 핵심 호칭인 法·刑·律의 문자어원상 개념, 법과 형의 개념 관계, 규범과 도량형을 비롯한 각종 법규범적 비유의 함의를 다각도로 두루 살펴보면서, 거기에 담긴 철학사상과 정신지혜까지 음미해 본다.

이는 전통법의 특성에 관한 논란과도 밀접한 관계를 지니며, 유가와 법가의 禮法 논의에도 연결되는 중요한 문제다. 앞서, 법의 선행 사회규범으로서 예의 법규범성을 탐구해보고, 나아가 역사적 범주로서 법 개념의 변화발전 내용을 구체로 살펴보았다. 법제도상으로 周禮→ 전국시대의 變法→秦漢 이후의 律令체제로 변천한 실질내용과, 그에 상응하여 전개된 유가의 禮治→법가의 법치→漢 이후의 禮主刑輔적 법철학사상 논의를 동시에 포함하였다. 구체적 역사적 법률제도를 기초로, 그 철학사상적 연원 및 현실적 司法 실천상의 情理(禮法) 논쟁 등을 종합 포괄하였다. 이제 문자어원상 개념과 각종 비유 개념까지 통관함으로써, 전통 '法'의 개념이 다각도에서 종합적인 온전한 모습으로 형상화될 수 있으리라 기대한다.

우리 전통법문화가 근대 서양법에 비해 전근대적이고 봉건적이며 시대에 낙후한 구습이라는, 막연한 편견과 선입관을 불식하길 바란다. 아울러 전통의 긍정적 정신지혜를 밝혀, 온고지신으로 21세기 최첨단 현대문명에 걸맞은, 새로운 법문화 창달에 조금이나마 유의미한 참고가 되길 바란다.

2. '法卽刑'의 법의식감정

우리 전통법문화에서는 법에 대한 혐오감과 공포심 같은 부정적 의식이 지배적이다. 권리 중심의 로마법 전통을 이어받은 근대 서양법문화와 달리, 우리 동아시아는 권위주의적 의무본위 법문화의 전통과 법의식이 수천년에 걸쳐 면면히 전승하기 때문일 것이다. 사실, 절대왕권 봉건사회에서는 군주의 명령(권위)이 곧 법이고, 그 법은 바로 엄중한 형벌을 수반(의미)하며, 인민의 자유 권리는 아랑곳하지 않은 듯하다. 그런 분위기에서 법에 대한 우호적이고 친근한 의식감정이 일어날 리 만무하다.

특히, '法卽刑'이라는 관념은 역사적 법제 현실뿐만 아니라, 일반 법철학사상으로도 다분히 인식·강조되어 왔다. 따라서 근대 서양법을 수용한 지 1세기가 넘는 지금까지도, 그 심리적·의식적 영향이 뿌리 깊게 박혀있는 형편이다. 이는 단지 형법이나 행정법과 같은 對國家적 법 영역뿐만 아니라, 인민 상호간에 순수한 권리의무관계를 규율하는 민사법 분야에서도 마찬가지다. 전통법은 서양법과 달리, 民·刑法의 엄격한 구분을 알지 못하고, 민사소송에도 형벌 제재가 수반하는 것이 상례였다. 그래서 보통 인민상호간의 소송에서도, 법에 대한 혐오감 및 공포감과 비슷한 부정적 심리가 보편이었다.[1]

그런데 이러한 부정적 법의식의 요인을, 철학사상적 언론이나 법에 대한 문자적 해석 및 개념정의와 밀접히 연결시켜 이해하려는 견해가 자못 강하다. 그러나 일반 인민의 존재적·사실적 법의식을 가지고, 당위적·규범적 법 개념의 본질속성을 규정하려는 방법론은 불합리하다. 또, 일부 철학사상(법가)적 개념정의를 가지고, 법의 일반적 본의와 범주를 일방으로 한정하려는 태도도 부당하다. 왜냐하면, 이들은 법의 본래 개념속성을 편면으로 축소·왜곡할 소지가 다분하기 때문이다.

---

1 兪榮根, 儒家法思想通論, 廣西人民出版社, 1992, 13-23쪽; 范忠信·鄭定·詹學農, 情理法與中國人, 中國人民大學出版社, 1992, 11-15쪽 참조. 이러한 부정적 법의식은 전통적으로 중국법의 직접 영향을 계속 받아온 우리나라도 마찬가지다. 朴秉濠, 韓國法制史, 민속원, 2012, 64-73쪽 참조.

사실 역사상 '法卽刑'이라는 관념은, 본디 신상필벌과 중형엄벌로써 부국강병과 절대군권을 확립하고, 이를 바탕으로 천하통일을 성취하려던, 법가의 통치술로부터 형성되었다. 秦이 법가사상을 기반으로 천하통일과 중앙집권 절대군주제를 성취한 후, 漢 이후 역대 왕조는 통치이념상으로는 德·禮·仁·義의 유가사상을 표방하면서, 실제로는 통치체제 유지를 위해 중형엄벌 수단방편을 지속 사용하였다. 그 결과 더욱 확대·심화한 관념인 것이다.

이하에서 이러한 법문화 의식을 형성하고 반영해 온, 동아시아 특유의 여러 '법' 범주의 개념과, 법을 상징하는 규범적 비유들을, 차례로 살펴보기로 한다.

3. '法'(灋)의 문자어원상 개념

우리는 보통 한자가 상형·표의문자임에 유의하며, '法'자를 나름대로 破字하여, '물(氵←水)이 흘러가듯(去) 순리(順理)대로 하는(사는) 것이 法'이라고 뜻풀이하는 경우를 흔히 본다. 필자가 대학 다닐 적만 해도, 법학자들은 대부분 說文解字 같은 고대 사전에 실린 개념정의를 접하지 못한 터라, 교수들도 그런 해석이 당연히 옳은 줄 알고, 강단에서도 그렇게 설명하는 강의를 들었던 기억이 난다. 대학 3학년 때 중문학을 부전공하면서, 2천년전 문자학 사전인 許愼의 說文解字라는 저서를 만나, '法'이 '灋'의 생략형임을 처음 알게 되었다. 유구한 지식문화의 전통과 함께, 품격과 수준이 아주 높은 전통법문화의 광대무변하고 심오한 역사철학에 놀라, 경이와 찬탄을 금하지 못하였다. 결국, 그 장구한 法史學의 大河를 꾸준히 거슬러, 어언 40년에 이르는 탐사연구 여정을 이어오고 있다.

우선, 許愼의 說文解字에 의하면, 法의 古字는 灋인데, (周禮에는 모두

이 古字로 표기됨) “灋은 刑이다. 물처럼 (사물을) 평평하게 하(는 기준이)기 때문에 水를 취했다. 해태廌(치)는 정직하지 못한 자를 들이받아 물리치기에 廌와 去를 따랐다.” “廌는 해태(解廌, 해치)라는 짐승으로, 山牛와 비슷하게 외뿔을 지녔는데, 옛날에 소송을 결단할 때, 정직하지 못한 자를 들이받게 했다.”[2]

한편, 隋書 禮儀志는 蔡邕의 글을 인용해, ‘解豸는 麒麟과 같은데, 뿔이 하나’라고 전한다. 神異經에는 ‘소와 같다’고 하며, ‘일명 任法獸(법을 맡은 짐승)’라고 한다. 董巴輿服志에는 신령스런 양(神羊)이라 하고, 論衡에는 해치(觟䚦: 신령스런 양 해, 뿔 삐딱할 치)로 적는다.[3]

후한 초 許愼(약58-약147)보다 약30년 선배인 王充(27-약97)은, 아주 날카로운 독설로 先秦 제자백가 및 당대 유가를 종횡무진 비판한 독보적 지성으로 유명하다. 그는 저서 論衡에서 유가의 천인감응 이론을 낱낱이 분석 비판하면서, ‘觟䚦’의 전설에도 중대한 회의를 피력한다. 조금 장황하지만 간추려 소개하면 다음과 같다.

“儒者 말에 의하면, 태평시대에 굴질屈軼이란 풀이 조정 끝에 생겨나는데, 간사한 佞人이 조정에 들어오면, 屈軼이 그를 가리켜서, 聖王이 그 존재를 알게 된다. 무릇 하늘이 일부러 이런 生物을 낳아 佞人을 가리킬 수 있다면, 聖王이 천성으로 스스로 알게 하거나, 佞人이 아예 출생하지 못하게 하면 되지 않겠는가?! 하필 이렇게 이런 生物을 내어 가리켜서 알린다면, 하늘이 얼마나 번잡하단 말인가? 聖王은 堯舜을 능가할 자가 없어서, 堯舜 다스림이 최고 태평했다. 그때 屈軼이 조정 끝에 저절로 생겨, 佞人이 오거든 바로 가리켜 알려주었다면, 舜이 어찌 佞人을 알아차리기 어려워, 굳이 고요皐陶한

---

2 說文解字 10篇上: “灋, 刑也, 平之如水, 從水; 廌, 所以觸不直者去之, 從去.” “廌, 解廌, 獸也. 似山牛(而)一角. 古者, 決訟, 令觸不直(者).”

3 王筠 注, 說文解字句讀, 권19, 廌자 주석. 中華書局, 1988, 影印本, 372쪽 참조.

테 사람 알아보는 기술(방법)을 아뢰라고 했으랴? 경전에도 '사람을 알아봄이 哲인인데, 황제도 오히려 어려운 일'이라고 한다. 사람이 五常을 간직하고 音氣가 서로 통함에도, 오히려 서로 알기가 어렵거늘, 屈軼은 풀인데 어찌 佞인을 알 수 있단 말인가? 儒者 말과 같다면, 태평시대에는 초목이 賢聖보다 낫다는 말이다. 獄訟에는 시비가 있고, 人情에는 곡직이 있는데, 어찌 꼭 屈軼한테 비리의 부정직한 자를 가리키게 하지 않고, 꼭 3인이 성심껏 聽訟하고 재판하게 만든단 말인가? 고로 屈軼의 풀은, 때론 없는데 빈말로 생겼다고 하거나, 때론 진실로 있지만 가리킬 수 있다고 거짓말했다. … 聖人이 '조정 끝에 屈軼의 풀이 佞人을 가리킬 수 있다.'고 선언한다면, 간사한 마음을 품은 백관신하는 각자 알아서 성품과 지조를 바꿔, 忠正의 행실로 변하리라 기대한 것이리다. 마치 지금 府廷에 皐陶와 觟觥 초상을 그려놓는 것과 같다.

儒者 말에 따르면, 觟觥는 외뿔 羊으로, 罪를 알아보는 천성이 있다. 皐陶가 옥안을 다스릴 때, 그 죄가 의심스러운 경우 羊한테 데려가면, 유죄는 들이받고 무죄면 접촉하지 않는다. 이는 대개 하늘이 거룩한 외뿔 짐승을 내어, 단옥을 보조했다는 증험이다. 그래서 皐陶는 羊을 존경해, 앉으나 일어서나 섬겼다. 이는 신기한 상서로운 감응 부류다. 무릇 觟觥도 屈軼 이야기와 같다. 羊은 본디 두 뿔인데, 외뿔 觟觥는 신체가 군중보다 못한데 무슨 신기한 일인가?… 외뿔 양이 어찌 두 뿔 짐승보다 거룩할 수 있단 말인가? … 혹여 때론 觟觥가 사람을 그냥 들이받을 수 있겠지만, 반드시 죄인을 알아볼 수 있는 건 아닐 것이다. 皐陶가 神한테 형정을 보조하도록 하고자, 죄인이 순순히 승복하지 않을까 우려해, 觟觥가 들이받는 사람한테 죄를 준다고 선언해, 사람들이 두려워해 죄를 범하지 않고, 처벌 받은 범죄자 가족도 죽도록 원망하는 말이 없도록 기대한 것

이다. 무릇 만물 천성은 각자 지능이 있으니, 만약 觟䚦가 들이받는 지능이 있어 神이라고 한다면, 성성이 같은 무리도 모두 神이다. 무당도 길흉을 알고, 점쟁이도 禍福을 아니, 그들도 모두 그럴 것이다. 만약 觟䚦가 무당과 점쟁이 부류와 같다면, 무당이 어찌 신기하다고 善이라 하겠는가? 이는 모두 사람들이 신령스런 일이 곧장 벌어지길 바란 소치다."(論衡, 是應)

한편, '刑'의 古字는 '荆'인데, 설문해자에 따르면, "荆은 죄를 벌하는 것이다. 刀와 井을 따랐는데, 周易에 '井은 法'이라고 한다."[4] 여기서 法과 刑을 상호순환으로 개념규정(訓詁學에 互訓)하는 외형적 방법론에 착안하고, 여기에 '刑이 곧 형법·형벌'을 주로 지칭하는 후대(현대) 개념을 결부시켜, 전통 중국의 '法' 개념을 순전히 형법·형벌의 의미로 오해하는 것이다.[5]

說文解字에 따른 '法'의 古字 '灋'의 개념정의는, 우리에게 흔히 알려진바 근대 서양에 법을 상징하는 '정의의 여신'이 함축하는 상징의미와 대비해보면,[6] 비록 표현방식은 서로 다를지라도, 신기하게도 동서고금이 일관 회통하는 합치성을 발견할 수 있다.

우선, 물 水는 물의 평평함(수평성)을 상징해, 정의의 여신이 왼 손에 든 저울(천칭)의 평형성과 완전히 일치한다. 그리고 해태가 머리에 지닌 외뿔로 정직하지 못한 자를 들이받아 물리쳐버리는 것은, 바로

4 說文解字: "荆, 罰辠也. 從刀. 易曰: 井者, 法也."

5 兪榮根, 앞의 책, 14쪽 참조. 그러나 兪는 107-108쪽에서 刑의 이중적 함의를 분명히 소개하는데, 아마도 說文의 해석이 '法卽刑'의 관념 형성에 잘못 기여한 것으로 이해하는 것 같다.

6 모든 정의의 여신상이 그러한 것은 아니라, 시대에 따라 작가에 따라 달라서, 눈을 감은 정의의 여신을 통해 '부정의'를 표현한 서양근세의 작품도 있다고 한다. 눈을 가린 정의의 여신만을 불변의 형상으로 설정해, 동서양 법의 상징을 비교함은 무리라고 일깨워준 심사위원께 감사한다.

정의의 여신이 오른손에 든 칼로 악한 자를 응징하는 것에 정확히 상응한다. 법에 수반한 형벌이란 강제적 제재수단을 상징한다. 그리고 가장 중요한 핵심본체랄까, 소송재판의 중심주체인 해태는 신령스런 인지감각 능력을 지녀, 앞에 데려온 분쟁당사자의 시비선악을 직관으로 통찰하여, 터럭 끝만큼도 오차 없이 정확히 심판한다. 이는 서양에서 정의의 여신 자체에 상응한다. 다만, 서양의 여신이란, 그리스로마 신화나 구약성서에도 나오듯이, 인간처럼 喜怒哀樂愛惡慾의 변덕스런 감정을 지닌 생물체인지라, 분쟁당사자와 개별적 親疏 및 호오 감정에 따라, 시비선악에 사사로운 편견이 개입·간섭할 수 있는, 오염 가능성이 다분한 모양이다. 그래서 객관 공평한 판단을 위해, 여신의 눈이 멀어(가려) 볼 수 없는 형상을 지닌 점이 가장 큰 특징이다. 반면 동아시아 해태는, 비록 짐승 형상을 지녔지만 신령스런 동물로서, 개별 인간과 관계에서 사사로운 감정에 전혀 영향을 받지 않는다. 완전히 객관 중립의 존재로 상정되어, 서양 여신보다 한 수 더 위로 완벽함을 보인다.

그래서 옛날 우리나라 官服에는 해태를 수놓아 입은 자취가 현전하고 있다. (사진 참조)

여담이지만, 아쉽게도 우리 대법원은 법원 상징으로 유구한 전통적 '해태' 형상 대신에, 서양 정의의 여신을 형상화한 로고를 사용한다. 이는 우리 전통에 대한 무지거나, 아니면 근대화 이후 도입한 서양법 문화에 대비해 우리 전통법문화가 미개하다는 편견 탓에, 참신한 서양 여신의 우월함에 매혹된 탓일 것이다. 문제는 우리 법원 법관들이 재판할 때, 로고로 신봉하는 서양 정의의 여신처럼 눈을 감거나 가리지 않고, 쌍방 당사자를 사소한 인적 신분관계까지 소상히 인지하고 탐색하는 탓에, 왕왕 법관 개인의 親疏·好惡·喜怒 감정에 따라, 다분히 편파적이고 기울어진 판결을 내리기도 한다는 사실이다. 일반 국민의 법감정과 상식에 동떨어진, "유전무죄, 무전유죄"나 "귀에 걸면 귀걸이, 코에 걸면 코걸이(耳懸鈴鼻懸鈴)" 식으로, 자의적인 불공정한 재판이 얼마나 많은가? 우리 대법원에서 이제 법원 로고를 해태로 바꿔보면 어떨까 싶다.

요즘 현대 과기문명 사회로 비유한다면, 앞으로 고도로 발달한 인공지능 AI가, 온갖 기존 판례자료(데이터)를 입력받아 확대·심화학습(deep learning)을 거친 뒤 판사 대신 심판하게 된다면, 어쩌면 전설상 해태처럼 완벽히 객관중립·공정형평의 판결을 내릴지도 모르겠다.

한 가지 언급할 사항은, 미국 연방대법원 현관에 적혀 걸려 있다는 "Equal Justice under Law"라는 문구다. 이는 정의의 여신 형상을 문자화한 것일 텐데, 직역하면 "법 아래 형평(평등한) 정의"이다.[7] 문제는 당사자인 인간의 형평 정의가 "법 아래" 놓인다는 수직적 위상이다. 반면, 우리는 "법 앞에 만인 평등"(중국어로는 "法律面前, 人人平等.")이라고 말한다. 적어도 인간 주체가 객관 공평한 법 앞에 대등하게 서는

7 미국 연방대법원 동쪽 문 위에는, 'Justice, the Guardian of Liberty'(정의-자유의 수호자)라는 문구가 새겨졌다고 한다. 이를 소개해 준 심사위원께 감사한다. 참고로, '衡平'은 본디 '저울대의 수평'을 뜻한다.

수평적 관계다. 서양에서는 법치를 강조하면서, 법의 독자성·자율성(Autonomy)을 중시하는데, 자칫 법이 인간 위에 군림하는 신격화(物神化: reification)까지 초래한다. 반면, 우리 동아시아 전통은, 법으로 나라를 다스리는 '以法治國'의 법치사상에서도, 그토록 극단적인 법의 물신화까지 초래하는 경우가 드물다. 이는 유가의 德禮교화를 병행하는 인문주의 왕도정치 사상에 의해 균형견제를 이루기 때문일 것이다. 이상 동서양 법의 상징 비교를 간명한 도표로 나타내면 다음과 같다.

동양: 灋→法(今文省)	서양: 정의의 여신	
삼수 변: 氵 平之如水 물처럼 평평히! 수평성	왼손에 저울(천칭) → 공평성, 형평성 Equal	규범적 표준(기준)성
廌(角): 所以觸不直者去之. 해태 뿔로 정직하지 못한 자들이 받아 물리쳐 버림.	오른손에 칼 → 불선자 응징 Justice	강제적 제재(징벌)성
해태 자체의 신령함. 자연적 不偏不黨 객관중립성. 佱: 古文 → '正'義에 부합. '正'義를 합쳐 놓은 것!	여신은 눈이 멀었거나 눈을 가림. Blind Judgment! ← 개인적 호오(好惡) 감정에 영향 받지 않기 위해서!	

한편, 說文에 대한 해석을 일부 기발하게 수정해, 완전히 형벌적 의미로 주장하는 새로운 견해도 대두한다. 이 견해는 灋자를 廌·水·去의 3자 합성으로 보는데, 우선 廌가 부정직한 자를 물리치는 처벌적 정의는 그대로 수용한다. 물의 水平性에 대한 개념은 부정한다. 그 대신 "水는 準인데, 北方에 속하는 五行으로서, 많은 물이 함께 흐르는(流) 모습을 상징한다"와 "流는 물의 흐름이다"는 '水流'의 개념을 취한다. "去는 사람이 서로 어긋나고 등지는(違背) 것이다"는 개념을 취한다. 이는 모두 說文의 해석인데, 여기에 해태가 들이받는 觸의 개념과 일관되게 결합시킨다. 그리하여 해태가 들이받는 부정직한 자(죄

인)를 물에 놓아, 그 흐름을 따라 멀리 가버리도록 하는 것이, 곧 灋이라는 것이다.

또, 발음상 灋은 廢와 같아서, 鐘鼎文(金文)에서는 두 글자가 통용된다고 한다. 이 사실에 착안하여, 灋은 廢와 같은 의미라고 규정한다. 즉, '廢는 放'이고, '放은 棄'이며, '廢가 棄'이고 '去'인데, '去는 죄인을 추격'하고 '驅逐한다'는 古典상 각종 주석을 서로 연결한다. 灋=廢는 죄인을 陸上放棄하는 것으로, 앞의 水上流去와 방법만 다를 뿐, 실질 의미는 상통한다고 주장한다. 說文의 '平之如水'라는 水平性 개념규정은, 후대인이 멋모르고 덧붙인 畵蛇添足에 불과하다고 단정한다.[8]

이러한 해석에 적극 찬동하면서, 더욱이 그 합리성을 부여하는 해석도 존재한다. 즉, 물의 水平 속성이 법의 公平·正義의 이념을 상징한다는 개념은, 고도로 발달한 추상적 사유의 결과로서, 先秦시대 인민의 사상수준으로는 기대하기 불가능하다는 것이다. 따라서 '平之如水' 개념은 許愼이 漢代 사상을 가지고 견강부회한 해석에 불과하다고 단정한다. (이점이 후대인의 添足으로 보는 앞의 견해와 다르다.)

요컨대, 法의 水는 水平性이라는 추상적 '상징성'이 아니라, 단순히 구체적 '기능성(功能)' 함의에 불과하며, (여기서 '水'의 형태나 기능상 함의를 취한 전형적 글자 몇을 예시한다.) 法의 문자학적 어원도 법의 기능·용도라는 작용 관점에서 인식·이해한 것일 뿐이고, 추상적 시비·선악판단의 원칙표준이라는 본체 차원의 범주가 아니라는 것이다. 法은 형이하적 '器'이지, 형이상적 '道'가 아니라고 한다. 그래서 '法은 刑이다'는 說文의 해석이 순수한 형벌을 의미하는 것이란다.[9]

그러나 이들 주장에는 일면적 합리성이 가능한 반면, 그에 상응해

---

8 蔡樞衡, 中國刑法史, 廣西人民出版社, 1982, 169-170쪽 참조.

9 范忠信·鄭定·詹學農, 앞의 책, 9-11쪽 참조.

반박 가능한 중대한 불합리성도 병존한다. 즉, 기발하고 참신한 독창성에 어느 정도 합리적 설득력도 인정되나, 형식(방법)과 내용상 의문의 여지는 여전히 강하게 남는다. 우선, 說文의 '水'字 해석을 인용하면서, 물이 흐르는(流) 모습의 상징성만 취하고, 정작 '水는 準이다'는 개념정의는 간과한 점이 눈에 띈다. 말하자면, '水'의 '動'態만 편면으로 고집하고, 정작 고요한 '靜'態는 굳이 외면·배제한 것이다!

아울러 '水'의 상징에서, 동태적 기능상 함의를 취한 글자만 예시하고, '準'과 같이 물의 정태적 속성을 대표하는 글자는 도외시한 점도, 편파적 방법·태도로 지적할 수 있다. 그런데 說文에 의하면, '準은 平이다. 水(의 의미)를 취하고, 隼은 소리를 나타낸다.' 물의 정태적 水平성과 상징성은 이미 이 準자에 고도로 정밀하게 함축되어 있는데, 그 합리적 이유는 段注가 적확히 해설한다.

> "(準은 平이다) 이는 물의 평평함을 이른다. 천하에 물보다 평평한 것이 없어서, 水平을 準이라고 일컫는데, 나아가 사물을 평평하게 만드는 기구도 準(水準器)이라고 한다. 漢書에 '먹줄(繩)이 곧으면 準이 될 수 있다. 準이란 평평함을 재서 바름을 취하는 방편이다'고 말하는데, 곧 이를 뜻한다. 그래서 일반으로 平均을 모두 準이라 고 일컫는다. (周禮) 考工記에 '평평하게 한(準之) 다음에 측량한다.' 고 적혀있고, 周易 繫辭傳에는 '易은 천지와 더불어 평평(나란)하다' 고 기록되어 있는데, 곧 이를 일컫는다."[10]

사실 후술할 바와 같이, 準·繩·規·矩의 平·直·方·圓의 '物理'는, 이미 周初 이전부터 건축토목 공사에서 각종 기하학적 바름을 취하는 측량공구로 널리 쓰였다. 춘추전국시대에 이르면, 사물을 측량하는 올

10 說文解字注, 許愼 著, 段玉裁注, 漢京文化事業公司, 1980. 11篇上(565쪽) '準'字조 段注 참조.

바른 표준·척도의 속성은, 그들의 구체 기능에 머무르지 않고, '法度'라는 일반추상적 개념을 상징하는 규범적 비유로 널리 통용된다. 특히, 周公이 만년에 成王을 훈계한 기록이라는 尙書 立政편에는, '準人' '準夫' '準'의 세 개념을 번갈아 가며, '平法之官', 즉 司法官의 명칭으로 거론하고 있다. 灋자는 甲骨文에는 아직 보이지 않는 듯하고, 金文에 비로소 등장하는데, 물의 정태적 水平性을 상징적으로 취했을 가능성은, 準자의 의미나 시대에 비추어 충분히 인정된다.

또, 灋자와 廢자의 상통성에 착안한 해석도, 비록 설득력 있는 독창적 견해이긴 하나, 假借法이 보편이던 고대에 灋자가 廢자로 假借되었다는 것이 일반 통설이므로, 그 역시 필연적이지는 못하다.[11] 그리고 일반 문자조합의 원리상, 서로 같은 의미를 상징하는 세 글자를 중복해 결합하는 것은, 그리 합리적이지 못하며 비경제적이다. 漢文의 일반 造字法인 六書에도 해당하지 않는 것으로 보인다.

한편, 說文에는 法의 古文으로 '佱'자가 기록되어 있다. 이는 '亼(삼합집≒合)'과 '正'이 결합한 형태로서, 보통 正直(正義)을 會合해 놓은 결정, 또는 正直(正義)에 부합하는 것이 곧 법이라고 해석한다. 즉, 여기에도 법의 正直性이라는 고도의 추상적 상징성이 담겨 있다.

또, 일반적 개념의 출현·발전 원리에 착안하여, 법의 문자적 함의가 형벌제재라는 구체적 기능·작용 관점에서 인식된 것일 뿐, 아직 시비·선악의 판단표준이라는 일반 추상적 본질 차원까지는 이르지 못했다는 주장도 설득력이 박약하다.

왜냐하면, 법이 부정직한 자를 물리치는 형벌기능을 수행하기 위해서는, 사람의 행위자체에 대하여 곡직·시비·선악을 분별·판단하는 것이 필수 선결전제로 요구되며, 그 분별판단에는 명시적이든 암시적이

11 王延林 編著, 常用古文字字典, 上海書畫出版社, 1987, 535쪽 '灋'字 참조.

든, 또는 구체적이든 추상적이든, 반드시 그 '표준척도'의 존재가 선행해야 하기 때문이다. 따라서 구체성과 추상성, 기능성과 상징성의 관념적 논란을 떠나, 법이 판단표준의 본성을 형벌제재 기능에 선행하거나 적어도 동시에 겸유하는 것은, 지극히 현실적인 합리적 현상임에 틀림없다. 이는 세계적으로 법의 어원개념이 도덕표준의 함의로부터 司法적 함의로 확대·발전해 왔다는, 일반 法文化에 비추어 보아도, 충분히 납득할 만한 경험적 합리성을 지닌다.[12]

물의 水平性이 가장 玄虛하고 오묘하다는 道論의 본질 개념으로 비유되는 사실도, 법의 상징적 함의를 인정함에 훌륭한 논거가 될 수 있다. 즉, 老子는 최상의 선(上善 ≒ 道)에 가장 가까운 구체적 비유로 물을 거론한다. 물이 水平을 이루어 안정될 때까지 끊임없이 아래로 향하는 속성도, 그 핵심 징표가 된다. 그런데 사실 灋=法 자에 든 물 氵(水)이 물의 정태적 수평 속성만 취해 함축한 것은 아닐 것이다. 老子가 道에 비유한 물의 여러 본성은, 그대로 법의 궁극 이상본성과도 상통할 수 있다. 老子 원문을 해석해 하나씩 상응하게 대비해보자.

> "최상의 善은 물과 같다. 물은 萬物을 잘 이롭게 하면서 (공덕을) 다투지 않고, 뭇 사람이 싫어하는 곳에 거처하므로, 道에 가깝다. 居함에 땅을 비옥·윤택하게 하고, 마음은 맑고 깊은 연못처럼 고요하며, 어질게 잘 베풀어주고, 말은 믿음이 훌륭하며, 정치는 아주 올바르게 잘 다스리고, 일은 유능하게 잘 처리하며, 움직임에 때를 잘 알아 제때 한다. 무릇 오직 다투지 않기에, 허물이 없다."[13]

---

12 이는 사르몽이 "세계 각국의 '법률' 어휘의 비교연구"라는 논문에서 법개념을 Jus와 Lex의 두 群으로 분류해 분석한 내용이라고 한다. 張晋藩·林中·王志剛, 中國刑法史新論, 人民法院出版社, 1992, 4-5쪽에서 재인용.

13 老子 제8장: "上善若水, 水善利萬物而不爭, 處衆人之所惡, 故幾於道, 居善地, 心善淵, 與善仁, 言善信, 正善治, 事善能, 動善時, 夫唯不爭, 故無尤."

가히 '물의 도덕성 예찬'이라고 부를 만한 지극한 칭송이다. 여기서 '착할 善'자가 8회 나오고, 실질상은 10회, 반복된 '不爭'의 덕을 1회로 치면 9회가 나온다. 물의 8善 또는 9善·十善으로 칠 수 있다. 거기다가 물을 상징하는 주역의 坎卦(☵)를 보면, 위아래 바깥쪽은 음효이고, 가운데 안쪽은 양효로서, 전형적인 외유내강을 상징하는 卦象을 지닌다.

老子의 上善若水 道論은 지극히 추상적인 함축성을 지닌 문자라, 완벽한 해석이 어렵지만, 대강 번역한 뒤 구체 작용(功能)을 들어 풀이하면, 좀 이해하기 쉬울 것이다. 우주만물 및 생명의 4대요소가 地水火風 4大인데, 물이 그 하나가 되니, 물은 만물 생명에 필수요소로 아주 귀중하다. 우리 몸과 동식물에 70%가량이 물이고, 물 없이 살 수 없으니 말이다. 물론 현대 관념으로는, '물' 대신 '공기'나 '에너지(氣)'로 비유함직 하지만, 이들은 옛날엔 전형적인 추상적 형이상의 존재로 인식되어, 어차피 '道'라는 개념만큼 玄虛한 관념이었다. 따라서 老子는 당시 일반인에게 비교적 쉽게 감이 잡히고 이해하기 쉬운 구체적 '물'로 비유한 것이리라. 물의 본성은 자연의 존재법칙(Sein)이고, 법은 인간의 당위규범(Sollen)이므로, 말투를 조금 바꿔 표현한다.

"최상의 법은 물과 같아야 한다. 법은 물처럼 만인을 잘 이롭게 하면서 (공덕을) 다투지 않고, 뭇 사람이 싫어하는 곳에 거처하여야, 道에 가까운 무위자연법이 된다. 법은 물처럼 낮고 비천한 약자들 편에 거처하여, 사람을 편안하고 유익하게 하며; 법의 마음은 맑고 깊은 연못처럼 고요하고 투명하여, 거울처럼 사람 얼굴 및 마음(양심)을 비춰주고 공평무사하며; 억압·규제 대신 편익·복지 급부를 어질게 잘 베풀어 보호해주고; 법은 한번 시행하면 공신성이 높아 믿음이 훌륭하며; 법은 물의 水準器처럼 수평기준을 정확히 잘 잡아, 시비분쟁을 아주 올바르게 잘 다스리고; 법은 물처럼 사회적 질병인 다툼·분쟁·소송을 잘 해결해주며, 범죄인의 죄악을 잘 세척해내고, 양심을 정화해 유능하게 교화해내며; 물이 계절기후에 따라 얼었다 풀렸다 증발하는 것처럼, 법도 주객관적 구체 상황에 따라, 情理에 합당하게 탄력성 있고 융통성 있게, 자유재량 작량감경 등을 시의 적절하게 때맞춰 처리해야 한다. 그러면서도 법이나 법관·법 집행자들은, 제 잘났다고 뽐내거나 인간 위에 군림해 물신화하려고 오만을 부리지 않아야 한다. 오직 겸허하게 직분을 다할 뿐, 안분지족하며 공로를 다투지 않아야, 비로소 아무 허물이 없는 무위자연의 도에 가까운 법이 된다."

이 정도로 '물'과 비슷한 '법'이라면, 上善으로서 道에 가까울 테니, 老子가 말하는 무위자연의 법이 될 것이다. 老子는 춘추 말기에 이미 이처럼 지극히 현허하고 추상적인 道論으로 구체적 물에 비유한 명제를 남겼다. 하물며, 그보다 한 5백년 뒤, 漢대 許愼이 설문해자를 저술할 당시, '灋'자에 깃든, 물에 깃든 도덕정신을 모르거나 간과했을 리는 없을 것이다. 다만, 세속 국법에 가장 기본적인 공평무사한 정의를 특화해, 물의 수평성으로 대표한 것일 따름이리라.

한편, 이러한 물의 수평성과 법의 공평무사성은, 老子의 또 다른 道論에서도 간접 확인된다. 天道가 남는 것을 덜어 부족한 데에 보태줌으로써 평형을 이루는데 반해, 人道는 부족한 것을 빼앗아 남아도는 자에게 바침으로써 不平을 심화한다고 비판하는 것이다.

"하늘의 도는 활을 잡아당기는 것과 같을진저! 높으면 누르고, 쳐지면 들어올리며, 남으면 들어내고, 부족하면 보충해준다. 하늘의 도는 남아도는 것을 덜어내, 부족한 곳에 보태어준다. 그런데 인간의 도는 그렇지 않다. 부족한 것을 덜어내어, 남아도는 곳에 바친다. 누가 능히 남아도는 것을 가지고, 천하에 바칠 것인가? 오직 도를 체득한 자인저!"[14]

또한, 莊子도 물의 수평성을 토목공의 구체적 基準과 거울로서, 구체적 귀감으로 거론한다. 한 걸음 더 나아가, '心性'의 귀감이라는 道德적 상징성을 비유하기도 한다.[15]

"물이 고요하게 그치면, 그 밝음은 수염이나 눈썹까지 비춰주고; 그 평평함은 수준기에 딱 맞아, 목수가 法으로 삼는다. 물이 고요해도 그 밝음이 이와 같거늘, 하물며 사람의 精神이랴! 聖人의 마음이 고요함이여, 천지의 귀감이며 만물의 거울이도다."(天道)

"평평함은 고요히 멈춘 물보다 더한 게 없다. 그것을 법으로 삼을 수 있는 것은, 안으로 맑음을 지키고, 밖으로 출렁거리지 않기 때문이다. 德은 조화를 이루는 것보다 나은 게 없다. 德을 드러내지 않으면, 만물이 그를 떠날 수 없게 된다."(德充符)

사실, '水'자가 물의 동태적 흐르는(流) 모습을 취했다고 하지만, 물은 또한 정태적 잔잔한(平) 모습도 동시에 지닌다. 물이 정지한 상태가 水平임은, 육안으로 쉽게 확인할 수 있는 구체 현상이다. 반면, 물이 흐르는 원인이, 높낮이(水位) 차이로 인한 不平을 해소하고, 안정적 평형을 유지하기 위함에 존재하는 사실은, 경험법칙으로 사유할 수 있는 추상적 원리(物理)다. 즉, 물의 동태적 흐름은 정태적 水平을 향한 과정이며, 물의 본질속성은 평형에 있다고 보아야 할 것이다. 人法의 궁극 근원을 자연의 道에 추구하는 보편적 철학사상을 감안하면, 道의 본질속성으로 비유되는 水平性을, 法이 상징적 개념으로 포섭한 사실도 당연한 이치다.

끝으로, 灋의 문자어원상 개념 탐구에 덧붙여, 동서양 법문화의 대

14 老子, 제77장: "天之道, 其猶張弓與! 高者抑之, 下者擧之, 有餘者損之, 不足者補之. 天之道, 損有餘而補不足; 人之道則不然, 損不足以奉有餘. 孰能有餘以奉天下? 唯有道者! 是以聖人爲而不恃, 功成而不處, 其不欲見賢." 졸저, 선진 법사상사, 261-262쪽, 323-324쪽 참조.

15 졸저, 선진 법사상사, 371-372쪽 참조.

비에 관하여 한 가지 지적하고 싶은 내용이 있다. 앞서, '灋'(法)에 깃든 물(水)의 본성과 관련하여, 물이 광범위한 덕성을 지니는 사실을 老子의 '上善若水'로 설명하면서, 上善인 물의 8善 또는 9善·十善을 구체로 소개한바 있다. 물론, 灋자에 깃든 正義의 법이념도 충분히 밝혔다. 이를 종합하면, 동아시아 전통 법문화에서 도와 법의 공통 이념은 '善良'과 '正義'의 균형조화 합일로 요약할 수 있을 것 같다.

주지하듯이, 善·義·美·祥은 모두 긍정적 가치인데, 외형상 공통점은 羊이 들어간다는 점이다. 서양(기독교 성서)에서도 염소는 고집스런 악을, 양은 순하고 온유한 선량을 각각 상징·대표하는 걸로 안다. 우연의 일치인지, 진리와 정신지혜의 일반보편성 때문인지, 동아시아에서도 양은 온순하고 유연한 선량을 상징한다. 전술했듯이, 해태廌는 山牛 또는 山羊 비슷한 신령스런 동물로서, 사심이나 편견 없이 시비·곡직·선악을 정확히 판단하는, 객관중립의 공정한 법관의 상징이다. '善'은 論語에만 대략 44회, 三經에는 약 45회, 老子에는 무려 52회나 출현한다. (참고로, '良'은 三經에 51회 나온다.)

대표적 언급으로, 공자는 순임금의 음악인 韶는 아름다움과 善함이 모두 극진했는데, 역성혁명을 한 周 武王의 음악인 武는 아름다움은 극진했으나 善함은 극진하지 못했다고 대조해 평했다.[16] 주역에 "積善하는 집안엔 반드시 경사가 넘치고, 不善을 축적하는 집안에는 반드시 재앙이 넘쳐난다."는 명구는, 역대 수신·제가·치국·평천하에 최고 인격수양 지침이다.[17]

또, 최근 우리 사회를 뜨겁게 달구고 민심을 극도로 들끓게 하는 '火天大有'는 본디 주역 제14괘로, 일월성신 같은 밝은 광명(불)이 하늘

16 論語, 八佾: "子謂韶, 盡美矣, 又盡善也; 謂武, 盡美矣, 未盡善也."

17 周易, 坤卦, 文言: "積善之家, 必有餘慶; 積不善之家, 必有餘殃."

위에 높이 떠서 만천하를 훤히 비추고, 군주가 현명한 도덕으로 다스려 광명세계를 이루어 천하를 크게 향유한다는 상징이다. 화천대유괘 象傳에서는, "군자가 그 괘상을 본받아, 죄악을 막고 善량을 크게 선양해, 아름다운 천명에 순응한다."고 풀이한다.[18]

서경에서는 공평무사한 법관의 선량한 정의로운 판결을 요구하며, "똑똑하고 말 잘하는 놈이 재판할 게 아니라, 오직 선량한 법관이 재판(해야)한다."는 명언을 전한다.[19]

이에 반해, 근대 서양법은 법과 도덕을 준별峻別함으로써, 선량 없는 형식적 정의로 치닫는 듯하다. 법의 대의명분으로 '정의'만 특별히 내세울 뿐, 실질상 내용인 '선량'을 도외시해, 형식적 논리적 법체계만 강조하는 느낌이다. 先秦 법가 못지않게 실정법 만능주의로 법치주의를 내세워, 각박하고 살벌한 시장경제 자본주의를 지원하는데 혈안이 되다 보니, 오죽했으면 최근 각국서 착한 사마리안 법을 도입하고 있을까?! 이제 우리도 교각살우 허지 말고, 얼른 온고지신으로 전통법문화를 되살려, 법에 도덕적 선량함을 초대하고, 법에 도덕성 회복 운동을 적극 전개·추진할 필요가 있다!

4. 刑의 문자어원상 개념

지금까지 '法은 刑이다'는 개념 정의가 단순한 형법·형벌의 의미에 국한하지 않음을 고찰하기 위하여, '法'='灋'자의 문자어원 의미를 탐구해보았다. 그렇다고 '法卽刑' '刑卽法'의 개념 규정이 야기하는 혼동과 오해의 의문이 모두 해결된 것은 아니다. 왜냐하면, 형벌 이외의

18 周易, 大有괘: "象曰: 火在天上, 大有. 君子以遏惡揚善, 順天休命."
19 尙書, 呂刑: "罰懲非死, 人極于病. 非佞折獄, 惟良折獄."

'法' 개념은 '刑' 이외에 어떠한 범주로써 표현 규정되며, '刑卽法'의 의미는 어떻게 이해되어야 할 것인가? 여전히 문제로 남기 때문이다. 만약 '刑'이 형벌에 국한하지 않고, 일반적 광의의 '法' 개념을 지닌다면, 法과 刑은 동의어가 되어, 모든 의문이 얼음 녹듯 한꺼번에 풀릴 것이다. 그러면 이제 '刑'의 개념 자체에 대해 살펴보자.

앞서, 刑의 本字인 '荆'(㓝)에 대한 說文解字의 개념규정은 이미 소개하였다. "荆은 죄를 벌하는 것이다. 刀와 井을 따랐는데, 周易에 '井은 法'이라고 한다."[20] 단옥재 주는 이러하다.

'荆'(㓝)은 典'型'의 가차자로 쓰이는데, 당시 유행한 緯書인 '易說'에 '井은 法이다.'는 뜻을 취했다. 司馬彪의 '五行志'도 易說을 인용했다. '風俗通'에도 '井은 法이고, 節이다.' 唐대 一切經音義에는 '春秋元命包'를 인용해, "荆(井+刂)은 칼로 우물을 지킴이다. 물 마시는 사람이 우물에 들어가, 물을 다투다 샘에 빠지므로, 칼로 지켜 (다투는) 감정을 잘라내는 것이다." 또 "(잘못된) 말에 그물 침(网言)이 리詈인데, 칼로 詈를 지킴이 罰이니, 罰은 안으로 들인다(內), 해악에 빠뜨린다는 말이다."(불교에 妄語·兩舌·綺語·惡口의 4口業을 짓지 못하게 지킨다는 뜻으로 풀이.)[21] 무릇 우물에서 서로 물을 다툰다고 칼을 쓰지는 않으며, 욕설·비방·저주(詈罵)는 5罰로 처벌해야지, 결코 칼을 쓰지 않는다. 그래서 허신이 '罰'은 '刀'부에 넣어, 칼을 들고 욕하고 꾸짖으면 마땅히 벌한다는 뜻이며; '荆'은 '井'부에 넣어, 5荆의 죄를 범한 자는 칼로써 법을 집행한다는 뜻이다. 똑같이 '刀'를 따랐지만, 하나(전자)는 受法자고, 하나(후자)는 執法자니, '井'이 우물에 들어가 물을 다툰다는 뜻이 아니다.

---

20 說文解字: "荆, 罰辠也. 從刀. 易曰: 井, 法也."

21 春秋元命包의 해설은 慧琳撰, 一切經音義卷第70·76 및 遁麟 述, 俱舍頌疏記, 論本第15에서 인용하며, '詈'에 관한 해설은 一切經音義에만 10여 회 나온다. '網'은 많다는 뜻과 사람이 감옥에 들어간다(人入囹圄)는 뜻으로 풀이된다.

元命包의 해설은, 마치 썩은 나무를 잡아당겨 쓰러뜨리듯, 아주 손쉽고 그럴 듯하여, 1백 세대라도 서로 잘 전승하기 쉽다.

또 다른 주석에 의하면, 여기서 ‘荆’은 5荆이고, ‘罰’은 5벌이며, ‘荆’이 ‘法’의 뜻으로 쓰이는 사례는 ‘刑法志’이다. ‘罰’로 ‘荆’을 설명하다보니, 적중하지 못한 감이 있어, 허신이 궁색을 변통하느라, ‘井은 法’이라고 보충 설명한 것이다. ‘井은 法’이라는 개념정의는, 釋文에서 인용한 주역 井괘 鄭씨 주석인데, 허신이 당시 易家의 古說을 원용한 것이다. ‘荆이 井에서 나왔다’는 말은, 그 법이 질서 井然하니 혼란스럽지 않다는 뜻이라고 한다.[22]

그런데 이를 발판으로, 현대 경전연구주석가 楊樹達은 중대한 의문을 제기한다.

> “井은 형벌 개념정의와 상관성이 없다. 고로 許君이 주역 ‘井은 法이다’를 인용한 해설은 견강부회로, 정당한 개념정의가 아니다. 갑골문에 보면, 죽을 死자는 ‘[illegible]’로 나오는데, 죽은 사람이 관 속에 뉘여 있는 모습이다. 荆자 왼쪽 옆은 본디 죽을 死자 갑골문의 외곽 棺과 같은 모습으로, 모습이 비슷해 착오로 井자로 변한 셈으로, 실은 우물 井자가 아니다. 荆罰 글자는 본뜰 형상이 없으므로, 棺의 모습으로 死刑을 표현했다. 오른쪽 옆 刀=刂는 刀鋸之刑(칼·톱으로 인체 절단하는 肉刑)을 표시한다.”(小學, 釋刑)

한편, 字典 편저자는 이러한 새로운 해석이 설득력 있다고 공감해 원용하면서, 다만 楊樹達이 ‘死’자의 갑골문이라 인용한 글자는, 실은 사람이 우리(감옥)에 갇힌 모습을 형상화한 ‘囚’자라고 지적해, 수정의견을 덧붙였다.[23]

---

22 王筠 注, 說文解字句讀, 권10, 荆자 주석. 中華書局, 1988, 影印本, 179쪽 참조.
23 王延林 編著, 常用古文字字典, 301쪽 刑字조에서 재인용.

물론 권위 있는 전문가의 고상한 식견이므로, 충분히 경청할 만한 해석으로, 상당한 설득력을 지닌다고 여겨진다. 허나 설문해자와 해당 자전에 '刑'자가 '井'부수에 나온다. 鍾鼎 銘文에는 '井'자가 '刑'의 의미로 쓰인 경우(毛公鼎)도 있다고 한다.[24] 그렇다면, 주역을 인용해 '井'을 '法'으로 풀이한 허신 定義가, 전혀 사실무근의 견강부회라고 단정하기도 어려울 듯하다. 지금 우리가 알 수 없는, 잊힌 고대 문화가 있지 말라는 법도 없지 않은가?

한편, 지금까지 발견한 갑골문과 金文에 대한 최근 연구 성과에 따르면, 현재 '刑'자의 最古 本은 殷商 갑골문에 나오는 '井'으로, 인명이나 국명으로 쓰였다. 西周 초기에는 같은 字形으로 '본받다·법삼다(效法)'는 동사로 쓰였다고 한다. 서주 중기 이후 비로소 '丼'字形(글꼴)이 나오면서, '法度'라는 명사 용례가 나왔는데, 명사는 여전히 '井'으로 썼다. 東周 시대 이르러 특히 전국시대에, '井'자는 더욱 많은 글꼴(字形)과 의미로 파생·분화하여, '형벌'과 '우물'의 뜻은 물론, '틀·본'(型)이나 '모습·꼴'(形)이나 나라이름 '邢' 등도 비로소 등장했다고 한다. 따라서 '법률'이건 '형벌'이건, 우물 '井'자와 관련짓는 풀이는 순전히 견강부회로, 후대(춘추전국) 파생된 의미를 갖고 古文(殷周)을 이해하려는 선입견 소치란다.[25]

청말 이래 급속히 발달한 훈고학·고증학의 연구 성과는 설득력이 막강한 금석 증거라서, 이제 어느 누구도 쉽사리 부인하기 어렵고, 받아들여야 할 진실처럼 보인다. 그럼에도 불구하고, 백가쟁명의 대혼란을 거치면서 백화제방의 철학사상이 활짝 꽃핀 전국시대 학술문화가, 진한 통일 이후 사상계에 거의 절대적 영향력을 발휘하여, 그 후 2천

---

24 王延林 編著, 常用古文字字典, 301쪽 井字조 참조.

25 王沛, "'刑'字古義辨正", 上海師範大學學報, 42:4, 2013, 12-20쪽 참조.

여년 동안 전통 철학사상 법문화에 확고부동한 정설로 통용되어온, 역사현실은 부정할 수 없을 것이다. 더구나 '春秋元命包' 정의를 인용한 여러 불경 주석은, 불교에 심취한 동아시아 지식인문화를 1500여 년이나 지배해왔으니, 그 영향력은 가히 짐작할 만하다. 따라서 춘추 전국 이래 2-3천년간 선인들의 역사철학과 법문화에서 보편으로 통용된 '法'과 '刑'의 문자적 함의와 각종 도량형 비유개념 자체는, 여전히 우리 사고와 의식에 중대한 비중을 차지한다고 보아도 좋을 것이다.

사실, 언어문자 자체도 사회적 生物이라, 시간과 공간과 사람(민족)의 사용례에 따라 부단히 변화·발전하고, 심지어 완전히 딴판으로 뒤바뀌기도 하는 역사현실은 동서고금에 숱하게 많다. 이러한 관점에서, 비록 왜곡되고 와전된 개념정의일지라도, 2-3천년의 언어문자생활과 사고의식을 지배해온, '刑'의 개념정의 일면을 계속해서 살펴볼 가치와 의미는 충분하다고 할 것이다.

가만히 생각건대, '井'은 설문해자에도 8家가 한 가운데 공유하는 우물의 외곽 형태를 본뜬 글자로, 고대 이상적인 토지경제제도의 전형인 井田法에 핵심축이라서, 아주 중요한 상징의미도 지닌다. 즉, 9백畝 토지를 井자로 9등분해, 8家가 바깥 8필지를 각각 1백畝씩 나눠 경작하고, 한가운데 중앙 1백畝를 공동 경작하여, 그 소출(생산물)을 국가에 현물조세로 납부하는 제도다. 맹자도 王道仁政에 출발점으로 매우 중시한 법제다.(滕文公上) 그리하여 詩經에는 가뭄에 비를 기다리는 인민들이, 먼저 중앙 公田을 흠뻑 적신 다음, 나중에 자기네 私田을 축여달라고 노래할 정도다.[26]

井田制에서 井은 단순히 토지를 井자로 9등분한다는 의미뿐만 아니라, 중앙 한가운데 공용 우물을 파서 중요한 公會處로 함께 쓴다는 작

26 詩, 小雅, 大田: "有渰萋萋, 興雨祁祁, 雨我公田, 遂及我私." 孟子, 滕文公上 인용.

용까지 함축한 걸로 보인다. 앞서 老子의 '上善若水' 道論에서 물의 각종 중요한 공능을 소개했듯이, 우물은 인간에 가장 시급하고 긴요한 생명수와 농경관개용수의 공급 외에도, 손발과 기물을 씻고 옷을 세탁하는 중요한 정화기능도 담당한다. 우물은 누구나 수시로 왕래하며 이용하고, 외지에서 온 길손도 목을 축이고 손발 적시는 휴식처로 들러 머문다.[27] 마을 공동체에서 핵심중앙에 위치한 우물은, 자연스레 중요한 公會뿐만 아니라, 후대 일반 향촌에서 아낙들이 아침저녁으로 모여 일상생활 및 신변잡담을 나누던 회합장소로도 쓰였을 것이다. 따라서 고대 마을 공동체에 불미스러운 죄악사건이 발생한 경우, 공회처인 우물가에서 공동체 명의로 형벌을 시행했을 가능성도 배제할 수 없다. 그러한 관행이 나중에, 일반 죄인인 경우 東市에서 공개처형하는 棄市刑으로 바뀌고, 고관귀족인 경우 조정에서 물 대야에 칼을 얹어 自盡을 종용하는 형태로 바뀌었을 수 있다. 그렇다면 刑 ← 井刂이 우물 井 옆에 칼을 둔 모습으로 이루어진 것은 자연스러운 造字라고

---

27 後漢書 循吏 劉寵전 주에 나오는 '市井'은, 사방에서 모여들어 재화를 사고파는 저자를 가리킨다. 風俗通이 전하는 속설에는, 시장에 가서 매매하려면, 우물에 가서 먼저 씻은 다음 시장에 가야 해서 '시정'이라 했단다. 일설에는 春秋井田記를 원용해, 남자 나이 서른에 田 1백畝를 받아 부모처자 5식구를 먹여 살리는데, 公田10무와 집5무를 합쳐 모두 1경頃15무가 된다. 8호가 우물을 공유해 井자 바깥을 에워싸 함께 살며 경작하는데, 모두 9경20무가 된다. 집이 안에 존재함은 사람이 존귀한 까닭이오, 공전을 다음으로 우선함은 公을 존중함이며, 사전을 바깥에 배치함은 선공후사를 밝힘이다. 정전제 정신은, 첫째 地氣를 누설하지 않고, 둘째 한 집도 빠뜨리지 않으며, 셋째 풍속을 함께 하고, 넷째 정교하고 졸렬함이 합심협력하며, 다섯째 재화를 서로 유통함이다. 우물을 인연으로 교역시장이 서고, 교역한 다음 물러나기에 市井이라 부른다. 그 뒤 교역·상업이 실질생산 없이 말리를 추구해, 시세차익 취하는 壟斷으로 흐르면서 천시되고, 西漢 초 '시정 자손은 벼슬할 수 없다.'는 금지령이 내려져 '시정잡배'란 말도 나왔다. 졸저, 하늘이 알고 신이 알며 내가 알고 니가 안다, 전남대출판문화원, 2020, 113-114쪽 각주 참조.

볼 수 있다. 荆과 井에 관한 고대 주요 경전 및 고전문헌 기록을 전부 부정하면서까지, 上古 殷周시대 '井 = 荆 = 法'의 原義만 강조·주장하는 혁신적 독창 견해만 전폭 수용하기에는, 아무래도 일반보편성이 좀 떨어져 머뭇거려진다.

한편, 전국시대 이래 자주 등장해 漢代 이후 흔히 쓰인 '市井'과 관련해 흥미로운 연구가 있다. 처음 자연스레 물물교환 거래장소로 형성된 '市'가, 사회경제적 발전과 눈부신 상공업발달에 힘입어, '市井'이란 새로운 명칭으로 진화했다고 한다. 전국시대 통치계층이 조세수취를 바탕으로 중앙집권적 정치경제 체제를 구축하기 시작한 이래, 의도적 계획적 도시건설에서, 우물 井자처럼 가로세로 질서정연한 街道구획을 채용한 결과, 형태적 구조성의 특징으로 붙여진 이름이라는 것이다. 이는 우물의 정화의식 기능성보다는, 구조적 형태에 注重한 견해이다. 온갖 난잡한 시정잡배와 자객들로 득실거려, 폭력성과 긴장감이 넘치는 만인 공개 장소에서, 국가 권력자도 일반백성에 대한 위하적 일벌백계 차원에서, 범죄인을 공개 처형하는 방식을 선택했다는 것이다. 그 결과, 설문해자의 정의대로, '荆'이 市井에서 국가 합법폭력인 공적 복수로서 '칼'을 들이댄 형벌일 것이라고 본다. 물론, 반드시 死刑만이 아니고, 고대 국가응보의 주류인 온갖 肉刑(손·발·코·귀·생식기 등 절단제거)도 시행되었고, 그렇게 잔존한 刑餘자는 다시 市井을 배회하며, 생계를 꾸리는 시정잡배 상공인이 되었을 것이다.[28]

현존하는 '荆'자가 갑골문에는 보이지 않고, 鐘鼎 金文에만 나온다는 사실에 비춰 봐도, '荆'자가 처음 지어질 적에 굳이 갑골문의 '死'자나 '囚'자까지 소급해 추측할 필요는 없을 듯하다. 더구나 '荆'의 종류가 어찌 꼭 死刑이나 구금형에만 한정되었겠는가? 노비로 몰수해 강

28 이성원, "고대 중국의 '市井'과 그 空間", 中國學報 58(2008), 171-200쪽.

제노동에 사역하는 인적 자원 활용도, 형벌의 중요한 다수를 차지하지 않은가? 또, '荆'이 우물처럼 질서정연한 街路로 구획된 市井에서 집행되어, 공간적 구조형태에 더 긴밀히 관련되었다고 할지라도, 우물井 귀틀(지상 난간韓 = 榦)의 가지런하고 질서 있는 수평적 모습뿐만 아니라, 지하 굴착 부분 외벽에 우물 밑(井底)까지 수직으로 곧게 가지런히 박아 쌓은 井자 틀도, 토목건축학적 기하학적 질서(법도)를 따르지 않으면, 우물이 쉽게 부서지고 무너져 내려 閉塞되고 만다. 그러면 우물은 제 기능을 발휘하지 못하고, 다시 파내서 새로 질서정연한 井 틀을 가설해 革新해야 한다. 이점은 周易 제48 '井'卦의 卦辭·爻辭에서 누누이 되풀이해 강조하는 바다. 특히, '마을(邑)은 바뀌도, 우물은 바꾸지 않아도 괜찮다'는 대전제에서 시작한 井괘도, 오래 되어 허물어지고 무너져 막히면, 신축에 가까운 대대적 보수혁신이 필요한 까닭에, 그 다음 제45괘에 '革'卦가 이어진다.[29]

이런 점들을 고려하면, '荆'자가 비록 당초 우물 井과 긴밀한 관련 속에서 造字되었을 가능성은 희박해졌을지라도, 사람들의 기발한 의미 부여를 통해, '우물 井'과 밀접한 관련 속에서 재탄생해 새롭게 쓰이고 의식되었을 가능성은 여전히 매우 높다고 여겨진다. 꽃도 사람이 이름을 붙여주고 불러줄 때 비로소 의미를 가진다고, 시인은 노래

29 井괘사: "읍을 바꾸고 우물 바꾸지 않으면 잃음도 없고 얻음도 없다. 사람들 왕래하는 우물이 마르고 막혔는데, 새로 파지 않고 두레박 깨진다면 흉하다." 初六효사: "우물에 뻘이 차니 물을 마실 수 없다. 묵은 우물은 새도 날아들지 않네.(하물며 사람이랴?)" 九二효사: "우물 골짜기서 활로 작은 물고기 쏘니, 물 긷는 항아리 깨져 새네." 九三효사: "우물 맑고 깨끗하나, 마시지 않아 내 마음 슬프네. 길을 수 있고 왕이 현명하다면, 함께 그 복을 받으련만!" 六四효사: "우물 안벽 수리하니 허물 없네." 九五효사: "우물 청결하니, 시원한 샘물 마시네." 上六효사: "우물 긷고 두레박 거두어 뚜껑 덮지 않으니, 믿음직하고 크게 길하다."(일설: "뚜껑 덮지 않으면 처벌해야 크게 길하다.")

하지 않은가? 또, 굳이 우물 귀틀의 질서정연한 구조적 형태에 착안하여, 전국 이래 '市井'만을 行刑장소로서 '刑'자의 문자어원과 관련지을 필요는 없을 것이다. '市井' 이전부터, 우물 '井' 자체에 내재한 질서정연한 법도의 실질의미까지도 함축하여, '刑'자가 재탄생한 것으로 보아도 좋을 것이다.

왜냐하면, 본디 온전한 우주만유 세계는, 상대현상계에서 온갖 형태 음양의 상호 중용조화로, 건강하고 평화롭고 질서 있는 자연계를 형성하기 때문이다. 굳이 서양의 이분법적 사고방식대로, 눈에 보이는 형이하의 구조적 형상에만 치중해 편협하게 단정할 필요는 없다. 오히려 눈에 보이진 않지만, 우리 정신과 마음으로 분명히 의식하는 형이상의 본질적 정신의미까지도, 함께 아울러 통합 사고를 모색하는 것이, 더 자연스럽고 온전한 실재에 가까울 것이다.

눈에 보이는 줄기와 가지, 잎과 꽃·열매만 찬탄하고 칭송하며, 땅속에 묻혀 눈에 보이지 않는 뿌리 존재는 망각하고 도외시하며 부인한다면, 어찌 될까? 콩깍지가 제아무리 크고 보기 좋더라도, 콩알이 부실하면 콩농사는 망친 것이다. 그렇다고 콩깍지가 형편없는데, 튼실한 콩알이 익길 기대해도 어리석은 것이다. 법에서도 권리의무를 직접 규정한 실체법이 아주 중요하지만, 그 권리의무를 실현하는 절차법도 소홀할 수 없는 소이다.

한편, 刑과 관련해 주목할 비슷한 다른 글자가 있다. '刑'(幵+刂)이 그것이다. 說文에 의하면, 刑'은 '剄'과 상호 순환으로 개념규정(互訓)된다. 剄은 段注에 의하면, 大罪에 대하여 목을 자르는(斷頭) 중벌로서, 刑 중 가장 무거운 종류에 속한다. 따라서 刑(刑)과 '刑' 두 글자는, 본디 모습과 음이 서로 판이한 어원이다. 좀 특수한 형벌인 '刑'의 本義가 잘 쓰이지 않으면서, 의미의 상관성으로 인하여 '刑'의 俗字로 통용되다가, 마침내 본래 음과 의미를 모두 상실하고 현재 '刑'으로 통합되었다는 것이다.[30] 한편, '刑'은 '刑殺'을 가리켜 '刀'부에 속하고, '荆'은 '荆法'을 가리켜 '井'부에 속해 다른데, 지금 오해로 서로 통용되고, '刑'과 '剄'은 소리가 비슷해 통용되었다고 한다.[31] 어쨌든 '刑'의 본래 의미는 죄를 처벌하는 '형벌' 개념이다.

그러나 현전 주역에는 보이지 않지만, '井(丼)은 法이다'는 易說의 정의를 인용한 說文 규정과, 荆이 '典型'·'儀型'의 假借자 의미로 사용된다는 段注의 해석은, 유의할 필요가 있다. 說文에 의하면, "型은 그릇(철기)을 주조하는 법도(틀·본)이다. 土의 의미를 취하고, 刑은 소리를 나타낸다." 즉, 型은 본디 흙으로 만든 그릇 주조용 틀·본을 뜻한다. 이러한 구체 의미가 확대 파생하여, 사람 행위에 대한 표준·모범이라는 '典型'의 추상적 의미까지 함축한 것이다. 그리고 土를 생략한 刑(荆)字를 假借하여, 型자에 대용함으로써, 刑도 型, 즉 일반 추상적 법도로서 典型의 의미를 지니게 되었다. 毛詩 傳에서 '刑은 法이다'고 거듭 해석하는 것도, 바로 이러한 의미파생 맥락이다.[32]

그러나 型이 刑(荆)과 土로 이루어진 문자조합 원리에 비추어보면, 土는 재질의 의미를 취하고, 刑은 소리뿐만 아니라 법도라는 의미도 함께 취했을 가능성도 배제할 수 없다. 形聲字에서 소리를 나타내는 부분이 의미까지 제공하는 경우도 적지 않기 때문이다. 이 경우 刑 자체에 법도라는 일반 의미가 先在하였다는 논리가 성립한다. 그런데 刑의 특이한 어원인 '幵'자는, '幵'이 '두 竹干을 나란히 세워 윗면이 서로 평평한 모습을 상징'하므로[33], 刑(幵刂)자에도 본래 法의 水平 개념이 함축된 것으로 볼 수 있다. 이는 型(틀·본)의 가지런한(平) 일률성으로 연

30 說文解字注, 荆(五篇下, 218쪽); 刑·剄(四篇下, 184쪽) 조에 대한 段注 참조.
31 王筠 注, 說文解字句讀, 권8, 刑자 주석. 中華書局, 1988, 影印本, 153쪽 참조.
32 說文解字, 十三篇下: "型, 鑄器之也. 從土, 刑聲." 해설 내용은 型자의 段注 참조.
33 說文解字, 十四篇上: "幵, 平也. 象二干對構, 上平也."

결될 것이다.

한편, 型과 실질상 같은 의미내용을 지니는 글자로, 模·笵(範)·鎔 등이 있다. 이들도 한결같이 그릇을 주조하는 구체적 틀·본(보기)의 의미로서, 그를 만드는 나무(木)·대(竹)·쇠(金)·흙(土) 등 재질에 따라, 각각 명칭을 달리한 것에 불과하다. 물론 이들도 구체적 '틀·본'의 의미로부터, 인간행위에 대한 추상적 표준으로서 일반화된다. 그래서 이들은 모두 '法'으로 개념 규정되는데, 흔히 말하는 模範·規範·典型 등의 용어가 그 대표적 예다.

어쨌든, '刑이 型'이라는 일반적 법도의 의미를 함축하는 용례는, 일찍부터 매우 일반 보편이었다. '井(刑)은 法이다'는 易說의 정의 이외에도, 爾雅·釋詁에서는 典·彝·法·則·刑·範·矩·庸·恒·律·戛·職·秩은 다 함께 '常'(常法, 항상적 법도)으로 규정한다. '刑'은 '型'과 상통한다. 한편, 爾雅·釋詁에서 '刑'은 柯·憲·範·辟·律·矩·則 등과 함께 '法'이라고 정의하기도 한다. 또, 風俗通에서는 "井(刑)은 法이며 節(절도)이다"고 규정한다. 釋文에서는 韓詩를 인용하여, "刑은 正이다"고 말한다. 전술한 것처럼, 法의 古文인 佱은 곧 '正을 合한 것'이므로, 正과 刑은 곧 法이다는 의미가 된다. 그래서 周禮 注에서는 "刑은 사람을 바르게 하는 법도(正人之法)"라고 해설한다.[34]

무엇보다도, 가장 직접적 구체 실례를 들어보면, 刑이 典型이라는 일반 法度의 개념임은 더욱 명확히 드러난다. 詩經에 周 文王이 "아내에게서 모범(법도)을 삼아 형제에게 미치고, 나아가 국가를 잘 다스렸다"고 칭송하는 詩句가 나온다. 또, 周 후손들도 그러한 "文王을 본받아" 천하를 잘 다스려야 할 것이라고 다짐하는 詩句가 있다.[35] 여기서

34 兪榮根, 앞의 책, 107쪽; 張晋藩·林中·王志剛, 앞의 책, 1쪽 인용된 원문 참조.
35 詩, 大雅, 思齊: "刑于寡妻, 至于兄弟, 以御于家邦."; 文王: "儀刑文王, 萬邦作孚."

모범·법도·전형으로 삼아 본받는다는 의미로 '刑'자를 사용한 것이다. 이들 詩는 명실상부한 周初 작품으로, 典型적 일반 法度라는 刑의 개념이, 문헌기록 초기부터 이미 확립된 언어관용임을 증명해준다. 특히, 앞 구절은 左傳(僖公19年)이나 孟子(梁惠王上) 등에 인용되는 것으로 보아, 춘추전국시대 실제 언어관용에서도 刑의 典型적 법도 개념은 확실히 일반보편이었음을 짐작할 수 있다.

5. 법과 형의 개념 관계

지금까지 法과 刑의 개념이, 특히 문자어원상 단순한 형벌·형법의 의미에 국한하지 않고, 典型·法度라는 일반적 법의 함의까지 동시에 망라하고 있음을 확인하였다. 이제 본질 내용상 법(규범) 개념을 형성하는 핵심요소 관점에서, 이 문제를 검토해보자.

우선, 법은 일반 사회규범과 마찬가지로, 인간사회의 질서와 평화를 유지하기 위한 통치수단이다. 즉, 법 자체가 궁극목적이 되지는 못한다. 그러나 법의 내용을 분석하면, 법이 지향하는 이념·목적과, 그를 실현하기 위한 수단·방법으로 구별할 수 있다. 인간행위에 대한 규범적 표준과 구체적 시비·곡직·선악의 가치판단 척도(文道)가 전자라면, 그 규범의 실효성 보장을 위하여, 그를 위반한 부정직한 악의 행위에 대해 부가하는 강제적 제재조치(武器)가 후자일 것이다. 따라서 전자는 추상적 본질성격을 지니며, 보통 定言적 (시비·선악·곡직)판단이나 (是·善·直)명령 또는 (非·惡·曲)금지의 명제로 표현된다. (물론 이는 반드시 직접적·명시적이지 않으며, 오히려 간접적·암시적으로 전제되는 경우가 많다.) 반면, 후자는 구체적 작용의 성격을 띠며, 형벌이나 기타 불이익의 직접 부과(명령)로 규정함이 보통이다.

요컨대, 법은 규범적 표준척도라는 이념·기능의 요소와, 강제적 제재조치라는 수단·보장의 요소로 구성되어, 양면성을 지닌다. 법의 두 요소 중 어느 측면이 어느 정도 더 부각·강조되는지는, 각 시대·지역·민족의 법문화 특성 및 개별 법영역의 종류에 따라 상이할 것이다. 예컨대, 고대 법문화에서는 위하적 엄형중벌의 수단성이 법의 거의 전부로 인식·행사된 듯하다. 그런가 하면, 현대에는 종교성이 강한 이슬람 국가나, 가족 및 공동체 윤리를 중시하고 봉건적 절대군주제의 전통문화가 뿌리 깊은 중국 등에, 법의 강제적 성격이 농후하게 남아있다. 또, 근대 서양법에서는 형법이나 행정법과 같은 公法 분야에 법의 강제성이 직접 강하게 표현된다.

그러나 정도와 방법(절차)의 차이는 있을지언정, 강제적 제재를 전혀 수반하지 않는 법이란 결코 존재하지 않는다. 강제적 제재수단을 결여한 법은, 그 실효성을 보장 받을 수 없으며, 그것은 다른 규범이 될지언정 이미 법이 아니다. 국가 공권력에 의해 보장·행사되는 강제력이야말로, 법이 다른 사회규범과 구별되는 특유의 핵심 징표기 때문이다. 행정벌·과태료·조세형벌은 물론이고, 사회적 공공성이 강한 회사법과 같은 영역에 부가되는 각종 벌칙은, 전형적인 법의 강제력이 될 것이다. 국가통치의 기본이념이나 법체계의 방향을 제시함에 불과한 헌법도, 그 위반에 대해서는 각종 간접적 절차와 방법에 의해 제재조치가 행사될 수 있다. 사적 권리의무관계를 규정하는 순수한 私法인 민법에도, 법원이 분쟁에 대한 시비곡직의 유권적 판단과 함께 강제이행을 명한 뒤, 그에 불응할 경우 강제집행을 개시하고, 다시 이를 저항·방해하는 행위는, 마침내 공무집행방해죄로 형벌을 부과한다. 전형적인 강제력 행사가 수반된다. 비록 다층적인 복잡한 체계절차를 거치긴 하지만, 법의 강제적 제재로서 최후 방패 성격은 여전히 존재한다. 다만, 간접적·잠재적 가능성 형태로 간직될 뿐이다.

전통법이 가족주의 공동체윤리의 지배와 중앙집권적 절대군주 봉건통치 하에서, 근대적 자유·민주 정신이 희박하고, 엄형중벌 일변도의 강제성을 강하게 띠는 것은, 확실히 시대적·지역적 법문화의 특성으로 여겨질 수 있다. 이러한 특성은 法에 대한 개념정의에도 그대로 나타난다. 예컨대, 釋名에서 "法은 핍박(강요)이다. (사람이 모두 자기 뜻대로 하려고 하는 자유를) 제한하도록 핍박(강요)하는 것이다"고 정의한다.[36] 법의 강제성을 가장 일반추상화한 대표적 실례다.

물론, 법의 강제성을 구체 내용인 '형벌'로써 규정하는 경우는 흔하다. 일찍이 苗民은 다섯 가지 포학무도한 형벌을 제정하여 '法'이라고 명명했다.[37] 法家의 법 개념이 형벌의 강제성을 특히 부각시킴은 물론이다. 管子는 '殺戮禁誅를 法이'라고 규정한다.(心術上) 한비자는 '법이란 상벌을 民心에 반드시 시행하는 것'이라고 정의한다.(定法) 愼子는 '참혹하지만 시행하지 않을 수 없는 것이 法이다'고 말한다.(佚文) 또 鹽鐵論에서도 '法은 형벌로서 포학함을 금지하는 수단이다'고 정의한다.(詔聖)[38]

그렇지만 '(모든)법은 곧 형벌(형법)이다'는 명제는, 다른 어느 시대·지역에서와 마찬가지로, 전통법에서도 법의 본질속성상 근본적으로 성립할 수 없는 개념이며, 철학사상 및 구체 법제현실로도 결코 타당하지 않다. 즉, 법의 강제적 수단성 못지않게, 규범적 표준척도성도 중요한 개념 징표로서 널리 거론된다. 예컨대, 管子는 "法이란 천하의 程式이자, 만사의 儀表(표준)"라고 정의한다.(明法解) 또, 의심스러움을 결단하여 시비를 밝히는 수단이자, 백성의 생명이 달린 천하의 儀表라고 규정한다.(禁藏)

또, 사람이 하늘을 법삼는다는 天人合一 사상에도, 법의 규범적 표

36 釋名, 釋典藝: "法, 逼也, 逼而使有所限也."

37 尙書, 呂刑: "惟作五虐之刑曰法."

38 范忠信·鄭定·詹學農, 앞의 책 11쪽 및 大漢和辭典, 卷6, 1043쪽 '法'자조 참조.

준성이 잘 나타난다. 예컨대, '사람은 땅을 법삼고, 땅은 하늘을 법삼으며, 하늘은 道를 법삼고, 道는 자연을 법삼는다'는 老子의 명제에서, '法'은 비록 동사로 쓰이지만, '천지자연의 道'가 혼연일체로 人法의 규범적 표준임을 밝혀준다. 孔子가 말하는 '(正道로써 일러주어) 法삼을 만한 말'(法語之言: 子罕)의 개념에서 사용되는 '法'도 물론 그러한다.[39]

한편, 법의 규범적 표준성과 강제적 수단성이 동시에 적절히 반영되는 개념정의도 적지 않게 주목된다. 예컨대, 晋의 傅玄 정의를 보자.

"善을 세우고 惡을 방지하는 것이 禮이고, 잘못(非)을 금하고 옳음(是)을 세우는 것이 法이다. 法이란 不法을 法되게 하는 수단방편이다. 밝은 명령과 금지의 서적을 法이라 부르고, 殺戮과 위엄 있는 벌을 刑이라고 이른다."(傅子, 問政)

규범적 표준성의 기능 측면을 '法'으로 표현하고, 그 위배에 대한 구체적 강제 제재수단을 '刑'이라고 대조해 구분한 것이다. 이는 실질상 넓은 의미의 일반 '法' 개념을, 서로 다른 각도에서 동시에 표현하는, 一物兩面의 개념정의에 불과하다. 이점은 후대에 더욱 간명한 명제로 체계화된다. 南宋에 楊萬里는 이렇게 규정한다.

"法을 적용하지 않으면 法이고, 法을 적용하면 刑이 된다. 인민이 범하지 않으면 法이고, 인민이 범하면 곧 刑이 된다."(誠齋集, 刑法下)

法과 刑의 상호관계를 잠재적 가능성(가능태)과 구체적 실현성(현실태)이라는 긴밀한 일체로 파악한 것이다. 시행 주체인 국가와 적용 대상인 인민의 입장으로 나누어 거듭 강조하고 있다.

明의 邱濬은 또 조금 다르게 정의한다.

"法은 罰(刑)의 본체이고, 罰(刑)은 法의 작용인데, 그 실질은 하나일 따름이다."(大學衍義補, 卷100)

---

39 易 繫辭上: "崇效天, 卑法地."; 呂氏春秋·情欲: "必法天地" 구절도 마찬가지다.

양자의 일체 관계를 철학적 本'體'와 作'用'의 대우범주를 이용하여, 상호순환으로 개념규정(互訓)한 것이다.

이들은 모두 형식상 '法'과 '刑'의 개념을 대비해 구분하지만, 실질은 똑같이 일반적 광의의 '法' 개념을, 규범적 표준성과 강제적 수단성의 관점에서 양면으로 관찰한 것에 불과하다. 더욱이 '刑'(罰)과 대비되는 '法'의 개념은, 이러한 '法'의 규범적 표준성을 직접 더욱 강하게 부각시켜주기도 한다.[40]

6. 律의 유래와 개념

끝으로, 법의 규범적 표준척도와 관련해 가장 핵심적 비유개념은, 秦漢 이래 2천여년 법제사의 대명사로 손꼽히는 '律'을 들 수 있다. 중요한 사실은, '律' 개념은 본디 音律로, 바로 '度量衡'과 직접 관련된다는 점이다. 전술한 최근 연구에서, '律'의 시원적 개념에 관하여 아주 특이한 견해가 제기되긴 하였지만, 서경 堯典부터 '律'이 音律을 가리켜온 유구한 전통은 확실하다.

지금까지 통설에 따르면, 律은 전통 音階인 12律, 또는 그중 陽의 音調에 속하는 6律(陰의 音調인 6呂와 대응해 12律을 형성)을 가리킨다. 전설에 의하면, 黃帝 때 이미 12音을 조율하는 律呂라는 管(竹筒)樂器가 제작되었다고 한다. 그중 가장 낮은 음인 黃鍾의 管이 가장 긴 9寸인데, 그 관에 들어가는 검은 기장(秬黍) 1,200톨(粒)이 기준이 된다. 그 길이

40 이상 세 개념정의 명제는 范忠信·鄭定·詹學農, 앞의 책, 13쪽에서 재인용. 다만, 이 책에서는 한결같이 '法'의 형벌적 강제제재수단 관점에서 편면으로 이해하여, 필자의 拙見과 판이하다. 즉, 이들 명제에서 사용되는 '法'의 용어는, '刑'과 동의어로서 반복을 회피하기 위한 修辭學상의 同義互文에 불과하다며, 철저하게 '刑'罰 일변도의 논리전개를 고집한다.

는 90分(9寸), 그 부피는 1약龠(0.1合, 0.01升), 그 무게는 12銖(0.5兩, 1/32斤)로 정한다. 즉, 律의 기본인 黃鍾이 모든 度量衡 산출에 표준적 근본인 셈이다.[41]

그런데 도량형 자체가 규범적 비유를 통해 '法' 개념으로 승화하면서, 黃鍾이 대표하는 '律' 개념도 '法'을 상징하는 비유적 의미를 함축하게 되고, 마침내 '法'의 대명사로 일반 보편화하였다고 한다. 즉, 律로 인간의 법을 제정해 뭇 분쟁사건을 재판하고 모든 범죄에 형벌을 부과하는 것이, 마치 六律(黃鍾)로써 도량형의 표준단위를 정하는 원리와 같기 때문에, 刑書(법전)를 '律'로 명명한 것이다.[42]

실제로, 가장 오래된 역사기록인 尙書에는, 堯舜 시대에 이미 六律·五聲·八音(皐陶謨)의 용어나 '律和聲'(堯典)의 개념이 나오고, 천하 제후국의 모든 律度量衡을 통일했다는 기록도 나온다.(堯典) 여기서 마지막 律 개념에 대하여는, '法制'라는 설과 단순한 '音律'이라는 견해가 대립한다.[43] 설사 단순한 音律이라고 하더라도, '修五禮'의 구절과 병칭되는 문맥상, 규범적 법도 의미를 다분히 함축하는 것으로 보인다. (현실로 보더라도, 律 자체는 이미 고정되어 있기 때문에 새삼 통일할 필요가 없을 것이며, 그에 근거한 도량형과 구체적 법제를 정비하는 것이 합리적이다.) 또, 國語(周語下)에도 '律度量衡'의 표준이 곧바로 '制度'의 규범적 척도와 '憲令'의 제정·공포 및 그 정당성·실효성의 직접근원으로 거론된다. 그런가 하면, 周易 師卦에 初六 爻辭는 '군대는 반드시 律로써 출정해야 하며, 그렇지 않으면 흉하다'(師出以律, 否臧凶.)고 기록되어 있다. 여

41 자세한 원리와 계산법은, 國語, 周語下, "律度量衡於是乎生" 구절에 韋昭注와, 尙書, 堯典, "同律度量衡" 구절에 蔡沈 注 참조. 音律의 원리에 대한 상세한 연구는, 李申, 中國古代哲學和自然科學, 中國社會科學出版社, 1989, 276-302쪽 참조.

42 丘濬, 大學衍義補, 卷102 참조. 張晋藩·林中·王志剛, 앞의 책, 3쪽에서 재인용.

43 法制설은 孔安國 傳과 屈萬里, 尙書釋義, 中國文化大學出版部, 1984, 修訂版, 31-32쪽; 音律설은 蔡沈 傳과 周秉鈞, 尙書易解, 岳麓書社, 1984, 16쪽이 있다.

기서 律이란, 물론 군대 紀律, 즉 軍律·軍法을 지칭함이 명백하다. 易'經' 제작연대에 비추어, 적어도 周初에 이미 律이 法의 대명사로 확립되었음을 시사한다.[44]

전술했듯이, 魏 文侯 때 李悝가 당시 각국 개혁법을 종합해 '法經'을 편찬했고, 이를 商鞅이 秦에 가지고 들어가 孝公을 보필해 변법개혁으로 부국강병을 이루면서 '法 → 律'로 개칭했다고 역사기록은 전한다. 音律과 軍律의 정확성과 엄밀성, 획일성 등을 잘 대변하는 '律'의 개념 속성은, 상무정신이 투철한 秦이 법가 법치주의 신상필벌로 農戰을 적극 장려해, 부국강병과 천하통일을 이루는 데 결정적 공헌을 했다고 여겨진다. 사실, 음악(음률)은 군대에서 아주 중요한 기능 및 상징을 지닌다. 군대에서 공격진군은 북을 두드려 사기를 고취하고, 반면 신속한 퇴각철군은 날카로운 징(종)으로 급박을 고했다. 이러한 전반적 연유에서, 秦은 천하를 통일하면서 도량형과 수레 궤폭은 물론 문자와 사상까지 통일했으니, 법형식의 명칭도 그러한 획일성과 통일평등성을 잘 나타내는 '律'로 바꾸어 확정했을 것이다. 이렇게 해서 秦漢 이후 전통 봉건왕조에 기본법규범이 律令체제로 정해졌다. 현재 널리 쓰이는 '法律'이란 단어도 李悝의 '法'經과 상앙 변법의 과정에서 탄생한 秦'律'의 합성으로 탄생했다.

律의 이러한 객관적 법규범 성격은, 이후 律의 각종 개념으로 종합 반영된다. 說文에 의하면, '律은 均布'다. 뜻은 '고르게 펴다'인데, 앞서 말한 대로 음계를 조율하는 管형 儀器를 가리킨다. 段注에 따르면, "律이란 천하에 한결같지 않은 사물에 모범(표준)을 제공하여 통일로 귀결하도록 하는 방편이기 때문에, '고르게 펴는 것'으로 말한다."[45]

---

44 師卦의 이 구절은 左傳 宣公12年에 인용·해설되어 있는데, 춘추시대에 律의 '法'적 개념이 보편화되었음을 암시해준다.

45 說文解字, 二篇下: "律, 均布也." 段注: "律者, 所以范天下之不一而歸於一, 故曰 均

그래서 爾雅 釋詁에서는, 律을 刑과 함께 '法'으로 정의한다. 管子는 '律이 名分을 정하여 분쟁을 종식시키는 객관적 규범표준'이라고 명확히 규정한다.[46] 물론 律에도 法이나 刑의 개념과 같이 제1차적인 형벌·형법의 협의가 존재한다. 예컨대, 釋名에서는 "律이란 부담을 가하는 것이다. 사람 마음에 부담을 가하여 방종하지 못하도록 하는" 강제적 구속 장치라고 정의한다.[47] 그리고 正字通에서는 '律은 刑律이다'고 규정한다. 물론, 실제로 역대 법제사에서 '律'이 기본적 刑律 중심의 체계를 형성한 것은 명백한 사실이다.

앞서 禮의 법규범성에서 간단히 소개한 최근 연구 성과를 다시 한번 짚어보자. '律'도 '禮'처럼 '구분·경계·표준·항렬'의 의미에서 비롯했다는 견해다. '律'에 주요 구성 글자인 '聿'은, 본디 오른손(又)으로 필기구(丨:刀筆)를 잡고 甲骨·기물에 그림을 새기는 모습으로, 그 필기구까지 의미해 '筆'이 되었는데, '律'의 일부분이 되어 실질상 통용하는 같은 글자라는 추정이다. 고대 부족사회에서 갑골기물에 각 부족의 토템을 새겨 그린 그림은, 그 부족의 徽章·旗幟로 쓰였고, 각 부족의 차이를 구별하는 상징도안 標識가 되어 '구분'의 뜻이 파생했고, '律'의 본의로 발전했다는 것이다.

상관 근거로, '聿'이 든 글자들을 검토한다. '畫'(劃)는 '分'·'界'의 뜻으로, 法'律'의 획일성과 상통한다. '肆'는 '陳''列'의 뜻이며, '肄'는 활쏘기나 예법 등 상관 規矩·표준을 '익힘'이고, '肇'는 區'分', '晝'는 해돋이와 해넘이 사이 밤과 경'界'를 구별·구분한다고 설명한다. 덧붙여, '尹'은 '聿'과 초기 모습이 같은데, '尹'이 다스림·官·군주를 뜻해, '聿'에서 발전한 '律'이 그 다스림의 도구·수단이니 상관된 의미라고 한다.[48]

布也."

46 管子, 七臣七主: "律者, 所以定分止爭也."

47 釋名, 釋典藝: "律, 累人心使不得放肆也."

7. 법을 상징하는 각종 規範 및 度量衡 비유

무엇보다도, 법의 규범적 표준척도성을 가장 명확히 반영하는 전형적 예는, 법의 대명사로 쓰이는 각종 규범적 비유개념들이다.[49] 앞서 刑의 典型적 법도의미와 관련하여, 型·模·範·鎔 등이 구체적 '본·틀'의 개념에서, 법을 상징하는 일반·추상적 비유개념으로 승화하였음을 언급했다. 또 '法'이 어원상 물의 水平性을 상징적 본질로 취한 사실을 증명하면서, 準의 비유적 개념속성을 상세히 고찰한 바 있다. 그런데 準뿐만 아니라, 規·矩·繩(墨)의 목공도구와 度·量·衡 같은 구체적 사물측량 기구도, 인간행위의 추상적 시비·곡직·선악을 판단하는 객관적 규범적 표준의 비유개념으로 널리 쓰인다. 본디 規는 원을, 矩는 사각형(직각)을, 準은 평면을, 繩(墨)은 직선을 각기 긋거나 점검하는 공구로서, 흔히 '規矩'와 '準繩'이라고 병칭하는 것이 언어관용이다. (이밖에 곡선을 그리는 그림쇠(鉤)나 수직선을 재는 錘(縣)의 개념도 더러 등장한다.) 그리고 度는 寸·尺·丈 길이를, 量은 合·斗·升·石 부피를, 衡은 兩·斤·鈞 무게를 각기 재는 기구다.

그런데 도량형을 법의 대명사로 쓰는 비유법은, 동양뿐만 아니라 서양서도 일반보편인 듯하다. 예컨대, 자(尺)를 뜻하는 Rule은 규칙·법칙·통례·지배의 의미로도 쓰이고, Ruler도 자(尺)를 가리키면서 통치자·주권자·지배자를 뜻한다. Measure는 '재다·측량(정)하다·~의 척도가 되다'는 동사와, 치수·분량·크기·되·자·도량단위의 명사로 쓰이는데, 한도·정도·법안·법령이나 복수(pl.)로 수단·방책·조처·約數 등

---

48 祝總斌, "律字新考", 北京大學學報, 1990년제2기, 15-18쪽.

49 法은 곧 刑이요 상벌이라는 강제적 제재수단으로서 지배적 법의식을 매우 강조하는 견해도, 規矩·繩墨·權衡 등 비유개념을 통하여 법의 객관적 규범표준의 성격을 인정한다. 특히 法家 사상을 주로 인용·소개하는 것이 눈에 띈다. 范忠信·鄭定·詹學農, 앞의 책, 33-35쪽 참조.

을 뜻하니 말이다. 중국 속담에 "사람마다 그 마음이 같고, 마음마다 그 결(심리, 마음결)이 같다.(人同其心, 心同其理.)"는 말처럼, 사람들의 경험지혜와 진리의 일반보편성을 확인할 수 있는 좋은 자료인 듯하다.

한편, 이들은 先秦 제자백가에 의해서, 天志나 인륜도덕 등 각기 고유한 규범을 비유하는 개념으로 광범위하게 통용된다. 예컨대, 공자가 70세에 하고 싶은 대로 해도 법도(矩)에 넘는 일이 없었다고 회고한다.(論語, 爲政) 비록 막연하긴 하지만, 개인 인격수양 도덕표준과 사회적 윤리도덕의 행위규범을 모두 비유하는 것으로 해석할 수 있다. 그런데 맹자는 명확하게 성인의 仁義之道 비유개념으로 사용한다.

눈이 밝은 離婁나 기교가 뛰어난 公輸子도 規矩가 없으면 方圓을 그릴 수 없고, 귀가 밝은 師曠도 六律이 없으면 五音을 조율할 수 없듯, 제아무리 훌륭한 堯舜의 道라도 仁政이 아니면 천하를 다스릴 수 없다고 비유한다.(離婁上) 또, 規矩가 方圓에 지극한 표준이듯, 聖人은 人倫에 지극한 모범이다.(離婁上) 목공이 徒弟를 가르칠 때처럼, (聖人의 道를) 배우는 선비도 반드시 規矩에 의해야 한다.(告子上) 목공이 미련한 徒弟를 위해 먹줄을 改廢하지 않듯, 군자도 (어리석은 사람을 위해 聖人의 道를 改廢하지 않고) 中道에 우뚝 서서, 능력 있는 사람은 따르도록 한다.(盡心上) 목공이 徒弟에게 規矩(사용법)을 가르쳐줄 수는 있지만, 그에게 기술 자체를 줄 수는 없다.(盡心下) 이러한 비유들은 다소 추상적·암시적이지만, 역시 실질상 聖王의 道인 仁義를 상징한다고 해석된다.

禮를 자기 철학사상의 핵심으로 삼은 荀子에 이르면, 禮의 국가 통치규범 성격이 뚜렷이 부각된다. 특히, 禮를 準繩·規矩·度量衡 개념에 비유한다.

> "禮란 군주가 뭇 신하를 통치하는 방편으로, 길이를 재는 자와 같은 법도다."(儒效)

"禮가 국가를 바르게 다스리는 것은, 마치 저울이 경중을 달며, 먹줄이 곡직을 바로잡는 것과 같다. 그러므로 사람이 禮가 없으면 살 수 없고, 일에 禮가 없으면 이루어질 수 없으며, 국가에 禮가 없으면 편안할 수 없다"(大略)

"나라에 禮가 없으면 다스려지지 못한다. 禮가 나라를 다스리는 것은 비유하자면, 마치 저울이 경중을 달고, 먹줄이 곡직을 그으며, 規矩가 원과 사각형을 그리는 것과 같다. 이들을 설치하면, 사람들이 속일 수 없게 된다."(王覇)

"禮의 이치는 진실로 심오하도다. 먹줄을 제대로 그으면 곡직을 속일 수 없고, 저울을 제대로 걸면 경중을 속일 수 없으며, 規矩를 제대로 대면 원과 사각형을 속일 수 없고, 군자가 禮를 밝게 살피면 거짓과 가짜로써 속일 수 없게 된다. 그러므로 먹줄은 지극한 곧음이고, 저울은 지극한 평형이며, 規矩는 지극한 方圓이고, 禮는 지극한 人道이다. 그런데도 禮를 법삼지 않고, 禮를 원만히 행하지 않으면, 이를 方正하지 못한 백성이라고 일컫는다. 거꾸로, 禮를 법삼고 禮를 원만히 행하면, 이를 方正한 선비라고 부른다."[50]

荀子 이전 유가에서는, 이러한 구체적 사물의 표준척도가, 禮보다 더 추상적·근원적 상위 윤리도덕의 행위규범성을 상징하는 비유로 거론되었다. 순자 이후에는, 그 제자인 한비자를 통해 法을 상징하는 개념비유로 전환하였다. 따라서 중간에 순자가 '禮'를 비유한 것은, 과도기로서 상징적 의미가 매우 심장하다.

즉, 禮와 法이 규범적 비유개념을 공유하여, 양자가 행위규범 표준으로서 완전히 동질성을 보여줌이 특기할 만하다. 그러고 보면, 규범적 비유의 대상이 공자의 암시적 道德으로부터 맹자의 仁義之道를 거

50 荀子, 禮論편. 禮記, 經解편에도 같은 내용의 비유가 실려 있다.

쳐 荀子의 禮로, 그리고 法家에 이르러서는 法으로, 점차 구체적 변천 단계를 보이는 사실이 흥미롭게 주목된다.

한편, 묵자는 천하통치 수단으로서 일반적 '法儀' 개념이나(法儀), 특유의 최고 궁극 규범연원으로서 天志(실질상 仁義·兼愛 중심의 윤리도덕으로 유가와 비슷함) 개념을 비유한다.[51] 道家의 莊子도 이들 개념을 일반 표준척도에 널리 비유한다.(達生·田子方) 다만, 無爲自然 본연의 天性을 해치는 각종 인위 규범이나, 人工修飾에 대한 비유개념으로, 매우 부정이고 비판적 입장에서 거론함이 道家의 독특성이다.

예컨대, 먹줄과 자로써 재단할 수 없는 잡목의 無用論에 대해서, 도리어 그로 인해 벌채당하지 않고 天年을 다 누릴 수 있다고 긍정한다.(逍遙遊) 이러한 규범적 척도에 맞추어 바르게 되는 유가의 仁義禮樂 윤리는, '常然'의 天性을 깎아내어 生命을 해치는 것이라고 비판한다.(騈拇) 따라서 나무를 다듬거나 말을 길들이는 인위적 규범표준도 부정된다.(馬蹄) 인위적 척도에 부합하는 말은 國馬일 뿐, 天下馬가 못된다는 비유도 있다. 이는 인위규범이 國法이 될 수 있을 뿐, 無爲自然의 天下法만 못하다는 논리를 함축한다.(徐无鬼) 특히, 되·저울·符節 같은 도량형이 제아무리 공평정직할지라도, 그 자체를 훔쳐버리면 규범척도 기능 자체가 본질상 무의미해지듯, 仁義 같은 당위적 윤리규범도 마찬가지 맹점을 지닌다고 비유한다. 도가의 규범의식을 간명히 보여주는 전형이다.(胠篋)[52]

이러한 제자백가의 다양한 도량형 규범비유와 달리, 法家에서는 '법' 개념의 비유로 두드러지게 등장한다. 예컨대, 管子는 인민통치의

51 졸고, "묵자의 법사상", 이화여대 법학논집, 제18권제2호, 2013, 303-310쪽; 졸저, 선진법사상사, 191-200쪽 참조.

52 졸고, "장자의 법철학", 건국대 일감법학 제21호(2012), 326-335쪽; 졸저, 선진법사상사, 340-350쪽 참조.

법을 도자기틀이나 주조용 거푸집에 비유한다.(禁藏) 陶工이 도자기틀로 도자기를 빚고, 대장장이가 거푸집으로 쇠그릇을 주조하듯, 堯舜 성왕은 통치의 규범기준인 법령을 밝혀두기만 하면 족했다고 말한다. 그래서 현명한 군주가 度量과 法儀를 설치하면, 이는 천지의 견고함이나 日月星辰의 밝음이나 사계절의 믿음과 같아서, 인민이 그 법령에 저절로 순종하게 된다고 주장한다.(任法) 즉, 저울로 달아보면 무게를 속일 수 없고, 자로 재보면 길이를 조작할 수 없듯이, 法度로 통제하게 되면 거짓과 기교를 부릴 수 없기 때문에, 法으로 나라를 다스림은 그 척도에 맡기기만 하면 된다.[53] 나아가서 管子는 이러한 도량형을 직접 法制로 개념정의하기에 이른다.

"먹줄은 잡아 튕겨서 바르게(正)하고, 水準器는 울퉁불퉁한 것을 편편히(平)하며, 그림쇠(鉤)는 굽은 것이 들어가면 곧게(直) 나오도록 하니, 이는 聖君과 賢臣의 法制가 실행됨을 말하는 것이다."(宙合)

"尺寸也, 繩墨也, 規矩也, 衡石也, 斗斛也, 角量也, 謂之法."(七法)

한편, 商鞅은 도량형의 객관적 명확성과 기준의 항상성을 법의 규범적 속성, 특히 공평무사성의 개념에 비유한다. 저울과 자를 놓아둔 채, 무게와 길이를 임의로 적당히 가늠하는 어림짐작이 제아무리 훌륭할지라도, 장사꾼은 그렇게 하지 않는 까닭은, 항상 똑같이 정확할 수 없기 때문이다. 法이란 곧 국가의 저울과 자라는 것이다. 따라서 법도를 저버리고 사사로운 의론에 따르면, 군주가 모두 堯舜이 아닌 이상, 그 능력과 현명함을 제대로 분별·판단할 수 없게 된다.(修權)

이러한 규범적 비유 이론은, 한비자가 더욱 철저하고 치밀히 체계화한다. 우선, 그는 법의 규범 기능을 椎鍛이나 도지개(榜, 檠)에 비유

53 管子, 明法 및 明法解: "以法治國則擧錯而已. 是故有法度之制者, 不可巧以詐僞; 有權衡之稱者, 不可欺以輕重; 有尋丈之數者, 不可差以長短."

한다. 椎鍛으로 울퉁불퉁한 표면을 평평하게 다듬고, 도지개로 굽은 사물을 곧게 바로잡는 것처럼, 법으로 인간행위를 평평하고 곧바르게 교정한다고 인식한다.(外儲說右下) 도량형이 특정 개인을 위해 양과 무게를 달리하지 않듯, 국법도 관리가 私情이나 뇌물에 의해 적용을 굽히는 일 없이 객관적 공평성을 유지해야 한다.(八說)

특히, 법을 국가통치에 필수적인 규범적 표준으로 강조함에는, 상앙보다 진일보한 극단 비유를 거론한다. 즉, 채찍과 재갈 없이는 造父도 말을 몰 수 없고, 자나 먹줄 없이는 王爾도 원과 사각형을 그릴 수 없으며, 隱栝이나 度量이 없으면 奚仲도 바퀴 하나를 제대로 만들 수 없듯, 법령이 없으면 '堯舜조차도' 한 나라는 고사하고 세 가구도 다스릴 수 없다고 비유한다. 여기서 법령이란 구체로 신상필벌의 '法術'과 특히 엄형중벌의 '威勢'가 핵심임은 물론이다.(姦劫弑臣·用人·難勢)

8. 맺음말

지금까지 전통법의 주요 핵심 호칭인 法·刑·律의 문자어원상 개념과, 도량형을 비롯한 각종 법규범적 비유의 함의를 다각도로 두루 살펴보면서, 철학사상적 정신지혜까지 음미해 보았다. 우리 전통법문화가 근대 서양법에 비해 전근대적이고 봉건적인 낙후한 구습이라는 막연한 편견과 선입관을 불식하고, 전통의 긍정적 정신지혜를 밝혀, 온고지신으로 새로운 법문화 창달에 조금이나마 보탬이 되길 바라는 지식인 학자의 시대적 사명의식의 발로일까?

법은 문자적 개념이나 의식적 관념 이전에, 인간의 사회관계를 규율하는 살아있는 규범실체이다. 지금까지 고찰을 바탕으로, 앞으로 전통법문화에서 실질적 법의 규범실체를 좀 더 명확히 이해할 수 있길 기대한다.

제4편 結 論

전통법의 궁극 이념

전통법의 궁극 이념

— 傳統 法哲學의 규범체계 —

沈憲燮恩師頌　　심헌섭 은사님을 송축하며

從來英才體弱多 예로부터 영웅 천재는 허약한 몸 많나니,
性純氣淸心虛故 순수한 성품 맑은 기질 텅 빈 마음 때문일세.
亮眼淡笑通天眞 밝은 눈 엷은 미소는 천상 순진함에 통하고,
沈情篤志達人摯 그윽한 정감 돈독한 뜻은 인간 진지함 달하셨네.
究法窮理今賢哲 법을 연구해 근원 궁리함은 현대 현명한 철인이고,
訥言節文古良知 말은 더듬고 글 아끼심은 옛날 선량한 선비시네.
身外名利何求鬧 몸 밖 명예와 이익 어찌 요란하길 구하리?
憲在方寸光燮輝 법 중에 법 마음에 있어 찬란한 빛 발하는 걸!

1. 머리글

본서는 크게 4편으로 나뉜다.

서론 편에서는, 필자가 지금까지 40여년간 전통법의 역사철학 연구에 전념해온 동기와 목적을, 時(역사)·空(중국)·主題(법)·방법(文史哲)·理念으로 나누어, 각 항목별로 고전문헌 자료를 찾아 설명해보았다.

제2편 原論에서는, 로자가 처음 천명한 "道-德-仁-義-禮"의 규범 원

류를 바탕으로, 필자가 '禮-法' 관계를 추가 보충해 "道-法 규범원류관"이라고 명명하여, 전통 "生命道德 法文史哲學"의 큰 얼개(大綱)를 나름대로 구성해 논술해 보았다.

제3편 本論에서는, 당초 박사학위론문 제1초고에서 전편 '제5장 禮'와 '제6장 法'에 속했던 소주제 몇 節을 올해 따로 독립해 발표하고, 그 6편 론문을 6章으로 손질해 재편집했다. 전통시대 "禮의 법규범성과 법 범부의 변천", "성문법 공포", "李悝의 法經", 禮와 法의 긴장대립으로서 "복수의 禮法과 철학지혜", 청말 근대화 과정에 펼쳐진 "修訂法律 시 禮法 논쟁과 沈家本의 법사상", 그리고 마지막으로 文(字)學 관점에서 "법의 문자어원상 개념과 각종 규범 비유"를 차례로 다룬 내용이다.

마지막 네 번째 편은 종합결론으로서 본편이다. 본편 글은, 지금까지 "道-法 規範源流觀"이라고 명명해 상세히 탐구한 전통 중국법철학의 규범체계를, 종합 마무리하는 결론으로 작성한 것이다.

제2편 原論 전편에서, "道-法 규범원류관" 구성 체계에 관하여 이해의 편의를 위해, 서양법철학에서 아주 유명한 純粹法學者 한스 켈젠(Hans Kelsen)이 실정법의 효력근거를 밝힌 피라미드형 '법단계설'에 빗대어 설명하였다. 형식논리에 충실한 개념법학에서, 규칙은 명령에, 명령은 법률에, 법률은 헌법에, 각각 순차로 그 효력근거를 둔다는 '법단계설'은, 마지막 헌법의 효력근거를 설명하기 위하여, 결국 부득이 '근본규범'(Grundnorm)을 설정하고 만다. 이는 명칭만 다르지, 실질상 自然法을 인정하고, 법규범의 피라밋 정점에 '屋上屋' 격의 왕관을 씌운 셈이다. 인간 실정규범의 자기한계를 자인한 것이기도 하다.

인간세계 각종 사회규범의 수직질서에 관한 비슷한 이론으로, 전통 중국 법철학에도 이미 2,500여 년 전에 존재한 "道-法 규범원류관"은 아주 독특한 사상이다. 켈젠의 법효력단계설은 각종 실정법규범 상호간의 관계를 중심으로 하되, 이론적 궁색함을 소통하기 위해 근본규범을 장외에 설정했다. 이에 반하여, 전통 "道-法 規範源流觀"은 法 이전에 道·德·仁·義·禮와 같은 非實定的 도덕규범을 중심으로 하고, 법은 최후 말단지엽으로 구석자리를 차지할 뿐인 점이 다르다.

한편, 켈젠의 이론은 아래에서부터, 그 존재 및 효력근거를 거꾸로 소급하여 추론한다. 이에 반하여, 전통 規範源流觀은 모든 규범의 근본적 원천인 道로부터 출발하여, 그 하위규범을 향해 순차로 연역해 내려온다는 점이 또 다른 특징이다.

이제 "道-法 規範源流觀"의 체계적 특징을 간단히 종합 정리하여, 본서에 결론으로 제시하며 대단원의 막을 내리고자 한다.

2. 전통법의 궁극 이념

지금까지 "道-法 규범원류관"을 상세히 살펴보고, 전통 禮-法에 관련해 주요 주제들을 곁들여 탐구하였다. 이제 이러한 법철학을 바탕으로, 전통법의 궁극 이념을 대강 종합 정리해본다.

첫째, 규범 차원에서 인간과 천지자연의 이상적 기본관계(구조)는, 인간이 천지자연을 본받는 '人法天'과, 그 결과 인간사회와 천지자연이 혼연일체의 조화를 이루는 '天人合一'로 요약할 수 있다. 이는 法과 禮를 포함한 모든 인간사회의 당위규범이, 천지자연의 존재법칙으로서 道를 본받아 그에 순응함을 뜻한다. 존재로 보면, 天道로부터 德·仁·義·禮·法의 人道(사회규범)가 차례대로 파생하는, 道-法 규범원류가 이루어진다. 반면, 당위로 살피면, 人法(실정규범)은 天道의 핵심 본질에 근거하여, 정당하게 제정하고 실효성 있게 시행해야 한다.

둘째, 道로부터 法에 이르는 규범체계, 특히 道·義·法의 핵심 본질 속성 및 근본이념은, 한마디로 '至公無私'라고 요약할 수 있다. 이는 이해의 편의상 상대적인 두 관점으로 나누어 볼 수 있다. 하나는 절차적 형식의 관점에서, 형식적 평등성·평균적 정의·절차적인 안정성의 이념을 들 수 있다. 이는 '平', '均', '齊', '等' 등의 개념으로 나타난다. 다른 하나는 실체적 내용의 관점에서, 실질적 형평성·배분적 정의·구체적 타당성의 이념이 된다. 이는 '直', '正', '善', '是' 등의 개념으로 나타난다. 물론 이 두 관점은 절대적이거나 一刀兩斷의 확연한 구별이 아니며, 다분히 상대적이고 융통성 있는 방편적 분류에 불과하다.

셋째, 인간사회의 규범 이상은, 다른 한편으로는 天理 및 人情의 두 근본이념이 동시에 원만히 이루어지는, '中和' '大同'의 세계가 된다. 이는 곧 인간과 자연이 일체가 되는, 至公無私의 평화 상태를 의미한다. 이러한 이상세계를 실현하기 위한 규범현실의 구체 방도 및 실정규범(禮法)의 지향목표는, 상호보완의 선후 두 단계로 나뉘어 일관되게 나타난다.

우선 소극 차원에서는, 분쟁이나 혼란이 발생하지 않도록, 미연에 방지하는 사전예방이 중요하다. 不爭이나 겸양을 최상의 도덕으로 강조하고, 無訟이나 無刑이 궁극이념으로 표방하는 것은, 곧 사전 예방주의의 표현이다. 예법을 제방이나 城, 고삐 등의 개념에 비유하는 것도, 규범의 사전예방 기능을 상징한다.[1] 그러나 인간사회에 분쟁과 혼란이 전혀 없을 수 없는 것이 규범현실이다.

그래서 적극 관점에서는, 이미 발생한 분쟁이나 혼란을 원만하게 수습하여, 평화로운 질서를 회복하는 사후 해결의 차선책도 강구해야 한다. 聽訟과 斷獄 및 그를 통한 형벌제재의 부득이한 필요성이 여기에 존재한다. 그러나 사후 해결에서도 되도록 조정화해를 우선하고, 범죄자 개인에 대한 단순한 인과응보의 처벌보다는, 인민 전체에 대

1 졸저, 지혜의 법과 생명법학, 전남대출판문화원, 2021, 404-479쪽 참조.

한 일반예방의 懲戒(일벌백계) 목적을 더욱 중시한다. 범인에 대한 죄악에 대해서도 형벌의 교정·교화의 기능을 강조하는데, 특히 의약의 개념비유는 치유의 이상을 적절히 상징한다.[2]

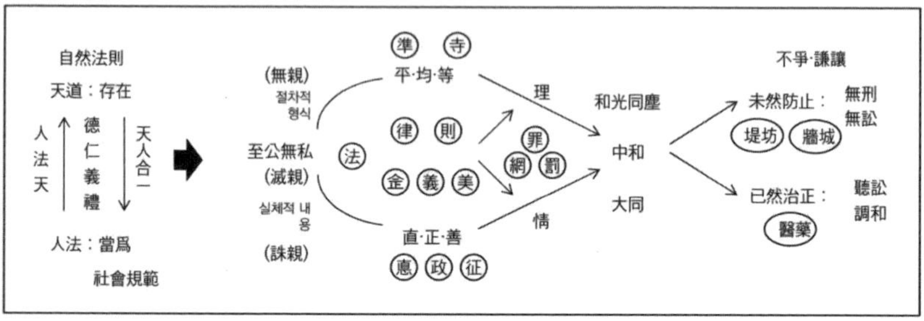

(도표 1) 규범원류의 기본체계

이상에서 요약한 道-法 규범원류의 이념체계를 전체로 일목요연하게 정리하면, 앞의 (도표 1)과 같다. 아래에서는 다시 단계별로 나누어 다소 부연 설명을 보충하기로 한다.

3. 道－法 규범원류의 기본구조

앞서, 道－法 규범체계를 강물의 발상 연원부터 바다에 합류하는 일련의 연속성에 비유하여, '源流'라는 개념을 채택했다. 이 비유 개념만으로도 道-法 규범의 기본구조를 적절하게 묘사하기에 충분할 것이다. 더구나 강물의 '흐름' 자체는 끊임없는 생동감을 상징한다. 이밖에도, 이 규범체계를 특징적으로 표현할 수 있는 비유 개념이 몇 가지

2 법과 형벌의 교정·교화의 기능을 상징하는 의약의 비유는, 졸고, "전통 中國法文化에서 社會疾病을 治療하는 醫藥으로서 法의 비유와 그 상징 의미", 전남대 법학논총, 제30집 제2호, 247-304쪽; 졸저, 지혜의 법과 생명법학, 전남대출판문화원, 2021, 149-403쪽 참조.

더 떠오른다.

첫째, 앞에서 '源流' 개념을 채택할 때 잠시 언급했듯이, '本末'의 개념을 취하는 '나무의 비유'가 있다. 즉, 道를 나무의 무형적·추상적인 생명의 근원으로서 뿌리(굳이 구체화하자면, 생물학상으로 나무의 생장에 필요한 물과 양분을 흡수하는 뿌리 끝의 '생장점')로 비유하고, 德은 나무(유형적 생명)를 지탱하는 굵은 뿌리가지와 밑둥, 仁은 줄기(幹), 義는 가지, 禮는 잎, 그리고 法은 꽃과 열매에 각각 대비시키는 것이다. 이를 규범나무(規範樹)라고 부르기로 한다.(도표 2 참조)

둘째, 전통적인 '수레바퀴의 비유'를 들 수 있다. 바퀴의 무형적인 회전중심이 되는 축의 중심점이 道에 비유되고, 바퀴의 유형적인 회전중심인 軸이 德이 되며, 축을 둘러싸며 바퀴살이 모이는 바퀴통(轂)이 仁에, 바퀴살(輻)은 義에, 바퀴살이 밖으로 떠받치는(지탱하는) 바퀴 테(輞: rim)는 禮에, 그리고 바퀴에 탄성력을 주기 위해 바퀴 테에 덧붙여지는 外輪(輪胎: tyre)이 法에 각각 대응한다. 이를 규범바퀴(規範輪)라고 일컫기로 한다.(도표 3 참조)

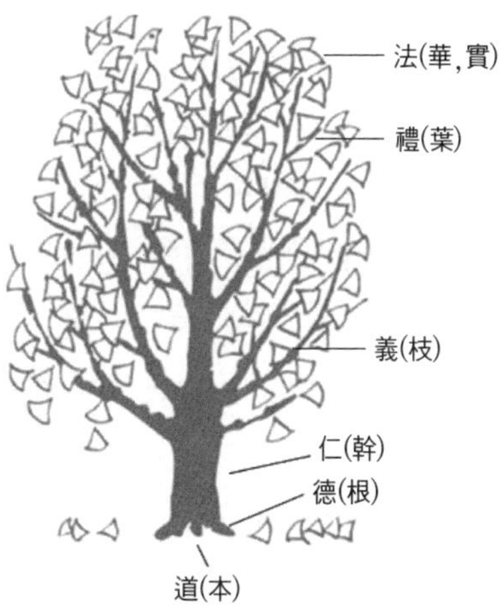

(도표 2) 규범나무(規範樹)

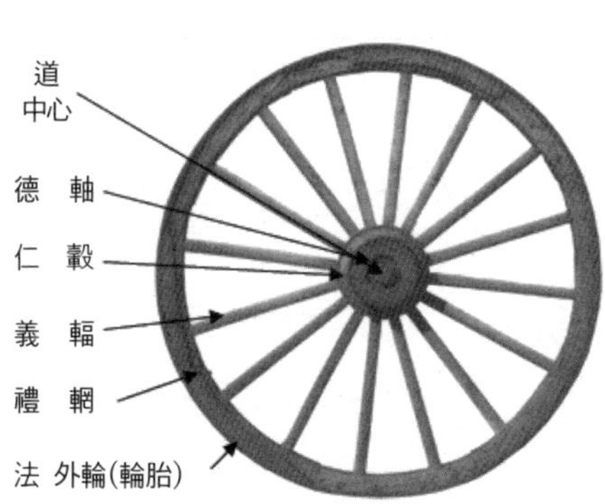

(도표 3) 규범바퀴(規範輪)

外輪에 관한 흥미로운 해석을 하나 덧붙여보자! 옛날에는 달구지나 마차의 바퀴 외륜으로 두꺼운 쇠판을 둘렀는데, 이는 과거 전통사회의 법과 형벌이 주로 응보형주의 사상 관점에서, 경직성과 보복성이 강한 시대 특징에 상응한다고 볼 수 있다. 반면, 현대에는 훨씬 부드러운 고무 tyre에 공기 tube로 대체해 쓰는데, 이는 현대의 교정(교화)주의 목적형 사상 관점에서, 탄력성과 유연성이 증강하는 시대 추이에 상응한다고 여겨진다.

셋째, 중심이 위로 향하는 중심각 90°의 1/4圓에 다섯 단계의 점층적인 반지름의 동심원을 그은 '부채꼴의 비유'를 상정할 수 있다. 맨 위에 위치하는 부채꼴의 중심점이 道에 해당하고, 중심에 가까운 가장 작은 부채꼴로부터, 차례대로 德·仁·禮·法의 영역에 각기 속하는 것으로 정한다.

이를 규범부채(規範扇)라고 일컫는다.(도표 4 참조)

이상의 세 가지 비유개념에 상응하여, 규범원류의 명칭을 취한 '강물의 비유'는 '規範河'로 부를 수 있을 것이다.

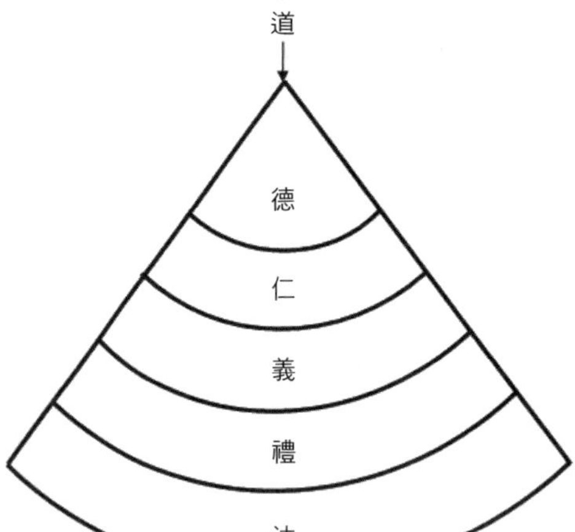

(도표 4) 규범부채(規範扇)

물론, 이러한 각종 비유개념은 완전히 독창적인 새로운 산물(idea)이 아니다. 전통적으로 각종 영역과 대상에서 직접·간접으로 널리 관용되어 온 묵은 관념이다. 다만, 본서에 핵심 근간인 道－法 규범체계를, 일관적인 연속성과 유기적인 생동성의 관점에서 효과적으로 이해하기 위하여, 필자가 새롭게 설정한 상징적인 방편 개념일 따름이다.

첫째, 원류나 본말의 상대적 비유개념은 너무 일반보편으로 통용하므로, 비유로서 신선함과 상징성이 상당히 떨어질지도 모르겠다. 예컨대, 강물이 처음 發源하는 샘은 '濫觴'의 개념으로 비유한다.(孔子家語, 三恕) '윗물(源)이 맑아야 아랫물(流)도 맑다'는 속담, 또는 샘이 깊어야 가물어도 물이 마르지 않고 큰 강을 이루며, 뿌리가 깊어야 가지와 잎도 무성하고 꽃과 열매도 풍성하다는 비유 등이 대표다.

그런데 이들 전통적인 개념이 상징하는 비유가, 근본이나 원천만 중요하고 하류나 말엽은 그리 대수롭지 않다는 의미는 결코 아니라는 사실에 주의해야 한다. 이는 사건에 시작과 끝이 있듯이, 물건에 근본과 말엽이 존재한다(物有本末, 事有終始: 大學)는 방식으로, 사물의 선후완급을 강조하는 것일 따름이다. 근본이나 원천이 없이는, 나무나 강물이 생성할 수 없다. 그러나 지엽이나 하류를 이루지 못하는 뿌리와 샘도, 그 존재의미를 지닐 수 없다. 비록 생성순서와 존재근거에서, 근원이 좀 더 우선하여 중요한 지위에 놓이지만, 이는 지엽이나 하류와 함께 더불어서만, 비로소 완전한 나무나 강물을 이룬다.

道-法 규범원류도 또한 마찬가지다. 비록 道가 모든 규범을 생성하는 가장 시원적인 존재근거이긴 하지만, 그렇다고 구체적 실정규범인 예법이 없다면, 인간사회를 제대로 다스리기 어렵다. 상대적 현상세계에서, 예법은 말단지엽의 규범이지만, 국가를 통치하는 가장 현실적 선봉이자, 道의 존재가치를 확인·발현시켜주는 善方便이기도 하다. 특히, 規範樹의 개념을 현대 생물학상의 식물 및 동물의 系統樹에 대비해보면, 그 비유의 상징성이 더욱 선명하게 두드러질 것이다.

둘째, 바퀴의 비유는 철학사상사에서 가장 오래되고 권위 있는 전통을 지닌다. 불교에서 우주의 최고 진리인 法(dharma)을 바퀴에 비유하여 '法輪'이라고 일컬음은 주지의 사실이다. 그 진리를 깨달아 전파

함으로써 중생을 제도하는 일은, 곧 법륜을 굴리는(轉輪) 개념에 비유한다. 그렇지 못하고, 인과응보의 법칙에 따라 생사의 사슬을 숙명적으로 순환하는 것은, '輪廻'로 표현한다.

로자도 비록 지극히 간단한 함축적 명제지만, 바퀴의 비유를 거론한다. 서른 개 바퀴살이 바퀴통에 집중(輻輳)함으로써, 수레를 움직이는 가장 긴요한 부품이 되는데, 그 핵심 效'用'은 축이 끼워질 바퀴통 안의 둥근 공간(無)에 있다고 말한다.(§11. 三十輻共一轂, 當其無, 有車之用.) 이는 곧 유형의 축으로서 덕이나, 무형의 '축의 중심'으로서 道를 상징하고 암시한다. 물론, 바퀴통과 바퀴살, 바퀴 테 등이, 바퀴라는 '有'의 실체를 원만하게 조성하는 것을 전제로 한다. 이것이 '有'의 '利'로움과 '無'의 效'用'이 조화를 이루는 道의 핵심 본질이 된다.

한편, 공자는 德에 의한 정치를, 북극성이 제자리에 고요히 위치하며, 모든 별이 그를 축으로 회전하는, 천체의 원운동에 비유하였다. 바퀴라는 구체 사물이 언급되지는 않지만, 천체라는 가장 큰 바퀴의 회전축을 德에 비유한 것은, 자못 의미심장하고 일맥상통하는 개념이 아닐 수 없다. 왜냐하면, 德政을 이상으로 여긴 고대에, 천자가 타는 수레를 '德車'라고 일컬었기 때문이다. 수공업을 관장하는 周禮 冬官의 考工記편에는, 木·金·皮·土 등의 재료를 가공하는 각종 技工을 열거하는데, 그중 木工이 최우선의 지위에 놓이며, 木工 중에서도 바퀴(輪) 제작이 으뜸으로 중요하다. 周代에는 수레(車)가 가장 중요한 기물인데, 수레를 관찰하는 道는 地面과 접촉하는 부분부터 시작하므로, 바퀴가 시원적으로 긴요하다고 한다.

셋째, 부채꼴의 비유는 흔히 잘 활용하지 않는데, 이와 유사한 삼각형(피라미드) 개념은 보편으로 통용한다. 순수법학자 켈젠의 법효력근거에 관한 법단계설도, 이 삼각형 개념을 이용하는데, 상하 수직적 계층관계는 거의 모두 이에 비유된다. 대체로 삼각형과 부채꼴이 취하는 상징성은 일맥상통한다. 다만, 삼각형은 上下의 기본관계와 최고 정점을 표현하되, 그 정점이 외형상 필연적으로 특정되지는 않는다. 이에 반해, 부채꼴은 본디 원의 일부인 까닭에, 내외의 기본관계와 중심점을 표현하며, 그 중심점은 처음부터 일정불변하다. 또, 삼각형의 정점에는 켈젠의 '근본규범'(Grundnorm)처럼 屋上屋의 왕관이 씌워질 수 있다. 하지만 원의 중심인 부채꼴의 정점에는, 본질상 그러한 사족을 첨가하는 것이 결코 필요하지도 않고, 허용되지도 않는다.(물론 삼각형도 정사각형의 대각선에 의해 분할된 1/4을 취하는 경우, 부채꼴의 기본특성에 거의 접근하지만, 보통 이러한 연유를 전제하지 않는 편이다.) 즉, 부채꼴의 정점에 위치한 道는, 곧 바퀴(원)의 회전축인 중심점과 같기 때문에, 그 자체가 궁극의 근원이 된다. 서양의 직선형 사고보다 동양의 곡선(원)형 사유가, 더 부드럽고 원만한 비유 개념이 됨을 새삼 확인할 수 있다.

그리고 道-法 규범원류를 일반적인 평면적 수직관계로 도표화하여, 각 개별 규범의 특성을 영역으로 구분해볼 수도 있다.(도표 5 참조) 도표의 왼쪽에는 '理'의 범주를 설정하여, 일반적이고 객관적인 '天'(자연)의 영역으로 삼고, 오른쪽에는 '情'의 범주를 설정하여, 개별적이고 주관적인 '人'의 영역으로 삼는다. 理의 근원인 道와, 그를 핵심 본질로 삼는 義·法은, 다분히 天理의 영역에 치우치게 될 것이다. 반면, 은혜와 친애라는 인간의 개별적·주관적 심성에 바탕을 두는 德·仁와, 신분적

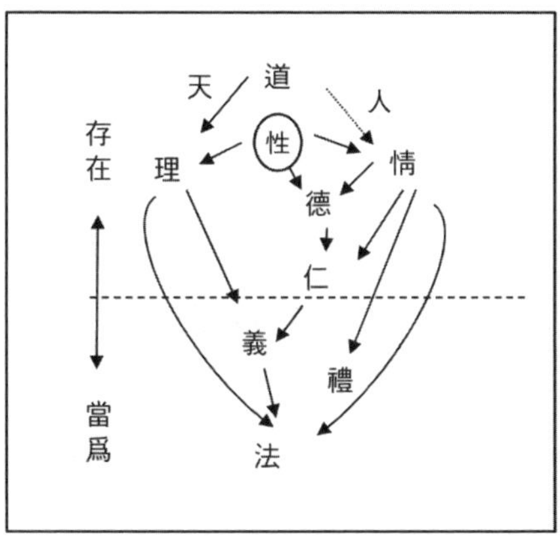

(도표 5) 규범원류와 정리(情理)

차등성을 핵심 본질로 여기는 禮는, 다소 人情의 영역에 쏠리게 될 것이다. 물론, 禮와 法이 모두 天理와 人情의 중용조화를 궁극이상으로 지향한다. 또한 情은 '眞實'이나 '誠信'의 의미에서, 道의 실재성(실질)으로부터 직접 근원하며, 하늘(道)로부터 본디 稟受한 (天)性의 개념(性情)을 통하여, 수평으로는 理(性理)와, 수직으로는 道에 간접으로 연결하기도 한다.

이 도표를 수직으로 양분하면, 仁 이상은 대체로 존재(Sein)의 차원에 가깝고, 義 이하는 당위(Sollen)의 영역에 해당할 것이다. 물론, 자연법칙으로서 천도만이 유일한 '자연스런 존재'의 법칙이고, 기타 德 이하 法까지는 보통 인간규범으로서 '사회의 當爲' 규범에 속하게 된다. 그러나 여기에서 말하는 존재와 당위란, 귀속 주체의 객관적 대상에 의한 구분이 아니라, 그 실질적인 본질속성에 따른 구별이다. 즉, 德과 仁은 인간의 有爲적 의지로 부자연스럽게 강요하는 명령적·피동적 규범이 아니라, 無爲에 가까운 천성에 따라 자연스럽게 발현하는 자발적·사실적 행위라는 의미다. 공자가 德은 물론이고 仁조차도 남에게 쉽게 허락하지 않은 사실은, 론어에 잘 나타난다. 뿐만 아니라, 자기 자신조차도 聖과 仁은 감당할 수 없다고 겸양한 바 있다. 즉, 仁과 德은, 聖과 마찬가지로, 자연스러운 존재의 차원에 속하는, 이상적인 규범인 셈이다. 반면, 義 이하는 다소 정도의 차이는 있지만, 모두 일반 세속의 의지로 강제 명령하는 당위규범이다. 한편, 천지자연이 만물을 생장시키는 속성을 가리켜, 흔히 '好生'의 德이나 仁으로 표현한다. 이는 德과 仁이 순수하게 인간에 전속하는 性行이 아니라, 자연까지 포괄하는 보편 개념임을 뜻한다. 환언하면, 德과 仁은 자연스런 존재의 규범이며, 인간의 性行으로서 德과 仁도 자연스런 존재의 차원을 가리킨다고 볼 수 있다.

4. 道－法 규범원류의 '행위' 규범 특성

道－法 규범원류에 일관하는 공통 특성은, 한마디로 '행위' 규범이라고 요약할 수 있다. 물론, '규범'이라는 개념 자체가, 인식론적인 존재의 차원이 아니라, 가치론적인 행위의 윤리도덕을 의미한다. 특히, 인간의 사회적 당위규범은 더욱 그러하다. 그런데 특별히 '행위'의 개념을 부각·강조하는 까닭은 무엇인가? 이는 인간의 실천 의지와 행위를 중시하고, 특히 '언행일치'와 '지행합일'을 통하여, 인간(당위)이 자연(존재)과 순응·조화하는 '천인합일'의 궁극 이상을 지향하는, 전통 法哲學思想의 규범의식을, 전통 개념으로 일관 회통하여 종합해보기 위함이다.

첫째, 道는 문자학상으로 걸어서 목적지에 이르게 하는 首와, 사람의 걸음을 뜻하는 行(더러 발을 가리키는 止가 덧붙여지기도 함)이 결합하여 이루어진 글자다. 그런데 首자도 說文에서는 사람이 '가서 도달하는 바'(行所達)라고 규정하므로, 통행하여 일정한 목적지에 이르게 하는 길을 뜻한다. 道자는 行의 개념 자체로 이루어졌다. 한편, 行은 '사람의 발걸음'(人之步趨)을 가리키므로, 실천하는 행위·행동의 뜻임이 자명하다. 道의 이러한 시원적 개념은, 最古의 문헌인 詩經에 자주 나온다. 시경에서는 行자를 道의 의미로 쓰는 경우가 잦다.(小雅, 小弁) 특히, '周行'의 개념은 大道로 해석하기도 하는데, 같은 시경에 등장하는 周道와 같은 의미로 이해하는 것이 일반이다.(周南, 卷耳; 小雅, 鹿鳴·大東)

그런데 道의 개념이 일반 추상화하여, 천지자연의 존재법칙인 天道의 의미로 확장하면, 비록 실질 함의는 다소 관점이 달라지지만, 여전히 '行'과 일맥상통하는 동일성을 유지함과 동시에, 다른 한편으로는 '爲'라는 새로운 의미를 함축하게 된다. 즉, 객관적 사실현상으로서 천지자연의 運'行'과, 그 운행에 수반하는 자연 질서, 존재법칙의 내면적 본질속성으로서 無'爲'而無不'爲'의 개념을 兼有한다.

예컨대, 공자가 '하늘이 말없는 가운데' 四時가 운행하여 만물이 생장하는 것처럼 '자신도 말하고 싶지 않다'고 술회한 것이나,(陽貨) 易傳에서 군자가 하늘의 운행이 강건함(天行健)을 상징하는 乾卦의 본성을 본받아 自彊不息한다고 해석하는 것 등이 전자의 예다.(여기서 天行은 天道로 해석하기도 한다.)

한편, 天道의 본질속성 관점에서 無爲而無不爲로 규정하는 것은, 물론 老莊의 道家이다. 無爲란 天道의 항상성과 정적인 본체의 관점에서 파악하는 것으로, 흔히 天常의 개념으로 표현한다. 반면, 無不爲란 天道의 변화하는 동적인 작용의 시각에서 관찰하는 것으로, 곧 天行과 상통하게 된다. 요컨대, 천지자연의 질서법칙으로서 道는, 존재적이고 사실적인 '行'과 '爲'를 그 본질로 삼는다.

그리고 포괄적인 사회 윤리도덕으로서 人道의 개념에 이르면, 인간의 실천 행위가 道의 당위적 본질이 된다. 이는 특히 유가에서 강조한다. 예컨대, 論語에는 학문으로써 道에 이르고, 直道로써 자신을 행하며 남을 섬기고, 道가 아니면 가지를 않으며, 道를 널리 펴되 小道는 행하지 않는다는 등의 표현이 등장한다. 맹자에 이르면, 道의 실행(行道)이 그 철학적 핵심으로 부각한다.

둘째, 人道는 그 당위적 본질상 義와 밀접 불가분하게 연관하여 거론하는 것이 특징이다. 예컨대, 공자를 수행하던 子路는, 세상을 회피하는 은둔자를 대면한 후, '道가 행해지지 않음을 이미 알면서도, 군자가 벼슬을 하는 것은 義를 행하기 위해서'라고, 유가의 현실 참여적 가치관을 변론한다.(微子) 당위의 義를 적극 행함으로써, 존재의 道에 이르는 것이 유가의 궁극 이상이다.(行義以達其道 : 季氏) 그래서 공자는 義를 보고도 행하지 않으면 진정한 용기가 없는 것이며,(爲政) 특히 통치자는 民義에 힘쓰며 인민을 義로써 부려야한다고 강조한다. 묵자도 義를 말하기만 하고 실행하지 않는 것은 우매한 짓이라고 단정한다.(魯問) 仁義와 兼愛를 핵심으로 삼는 묵자 철학의 실천성은, 그의 행적 자체로 잘 드러난다.

셋째, 德은 본질 속성이나 언어·행위 등 다양한 각도의 의미를 함축하지만, 특히 실천적 행위 개념인 덕'행'이 가장 중요한 핵심으로 두드러진다. 덕행이 孔門四科에 으뜸 항목임은 주지의 사실이다. 통치자의 德政을 중시하여, 천자의 수레를 德車로 일컬음도 전술했다. 일반 인격수양의 관점에서도 덕을 세우고(樹) 심으며(種) 밝히고(明) 쌓는(積) 등 실천 행위를 중시해, 功德이라는 용어로 집약할 정도다.

넷째, 사람을 사랑하는 仁의 개념도, 본체적인 심성의 차원에 머무르지 않고, 구체 행위로 실천할 것은 자명하다. 齊 桓公을 보필하여 패업을 이룬 管仲의 정치 공덕을, 공자가 仁으로 평가하는 것도 그 때문이다. 그래서 德政과 마찬가지로, 仁政의 개념도 보편으로 쓰인다. 개인의 수양 차원에서는, 자신의 감정욕망을 극복하고 禮에 복귀하는 克己復禮가, 곧 仁을 행하는 것이다. 仁의 실행은 자기로부터 말미암는 내면성·자발성이 특징이다. 특히, 仁에 당면하여서는, 스승에게도 양보하지 않는 적극적 실천 행위가 중요하다.

다섯째, 禮의 실천 행위성은 더욱 보편으로 두드러진다. 군자는 자신을 禮로써 행할 뿐만 아니라, 인민도 禮로써 움직인다.(論語, 衛靈公; 左傳 昭公5年) 禮가 아니면 보지도 말고 듣지도 말며, 말하지도 말고 움직이지도 말라는 공자의 가르침은, 禮의 행위규범성을 간명히 표현한다. 유가 경전에서는 禮의 본질속성을 '行'으로 규정하는 언론이 보편으로 등장한다.

예컨대, 유가에서 聖王의 道를 전하는 경전은, 詩經이 감정(志)을, 書經이 역사사실(事)을, 音樂이 조화(和)를, 그리고 春秋가 隱微한 뜻(微)

을 각각 대표한다. 이에 상응하여, 禮는 곧 '行'을 전한다고 한다.(荀子, 儒效) 거꾸로 '行'이란 '禮를 행하는 것'이라고 정의한다.(荀子, 大略; 大戴禮記, 曾子制言上)

또한, '履'의 개념으로 禮를 정의하기도 한다. 履는 踐과 마찬가지로, 발로 땅을 밟는다는 뜻이므로, 行과 상통한다. 즉, 履行이나 實踐은 實行을 뜻한다. 말한 것을 '履'行하는 것이 禮이다.(周易, 序卦傳; 禮記, 仲尼燕居; 孔子家語, 問玉) 거꾸로, 禮란 孝를 '履'行하는 것으로 규정한다.(禮記, 祭義; 呂氏春秋, 孝行) 국가의 근본 통치규범인 문물제도가 모두 禮에 존재하는데, 그 禮를 행하는 것은 인간에게 달려있기 때문이다.(禮記, 仲尼燕居; 孔子家語, 卷6, 論禮) 요컨대, 禮도 인간의 주체적이고 실천적인 행위를 본질 생명으로 삼는 것이다.

여섯째, 법의 행위규범성은 새삼 말할 필요조차 없다. 법의 성문화와 공포는, 시행을 위한 중요한 절차와 방법이다. 법의 생명은 실효성에 있다고 해도 과언이 아니다. 실효성 없는 법은 법이 아니며, 때로는 아예 법 자체가 없는 것만 못하다. 행위규범으로서 법의 실효성은, 그 행위 주체에 따라 크게 세 관점에서 고찰할 수 있다.

법을 제정·공포·시행하는 최고통치권자로서 군주와, 그 군주를 대신하여 제정된 법을 집행·심판(행정·사법의 혼합)하는 관리와, 그리고 시행·집행하는 법을 준수·복종해야 하는 인민이 있다.

흔히, 법의 행위규범성은 인민의 법에 대한 준수와 복종의 관점을 강조한다. 준법이라는 행위의 실효성을 담보하기 위해서, 형벌이라는 국가통치권의 강제수단을 정당하게 수반한다. 이는 법이 다른 사회규범과 본질상 다른 중요한 징표이다. 특히, 법가사상은 법의 실효성 있는 준수를 위해, 중형엄벌 일변도의 법치주의를 강조한다.

그러나 법의 실효성에서 인민의 준법 못지않게 긴요한 것은, 군주의 법 시행 및 관리의 법집행이다. 군주와 관리가 법을 시행하고 집행하는 과정에 필수로 요구되는 공평무사성은, 법에 핵심 본성이자 법의 생명이다. 법의 공평무사성은 관점에 따라, 법 자체의 객관적 명료성을 확보하기 위한 성문화와 공포, 법 시행 주체의 공신성과, 법적용 객체(인민)의 평등성을 위한 신상필벌, 그리고 법 내용상 실질적 형평성 등을 포함한다.

사실, 법을 인민이 실효성 있는 행위규범으로 준수하기 위해서는, 군주와 관리의 실효성 있는 법집행, 즉 법의 공평무사성이 필수 선결조건으로 요구된다. 그래서 법치를 주장하는 법가사상에서는, 공평무사가 법의 본질과 생명으로 중시된다.

법의 실효성은 좀 더 근원적으로는 법 자체의 도덕적 정당성의 문제로 귀결한다. 물론, 이는 법을 제정·시행하는 통치권(특히 군주)의 도덕성과 직결한다. 순수하게 객관적 관점에서 보면, 道-法 규범원류 관점에서, 법이 道로부터 禮에 이르는 상위규범에 직접 淵源(근거)하여야 함을 의미한다. 바꿔 말하면, 법이 天理에 근원하고, 人情에 순응하여야 함을 뜻하기도 한다.

즉, 법은 道·德·仁·義·禮의 근본정신과 본질에 합당하게 제정·시행하여야, 비로소 도덕적 정당성과 현실적 실효성을 함께 겸비할 수 있게 된다. 물론, 법을 제정·집행하는 주체의 관점에서는, 군주와 관리가 항상 道義에 근거한 德政과 仁政을 베풀고, 인민을 법으로 다스리기 이전에 禮로써 교화함을 뜻한다.

한비자와 같은 정통 법가사상에서는, 객관적으로 법이 직접 道에 근원함을 인정하지만, 德·仁·禮 등을 정면으로 부정함으로써, 불완전하고 일방적인 片面性을 보인다. 또한 주관적으로도, 군주의 공평무사성과 법에 대한 관리의 엄격한 기속을 주장하지만, 이와 함께 군주의 절대 통치권과 독단적인 術, 임기응변하는 상황적 勢를 나란히 강조함으로써, 혼동과 오해 및 악용의 소지를 다분히 안고 있다. 특히, 인민의 준법과 복종을 期必하기 위하여 주장하는 중형엄벌 위주의 '以刑去刑' 이론은, 형벌의 통상적인 심리강제 기능을 훨씬 초월하여, 威嚇적인 전제주의로 전락하기 쉽다.

그러나 管子는 이러한 법가의 요소와 함께, 유가의 德·仁·禮를 균형 있게 중시하고, 또한 군주의 도덕성과 유위적인 실천의지를 부각시킨다. 특히, 법을 제대로 시행·준수하기 위한 실효성의 전제요건으로, 객관적인 법과 주관적인 군주의 도덕적 정당성을 동시에 강조한다. 유가에서는 법보다는 그 상위규범을 우선 중시하기 때문에, 법 자체에 대한 언급이 비교적 적은 편이다. 오히려 군주의 주관적인 政令과 객관적 수단인 형벌에서도, 그 도덕적 정당성의 연원으로서 상위규범을 강조한다. "단순한 법령만으로는 저절로 시행될 수 없다"(徒法不能以自行)는 맹자의 명제는, 행위규범으로서 법의 실효성과 도덕적 정당성의 관계를 적절하게 함축적으로 암시해 준다.

5. 道-法 규범원류의 핵심 본질 및 이념

道-法 규범원류에 일관하는 핵심 본질과 궁극 이념은, 한마디로 至公無私라고 요약할 수 있다. 이는 법의 본성일 뿐만 아니라, 모든 규범의 공통 속성이자 궁극이념이다. 天道의 '無親'性과 大義의 '滅親'性, 그리고 公法(國法)의 '誅親'性 등은, 모두 사사로운 親情을 배제하는 것으로, 이러한 至公無私의 본질과 이념을 간명하게 표현해 준다. 로자의 天道는 公으로 개념 규정된다.(§16) 유가의 大同은 大道가 행해져서 天下가 公이 되는 경지이다.(禮記, 禮運) 법가의 이상세계는 오직 公法에 의해 다스려지는 사회이다.

私親의 人情을 배제하고 공평한 天理를 강조하는 의미에서, 다분히 道·義·法에 치중하는 성향이 강하다. 그러나 德·仁·禮가 비록 인간적인 親情의 요소를 다분히 함축한다고 해서, 그것이 곧 공평을 해치고 私情에 치우치는 편협성을 의미하지는 않는다. 예컨대, 私親이 없는 天道는 오직 德을 도와주며, 또한 지극한 仁은 오히려 親함이 전혀 없기 때문이다. 禮의 親疎 가능성도 어디까지나 국가사회의 공적 신분질서에 근거한 것으로, 맹목적인 개인주의적 私情을 추구하지 않는다. 선공후사의 정신으로 선후완급의 차이가 있을 뿐이다.

至公無私의 본질과 이념은 이해의 편의상, 형식상의 平·均·等의 이념과, 실질 내용상의 正·直·善의 이념으로 크게 양분할 수 있다. 물론, 양자는 확연히 구별되지 않으며, 특정 규범이나 비유 개념이 어느 한 이념에만 치중하는 일도 없다. 다만, 대체로 일반 경향상, 理에 치중하는 道·法과 그에 관련한 개념들은, 다소 전자의 형식적 평균 이념에 중점을 두며; 情에 친근한 德·仁 등은, 후자의 실질적 正直 이념에 비중을 두는 편이다. 전술했지만, 이제 개별 규범, 특히 법과 관련한 비유 개념의 문자적 함의 중심으로 이들 이념을 정리해 보자.

1) 형식적 이념의 관점

첫째, 法字의 氵(水)가 수면의 평평함(水平性)을 취한 것이다. 즉, 법이란 인민을 수면처럼 평등하게 대우하고 다스린다는 의미다.(平之如水) 토목건축 공사에서 바닥의 평면성을 측정하는 수준기(準)가, 구체적 사물뿐만 아니라 추상적 사실과 인간의 행위까지 측정하는 수평의 기준·표준이 된다. '準'이 일반 규범의 비유개념으로까지 부상한 것은, 法字와 마찬가지로 수평성에 직접 기인한다. 일찍이 周初에 법관(平法之官)을 準人 또는 準夫라고 일컫기도 하였다.(尙書, 立政)

로자는 道에 가장 가까운 구체 사물을 물로 비유하는데, 물이 수평을 이루어 안정될 때까지 끊임없이 아래로 흐르는 속성도 그 핵심 징표다. 天道가 남는 것을 덜어 부족한 데에 보태줌으로써 평등을 이루는데, 人道는 부족한 것을 빼앗아 남아도는 자에게 바치는 불평의 심화를 추구한다는 비판한다.

둘째, '刑'字의 어원으로는 荆과 刑의 두 글자가 나온다. 說文에 의하면, 荆은 죄를 벌하는 것이고, 刑은 목을 자르는 것이라고 해석한다. 따라서 荆이 刑의 본 글자이고, 刑은 잘 쓰이지 않는 특수한 글자인데, 후에 혼용되어 '刑'자로 통합되었다고 한다. 그런데 '幵'은 '평평할 견'으로, 두 막대기가 나란히 세워져 윗면이 서로 평평한 모습을 취한 글자라고 한다. 따라서 '幵'과 '刀'가 합해진 '刑'은 본래 울퉁불퉁한 사물을 칼로 평평하게 자른다는 의미를 함축할 것이다.

또, 刑은 도자기(土器)를 빚는 틀인 '型'자와도 의미가 상통하여, 일반적인 규범 표준으로서 법의 개념이 될 것이다. 각종 재질의 기물을 만드는 틀(본)의 경우, 木器는 模, 竹器는 笵(範), 土器는 型, 鐵器는 鎔이라고 각각 나누어 일컫는다. 이들은 모두 모범·전형·표준이라는 규범을 뜻하고, 나아가서 법의 비유개념으로 보편화한다. 이들 모범은 한결같이 틀 밖에 돌출한 불평한 부분을 덜어내어 평평한 모양을 만드는 표준이다.

셋째, '則'은 '鼎'과 '刀'가 합해진 글자인데, 鐘鼎에 칼로 문자를 새기는 의미를 취했다고 한다. 가장 소중한 보물인 鐘鼎에 새기는 문자란, 국가의 典章制度로서 禮法을 뜻한다. 그런데 說文에서는 물건의 귀천에 따라 평등하게 구획(等畵)하는 것으로 해석한다. 그리고 '等'자는 竹簡이 가지런한 모습으로, 寺는 본디 관청의 평등성을 뜻한다. 관청이란 법을 집행·준수하는 곳인데, 법은 곧 평등한 제도이므로, 等은 법과 의미상 직접 연결되는 것이다.

넷째, 律은 고르게 편다(均布)는 의미로, '音律'에서 비롯했다고 한다. 均布는 본디 악기의 음계를 조율하는 儀器로서 竹管(대롱)을 뜻한다. 사물의 대상에 관계없이 균등하게 일률로 대하는 것이 律로서, 한결같지 않은 만물을 하나로 귀결·통일시키는 모범이다. 律의 均一·一律은 道의 '一' 개념과 상통하는데, 법의 통일평등성이 道로부터 淵源함을 말해준다.

다섯째, 일반적인 법도·표준의 개념으로 쓰이는 각종 규범적 비유도, 대개 이러한 형식적 평균성을 강조한다. 전술한 수평을 재는 수준기(準)를 전형적인 모범으로 하여, 직선을 긋는 먹줄(繩), 장단·고저를 재고 직선을 긋는 직각자(矩), 원을 긋는 둥근자(規) 등은 모두 土木工에 필요한 기준척도들이다. 이들은 앞서 언급한 模·笵·型·鎔의 틀(본)과 함께, '規範'이라는 개념의 어원을 형성하는 法度의 대명사이다.

이들은 그 기능에 따라 方·圓·平·直·正 등의 속성을 각각 대표한다. 그런데 여기에서 먹줄이나 직각자의 直 및 모든 규범적 표본의 공통 특성으로서 正(올바름)은, 본서에서 말하는 실질적 내용상의 正·直의 개념이 아니라, 형식적인 平·均에 가까운 의미임을 주의하여야 한다. 즉, 외형상의 통일적이고 공평한 모범·표준으로서, 곧바르고 올바른 속성을 뜻한다.

여섯째, 이밖에도 법도·표준의 의미를 상징하는 각종 도량형의 개념도, 또한 형식적 평균성에 치중하는 편이다. 度는 길이를 재고, 量은 부피를 되며, 衡은 무게를 다는 표준척도이다. 이중 가장 구체적이고 가시적인 길이 측정 단위인 度(尺은 度의 하나임)는, 일반 척도와 규범상의 법도의 비유개념이 된다. 또한 무게를 다는 저울인 衡과 權은, 특히 그 근본원리인 지렛대의 수평성(평형성)으로 말미암아, 물이나 수준기의 수평성과 마찬가지로, 법의 외형적 平·等의 이념을 상징하는 대표적인 비유개념이다.

이는 서양에서 정의의 여신이 천칭을 평형으로 들어 법의 공평성을 상징하는 것과 일맥상통한다. 특히, 漢 文帝 때 張釋之는 "廷尉(법관 명칭)란 천하에 공평(한 저울)인데, 한번 법(저울)을 기울이면 천하에 모든 경중이 달라져서, 인민이 손발을 둘 곳조차 없게 된다."고 비유한 적도 있다.

물론, 각종 모범이나 규준·도량형의 공평하고 정직한 표본성은, 일반 추상적인 법도의 실질 내용상, 정의와 형평의 의미까지 포함하기도 한다. 특히, 저울의 수평은 실질적인 衡平이나 구체적 타당성을 위한 權變의 개념으로 쓰인다. 다만, 그들의 외형적인 구체 특성으로 말미암아, 형식적 평등성에 제1차의 비중이 주어진 따름이다.

2) 실질적인 이념의 관점

첫째, '灋→法' 자의 본래 모습이, 물의 형식적 수평성과 함께, 해태(廌치)가 정직하지 못한 자를 물리친다는 실질적 정의(直)의 의미를 함축한다.(去不直者) 특히, 德의 본 글자는 直과 心이 합해진 悳으로, 곧 정직한 마음이라는 뜻이다. 즉, 내면의 심성과 외부의 언행이 모두 올바른 正直이 德의 본성인데, 이는 법의 형식적 평등에 대응하여, 실질적 내용에 치중하는 개념이다.

올바른 正과 곧바른 直은 실질 의미상 상통한다. 문자학으로도 '正은 是'이고 '是는 直'이라고 해석하며, 直은 열 개의 눈(十目)이 바르게 보는(正見) 모습이니, 正은 곧 直이 된다. 한편, 是의 아랫부분은 본디 正자이다. 일찍이 춘추시대에 부모가 남의 양을 슬쩍하였는데, 이러한 행위(攘)를 자식이 관가에 고발하지 않고 숨겨주었다. 그런데 공자는 부자간의 혈연적 親情을 중시하여 보호하고자, 이러한 人之常情에 부합하는 행위는 실질적인 정직이라고 칭송하였다.[3] 일률적이고 균등한 법치의 관점에서, 자식의 고발을 당위로 명령하는 법가의 형식적 공

3 論語, 子路: "葉公語孔子曰: '吾黨有直躬者, 其父攘羊, 而子證之.' 孔子曰: '吾黨之直者, 異於是. 父爲子隱, 子爲父隱, 直在其中矣.'"

평무사성과 완전히 대조된다. 유가에서 흔히 거론하는 直道도 이러한 실질 정의의 관점을 중시함은 물론이다.

둘째, 正의 이념을 상징하는 규범적 개념으로, 義가 正과 의미상 밀접하게 관련한다. 특히, 묵자는 正과 義를 일체로 규정하여, 正義라는 개념까지 사용한다. 義의 대표적 함의인 '宜'가 時宜에 적합한 구체적 타당성을 지칭하므로, 이는 義가 실질적인 정의·정직의 뜻을 함축함을 시사한다. 또 說文에 의하면, 義는 善·美와 동일한 의미로 상통하는데, 이는 세 글자가 모두 吉祥의 상징인 羊을 공유하기 때문이다. 善과 美가 추구하는 최고 이상이 절대 진리세계임은 말할 것도 없다.

셋째, 전통 도덕규범의 관점에서 보면, 善은 곧 德과 상통하는 개념으로서, 道의 본질 내용이자, 법의 궁극 지향점이기도 하다. 예컨대, "하늘은 사사로이 친함이 없이, 오직 德 있는 자를 돕는다."는 명제가 춘추시대에 보편으로 등장한다. 로자는 "天道가 사사로운 친함이 없이 항상 善人과 더불어 준다."고 표현한다.(§79) 그래서 積善·樹善은 積德·樹德의 의미로 널리 통용하고, 善政은 곧 德政·仁政을 뜻하기도 한다. 또한, 天道는 善을 상주고 惡을 벌하는데, 선을 상주고 악을 처벌하는 것은 만고불변의 법원칙으로 강조한다. 大學의 道가 至善에서 그친(완성한)다는 명제는 너무도 유명하다. 그래서 조그만 선이라도 모두 받들어 실행하고, 어떠한 사소한 악이라도 결코 짓지 말라(諸惡莫作, 衆善奉行)는 명제는, 모든 부처님의 공통 가르침이지만, 모든 종교철학에 핵심이기도 하다.

넷째, 정치사상으로 보면, 인민에 대한 대내 통치인 政이나, 무도한 제후에 대한 대외 징벌인 征은, 모두 '正'으로 개념 정의한다. 이는 특히 주목할 만한 사실이다. 물론, 이는 문자 상으로 '政'과 '征'이 모두 '正'자를 공유하는 사실과도 무관하지 않다. 인민을 올바르게 다스리고 교화하는 것이 정치고, 포학무도한 제후를 토벌하여 국제정치질서를 바로잡는 것이 정벌이다. 물론, 이는 군주 자신이 솔선수범하는 正義를 필수불가결한 근본요건으로 삼는다. 군주는 正으로써 나라를 다스리며, 따라서 정치적 首長을 보통 正人 또는 正長이라고 일컫는다.

그리고 유가의 철학사상, 특히 禮論의 핵심내용을 이루는 正名論은, 宗法적 봉건제를 바탕으로 상하·존비·귀천의 신분상 대의명분을 실질에 상응하도록 바로잡는다는 내용이다. 이는 당시 사회의 기본 윤리도덕과 가치 관념에 입각하여, 禮의 차등성을 형평의 원리에 부합하는 실질 정의로 인정하는 주장이다. 따라서 유가의 正名사상은 곧 실질 내용상의 정의를 강조하는 셈이다.

6. 궁극의 규범 이상과 그 실현 방도—맺음말에 갈음하여

道-法 규범원류가 지향하는 궁극 이상은, 형식상 평등(均)뿐만 아니라, 실질 내용상 正義(正直, 善)까지 포함해, 양자의 중용조화를 이루어, 道와 법에 일관하는 至公無私의 근본 이념을 실현하는 것이다. 이는 곧 인간의 윤리도덕, 사회적 당위규범이 자연의 존재법칙에 순응 조화하여 일체가 됨을 의미한다.

유가는 인간의 희노애락 감정이 발동하기 이전의 자연스런 천성인 중용을 천하에 大本으로 여기고, 그 성정이 발동하되 한결같이 사회규범인 예절법도에 적중하는 조화를 천하에 達道로서 칭송한다. 바로 이러한 유가의 '中和'가 전통법문화에 이상적인 전형이다. 위로는 천지의 자비광명에 화합하고, 아래로는 인간의 세속홍진에 동조하는, 로자의 '和光同塵'의 이상도, 자연의 존재법칙과 사회의 당위규범이 합일하는 궁극을 지향한다.

이러한 이상을 또 다른 관점에서 보면, 예법의 근본 이념인 天理와 人情의 중용조화로 표현할 수 있다. 인간(의 성정)이 본래 자연(性理)의 일부이기 때문에, 양자는 근본상 상통 조화하는 바탕이 존재하지만, 한편 후천적으로 인간(감정욕구)이 자연(性理)에 거슬러 대립하는 현실도 부정할 수 없다. 따라서 인간의 사회적 당위규범은 궁극으로 자연의 존재법칙인 天理의 이상을 지향하면서, 그 절차와 방법에서 人情의 이러한 이율배반적 양면성을 세심하게 고려하지 않을 수 없다. 즉, 天理에 근원하면서도, 그에 부합하는 인간의 보편적 常情(性情)은 긍정·수용하는 한편, 天理를 어기고 손상시키는 개별적 私情(감정욕구)은 부인·절제하여야 한다.

이러한 天理와 人情의 중용조화는, 법을 그물에 비유하는 法網(刑網)의 개념적 상징성에 대비해 보면,[4] 그 함의가 적절히 부각할 것이다. 인간이 자연의 거미줄을 본받아, 그물을 엮어 물고기를 잡고 새까지 포획한 문명은, 그 기원을 알 수 없을 정도다. 그런데 구체 그물을 통해 추상 그물까지 개념화한 역사도 아주 오래되었다.

尙書에는 이미 殷代에 인간의 언론과 정사를 그물에 비유하여, 기강(그물의 벼리)이 바로잡히면 모든 그물눈은 저절로 조리가 잡혀 문란해지지 않음을 강조한다.(盤庚) 그런가 하면, 묵자는 옛 성왕이 五刑을 제정하여 인민을 다스린 것을 그물에 비유한다. 군왕의 정치교화에 따르지 않는 천하의 백성을 형벌로 다스리는 것은, 그물눈의 紀綱으로 물고기를 걸러 잡는 것과 같다.(尙同上)

여기서 비록 구체 내용은 명시하지 않았지만, 그 상징 비유는 충분히 명확하다. 그물눈의 기강이 본체가 되어, 물과 작은 물고기는 빈 공간으로 통과시키되, 큰 물고기만 그물 줄에 걸리도록 하는 것이다. 마찬가지로, 법망도 天理를 기강으로 삼아, 天理에 부합하는 人情과 일반 보편의 사소한 人之常情은 묵인·통과시키되, 天理에 정면으로

4 '法網'은, 졸저, 지혜의 법과 생명법학, 전남대출판문화원, 2021, 48-148쪽 참조.

어긋나는 중대한 私情은, 天理의 기강으로 체포해 처벌하는 개념 비유가 성립할 수 있다.

그물눈의 크기와 그물실의 굵기는, 稚魚의 남획을 방지하고 어족을 보호하는 차원에서, 일찍부터 통제해 왔다.(孟子, 梁惠王上) 마찬가지로, 일반보편의 본능적 인정을 소통시켜 민심을 안정시키기 위해서는, 天理의 기강도 그 크기와 굵기를 적절히 조절하지 않으면 안 된다. 그래서 역사에서도 법망의 촘촘함을 경계하는 비판과 자성이 끊이지 않았다. 특히, 포학무도한 난세에 혹형엄벌은 가을솜털(秋荼추도)이나 소털(牛毛), 심지어 엉긴 기름(凝脂)에 풍자하곤 하였다.

규범의 그물비유는 인간의 사회적 법망에서 그치지 않고, 자연의 존재법칙에까지 더욱 形而上으로 승화한다. 인간의 구체적 어망이 자연의 구체적 거미줄을 본받은 것이듯, 인간의 추상적 법망은 자연의 추상적 天網을 법삼은 것이라고, 비유를 소급해서 상정할 수 있다.

天網이란 물론 천지운행의 존재법칙으로서 天道를 지칭하며, 일반으로 말하면 자연의 因果(應報)律이다. 콩 심은 데 콩 나고 팥 심은 데 팥 나듯이, 선을 행하면 상을 주고 악을 범하면 형벌을 내린다는 것이, 인간의 법망인 셈이다.

그런데 天網(天道)은 인간의 形而下의 감각기관은 물론, 일반적 경험지혜나 선험적 이성·直覺으로도 잘 포착할 수 없는, 고도로 形而上의 추상이다. 그 그물눈의 크기와 굵기가 어느 정도인지, 인간의 능력으로는 알 수 없지만, 누구도 인과응보의 천망을 회피할 수 없다.

그래서 로자는 일찍이 하늘의 그물은 기강이 없는 듯 엉성하게 텅 비어 있으면서도, 어느 사물 하나 빠뜨리지 않고 규율한다(天網恢恢, 疏而不失. §73)고 찬탄하였다. 인간의 법망은 이루 헤아릴 수 없이 빽빽하면서도, 힘없고 억울한 백성만 가차 없이 포획할 뿐, 부귀권세와 고관대작은 눈감아 통과시켜 주는, 역설적인 규범현실을 은근히 비판하는 풍자이기도 하다.

한편, 인간의 사회윤리가 자연의 존재법칙에 합일하는 규범 이상은, 바꿔 말하면 예의나 형법 같은 당위규범이 더 이상 필요하거나 존재하지 않고, 오직 자연의 존재법칙 같은 도덕에 의해 규율하는 세계를 뜻한다. 和光同塵을 지향하는 로자의 이상사회 소국과민이나, 장자의 至德之世·道德之鄕·建德之國 등은 물론이고, 유가의 대동사회도 인위규범이 존재하지 않는다. 사회에 분쟁이나 혼란이 생기지 않는다면, 어떠한 인위적 윤리규범도 필요하지 않을 것은 자명하다.

그래서 도가나 유가를 막론하고, 소극적으로는 다투지 않는 不爭의 道를 이상으로 중시하며, 적극적으로는 서로 겸손하게 양보하는 謙讓의 덕을 근본으로 강조한다. 예의 본질 정신도 덕과 마찬가지로 겸양을 으뜸으로 꼽으며, 법과 刑의 궁극 이념은 道처럼 無訟과 無刑을 지향한다.

규범 현실로는 형벌보다는 德禮에 의한 교화를 우선 중시하며, 특히 禮로 미연에 막는 사전예방법(철)학을 강조하기도 한다. 예와 법을 제방이나 담장·고삐에 비유하는 각종 상징적 개념은, 이러한 규범의 예방기능을 반영한다.[5] 또한 구체로 분쟁이 발생한 경우에도, 법적인 소송보다는 調停·和解 같은 당사자 간에 자율적 평화해결을 우선 꾀한다. 범죄인에 대한 현실적 징계에서도, 단순한 인과응보의 처벌 관념보다는, 백성에 대한 일반예방의 징계와, 본인의 죄악에 대한 치유·교정이라는 특별예방의 이념이 두드러진다. 법을 의약에 비유하는 개념은, 형벌이 사회질병을 치유하는 의약임을 적절히 표현한다.[6] 여기

5 法을 제방에 비유하는 전통 법문화는, 졸저, 지혜의 법과 생명법학, 2021, 404-479쪽 참조.

6 法을 의약에 비유하는 전통 법문화는, 졸저, 지혜의 법과 생명법학, 2021, 149-403쪽 참조.

서도 仁義나 德禮와 같은 양식을 主食으로 강조함이 특기할 만하다.

예법의 당위규범이 존재하지 않고, 도덕의 존재법칙만이 규율하는 인간사회는, 유토피아처럼 어디에도 존재하지 않을 것이다. 그래서 도덕이 행해지는 至公無私의 대동사회는, 으레 원시 上古시대로 설정하는지도 모른다. 장자가 말하는 無何有之鄕이란, 이러한 실현 불가능한 규범이상을 가리키리라.

그렇지만 예법의 규범현실은, 그러한 당위규범이 필요 없는 도덕의 규범이상을 지향하는, 인간의 有爲 노력을 아예 포기할 수는 없다. 더구나 예법의 당위규범을 무시할 수도 없다. 최선의 목표를 향한 차선의 수단방법이 예법의 필요성이리라. 당위적 수단방법이 존재적 이상 목표를 지향하여 끊임없이 접근해갈 때, 그 수단방법이 좀 더 정당하고 실효성 있는 규범현실을 이루어 갈 것이다.

誠은 하늘(자연)의 道이고, 誠을 생각하며 誠에 다가가는 것이 인간의 道라는 명제는, 도덕의 존재법칙과 예법의 당위규범관계를 적절하게 대변해 준다. 誠은 힘쓰지 않고 생각하지 않아도 적중하여 자득하는 성인의 경지고, 誠에 다가감은 善을 선택해 고집스럽게 노력·정진하는 현인의 경지다. 지성이면 감천이라는데, 정성이 없으면 아무도 움직일 수 없다.[7]

일반 범부중생한테 성인을 기대하긴 어렵고, 현인이 되도록 격려하고 채찍질함이 예법의 기능이자 목적이 아닐까? 전통법이 생명도덕으로서 문사철학의 종합 인문학으로서, 정성을 궁구함은 당연한 진리이자 정의일 것이다.

7 孟子, 離婁上: "誠者, 天之道也; 思誠者, 人之道也. 至誠而不動者, 未之有也; 不誠, 未有能動者也."; 禮記, 中庸: "誠者, 天之道也; 誠之者, 人之道也. 誠者, 不勉而中, 不思而得, 從容中道, 聖人也. 誠之者, 擇善而固執之者也."

생명 도덕 법 문사철학

인쇄 2022년 2월 12일
발행 2022년 2월 22일(150부 한정판매)

글쓴이 연정淵靜 김지수金池洙

펴낸이 정성택
펴낸곳 전남대학교 출판문화원
등록 1981. 5. 21. 제53호
주소 61186 광주광역시 북구 용봉로 77
전화 (062) 530-0571～2 **마케팅** 530-0573
팩스 (062) 530-0579
홈페이지 http://www.cnup.co.kr
전자우편 lotusbud44@gmail.com, cnup0571@hanmail.net

글쓴이 블로그 네이버: "天人大同典堂(천인대동전당)" ; 다음: "寶積念佛堂(보적념불당)"
글쓴이 유튜브 "明鏡止水 寶積 명경지수 보적"
https://www.youtube.com/channel/UCJLLMrXSZPfcAni3oY4P4uw

값 30,000원

ISBN 978-89-6849-852-7 (93300)